Katholische Kirche und Nationalsozialismus

Mark Edward Ruff

Katholische Kirche und Nationalsozialismus

Erinnerungspolitik und historische Kontroversen in der Bundesrepublik 1945–1980

Übersetzt von

Charlotte P. Kieslich

BRILL
SCHÖNINGH

Bibliografische Information der Deutschen Nationalbibliothek

Die Deutsche Nationalbibliothek verzeichnet diese Publikation in der Deutschen Nationalbibliografie; detaillierte bibliografische Daten sind im Internet über http://dnb.d-nb.de abrufbar.

Originalausgabe:
"The Battle for the Catholic Past in Germany, 1945–1980"
© Cambridge University Press, 2017
This translation of "The Battle for the Catholic Past in Germany, 1945–1980" is published by arrangement with Cambridge University Press.

Deutsche Übersetzung:
© 2022 Brill Schöningh, Wollmarktstraße 115, D-33098 Paderborn, ein Imprint der Brill-Gruppe (Koninklijke Brill NV, Leiden, Niederlande; Brill USA Inc., Boston MA, USA; Brill Asia Pte Ltd, Singapore; Brill Deutschland GmbH, Paderborn, Deutschland; Brill Österreich GmbH, Wien, Österreich) Koninklijke Brill NV umfasst die Imprints Brill, Brill Nijhoff, Brill Hotei, Brill Schöningh, Brill Fink, Brill mentis, Vandenhoeck & Ruprecht, Böhlau, Verlag Antike und V&R unipress.

www.schoeningh.de

Einbandgestaltung: Nora Krull, Hamburg
Herstellung: Brill Deutschland GmbH, Paderborn

ISBN 978-3-506-70154-1 (hardback)
ISBN 978-3-657-70154-4 (e-book)

Für Lynnae

Inhalt

Zur Übersetzung IX

Danksagung XI

1 Einleitung 1

2 Die ersten Darstellungen der Nachkriegszeit, 1945–1949 17

3 Der Kampf um das Reichskonkordat, 1945–1957 71

4 Generationenkonflikte und die Kontroverse um Böckenförde 131

5 Gordon Zahn versus den deutschen Episkopat 183

6 Der Streit um Hochhuths *Der Stellvertreter* 237

7 Guenter Lewy und der Kampf um die Quellen 299

8 Die Repgen-Scholder-Kontroverse 337

9 Bilanz 375

Biogramme 399

Quellen- und Literaturverzeichnis 405

Abbildungsverzeichnis 449

Register 453

Zur Übersetzung

Bei der vorliegenden Übersetzung stellte sich aufgrund der Sprachrichtung eine besondere Herausforderung: Zahlreiche der vom Autor verwendeten Direktzitate entstammen ursprünglich deutschem Quellenmaterial beziehungsweise deutscher Literatur und wurden für den englischen Ausgangstext von *The Battle for the Catholic Past in Germany, 1945–1980* vom Autor frei ins Amerikanische übersetzt. Bei der Anfertigung der deutschen Übersetzung wurde in diesen Fällen das jeweilige deutschsprachige Original verwendet. Originär englischsprachige Zitate wurden hingegen von der Übersetzerin mehrheitlich frei ins Deutsche übertragen. In einigen wenigen Fällen, etwa Guenter Lewys *Die katholische Kirche und das Dritte Reich*, liegt eine deutsche Übersetzung bereits vor, auf die entsprechend zurückgegriffen wurde.

Es liegt im Wesen einer jeden Übersetzung, sich gegenüber ihrem Ausgangstext an ein neues Zielpublikum zu richten, in diesem Fall an einen deutschen und nicht mehr primär amerikanischen oder englischsprachigen Leserkreis. In der Hoffnung, damit der Verständlichkeit und einem besseren Lesefluss gedient zu haben, wurden daher kulturelle Anpassungen vorgenommen, insbesondere im Hinblick auf zusätzliche Informationen. So wurden beispielsweise die Erklärungen deutscher Wortspiele oder historischer Begriffe wie Rote Kapelle gekürzt. Umgekehrt wurden bei Bedarf erklärende Einschübe hinzugefügt, wenn auf Realien aus dem Kulturraum der Vereinigten Staaten Bezug genommen wird, etwa auf die *GI Bill*. Zudem wurde das Manuskript im Zuge der Übersetzung überarbeitet und aktualisiert, um der aktuellen Forschungslage Rechnung zu tragen.

Wir sind Dr. Karl Albrecht zutiefst zu Dank verpflichtet für seine großzügige Unterstützung, welche die Übersetzung ermöglichte. Ohne seine Förderung hätte es keine deutschsprachige Ausgabe gegeben.

Charlotte P. Kieslich und Mark Edward Ruff
Wiesbaden/St. Louis, MO, USA, Dezember 2019

Danksagung

Das vorliegende Buch entstand über einen Zeitraum von elf Jahren und erforderte Recherche auf zwei Kontinenten, in sechs Ländern und 77 Archiven. Ohne die Unterstützung der Wissenschaftsgemeinschaft auf beiden Seiten des Atlantiks hätte es nicht verwirklicht werden können. Es ist ein Beispiel dafür, wie sehr wir auf die Hilfe anderer angewiesen sind, und reflektiert letztendlich die Erinnerungen, Quellensammlungen, Erkenntnisse, Lebenserfahrung und Ermutigungen hunderter Personen, von denen einige nicht mehr unter uns weilen.

Meine insgesamt vier Jahre, in denen ich in Vollzeit recherchieren und schreiben konnte, wurden durch ein Forschungsstipendium der Alexander von Humboldt-Stiftung von 2006 bis 2008, ein Research Fellowship des American Council of Learned Societies (ACLS) von 2011 bis 2012 und ein Research Fellowship des National Endowment for the Humanities (NEH) von 2012 bis 2013 ermöglicht. Gemeinsam mit dem ACLS erwies mir das Humanities Institute an der University at Buffalo die Güte, mich für einen Teil des Frühlingssemesters 2011 als Gastforscher zu empfangen. Weitere Zuschüsse durch das Cushwa Center for the Study of American Catholicism an der University of Notre Dame, die Humboldt-Stiftung, das Exzellenzcluster Religion und Politik an der Westfälischen Wilhelms-Universität in Münster, den Mellon Research Fund an der Saint Louis University, den Summer Research Award Fund an der Saint Louis University sowie die Finanzierung von Reisekosten durch das Department of History ermöglichten mir zwischen 2008 und 2016 kürzere Forschungsaufenthalte. Ich möchte mich bei Wilhelm Damberg von der Ruhr-Universität Bochum für seine großzügige Gastfreundschaft während meiner Jahre als Humboldtianer, für die Ausstattung mit einem eigenen Büro und seine organisatorische Unterstützung bedanken. Christine Pudlowski und Kelly Goersch in der Verwaltung des History Department der Saint Louis University danke ich vielmals für ihre Hilfe bei der Überwindung bürokratischer Hürden.

Da es sich bei der überwiegenden Mehrheit des in dieser Arbeit verwendeten Quellenmaterials um Briefe, Tagebücher und Telegramme handelt, von denen einige auf Dachböden oder in Kellern und Privatsammlungen lagerten, bin ich den beteiligten Archivaren, Wissenschaftlern und Zeitzeugen zu überaus großem Dank verpflichtet. Ich möchte zunächst den insgesamt fast 500 Mitarbeiterinnen und Mitarbeitern der 77 Archive für ihre freundlichen Antworten auf meine unentwegten Anfragen danken. Ihnen allen gebührt eine besondere

Anerkennung und lediglich der begrenzte Umfang dieser Danksagung hindert mich daran, sie alle namentlich zu erwähnen.

Ich begann meine Recherche mit einem fast siebenmonatigen Aufenthalt im Historischen Archiv des Erzbistums Köln. Ich bin mehrere Male in das Archiv zurückgekehrt und möchte mich bei Ursula Brendt, Josef van Elten, Raimund Haas, Ulrich Helbach, Wolfang Schmitz (†) und Brigitte Torsy bedanken. Die Mitarbeiterinnen und Mitarbeiter des Archivs haben so häufig das Unmögliche möglich gemacht. Raimund Haas hat mich persönlich zu Narzissa Stasiewskis Haus in Ittenbach bei Königswinter gefahren, wo diese mir Einblick in die Akten ihres verstorbenen Bruders Bernhard Stasiewski gewährte.

Die Mitarbeiterinnen und Mitarbeiter des Archivs des Erzbistums München-Freising erwiesen sich als außerordentlich hilfsbereit und ich möchte Volker Laube, Peter Pfister, Guido Treffler und Michael Volpert meinen Dank aussprechen. Clemens Brodkorb vom Archiv der Deutschen Provinz der Jesuiten navigierte mich durch die Akten von Ludwig Volk SJ. Gotthard Klein vom Diözesanarchiv Berlin stellte mir nicht nur sämtliche der einschlägigen Bestände zur Verfügung, sondern war auch zu stundenlangen Gesprächen über mein Forschungsprojekt bereit. Andreas Burtscheidt, Petra Cartus, Christoph Kösters, Karl-Joseph Hummel und Erik Gieseking von der Kommission für Zeitgeschichte gingen weit über ihre Dienstpflicht hinaus, genauso wie Heinz Terhorst vom Archiv des Zentralkomitees der deutschen Katholiken. Sabine Zolchow vom Archiv der Akademie der Künste in Berlin ließ mir ebenfalls Unterstützung von unschätzbarem Wert zukommen.

In der Schweiz gilt mein Dank Ursula Ruch vom Schweizerischen Literaturarchiv für die zahlreichen hilfreichen Hinweise zu den Akten von Rolf Hochhuth. In den Vereinigten Staaten möchte ich den Mitarbeiterinnen und Mitarbeitern der Catholic University Archives und im Besonderen Maria Mazzenga und William John Shephard, die keine Mühe scheuten, um mich zu unterstützen, herzlich danken.

Ich bin vielen der Zeitzeugen, die meine An- und Nachfragen beantwortet haben, sich mit mir zu Diskussionen über meine Arbeit getroffen haben und so großzügig waren, mir Zugang zu ihren persönlichen Akten zu gewähren, zu außerordentlichem Dank verpflichtet. Rolf Hochhuth (†) diskutierte mit mir während eines Abendessens, seine erste Frau, Marianne (Heinemann) Sideri, lud mich zum Nachmittagskaffee zu sich nach Hause in Basel ein. Ernst-Wolfgang Böckenförde (†) traf mich zweimal in Freiburg im Breisgau zum Mittagessen. Rudolf Morsey lud mich zweimal zum Mittagessen nach Neustadt an der Weinstraße ein und traf sich viele weitere Male mit mir, um meine Fragen zu einem Themenkomplex zu beantworten, in dem er ein unübertroffener Experte ist. Auf der anderen Seite des Atlantiks erklärte sich Angelika

Kühn zu einem Treffen in Oak Park bereit, um über die Rolle ihrer Eltern in den historischen Kontroversen zu sprechen. Thomas Brechenmacher stellte mir Kopien von Konrad Repgens Akten über seine historische Kontroverse mit Klaus Scholder zur Verfügung. John Conway (†) traf sich mehrere Male mit mir in Vancouver, Kanada, um über seine Erfahrungen im Deutschland der 1960er Jahre zu sprechen. Ohne die Unterstützung all dieser Personen wäre dieses Forschungsprojekt niemals möglich gewesen.

Auch möchte ich den vielen Kolleginnen und Kollegen in Deutschland für ihre Hilfsbereitschaft und Anmerkungen zu meinen Ideen, Vorträgen, Artikeln und Buchkapiteln danken, darunter Riccardo Bavaj, Wilhelm Damberg, Ulrike Ehret, Thomas Großbölting, Andreas Henkelmann, Nicolai Hannig, Michael Kißener, Klaus Große Kracht, Rosel Oehmen-Vieregge, Christian Schmidtmann, Norbert Trippen (†), Sylvia Tschopp, Rudolf Uertz und Andreas Wirsching. In der Schweiz gilt mein Dank Urs Altermatt, Catherine Bosshart, David Luginbühl, Franziska Metzger und Nadine Ritzer. Meine besondere Wertschätzung möchte ich Christoph Kösters, Gotthard Klein und Rudolf Morsey für ihre prägnanten Kommentare und ihre Gegenprüfung der Fakten im gesamten Manuskript aussprechen.

In Nordamerika gilt mein Dank verschiedenen Personengruppen für ihre kritische Durchsicht der Kapitel dieser Arbeit. Zunächst möchte ich den Mitgliedern des German Historians Workshop in St. Louis und im Besonderen Dirk Bönker, Sace Elder, Jennifer Miller, Warren Rosenblum, Jonathan Sperber, Corinne Treitel und S. Jonathan Wiesen danken. Den Mitgliedern zweier *Writing Groups* an der Saint Louis University Ellen Crowell, Claire Gilbert, Amber Johnson, Ian McReady-Flora, Pascale Perraudin, Ruben Rosario-Rodriguez und Amy Wright möchte ich für ihre wertvolle Hilfe dabei danken, das Manuskript dieser Arbeit auch für einen fachfremden Leserkreis verständlicher zu machen. Dabei ebenfalls behilflich waren Ted Bromund, Mark Riebling, Eric Sears und mein Nachbar Charles Fremont. Auch möchte ich meinen Kollegen am Department of History für ihr Feedback danken, darunter Douglas Boin, Flannery Burke, Phil Gavitt (†), Lorri Glover, James Hitchcock, Filippo Marsilli, George Ndege, Hal Parker, Jennifer Popiel, Steve Schoenig SJ, Eric Sears, Silvana Siddali, Damian Smith und Luke Yarbrough. Mein Dank gilt auch Victoria Barnett, Suzanne Brown-Fleming, John Connelly, Charlie Gallagher SJ, Michael Geyer, Derek Hastings, Matthew Hockenos, Kevin Spicer und Jeff Zalar für den wertvollen Austausch und die Hinweise auf Quellenmaterial. David Stoddard und Elaine Marschlik waren mir bei der Erstellung des elektronischen Manuskripts behilflich. Den wissenschaftlichen Mitarbeitern Joseph Reidy, Alaric Powell und Beth Petitjean danke ich für ihre diversen hilfreichen Anmerkungen. John Conway (†) und Guenter Lewy haben nicht nur fast das gesamte Manuskript kritisch durchgesehen, sondern mir außerdem Dokumente aus ihren Privatbeständen zur Verfügung gestellt. Schließlich möchte ich den beiden anonymen Lektoren der Cambridge University Press, deren Anregungen das Manuskript verbessert haben, sowie meinen drei Verlegern Lew Bateman, Michael Watson und Julie Hrischeva herzlich danken.

Mein persönlicher Dank gilt meinen vielen engen Freunden für ihre großzügige Gastfreundschaft. Margit und Tom Lindsay haben meine Frau und mich am Kölner Flughafen empfangen und uns ihre Freundschaft während zahlreicher gemeinsamer Mahlzeiten, Nachmittagstees und anregenden Gesprächen spüren lassen. Wim und Annelie Damberg gaben uns in Münster ein zweites Zuhause und versorgten uns mit bester westfälischer Küche, ebenso wie Thomas Großbölting. Christoph Kösters nahm uns in Ittenbach mit großer Gastfreundschaft auf. Gotthard Klein und Andreas Wirsching hießen uns in ihrem Zuhause in Berlin beziehungsweise Sixnitgern mehrere Male willkommen. Franziska Metzger organisierte unsere Unterkunft in Fribourg und Nadine Ritzer war so großzügig, uns ihre Wohnung in Bern für einen gesamten Sommer zur Verfügung zu stellen. Jürgen Enninger und Christian Mutzel halfen uns immer wieder dabei, Unterkünfte in München zu finden. Winfried Delitzsch half bei der Suche nach einer Unterkunft in Berlin und war in Bremen und Lausanne viele Male unser Gastgeber. Christof Morrissey erwies uns die gleiche Gastfreundschaft in Berlin.

Mein ganz besonderer Dank gilt meiner Familie, die mich auf dieser elfjährigen Reise begleitet hat. Meine beiden Söhne Micah und Xavier kamen 2008 und 2011 zur Welt und erinnern uns an die Freuden der Kindheit, die wichtiger sind als wissenschaftliche Werke. Ich möchte auch meinen beiden Brüdern Michael und Matthew, meiner Schwägerin Justine und meinem Vater Roger Ruff danken. Meine Mutter Elaine Ruff (†) erlag nach zehn Monaten ihrem Kampf gegen Krebs, verstarb im Januar 2016 und konnte leider nicht mehr miterleben, wie dieses Buch im Druck erschien.

Doch meine größte Wertschätzung gilt meiner Frau Lynnae, die mich auf fast jedem Schritt dieser Reise begleitet hat. Sie erlebte die Höhen und Tiefen dieses Projekts sowie die großen Anstrengungen und das Herzblut, das mit den zahlreichen transatlantischen Reisen, Archivaufenthalten und Überarbeitungen des Manuskripts einhergingen. Sie erinnert mich an die Feinheiten und Notwendigkeiten des Lebens – erlesenen Tee und ergiebige Gespräche. Ich widme dieses Buch meiner liebevollen Frau.

KAPITEL 1

Einleitung

Am 20. Februar 1963 entfachte Rolf Hochhuth, ein 32-jähriger, bis dahin unbekannter Lektor im Bertelsmann-Konzern, einen Skandal auf der Freien Volksbühne in West-Berlin. Unter der Leitung von Altkommunist Erwin Piscator, der sich während der zwölf Jahre der nationalsozialistischen Diktatur in Moskau und New York aufgehalten hatte, wurde Hochhuths Erstlingswerk *Der Stellvertreter* von dem Berliner Theaterensemble uraufgeführt. Der Titel verwies auf den wenige Jahre zuvor verstorbenen Papst Pius XII., dessen Pontifikat sich auf die Jahre von 1939 bis 1958 erstreckte – und somit gerade auch die verhängnisvolle Zeit des Zweiten Weltkriegs umfasste. Mit seinem Vorwurf gegenüber dem Papst, sich zum Massenmord an den Juden nicht öffentlich geäußert zu haben, sorgte Hochhuths Werk schnell für Schlagzeilen. Einer der Protagonisten brandmarkte Pius sogar als „Verbrecher".[1]

Der Stellvertreter entfesselte umgehend einen Sturm des Protests. Bekannte Politiker aus den Reihen der CDU verurteilten das Stück in einer schriftlichen Stellungnahme und baten das Auswärtige Amt, die Reaktionen im Ausland zu beobachten. Hochhuth erhielt innerhalb von 100 Tagen mehrere tausend wütende Briefe und sogar Morddrohungen. Weitere Produktionen lösten in der Schweiz etwa ein halbes Jahr später heftige Reaktionen aus, in New York kam es 1964 zu Demonstrationen, in Rom wurden 1965 Bombenanschläge verübt. Unzählige Zeitschriften auf der ganzen Welt hielten ihre Leser über Jahre auf dem neuesten Stand über die Entwicklungen des Skandals, der nicht abebben wollte. Nicht zuletzt wegen seines berühmt-berüchtigten Rufs schoss *Der Stellvertreter* an die Spitze der deutschen Bestsellerlisten und wurde zu einem derartigen Verkaufsschlager, dass der einst mittellose Autor mit seiner Frau und seinem jungen Sohn Zuflucht in der Steueroase Schweiz suchte.[2]

Die heftigen Auseinandersetzungen über die Reaktion der katholischen Kirche auf den Nationalsozialismus erreichten ihren Höhepunkt zweifelsohne unmittelbar nach der Erstaufführung von *Der Stellvertreter* auf über 60 Bühnen in 20 Ländern. Doch sie waren auch Teil einer bereits zuvor formulierten Kritik, die bis in die unmittelbaren Nachkriegsjahre zurückreicht und sich fast unverändert bis heute hält. Die vermeintlichen Sünden der Kirche, die

---

1 Hochhuth, *Der Stellvertreter*.
2 Zu den Steuervorteilen in der Schweiz siehe: Kreuzfeuer mit Herrn Hochhuth am 15.6.65, HAWDR, #05790.

© BRILL SCHÖNINGH, 2022 | DOI:10.30965/9783657701544_002

sie durch ihre Handlungen und Unterlassungen während des „Dritten Reichs"
begangen haben soll, sowie deren Aufdeckung, einhergehende Debatten und
Leugnungen brachten eine Flut von Bestsellern, provokanten Artikeln und
Titelseiten, aufrührerischen Flugblättern, Sonderberichten in Rundfunk
und Fernsehen sowie informationsreiche akademische Werke hervor, da alle
darauf bestanden, sich zu Wort melden zu müssen.

Das vorliegende Buch beleuchtet die in Vergessenheit geratenen, aber entscheidenden Ursachen dieser historischen Kontroversen. Mit einem Fokus auf
die Zeitspanne zwischen dem Ende des Zweiten Weltkriegs und 1980 nimmt
sich diese Studie der Historisierung dieser Debatten über das Verhältnis von
katholischer Kirche und Nationalsozialismus an. Warum entstanden diese
kulturellen Gefechte zu ihren jeweiligen Zeitpunkten in Deutschland? Weshalb konnten sie ein solches Ausmaß annehmen, Schlagzeilen beherrschen,
Gerichtsverfahren auslösen und sogar zum Einschreiten von Außenministerien
führen? Weshalb wurde die katholische Kirche – und nicht die evangelischen
Kirchen – auf den Prüfstand gestellt, obwohl in der zeitgeschichtlichen
Forschung heute anerkannt ist, dass die protestantischen Kirchen stärker
kollaborierten und weniger Widerstand leisteten als die katholische Kirche?
Weshalb bedienten sich sowohl Kirchenkritiker als auch Verteidiger der
Kirche in ihren Darstellungen der Schwarz-Weiß-Malerei, obwohl die jüngere
Forschung wenig Zweifel daran lässt, dass das Verhalten der über 210 Millionen
Katholiken in Europa mannigfache Graustufen und ein Spektrum von
Kollaboration und Kapitulation bis zu Widerstand und Martyrium abdeckte?
Und warum wurde der kritischen Haltung gegenüber der katholischen Ver-
gangenheit ab den frühen 1960er Jahren mit zunehmend breiter Akzeptanz
begegnet?

Die Haupterkenntnisse dieses Buches bieten eine Erklärung für diese
und weitere Fragen. Die Kontroversen über das Verhältnis der Kirche zum
Nationalsozialismus waren in vielen Fällen Stellvertreterkriege, die sich um
die Positionierung der Kirche in der „modernen" Gesellschaft drehten – ihre
Positionierung in der Politik, den internationalen Beziehungen, den Medien und
der Öffentlichkeit. Diese Streitpunkte werden üblicherweise mit dem Zweiten
Vatikanischen Konzil assoziiert, jener Zusammenkunft tausender Bischöfe,
Kardinäle und Laien im Petersdom zwischen 1962 und 1965, um über die Möglichkeiten einer Ausrichtung der Kirche auf die „moderne" Welt zu diskutieren. Tatsächlich war es im Rahmen des oftmals turbulenten politischen Wiederaufbaus
der Bundesrepublik in den Jahren vor dem Konzil zu einer Reihe von Auseinandersetzungen über die Rolle des Katholizismus und seiner Institutionen in
der Gesellschaft gekommen.

Diese Stellvertreterkriege drehten sich in der Bundesrepublik in den meisten Fällen um Konflikte, die vermeintlich durch den politischen Aufstieg der Katholiken und die Integration katholischer Bürgerinnen und Bürger in die Mitte der Gesellschaft ausgelöst wurden. Die Verfolgung einer in konfessionellen Interessen verankerten Agenda seitens der Katholiken rief immer wieder Episoden eines Jahrhunderts gewaltsamer Auseinandersetzungen in Erinnerung, in dem konfessionelle Spaltungen bis in den Alltag vorgedrungen waren. Divergierende Auffassungen darüber, was die katholische Kirche während der wiederholten politischen Umbrüche zwischen 1870 und 1949 einerseits selbst getan hatte und ihr andererseits während dieser Zeit angetan worden war, stachelten die Konflikte weiter an.

Indem führende katholische wie auch protestantische Politiker und Intellektuelle die Gestaltung eines konfessionellen Zusammenlebens unter demselben politischen Dach reflektierten, richtete sich ihr Blick unweigerlich auch zurück auf die Zeiten der konfessionellen Spannungen, welche die Kirche seit der deutschen Einigung unter Bismarck immer wieder erschüttert hatten. Hinter diesen Spannungen stand im Kern eine unbestreitbare Tatsache: Deutschland war und blieb ein mehrheitlich protestantisches Land. Dieser Umstand führte zu einem Zeitalter der Verfolgung bis 1878, dem Kulturkampf. Während dieser turbulenten Zeit schränkte ein Bündnis aus Liberalen und protestantischen Konservativen unter Berufung auf die angebliche katholische Rückständigkeit und landesverräterische Gefolgschaft gegenüber Rom die Rechte Angehöriger des katholischen Glaubens drastisch ein, was die Verhaftung von über 1.800 Priestern nach sich zog. Die Notwendigkeit, den Katholizismus zu verteidigen, führte im Jahr 1870 zur Gründung der Zentrumspartei, die bis zu ihrer Selbstauflösung 1933 Deutschlands größte katholische Partei sein sollte. Das Verhalten vieler führender katholischer Politiker war dementsprechend über Jahrzehnte durch eine unerbittliche Feindseligkeit gegenüber konfessionellen und weltanschaulichen Gegenspielern motiviert. Die Gruppe dieser ideologischen Kontrahenten erstreckte sich auch auf die sozialistische Bewegung, die sich um die Jahrhundertwende zur gefürchtetsten politischen Kraft mit dem schnellsten Wachstum entwickelt hatte.

Im 20. Jahrhundert legte sich diese Antipathie zwar zunehmend, wurde jedoch keineswegs aufgegeben. Obgleich das Zentrum eine der bedeutendsten Parteien in der zersplitterten Parlamentslandschaft des Kaiserreichs und der noch stärker gebeutelten Weimarer Republik wurde, sahen sich die führenden katholischen Politiker und religiösen Oberhäupter nach wie vor als eine bedrängte Minderheit. Angesichts parteipolitischer Feindseligkeiten und politischen Stillstands strebten sie nach internationalen Abkommen, die

ihre Rechte und Religionsfreiheit gewährleisten würden. In relativ kurzer
Abfolge schloss der Vatikan Konkordate mit Bayern (1929), Preußen (1929)
und Baden (1932). Doch ein Abkommen fehlte nach wie vor und schien
aufgrund der fragmentarischen politischen Situation während dieser Zeit
außer Reichweite: ein umfassendes Konkordat mit Geltungsbereich für ganz
Deutschland.

Und doch vollzog sich am 20. Juli 1933 in einer groß angekündigten Zeremonie
im Vatikan das Unmögliche: Vertreter der deutschen Regierung und des
Vatikans unterzeichneten ein Dokument, das die heiklen Fragen im Verhältnis
von Kirche und Staat, die schon so viele Vorgängerregierungen belastet hatten,
zu lösen versprach. Seinen Feinschliff hatte das fortan als Reichskonkordat
bekannte Vertragswerk im Wesentlichen durch zwei Protagonisten unter den
Beteiligten erhalten. Der Vatikan wurde durch Kardinalstaatssekretär Eugenio
Pacelli vertreten, der, schon lange bevor er im Jahr 1939 zum Papst gewählt
wurde und fortan den Namen Pius XII. trug, als den Deutschen freundlich gesinnt gegolten hatte. Vizekanzler Franz von Papen, der katholische
Opportunist, Überläufer aus der Zentrumspartei und Hauptverantwortliche
für die Ernennung Hitlers zum Reichskanzler, unterzeichnete im Namen der
deutschen Regierung.

Keine andere Begebenheit spielte in den Kontroversen der frühen 1960er
Jahre über die Position der katholischen Kirche in der Politik des „Dritten
Reichs" eine annähernd ähnlich große Rolle. Das Konkordat sicherte
deutschen Katholiken die freie Ausübung ihres Glaubens zu, enthielt jedoch
im Gegenzug ein Verbot direkter politischer Betätigung für Kleriker. Die Ratifizierung des Abkommens wurde durch den Erlass des Ermächtigungsgesetzes
vom 24. März 1933 ermöglicht, das Hitlers umfassende diktatorische Befugnisse besiegelte. Obwohl zahlreiche Bischöfe und Kardinäle zuvor gegenüber
ihren Gemeinden Verbote ausgesprochen hatten, der NSDAP beizutreten,
begingen sämtliche Abgeordnete des Zentrums und der BVP den folgen-
schweren Fehler, für das Ermächtigungsgesetz zu stimmen. In dem Glauben
an Hitlers Zusagen, das neue Deutsche Reich werde auf einem christlichen
Fundament fußen, hoben die Bischöfe ihre Beitrittsverbote fünf Tage nach
der Abstimmung wieder auf. Am 10. April 1933 nahm Pacelli im Rahmen eines
Treffens mit von Papen offiziell die Verhandlungen über ein Reichskonkordat
auf. Nur 15 Tage, nachdem die Zentrumspartei sich am 5. Juli 1933 angesichts
drohender Verhaftungen ihrer Mitglieder selbst aufgelöst hatte, wurde das
Konkordat abgeschlossen. Die Vertragsbrüche seitens der Nationalsozialisten
setzten fast unmittelbar im Anschluss ein, indem sie eine Verfolgungswelle
nach der anderen gegen die Kirche richteten. Ehemaligen Zentrumspolitikern
blieb daher nicht viel anderes übrig, als der NSDAP beizutreten, ins Exil zu

gehen, sich dem Widerstand gegen Hitler anzuschließen oder in Deutschland in der sogenannten „inneren Emigration" zu bleiben.

Die Lehren, die später aus dieser Aneinanderreihung verhängnisvoller Ereignisse gezogen werden sollten, bildeten den Zündstoff für die kommenden Kontroversen über die Tat- und Unterlassungssünden der katholischen Kirche während des „Dritten Reichs". Die eingehende Beleuchtung des Zeitpunkts des Konkordatsabschlusses und das Aufwerfen der Frage, ob die national-sozialistische Regierung das Reichskonkordat als Druckmittel im Gegen-zug für die Stimmen des Zentrums für das Ermächtigungsgesetz in Aussicht gestellt hatte, sollte Kritiker später dazu veranlassen, das Konkordat als „ver-brecherisches" Abkommen und „Pakt mit dem Teufel" zu missbilligen. Da es den katholischen Widerstand untergraben habe, so die Argumentation der Kritiker, sei das Konkordat ein Indiz für eine geheime Absprache zwischen der katholischen Kirche und den Nationalsozialisten. Viele katholische Politiker und Kleriker zogen indessen eine ganz andere Schlussfolgerung. Aus ihrer Sicht hatte das Reichskonkordat die katholische Kirche in einer Situation der Bedrängnis geschützt. Wäre es in der Nachkriegszeit weiterhin rechtlich bindend, könnte es diese Schutzfunktion auch in der sowjetischen Besatzungs-zone entfalten.

Unter dem Eindruck der Erfahrungen und Fehler des Jahres 1933 unter-stützte ein Kader ehemaliger führender Zentrumspolitiker die Gründung der CDU kurz nach Kriegsende.[3] Diese Politiker, darunter einige unmittelbar aus den Reihen des Widerstands, entschieden sich für eine Öffnung der noch jungen Partei gegenüber Protestanten. Eine kleine Anzahl von Protestanten schloss sich der CDU auch an. Wie ihre katholischen Kollegen waren die meisten von ihnen überzeugt, dass eine erneute Verchristlichung Deutsch-lands den einzigen Weg zur Bewältigung der bitteren Erfahrungen während der Weimarer Republik und des „Dritten Reichs" darstellte. Die CDU wiederum entwickelte sich nicht zuletzt vor dem Hintergrund, dass die Partei nunmehr für Mitglieder beider Konfessionen offenstand, zur dominierenden politischen Kraft in der 1949 gegründeten Bundesrepublik. Ihr Vorsitzender war der bereits über siebzigjährige ehemalige Zentrumspolitiker Konrad Adenauer, dessen Kanzlerschaft zwischen 1949 und 1963 ihn bekanntlich zum Namensgeber einer ganzen Ära machte.

Doch die CDU wurde zu Recht als eine katholisch dominierte Partei wahrgenommen, deren Erfolg durch Veränderungen in der konfessionellen

---

3   Zu den Ursprüngen der CDU siehe Kleinmann, *Geschichte der CDU*; Cary, *Path to Christian Democracy*; Bösch, *Adenauer-CDU*; Mitchell, *Origins of Christian Democracy*, S. 44–53; Gauger u. a. (Hg.), *Das Christliche Menschenbild*.

Landschaft Westdeutschlands ermöglicht wurde. Am Ende des Zweiten Weltkriegs wurde Deutschland in Besatzungszonen der alliierten Siegermächte
aufgeteilt. Protestantische Hochburgen im Osten wurden an Polen und die
Sowjetunion abgetreten und durch die Gründung des neuen ostdeutschen
Staates im Jahr 1949 wurden vierzehn Millionen Protestanten vom Rest
Deutschlands abgetrennt. In der Bundesrepublik bildeten Katholiken daher
eine weniger kleine Minderheit als vor 1945. Im Jahr 1949 war ihr Anteil von
36 Prozent im Jahr 1937 auf 45 Prozent gestiegen.[4] Mit einer weit höheren
Teilnahme an der Messe im Gegensatz zur Teilnahme von Protestanten an
evangelischen Gottesdiensten waren Katholiken auch deutlicher eher geneigt,
ihre Stimme der CDU beziehungsweise CSU zu geben und nicht deren
liberalen, sozialdemokratischen und kommunistischen Konkurrenten. Aufgrund ihrer dominanten Rolle innerhalb der CDU nahmen sie auch in der
Regierung der Bundesrepublik eine führende Position ein, was zu gespaltenen
Reaktionen führte. Politisch Andersdenkende fanden harsche Worte für den
ihrer Ansicht nach allgegenwärtigen „Klerikalismus" der jungen Republik.
Demgegenüber befürchteten politisch aktive Katholiken noch bis in die 1950er
Jahre einen weiteren Angriff ihrer Gegner auf ihre Religionsfreiheit und im
schlimmsten Fall einen weiteren Kulturkampf, sollten diese erneut an die
Macht kommen.

Die Ressentiments und Ängste beider Seiten, die mit der Ablösung der alten
Garde zwischen 1945 und 1963 einhergingen, lieferten die Grundlage für die
brisanten Debatten über die Vergangenheit der Kirche und trugen erheblich zu
ihrer Sprengkraft bei. In den meisten Fällen dienten die Kontroversen gleichzeitig als eine Art Referendum über das Verhältnis der katholischen Kirche
zur Christlich Demokratischen Union und ihrer Politik. Diese Verknüpfung
wurde dadurch begünstigt, dass viele, die an der Spitze der Angriffe auf die
katholische Vergangenheit standen, entweder selbst Mitglieder einer der drei
großen Parteien Westdeutschlands waren oder zumindest enge Verbindungen
zu ihnen pflegten. Zu diesem Personenkreis gehörten Christdemokraten in
der CDU und ihrer bayerischen Schwesterpartei, aber auch Sozialdemokraten
in Westdeutschlands ältester Partei, der SPD, deren lange Tradition bis 1869
zurückreicht, und schließlich Liberale in der FDP, die 1947 aus den Trümmern
der liberalen Parteien aus der Weimarer Zeit neu gegründet wurde.

Nostalgische Erinnerungen an die 1950er Jahre bergen die Gefahr, einer
falschen Wahrnehmung politischer Harmonie aufzusitzen. Einem in den
1970er Jahren aufkommendem Mythos zufolge hatten die Deutschen die
Politik nach den heftigen Umbrüchen der nationalsozialistischen Herrschaft

---

4   Zur Statistik siehe: Statistisches Bundesamt (Hg.), *Bevölkerung und Wirtschaft*, S. 97.

beiseitegeschoben, um sich der Familiengründung, dem Wohnungsbau sowie der Anhebung des Lebensstandards und der Produktion zu widmen. In Wirklichkeit galt das Gegenteil: Die Adenauer-Ära war eine Zeit parteipolitischer Gefechte und des Protests mit mehr Megafonen, Polizeiaufgebot und Demonstranten als während der Hochphase der 68er-Bewegung.[5] Die führenden Politiker der christlichen, sozialdemokratischen und liberalen Parteien waren durch die Notwendigkeit angetrieben, ihre aufgebrachten Wähler an der Basis zufrieden zu stellen, deren Anschauungen und Strategien allzu oft in der Konfrontationsmentalität der zweiten Hälfte des 19. Jahrhunderts verhaftet blieben. Das Schreckgespenst der kommunistischen Partei, die den Aufbau des aufkeimenden Polizeistaates im Osten beaufsichtigte und im Westen erst 1956 verboten wurde, polarisierte die politische Landschaft noch weiter. Da die politischen Parteien auch weiterhin den Säkularismus entweder öffentlich unterstützten oder bekämpften, wurden politische Diskussionen über die katholische Kirche schnell von Wellen des Protests überlagert und begleitet.

Die konkreten Auslöser für die Kontroversen über das Verhalten der katholischen Kirche im „Dritten Reich" waren heftige Auseinandersetzungen über die Rollen von Kirche und Staat, das öffentliche Schulsystem und die Wiederbewaffnung Deutschlands. Andere Debatten brachen vor dem Hintergrund der katholischen Feindseligkeit gegenüber Liberalismus und Sozialismus, ihres Festhaltens an naturrechtlichen Lehren und ihrer angeblichen Weigerung, ein demokratisches Ethos anzunehmen, aus. Diese Streitfragen hatten bereits die politischen Parteien der Weimarer Republik belastet, doch einer der erbittertsten Kämpfe wurde durch die Frage ausgelöst, ob das Reichskonkordat von 1933 in der Bundesrepublik weiterhin rechtliche Wirkung entfaltete. Dieser Streit musste schließlich durch das Bundesverfassungsgericht beigelegt werden, welches die Fortgeltung des Abkommens von 1933 erklärte, allerdings erst, nachdem im Juni 1956 ein aufsehenerregender Prozess in einem überfüllten Gerichtssaal vor zahlreichen Journalisten mit tausenden Seiten von Gutachten und historischen Abhandlungen über die Ursprünge des Abkommens geführt worden war und beide Seiten eigens hierfür wissenschaftliche Teams zusammengestellt hatten.[6]

Die eingehende Beschäftigung mit der katholischen Vergangenheit verlief daher in vollkommen anderen Bahnen als die breiteren Aufarbeitungsdebatten in Westdeutschland. Erstere war in den politischen Auseinandersetzungen

---

5 Kraushaar, *Protest-Chronik*.
6 Vgl. etwa das 1.700 Seiten zählende, mehrbändige Werk von Friedrich Giese und Friedrich August Frhr. von der Heydte (Hg.), *Der Konkordatsprozess*.

und öffentlichen Protesten der ersten Jahrzehnte der Bundesrepublik verwurzelt und begann wesentlich früher als die Studentenrevolte der späten
1960er Jahre.[7] Die medienwirksame Kontroverse über die Fortgeltung des
Reichskonkordats, die in den späten 1940er Jahren einsetzte, stellte dabei
sicher, dass es mit Blick auf die Vergangenheit der katholischen Kirche in
den 1950ern keine Ära des Schweigens gab.[8] Im Gegensatz dazu setzten die
breiteren Aufarbeitungsdebatten tendenziell in den frühen 1960ern ein und
wurden von aufsehenerregenden Ereignissen wie erneuten Kriegsverbrecherprozessen vorangetrieben, welche die Aufmerksamkeit der Öffentlichkeit auf
die Themen Antisemitismus und Genozid lenkten.[9] Die Folge war die Entwicklung einer Fülle von wissenschaftlichen und nicht-wissenschaftlichen
Aufarbeitungs- und Gedenkinitiativen, die bis heute fortbestehen und in der
Literatur zur deutschen Aufarbeitung des Nationalsozialismus dokumentiert
sind.[10]

Nachdem sie in den 1950ern einmal in Gang gekommen waren, entwickelten
die öffentlichen Debatten über die katholische Vergangenheit eine Eigendynamik. Jede Welle neuer Anschuldigungen rief heftige Gegenbeschuldigen
der Kirchenverteidiger hervor, deren kennzeichnende Strategie darin bestand,
ihre Gegenspieler in der Presse anzugreifen und Dokumente aus der NS-Zeit
zu veröffentlichen, welche die Kirche entlasten sollten. Um die Heftigkeit

---

7   Für Überlegungen zur katholischen Historiografie siehe: Hehl/Repgen (Hg.), *Katholizis-
     mus*; Ruff, „Integrating Religion", S. 307–337; Hürten, „50 Jahre Kommission für Zeit-
     geschichte", S. 753–760; Damberg/Hummel (Hg.), *Katholizismus in Deutschland*.

8   Vgl. hierzu Cesarini/Sundquist, *After the Holocaust*.

9   Zu diesen Ereignissen gehörten die Schändung der Kölner Synagoge im Jahr 1959, der
     Eichmann-Prozess gegen den berüchtigten Architekten der „Endlösung" im Jahr 1961, die
     Auschwitzprozesse zwischen 1963 und 1965, die Protestwellen und Studentenbewegung
     der späten 1960er Jahre und die Ausstrahlung der amerikanischen Miniserie *Holocaust* im
     Jahr 1979.

10   Eine vollständige Darstellung der einschlägigen Literatur würde mehr als dreißig Seiten
     beanspruchen. Zu den wichtigsten Werken der jüngeren Forschung gehören: Diehl, *Tanks
     of the Fatherland*; Frei, *Vergangenheitspolitik*; Herf, *Divided Memory*; Assmann/Frevert,
     Geschichtsvergessenheit; Koshar, *Monuments to Traces*; Rosenfeld, *Munich and Memory*;
     Wiesen, *West German Industry*; Moeller, *War Stories*; Reichel, *Vergangenheitsbewältigung*;
     Berg, *Holocaust und die westdeutschen Historiker*; Rosenfeld, *The World Hitler Never Made*;
     Herzog, *Sex after Fascism*; Goschler, *Schuld und Schulden*; Frei, *1945 und Wir*; Kansteiner,
     Pursuit of German Memory; Niven (Hg.), *Germans as Victims*; Fischer/Lorenz (Hg.), *Lexikon
     der „Vergangenheitsbewältigung"*; Rosenfeld/Jaskot (Hg.), *Beyond Berlin*; Glienke u. a.
     (Hg.), *Erfolgsgeschichte Bundesrepublik?*; Niven/Paver (Hg.), *Memorialization in Germany*;
     Rosenfeld, *Building after Auschwitz*; Wolfgram, „Getting History Right"; Bauerkämper, *Das
     umstrittene Gedächtnis*, sowie dessen Bibliografie, S. 487–514; Meyer, *Die SPD und die
     NS-Vergangenheit*.

des folgenden Flächenbrands besser nachzuvollziehen, rekonstruiert dieses Buch die politischen, kirchlichen und intellektuellen Netzwerke, mit Hilfe derer Kirchenkritiker und -verteidiger diese Gefechte austrugen. Bei einigen handelte es sich um schon lange bestehende Institutionen, andere schlossen sich hingegen in ad hoc gegründeten Arbeitsgruppen zusammen oder nutzten schlichtweg bestehende Freundschaften. Die meisten Protagonisten der kulturellen Auseinandersetzungen waren auf diese Netzwerke zwingend angewiesen, da das eigenhändige Austragen der Gefechte außerordentlich schwierig gewesen wäre. In einer Zeit, in der ein Großteil der einschlägigen Dokumente noch unter Verschluss gehalten wurde und die moderne akademische Infrastruktur mit ihrer großen Anzahl an Konferenzen und Forschungszentren noch in den Kinderschuhen steckte, kontrollierten diese Netzwerke den Zugang zu Forschungsförderung und historischen Archiven und fungierten als Tor zur internationalen Presse.

Die an den Kontroversen beteiligten Personenkreise blieben nicht auf ihre Nationen begrenzt. Unter ihnen waren Koryphäen aller drei großen Parteien Deutschlands, Professoren auf beiden Seiten des Atlantiks, internationale Journalisten, angesehene Intellektuelle, kommunistische Propagandisten aus der DDR sowie führende Vertreter des jüdischen, evangelischen und katholischen Glaubens einschließlich höchstrangiger Vertreter des Vatikans und sogar Papst Paul VI. Die Aktivitäten dieser oftmals in Parteien oder der Kirche verankerten Netzwerke bestimmten nachhaltig die Bahnen, in denen sich die folgenden Kontroversen abspielen sollten. Ihre Mitglieder verstanden sich als Kämpfer in einer größeren Auseinandersetzung mit weltanschaulichen Gegnern und zögerten daher noch bis in die 1970er Jahre nicht, den Aktivitäten „der anderen Seite" und „unserer ideologischen Gegner" unehrenhafte Motive zuzuschreiben und eine übersteigerte Bedeutung beizumessen.

Dieses Buch beleuchtet entsprechend die eher unbehaglichen Aspekte dieser heftigen Auseinandersetzungen – die Beteiligung der DDR, Versuche des Vatikans und einiger Diözesen, die Entlassung oder Degradierung von bei religiösen Einrichtungen angestellten Kirchenkritikern zu erwirken, Gerichtsverfahren, öffentliche Denunziationen und Bemühungen, kritischen Stimmen das Gehör über Radio, Fernsehen, Zeitschriften und Zeitungen in ganz Deutschland und den Vereinigten Staaten zu versagen. Der Zeitpunkt der einzelnen Kontroversen war jeweils entscheidend. In den späten 1950ern und frühen 1960ern begannen die Massenmedien sowohl in den Vereinigten Staaten als auch in der Bundesrepublik, ein neues Selbstverständnis als kritische Organe, die das Recht auf freie Meinungsäußerung hochhalten, zu entwickeln. Journalisten prangerten die Versuche, gegenteilige Stimmen mundtot zu machen, entschieden an. Die Vergangenheit und gegenwärtige

Situation der katholischen Kirche waren in ihrer Wahrnehmung ein Thema, über das jede Bürgerin und jeder Bürger sich zu äußern berechtigt war. Entsprechend groß war ihre Empörung über Verweise auf Kirchenlehren, nach denen es „kein Daseinsrecht für den Irrtum" gab. Die Debatten über die katholische Vergangenheit während des „Dritten Reichs" mündeten somit in ein breiteres Plädoyer für Meinungsfreiheit, Grundrechte und die Demokratisierung der Gesellschaft.

Die Darstellung konzentriert sich auf Konfrontationen vor Gericht und im Gerichtssaal der öffentlichen Meinung. Im Kern liegt eine geistesgeschichtliche Darstellung unter Berücksichtigung einiger unerlässlicher Elemente des politik-, sozial- und kulturgeschichtlichen Hintergrunds vor. Auch die Erträge der umfassenden Literatur aus dem Bereich der Erinnerungsgeschichte der letzten zwanzig Jahre sind in diese Arbeit eingeflossen.[11] Für die meisten Beteiligten an diesen Debatten, die vor 1925 geboren worden waren, galt, dass die traumatischen Erlebnisse zwischen 1933 und 1945 die Art und Weise prägten, wie sie sich später mit der Vergangenheit der Kirche beschäftigten. Aus diesem Grund wird in den einzelnen Kapiteln dieses Buchs auch kurz auf die Biografien der Schlüsselfiguren der jeweiligen Kontroversen eingegangen.

Eine Schwierigkeit besteht jedoch darin, dass hunderte Einzelpersonen und Gruppierungen sowohl aus nahezu allen westlichen Ländern als auch dem Ostblock ihre kritische oder verteidigende Haltung gegenüber dem Verhalten der katholischen Kirche während des „Dritten Reichs" veröffentlichten. Ihre Argumentationslinien entsprangen dabei einem weiten Spektrum an religiösen und politischen Zielen. Da es unmöglich ist, die Ansichten jedes Akteurs, der sich zwischen 1945 und 1980 zu vorliegenden Themen äußerte, darzustellen, wird der Fokus auf die sieben Kontroversen gelegt, welche die hitzigsten Debatten auslösten, und ihnen jeweils eines der sieben Kapitel dieses Buchs gewidmet.[12] Jede dieser Kontroversen, mit Ausnahme

---

11   Die Literatur der Erinnerungsgeschichte beziehungsweise *history of memory* und *histoire de la mémoire* ist zu umfassend, als dass sie hier vollständig aufgeführt werden könnte. Vgl. hierzu die Überblicksliteratur von: Halbwachs, *Les cadres sociaux*; Nora, *Les lieux de mémoire*; Assmann/Hölscher, *Kultur und Gedächtnis*; Burke, „History as Social Memory", S. 97–113; Assmann, *Das kulturelle Gedächtnis*; Irwin-Zarecki, *Frames of Remembrance*; Confino, „Collective Memory and Cultural History", S. 1386–1403; Winter/Sivan (Hg.), *War and Remembrance*; Müller, „Introduction", S. 1–35; Confino, *Germany as a Culture of Remembrance*; Winter, *Remembering War*; Lebow u. a., *Politics of Memory*; Rosenfeld, „Looming Crash or Soft Landing?", S. 122–158.

12   Einigen prominenten Kirchenkritikern wie dem katholischen Rundfunkkommentator und Publizist Walter Dirks und den Autoren Karlheinz Deschner, Carl Amery und Heinrich Böll wird dabei weniger Aufmerksamkeit gewidmet. Ihre Aussagen stützten sich hauptsächlich auf die Forschung und Kompetenz anderer. Amery und Böll leisteten

zweier Auseinandersetzungen, war tief in den politischen Diskussionen der Adenauer-Ära verwurzelt. Alle Debatten erweckten zudem die Neugier Außenstehender und sorgten für heftige emotionale Reaktionen, wodurch sie weite Kreise zogen, insbesondere wenn deontologische oder theologische Standpunkte auf dem Spiel standen. In den Netzwerken wurde das durch vorherige Auseinandersetzungen gewonnene Wissen genutzt, um neue Untersuchungen auf den Weg zu bringen. Bittere Niederlagen, gerade wenn sie in den Augen der Öffentlichkeit als solche wahrgenommen wurden, hatten einen mobilisierenden Effekt und riefen Kämpfer für die nächsten Gefechte auf den Plan. Sie konnten die geäußerte Kritik nicht unbeantwortet lassen.

Die Kapitel dieser Studie folgen grundsätzlich einer chronologischen Reihung, wenn auch mit Ausnahmen. Einige der thematisierten Kontroversen spielten sich zeitgleich ab, andere wiederum hatten ihre Ursprünge in vergangenen Epochen. Jedes Kapitel enthält daher auch Rückblenden in unterschiedliche geschichtliche Zeitabschnitte – die 1920er Jahre, die Zeit des Nationalsozialismus, die unmittelbare Nachkriegszeit und die Adenauer-Ära. Diese Sprünge in der Zeit sind notwendig, um aufzuzeigen, wie die involvierten Personen aufgrund ihrer traumatischen Erfahrungen diese Zeiten des Blutvergießens, der Aufopferung und des Leids erneut durchlebten.

Das erste Kapitel untersucht die Entstehung von über zehn Dokumentensammlungen und Darstellungen, die zwischen 1946 und 1949 über die katholische Kirche und ihr Verhalten während der Herrschaft der Nationalsozialisten erschienen. Es geht auf zwei frühe Chronisten ein, die beide Kleriker und entschiedene Gegner des Nationalsozialismus gewesen waren. Walter Adolph war Herausgeber der Kirchenzeitung des Bistums Berlin und Autor zahlreicher Bücher und Artikel über die katholische Kirche unter nationalsozialistischer Herrschaft. Johannes Neuhäusler verfasste sieben Werke über den Kirchenkampf, darunter sein 800-seitiges, zweibändiges Opus magnum *Kreuz und Hakenkreuz*. Bis zu seiner Verhaftung und Internierung im Konzentrationslager Dachau im Jahr 1941 hatte er ausländischen Staatsmännern und Würdenträgern illegal Nachrichten zukommen lassen und den Vatikan so über kirchenfeindliche Maßnahmen und Übergriffe der Nationalsozialisten informiert. Beide Kleriker verfassten ihre Werke in Reaktion auf

---

indessen die Vorarbeit für die Debatten über die vermeintliche Abgeschiedenheit des katholischen Milieus und die Rolle der Kirche in der Bundesrepublik. Für Kurzbiografien Dirks siehe: Kettern, „Walter Dirks", S. 360–367; Bröckling, „Walter Dirks", s. 241–254. Zu Amery siehe: Fenske, „Begegnungen mit Carl Amery", S. 90–110. Für biografische Darstellungen Bölls siehe: Schröter (Hg.), *Heinrich Böll*; Schubert, *Heinrich Böll*; vgl. auch die zahlreichen Werke Deschners, darunter etwa *Abermals krähte der Hahn* und *Ein Jahrhundert Heilsgeschichte*.

die von Kommunisten, ausländischen Journalisten und den Westalliierten geäußerte Kritik an der katholischen Kirche. Durch diese Begegnungen wurden nationalistische Ressentiments, ein Überbleibsel des Ersten Weltkriegs, wiedererweckt, da ein Leben unter ausländischer Besatzung – und die Aussicht auf Entnazifizierungstribunale, Kriegsverbrecherprozesse und Reparationszahlungen – das Schreckgespenst des Versailler Vertrags heraufbeschworen. Die beiden Kirchenverteidiger bedienten sich in diesen Gefechten mit Kirchenkritikern in entscheidendem Maße der Strategien, die sie bereits in ihrem Kampf gegen die nationalsozialistischen Machthaber angewendet hatten. Das einst im Kampf gegen eine brutale Diktatur so unerlässliche konspirative Milieu kam hier erneut zum Vorschein, um heftige Auseinandersetzungen über die Vergangenheit auszutragen. Infolgedessen wurden die differenzierten Erinnerungen an die Kirche während des „Dritten Reichs" schnell über einen Kamm geschoren und verloren ihre Nuancierung.

Das zweite Kapitel richtet den Blick auf den historischen Gerichtsprozess, der, mehr als jedes andere Ereignis, das Interesse an der katholischen Vergangenheit erweckte. Gemeint ist der vom 4. bis 8. Juni 1956 geführte Prozess vor dem Bundesverfassungsgericht, dem in Karlsruhe ansässigen höchsten Gericht der Bundesrepublik, über die rechtliche Fortgeltung des 1933 abgeschlossenen Reichskonkordats. Dieser Prozess lässt sich auf den lang andauernden Streit über die Frage, ob öffentliche Schulen nach Konfessionen getrennt werden sollten, zurückführen und gab den Ton für spätere Auseinandersetzungen über die katholische Vergangenheit vor. Hier wurden Fragen aufgeworfen, welche die Kirche auch noch Jahre später immer wieder heimsuchen sollten. Der Prozess spaltete die Meinungen in der Wissenschaft in unterschiedliche Lager und Gruppen. Beide Seiten vor Gericht waren für den Prozess auf Teams aus Juristen, Politikern, Journalisten und einigen wenigen Historikern angewiesen, um Nachforschungen über die Rechtmäßigkeit und Entstehungsgeschichte des Konkordats anzustellen und zu fördern. Die Katholiken in der CDU und CSU standen den mehrheitlich protestantischen Liberalen der FDP und Sozialdemokraten der SPD gegenüber. Diese Spaltungen sollten noch über Jahrzehnte fortbestehen.

Das dritte Kapitel betrachtet den fortdauernden Einfluss, den diese Netzwerke auf die Debatten über die katholische Vergangenheit nach der Urteilsverkündung im März 1957 ausübten. Angesichts der vielen weiterhin offenen Rechtsfragen und dem gesteigerten öffentlichen Interesse an der Rolle der katholischen Kirche in den Ereignissen des Jahres 1933 nahm sich eine wachsende Zahl junger Historiker der Aufgabe an, das Verhältnis zwischen Kirche und Staat am Ende der Weimarer Republik sowie in der Bundesrepublik auszuloten. Die verschiedenen Kritikpunkte wurden von dem jungen katholischen Staatsrechtler Ernst Wolfgang-Böckenförde zusammengeführt, der im Frühjahr 1961 einen richtungsweisenden Artikel in der katholischen Zeitschrift *Hochland* veröffentlichte, darin die Fehltritte der katholischen Kirche im Jahr 1933 analysierte und ausdrückliche Parallelen zu ihrem, seiner Ansicht nach, unzureichenden demokratischen Geist der Adenauer-Ära zog. Die darauffolgende Kontroverse markierte einen Wendepunkt: Sie wurde zum Katalysator für die Gründung der Kommission für Zeitgeschichte bei der katholischen Akademie in Bayern, einer katholischen Forschungseinrichtung zur historischen Dokumentation und Erforschung der brisanten ersten Hälfte des 20. Jahrhunderts. Den Netzwerken, die an der Gründung und Unterstützung dieses Zusammenschlusses von Historikern beteiligt waren, gehörten zum Teil dieselben Politiker, Diplomaten, Historiker, Geistlichen und Journalisten an, die 1956 an der Spitze des Streits vor dem Bundesverfassungsgericht gestanden hatten. Nachfolgende Auseinandersetzungen über die katholische Vergangenheit standen demnach im Zeichen der weltanschaulichen Lager der jungen Bundesrepublik.

Das vierte Kapitel analysiert, wie ein weiteres brisantes Thema während der Adenauer-Ära zu einer Kontroverse über die Vergangenheit der Kirche führte. Die Angriffe auf die katholische Kirche rührten in diesem Fall nicht von einem deutschen Linkspolitiker her, sondern von dem amerikanischen katholischen Soziologen und Pazifisten Gordon Zahn. Der streng fromme Akademiker mittleren Alters hatte das akademische Jahr 1956/57 mit einem Fulbright-Stipendium in Deutschland verbracht, wo er die Debatten im Zusammenhang mit der deutschen Wiederbewaffnung miterlebt hatte. In einem Vortrag, den er im September 1959 an dem kleinen katholischen Mundelein College in Chicago hielt, warf Zahn der katholischen Kirche vor, Hitlers Raubkriege gegen Polen und die Sowjetunion unterstützt und damit eindeutig gegen die katholische Lehre des gerechten Kriegs verstoßen zu haben. Hintergrund seiner Kritik waren nicht nur die starke Befürwortung der westdeutschen Wiederbewaffnung und die diplomatische Linie in nuklearen Angelegenheiten seitens des Episkopats, sondern auch der seiner Ansicht nach während des Kalten Kriegs verbreitete „Super-Patriotismus" katholischer US-Politiker und der amerikanischen Hierarchie. Nachdem er in der Chicagoer Presse für Schlagzeilen gesorgt hatte, wurde Zahns Vortrag auch Gegenstand internationaler Streitigkeiten, in die das Auswärtige Amt, das deutsche Generalkonsulat in Chicago, deutsche Bischöfe und der Vatikan involviert waren. Im Zentrum der Auseinandersetzung stand ein transatlantisches Netzwerk, bei dessen Aufbau Walter Adolph geholfen hatte, indem er mehr als ein Dutzend hochrangige Vertreter der katholischen Kirche für den Kampf gegen Zahn gewinnen konnte.

Das fünfte Kapitel betrachtet die Furore um Rolf Hochhuths Theaterstück *Der Stellvertreter*. Während fast gleichlautende Anschuldigungen gegenüber dem Pontifex in den 1940ern und 1950ern keinen bleibenden Eindruck hinterlassen hatten, trug das Erstlingswerk des jungen Protestanten mehr als alles andere dazu bei, die öffentliche Aufmerksamkeit auf das Verhalten der katholischen Kirche während des „Dritten Reichs" zu lenken. An der Spitze der Offensive gegen den Schriftsteller stand in Berlin abermals Walter Adolph, der gerade den Kampf gegen Gordon Zahn angeführt hatte und nun ein neues Team zusammenstellte, um den in Bedrängnis geratenen Papst zu verteidigen. Ihr Gegenschlag wandelte die Diskussion, die sich vorgeblich um das Schweigen des Papstes während des Zweiten Weltkrieges drehte, in eine für ihre Sache weitaus schädlichere Debatte – eine Debatte über Meinungs- und Pressefreiheit, Bürgerrechte und Toleranz in der ersten Hälfte der 1960er Jahre, als die gesellschaftliche Haltung zu diesen Themen sich im Umbruch befand.

Das sechste Kapitel untersucht die Reaktionen auf die Veröffentlichung von Guenter Lewys *Die katholische Kirche und das Dritte Reich* im Jahr 1964. Der amerikanische Politikwissenschaftler und Jude war aus NS-Deutschland geflohen und kehrte in den frühen 1960er Jahren inspiriert durch Gordon Zahns Befunde für ein Forschungsvorhaben nach Deutschland zurück. Nach Lewy hatte die Kirche sich lediglich dann durch Widerstand gegen den Nationalsozialismus hervorgetan, wenn ihre eigenen unmittelbaren Interessen auf dem Spiel standen. Ferner hatte die weltanschauliche Übereinstimmung zwischen Nationalsozialismus und Katholizismus Vertreter der Kirche dazu bewogen, eine Zusammenarbeit mit Hitlers Regierung anzustreben. Lewys Werk wurde fast umgehend ins Deutsche übersetzt und im darauffolgenden Jahr über zwei Monate lang jede Woche in Auszügen im *Spiegel* veröffentlicht. Erbost über den Umstand, dass ein Amerikaner eine umfassende und kritische Gesamtdarstellung vorgelegt hatte, bevor katholische Historiker ihre eigenen Darstellungen fertigstellen konnten, unternahmen sowohl Johannes Neuhäusler als auch der Jesuit und Historiker Ludwig Volk Schritte, um den Zugang zu Diözesanarchiven deutschlandweit fortan einzuschränken. Sie befürchteten, künftige Lewys könnten ein falsches und unvollständiges Bild der Kirche zeichnen. In der Folge blieben die Türen der Archive denjenigen, die noch nicht als verlässlich galten, oftmals verschlossen.

Das siebte Kapitel widmet sich der vorerst letzten großen Kontroverse, bevor sich der Wirbel um die Vergangenheit der katholischen Kirche für annähernd zwei Jahrzehnte legte. Dabei handelte es sich um ein Kräftemessen, das zwischen 1977 und 1979 auf den Seiten von Deutschlands führender Tageszeitung und in der führenden deutschen zeithistorischen Fachzeitschrift ausgetragen wurde. In diesem Duell traten zwei Wissenschaftler gegeneinander an: der evangelische Kirchenhistoriker Klaus Scholder und der katholische Geschichtswissenschaftler an der Spitze der Kommission für Zeitgeschichte, Konrad Repgen. Die Repgen-Scholder-Kontroverse warf nicht nur Fragen historischer Methodologie auf, die die Meinungen spalteten. Sie führte ebenfalls dazu, dass sich die konfessionelle und politische Kluft bezüglich des Reichskonkordats aus der Zeit des Prozesses vor dem Bundesverfassungsgericht im Jahr 1956 erneut auftat.

Die Debatte wurde 1980 ohne eine Lösung beendet. In den darauffolgenden fünfzehn Jahren ruhten die Diskussionen über die katholische Vergangenheit mehr oder weniger, erreichten jedoch selbst bei einem Wiederaufflammen nie die Intensität der vorangegangenen Jahrzehnte. Dies änderte sich in den 1990er Jahren, als die größtenteils auf Papst Pius XII. fokussierten kulturellen Gefechte erneut in den Vereinigten Staaten und Großbritannien ausbrachen und schließlich nach Deutschland überschwappten, wo sie eine neue Welle polemischer Kommentare und wissenschaftlicher Beiträge auslösten, die gelegentlich als „Pius-Kriege" bezeichnet werden.[13]

Mit diesem Buch wird aufgezeigt, wie bestimmte historische Bilder der katholischen Kirche entstanden und sofort in Frage gestellt wurden. Es wird herausgearbeitet, dass die überwiegende Mehrheit derer, die diese Bilder zu zeichnen versuchten, durch ihre damals gegenwärtigen Bedenken motiviert waren, obwohl sie alle ihre Verpflichtung gegenüber den Grundsätzen historischer Objektivität bekundeten. Ihre Herangehensweise an die Thematik war entsprechend durch traumatische Erfahrungen während des „Dritten Reichs", religiöse Überzeugungen, politische Interessen, gesellschaftlichen Druck und vor allem durch das Bedürfnis geprägt, weltanschauliche Gegner zu bekämpfen. Obwohl sich die folgenden Debatten oftmals um die Legitimität der angewandten geschichtswissenschaftlichen Methoden drehten, ging es in diesen Kontroversen zwischen 1945 und 1980 im Kern um die unterschiedlichen ideologischen Bekenntnisse der Kontrahenten, um ihre gerade deshalb als voreingenommen angesehen wissenschaftliche Herangehensweise und nicht zuletzt um die politischen und ideologischen Einflüsse auf die Formulierung der historischen Leitfragen.

Da die ideologischen und konfessionellen Frontlinien, die diesen Kontroversen zugrunde lagen, heute größtenteils der Vergangenheit angehören, ist es die Hoffnung des Verfassers, dass die Zeit zur Historisierung dieses 35 Jahre dauernden Streits über das Verhalten der katholischen Kirche während der zwölf Jahre der „Revolution", der Diktatur, des Kriegs und des Genozids nun gekommen ist. Die Historisierung dieser Kämpfe gibt nicht

---

13   Bottum/Dalin (Hg.), *Pius Wars*.

nur Aufschluss darüber, wie politische Parteien, führende Glaubensvertreter und Intellektuelle Narrative über die Vergangenheit entwickelten, um ihre eigenen Ansichten hinsichtlich der Rolle der katholischen Kirche in der jungen Bundesrepublik und der modernen Gesellschaft zu rechtfertigen. Sie ermöglicht es darüber hinaus, die Graustufen der so oft schwarz-weiß gezeichneten Vergangenheit wiederherzustellen, die den vielschichtigen und komplexen religiösen Erfahrungen unter den Bedingungen einer brutalen und letztendlich christenfeindlichen Diktatur besser gerecht werden.

KAPITEL 2

Die ersten Darstellungen der Nachkriegszeit, 1945–1949

In den ersten Wochen und Monaten nach dem Sieg der Alliierten über das NS-Regime am 8. Mai 1945 machten sich einige Veteranen des NS-Kirchenkampfes mit schriftstellerischer Neigung und bestimmten politischen Zielen, gleichzeitig konfrontiert mit Herausforderungen in der Seelsorge, daran, die Geschichte der Kirche unter nationalsozialistischer Herrschaft zu erzählen.[1] Im August 1945 gab der deutsche Episkopat auf der ersten bischöflichen Plenarkonferenz nach dem Zweiten Weltkrieg in Fulda die Erstellung einer Dokumentensammlung in Auftrag. Innerhalb von nur vier Jahren veröffentlichten mehrere entschiedene und standhafte Gegner des NS-Regimes aus katholisch-religiösen und katholisch-intellektuellen Hochburgen wie Freiburg, Münster, München, Berlin und Köln zahlreiche Bücher und Artikel über die Kämpfe, aus denen sie allem Anschein nach gerade erst triumphierend hervorgegangen waren.[2] Dabei traten ihnen Aktivisten der Bekennenden Kirche, der 1934 gegründeten evangelischen Oppositionsbewegung gegen die „Gleichschaltung" der evangelischen Kirche, zur Seite und legten ebenfalls Darstellungen über die Verfolgung von Christen vor.[3]

In den Darstellungen der Geschichte ihrer jeweiligen Kirche bedienten sich diese Veteranen des Kirchenkampfs vielmehr der Schwarz-Weiß-Malerei als der Graustufen, die ihren eigenen Erfahrungen und Erinnerungen aus der turbulenten Zeit zwischen 1933 und 1945 wohl eher entsprochen hätten. Sie zeichneten das Bild einer im Widerstand und in Solidarität mit ihren Oberhäuptern geeinten Kirche oder, wie einer der ersten Chronisten, Johannes

---

1 Vgl. die geschichtswissenschaftlichen Untersuchungen von Hehl, „Kirche und Nationalsozialismus"; Schmidtmann, „"Fragestellungen der Gegenwart"", S. 167–201, hier 175 f.; Hummel, „Gedeutete Fakten", S. 507–567, hier 509.

2 Vgl. etwa Kaim, *Der Bischof ist wieder da*; Erb, *Bernhard Lichtenberg*; Bierbaum, *Romfahrt*; Tritz SJ, *Katholische Kirche in Deutschland*; Muckermann, *Der Deutsche Weg*; Natterer, *Der Bayerische Klerus*; Steiner, *Propheten wider das Dritte Reich*; Steward, *Sieg des Glaubens*; Strobel, *Christliche Bewährung*; Mörsdorf, *August Froehlich*; Bierbaum, *Kardinal von Galen*; Delp SJ, *Angesicht des Todes*; Laros (Hg.), *Dr. Max Josef Metzger*.

3 Für Darstellungen von evangelischer Seite siehe beispielsweise: Bonhoeffer, *Wege zur Freiheit*; Jannasch, *Deutsche Kirchendokumente*; Klingler (Hg.), *Dokumente zum Abwehrkampf*; Koch, *Bekennende Kirche Heute*; Wolf, *Zeugnisse der Bekennenden Kirche*; Künneth, *Der grosse Abfall*; Lilje, *Im finstern Tal*; Schlink, *Ertrag des Kirchenkampfes*; Lilje (Hg.), *Begegnungen*.

© BRILL SCHÖNINGH, 2022 | DOI:10.30965/9783657701544_003

Neuhäusler, es formulierte: „Der Widerstand war da", sowohl während der gesamten zwölf Jahre der nationalsozialistischen Diktatur als auch während des Aufstiegs der NSDAP zwischen 1923 und 1933: „Der Widerstand war kräftig und zäh, bei hoch und nieder, bei Papst und Bischöfen, bei Klerus und Volk, bei Einzelpersonen und ganzen Organisationen."[4]

Jedoch war den Autoren dieser Werke sehr wohl bewusst, dass es auch katholische Zeitzeugen gab, welche die vorangegangenen zwölf Jahre ganz anders erlebt hatten. Sie wussten aus eigener Erfahrung, welche Kirchenmänner und Laienführer dem Regime ihre Unterstützung angeboten oder sich zumindest nicht eindeutig zur Opposition bekannt hatten. Die Autoren waren ohne Weiteres in der Lage, die schwachen Glieder des Widerstands zu benennen. Sie wussten – wie konnten sie auch nicht? –, dass die Kirche den entscheidenden Kampf gegen den NS-Apparat trotz ihres Widerstands verloren hatte. Die katholischen Parteien waren verboten, die meisten katholischen Verbände aufgelöst, die kirchliche Presse geschwächt oder zerschlagen, Bekenntnisschulen verweltlicht und tausende Priester in Konzentrationslagern interniert worden. Angesichts dieser Umstände griffen die frühen Autoren, von denen die meisten ehemalige Widerstandskämpfer waren, erneut auf die Taktiken des im Kampf gegen einen tyrannischen Staat so unerlässlichen konspirativen Milieus zurück. Ihre Darstellungen waren von Fehlern durchzogen, einige davon waren in Eile entstanden, andere wiederum das Ergebnis absichtlicher Verfälschungen.

Das vorliegende Kapitel konzentriert sich auf zwei Motive, die diese Autoren dazu bewegten, in diesen bedeutenden Wochen, Monaten und Jahren Beweise herauszufiltern und auszublenden, die ihre eigenen ersten Darstellungen widerlegt hätten. Das erste Motiv war die Bereitschaft (oder eher der Widerwille) der deutschen Bischöfe, offen und kritisch über die Schuld der Deutschen und der deutschen Kirche zu sprechen. Denn diese Bereitschaft änderte sich infolge von Signalen aus Rom im Sommer 1945. Der zweite Beweggrund lag in einer Reihe von Begegnungen mit skeptischen Kirchenkritikern, die anfingen, unangenehme Fragen über das tatsächliche Verhalten der Kirchen während des „Dritten Reichs" zu stellen. Sowohl kommunistische Ideologen als auch eine erste Handvoll ausländischer Journalisten, Oppositionspolitiker und kritischer Einzelpersonen, die verbittert über das Ausbleiben größerer Unterstützung seitens der kirchlichen Hierarchie für ihren Widerstand gegen den Nationalsozialismus waren, gehörten den Reihen der Skeptiker an. Diese oftmals beschämenden öffentlichen Begegnungen zwischen den Anführern des Kirchenkampfs und ihren sich formierenden Kritikern ließen einen tief

---

4 Neuhäusler, *Kreuz und Hakenkreuz II*, S. 10; Pfister (Hg.), *Zeuge der Wahrheit*.

sitzenden Nationalstolz wieder aufflammen und beschworen schmerzhafte Erinnerungen an den Versailler Vertrag herauf, während sich Deutschland unter ausländischer Besatzung befand. Um dem Vorwurf der deutschen Kollektivschuld etwas entgegenzusetzen sowie die Entnazifizierungspolitik und Kriegsverbrecherprozesse der Alliierten zu entschärfen, verbündeten sich führende Persönlichkeiten der katholischen und evangelischen Kirche in einem seltenen Beispiel der Ökumene und versuchten gemeinsam, verständnisvollere Vertreter der Besatzungsmächte und ihre ausländischen Glaubensbrüder davon zu überzeugen, dass die Kirchen im Rahmen ihrer Möglichkeiten alles getan hatten, um sich dem Übel des Nationalsozialismus zu widersetzen.

Die Geschichte dieses Kapitels beginnt in Fulda auf der Plenarkonferenz der deutschen Bischöfe. Es wird zunächst dargelegt, warum es den mit der Historisierung beauftragten Personen nicht einmal gelang, eine auch nur im Ansatz statistisch belastbare Quellenpublikation zusammenzustellen. Der Blick wird anschließend weiter südwestlich auf Freiburg und die Entstehung einer zehn Bände umfassenden Dokumentensammlung gerichtet. Ihr Herausgeber war der angesehene katholische Dichter, Schriftsteller und Pazifist Reinhard Schneider, dessen Werke während des Nationalsozialismus verboten gewesen waren.

Die nächsten Stationen dieser Geschichte sind München und Rom, wo sich die weltanschaulichen Gefechte um eine Darstellung zutrugen, die später als maßgebliches Standardwerk des Kirchenkampfs galt.[5] Gemeint ist Johannes Neuhäuslers 800-seitiges Opus magnum *Kreuz und Hakenkreuz*. Neuhäusler hatte selbst aufgrund seiner Rolle als Koordinator zahlreicher katholischer Widerstandsaktivitäten über vier Monate in Konzentrationslagern verbracht. Die jeweils 20.000 Exemplare der beiden Auflagen seines zweibändigen Werks waren nach nicht einmal sieben Monaten ausverkauft.[6]

Im Anschluss stehen Berlin und der dortige Kreuzzug gegen Kritiker aus der Ost- und Westzone im Zentrum der Betrachtung. Geführt wurde dieser von Walter Adolph, einem kämpferischen katholischen Priester und Journalisten mit Wurzeln im proletarischen Berlin, der zugleich einer der produktivsten Apologeten seiner Zeit war. Adolph nutzte seine Position als Leiter der Bischöflichen Pressestelle und der katholischen Kirchenzeitung des Bistums Berlin zur Veröffentlichung zahlreicher Bücher, Zeitungsartikel und

---

5   Johannes Neuhäusler an das Kath. Pfarramt Pattensee (Leine), 21.3.1947, AEM, NL Johannes
     Neuhäusler, VNN 240; Vorschlag auf Verleihung des Bayerischen Verdienstordens, 31.3.1959,
     Gez.: Prof. Dr. Maunz, Staatsminister, Bayerisches Hauptstaatsarchiv, StK Bayer. Verdienstorden 129, Staatsministerium für Unterricht und Kultus.
6   Bestell-Liste für Kreuz und Hakenkreuz (undatiert), AEM, NL Johannes Neuhäusler, VN
     N 240.

Leitartikel, um der katholischen Märtyrer des „Dritten Reichs" zu gedenken. Zum Abschluss wendet sich dieses Kapitel Köln und einer Betrachtung der letzten umfassenden Darstellung aus der unmittelbaren Nachkriegszeit zu. Es handelt sich dabei um ein Werk, das aufgrund seiner relativ späten Veröffentlichung im Jahr 1949 nicht mehr die ihm gebührende Aufmerksamkeit erhielt.[7]

Die gescheiterten Bemühungen des deutschen Episkopats

Im Sommer 1945 befanden sich die deutschen Kirchenführer in einer prekären Lage. Nach zwölf Jahren der Verfolgung und des Kriegs sahen sie sich mit enormen Herausforderungen in der Seelsorge konfrontiert. Deutschland lag in Trümmern, Millionen von Menschen wurden vermisst, waren vertrieben worden oder befanden sich in Kriegsgefangenschaft und die Zivilbevölkerung litt unter schwerer Nahrungsmittelknappheit. Auch weil sie eine zentrale Rolle im Wiederaufbau und der Rechristianisierung Deutschlands anstrebten, mussten die Kirchenführer in der Lage sein, den Gläubigen die Katastrophe zu erklären. Doch sie wussten auch genau, dass die Entnazifizierungsmaßnahmen und Kriegsverbrecherprozesse, die sich in Vorbereitung befanden und mit denen die Verbrechen des Regimes geahndet und Nationalsozialisten aus öffentlichen und gesellschaftlich relevanten Ämtern entfernt werden sollten, sich auch auf Katholiken und Protestanten erstrecken würden.

Gleichzeitig war den Bischöfen bewusst, dass viele Deutsche die Schuld nicht bei sich selbst, sondern bei den Alliierten suchten und besatzungspolitische Maßnahmen wie die Entnazifizierung als Bestrafung empfanden.[8] Die deutschen Kirchen sahen darin eine Gelegenheit und traten als Sprecher der besiegten deutschen Nation auf.[9] Sie waren die einzigen übrig gebliebenen großen Einrichtungen außerhalb des linkspolitischen Spektrums, deren moralische Autorität intakt geblieben war, und in ihren Begegnungen mit den siegreichen alliierten Besatzern spielten sie diese Karte stets aus. Sie trugen immer dafür Sorge, dass die Alliierten erst einen kurzen Bericht über

---

7   Corsten (Hg.), *Kölner Aktenstücke.*
8   Zur Besatzungspolitik der Amerikaner siehe: Weisz (Hg.), *OMGUS-Handbuch*; Maulucci/ Junker (Hg.), *GIs in Germany.*
9   Zu dem oft spannungsreichen Verhältnis zwischen der katholischen Kirche und den Besatzungsmächten in der unmittelbaren Nachkriegszeit siehe etwa: Spotts, *Churches and Politics*; Volk SJ, „Der Heilige Stuhl und Deutschland", S. 795–823; Buscher, *U.S. War Crimes Trial Program*, S. 93–97; Trippen, *Josef Kardinal Frings, Bd. I*; Brown-Fleming, *Holocaust and Catholic Conscience*; Helbach, „,Schuld' als Kategorie der Vergangenheitsbewältigung", S. 245–255; Schroeder, *Forget it all.*

ihren Protest und Widerstand während der NS-Jahre erhielten, bevor sie ihre Opposition gegen die Entnazifizierung und Kriegsverbrecherprozesse darlegten.[10]

Die Hervorhebung ihrer moralischen Autorität war ihr höchster Trumpf. Denn die Kirchen hatten guten Grund zu der Annahme, dass die Alliierten zu einer etwas milderen Besatzungspolitik gegenüber Deutschland greifen würden, wenn es gelänge, ihr Interesse für den Kirchenkampf wiederzuerwecken. Während der dunkelsten Stunden der Verfolgung hatten einflussreiche Kleriker im Vatikan und in evangelisch-ökumenischen Organisationen den Kampf der deutschen Kirchen aufgegriffen und fortgeführt. Einige unter ihnen, etwa der anglikanische Bischof George Bell sowie Papst Pius XII., waren an Plänen des deutschen Widerstands zur Verübung eines Attentats auf Hitler beteiligt gewesen.[11] Es war ihnen gelungen, in Großbritannien und den Vereinigten Staaten ein Bewusstsein für die stark eingeschränkte Religionsfreiheit in Deutschland zu schaffen. Sie hatten sich in Genf, London, New York und dem Vatikan dafür eingesetzt, dass zahlreiche Berichte mit Einzelheiten über den andauernden Kirchenkampf veröffentlicht wurden. Diese Berichte waren ab 1934 erschienen und wurden auch im Jahr 1941, das den Kriegseintritt der Vereinigten Staaten markierte, weiterhin veröffentlicht. Einige erschienen als Zeitzeugenberichte, andere als Dokumentensammlungen.[12] Diese Berichte waren nicht als ausgewogene wissenschaftliche Werke konzipiert. Vielmehr sollten sie ihre Mitchristen im Ausland wachrütteln und zum Handeln animieren. Aus diesem Grund dienten sie wohl auch als Vorlagen für die zahlreichen Quellensammlungen, die während der Besatzungszeit zusammengestellt wurden.

Einige dieser Kleriker – wie etwa Bell – waren bereits 1944 als Fürsprecher eines milderen Friedensabkommens in Erscheinung getreten und vertraten diese Linie selbst nach der Aufdeckung der entsetzlichen Vorgänge in den Konzentrationslagern im Frühling 1945 weiterhin, obwohl die allgemeine Stimmung nun in einen aufgebrachten Ruf nach vergeltender Gerechtigkeit umgeschlagen war. Papst Pius XII. hatte in seiner Weihnachtsansprache im Jahr 1944 die Vorstellung einer Kollektivschuld der deutschen Bevölkerung

---

10 Für ein Beispiel siehe: Memorandum of the Bishops of the American Occupied Zone of Germany in accordance with the Chairman of the Fulda Bishop's Conference, H.H. Cardinal Frings, submitted to the Chief of the American Military Government in Germany, General Lucius D. Clay, 27.7.1947, NA, RG 260, Religious Affairs Branch, Box 178, Akte: Faulhaber.

11 Zu Bell siehe: Robertson, *Unshakeable Friend*; Chandler, *Brethren in Adversity*. Zu Papst Pius XII. und dessen Beteiligung an den Plänen siehe: Riebling, *Church of Spies*.

12 Vgl. hierzu die vollständige Auflistung unter: www.cambridge.org/9781107190665.

öffentlich abgelehnt.[13] Er wiederholte diesen Standpunkt am Ende einer groß angekündigten und medienwirksamen Ansprache an das Kardinalskollegium am 2. Juni 1945, aus der seine bekannte Brandmarkung des Nationalsozialismus als „satanisches Gespenst" stammt.[14] Nachdem er im Detail auf den Mut und die Opfer von Katholiken, die für ihren Glauben in Konzentrationslagern wie Dachau größtes Leid ertragen hatten oder ums Leben gekommen waren, eingegangen war, sprach sich Pius für ein Friedensabkommen aus, welches dieser Bezeichnung auch würdig sei. Er mahnte, dass der Hass und das Misstrauen dem Reifen weiser und von mehr Sachlichkeit getragener Entschlüsse und brüderlichem Verstehen weichen sollten.

Infolge der unmissverständlichen Worte des Beistands, die Pius für die deutsche Bevölkerung und Kirche fand, änderte sich die Perspektive, aus der die deutschen Bischöfe über ihre unmittelbare Vergangenheit reflektierten. Einige unter ihnen fragten sich in den ersten Wochen nach der Kapitulation am 8. Mai 1945, sichtlich unter dem Eindruck der im alliierten Rundfunk, in Kino-Wochenschauen und Aushängen verbreiteten KZ-Berichte und den Vorwürfen der deutschen Kollektivschuld, ob sie mehr und offener Widerstand gegen die Verbrechen der Nationalsozialisten hätten leisten sollen.[15] Ohne die offizielle Linie des Papstes zu kennen, formulierten die elf Bischöfe aus dem Nordwesten Deutschlands um den 5. Juni herum eine Eingabe an Pius XII., in der sie ihr jeweiliges „Schweigen" zu erklären suchten.[16] Ihr Entwurf macht deutlich, dass während des Kriegs unter den Bischöfen Uneinigkeit über die möglichen Konsequenzen einer aktiveren Haltung geherrscht hatte. Doch der Entwurf bestreitet auch nicht, dass sie wegen ihrer Zurückhaltung zumindest eine gewisse Mitverantwortung für die begangenen Untaten traf.

Bis zu ihrer Konferenz in Fulda, die vom 21. bis 23. August 1945 stattfand, hatte die Bischöfe der Text der päpstlichen Ansprache vom 2. Juni erreicht, woraufhin sie den Ton ihrer Stellungnahmen entsprechend änderten. In ihrem

---

13   Wilhelm Jussen, SJ (Hg.), *Gerechtigkeit schafft Frieden, Reden und Enzykliken des Heiligen Vaters Pius XII.*, Hamburg: Hansa Verlag Josef Toth, 1946, 93–114. Pius beharrte auf dem Standpunkt, dass ausschließlich individuelle Schuld bestraft werden könne.

14   Vgl. den Text der Rede auf: www.vatican.va/holy_father/pius_xii/speeches/1945/ documents/hf_p-xii_spe_19450602_accogliere_it.html (acc. 16.04.2016).

15   Knappen, *And Call It Peace*, S. 96; Repgen, „Erfahrung des Dritten Reiches", S. 127–179; Marcuse, *Legacies of Dachau*, S. 50; Helbach, „‚Schuld' als Kategorie der Vergangenheitsbewältigung". Zur Diskussion über die Kollektivschuldfrage siehe: Frei, „Von deutscher Erfindungskraft", S. 621–634; Hummel/Kißener (Hg.), *Katholiken und das Dritte Reich*, S. 217–235; Hummel, „Schuldfrage", S. 154–170.

16   „Entwurf Jaegers für eine Eingabe der westdeutschen Bischöfe an Pius XII. zur Kollektivschuldfrage", in: Helbach (Hg.): *Akten deutscher Bischöfe, Bd. I*, S. 115–120. Für eine Analyse siehe: Helbach, „‚Schuld' als Kategorie der Vergangenheitsbewältigung", S. 245–255.

ersten Hirtenbrief nach dem Zweiten Weltkrieg, den sie am Ende der Bischofskonferenz veröffentlichten, machten sie lediglich das Zugeständnis, dass
„auch aus unseren Reihen" viele Deutsche sich „von den falschen Lehren des
Nationalsozialismus [haben] betören lassen" und „bei den Verbrechen gegen
die menschliche Freiheit und menschliche Würde gleichgültig geblieben"
seien.[17] Viele, so die Bischöfe, „leisteten den Verbrechen Vorschub" oder „sind
selber Verbrecher geworden."[18]

Die meisten Bischöfe hatten offensichtlich nicht mehr die Absicht, sich der
Frage zu widmen, was die Kirche anders hätte machen können. Im Einklang
mit Pius' Darstellung des katholischen Abwehrkampfs und der Aufopferung
im Angesicht des satanischen Gespensts des Nationalsozialismus machten
sie es sich stattdessen zur Aufgabe, ihren Widerstand zu dokumentieren.
Dieses Ziel formulierten sie bereits am ersten Tag der Konferenz und –
bezeichnenderweise – unmittelbar im Anschluss an eine Diskussion über eine
Eingabe an die Besatzungsmächte, in der sie schnellere Nahrungsmittel-
importe, erhöhte Sicherheitsmaßnahmen, bessere Inhaftierungsbedingungen
für deutsche Kriegsgefangene, Sondergenehmigungen für bischöfliche Reisen
zwischen den Besatzungszonen sowie die Umsiedlung katholischer Flüchtlinge aus dem Osten in vorwiegend katholische Gebiete im Westen forderten.
Auf Vorschlag des einflussreichen neuen Vorsitzenden der Fuldaer Bischofskonferenz, Erzbischof Joseph Frings von Köln, gaben sie eine groß angelegte
Studie über den durch zwölf Jahre NS-Diktatur verursachten Schaden in Auftrag.[19] Daraufhin formulierten sie einen Aufruf, sämtliche bischöflichen Eingaben und Protestbriefe aus den Jahren der Unterdrückung zu sammeln und
zu veröffentlichen.[20]

Innerhalb nur weniger Wochen hatte das Kölner Generalvikariat Fragebögen versandt, um das deutschlandweite Ausmaß der Verfolgung statistisch
zu erfassen. Bis Ende September 1945 hatten Diözesen überall in Deutschland Anfragen mit der Bitte erhalten, detaillierte Auskunft über die Anzahl
der während des Kriegs gefallenen Gemeindemitglieder, die Anzahl der

---

17   „Hirtenwort des deutschen Episkopats vom 22. August 1945", in: Volk (Hg.), *Akten
     deutscher Bischöfe, Bd. VI*, S. 688–694, hier 689.
18   Ebd., 689. Für eine tiefgehende Analyse des Umgangs mit der Schuldfrage in diesem
     Hirtenbrief vgl. Repgen, „Erfahrung des Dritten Reiches", S. 147–154, hier 161; Baadte,
     „Grundfragen", S. 95–113, hier 99 f.; Bücker, *Schulddiskussion*.
19   „Protokoll der Plenarkonferenz des deutschen Espikopats, Fulda 21.–23. August 1945", in:
     Volk, *Akten deutscher Bischöfe, Bd. VI*, S. 673; Haas, „Verhältnis von Katholischer Kirche
     und Nationalsozialismus", S. 60.
20   „Protokoll der Plenarkonferenz des deutschen Episkopats, Fulda, 21.–23. August 1945", in:
     Volk, *Akten deutscher Bischöfe, Bd. VI*, S. 673.

Gemeindemitglieder in Kriegsgefangenschaft, die Anzahl der Kleriker, die während des „Dritten Reichs" ums Leben gekommen waren oder ein Bußgeld auferlegt bekommen hatten, verhaftet oder verwarnt worden waren, sowie über das von den Nazis konfiszierte Kircheneigentum zu geben.[21] Im Oktober bat das Kölner Generalvikariat um konkrete Nachweise – eine Anfrage, die es im April 1946 zweimal wiederholen sollte.[22] Das Generalvikariat war auf der Suche nach Hirtenbriefen, Flugblättern, Broschüren, Zeitungsartikeln, Frontbriefen sowie nach Beweisen für die Konfiszierung von Klöstern, das Euthanasieprogramm, verbale und physische Angriffe auf Kleriker und Laienführer, Zensurmaßnahmen und die Auflösung katholischer Verbände.

Laien und Mitglieder des Klerus aus nord- und westdeutschen Diözesen füllten ihre Fragebögen sorgfältig aus und reichten etliche Dokumente ein. Sie ahnten jedoch nicht, dass ihre Bemühungen sehr bald buchstäblich entsorgt werden sollten. Da das Kölner Generalvikariat während eines alliierten Bombenangriffs zerstört worden war, mussten alle eingehenden Dokumente provisorisch an anderen Orten gelagert werden. Aufgrund des Mangels an Unterbringungsmöglichkeiten blieb den Sachbearbeitern nichts anderes übrig, als ganze Bände an Zeitungsausschnitten, Briefen und Kommuniqués mit nach Hause zu nehmen. Frings Hoffnungen auf offizielle Aktenbestände und Aufzeichnungen erfuhren einen schweren Rückschlag, als einer der Sachbearbeiter verstarb, während sich eingesandtes Material auf seinem Schreibtisch zu Hause zu hohen Stapeln türmte. In Unkenntnis über die Bedeutung dieser Dokumente und in Zeiten erheblicher Papierknappheit verkaufte seine Witwe das, was für sie wie Altpapier ausgesehen haben musste, an einen Althändler.[23]

Doch selbst wenn die Grundlage ihres Vorhabens nicht auf diese Weise abhanden gekommen wäre, so hatten Frings und die übrigen Bischöfe dennoch erheblich unterschätzt, wie schwierig es sein würde, eine umfassende Dokumentensammlung und statistische Daten zusammenzustellen, während Kirchenarchive in Trümmern lagen und die Kirche mit Papier- und

---

21   Fragebogen betr. Erhebungen über die Verhältnisse während der Kriegszeit (undatiert), HAEK, Gen. II 23, 23a, 5; Vorläufige Erfassung der Verfolgungspolitik des Dritten Reiches gegen die Katholische Kirche (undatiert), HAEK, WuV, 9.

22   „Materialsammlung zur Geschichte des Erzbistums Köln während des ‚Dritten Reichs'", in: *Kirchlicher Anzeiger, Köln*, Nr. 64, 10.10.1945; „Materialsammlung zur Geschichte des Erzbistums Köln während des ‚Dritten Reichs'", in: *Kirchlicher Anzeiger, Köln*, Nr. 135, 4.4.1946; „Opfer des Nationalsozialismus", in: *Kirchlicher Anzeiger, Köln*, Nr. 152, 25.4.1946.

23   Ansprache von Bischofsvikar Prälat Dr. Joseph Teusch aus Anlaß der Promotion zum Ehrendoktor der Nanzan-Universität, Presseamt des Erzbistums Köln, PEL, Dokumente, Nr. 94, 18.3.1975, S. 4–11.

Abb. 2.1   Das Gebäude des Generalvikariats des Erzbistums Köln wurde während
             eines alliierten Bombenangriffs vollständig zerstört. Die Folge war ein Verlust
             von Quellenmaterial für die Geschichte der katholischen Kirche unter
             nationalsozialistischer Herrschaft. Mit freundlicher Genehmigung von Karl Hugo
             Schmölz, © Archiv Wim Cox [MR1].

Personalknappheit zu kämpfen hatte. Ab 1953 betrauten sie Berufshistoriker
mit dieser Aufgabe. Der erste unter ihnen war der Berliner Kirchenhistoriker
Bernhard Stasiewski, gefolgt von der Kommission für Zeitgeschichte, nachdem sich der unzureichende Fortschritt beim Ersteren bis Anfang der 1960er
Jahre abgezeichnet hatte.[24] Selbst die Kommission für Zeitgeschichte brauchte
bis 1985 beziehungsweise 1998, um die beiden Vorhaben – eine umfassende
Darstellung der Geschichte der Kirche zwischen 1933 und 1945 sowie eine
statistische Erhebung der vom Terror der Nazis betroffenen Priester – zu
verwirklichen.[25]

---

24   Zu Stasiewski siehe: Haas/Samerski (Hg.), *Bernhard Stasiewski*.
25   Volk, *Akten deutscher Bischöfe, Bd. VI*; Hehl u. a.: *Priester unter Hitlers Terror*. 1998 erschien
      die 4., ergänzte und überarbeitete Auflage von *Priester unter Hitlers Terror*. Die erste Auf-
      lage war schon 1984 erschienen. Die wichtigsten Editionen und Forschungen zur NS-Zeit
      lagen bis Mitte der 1970er Jahre vor (einschl. Morseys Zentrumsprotokollen, von 1969,
      und Boberachs SD-Berichten, von 1971) – also nur zehn Jahre nach der KfZG-Gründung
      und mit nur einem einzigen Mitarbeiter: Ludwig Volk. Hürtens Gesamtdarstellung
      stammt von 1992 und war der späte Abschluss der NS-Forschungen, unter Einschluss der
      Weimarer Republik.

Reinhold Schneider und die Darstellungen aus Freiburg

Da der Versuch einer umfassenden und überregionalen Gesamtdarstellung
aufgegeben worden war, mussten die über 25 Werke über den evangelischen
Kirchenkampf sowie die 16 Werke über den Kampf der katholischen Kirche,
die in Deutschland allein zwischen 1945 und 1949 erschienen, als Kollektiv-
geschichte der Kirchen unter der nationalsozialistischen Herrschaft herhalten.
Der Umstand, dass so viele Bände innerhalb so kurzer Zeit erschienen, ver-
weist auf die Dringlichkeit, die die Generalvikariate und Würdenträger der
Angelegenheit zuschrieben. Tatsächlich wurden diese Werke in den folgenden
Jahrzehnten nicht nur in Gemeindebibliotheken genutzt, sondern kamen
auch in Anhörungen über Anträge auf Rückerstattung konfiszierten Kirchen-
eigentums, Entnazifizierungs- und Kriegsverbrecherprozessen sowie dem
Reichskonkordatsprozess vor dem Bundesverfassungsgericht im Jahr 1956 zum
Einsatz.[26]
Ein Ergebnis dieser lokalen Initiativen war eine zehnbändige Reihe aus
Freiburg, die dort bereits wenige Tage nach der deutschen Kapitulation anfing,
Gestalt anzunehmen.[27] Ihr Begründer war der angesehene katholische Patho-
loge und Hochschullehrer Dr. Franz Büchner, der 1941 in einer mutigen Vor-
lesung mit dem Titel „Der Eid des Hippokrates" als einziger Mediziner öffentlich
das Euthanasieprogramm der Nationalsozialisten verurteilt hatte.[28] Der fünf-
zigjährige Mediziner war wie durch ein Wunder der Verhaftung entkommen
und fest entschlossen, das christliche Fundament Deutschlands wiederherzustellen. Unmittelbar nach Verkündung des Waffenstillstands nahm er daher
Kontakt zu Protestanten auf, die über Verbindungen zur Bekennenden Kirche
und zum militärischen Widerstand gegen Hitler verfügten.[29] Ferner traf er
am 11. Mai 1945 den Erzbischof von Freiburg, Conrad Gröber, den er als „die

---

26   Für Beispiele ihres jeweiligen Einsatzes in Kriegsverbrecherprozessen, Rückerstattungs-
      fällen, dem Reichskonkordatsprozess und dem Frankfurter Euthanasie-Prozess im Jahr
      1967 siehe: Abschrift, Dr. Kurt Kauffmann, Internationaler Militärgerichtshof Nürnberg,
      Verteidigung an Domkapitular Martin Grassl, 5.9.1946, ACSP, NL Josef Müller, S89 Kirche,
      Neuhäusler, 1945–1971; Hans Buchheim, „Gutachten über die Kollektivverfolgung der
      katholischen Kirche in der Nationalsozialistischen Zeit", 12.5.1953, IFZG, ID 105, Band 2,
      1113/53; Giese/Frhr. v. d. Heydte (Hg.), *Der Konkordatsprozess, Bd. I*, S. 366; Joseph Teusch
      an Johannes Neuhäusler, 11.3.1967, HAEK Gen II, 2.13, 29.
27   Hirt (Hg.), *Mit brennender Sorge*; Hofmann (Hg.), *Zeugnis und Kampf*; Portmann (Hg.),
      Bischof von Galen spricht!; Büchner (Hg.), *Eid des Hippokrates*; Müller (Hg.), *Das christliche
      Menschenbild*; Dessauer, *Das Bionome Geschichtsbild*; Hofmann (Hg.), *Hirtenrufe des Erz-
      bischofs Gröber*; Hofmann (Hg.), *Schlaglichter*.
28   Büchner, *Der Eid des Hippokrates*.
29   Büchner, *Pläne und Fügungen*, S. 96 f.

stärkste und anerkannteste Autorität der unmittelbaren Nachkriegszeit" für die deutsche Bevölkerung und, nicht zuletzt, gegenüber der französischen Besatzungsmacht beschrieb. Gröber, meinte Büchner, habe den Zusammenbruch des „Dritten Reichs" „wie ein Fels" überdauert.[30]

Aus Büchners Sicht war die konfessionelle Fragmentierung in Deutschland die Ursache hinter der nationalen Katastrophe gewesen. An seiner Überzeugung festhaltend, dass Katholiken und Protestanten zusammenarbeiten müssten, um die Neugründung konfessionsgebundener Parteien wie des Zentrums zu vermeiden, unterbreitete er dem Erzbischof seine Pläne für eine konfessionsübergreifende Buchreihe unter gemeinsamer Herausgeberschaft mit Vertretern der Bekennenden Kirche unter dem Titel *Das christliche Deutschland, 1933–1945*. Er legte Gröber dar, dass mit dieser Reihe nicht nur die Absicht verfolgt werde, das christliche Selbstbewusstsein „unseres Volks" zu wecken, sondern auch dem Rest der Welt – und besonders den Alliierten – zu „beweisen", dass es während der zwölf Jahre des Terrors und der Verfolgung auch noch ein anderes Deutschland gegeben habe, das mit einem christlichen Gewissen gehandelt habe.[31]

Nachdem der Erzbischof seine begeisterte Zustimmung gegeben hatte, begann Büchner umgehend mit der Suche nach Verlagen, Herausgebern und Autoren. Die Wahl des Verlags war nicht schwer – sie fiel auf den berühmten katholischen Herder Verlag in Freiburg. Für die Herausgabe der evangelischen Bände konnte er den Freiburger Professor Constantin von Dietze gewinnen, der Mitglied der Bekennenden Kirche und ein Freund des Widerstandskämpfers Carl Goerdeler gewesen war.[32] Hinsichtlich der Herausgeberschaft der katholischen Bände wandte Büchner sich am 13. Mai an den Schriftsteller und die literarische Größe Reinhold Schneider, der in den späten 1940er Jahren in Anerkennung seiner Leistung als „das Gewissen der Nation" bezeichnet wurde.[33] Während des Kriegs hatte Schneider Sonette, Gebete und kürzere Aufsätze verfasst, die als „spiritueller Widerstand" gedacht gewesen waren.[34] Er war seinem Einsatz am Westwall und seiner geplanten Verhaftung wegen

---

30   Ebd.
31   Ebd.
32   Dorneich, „Sammlung", S. 8–10.
33   Vgl. hierzu Ratzinger, „Das Gewissen in der Zeit", S. 99–113. Für einen Überblick der Forschung über Schneider siehe: Schmitz, „Reinhold Schneider: Ein katholischer Intellektueller", S. 341–359; Schmitz, „Reinhold Schneider (1903–1958): Geschichtspoetik und Reichsidee", S. 273–298.
34   Vgl. etwa Schneider, *Sonette*; Schneider, *Las Casas*.

Hochverrats nur entkommen, weil es ihm gelungen war, zunächst in einem
Krankenhaus und später in einem evangelischen Kloster unterzutauchen.[35]

Doch Schneider war zu diesem Zeitpunkt schwer erkrankt und nur fünf
Tage zuvor operiert worden.[36] Außerdem hatte er Zweifel. Er vertrat den Standpunkt, dass er seinen Kampf allein geführt habe und die deutschen Bischöfe
sich nicht hinter ihn gestellt hätten, als er seine Stimme zum Protest erhoben
hatte. Aufgrund seiner Frustration darüber, dass der Episkopat sich noch nicht
öffentlich zu seinen Unterlassungssünden bekannt hatte, ging Schneider so
weit, dem Bischof von Mainz, Albert Stohr, am 7. August 1945 einen Entwurf für
einen Hirtenbrief zu senden, der deutschlandweit von den Kanzeln verlesen
werden sollte.[37] Er habe ihn verfasst, so Schneider gegenüber Stohr, um die
Herzen zu berühren und das Gewissen wachzurütteln.[38] Im Zentrum standen
die Worte „mea culpa" und die Überzeugung, dass die Beichte der begangenen
Sünden der einzige Weg zu geistiger Erneuerung sei. Trotz der spirituellen und
emotionalen Schlagkraft seines Entwurfs erhielt Schneider nie eine offizielle
Antwort: Indem sie Schneiders inständige Bitte faktisch zurückwiesen, folgten
die Bischöfe offenbar der päpstlichen Linie. Dieses Verhalten markierte für
Schneider wie auch für eine kleine Anzahl weiterer Kritiker unter dem Dach
des Linkskatholizismus retrospektiv einen entscheidenden Wendepunkt
auf dem Weg zu ihrem Bruch mit dem Episkopat und dem katholischen
Mainstream.

Weshalb erklärte sich Schneider also zur Herausgabe dieser Reihe bereit,
obwohl er doch anscheinend mit deren Grundannahme, die Kirche habe ihre
Stimme stets geeint und mit Nachdruck gegen die satanische Bewegung des
Nationalsozialismus erhoben, nicht übereinstimmte?[39] Wohl um sein eigenes
Gewissen zu besänftigen, lehnte er es zunächst ab, dass sein Name als Herausgeber genannt wurde.[40] Doch gleichzeitig sah er die Reihe als Gelegenheit,
einen kritischen Ton in die Darstellungen zu bringen. In seinem Geleitwort
vom 24. Januar 1946 wiederholt er einige seiner Gedanken aus dem Entwurf
des Hirtenbriefs, der von den Bischöfen nicht aufgegriffen worden war. Bereits
im vierten Satz bringt er zum Ausdruck, dass er sich gewünscht hätte, dass

35   Cordula Koepcke, *Reinhold Schneider*, S. 183.
36   Ebd., 184; Büchner, *Pläne und Fügungen*, S. 97.
37   Für den Text „Unaufgeforderter Hirtenwortentwurf des Schriftstellers Reinhold Schneider
     für die Fuldaer Bischofskonferenz im August 1945" vgl. Helbach, „Quellenanhang",
     S. 256–259.
38   „Reinhold Schneider an Albert Stohr, 7. August 1945", in: Helbach, *Akten deutscher
     Bischöfe, Bd. I*, S. 202–204. Vgl. ebenso Karl-Joseph Hummel, „Gedeutete Fakten", S. 512 f.
39   Franz Büchner, *Pläne und Fügungen*, S. 97.
40   Ebd.

die „Stimme der Wahrheit, des Gewissens, der Verantwortung" nicht ganz so einsam gewesen wäre und dass diejenigen, denen in Gottes Reich Leid widerfahren war, sichtbaren Beistand erhalten hätten. In einem Satz, der sich über eine halbe Seite erstreckt, beklagt Schneider: „Wir wünschen von Herzen [...], daß Männer und Körperschaften [...] sich entschlossen hätten, sich gegen das Unrecht zu verwahren, das ein mehr oder weniger offenes Geheimnis war."[41]

Letztendlich war es wohl seine große Hoffnung, das Christentum in Deutschland wieder fest verankert zu sehen, die seine Bereitschaft zur Übernahme der Herausgeberschaft am ehesten zu erklären vermag. Für Schneider gehörten die Stimmen der Wahrheit, die in jedem Band der Reihe zu Wort kommen sollten, Personen, die die Hingabe der deutschen Bevölkerung an ihren wahren Herrn, Jesus Christus, bezeugen konnten. Diese Stimmen – von Päpsten, Philosophen und Bischöfen – wurden jedoch außerhalb von Deutschland nur selten wahrgenommen. Das Bild, welches das Ausland von Deutschland hatte, war „düsterer als die eigentliche Wirklichkeit." Indem sie lediglich ein Minimum an Erläuterungen hinzufügten, bemühten sich Schneider und die anderen Herausgeber, die Stimmen für sich selbst sprechen zu lassen, um die Existenz eines „anderen Deutschlands" zu belegen, dessen Gläubige im Kampf gegen eine satanische Ideologie Leib und Leben riskiert hatten. Schneider prophezeite, dass die Kirche aus den Gebeinen deutscher Märtyrer wiederauferstehen und sich erneuern werde, gefolgt von der deutschen Nation.[42]

Fast alle Bände der Reihe hielten an der Vorstellung fest, dass die historische Dokumentation der Ereignisse eine Erhebung des Geistes und Erneuerung der Nation fördern werde, doch in keinem Band kam dies stärker zum Ausdruck als in Bischof Clemens August Graf von Galens gesammelten Protestpredigten. Unter dem passenden Titel *Bischof von Galen spricht! Ein apostolischer Kampf und sein Widerhall* fügte der Herausgeber im Anhang elf Dokumente hinzu, aus denen die Diskussion möglicher Vergeltungsmaßnahmen gegen den Bischof, der das Euthanasieprogramm offen verurteilt hatte, hervorging. Alle elf Dokumente stammten entweder von Gauleiter Dr. Alfred Meyer, der am 11. April 1945 Selbstmord begangen hatte, oder aus dem Reichsministerium für Volksaufklärung und Propaganda. Unter dem unscheinbaren Titel *Schlaglichter* wurden im achten Band die letzten Niederschriften vierer Christen veröffentlicht, die vor ihrer Hinrichtung während der Vergeltungswelle in der zweiten Hälfte des Jahres 1944 nach dem fehlgeschlagenen Attentat vom 20. Juli

---

41   Schneider, *Geleitwort.*
42   Ebd.

entstanden waren.[43] Darin sprachen sie über ihre Treue gegenüber dem Reich des Herrn trotz des auf sie ausgeübten Drucks, ihren Glauben aufzugeben, über ihre innere Ruhe im Angesicht des Todes und über ihre Hoffnungen mit Blick auf das ewige Leben im Jenseits.

Gläubige Christen erkannten wohl auf Anhieb die Narrative, die mit diesen Zeugnissen gebildet werden sollten. Es waren Erzählungen des Frühchristentums über das Leid seiner Anhänger, das Licht seiner Märtyrer und seinen letztendlichen Triumph über staatlich sanktioniertes Heidentum und einen modernen Nero. Fromme Leser begriffen wohl auch sofort die politische Botschaft der Dokumente, die nahezu perfekt auf die Ziele der in der CDU aktiven Christen abgestimmt war. Mit ihrer Belastbarkeit und ihrem Durchhaltevermögen gegenüber der Verfolgung hatten die modernen Märtyrer und diejenigen, die sich wie von Galen auf das Martyrium vorbereitet hatten, den Weg für die Gründung eines auf christlichen Vorstellungen fußenden Staates geebnet – wie im alten Rom.

Während des Veröffentlichungszeitraums der Reihe von Januar 1946 bis Mitte 1947 gab es eine Publikation, die erkennbar von dieser Darstellung der Frömmigkeit abwich. Der dickste und heikelste Band, der zudem mit dem längsten Geleitwort versehen war, enthielt eine Sammlung von Hirtenbriefen, Predigten und privaten Protestschreiben an staatliche Stellen aus der Feder des launenhaften Freiburger Erzbischofs Conrad Gröber, der einigen Mitgliedern seiner Erzdiözese unter dem weniger wohlwollenden Namen „Conrad der Plötzliche" bekannt war.[44] Gröber war einer der ersten kirchlichen Bischöfe, dessen Name Eingang in die Annalen sowohl der Kollaboration als auch des Widerstands fand.[45] Obwohl Gröber nicht nur privat, sondern auch öffentlich gegen den Boykott jüdischer Geschäfte und das nationalsozialistische Euthanasieprogramm protestiert hatte, gab es in seiner Geschichte auch noch eine andere Seite, an die er nicht gerne erinnert wurde. Er hatte sich in den Jahren 1933 und 1934 nicht nur euphorisch über die NSDAP geäußert, sondern er selbst und sechs seiner Mitarbeiter waren darüber hinaus seit 1934 zahlende Mitglieder des Fördervereins der SS gewesen, bis Gröber 1937 anscheinend auf direkte Anweisung von Reichsführer SS Heinrich Himmler aus dem Verein ausgeschlossen wurde. Gröber behauptete später, er habe die SS wegen ihres

---

43   Hofmann, *Schlaglichter*, S. 92–98. Hofmann veröffentlichte im Anhang die letzten Zeugnisse von Max Ulrich Graf von Drechsel, Alois Grimm SJ, Pastor Josef Müller und Nikolaus Groß.

44   Maier, *Böse Jahre, gute Jahre*, S. 39; Schmider, „Erzbischof Conrad Gröber", S. 148.

45   Vgl. zu Gröber die Darstellungen von Keller, *Conrad Gröber*; Ott, „Conrad Gröber"; Schwalbach, *Erzbischof Conrad Gröber*.

Rufs als einzige „respektable" Gliederung innerhalb der NSDAP unterstützt.[46] Albert Hartl, ein verlogener SS-Führer im Nachrichtendienst der SS sowie abtrünniger Priester, der 1934 seines Amtes enthoben und exkommuniziert worden war, berichtete amerikanischen Ermittlern im Jahre 1947, Gröber habe sich erpressen lassen, in der Hoffnung, eine Affäre mit einer halbjüdischen Frau geheim zu halten.[47]

Da das Wissen um seine heikle Vergangenheit in der Erzdiözese weit verbreitet war, dauerte es naturgemäß nicht lange, bis Charakterisierungen Gröbers als „brauner Bischof" auch die breitere Öffentlichkeit erreichten. Informationen über seine Vergangenheit sickerten erstmals in der Radio-Berichterstattung über die Nürnberger Prozesse durch. Doch der Dorn in Gröbers Auge waren die Artikel des in Hessen geborenen Journalisten Wilhelm Karl Gerst, der lediglich der erste in einer Reihe von Störenfrieden war, die bis in die 1960er und 1970er Jahre hartnäckige Kritik an Gröber äußern sollten. So unglaubwürdig es auch erscheinen mag – Gerst war sowohl ein praktizierender römisch-katholischer Pazifist als auch ein unbeugsamer Kommunist und Geheimagent im Dienste Ost-Berlins.[48] Aus seiner Überzeugung heraus, dass Kommunismus und Katholizismus sich nicht gegenseitig ausschließen müssen, hatte Gerst Bischöfe wie von Galen auf den Seiten der *Frankfurter Rundschau* abwechselnd für ihre heldenhaften Einzeltaten angepriesen und dann wiederum ihre Kapitulation scharf kritisiert.[49] Es war nur eine Frage der Zeit, bis er seine scharfe Kritik gegen den Erzbischof von Freiburg üben würde, der Ende September 1946 wenig überzeugend behauptete, die Angriffe aufgrund seiner Vergangenheit könnten ihn nicht mehr aus der Ruhe bringen, seit er mit den Nationalsozialisten durch sei.[50]

Obwohl Konrad Hofmanns 1947 erschienener Band *Hirtenrufe des Erzbischofs Gröber in die Zeit* nicht auf eine Initiative Gröbers zurückging, konnte das Werk für den Erzbischof nicht schnell genug in den Druck gehen. Der apologetische Zweck springt dem Leser auf fast jeder Seite der Einleitung ins Auge. Hofmann deutet die problematische Vergangenheit des Erzbischofs zwar an, ist aber auch sichtlich darum bemüht, belastende Details wie seine Mitgliedschaft im Förderverein der SS unerwähnt zu lassen. Der Leser wird informiert,

---

46   Conrad Gröber an Ivo Zeiger, 4.9.1946, EAF. Nb8/17.

47   Riebling, *Church of Spies*, S. 19, 267.

48   Vgl. zu Gerst etwa Blattmann, „Über den ‚Fall Reinhold Schneider'", S. 88–94.

49   Vgl. zum Beispiel Gerst, „Die Predigt in Telgte", in: *Frankfurter Rundschau*, 26.10.1945. Für die darauffolgende Kontroverse siehe: Wilhelm Karl Gerst an Kaplan Heinz Wolf, 31.12.1945, Bistumsarchiv Münster (BAM), Ao–2, Bischöfliches Sekretariat – Neues Archiv.

50   Gerst, „‚Ehrenplatz'", in: *Frankfurter Rundschau*, 20.8.1946, S. 5; Conrad Gröber an Ivo Zeiger, 4.9.1946, EAF, Nb8/17.

dass die Kirche aus Gründen der Staatsräson ihre NSDAP-Beitrittsverbote im März 1933 wieder aufgehoben habe. Gröber „bejahte den neuen Staat, namentlich soweit er sich auf christlicher Basis und ethischem Grund anzukündigen schien. Ihm dünkte es geboten, das gegenseitige Mißtrauen abzutragen."[51] Er habe sich auf die katholische Untertanenpflicht gegenüber der rechtmäßigen Regierung berufen – und die Nationalsozialisten seien, wie jeder wisse, auf legalem Wege an die Macht gelangt.[52] Der Erzbischof habe eine so starke Liebe zu Volk und Vaterland empfunden, dass er nicht ertragen habe, die Gläubigen abseits des neuen staatlichen Lebens stehen zu sehen.[53] Gleichwohl habe dieser „Verfechter der Wahrheit und des Rechts", der „einem Jeremias gleich" gewesen sei, schon früh die Anzeichen erkannt, dass die nationalsozialistische Bewegung zu Orgien der Gewalt und Unsittlichkeit führen werde – weswegen er lautstarke Kritik am Materialismus und dem christenfeindlichen Geist des Nationalsozialismus geäußert habe.[54]

Dieser Band griff auch einem Konflikt, der sich in der unmittelbaren Nachkriegszeit bald zu einem Pulverfass entwickeln sollte, insoweit vorweg, als vergangenheits- und gegenwartspolitische Angelegenheiten der Kirche betroffen waren. Gemeint ist die Auseinandersetzung um das öffentliche Schulsystem. Dieses Thema war eng mit dem von Vertretern des Vatikans und Hitlers Regierung unterzeichneten Reichskonkordat verbunden, welches den Bestand und die Neugründung von Bekenntnisschulen ausdrücklich garantierte. Der Leser erfährt in diesem Band entsprechend, dass Gröber ein Verfechter des christlichen Ethos an deutschen Schulen gewesen sei und in Rom als Berater der deutschen Bischöfe an den Verhandlungen über das Konkordat teilgenommen habe.[55] Hofmanns Analyse der Ziele, für die der Erzbischof während des „Dritten Reichs" gekämpft habe – Widerstand gegen Materialismus, Erhalt der Bekenntnisschulen, gute Beziehung zum Vatikan, Aufrechterhaltung des Reichskonkordats und Legung eines christlichen Grundsteins für den neuen Staat – liest sich wie das argumentative Standardrepertoire der Vertreter des politischen Katholizismus, die eine Verchristlichung von Staat und Gesellschaft anstrebten.[56] Die Weichen waren also gestellt, damit der geschichtspolitische Umgang mit der Vergangenheit der katholischen Kirche und die tagespolitische Gegenwart ineinander übergehen konnten.

51   Hofmann, *Hirtenrufe des Erzbischofs Gröber*, S. 8.
52   Ebd.
53   Ebd., S. 8 f.
54   Ebd., S. 9, 11, 15.
55   Ebd., S. 9, 14.
56   Ebd., S. 8.

Johannes Neuhäusler und die Entstehung von *Kreuz und Hakenkreuz*

Die einflussreichste und gewichtigste Darstellung der Nachkriegszeit war Johannes Neuhäuslers zweibändiges Werk *Kreuz und Hakenkreuz*. Diese 800-seitig Verbindung des Historischen, Politischen, Geistlichen und Apologetischen markierte den Höhepunkt einer bemerkenswerten Odyssee, die für den Autor nach Hitlers Ernennung zum Reichskanzler am 30. Januar 1933 begann und sich noch lange nach der deutschen Kapitulation im Sommer 1945 fortsetzen sollte. Neuhäusler begann und beendete seinen Lebensweg in München, der ihn auf zwei Kontinente, einschließlich Nordamerika, in zwei Konzentrationslager, ein Luxushotel in den italienischen Alpen, ein amerikanisches Internierungslager in Capri und zu Aufenthalten im Vatikan und Neapel geführt hatte.

Kreuz und Hakenkreuz war mehr als jedes andere kirchenapologetische Werk eine Momentaufnahme seines Autors und dessen zwölfjähriger spiritueller und politischer Pilgerschaft. Es war dementsprechend eine außergewöhnliche Nahaufnahme, da Neuhäusler kein gewöhnlicher Augenzeuge des Kirchenkampfes war. Er war mit der Koordinierung der Verteidigung und der Widerstandsaktivitäten des Episkopats betraut gewesen. Er war nicht nur ein Sondergesandter, der gegenüber der von Verbrechern übernommenen bayerischen Regierung protestiert und mit Polizei und Gestapo die Freilassung katholischer politischer Gefangener verhandelt hatte.[57] Darüber hinaus hatte er heimlich detaillierte Informationen über die kirchen- und christenfeindlichen Maßnahmen des Regimes gesammelt und sie Kirchenführern in benachbarten Staaten und dem Vatikan zukommen lassen. Mithilfe von Kurieren, die enge Verbindungen zum deutschen militärischen Widerstand hatten, hatte er Eugenio Pacelli, dem damaligen Kardinalstaatssekretär und späteren Pontifex, hunderte von Berichten zukommen lassen. Nachdem die Gestapo seine Telefonate abgehört und seine Briefe abgefangen hatte, ohne Beweise zu finden, sprach sie ihm indirekt ein großes Kompliment aus: Sie bezeichnete Neuhäusler als „den gefährlichsten Mann im Münchener Ordinariat". Sie

---

57   Vgl. beispielsweise Neuhäusler, *Kreuz und Hakenkreuz, I*, S. 95; *II*, S. 164–167, 338; Protokoll über 2 Unterredungen vom H.H. Domkapitular Johannes Neuhäusler in München mit Herrn Staatsminister Esser, bayer. Staatskanzlei, 1. Unterredung, 27.10.1933, 2. Unterredung, 28.10.1933, USHMM, RG 76.001 M, Reel 6, 432; Abschrift, Promemoria über die neuerliche Beschränkung von Versammlungen katholischer Vereine, 3.1.1933, USHM RG 76.001 M, Reel 3, 198; Ludwig Siebert an Vassallo di Torregrossa, 17.1.1934; Vassallo di Torregrossa an Johannes Neuhäusler, 18.1.1934, USHMM RG 76.001, Reel 6, 48; Bleistein, *Rupert Mayer*, S. 279–281, 288–297, 317–332; vgl. ebenso Volk SJ, *Der bayerische Episkopat*.

verhaftete ihn am 4. Februar 1941 und internierte ihn zunächst im KZ Sachsenhausen, dann im KZ Dachau.[58]

Neuhäusler übertrug seinen klandestinen Modus Operandi, der für seine
konspirativen Aktivitäten zwischen 1933 und 1941 sehr gut geeignet gewesen
war, instinktiv auch auf die Zeit nach dem Krieg. Seine Rekonstruktion der
historischen Bilanz des „Dritten Reichs" in *Kreuz und Hakenkreuz* ist daher
von den Verschleierungstaktiken des kirchlichen und politischen Untergrunds
gekennzeichnet – von der Auswahl der Informationen und ihrer Darstellung
bis hin zu der Frage des Umgangs mit Belegen kirchlicher Unterstützung für
die Nationalsozialisten. All diese Fragen hatten ihn bereits zwischen 1933
und 1941 beschäftigt und stellten sich nun in der Nachkriegszeit erneut im
Rahmen seiner Darstellung und Überlegungen – und hüllten seine Antworten
in Geheimnisse.

Weshalb fiel es Neuhäusler zu, diese Last zu tragen? Sein Charakter spielte
sicherlich eine Rolle. Schon als Junge eilte dem nahe Dachau auf dem Land
aufgewachsenen Neuhäusler der Ruf eines sturen Unabhängigkeitsbedürf-
nisses voraus, das sogar den halsstarrigen Eigensinn der bayerischen Land-
bevölkerung, der dieser meist nur zum Teil scherzhaft nachgesagt wird,
übertraf.[59] Doch für jemanden, der kein Teamplayer war, war Neuhäusler
erstaunlich gut vernetzt.[60] Von 1918 bis 1932 war er zunächst in München
als Generalsekretär und dann Präsident des Ludwig-Missionsvereins, einer
Organisation zur Unterstützung der katholischen Auswanderer in den
Missionen Nordamerikas und Asiens, tätig. Da seine Aufgaben das Sammeln
von Unterstützungsgeldern und eine engere Ausrichtung der bayerischen
Mission auf den Vatikan umfassten, reiste er regelmäßig durch das gesamte
Erzbistum und sogar bis nach Rom und Chicago,[61] wodurch er zahlreiche
neue Kontakte knüpfen konnte, darunter zu zwei späteren Oberhäuptern
der römisch-katholischen Kirche: Angelo Roncalli, dem späteren Papst

---

58   Neuhäusler, *Amboß und Hammer*, S. 131, 153 f.

59   Michael Höck, „Ein Brückenbauer zur Dritten Welt. Weihbischof Dr. Johannes B. Neu-
      häusler in der Reihe: Berühmte Schüler des Freisinger Domgymnasiums". Undatiert, aber
      vermutlich vom Dezember 1973, Archiv der KZ-Gedenkstätte Dachau, 36.609/9.

60   Zeitungsausschnitt, Anton Maier, „Ein frommer Bischof – ein großer Mensch", in:
      Deutsche Tagespost, 18.12.1973, S. 5, AEMF, NL Johannes Neuhäusler, VN N 414.

61   Wilhelm Sandfuchs, „Den Armen die Frohbotschaft künden". Zum Tode von Weih-
      bischof Dr. Johannes Neuhäusler, 17.12.1973, 17:45–18:00, 2., ACSP, NL Josef Müller, C84111,
      Bayerischer Rundfunk, Abteilung Kirchenfunk, Kirche und Welt; „German Cardinal
      Arrives Incognito: Archbishop of Munich was Reported Here Saturday – Won't Answer to
      Title – Met at Pier by Delegation – Only Captain and Pursuer of the Albert Bailin Knew
      He Was Michael von Faulhaber", in: *The New York Times*, 15.6.1926, S. 5.

Johannes XXIII., sowie Eugenio Pacelli, dem nachmaligen Papst Pius XII.[62] Seine Tätigkeiten führten außerdem am 10. November 1932 zu seiner Berufung zum Domkapitular des Erzbistums.

Ein für ihn folgenschwerer Moment ereignete sich nur wenige Monate später auf der ersten Ordinariatssitzung in München nach Hitlers Ernennung zum Reichskanzler. Nachdem Kardinal Michael von Faulhaber den Anwesenden mitgeteilt hatte, sie sollten sich auf heftige und schwere Zeiten einstellen, übertrug er seinem frisch ernannten Domkapitular die Bürde, kirchliche Widerstandsaktivitäten zu koordinieren.[63] Mit einem Schlag fand sich Neuhäusler in einer Position wieder, die ihm tiefere Einblicke in die Rohheit und Grausamkeit der Nationalsozialisten gegenüber der Kirche erlaubte als jede andere Tätigkeit innerhalb der deutschen Hierarchie der katholischen Kirche.[64] Er traf sich regelmäßig mit Bischöfen, Pfarrern, Nonnen, Mönchen, Äbten, Schullehrern und Laienführern aus ganz Deutschland, die ihm Kopien von Hirtenbriefen, antikatholischer Propaganda aus nationalsozialistischen Zeitungen, Drohbriefen von Staatsbehörden und geheimen Anordnungen übergaben.[65] Er erhielt Berichte aus erster Hand über die Auflösung von Klöstern und Nonnenklöstern, die Konfiszierung katholischen Vereinsvermögens, brutale Übergriffe der Hitlerjugend auf Mitglieder katholischer Jugendgruppen und vor allem über die Verhaftung von Katholiken.

Abb. 2.2
Johannes Neuhäusler im Jahr 1927.
AEM NL Neuhäusler Nr. 421.

---

62   Pfister, *Zeuge der Wahrheit*, S. 5; Michael Höck, „Ein Brückenbauer zur Dritten Welt", S. 2, Archiv der KZ-Gedenkstätte Dachau, 36.609/9.
63   Neuhäusler, *Amboß und Hammer*, S. 14 f.
64   Pfister, *Zeuge der Wahrheit*, S. 7.
65   Giovanni Tomico an Eugenio Pacelli, 19.6.1933, USHMM, RG 76.001M, Reel 2, 190.

Wie nur wenige andere in seiner Position wusste Neuhäusler mit der Zeit
um die internen Spannungen, die während der Konfrontation mit dem
Nationalsozialismus aufkamen. Mit Tränen in den Augen berichtete er der
amerikanischen Journalistin Dorothy Thompson im Jahr 1934 von der allgegenwärtigen Korruption und Zwietracht, die der Nationalsozialismus selbst
unter den katholischen Orden gesät habe, in denen ein Bruder den anderen
denunziere.[66] Vor diesem Hintergrund ist es wenig verwunderlich, dass Pacelli
ihm 1938 auftrug, einen eigenwilligen Kollegen zurück zur „Herde" zu führen.
Neuhäusler sollte eine Konfrontation mit Kardinal Theodor Innitzer, dem Erzbischof von Wien, in die Wege leiten. Dieser hatte eine Erklärung abgegeben,
in der er den „Anschluss" befürwortete und mit „Heil Hitler!" unterzeichnet
hatte. Pacelli bat Neuhäusler, den Münchner Anwalt Josef Müller, Neuhäuslers
engsten Vertrauten, nach Wien zu schicken, um den Kardinal von seinem fehl-
geleiteten Enthusiasmus abzubringen. Müller sollte ihm die äußerst schmerzhaften Lektionen übermitteln, die in Deutschland aus dem Kirchenkampf
gelernt worden waren.[67] Neuhäusler bereitete die Diskussionspunkte auf
Grundlage jüngster Erfahrungen mit seinem Vorgesetzten, Kardinal von Faulhaber, vor. Müller sollte Innitzer davon berichten, dass auch Faulhaber den
Verführungen Hitlers erlegen sei, insbesondere nach einem Treffen im Jahr
1936, in dem der „Führer" sich mit seiner Entschlossenheit, den Kommunismus zu zerstören, gebrüstet habe. Faulhaber habe eines Besseren belehrt
werden müssen und sei schließlich zu der strengeren Linie zurückgekehrt, die
er in früheren Jahren verfolgt habe. Müller führte seinen Auftrag gewissen-
haft aus und berichtete Innitzer von dem Schaden, den Faulhabers Fehltritte
angerichtet hatten – allerdings war dafür ein schwieriges Gespräch von fast
drei Stunden Dauer erforderlich.[68]

Neuhäuslers Hauptaufgabe bestand jedoch darin, hochrangigen Kirchenvertretern im Ausland aktuelle Berichte über den Kirchenkampf zukommen
zu lassen. Papst Pius XI. bat die drei deutschen Kardinäle beziehungsweise
Bischöfe inständig, ihm verlässliche Informationen zuzusenden, da er erkannt
hatte, dass eine genaue Berichterstattung über die Schikane in ausländischen
Zeitungen und Rundfunksendern wie Radio Vatikan die Verfolgung durch die
Nationalsozialisten eindämmen könnte. Neuhäusler folgte seiner Anweisung
und fasste die zusammengetragenen Informationen in detaillierten zwei-
wöchentlichen und wöchentlichen Berichten zusammen, die für Pacelli,

66   Syracuse University Library, Dorothy Thompson Papers, Box 102, Folder Heading: MSS,
      untitled, Subject Headings N. Hierbei handelte es sich unzweifelhaft um einen Verweis
      auf die internen Konflikte im Kloster Ettal.
67   Müller Interviews, S. 7 f., USAHEC, Harold C. Deutsch Papers, Series III, Box 1, Folder 7.
68   Ebd., S. 12.

Ludwig Kaas und Pater Robert Leiber SJ, einen einflussreichen deutschen Jesuiten und Berater Pacellis, bestimmt waren.[69] Während Leiber einige der Berichte in einer Kodex-Attrappe mit falschem Einband in einer Bibliothek versteckte, behielt Pacelli viele der Inhalte in seinem Gedächtnis und ließ andere Berichte aus dem Vatikan bringen, unter anderem zur Lagerung in einem Behälter, für den nur er einen Schlüssel hatte.[70]

Da es Neuhäusler nicht möglich war, alle zwei Wochen ins Ausland zu reisen, um seine Berichte zu übergeben, musste er sich auf ein kleines ausgewähltes Netzwerk von etwa zehn Kurieren, die meisten davon Kleriker, verlassen.[71] Sein Hauptkurier, Josef Müller, war indessen kein Kleriker. Wie Neuhäusler war er der Sohn eines bayerischen Landwirts. Müller hatte sich nach einem Aufeinandertreffen mit zwei Mitschülern, während er dabei war, mit einem Ochsenkarren Dung zu transportieren, von diesen den scherzhaften Spitznamen „Ochsensepp" eingehandelt. Der Spitzname hielt sich hartnäckig und wurde später sogar als „Joe the Ox" ins Englische übertragen.[72] Müller tat sich im Sommer 1933 während eines langen Spaziergangs im Englischen Garten in München mit Neuhäusler zusammen und die beiden trafen sich in der Folge fast täglich in Müllers Kanzlei.[73]

---

69 Neuhäusler, *Amboß und Hammer*, S. 130–140; Müller Interviews, S. 6, USAHEC, Harold C. Deutsch Papers, Series III, Box 1, Folder 7.

70 Podiumsgespräch unter Teilnahme von Dr. Buchheim, KAB, Tonband, Rolf Hochhuth, Der Stellvertreter, 22.4.1963; Neuhäusler, *Amboß und Hammer*, S. 135.

71 Darunter Pater Rupert Mayer SJ; Andreas Rohracher, Weihbischof im österreichischen Gurk und nach 1939 Erzbischof von Salzburg; Corbinian Hofmeister, Abt der Benediktinerabtei Metten; der Dominikaner Laurentius Siemer und Pater Johannes Albrecht aus Ettal, einem Benediktinerkloster in der Nähe von Oberammergau und Zentrum für Widerstandsaktivitäten. Für einen kurzen Überblick über Neuhäuslers Kontakt zu Rohracher siehe: Johannes Neuhäusler an Andreas Rohracher, 26.9.1953, AES, NL Andreas Rohracher, 19/29, Korr. mit Bischöfen im Ausland, 1950–1958. Eine bemerkenswerte Ausnahme war Thea Graziella Schneidhuber, die Schwägerin des am 30. Juni 1934 ermordeten Münchner Polizeipräsidenten. Sie war vom Judentum zum Christentum konvertiert und wurde aufgrund ihrer jüdischen Herkunft in Ravensbrück durch Vergasung umgebracht. Für ihre Verbindung zu Neuhäusler siehe: Neuhäusler, *Amboß und Hammer*, S. 131. Für Informationen über Schneidhubers Ehe siehe: Répin, *Freiheit und Arbeit*, S. 110. Vgl. ebenso Abschrift zu II 3240/41, Der Chef der Sicherheitspolizei und des SD, Berlin, den 27.6.1941, IV 1–554/41, Betrifft: Neuhäusler, Johann, Domkapitular, Bayerisches Hauptstaatsarchiv, MKK 38233, Akten des Bayer. Staatsministeriums für Unterricht und Kultur, Mappe: Johannes Neuhäusler, Weihbischof, 41–45.

72 Interview mit Josef Müller, 24.3.1966, S. 1 f., USAHEC, Harold Deutsch Papers; vgl. Deutsch, *Conspiracy against Hitler*, S. 113.

73 Müller, *Bis zur letzten Konsequenz*, S. 63 f.; Deutsch, *Conspiracy against Hitler*, S. 112; Hettler, *Josef Müller („Ochsensepp")*, S. 36–46; Müller Interviews, S. 10, USAHEC, Harold C. Deutsch Papers, Series III, Box 1, Folder 7.

Neuhäusler konnte nicht wissen, dass er durch Müller in die Welt der Spionage eintreten würde. Denn Müller war noch in einer anderen, gefährlicheren Funktion tätig: Er nutzte seine Position im Nachrichtendienst der Wehrmacht für seine Aktivität als Kurier zwischen Rom und dem Widerstand gegen Hitler. Er machte Neuhäusler nach und nach mit zahlreichen Verschwörern aus dem deutschen Widerstand bekannt, darunter auch dem lutherischen Theologen Dietrich Bonhoeffer, mit dem Neuhäusler sich mehrere Male gegen Ende 1940 und im Frühjahr 1941 vor seiner eigenen Verhaftung traf.[74] Im Gegenzug machte Neuhäusler Müller mit hochrangigen Vertretern aus Rom bekannt, darunter Leiber sowie Pankratius Pfeiffer, dem Salvatorianer-Pater, der später auch als römischer Oskar Schindler bezeichnet wurde.[75]

Die von Neuhäusler und Müller zusammengetragenen Informationen trugen anscheinend dazu bei, Pius XII. davon zu überzeugen, eine hochgefährliche Operation zu unterstützen, die laut einem Briten in hochrangiger Position an die Grenzen dessen stieß, was für einen Papst möglich war.[76] Der deutsche militärische Widerstand plante 1939 und im Frühjahr 1940 einen Coup, der Hitler bei erfolgreicher Durchführung wahrscheinlich umgebracht hätte. Pius sollte dabei als Mittelsmann zwischen den Westalliierten und den beteiligten Widerstandkreisen, darunter heute berühmte Namen wie Hans von Dohnanyi, Hans Oster, Wilhelm Canaris und, nicht zuletzt, Josef Müller selbst, agieren. Obwohl der Einmarsch der Deutschen in Frankreich und in die Beneluxstaaten die Hoffnungen der Verschwörer zerstörte, wurde Neuhäusler auch weiterhin hinsichtlich ihrer Pläne auf dem Laufenden gehalten, ungeachtet der späteren Beteuerungen seiner Unkenntnis.[77] In einer vertraulichen

---

74   Zur Verbindung zwischen Müller und den Verschwörern siehe: Bethge, *Dietrich Bonhoeffer*, S. 672–675; Smid, *Hans von Dohnanyi*, S. 235–242; Müller, *Generaloberst Ludwig Beck*, S. 410–418; vgl. Dietrich Bonhoeffer an Eberhard Bethge, 19. Januar 1941, in: Brocker (Hg.), *Dietrich Bonhoeffer Works, Volume 16*, S. 110.

75   Abschrift, Abteilung Information, Vernehmung Johannes Neuhäusler, 19.12.1946, ACSP, NL Josef Müller, F65 Kriegsfolgen, Spruchkammerverfahren gegen Josef Müller, 1946–7.

76   Unbekannter britischer Vertreter, zit. in Deutsch, *Conspiracy against* Hitler, S. 349. Für Darstellungen dieser Verschwörung gegen Hitler siehe beispielsweise: Smid, *Hans von Dohnanyi*, S. 234–266; Ventresca, *Soldier of Christ*, S. 162–164; Riebling, *Church of Spies*.

77   Zu den Verschwörern und ihrem Scheitern siehe: Best, *Venlo Incident*; Ludlow, „Papst Pius XII.", S. 299–341; Kettenacker, „Die britische Haltung zum deutschen Widerstand"; Hoffmann, „Peace through Coup d'etat", S. 3–44, hier 18–21; Müller, *Der deutsche Widerstand und das Ausland*, S. 13; Meehan, *Unnecessary War*; Foot, „Britische Geheimdienste", S. 161–168, hier 163; Bethge, *Dietrich Bonhoeffer*, S. 671–675; Doerries, *Hitler's Last Chief of Foreign Intelligence*. Neuhäusler erzählte dem bayerischen Staatssekretär und Sonderminister für Entnazifizierung, Anton Pfeiffer, im Dezember 1946, dass er es bewusst abgelehnt habe, in die Widerstandsaktivitäten von Müllers Kreisen hineingezogen zu werden, vgl. Abschrift,

Abb. 2.3
Johannes Neuhäusler wurde von
Michael Kardinal von Faulhaber mit der
Koordinierung katholischer Bemühungen
im Kampf gegen die Verfolgung der
Kirche durch die Nationalsozialisten
beauftragt. AEM NL Neuhäusler Nr. 430.

Stellungnahme schrieb er über Müller: „Er berichtete mir schon damals jeweils nach jeder Romfahrt ziemlich ausführlich, was er mit dem Verbindungsmann des Heiligen Stuhles, mit dem englischen und amerikanischen Verbindungsmann, verhandelt hatte."[78]

Neuhäuslers Berichte lieferten nicht nur Material für Rundfunksendungen im Radio Vatikan. Sie lieferten ebenfalls die Grundlage für *Brown Bolshevism*, ein 1937 in Belgien erschienenes Buch, für das sein Autor, Dr. Florent Peeters,

---

Johannes Neuhäusler an Herrn Staatsminister Dr. Anton Pfeiffer, 13.12.1946, ACSP, NL Josef Müller, F65 Kriegsfolgen, Spruchkammerverfahren gegen Josef Müller, 1946–1947. Diese Behauptung wurde jedoch durch Neuhäuslers eigene vertrauliche Stellungnahme gegenüber dem Entnazifizierungsgericht widerlegt, vgl. Abschrift, Abteilung Information, 19.12.1946, Vernehmung, ACSP, NL Müller, F65, Kriegsfolgen, Spruchkammerverfahren gegen Josef Müller, 1946–1947.

78   Abschrift, Abteilung Information, Vernehmung Johannes Neuhäusler, 19.12.1946, ACSAP, NL Josef Müller, F 65 Kriegsfolgen, Spruchkammerverfahren gegen Josef Müller, 1946–1947.

40 Monate im Konzentrationslager Oranienburg verbrachte.[79] Von noch
größerer Bedeutung war der Umstand, dass Neuhäuslers Berichte viel Stoff
für das gewaltige 500-seitige Werk *The Persecution of the Catholic Church in
the Third Reich* lieferte, das im Jahr 1940 gleichzeitig in London und New York
veröffentlicht wurde.[80] Dieser in zwei Auflagen erschienene Band war eine
Übersetzung einer Sammlung deutscher Dokumente, aus denen Einzelheiten
über den Kampf der Nationalsozialisten gegen die katholische Kirche hervor-
gingen. Viele dieser Einzelheiten fanden später auch ihren Weg in *Kreuz und
Hakenkreuz.*

Diese Werke trugen sichtlich Neuhäuslers Handschrift, auch wenn er selbst
von ihrer Veröffentlichung erst nach seiner Freilassung aus der Gefangenschaft im Jahr 1945 erfuhr. So hatten sich zum Beispiel überproportional viele
der dargestellten Vorfälle, darunter gewalttätige Übergriffe und Verhaftungen,
in Bayern zugetragen. Der Umstand, dass sich die Darstellungen über weite
Strecken auf bayerisches Quellenmateriel stützte, war auch dem aufmerk-
samen Blick der Gestapo nicht entgangen. Laut Neuhäusler war die Veröffentlichung von *The Persecution of the Catholic Church* im Jahr 1940 der eigentliche
Grund für seine Verhaftung am 4. Februar 1941 gewesen.[81] Er war bereits einmal zuvor am 19. Dezember 1933 wegen angeblicher Verstöße gegen neue Ver-
sammlungsverbote verhaftet worden. Die Nachricht seiner Verhaftung hatte
damals sogar Kardinalstaatssekretär Eugenio Pacelli erreicht.[82] Er war 1933
jedoch nur für eine Nacht festgehalten worden. Dieses Mal war die Gestapo fest
entschlossen, ihm endgültig das Handwerk zu legen.[83] Über eine Dauer von
drei Monaten wurde er sechs Mal in Gefängnissen der Gestapo in München
und Berlin verhört, im Anschluss daran in das berüchtigte Konzentrationslager
Sachsenhausen überstellt und so schwer misshandelt, dass eine alte Bekanntschaft ihn selbst drei Monate später nicht wiedererkannte.[84]

---

79   Prof. Dr. Florent Peeters an Kardinal Faulhaber, 5.1.1947, AEMF, NL Johannes Neuhäusler,
      VN N 238; Neuhäusler, *Amboß und Hammer*, S. 134.
80   Mariaux, *Persecution of the Catholic Church*. Das deutsche Original trug den Titel *Tod-
      feind des Christentums. Tatsachen und Dokumente aus dem Kampf des Nationalsozialismus
      gegen die katholische Kirche.* Vgl. Roman Bleistein, „Walter Mariaux", S. 134 f.
81   Neuhäusler, *Amboß und Hammer*, S. 134 f.
82   Buchwieser an den Ministerrat des Landes Bayern, 3.12.1933; Alberto Vasallo-Torregrossa
      an Eugenio Pacelli, 28.12.1933, USHMM, RG 76.001 M, Reel 3, 198.
83   Neuhäusler erfuhr durch seinen Neffen, dass die Gestapo beschlossen hatte, ihn „kalt-
      zustellen". Neuhäusler an das Bayerische Kultusministerium, München, 2.7.1945, BHSA,
      MKK 38233, Akten des Bayer. Staatsministeriums für Unterricht und Kultur, Mappe:
      Johannes Neuhäusler, Weihbischof, 41–45.
84   Neuhäusler, *Amboß und Hammer*, S. 153–163; Statement of Neuhäusler, Johann, Capri,
      28.5.1945, USHMM, IST Tracing Service, Document ID 43991762; NA, RG 338, Records

Am 11. Juli 1941 wurde er nach Dachau gebracht, wo seit 1940 nahezu sämtliche in ganz Europa verhaftete Priester interniert wurden. Zu seinem eigenen Erstaunen erhielt er dort den geschützten Status eines „Sonderhäftlings".[85] Die körperlichen Misshandlungen hörten auf und er erhielt dieselben Rationen wie seine SS-Wachen. Neuhäusler war nicht in den Baracken des Häftlingsgeländes untergebracht, sondern im so genannten Bunker, der den Inhaftierten einen ahnungsvollen Blick auf den trostlosen Innenhof gewährte, wo öffentliche Hinrichtungen vollzogen wurden. Er fand schnell heraus, dass seine Zellentür tagsüber nicht abgeschlossen war und in den spartanischen Nachbarzellen traf er auf zwei bekannte Gesichter: Michael Höck, den Schriftleiter der *Münchner Katholischen Kirchenzeitung*, und Martin Niemöller, den führenden Vertreter der Bekennenden Kirche. Den drei Insassen wurde der Kontakt untereinander und sogar die Abhaltung gemeinsamer Gottesdienste gestattet. Die Gestapo hatte in Erfahrung gebracht, dass Niemöller über eine Konvertierung zum Katholizismus nachdachte. In dem Glauben, dadurch seine Konvertierung zu beschleunigen und einen Keil zwischen ihn und die Mitte der Bekennenden Kirche zu treiben, platzierten sie ihn neben zwei wortgewandten Katholiken. Es verwundert nicht, dass das Gegenteil eintrat: Umgeben von zwei Katholiken aus Bayern, entschied sich Niemöller, Protestant zu bleiben.[86]

In den folgenden Jahren, insbesondere während der letzten Kriegsmonate, wuchs die Zahl relativ privilegierter Gefangener stetig an, die als „Sonderhäftlinge" aus ganz Europa in Dachau untergebracht wurden, unter ihnen auch Kardinäle und vormalige Staatsoberhäupter. Auf Anweisung von oben transportierte die SS die Häftlinge am 24. April 1945 schließlich nach Südtirol. Die 139 „Sonderhäftlinge" sollten mit Sicherheit getötet werden, doch die Pläne der SS wurden im letzten Moment durchkreuzt. Der SS-Mann, der für die Durchführung der Hinrichtungen verantwortlich war, beging Selbstmord und die Befreiung der Häftlinge durch die amerikanische

---

of U.S. Army Command, United States versus Martin G. Weiss et al., 15.12.–17.12.1945, M1174, 1.

85   IST Archives, Doc. No 90421799#1.

86   Für Einzelheiten siehe Neuhäuslers Zeugenaussage im Prozess gegen Martin Weiss et al. vom November 1945. Das Protokoll befindet sich in AGD, Mappe: Johannes Neuhäusler. Zu Niemöllers Überlegungen hinsichtlich einer möglichen Konvertierung vgl. Niemöller, „Gedanken", S. 449–459; „Niemoeller's Friends Deny His Conversion", in: *The New York Times*, 5.2.1941, S. 3; Schmidt, *Martin Niemöller im Kirchenkampf*; Gerhard Niemöller, Leserbrief, in: *FAZ* Nr. 276, 27.11.2000. Ebenfalls inhaftiert war ein weiterer katholischer Priester, Nikolaus Jansen, den Neuhäusler in seiner Darstellung nicht erwähnt, vgl. Hockenos, *Then They Came For Me*, S. 148.

Armee machte internationale Schlagzeilen.[87] Neuhäusler und die anderen
deutschen Gefangenen wurden daraufhin nach Paris und auf die Insel Capri
gebracht, wo sie von amerikanischen Offizieren über Misshandlungen in
den Konzentrationslagern befragt wurden. Wie sie später herausfanden,
wurden ihre Enthüllungen während dieser Vernehmungen später bei den Vorbereitungen für die Nürnberger Kriegsverbrecherprozesse verwendet.[88] Neuhäusler erhielt außerdem die Erlaubnis, gemeinsam mit Josef Müller, dem er
gerade erst wiederbegegnet war, zwei Reisen von Capri nach Rom zu unternehmen. Am 23. Mai 1945 hatte er eine weithin bekannt gewordene Audienz
bei Papst Pius XII. und am 3. Juni erhielt er die Gelegenheit, die deutsche
Übersetzung von Pius' am Vortrag gehaltener Ansprache vor dem Kardinalskolleg auf Radio Vatikan zu verlesen.[89]

Neuhäusler, Niemöller und Müller wurden im Anschluss nach Neapel
geflogen, um am 5. Juni an einer Pressekonferenz mit anderen namhaften
Deutschen und Österreichern[90] teilzunehmen.[91] Die sich hier bietende
Gelegenheit, ein positives Bild des „anderen Deutschlands" vor etwa 35 britischen und amerikanischen Journalisten zu präsentieren, wurde jedoch
verpasst. Die Pressekonferenz wurde vielmehr zu einer Public-Relations-
Katastrophe. Die Journalisten stellten allen fünf Teilnehmern Fragen über den
Widerstand der Kirchen gegen den Nationalsozialismus und waren vor allem an
der Haltung der Befragten gegenüber der Demokratie und ihren Perspektiven
auf den politischen Wiederaufbau Deutschlands interessiert.[92] Die Reporter
fragten Niemöller, der den Ersten Weltkrieg als Marineoffizier miterlebt hatte,
ob die Gerüchte, denen zufolge er sich 1939 von seiner KZ-Zelle aus freiwillig
für den Dienst in der Kriegsmarine gemeldet habe, der Wahrheit entsprächen.
Niemöller bestätigte seine freiwillige Meldung nicht nur, sondern fügte

---

87   ITS Archives, Doc. No. 43991762; Richardi, *SS-Geiseln*; Neuhäusler, *Amboß und Hammer*,
      S. 190–201.

88   Johannes Neuhäusler, *Amboß und Hammer*, S. 209.

89   Ebd., S. 205–209; „Freed Priest Sees Pope: Neuhausler Reports in Niemoeller, a Fellow
      Prisoner", in: *The New York Times*, 24.5.1945, S. 4; Hettler, *Josef Müller ("Ochsensepp")*,
      S. 201 f.; J.B. (Nachname unleserlich) an Myron Taylor, 30.5.1945, USHMM, U.S. Relations
      with the Vatican and the Holocaust, 1940–1950, Collection, NARA II, Gale Doc.#:
      SC5001107660.

90   Darunter Dr. Gustav Goerdeler und Dr. Hermann Pünder, der bis zum 30. Januar 1933 Chef
      der Reichskanzlei gewesen war. Ferner war der ehemalige österreichische Bundeskanzler
      Kurt von Schuschnigg zwar zugegen, nahm aber nicht an der Pressekonferenz teil. „For
      What I Am", in: *The New York Times*, 18.6.1945, S. 28; „A Hero with Limitations", in: *The New
      York Times*, 6.6.1945, S. 1.

91   Neuhäusler, *Hammer und Amboß*, S. 209.

92   Ebd.

außerdem hinzu, dass er keine Kenntnis von den meisten Untaten gehabt habe, die in den Konzertrationslagern begangen worden waren. Noch fataler war seine Aussage, und hier pflichteten ihm die anderen vier Teilnehmer bei, Deutschland sei für demokratische Strukturen „nicht geeignet".

Der Schaden, der dem Ansehen der Kirchen durch diese Episode zugefügt wurde, schien verheerende Ausmaße anzunehmen, als die Presse diese Enthüllungen am darauffolgenden Tag in ihren Schlagzeilen ausschlachtete. Ein Reporter der *New York Times* schloss seinen Artikel „Freed Pastor Says Germany Is Unfit for Democracy: Four Anti-Nazis Agree" mit der Beobachtung ab, dass unter den Befragten Einigkeit darüber geherrscht habe, dass für sie ein Leben in einem demokratischen Staat nach amerikanischem Vorbild nicht in Frage komme.[93] Ein Vertreter der amerikanischen Besatzungsmacht, Marshall Knappen, fand eine andere, nur wenig überspitzt gemeinte Formulierung: Die verblüffte Öffentlichkeit habe nach der Konditionierung durch die verzerrten Berichte der Kriegsjahre vorschnell die Schlussfolgerung gezogen, alle Deutschen seien im Herzen Nationalsozialisten. Er fügte hinzu, dass selbst Prediger die Gräueltaten der Nationalsozialisten kleingeredet hätten und bereit gewesen seien, für Hitler zu kämpfen.[94] Etwas weniger als zwei Wochen nach diesem Fiasko wurde Neuhäusler schließlich am 16. Juni die Rückkehr nach München gestattet.[95]

Jeder einzelne Zwischenstopp auf Neuhäuslers Reise in der ersten Hälfte des Jahres 1945 – Dachau, Norditalien, Capri, der Vatikan und Neapel – floss in die Entstehungsgeschichte von *Kreuz und Hakenkreuz* ein, obgleich offen bleibt, wie genau. Neuhäuslers Darstellungen dieser dramatischen Ereignisse waren, wie auch in vielen anderen Situationen, selbst in den unmittelbar folgenden Monaten widersprüchlich und teilweise sogar irreführend. Auch seine Berichte über die Motivation hinter seinem Opus magnum und die eigentliche Arbeit daran variierten erheblich. Diese Abweichungen waren gewiss nicht auf Gedächtnislücken des akribischen ehemaligen Informanten zurückzuführen. Vielmehr verfolgte er mit den unterschiedlichen Versionen seiner eigenen Vergangenheit und derjenigen der katholischen Kirche politische und

---

93   Sam Pope Brewer, „Niemoeller Asks Iron Rule of Reich: Freed Pastor Says Germany Is Unfit for Democracy – Four Anti-Nazis Agree", in: *The New York Times*, 6.6.1945; „Francis S. Harmon: Notes No. 19 (Bericht über eine Unterredung mit Martin Niemöller am 6. Juli 1945", in: Vollnhals (Hg.), *Die evangelische Kirche nach dem Zusammenbruch*, S. 35–40; vgl. den Konferenzbeitrag von Hockenos, „Martin Niemöller in America, 1946–1947: A Hero with Limitations", online: http://contemporarychurchhistory.org/2012/06/conference-paper-martin-niemoeller-in-america/ (acc. 31.1.2013).

94   Knappen, *And Call It Peace*, S. 112.

95   Sonderfall, Inhaftierungsbescheinigung, Johannes Neuhäusler, 7.5.1957, ITS Archive.

weltanschauliche Ziele. Im besten Fall dienten sie dem Schutz der Gläubigen, im schlimmsten Fall waren sie schlichtweg verlogen.

Im ersten Absatz von *Kreuz und Hakenkreuz* gibt Neuhäusler vor, er habe die ersten Zeilen seines Werks bereits vor der Evakuierung aus Dachau Ende April 1945 geschrieben.[96] Diese Behauptung scheint den Bogen der Glaubhaftigkeit zu überspannen: Wie hätte ein KZ-Insasse mit der Arbeit an einem Buch beginnen können, selbst wenn es ursprünglich als ein kleineres Werk von höchstens 80 Seiten angelegt war?[97] Auf diese Frage gibt es jedoch eine einfache Antwort: Sonderhäftlinge wie Neuhäusler oder Niemöller erhielten gegenüber normalen Insassen Privilegien, und zwar in einem solchen Ausmaß, dass Karl Barth sie öffentlich schmähte. Er bezeichnete die „Sonderhäftlinge" als „Salon Dachauer", die in den Genuss der üblichen Rationen für die privilegierte Minderheit im Dachauer Bunker gekommen seien: Tabak für ihre Pfeifen und sogar ein gelegentliches Glas Wein.[98] So grotesk diese Beschreibung auch erscheinen mag, es war Neuhäusler in der Tat gestattet worden, an der frischen Luft spazieren zu gehen, unter anderem seine annähernd 20 Neffen als Besucher zu empfangen, das Badehaus der SS zu nutzen, ins Theater zu gehen und, was für diese Geschichte entscheidend ist, Bücher für seine wissenschaftliche Arbeit zu lesen.[99] Seinem Freund und Mithäftling Martin Niemöller war eine Schreibmaschine bewilligt worden.

Neuhäuslers Darstellung seiner Gefangenschaft, die sich auf einen einzigen Absatz beschränkt, lässt jedoch grundlegende Fragen offen.[100] Wie bewahrte er seine, wenn auch stenografischen und daher äußerst kurzen, Notizen auf, nachdem er in einen Bus mit ungewissem Zielort gesetzt worden war?

---

96   Neuhäusler, *Kreuz und Hakenkreuz, Teil I*, S. 7.

97   Neuhäusler, *Saat des Bösen*, S. 7.

98   Abschrift, Niemöller, Sonderdruck aus dem „Basler Kirchenboten," Reformationssonntag, 1945, gezeichnet Professor Karl Barth, AEMF, NL Johannes Neuhäusler, N242.

99   Abschrift, Faulhaber an Bischof Heinrich Wienken, 26.9.1941, AEMF, Kardinal Faulhaber Archiv, 8305; Beschuldigtenvernehmungsprotokoll: Edgar Stiller vom 18.8.1951, im Verfahren gegen Edgar Stiller, SAM, STAnw M II VSG 25/2; Richardi, *SS-Geiseln*, S. 135–137; Interrogation by American military officials of Neuhäusler, AGD, File, Johannes Neuhäusler.

100   Neuhäusler widersprach seiner eigenen Darstellung im Jahr 1967, als er behauptete, er habe die ersten zwölf Seiten seines Werks der Tochter von Jakob Kaiser in den Tagen nach der Pressekonferenz in Neapel vom 5. Juni diktiert. Kaiser war ebenfalls ein KZ-Überlebender und ein Gründungsmitglied der CDU. Johannes Neuhäusler, *Amboß und Hammer*, S. 210. Dies wirft die Frage nach der Vereinbarkeit dieser Darstellungen auf. Allein aufgrund der 21 Jahre Zeitdifferenz erscheint seine Erklärung aus dem Jahr 1967 weniger plausibel. Alternativ könnte er Kaisers Tochter Passagen aus dem Gedächtnis oder auf Grundlage mitgeführter Notizen in Kurzschrift diktiert haben.

Übergaben die Wachen die Notizen seiner Familie, führte er sie mit sich oder wurden sie im Zuge der KZ-Befreiung in Dachau entdeckt?

Neuhäuslers Version erläutert auch nicht, weshalb er den Entschluss fasste, ein Buch zu schreiben, obwohl zu diesem Zeitpunkt unklar war, ob er die Gefangenschaft überhaupt überleben würde. In dieser frühen Phase erscheint der Schluss, dass Neuhäusler mit *Kreuz und Hakenkreuz* primär spirituelle Zwecke verfolgte, am naheliegendsten. Es sollte ein Martyrologium und Verzeichnis menschlichen Leids werden, so wie es in der katholischen Kirche eine lange Tradition hat. Darüber hinaus sollte es eine Stimme der Prophezeiung werden. Mit dem Verweis darauf, wie Gott ausländische Angreifer das Gelobte Land eines auserwählten Volkes zerstören ließ, weil dieses von seinem Glauben an Gott abgefallen war, enthielt sein Werk Anspielungen auf die Mahnrufe der Propheten des Alten Testaments. Unter Verkündung des Triumphes des Kreuzes über das Hakenkreuz – das Symbol des modernen Baal – war Neuhäuslers Werk eine Aufforderung zur Reue und Buße sowie zur Rückbesinnung auf den Herrn.[101]

Seine Ideen für *Kreuz und Hakenkreuz* scheinen eine offenkundig politischere Gestalt angenommen zu haben, nachdem Neuhäusler und die anderen Sonderhäftlinge aus dem Hotel in Norditalien, wo sie die letzten ungewissen Tage ihrer Gefangenschaft verbracht hatten, befreit worden waren. Die entscheidenden Impulse dafür erhielt er anscheinend während seiner beiden Aufenthalte im Vatikan. Während seiner beiden Besuche am 3. und 23. Mai erfuhr Neuhäusler, dass die von ihm gesammelten Dokumente nach ihrer Veröffentlichung im Ausland das Interesse am Kirchenkampf geweckt hatten. „Aus deutschen Kreisen Roms" – damit meinte Neuhäusler vermutlich Leiber und Kaas – wurde die Notwendigkeit „einer Art Farbbuch" zur Dokumentation der Verfolgung durch die Nationalsozialisten und des katholischen Widerstands geäußert.[102] Ferner sollen sie behauptet haben, dass eine Veröffentlichung von Gesetzen, bischöflichen Hirtenbriefen und ähnlichen Schriftstücken „ein Beitrag zu unserer Ehrrettung, wenigstens bei katholischen Kreisen" sei.[103]

Diese Ansicht teilte auch Papst Pius XII., der seit seiner Zeit als Nuntius in Deutschland für seine Sympathien gegenüber Deutschland bekannt war. In seiner Audienz mit Müller und Neuhäusler am 23. Mai 1945 soll der Pontifex ihnen verkündet haben: „Wir müssen etwas sagen für das deutsche Volk",

101   Neuhäusler, *Kreuz und Hakenkreuz, II*, S. 405–411.
102   Neuhäusler, *Kreuz und Hakenkreuz, I*, S. 7–8.
103   Ebd.

da überall von der Kollektivschuld der Deutschen gesprochen werde.[104] Der Papst bat die beiden ehemaligen Kuriere offenbar um Material, „das zeigt, wie tapfer Deutsche, Priester und Laien Widerstand gegen den Nationalsozialismus leisteten", sowie um statistische Angaben über die Anzahl der Priester, denen in Konzentrationslagern Leid widerfahren war. Müller lieferte ihm diese Informationen, die Pius unmittelbar in seine einflussreiche Ansprache an das Kardinalskolleg vom 2. Juni 1945 einarbeitete, in der er den Nationalsozialismus unmissverständlich als „satanisches Gespenst" verurteilte.[105]

Die Pressekonferenz in Neapel am 5. Juni 1945 hatte sich ebenfalls tief in Neuhäuslers Gedächtnis eingeprägt. Neuhäusler bezeichnete dieses Fiasko, ungeachtet seiner päpstlichen Audienzen und der Notizen, die er während der letzten Monate in Dachau angefertigt hatte, mehrfach als den ausschlaggebenden Moment für die Entstehung seines Werks und ließ dabei die beschämendsten Einzelheiten unerwähnt.[106] Der Umstand, dass er und seine Freunde sich mit ihren ungezügelten Kommentaren über die mangelnde Eignung der Deutschen für die Demokratie gerade erst einen Fauxpas geleistet hatten, fand nirgends Erwähnung. In seinem auf den 27. Januar 1946 datierten Vorwort zu *Kreuz und Hakenkreuz* behauptet Neuhäusler außerdem, die Pressekorrespondenten hätten wiederholt nach einer „Darstellung des nationalsozialistischen Kampfes gegen die Kirche" gefragt, was aus ihren Berichten über die Pressekonferenz an keiner Stelle hervorgeht.[107] Auch hätten sich die Journalisten laut Neuhäusler konkret nach dem „deutschen Widerstand" gegen den Nationalsozialismus erkundigt: „Wo war denn der Widerstand gegen den Nationalsozialismus?", zitiert er sie in seinem Werk.[108] Scheinbar feindselige Fragen aus den Reihen ausländischer Journalisten verschärften offensichtlich

---

104   Neuhäusler, „Wie Pius XII. 1945 über Deutschland sprach", S. 184 f.; Hettler, *Josef Müller* („*Ochsensepp*"), S. 201 f.; J.B. (Nachname unleserlich) an Myron Taylor, 30.5.1945, USHMM, U.S. Relations with the Vatican and the Holocaust, 1940–1950, Collection, NARAII, GaleDoc. #:SC5001107660.

105   Vgl. seine Ansprache unter www.vatican.va/holy_father/pius_xii/speeches/1945/docu ments/hf_p-xii_spe_19450602_accogliere_it.html (acc. 26.2.2013).

106   Neuhäusler, *Amboß und Hammer*, S. 209 f.; *Kreuz und Hakenkreuz, I*, S. 7; *Kreuz und Hakenkreuz, II*, S. 10.

107   Neuhäusler, *Kreuz und Hakenkreuz, I*, S. 7. Zu den Berichten siehe: „War News Summarized", in: *The New York Times*, 6.6.1945, S. 1; „For What I Am", in: *Time*, 18.6.1945, S. 28.

108   Neuhäusler, *Kreuz und Hakenkreuz, II*, S. 10. Als er diese Geschichte im Jahr 1967 erneut erzählte, sollen die Journalisten ihn nicht nur nach dem „deutschen Widerstand", sondern auch konkret nach dem Widerstand der Kirchen gefragt haben. Im Jahr 1946 verfolgte Neuhäusler offensichtlich dasselbe Ziel wie Papst Pius XII., nämlich die gekränkte Ehre der Deutschen zu verteidigen. Zwei Jahrzehnte später war die Verteidigung der katholischen Kirche, die gerade von Guenter Lewy und anderen wegen des angeblichen Mangels an Opposition unter Beschuss stand, seine oberste Priorität. Es ist natürlich

eine tiefe Kränkung seines Nationalstolzes, aufgrund dessen er während seiner Inhaftierung in seinem Tagebuch davon sprach, Städte wie Paris oder Aachen seien an die Alliierten „verloren" worden.[109] In einem Spendenaufruf im Rahmen seines Engagements für die Begnadigung von NS-Kriegsverbrechern gipfelte sein verletzter Patriotismus im Jahr 1950 in der Forderung, Deutschland müsse „frei von ihm aufoktroyierten Schuldkomplexen" werden.[110]

Neuhäusler kehrte folglich nach der Pressekonferenz unter dem Eindruck nach Deutschland zurück, die Deutschen befänden sich trotz der Kapitulation der Nationalsozialisten nach wie vor unter Beschuss. Fest entschlossen, gegen diesen vermeintlichen Beschuss anzukämpfen, setzte er sich für Personen ein, die in Entnazifizierungsverfahren aufgrund ihrer Mitgliedschaft in der NSDAP verurteilt wurden.[111] Im November 1945 trat er als Zeuge der Verteidigung in den Dachau-Prozessen gegen Angehörige des Lagerpersonals und der Wachen auf.[112] Da er auf Capri von amerikanischen Anwälten zu den in Konzentrationslagern begangenen Verbrechen befragt worden war, ahnte er, dass die Amerikaner Kriegsverbrecherprozesse vorbereiteten, die weit über den Nürnberger Prozess gegen die Hauptkriegsverbrecher hinausgingen. Letzterer war im Frühjahr 1946, als *Kreuz und Hakenkreuz* in den Druck ging, noch nicht abgeschlossen.

Neuhäusler und Faulhaber erkannten instinktiv das beste Mittel zum Gegenschlag: Sie setzten ihre scheinbar tadellose Moralität zugunsten der Angeklagten ein. Der Vatikan nahm sich eines Falles von Neuhäusler an, in dem einem ehemaligen NSDAP-Mitglied die weitere Betätigung als Journalist wegen seiner Parteizugehörigkeit untersagt wurde. Der Brief aus dem Vatikan an den persönlichen Beauftragen des amerikanischen Präsidenten beim Heiligen Stuhl vom 24. November 1945 begann mit Neuhäuslers „mutiger Opposition gegenüber dem Nationalsozialismus" und seiner Gefangenschaft

---

möglich, dass die Journalisten beide Fragen aufgeworfen haben und Neuhäusler lediglich zu einer anderen Wiedergabe griff. Vgl. Johannes Neuhäusler, *Amboß und Hammer*, S. 209.

109   Nationalistisch angehauchte Töne waren sogar in seinen *Atlas der Katholischen Weltmission* von 1932 eingeflossen, vgl. Neuhäusler (Hg.), *Atlas der katholischen Weltmission*, S. 104 f.; Auszug aus dem Tagebuch seiner Exzellenz des Herrn Weihbischof Dr. Neuhäusler: (Geführt im KZ-Dachau für die Jahre 1943–1945), Staatsarchiv München (SAM), 34475/2, 5.

110   Schreiben von Neuhäusler vom 15.1. 1950, Bundesarchiv, B 305/140, zit. nach Klee, *Persilscheine*, S. 51, 170.

111   Segregetaria di Stato di sua Santita (kein Verfasser) an Harold Tittmann, 24.11.1945, USHMM, U.S. Relations with the Vatican, Nara II, 1940–1945, Gale Doc. # SC5001112675. Für eine deutliche Stellungnahme hinsichtlich seiner Opposition gegen Entnazifizierungsmaßnahmen vgl. „Weihbischof Dr. Joh. Neuhäusler nimmt Stellung zur Entnazifizierung", in: *Münchener Katholische Kirchenzeitung*, 28.3.1948, S. 94.

112   Das Protokoll befindet sich in AGD, Mappe: Johannes Neuhäusler.

in Dachau.[113] Doch darüber hinaus wollten die beiden Kirchenführer aus München der Öffentlichkeit – und den amerikanischen Besatzern – nach wie vor quellengestützte Beweise zur Verfügung stellen. Deshalb veröffentlichten sie nur neun Monate, nachdem Neuhäusler seine Arbeit als Domkapitular wieder aufgenommen hatte, das über 800-seitige Werk *Kreuz und Hakenkreuz*. Faulhaber fügte ein Vorwort hinzu, in dem er trotzig die These aufstellt, dass „man doch nicht von einer allgemeinen Kollektivschuld sprechen" könne, da die Bischöfe und auch einzelne Laien ihre Stimme gegen Unrecht und Unmoral erhoben hätten.[114] Die Zusammenstellung und Aufbereitung des Materials sowie das eigentliche Schreiben fielen Neuhäusler zu, der lediglich einen einzigen wissenschaftlichen Mitarbeiter hatte – seinen Neffen.[115]

Was *Kreuz und Hakenkreuz* so viel Überzeugungskraft verlieh, zumindest aus Sicht der weniger Eingeweihten, war die schiere Masse an Quellenmaterial und Zeitzeugenberichten. Diese verliehen dem Werk einen nahezu autoritativen Charakter. Es war eine überwältigende Sammlung von Transkriptionen, bischöflichen Hirtenbriefen, Zeitungsartikeln und aufschlussreichen Schriftstücken der NSDAP und Gestapo sowie aus Generalvikariaten in ganz Deutschland. Die Veröffentlichung dieser Dokumente, in Gänze oder in Auszügen, sowie Neuhäuslers eigene Erfahrungen bildeten die Grundlage für *Kreuz und Hakenkreuz*. Dass Neuhäusler für sein Werk ausreichend Material zusammentragen konnte, das die Bombenangriffe unversehrt überstanden hatte, zeugt von seinem Geschick, die Orte ausfindig zu machen, an denen wichtige Dokumente in Klöstern und Kirchen versteckt worden waren.

Von 1947 an bis ins Jahr 1969 führte Neuhäusler einen entschiedenen Kreuzzug zur Unterstützung verurteilter NS-Kriegsverbrecher, wohlwissend, dass viele der Verurteilten keine Reue zeigten.[116] Hierfür nutzte er wiederum *Kreuz und Hakenkreuz*, um die aus seiner Sicht übereifrigen und auf Rache

---

113   Segretaria di Stato di sua Santita an Harold Tittmann, 24.11.1945, USHMM, U.S. Relations with the Vatican, 1940–1945, Gale Doc. # SC5001112675, document number 106297/SA.

114   Neuhäusler, *Kreuz und Hakenkreuz, I*, S. 4.

115   Richardi, *Lebensläufe*. Neuhäuslers Assistent war sein 26-jähriger Neffe beziehungsweise der spätere esoterische Theologe und Philosophieprofessor Anton Neuhäusler, der besser unter seinem Pseudonym Franz Ringseis bekannt ist. Toni (Anton Neuhäusler) an Johannes Neuhäusler, 6.1.1946, AEMF, NL Johannes Neuhäusler, VN N238. Zu seinem Schaffen siehe beispielsweise: Anton Neuhäusler, *Telepathie, Hellsehen, Präkognition; Begriffe der philosophischen Sprache*.

116   Für Darstellungen von Neuhäuslers Opposition gegen die Kriegsverbrecherprozesse siehe: Weingartner, *Crossroads*, S. 188–189; Buscher, *U.S. War Crimes Trial Program*, S. 93–97; Klee, *Persilscheine*, S. 79–82, 95, 105, 107–108; Weingartner, *Peculiar Crusade*, S. 156–157, Frei, *Vergangenheitspolitik*, S. 141–163; Neuhäusler an Captain Sigismund Payne Best, 19.6.1969, AEMF, NL Neuhäusler, VN N31. Für den Mangel an aufrichtiger Reue

erpichten Ankläger auszubremsen. Er erzählte etwa die Geschichte eines leitenden Arztes in einem SS-Lazarett, der die nationalsozialistische Ideologie als ein auf Sand gebautes Haus erkannt und im Kreuz Christi den einzigen Ausweg für ihn und die verwundeten jungen Soldaten in seiner Obhut gefunden habe.[117] Jahre später veröffentlichte er ebenfalls seine Begegnungen mit zum Tode verurteilten SS-Mitgliedern in Dachau und berichtete von seiner Rolle, die er in der Lossprechung eines jungen Häftlings kurz vor dessen Hinrichtung durch ein Erschießungskommando gespielt habe.[118] Nachdem er 1958 im Prozess gegen den sadistischen KZ-Blockführer Wilhelm Schubert ausgesagt hatte, der Neuhäusler am 14. Mai 1941 in Sachsenhausen „bearbeitet" hatte, gab Neuhäusler ihm ein Exemplar von *Kreuz und Hakenkreuz*, um eine innere Wandlung in ihm hervorzubringen.[119] Die Katholische Nachrichten-Agentur (KNA) berichtete daraufhin, dass Neuhäuslers Aussage den nun reumütigen Schubert „alsbald" zu einem Schuldgeständnis bewogen habe. Neuhäusler war anscheinend der Ansicht, verlorene Söhne bedürften einer Gelegenheit, um in den Schoß der Mutter Kirche zurückzukehren.

Doch für Neuhäusler und Faulhaber war es ein Drahtseilakt, ehemaligen Parteimitgliedern, die die Kirche lange als ideologischen Feind betrachtet hatten, die Hand zu reichen und gleichzeitig die Alliierten vom hinreichenden Widerstand der Kirche gegen dieselben Personen zu überzeugen. Neuhäuslers Lösung? Er überließ anderen die Frage des bewaffneten Widerstands gegen Hitler und die damit verbundene Welt der Verschwörungen, Sabotage, Revolution und Aufstände. Auf den Seiten seines Werks stehe lediglich der „weltanschaulich-religiöse Widerstand in Frage".[120] Und in diesem Punkt seien die Laienführer, der Klerus, die Bischöfe und die Päpste in geschlossener Front gegen eine lange Liste von Misshandlungen und Tätern angetreten: Verstöße gegen das Reichskonkordat, Euthanasie, Zwangssterilisation, die Verfolgung

---

unter den Gefangenen vgl. Johannes Neuhäusler an Andreas Rohracher, 28.12.1953, AES, NL Andreas Rohracher, 19/29, Korr. mit Bischöfen im Ausland, 1950–1958.

117 Neuhäusler, *Kreuz und Hakenkreuz, II*, S. 407 f.

118 Neuhäusler, *Amboß und Hammer*, S. 183 f.

119 Zu den Gerichtsprozessen von Wilhelm Schubert und Gustav Sorge zwischen dem 13. Oktober 1958 und dem 6. Februar 1959 vgl. Van Dam/Giordano (Hg.), *KZ-Verbrecher vor deutschen Gerichten*, Bd. I, S. 151–510. Zu der Misshandlung Neuhäuslers durch Schubert siehe: Meyer, *Emil Büge*, S. 127. Neuhäusler erwähnt die Prügel in *Amboß und Hammer* nicht, was für sich genommen aufschlussreich ist. Vgl. ebenso Weihbischof J(ohannes) Neuhäusler, „Neuzugang – Beruf: Pfaffe. Wie ich den ‚Pistolen Schubert' (im KZ Sachsenhausen) erlebte", in: *Petrusblatt*, Nr. 49, 7.12.1958; KNA Informationsdienst Nr. 8, 21.2.1959, S. 163, KNA Archiv, Akte Neuhäusler.

120 Neuhäusler, *Kreuz und Hakenkreuz, II*, S. 10.

von Ordensmitgliedern und Juden, die Unterdrückung der Presse, Entchristlichung, den „Führer", die Regierung und die Partei.

In einem Schlag gegen die Journalisten, denen er in Neapel begegnet war,
mahnt Neuhäusler, dass der Widerstand nicht immer so geleistet werden
konnte, „wie ihn manche Heißsporne erwarteten" oder „wie ihn Außenstehende, vielleicht im sicheren Ausland Wohnende, ohne Sachkenntnis und
Verantwortung rieten oder kommandierten." Auf der nächsten Seite kritisiert
er „Allesbesserwisser", „hundertfünfzig-prozentige" Kritiker und „Entweder-
oder-Politiker" heftig.[121] Jeder „anständige Journalist", so Neuhäusler, musste
entweder „die Feder weglegen und vollen passiven Widerstand leisten oder
vielleicht – ins Ausland gehen, dort als ‚freier' Mensch leben und schreiben, die
Welt über das Dritte Reich aufklären und dagegen aufrufen." Niemand solle die
die Herausforderungen des Widerstands gegen eine brutale Gewaltherrschaft
unterschätzen.[122] Als Nachweise nennt er seine eigenen Erfahrungen zwischen
1933 und 1941 mit aus Konzentrationslagern entlassenen Personen, die kurz
nach ihrer Freilassung zu ihm in sein Büro gekommen waren. Fragen über die
Bedingungen in den Lagern bereiteten den ehemaligen Häftlingen sichtlich
Unbehagen, nachdem sie unter Androhung einer erneuten Verhaftung einen
Revers hatten unterschreiben müssen, alles über ihre Inhaftierung und das
Leben in den Lagern geheim zu halten.[123]

Der Rückgriff auf einen deutschen Patriotismus ermöglicht es Neuhäusler
ebenfalls, potenzielle Kritik seitens der Alliierten und ehemaligen Nazis
zu beschwichtigen. Die christenfeindliche und heidnische NS-Ideologie,
insistiert Neuhäusler, sei der größte Feind des deutschen Volks und der
römisch-katholischen Kirche – dem wahren Verteidiger des deutschen Volks.
Die beiden Bände von *Kreuz und Hakenkreuz* stellen entsprechend zunächst
die Bemühungen der Nationalsozialisten dar, das Kreuz zu Fall zu bringen, um
im Anschluss die Bemühungen zu dokumentieren, die Päpste, Bischöfe, Klerus
und Laien unternommen hatten, um es aufrecht zu erhalten. Nachdem das
gekrümmte Kreuz der Nationalsozialisten zerstört worden sei, so Neuhäusler,
sei es nun an der Zeit, das Kreuz Christi wiederaufzurichten und zu ehren,
„wenn Deutschland leben soll" und „wenn aus den Trümmern der Häuser,
des Volkes und der Herzen etwas Neues und Besseres erstehen soll."[124] Kurz:
Umkehr werde zur Verchristlichung führen.

---

121   Ebd., S. 11.
122   Ebd.
123   Ebd., S. 19–21.
124   Ebd., S. 406–408.

Neuhäusler bewältigte diesen Drahtseilakt zwischen Kritikern aus dem Ausland und patriotischen Deutschen allerdings mit einer Technik, die auf seiner Erfahrung mit geheimer Informationsbeschaffung beruhte. Er lieferte Belege, die geradezu vor Auslassungen und Verfälschungen strotzten. Beispiele der Kollaboration, der Feigheit oder des internen Zwists, die ihm aufgrund seiner Tätigkeit als Koordinator des Widerstands bekannt waren, nennt er selbstverständlich nicht. In zweideutigen Dokumenten, die sowohl Belege für die Unterstützung des Regimes als auch für die Opposition liefern, kürzte er die ersteren Passagen, ohne die erforderlichen Auslassungspunkte einzufügen. Nahezu alle Hirtenbriefe (d.h. die von Bischöfen verfassten und von den Kanzeln ihrer Diözese verlesenen Briefe) in Neuhäuslers Werk enthalten tendenziöse Kürzungen, zumeist im Zusammenhang mit die Kirche potenziell beschämenden Äußerungen.[125] An anderen Stellen wiederum fügte er die Auslassungspunkte hinzu – in der Regel allerdings nur bei Passagen ohne potenziell beschämenden Inhalt.[126]

Der junge Historiker Hans Müller, selbst ein frommer Katholik, entdeckte diese Copy-and-Paste-Vorgehensweise über zehn Jahre später, während er an seiner eigenen Dokumentensammlung arbeitete, wenngleich er das volle Ausmaß des Zerrbildes erheblich unterschätzte, da die Originalquellen noch nicht alle öffentlich zugänglich waren. Er stellte Neuhäusler daraufhin öffentlich zur Rede.[127] Müller legte 1961 dar, zahlreiche Dokumente seien für die nichtsahnenden Leser „gereinigt" worden. Zu einer Antwort gezwungen schrieb Neuhäusler Müller drei Jahre später einen privaten Brief, in dem er darauf bestand, stets „die Wahrheit und die Wahrheitsliebe" geachtet zu haben, doch er habe sein Buch unter großer Hast verfassen müssen. Er bedauere es, wenn seine

---

125 Vgl. hierzu beispielsweise Neuhäuslers Transkription von Michael Faulhabers „Pastorale Anweisungen für den Klerus" vom 5. April 1933, *Kreuz und Hakenkreuz, II*, S. 51 f.; für das Original vgl. Stasiewski, *Akten deutscher Bischöfe, I*, S. 35–38; *Kreuz und Hakenkreuz, II*, S. 52–55, für das Original vgl. Stasiewski, *Akten deutscher Bischöfe, I*, S. 239–248; *Kreuz und Hakenkreuz, II*, S. 55–62; für das Original vgl. Stasiewski, *Akten deutscher Bischöfe, II*, S. 331–341; *Kreuz und Hakenkreuz, II*, S. 63–67, für das Original vgl. Volk, *Akten deutscher Bischöfe, IV*, S. 555–564; *Kreuz und Hakenkreuz, II*, S. 111, für das Original vgl. Volk, *Akten Kardinal Michael von Faulhaber II*, S. 228–233. Eine vollständige Liste würde viele weitere Seiten in Anspruch nehmen.

126 Vgl. hierzu beispielsweise Neuhäusler, *Kreuz und Hakenkreuz, II*, S. 52, 53, 61, 62, 67, 69, 71, 78, 103, 113, 114, 118, 124, 132, 133, 134, 135, 136, 137, 138, 139, 140, 143, 145, 150, 151, 152, etc.

127 Müller, „Behandlung des Kirchenkampfes", S. 474–481. Zu seiner Frömmigkeit vgl. Hans Müller an Johannes Neuhäusler, 27.11.1964, AEMF, NL Neuhäusler, VN N 12; vgl. hierzu ebenfalls Dietrich, *Catholic Citizens*, S. 174, Fußnote 20. Müller hatte sich tatsächlich bei der Anzahl der von Neuhäusler „gereinigten" Dokumente erheblich nach unten verzählt; vgl. Kapitel 3 und 6 zu Müller.

Kürzungen und kleinen Veränderungen einen gegenteiligen Eindruck hinterlassen hätten.[128]

Öffentlich äußerte Neuhäusler jedoch nie ein „Mea culpa". Er beharrte
darauf, dass die Predigten und Hirtenbriefe zu umfangreich gewesen seien, um
sie in Gänze zu reproduzieren. Selbst bei einem Werk von mehr als 800 Seiten
seien Kürzungen erforderlich.[129] Er nahm aber vor allem keine Änderungen an
seinem Modus Operandi vor. Im Jahr 1967, also gerade einmal drei Jahre nach
seinem Schreiben an Müller, erschien sein 300-seitiges, halb autobiografisches
Werk *Amboß und Hammer*. Diese memoirenähnliche Darstellung erläutert
seine Rolle im kirchlichen Widerstand sowie seine Verhaftung, Gefangenschaft und Freilassung. Doch auch dieses Werk war in weiten Strecken von
Verfälschungen, vielsagenden Auslassungen, leicht abgeänderten Fakten und
Daten sowie unplausiblen Wort-für-Wort Rekonstruktionen von Gesprächen,
die Jahre zuvor stattgefunden hatten, durchzogen.[130]

Warum also verfälschte Neuhäusler seine Belege – und setzte diese Vorgehensweise fort, selbst nachdem Kritiker wie Müller die Vertuschung in ihrer
moralischen Verwerflichkeit mit der Erbsünde auf eine Stufe stellten? Ein
Nachzeichnen der Kehrtwenden und innerkirchlichen Zerwürfnisse, die er
zwischen 1933 und 1941 beobachtet hatte, hätte seiner theologischen Botschaft
entgegengestanden, dass die Kirche eine geeinte Front in ihrem Kampf gegen
das nationalsozialistische Heidentum gebildet habe. Wie die meisten hochrangigen Kleriker ging auch Neuhäusler davon aus – und hielt irrtümlicherweise an dieser Annahme fest –, dass ein Vorenthalten der schmutzigen
Wäsche dem geistigen Wohl der Gläubigen diene. Ihm war ebenso schmerz-
lich bewusst, dass Enthüllungen der Vergangenheit für politische Schlammschlachten genutzt werden konnten. Dazu musste er den Blick nur auf die
heftigen Reaktionen in der Presse und in seiner eigenen Partei richten, die 1946
über Josef Müller hereinbrachen, der aus Rom nach München zurückgekehrt

---

128   Johannes Neuhäusler an Hans Müller, 24.11.1964, AEMF, NL Neuhäusler, VN N 12.
129   Neuhäusler, *Saat des Bösen*, S. 7 f.
130   Neuhäusler beschrieb beispielsweise zwei seiner Kuriere – Müller und Schneidhuber –
      als seine „mutigsten Briefträger", vgl. Neuhäusler, *Amboß und Hammer*, S. 131. Ein SD-
      Bericht von 1941 erwähnt einen nicht namentlich benannten weiteren „käufmännischen
      Angestellten" als Komplizen, der wegen Hochverrats vor dem Volksgerichtshof in Berlin
      angeklagt wurde, vgl. Abschrift zu II 3240/41, Der Chef der Sicherheitspolizei und des
      SD, Berlin, den 27.6.1941, IV 1–554/41, Betrifft: Neuhäusler, Johann, Domkapitular, BHSA,
      MKK 38233, Akten des Bayer. Staatsministeriums für Unterricht und Kultur, Mappe:
      Johannes Neuhäusler, Weihbischof, 41–45. Neuhäusler erwähnte nie, dass Schneidhuber
      jüdischer Herkunft und zum Christentum konvertiert war – und aus genau diesem Grund
      durch Vergasung ermordet worden war.

war, um dort die CSU mitzugründen.[131] Der Vorwurf, Müller sei zwischen 1932 und 1933 ein Brückenbauer zum Nationalsozialismus gewesen, gefährdete seine politischen Bestrebungen. Er wurde vor ein Entnazifizierungsgericht gezerrt und Neuhäusler war gezwungen, vertrauliche Schreiben zur Verteidigung seines Freunds aufzusetzen, der schlussendlich freigesprochen wurde.

Neuhäusler verschwieg ebenfalls die engen Kontakte zwischen Papst Pius XII. und den Widerstandskreisen im militärischen Spionageabwehrdienst. Da die meisten Deutschen die militärischen Verschwörer als Hochverräter ansahen, ist seine Zurückhaltung in der unmittelbaren Nachkriegszeit nachvollziehbar.[132] Noch 1952 wurde Müller von einem Rivalen innerhalb der CSU öffentlich des Hochverrats beschuldigt.[133] Neuhäusler bewahrte jedoch sein eisernes Schweigen auch noch, nachdem Kritiker wie Rolf Hochhuth Papst Pius XII. in den 1960ern und 1970ern wegen dessen Schweigen über den Massenmord an den Juden angriffen. Neuhäuslers Weigerung, potenziell entlastendes Material vorzulegen, ist nur schwer nachzuvollziehen. Sowohl er selbst als auch Müller waren besser als fast jeder andere hochrangige Kirchenvertreter in Deutschland über das Ausmaß und den Umfang des kirchlichen und päpstlichen Widerstands im Bilde. Obgleich Müller sehr viel offener als Neuhäusler mit seiner Rolle in den Verschwörungen umging, deckte weder der eine noch der andere jemals öffentlich auf, was Müller Harold Tittmann, einem amerikanischen Diplomaten beim Heiligen Stuhl, am 3. Juni 1945 erzählte, also einen Tag nach Pius' Ansprache an das Kardinalskollegium. Müller behauptete, dass seine Widerstandsorganisation stets auf die Zurückhaltung des Papstes hinsichtlich öffentlicher Stellungnahmen, die die Nationalsozialisten herausgegriffen und konkret verdammt hätten, gedrängt

---

131 Müllers parteiinterne Gegner im Kampf über die weltanschauliche Orientierung der CSU beriefen sich auf seine undurchsichtige Arbeit als Anwalt im Zusammenhang mit der Auflösung und Liquidierung des Leohauses, eines Zentrums für katholisch-soziale Vereine, Arbeitervereine, Kinoaufführungen und kirchliche Aktivitäten. Hettler, *Josef Müller* („*Ochsensepp*"), S. 34–44, 274–290. „Dr. Josef Müller – ein Koalitionspartner Hitlers. Enthüllungen der ‚Süddeutschen Zeitung' – Er ging mit der nationalsozialistischen Fraktion", Würzburg, 12.11.1946 (Name der Zeitung unbekannt), „Enthüllungen über den Landesvorsitzenden der CSU: Dr. Josef Müller – Koalitionspartner Hitlers, Aus den Akten der Bayerischen Politischen Polizei, ‚Ich bejahe die nationalsozialistische Bewegung,'" München, 12.11.1946 (Name der Zeitung unbekannt); „Diskussion um Dr. Josef Müller. Vorsitzender der bayerischen CSU weist Anklagen zurück – Das Protokoll der Gestapo", in: *Die Neue Zeitung*, 15.11.1946, ACSP, NL Josef Müller, F6412, Zeitungsausschnitte; „Spruchkammerverfahren gegen Dr. Josef Müller. Kandidatur Dr. Müllers für den Posten des Ministerpräsidenten damit unmöglich", in: *Der Allgäuer – Kempten*, Nr. 99, 14.12.1946, ACSP, NL Josef Müller, F6413, Zeitungsausschnitt.

132 Brechenmacher/Wolffsohn, *Geschichte als Falle*, S. 19.

133 Gelberg, „Josef Müller (1898–1979)", S. 155–172, hier 158.

habe. Die Organisation habe vielmehr empfohlen, dass der Papst sich auf allgemeine Aussagen beschränken solle. Müller fügte hinzu, dass die Deutschen dem Papst im Falle konkreter Stellungnahmen ein Nachgeben gegenüber dem Willen ausländischer Mächte vorgeworfen hätten, was die deutschen Katholiken seitens des Regimes unter noch größeren Verdacht gestellt und infolgedessen ihre Möglichkeiten und Spielräume zum Widerstand erheblich eingeschränkt hätte.[134]

Die naheliegendste Erklärung für Neuhäuslers Zurückhaltung in späteren Jahren scheint in einem sehr einfachen Umstand zu liegen: Neuhäusler, wie so viele andere geheime Informanten, war fest entschlossen, seine Geheimnisse mit ins Grab zu nehmen.[135] In seiner Verteidigung der katholischen Kirche hallte der Geist des konspirativen Untergrunds gegen den Nationalsozialismus nach.

Walter Adolph und das Gedenken an katholische Märtyrer

Wenn Johannes Neuhäusler seine Kampagnen im Namen der Kirche mit List und so manchem Trick zu führen vermochte, wies sein Berliner Pendant, Walter Adolph, in seiner Verteidigung der Kirche nach 1945 eher das Feingefühl eines Schwergewichtsboxers auf. Für den zungenfertigen und kettenrauchenden katholischen Priester und Journalisten war die Mission der Apologie untrennbar mit seiner energischen Art der Wiedergabe verbunden. In seinen Memoiren stellt Adolph klar, dass seine unverblümte Art ein Auswuchs der prägenden Erfahrungen war, die er als junger Katholik im proletarischen Berlin gemacht hatte, wo er immer wieder antikatholische Hiebe von rechts und links habe abwehren müssen.[136] Adolph wurde im Jahr 1902 geboren und wuchs im rauen Kreuzberg auf, einem damals bettelarmen Viertel in einer Stadt, in der gläubige Katholiken gerade einmal 10 Prozent der Bevölkerung ausmachten. Lehrer, die von den rationalen Grundsätzen des liberalen Protestantismus überzeugt waren, politisch links orientierte Mitschüler, die das Schulgebet störten oder den Religionsunterricht verspotteten, Jugendliche aus der Nachbarschaft, die

---

134 Tittmann III, (Hg.), *Inside the Vatican of Pius XII*, S. 212 f. Es erscheint höchst unwahrscheinlich, dass Müller diese Information nicht mit seinem engen Freund und Vertrauten geteilt hätte, zumal sie gemeinsam von Rom nach Capri zurückflogen sind.

135 Josef Müller an Johannes Neuhäusler, 26.1.1973, ACSP, NL Josef Müller, S89 Kirche, Neuhäusler, 1945–1971, G84/11.

136 Leibusch, *Lausitzer Strasse*; Adolph, „Erinnerungen 1922–1933", 1976, S. 34–85. Adolph verwendete durchweg fiktive Namen, doch das *Wichmann Jahrbuch* enthielt ein Namensverzeichnis mit den entsprechenden echten Namen.

sich in Freidenkervereinen zusammenschlossen, und desillusionierte Jugendliche, die sich von organisierten kommunistischen Brigaden und Verbänden
angezogen fühlten – all diese Personenkreise begegneten Adolph mit kirchenfeindlichen Vorurteilen.

Aus der Notwendigkeit heraus lernte er als ein Jugendlicher, der über ein
Leben als Priester nachdachte, zum Gegenschlag gegen weltanschauliche
Gegenspieler – oft auch physisch – auszuholen.[137] In einem Akt überheb-
lichen Wagemuts brachte er in der chaotischen Zeit nach dem Zusammenbruch der Monarchie im Jahr 1918 Wahlplakate des Zentrums in seiner
Nachbarschaft an – und wurde prompt von einem gewaltbereiten Mitglied
einer anderen Partei verprügelt.[138] Seine Standhaftigkeit weiter unter Beweis
stellend, infiltrierten er und ein Freund eine lärmende Versammlung von über
1.000 Freidenkern, wo er seine Stimme zur Verteidigung der Kirche und ihrer
Sakramente erhob.[139] Auf einer rechts-völkischen Kundgebung, die von einem
Freikorpsführer aus dem Ostseeraum organisiert worden war, schritt Adolph
ein, um Anschuldigungen zurückzuweisen, dass die Religion in Deutschland
lediglich aus deutschen Ursprüngen genährt werden könne und nicht von
Rom.[140]

Seine frühen Stationen als junger Priester trugen ebenfalls entscheidend
dazu bei, dass er sich in die öffentliche Arena stürzte. Etwas mehr als drei
Jahre nach seiner Ordination wurde Adolph im Jahr 1930 Sekretär der
Katholischen Aktion im gerade errichteten Bistum Berlin, die damals von
dem charismatischen Erich Klausener Senior geleitet wurde, dem gleichzeitig die Leitung der preußischen Polizei oblag.[141] 1932 übertrug Klausener
ihm die Aufgabe, die Kirchenzeitung des Bistums Berlin wiederzubeleben.
Das Blatt hatte seine Hochphase unter der Leitung von Dr. Carl Sonnenschein,
einem anderen Sprössling der katholischen Arbeiterklasse, der als streitbarer
Charakter bekannt war, erlebt und war seit dessen Tod 1929 dem Untergang
nahe.[142] Während seines viersemestrigen Journalismusstudiums in Berlin
eignete sich Adolph eine für sein Gewerbe zentrale Fertigkeit an – die Fähigkeit, polemische Artikel zu schreiben, die sich gegen weltanschauliche Feinde

---

137 Klausener jun., „Erinnerung an Walter Adolph", S. 10 f.
138 Leibusch, *Lausitzer Strasse*, S. 187–192.
139 Ebd., S. 216–222.
140 Ebd., S. 224–226.
141 Klausener jun., „Erinnerung an Walter Adolph", S. 12 f.; zu Klausener sen. siehe: Große
     Kracht, „Erich Klausener", S. 271–296. Für eine unkritische Darstellung vgl. Pünder, „Erich
     Klausener", 2001, S. 43–59.
142 Zu Sonnenschein siehe: Krebber (Hg.), *Den Menschen Recht verschaffen*; Doért, *Carl
     Sonnenschein*.

von links und rechts wandten und sich nahtlos zwischen der Vergangenheit und Gegenwart bewegten. Diese Fähigkeit war unerlässlich in der polarisierten Medienlandschaft der späten Weimarer Republik, in der nahezu jede Zeitung mit politischen Imperativen hantierte, wie sie heute im Blogging Universum oder auf *Fox News* üblich sind.

Adolph knüpfte auch dauerhafte Kontakte zu vielen bedeutenden Berliner Katholiken, die ein Bollwerk des Widerstands gegen den Ansturm der Nationalsozialisten und während der späten 1960er gegen weltanschauliche Offensiven von links bildeten. Zu diesem Netzwerk aus Helfern und Verbündeten zählte unter anderem der Politiker Heinrich Krone, der einst Generalsekretär der Zentrumspartei gewesen und nun CDU-Abgeordneter, Vertrauter Adenauers und Verbindungsmann zu mehreren Bundesministerien war.[143] Klauseners Ehefrau und ihr 1917 geborener Sohn, Erich Klausener Junior, gehörten ebenfalls dem Netzwerk an. Letzterer trat später in Adolphs Fußstapfen und wurde Priester, Schriftleiter der Berliner Kirchenzeitung und Leiter des diözesanen Morus-Verlags.[144]

Unter dem Eindruck des kaltblütigen Mordes an Erich Klausener Sr. im Rahmen des sogenannten „Röhm-Putsches" am 30. Juni 1934 fand Adolph eine Art Berufung, die ihn während der 1960er Jahre leiten sollte. Nur wenige Wochen nach Klauseners Ermordung widersetzte er sich der Zensur durch die Gestapo und druckte eine Sonderausgabe der Diözesanzeitung im Namen der und im Andenken an die Verstorbenen.[145] Daraus erwuchs für ihn die lebenslange Verpflichtung, an die katholischen Märtyrer der NS-Zeit zu erinnern. Als die Fesseln der Zensur 1945 beseitigt worden waren, nutzte Adolph die Freiheit, sich eingehender seiner Berufung zu widmen. Er legte die Kirchenzeitung des Bistums neu auf. Die erste Ausgabe vom 2. Dezember 1945 enthielt einen umfassenden Beitrag über das Leben Bernhard Lichtenbergs, des Berliner Dompropstes, der 1941 wegen seines öffentlichen Gebets für die verfolgten Juden und seiner Kritik an den „Euthanasie"-Morden verhaftet worden und nach zwei Jahren Gefangenschaft auf dem Transport in das KZ Dachau verstorben war.[146] In den darauffolgenden Jahren und Jahrzehnten gab Adolph

---

143   Ferner gehörte der Journalist Emil Dovifat zu dem Netzwerk. Zu Dovifat vgl. Benedikt, *Emil Dovifat*; Köhler, *Unheimliche Publizisten*; Sösemann, „Auf dem Grat zwischen Entschiedenheit und Kompromiß", S. 103–159.

144   Zur Freundschaft zwischen Adolph und der Familie Klausener siehe beispielsweise: Adolph an Frau Klausener, 17.5.1946; Adolph an Erich Klausener Jr., 18.9.1946, KZG, NL Walter Adolph, WA5i.

145   Klausener jun., „Erinnerung an Walter Adolph", S. 13.

146   Zu den ersten sieben Jahren des Bestehens des *Petrusblatts* vgl.: Tischner, *Katholische Kirche in der SBZ/DDR*, S. 485–508. Zu Lichtenberg vgl.: Klein, „Bernhard Lichtenberg

zahlreichen Gedenkartikeln und drei Büchern, die Märtyrer proträtierten, darunter auch eines über Klausener, den letzten Schliff.[147] Er stand an der Spitze der Bemühungen, im geteilten Berlin eine Gedenkkirche für katholische Opfer des Nationalsozialismus zu errichten: Maria Regina Martyrum.[148] Sein Engagement wurde 1963 von Erfolg gekrönt, als die schlichte Gedenkstätte unweit des ehemaligen Gefängnisses Berlin-Plötzensee geweiht wurde, wo während des „Dritten Reichs" 2.891 politische Gegner des Regimes hingerichtet worden waren, darunter auch Mitglieder des Kreisauer Kreises und der Verschwörung des 20. Juli 1944. Inmitten all dieser Gedenkarbeit fand Adolph außerdem die Zeit, um die Taten der Lebenden aufzuzeichnen. 1948 veröffentlichte er eine Darstellung der Schriften und des Protests seines Bischofs und Kardinals, Konrad Kardinal Graf von Preysing.[149] Gelegentlich druckte er auch Dokumente aus der Zeit des Nationalsozialismus in der Kirchenzeitung des Bistums ab.[150] Diese waren, wie ein Mitarbeiter der Redaktion festhielt, keine verstaubten Überreste der Vergangenheit, sondern von „überaus großer

---

und die Berliner Blutzeugen", S. 1691–1721; Klein, *Seliger Bernhard Lichtenberg*; Prubeta, „Seliger Dompropst", S. 104–109; Spicer, „Propst from St. Hedwig", S. 25–40; Spicer, C.S.C., „Totalitarianism", S. 248–270.

147 Vgl. etwa die folgenden Artikel, von denen die meisten nicht von Adolph verfasst wurden: *Petrusblatt*: „Berliner Priester im Konzentrationslager", 23.12.1945, S. 9 f.; „Weihnachten in der Prinz-Albrecht-Strasse", 30.12.1945, S. 4; „Ich sterbe um 3 Uhr!" 6.1.1946, S. 5 f.; „Wie sie starben", 17.2.1946, S. 3; „In Kürze: Berlin", 17.2.1946, S. 7; „Der Weg zur Vollendung: Pfarrer Albert Hirsch zum Gedächnis", 10.3.1946; „Der Fall Stettin", 28.4.1946, S. 5 f.; „Der Fall Stettin (Fortsetzung)", 5.5.1946, S. 18; „Der Fall Stettin (Fortsetzung)", 12.5.1946, S. 5; „Der Fall Stettin (Schluss)", 19.5.1946; „Der letzte Brief", 26.5.1946, S. 3 f.; „Das ist der Mann, was sein Wille ist", 30.6.1946, S. 5; „Ein Märtyrer des Friedens", 7.7.1946, S. 2 f.; „Das ewige Gesetz", 7.7.1946, S. 5; „Bernhard Lichtenberg", 8.9.1946, S. 3 f.; „Klausener, Blutzeuge der Katholischen Aktion", 22.9.1946, S. 3; P.L. de Coninck, SJ, „Priestergespräche in Dachau", 6.10.1946, S. 3; „Priestergespräche in Dachau (1. Fortsetzung)", 13.10.1946, S. 2; „Priestergespräche in Dachau (2. Fortzetzung)", 20.10.1946; „Priestergespräche in Dachau (3. Fortsetzung)", 27.10.1946, S. 2 f.; „Priestergespräche in Dachau (4. Fortsetzung)", 3.11.1946, S. 2; „Priestergespräche in Dachau (5. Fortsetzung)", 10.11.1946, S. 2; „Priestergespräche in Dachau (Schluss)", 17.11.1946, S. 2; Johannes Maria Höcht, „Eine Weihnacht in Gestapohaft", 2.12.1946, S. 2; „Aus dem Bistum: Dr. Erich-Klausener – Gedenkstunde", 11.7.1948, S. 7. Für Bücher über Märtyrer vgl. Adolph, *Wilhelm Wagner*; Kühn, *Blutzeugen*; Adolph, *Im Schatten des Galgens*; Adolph, *Erich Klausener*. Zu den ersten Jahren des Morus-Verlags vgl. Tischner, *Katholische Kirche in der SBZ/DDR*, S. 508–523.

148 Vgl. die umfassende Korrespondenz in: DAB III/6–14, II Maria Regina Martyrum; vgl. ebenso Pfeifer (Hg.), *Gedenkkirche*.

149 Preysing, *Hirtenworte*.

150 „Der Kampf der kath. Kirche gegen den Nationalsozialismus", in: *Petrusblatt*, 30.12.1945, S. 5.

Bedeutung", da sie unter dem Terrorregime der Nationalsozialisten geheim gehalten worden waren.[151]

Nichtsdestotrotz war der Kontrast zwischen Adolph und Neuhäusler enorm – und der raue Sohn aus einer Berliner Arbeiterfamilie und der halsstarrige Junge aus dem ländlichen Bayern bewegten sich, vielleicht auch nicht von ungefähr, in getrennten Welten, ungeachtet ihres gemeinsamen Interesses daran, den katholischen Widerstand gegen den Nationalsozialismus ans Licht zu bringen. Obwohl sie gewiss über die Initiativen und Fehden des jeweils anderen informiert waren, wird man kaum einen Beleg für einen direkten Austausch zwischen den beiden finden.[152] Ihre Perspektiven auf die Vergangenheit wiesen allerdings gewisse Unterschiede auf. Neuhäusler, der dem Märtyrertum selbst nur knapp entkommen war, richtete sein Interesse tendenziell auf die Heldentaten der Lebenden. Adolph, der vor den Vollstreckern des NS-Regimes allem Anschein nach weitgehend verschont geblieben war, beschäftigten die Wege der Verstorbenen.

Wie lässt sich Adolphs größeres Engagement für das Gedenken an die Märtyrer und die großen Taten seines Bischofs in diesen ersten Nachkriegsjahren erklären? Und welche Erklärung gibt es für den Umstand, von seinem durchaus zutreffenden Ruf als furchterregender Apologet einmal abgesehen, dass ihm die Unzulänglichkeiten mindestens eines der von ihm porträtierten Märtyrer sehr wohl bewusst waren? In dem ursprünglichen Entwurf seiner Veröffentlichung über Klausener hatte Adolph auf die Sympathien Klauseners für die nationalsozialistische Bewegung aufmerksam gemacht.[153] Bezüglich eines Treffens, an dem Klausener, der Berliner Bischof Nikolaus Bares, Generalvikar Paul Steinmann und er selbst teilgenommen hatten, hielt er fest: „Klausener brach eine Lanze nach der anderen für das Dritte Reich. In seinem Eifer und der Hingabe, mit der er die Sache des nationalsozialistischen Regimes verteidigte, übersah er vollkommen, wie der Bischof immer schweigsamer wurde und seine Lobeshymnen wie bittere Pillen schluckte."[154] In der publizierten Version entfernte Adolph diese Passage jedoch und teilt den Lesern stattdessen mit, dass Klauseners Name nun in die Reihen der Berliner Märtyrer aufgenommen worden sei und neben den Schutzpatronen der Stadt, St. Peter und St. Otto, stehe.[155]

---

151 „Dokumente klagen", in: *Petrusblatt*, 21.7.1946.
152 Für einen kurzen Schriftwechsel siehe: Walter Adolph an Johannes Neuhäusler, 9.8.1958, DAB, III/6-14-1.
153 Manuskript, Erich Klausener, S. 32, KZG, NL Walter Adolph, 4e. Ich danke Klaus Große Kracht für den Hinweis auf das Manuskript.
154 Ebd., S. 36 f.
155 Adolph, *Erich Klausener*, S. 147.

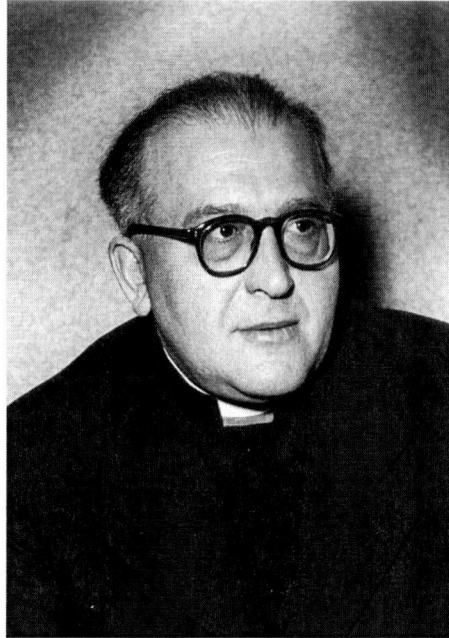

Abb. 2.4
Undatiertes Bild des Berliner
Generalvikars und Journalisten Walter
Adolph. Mit freundlicher Genehmigung
des Diözesanarchivs Berlin, BN 46,07
und 46,08.

Die Erklärung für dieses zunächst paradox anmutende Verhalten ergibt sich aus zwei miteinander zusammenhängenden Aspekten: zum einen aus den Lehren, die Adolph aus seinen eigenen Erfahrungen und Beobachtungen während der Konfrontation mit dem Nationalsozialismus gezogen hatte; zum anderen aus den Herausforderungen, mit denen er in Berlin an der vordersten Front des Kalten Kriegs zwischen 1945 und 1961 konfrontiert war. Er begriff, dass das Bistum Berlin trotz seiner Märtyrer weniger unter den Eingriffen der Nationalsozialisten gelitten hatte als manch andere Diözese.[156] Das galt auch für ihn persönlich. Als er 1936 seines Amtes als Leiter der Fachschaft der katholisch-kirchlichen Presse der Reichspressekammer enthoben wurde, das er seit Dezember 1933 innegehabt hatte, war dies zugleich der größte Rückschlag, den seine Karriere je erfuhr.[157] Er führte das vergleichsweise große Glück seiner Diözese nicht nur auf den Umstand zurück, dass Berlin als Hauptstadt des „Dritten Reichs" vor den schlimmsten Übergriffen des Regimes vor allem deshalb verschont geblieben war, weil die Nationalsozialisten empfindlich auf kritische Berichterstattung im Ausland reagierten. Er schrieb es ebenso Bares

---

156   Bischöfliches Ordinariat Berlin (Hg.), *Dokumente*, S. 6.
157   Hehl (Hg.), *Walter Adolph*, S. XXIV.

Nachfolger im Amt des Bischofs von Berlin zu, Konrad Graf von Preysing, „weil der Bischof sich nicht scheute, öffentliche Proteste dagegen zu erheben."[158]

Es ist allgemein anerkannt, dass Konrad von Preysing unter den deutschen Bischöfen der durchweg entschiedenste Gegner des NS-Regimes war. Von 1936 bis 1939 war Adolph von Preysings rechte Hand und verfasste viele seiner Protestbriefe.[159] Die beiden waren ein seltsames Paar – der adlige Bischof aus Bayern auf der einen Seite und der schroffe Priester aus Kreuzberg, der unter seinem Außenseiterstatus innerhalb der von Männern ländlicher Herkunft dominierten deutschen katholischen Hierarchie litt, auf der anderen. Doch die schwache Haltung des Breslauer Erzbischofs Adolf Kardinal Bertram gegenüber den Nationalsozialisten hatte in beiden Frustration hervorgerufen.[160] In seiner Eigenschaft als Kurier zwischen von Preysing und Bertram, der zugleich Vorsitzender der Fuldaer Bischofskonferenz war, kam Adolph mit den Meinungsverschiedenheiten unter den Bischöfen über die Frage der besten Strategie zur Abwehr der Angriffe der Nationalsozialisten in Kontakt. Während einer Reise nach Breslau kostete es Adolph einige Überzeugungskunst, den zögernden Kardinal dazu zu bewegen, die Protest-Enzyklika *Mit brennender Sorge* von den Kanzeln Deutschlands verlesen zu lassen.[161] Aus diesen Erfahrungen zog er eine eindeutige Schlussfolgerung: Die beste Verteidigungsstrategie ist der Angriff. Die Zaghaftigkeit der Bischöfe war ihr schwerwiegendster Fehler – der Kampf gegen die kirchenfeindliche Haltung eines totalitären Regimes erforderte Trotz.

Angesichts seiner publizistischen Tätigkeit für ein Bistum, das vier Besatzungszonen umspannte, handelte es sich dabei auch nicht um eine bloß theoretische Schlussfolgerung. Adolph fand seine schlimmsten Befürchtungen über den Kommunismus bestätigt, als die 1945/46 geübte Politik religiöser Toleranz der sowjetischen Besatzungsbehörde und der SED der Unterdrückung der Kirchen zwischen 1947 und 1949 wich.[162] Dank gelegentlicher von den Amerikanern bewilligter Extrarationen an Papier war seine Zeitung, das *Petrusblatt*, nicht nur im Bistum Berlin, sondern zeitweise auch über dessen Grenzen hinaus in der Sowjetzone erhältlich. Die hemmungslose antikommunistische Haltung des Blatts sorgte bei den sowjetischen Besatzern für Verärgerung. Am 1. April 1949 wurde das Kirchenblatt in allen Gebieten

---

158   Bischöfliches Ordinariat Berlin (Hg.), *Dokumente*, S. 6.
159   Zu von Preysing siehe: Knauft, *Konrad von Preysing*; Spicer, *Resisting the Reich*.
160   Hehl, *Walter Adolph*, S. xxv.
161   Adolph, *Kardinal Preysing*, S. 73–79.
162   Vgl. Goerner, *Kirche als Problem der SED*; Tischner, *Katholische Kirche in der SBZ/DDR*; Brennan, *Politics of Religion*.

außerhalb Berlins verboten.[163] Adolph musste zusehen, wie die Zeitungen und Radiostationen der Ostzone sich die Kritik westlicher Intellektueller an westdeutschen Institutionen zunutze machten. Daher behielt er seine Zweifel an dem Verhalten von Männern wie Klausener für sich. Anderenfalls hätte er dem ostdeutschen Staat und seinen Anschuldigungen gegenüber dem „klerikofaschistischen" Feind in die Hände gespielt.

Abb. 2.5
Der Berliner Priester Bernhard Stasiewski wurde, während er sich in seinem Haus in West-Berlin aufhielt, von russischen Geheimagenten entführt. Er erhielt zwischen 1954 und 1958 Forschungsförderung aus Bundesmitteln, um eine Darstellung der Geschichte der katholischen Kirche unter nationalsozialistischer Herrschaft zu verfassen. Stasiewskis erst in den Jahren 1968, 1976 und 1979 veröffentlichte Quellenbände brachten das Vorhaben jedoch nicht zum Abschluss. Mit freundlicher Genehmigung von Raimund Haas.

Adolph musste ohnmächtig hinnehmen, wie zwei seiner Bekanntschaften in ihren eigenen vier Wänden in West-Berlin durch russische Geheimagenten verschleppt und inhaftiert wurden. Eines der Opfer war Bernhard Stasiewski, ein sanftmütiger und sprachbegabter Berliner Priester. Nicht zuletzt dank der Unterstützung von Adolph erhielt Stasiewski ab 1954 Fördermittel des Bundesministeriums des Innern, um eine quellengestützte Darstellung der Kirche unter der Herrschaft der Nationalsozialisten zu verfassen.[164] Stasiewski war in Polen als Übersetzer für die Wehrmacht tätig gewesen. Er war nach dem Krieg unter Spionageverdacht geraten und wurde am 19. Juli 1946 zuerst von zwei Agenten in Zivilkleidung in seinem Haus belästigt, um dann in einem Wagen, der von einem russischen Offizier gefahren wurde, zu verschwinden.

---

163   Schaefer, *East German State*, S. 21; Tischner, *Katholische Kirche in der SBZ/DDR*, S. 496–500.
164   Zu Stasiewski vgl. Haas/Samerski (Hg.), *Bernhard Stasiewski*. Das andere Opfer war Professor Curt Brienitzer-Kleinschmidt, der Ende der 1940er von russischen Sicherheitskräften entführt und in ein russisches Arbeitslager deportiert wurde, wo er starb; vgl. Ein Opfer der Gewalt (undatiert, Autor unbekannt), KZG, NL Walter Adolph, WA5.

Ausgemergelt und abgemagert tauchte er über ein Jahr später auf einem Bahn-
hofsgleis wieder auf.[165]

Konflikte dieser Art an der Ost-West-Grenze verdeutlichen nicht nur, weshalb Adolph sich intensiver mit Märtyrern beschäftigte, sondern erklären auch
sein im Vergleich zu seinen süddeutschen Kollegen betont kämpferisches Auftreten. Bereits vor Errichtung der Berliner Sowjetzone waren die Arbeiterviertel Westberlins, wie sein Geburtsort Berlin-Kreuzberg, eine Arena gewesen,
in der Katholiken und Kommunisten Zweikämpfe um Rituale, Symbole und
politischen Einfluss ausfochten. Die Kommunisten gedachten entschlossen
„ihrer" in Konzentrationslagern ums Leben gekommenen Märtyrer, wie beispielsweise Ernst Thälmanns, der Vorsitzender der KPD gewesen und 1944
in Buchenwald ermordet worden war.[166] Sie versteckten ihre oftmals zwei-
schneidige Vergangenheit unter dem Deckmantel des Anti-Faschismus und
verkündeten gleichzeitig ihre Bereitschaft, für eine gerechte Gesellschaft zu
sterben.

Von Anfang an waren Adolphs hermeneutische Betrachtung des Märtyrertums sowie seine Denkschriften von diesem Wettstreit mit Propaganda-
treibern geprägt. Adolphs niedergeschriebene Memoria der katholischen
Widerstandskämpfer war daher oft in einer weniger theologischen als vielmehr journalistisch-politischen Sprache abgefasst. Bernhard Lichtenberg etwa
war „ein Kämpfer Christi", hatte durch seine „unbeirrbare und unerschrockene
Art, die keinen Kompromiss und kein Zurückweichen kannte" schnell die
Feindseligkeit des NS-Regimes auf sich gezogen.[167] So wie die Kommunisten
die Taten ihrer „Heiligen" nutzten, um den Liberalismus des Westens zu
erschüttern, nutzte auch Adolph ab 1948 vermehrt katholische Märtyrer als
Waffe gegen den Totalitarismus des Ostens.

„Wofür starben unsere Blutzeugen?", fragt Adolph in seinem 1953 erschienenen Buch *Im Schatten des Galgens*. Sie starben „[f]ür die Glaubens- und
Gewissensfreiheit, für die Freiheit der Kirche, für den Wert und die Würde des
einzelnen Menschen, für den Rechtsstaat und dafür, daß Gottes Gesetz das
öffentliche und private Leben unseres Volkes beherrsche, daß der Staat die
Grenzen seiner Macht innehalte und daß in unserem Volke Wahrheit, Liebe,
Gerechtigkeit, Friede walten dürfen." In einem Schlag gegen die DDR fügt er
hinzu: „Für Millionen unserer Mitbrüder kam mit dem Untergang der Diktatur

---

165   Bericht, Narzissa Stasiewski, 11.9.1946; Marya Tahörnder an das Polizeipräsidium
      Berlin, 29.3.1947; Interview mit Narzissa Stasiewski, NL Bernhard Stasiewski, Akte:
      Auslandsreisen.

166   Zu dem Kult um Thälmann siehe: Schmidt, „Sieger der Geschichte?", S. 208–229; Olsen,
      Tailoring Truth, S. 87–96.

167   „Dompropst Lichtenberg, ein Kämpfer Christi", in: *Petrusblatt*, 2.12.1945, S. 3–5.

Hitlers nicht der Tag der Freiheit, sondern der Beginn einer neuen Verfolgung."[168] In der Septemberausgabe des *Petrusblatts* von 1949 ging ein scharf formulierter Artikel über den „Orwellianismus" der kommunistischen Machthaber im Osten einer Denkschrift mit kirchenfeindlichen Auszügen aus dem Tagebuch des NS-Chefideologen Alfred Rosenberg voraus. Obwohl Hitler tot sei, so der Autor, lebe sein Geist weiter. Lügen seien die bevorzugte Waffe der Politik geworden, die Kirche werde im Namen der Religionsfreiheit verfolgt.[169]

Adolph politisierte seine Darstellung derart, dass die christenfeindlichen Verfolgungsmaßnahmen der Herrscher gelegentlich die Taten der christlichen Märtyrer überschatteten.[170] Die Darstellung der Einzelheiten der von den Nationalsozialisten geplanten Verfolgung der Kirche sowie die Beschreibung der grausamen Vernehmungsmethoden der Gestapo und des Volksgerichtshofs nehmen fast die Hälfte von *Im Schatten des Galgens* ein. Lediglich die letzten 15 Seiten – weniger als ein Fünftel – enthalten Nachrufe und Erläuterungen zur spirituellen Bedeutung des Leids der Märtyrer.

Gleichzeitig richteten sich Adolphs Angriffe auch gegen Andersdenkende aus dem Westen, deren Sicht auf die Vergangenheit sich für eine Instrumentalisierung durch kommunistische Propaganda geradezu anbot. In einem Fall, der die katholische Kirche Mitte der 1950er beschäftigte und sie dann Anfang der 1960er noch einmal einholen sollte, nutzte Adolph das *Petrusblatt* gegen zwei Brüder, die der katholischen Kirche einen vehementen Kampf angesagt hatten. Johannes und Josef Fleischer waren katholische Pazifisten aus Baden und letzterer hatte gerade erst eine ungewöhnliche Zerreißprobe durchlebt.[171] Er war der einzige überlebende katholische Kriegsdienstverweigerer während des Zweiten Weltkriegs in Deutschland und konnte 1945 aus seiner Gefängniszelle fliehen. Josef Fleischer hatte an dem Tötungsverbot des fünften Gebots festgehalten – und darauf bestanden, dass das Töten eines anderen Menschen nur auf Gottes direkte Anordnung hin erfolgen dürfe. Diese Überzeugung zitierte er nach seiner Einberufung in einem Verweigerungsschreiben

---

168   Adolph, *Im Schatten des Galgens*, S. 12.

169   „Lüge als politische Waffe. Wir meinen dazu …", in: *Petrusblatt*, 25.9.1949, S. 1; „Der Kampf gegen die Kirche", in: *Petrusblatt*, 25.9.1949, S. 2.

170   Vgl. beispielsweise „Der Kampf der katholischen Kirche gegen den Nationalsozialismus, 1933–1945", in: *Petrusblatt*, 16.12.1945, sowie „Fortsetzung: Der Kampf der katholischen Kirche gegen den Nationalsozialismus", 23.12.1945, S. 7 f.; vgl. die im *Petrusblatt* veröffentlichte vierteilige Serie über Propst Ernst Daniel: „Der Fall Stettin", in: *Petrusblatt*, 28.4.1946, S. 5, 5.5.1946, S. 6; 12.5.1946, S. 5 und 19.5.1946, S. 6.; vgl. ebenso „Zwischenbilanz, 1933–1945", 1.9.1946, S. 3 f.

171   Der Fall „Fleischer" III, Mitteilungen des Rechtsanwalts Dr. Felix Fleischer, Berlin-Charlottenburg 5, Herbertsstrasse 16, über seinen Bruder, Josef Fleischer, 10.6.1940, AKM, NL Werthmann, I Pers. Dok.

an die Wehrmacht, obwohl mehrere seiner Brüder bereits im Krieg zum Einsatz gekommen waren und einer von ihnen fünf Tage nach dem Überfall auf Polen gefallen war.[172] Nach seiner Verweigerung wurde Josef Fleischer im Mai 1940 verhaftet.[173] Während er im Wehrmachtsuntersuchungsgefängnis in Berlin-Tegel auf seine Verhandlung wartete, wurde er von einem hochrangigen Militärseelsorger besucht, dessen Uniform zahlreiche Hakenkreuze zierten. Sein Besucher „forderte ihn auf, den Fahneneid auf Hitler vorbehaltlos zu schwören, damit dem Führer bedingungslosen Gehorsam zu leisten und sich rückhaltlos an seinem Krieg zu beteiligen" – ein Ratschlag, den Fleischer nicht befolgte.[174] Doch er wurde, was fast an ein Wunder grenzte, aufgrund seines psychischen Zustands für unzurechnungsfähig befunden, was ihm ein Todesurteil und das Martyrium, das er zu akzeptieren bereit war, ersparte.

Im Januar 1947 nahm Johannes Fleischer sich der Sache seines Bruders auf den Seiten des *Tagesspiegel* an und nutzte die Gelegenheit für eine Breitseite gegen die deutsche katholische Hierarchie.[175] Unter Rückgriff auf einen Vergleich zwischen dem Verhalten der Bischöfe und dem Verhalten Martin Niemöllers und Josef Müllers, vertrat er die Meinung, dass das, was die Bischöfe als christlichen Glauben bezeichneten, so wenig mit dem Christentum zu tun habe wie der Nationalsozialismus mit echtem Sozialismus. Die Proteste der Kirchenführer, die „jetzt ganze Bände füllen", seien nicht mehr als „papierende Proteste" gewesen. Sie seien ohne Wirkung geblieben, da die Bischöfe es versäumt hätten, die Gläubigen davon abzuhalten, Kompromisse mit dem NS-Regime einzugehen. Indem sie Sakrilege wie den Treueeid auf Hitler sanktioniert hatten, so Fleischer, hätten die Bischöfe das Wesen des Christentums verraten. Diese Art der Argumentation sorgte bei Adolph natürlich für Verdruss. Indem Fleischer die Bereitschaft seines Bruders darlegte, das Kreuz auf sich zu nehmen und Christus zu folgen, drang er in das zentrale Thema Adolphs ein: das Martyrium.

Walter Adolphs Reaktion auf Johannes Fleischer deutete bereits auf spätere Verteidigungsstrategien hin, die, ähnlich wie Neuhäuslers Strategien, zum Teil vom Kampf gegen die nationalsozialistischen Herrscher herrührten. Adolph wandte sich an die kirchliche Presse, um öffentlich seinen Widerspruch zu

---

172   Ebd.; für eine umfassendere Darstellung seines Pazifismus siehe: Record of my Fulbright Year, S. 125–131, UNDA, Gordon Zahn Papers, CZHN, 13264–13360.

173   Der Fall Fleischer II, Aktenvermerk, 2.6.1956, AKM, NL Werthmann.

174   Dr. Josef Fleischer, Kriegsdienstverweigerung und Militärseelsorge, undatiert, HAEK, CR II 25.2.5.

175   Zeitungsausschnitt, HAEK, Gen II 23.23a, S. 11; Fleischer, „Schuldbekenntnis der versäumten Pflichten", in: *Der Tagesspiegel*, Berlin, 12.1.1947.

bekunden – und dieses Mal, zumindest in der Westzone Berlins, ohne Furcht
vor Vergeltung oder Zensur. In einem Artikel im *Petrusblatt* verurteilt Adolph
Fleischers Anschuldigungen als „Dolchstoss-Legende [sic!] in neuer Form"
und bezeichnet seinen Gegenspieler als „Fanatiker".[176] Er ruft ferner zur Veröffentlichung weiterer Dokumente aus dem „Dritten Reich" auf, um der Welt
den kirchlichen Widerstand zu beweisen. Laut Adolph habe Fleischer sich
geweigert, die Quellen und historischen Ereignisse für sich selbst sprechen
zu lassen. Diese Strategien – Ad-hominem-Angriffe und die Forderung
geschichtswissenschaftlicher Objektivität im Geiste Rankes – blieben auch in
den folgenden Jahrzehnten das Fundament, auf das er seine Argumentation
gegenüber Kritikern wie Gordon Zahn und Rolf Hochhuth stützte.

Die Entstehung der *Kölner Aktenstücke*

Im direkten Vergleich mit den Publikationen aus Freiburg, München und
Berlin erscheint Wilhelm Corstens im Frühling 1949 veröffentlichte, 350-seitige
Sammlung der *Kölner Aktenstücke* wie ein Nachtrag.[177] Obwohl der Band eine
gelungene Struktur aufweist, hat er weder einen Platz im Kanon der Geschichtswissenschaft eingenommen noch ein breiteres Publikum erreicht, womöglich
weil er ausschließlich Quellen ohne Kommentare zusammenstellt – die Einleitung erstreckte sich über gerade einmal eine Seite. Daneben schmälerte der
regionale Fokus auf das Erzbistum Köln das Interesse von Lesern aus anderen
Teilen Deutschlands. Und schließlich erschienen die *Aktenstücke* erst, nachdem mehrere heftige Auseinandersetzungen über das Verhalten der Kirche
während des „Dritten Reichs" bereits weitgehend abgeebbt waren. Von der
ohnehin limitierten Auflage von 2.000 Exemplaren mussten 120 kostenfrei
ausgegeben werden. Auch der Autor selbst beklagte im Jahr 1962 rückblickend,
dass seine Publikation „totgeschwiegen" worden sei.[178]

Das von ihm zusammengestellte Material war das Ergebnis einer Aufforderung an die Gläubigen, Belege für die Verfolgung durch die Nationalsozialisten einzureichen. Obwohl ein Großteil dieser Belege zerstört
worden oder verloren gegangen war, konnte genug Material überliefert
werden, um die Seiten dieses Bands zu füllen, und nicht alle Dokumente

---

176   Adolph, „Dolchstoss-Legende in neuer Form", in: *Petrusblatt*, 26.1.1947.

177   Corsten, *Kölner Aktenstücke*.

178   Das Erzbischöfliche Generalvikariat an das Hochwürdigste Bischöfliche Generalvikariat
         in Fulda, 22.3.1962, Betr: Corsten, Kölner Aktenstücke, HAEK, GEN II 22.13, S. 14.

stellten die Kirchenmänner in einem guten Licht dar. Eine Frau berichtet in einem Schreiben an das Generalvikariat von einem Priester, der sie für ihre Bemühungen, ihre Kinder aus der Hitlerjugend herauszuhalten, kritisiert habe.[179] Ihr Verhalten, so der Priester, verletze ihre mütterliche Fürsorgepflicht und werde es ihren Kindern unmöglich machen, eine Karriere aufzubauen.

Corsten, selbst ein ordinierter Geistlicher und ehemaliger Geheimsekretär des Kölner Kardinals Karl Joseph Schulte, entschied sich gegen eine Aufnahme dieses Briefs in seinen Band. Seine Entscheidung zeugt von einer der größten Herausforderungen, mit denen Verteidiger der Kirche konfrontiert waren: Die aktive Suche nach Zeugnissen aus der Zeit des Kirchenkampfes riskierte stets, schlafende Hunde bei denjenigen zu wecken, die weniger schmeichelhafte Geschichten erzählen konnten. Der Prozess der Vergangenheitsbewältigung vollzog sich dialektisch: Behauptungen heroischen Widerstands provozierten Gegenthesen der Feigheit und Kollaboration. Wenn Corsten Geschichten dieser Art zuvor nicht bewusst gewesen waren, waren sie es spätestens jetzt.

Mit ihrem Erscheinungsdatum während des Übergangs der deutschen Westzonen von besetzten Gebieten in die unabhängige Bundesrepublik enthielt Corstens Sammlung bereits Anzeichen der bevorstehenden politischen Gefechte. Bis Ende 1948, Anfang 1949 entwickelte sich die Auseinandersetzung über das deutsche Schulsystem zum zentralen Streitpunkt über die neue westdeutsche Verfassung. Corstens Band thematisiert dementsprechend Seite für Seite den Kampf um die Bekenntnisschulen während des Nationalsozialismus, in dessen Zuge die katholischen Kräfte eine Niederlage nach der anderen hatten hinnehmen müssen. Es gab jedoch auch davon unabhängige Gründe für seine Darstellung. Corsten präsentiert das Material über die Verfolgung durch die Nationalsozialisten in chronologischer Reihenfolge und die Anzahl der überlieferten Dokumente aus einem bestimmten Jahr hing vom Ausmaß der Vergeltungsakte des NS-Regimes gegen die Kirche ab. Der zahlenmäßig größte Teil der Dokumentation stammt aus den Jahren 1934 bis 1937, in denen Priester wegen ihrer Unmoral und ihres Sexualverhaltens scharf kritisiert und der religiöse Charakter öffentlicher Schulen angegriffen worden waren. Obwohl sie weitgehend übersehen wurden, waren die *Kölner Aktenstücke* ein Vorbote bevorstehender Kontroversen über das deutsche Schulsystem und seine Konfessionsbindung.

---

179 Susanne Schoelkens an das Generalvikariat, 27.8.1946, HAEK, Gen II 23, 23a, 9.

Schlussfolgerung: Die Fortdauer des konspirativen Milieus

Die Herausgeber und Verfasser der Werke aus Freiburg, München, Berlin und Köln filterten Material heraus, das die Unterstützung des Regimes, mögliche Kollaboration, Kapitulation oder Feigheit seitens führender Persönlichkeiten der Kirche belegte. Auch wenn seelsorgerische Bedenken oft hinter ihren Entscheidungen standen, spielten politische Motive in den meisten Fällen ebenso eine Rolle in dem Bestreben, das Bild einer geeinten Kirchenfront zu zeichnen: Die Verantwortlichen versuchten, der geäußerten Kritik etwas entgegenzusetzen, um den drohenden Schaden am moralischen Ansehen der Kirche in diesem entscheidenden Zeitpunkt der nationalen Wiedergeburt abzuwenden.

Es mutet fast ironisch an, dass die einheimischen Kritiker der ersten Stunde in Deutschland weder besonders zahl- noch einflussreich waren. Die meisten Deutschen identifizierten sich selbst als Opfer und hatten eine Abscheu gegenüber alliierten Kriegsverbrecherprozessen und Entnazifizierungsmaßnahmen entwickelt.[180] Andeutungen der Schuld, sei es die Schuld der deutschen Kirchen oder der deutschen Bevölkerung, wurden eher vonseiten der Alliierten oder von Vertretern am äußeren linken Rand des politischen Spektrums vorgetragen. Es erscheint wenig überraschend, dass die von Kommunisten oder nachbohrenden Journalisten geäußerte Kritik für einen defensiven, wenn nicht sogar apologetischen Ton in den ersten Dokumentensammlungen der Katholiken sorgte. Tatsächliche wie auch eingebildete Beschuldigungen führten bei den Verfassern, die mehrheitlich Kirchenmänner mittleren Alters waren und auf den mittleren Stufen der Hierarchie standen, zu gereizten Reaktionen und vor allem zu Entrüstung, da die katholische Kirche nach zwölf Jahren der Verfolgung erneut das Ziel zahlreicher Spitzen wurde. Frühe Chronisten wie Neuhäusler wandten sich der Vergangenheit daher nur zu, wenn sie sich dazu gezwungen sahen – und zumeist als Reaktion auf unvorteilhafte Enthüllungen aus der Vergangenheit und Gegenwart über prominente Kirchenvertreter. Es war kein Zufall, dass Neuhäuslers spätere Bücher *Wie war das in Dachau?*, *Saat des Bösen* und *Amboß und Hammer* jeweils kurz nach den Konfrontationen mit Leonhard Roth, Rolf Hochhuth und Guenter Lewy erschienen.[181]

---

180   Zur Opposition gegen die Politik der Alliierten siehe insbesondere: Friedrich, *Kalte Amnestie*. Für Beiträge über die Viktimisierung der Deutschen vgl. Moeller, „Germans as Victims?", S. 1–35; Margalit, *Guilt, Suffering, and Memory*; Schmitz/Seidel-Arpacı, *Narratives of Trauma*.

181   Neuhäusler, *Wie war das in Dachau*; Neuhäusler, *Saat des Bösen*; Neuhäusler, *Amboß und Hammer*.

Ganz im Einklang mit diesem defensiven Ton kamen bei Kirchenverteidigern wie Adolph oder Neuhäusler eher fragwürdige Strategien zum Einsatz, darunter der Aufbau informeller Netzwerke, Besprechungen hinter
verschlossenen Türen zur Planung von vergeltenden Maßnahmen gegen
Kritiker, die öffentliche Anprangerung der Kritiker und, was Neuhäusler
anbelangt, auch die Verfälschung seiner historischen Aufzeichnungen. Das
Auffahren solch schwerer Geschütze rührte vom Kampf gegen die Gewaltherrschaft der Nationalsozialisten her, was allerdings nicht auf den ersten Blick
erkennbar ist. Es könnte verlockend sein, zu schlussfolgern, dass Akteure
wie Adolph oder Neuhäusler lediglich die Strategien ihrer vormaligen Unter-
drücker imitierten. Die Kleriker hatten sich indes nie von dem hinter verschlossenen Türen agierenden, konspirativen Milieu losgesagt, das im Kampf
gegen eine brutale Diktatur so unerlässlich gewesen war.

Prägende Erfahrungen wie die Tätigkeiten im Untergrund während des
„Dritten Reichs" flossen in das Muster ein, das für den Umgang mit zukünftigen
Kritikern geschaffen wurde. Wenn weltanschauliche Gegenspieler in Erscheinung traten, griffen die apologetischen Kirchenvertreter auf die Taktik zurück,
die ihnen am vertrautesten war. Sie waren hinter den Kulissen gegen ihre
Kritiker aktiv und versuchten, die Nonkonformisten so weit wie möglich von
der römisch-katholischen Öffentlichkeit fern zu halten – oder sie zumindest
einen hohen Preis für ihren Zugang zahlen zu lassen. In einem Fall, der im Jahr
1962 für Schlagzeilen sorgen sollte, bediente sich Neuhäusler solcher Schikanen
gegenüber Pater Leonhard Roth, einem Priester und, wie Neuhäusler, Dachau-
Überlebenden.[182] Beide Kleriker wurden wegen Neuhäuslers angeblicher
Ablehnung, auf dem Gelände des ehemaligen Konzentrationslagers Dachau
eine Gedenkstätte zu errichten, in eine öffentliche Kontroverse verwickelt. Die
englische Presse griff die Story auf, Roth wurde von seinem Posten in der Seelsorge in Dachau beurlaubt und beging allen Anzeichen zufolge im Juni 1960 in
den österreichischen Alpen Selbstmord. Ein Dreivierteljahr später sandte Neuhäusler einen Artikel an alle Diözesanzeitungen, der darauf hindeutete, dass
Roth nicht wegen seiner Tätigkeiten im Widerstand, sondern wegen seiner
Homosexualität verhaftet worden sei.[183] Der abtrünnige Priester war tatsächlich in die Falle einer gezielten Gestapo-Operation zur Aufdeckung seiner
Homosexualität geraten und verhaftet worden.[184]

---

182 „KZ Pater Roth Schwarzer Winkel", in: *Der Spiegel*, 14.2.1962.
183 Neuhäusler an die geehrten Schriftleitungen der Katholischen Kirchenzeitungen, Betreff:
     Kurat Roth – Dachau (undatiert, aber aus der ersten Jahreshälfte 1961), AEMF, NL
     Johannes Neuhäusler, N176.
184 Göttler, *Pater Leonhard Roth*; Marcuse, *Legacies of Dachau*, S. 230–233.

Es erscheint wenig überraschend, dass die während der Jahre der Verfolgung und Besatzung eingegangenen Bündnisse mit linkskatholischen und evangelischen Klerikern wieder auseinanderbrachen, sobald der alliierte Vorwurf der Kollektivschuld zu schwinden begann.[185] Linke Kritiker wie Reinhold Schneider, denen an moralischer Rechenschaft anstelle von Legendenbildung gelegen war, fühlten sich schnell vom Episkopat entfremdet. Schneider etablierte sich bis zu seinem frühen Tod im Jahr 1958 als leidenschaftlicher Gegner der Wiederbewaffnungspolitik Adenauers und machte kurzzeitig gemeinsame Sache mit „kryptokommunistischen" Gruppierungen. Im Gegenzug wurden seine Aktivitäten in Walter Adolphs Zeitung, dem Berliner *Petrusblatt*, aufgedeckt und angeprangert.[186] Doch viele einflussreiche evangelische Kleriker, darunter auch Einzelgänger wie Martin Niemöller, stimmten mit Adenauers politischer Agenda nicht überein. Als die konfessionellen Spannungen in den 1950er Jahren anstiegen, gerieten die meisten führenden Kirchenvertreter miteinander in Zwietracht über die wichtigste noch offene Frage, die auf die Zeit des „Dritten Reichs" zurückging: das Reichskonkordat. Die rechtlichen und moralischen Fragezeichen, die das Reichskonkordat umgaben, sollten dafür Sorge tragen, dass die Vergangenheit der katholischen Kirche im „Dritten Reich" ins Rampenlicht geriet – und nicht die der evangelischen Kirche.

---

185   „OSS-Report: Interview with Pastor Niemöller (18 Juni 1945)", in: Vollnhals (Hg.), *Die evangelische Kirche nach dem Zusammenbruch*, S. 21–24.

186   Vgl. Kühn, „Quo vadis, Reinhold Schneider?", in: *Blick in die Zeit. Beilage zum Petrusblatt*, S. 19, 13.5.1951; Blattmann/Mönig (Hg.), *„Fall Reinhold Schneider"*; Schneider, *Militarisierung oder Passion*; Blattmann, *Reinhold Schneider im Roten Netz*.

KAPITEL 3

Der Kampf um das Reichskonkordat, 1945–1957

Am 4. Juni 1956 eröffneten die neun Richter des Zweiten Senats des Bundesverfassungsgerichts eine fünf Tage andauernde und mit großer Spannung erwartete Verhandlung in Karlsruhe. Scharen von Journalisten und fünfzehn Professoren der Rechtswissenschaft, die in den vorangegangenen Monaten schriftliche Gutachten eingereicht hatten, versammelten sich an diesem Tag in der prachtvollen Gründerzeit-Villa aus den 1880ern, in der das höchste westdeutsche Gericht damals untergebracht war. Sie waren dort, um einen der komplexesten Fälle seit der Gründung des Bundesverfassungsgerichts im Jahr 1951 mitzuerleben oder aktiv an ihm teilzunehmen.

Die Verfassungsrichter hatten einen Fall zur Entscheidung angenommen, der in den vorangegangenen zwei Jahren eine bedeutende Wandlung durchlaufen hatte. Er hatte als Kräftemessen über die Trennung öffentlicher Schulen nach Konfessionen begonnen und sich zu einem Fall über die Fortgeltung von Gesetzen und internationalen Verträgen aus der Zeit des Nationalsozialismus entwickelt. Am 12. März 1955 hatte die Bundesregierung in Bonn unter Bundeskanzler Konrad Adenauer eine Klage gegen das SPD-regierte Land Niedersachsen eingereicht.[1] Die Bundesregierung zielte darauf ab, das am 1. Oktober 1954 in Kraft getretene niedersächsische Schulgesetz für rechtswidrig erklären zu lassen.[2] Niedersachsen versuchte wiederum, das bestehende System der Bekenntnisschulen abzuschaffen.

Unter dem bis dahin geltenden System hatten Eltern das Recht, ihre Kinder auf eine der zahlreichen öffentlichen Volksschulen in Deutschland zu schicken, die offiziell als katholisch oder evangelisch ausgewiesen waren. Sie waren ebenso berechtigt, die Gründung neuer Bekenntnisschulen zu verlangen. Das niedersächsische Gesetz machte nicht nur die Gründung solcher Schulen praktisch unmöglich, sondern das Ausmaß der Beschränkungen, die den bestehenden Bekenntnisschulen auferlegt wurden, war derart groß, dass das niedersächsische Kultusministerium innerhalb einer Woche nach Inkrafttreten des Gesetzes über drei Viertel der Bekenntnisschulen in das Konkurrenzmodell der sogenannten Simultanschulen umwandelte. In ihnen

---

1 „Der Antrag der Bundesregierung vom 12. März 1955", in: Giese/Frhr. v. d. Heydte (Hg.), *Der Konkordatsprozess. Bd. I*, S. 20–29.
2 „Das Gesetz über das öffentliche Schulwesen in Niedersachsen vom 14. September 1954", in: Giese/Frhr. v. d. Heydte (Hg.), *Der Konkordatsprozess. Bd. I*, S. 12–19.

fand zwar wie seit jeher Religionsunterricht statt. Jedoch waren sie, wie der
Name nahelegt, offen für Lehrer und Schüler beider Konfessionen.

Dass diese bildungspolitische Auseinandersetzung vor Westdeutschlands höchstem Gericht landen sollte, war das Ergebnis einer jahrhundertealten konfessionellen Spaltung zwischen Katholiken und Protestanten, die
nun Anfang der 1950er Jahre plötzlich wieder für Konflikte sorgte. Die überwiegende Mehrheit der niedersächsischen Bevölkerung war evangelisch, doch
das Bundesland beheimatete ebenfalls eine kleine katholische Diaspora sowie
eine katholische Enklave zwischen Osnabrück und Oldenbourg. Ironischerweise waren zahlenmäßig mehr evangelische als katholische Bekenntnisschulen von der Umwandlung in Simultanschulen betroffen.[3]

Allerdings erhoben fast ausschließlich katholische Kleriker, Laien und
Politiker ihre Stimme zum Protest gegen diese Vorgänge. Abgesehen von
einigen wenigen Ausnahmen, schwiegen die evangelischen Geistlichen oder
unterstützten das Modell der Simultanschule offen, wie etwa Martin Niemöller,
der mittlerweile Kirchenpräsident der Evangelischen Kirche in Hessen und
Nassau war.[4] Vier Monate, nachdem die Bundesregierung ihren Antrag eingereicht hatte, traten Hessen und Bremen – zwei SPD-regierte und mehrheitlich evangelische Länder – dem Verfahren bei, um ihre Glaubensbrüder aus
dem Norden vor Gericht zu unterstützen.

Das Ausbleiben lautstarker Unterstützung für die Bekenntnisschulen seitens
der Protestanten führte dazu, dass führende katholische CDU-Politiker und
Kirchenvertreter auf eine Strategie zurückgreifen mussten, die sich als Büchse
der Pandora herausstellen sollte. Sie argumentierten, dass das Reichskonkordat
vom 20. Juli 1933 in der Bundesrepublik als dem westdeutschen Nachfolgestaat
des nationalsozialistischen Deutschen Reichs weiterhin fortgelte. Adenauers
Regierung trug daher vor, dass das neue Schulgesetz Niedersachsens gegen
Artikel 23 des Konkordats verstoße, der das Recht gewährleistete, Bekenntnisschulen beizubehalten oder gegebenenfalls auf Verlangen der Eltern neu
zu gründen.[5] Die Regierung Niedersachsens wies diese Behauptung nicht
nur zurück. Sie erwiderte ferner, der Staatskirchenvertrag von 1933 entfalte
keine Geltung gegenüber den einzelnen Ländern der Bundesrepublik. Sie
insistierte, dass Bildung Sache der Länder und nicht des Bundes sei und verwies auf andere Länder wie Bremen, die unter offensichtlichem Verstoß gegen

---

3   „Der Antrag der Bundesregierung vom 12. März 1955", S. 26.
4   Giese/Frhr. v. d. Heydte (Hg.), *Der Konkordatsprozess. Bd. IV*, S. 1566.
5   „Der Antrag der Bundesregierung vom 12. März 1955".

Artikel 23 bereits ein Simultanschulsystem eingeführt hätten und dafür nicht rechtlich oder in sonstiger Weise belangt worden seien.[6]

Die Landesregierungen von Bremen und Hessen brachten ein noch grundlegenderes Argument ein, welches das rechtliche Fundament des Abkommens zwischen dem Heiligen Stuhl und dem von Hitler geführten Deutschen Reich angriff: Das Reichskonkordat sei völkerrechtlich nicht wirksam zustande gekommen.[7] Das Konkordat war nicht durch den Reichstag ratifiziert worden. Abschluss und Ratifikation waren lediglich aufgrund des Ermächtigungsgesetzes vom 24. März 1933, das Hitler bekanntermaßen mit umfassenden diktatorischen Befugnissen ausstattete, ermöglicht worden. Das Gesetz enthielt auch eine weniger bekannte Vorschrift, nach der die Reichsregierung nunmehr befugt war, internationale Verträge und Abkommen mit ausländischen Regierungen über Themen, die wie die Bekenntnisschulen eigentlich einer parlamentarischen Ratifizierung bedurften, abzuschließen: „Verträge des Reichs mit fremden Staaten, die sich auf Gegenstände der Reichsgesetzgebung beziehen, bedürfen nicht der Zustimmung der an der Gesetzgebung beteiligten Körperschaften.“[8] Sowohl die hessische als auch die Bremer Landesregierung gingen noch einen Schritt weiter und trugen vor, das Ermächtigungsgesetz selbst sei verfassungswidrig, da es nicht ordnungsgemäß durch den Reichsrat ratifiziert worden sei. Es sei bei der Abstimmung im Parlament erst mehrheitsfähig gewesen, nachdem die NS-Regierung eine erhebliche Anzahl oppositioneller Abgeordneter verhaftet hatte.[9] Folglich seien unter diesen Bedingungen ratifizierte völkerrechtliche Verträge – wie das Reichskonkordat – nichtig und daher unwirksam.

Das Bundesverfassungsgericht hatte somit eine ganze Reihe grundlegender Rechtsfragen zu klären. War das Reichskonkordat zwischen Frühling und Sommer 1933 rechtlich gesehen ordnungsgemäß abgeschlossen worden? War das Abkommen auch nach dem Zusammenbruch des NS-Regimes weiterhin bindend und, wenn ja, für wen? Entfaltete es auch Geltung gegenüber den einzelnen Landesregierungen oder ausschließlich gegenüber dem Bund? Und

---

6　„Die Antragserwiderung der niedersächsischen Landesregierung vom 14. Mai 1955“, in: Giese/ Frhr. v. d. Heydte (Hg.), *Der Konkordatsprozess. Bd. I*, S. 41.

7　„Die Beitrittserklärung von Bremen vom 25. Juni 1955“, in: Giese/Frhr. v. d. Heydte (Hg.), *Der Konkordatsprozess. Bd. I*, S. 98–104; „Die Beitrittserklärung von Hessen vom 15. Juli 1955“, in: Giese/Frhr. v. d. Heydte (Hg.), *Der Konkordatsprozess. Bd. I*, S. 135–137.

8　www.1000dokumente.de/index.html?c=dokument_de&dokument=0006_erm&object= facsimile&l=de (acs. 11.6.2015).

9　„Die Beitrittserklärung von Bremen vom 25. Juni 1955“, in: Giese/Frhr. v. d. Heydte (Hg.), *Der Konkordatsprozess. Bd. I*, S. 101 f.; „Die Beitrittserklärung von Hessen vom 15. Juli 1955“, in: Giese/Frhr. v. d. Heydte (Hg.), *Der Konkordatsprozess. Bd. I*, S. 135.

verstieß das niedersächsische Schulgesetz gegen die im Konkordat verankerte Bestandsgarantie für Bekenntnisschulen?

Im Rahmen dieses gewaltigen Falls erforschten Teams bestehend aus Juristen, Politikern und Historikern die Verantwortung der katholischen Kirche für die katastrophalen Ereignisse der ersten Jahreshälfte 1933. Allen war bekannt, dass die Verabschiedung des Ermächtigungsgesetzes eine Zweidrittelmehrheit im Deutschen Reichstag erfordert hatte. Da die sozialdemokratische Opposition sich nicht dem Willen der Regierung gebeugt und die meisten kommunistischen Abgeordneten sich bereits hinter Gittern befunden hatten, waren die Stimmen des Zentrums und der BVP als größte römisch-katholische Parteien entscheidend für den Ausgang der Abstimmung der im Reichstag noch anwesenden bürgerlichen Parteien geworden. Trotz anfänglicher Zweifel und Bedenken kapitulierte die Partei letztendlich und sämtliche Zentrumsabgeordneten stimmten für das Ermächtigungsgesetz. Diese Wende des Zentrums um 180 Grad im März 1933 gab Anlass zu dem Verdacht, die Partei habe für ihre Zustimmung eine Gegenleistung von Hitler erhalten. Dieser These zufolge, die später unter der Bezeichnung „Junktim-These" bekannt werden sollte, hatten die Abgeordneten des Zentrums dem Ermächtigungsgesetz im Gegenzug für das Reichskonkordat ihre Stimmen gegeben.[10] Nach dieser Lesart hatten sie dem von Hitler geschenkten Gaul – der Gewährleistung der Bekenntnisschulen – nicht widerstehen können. Es habe sich dabei um die Verwirklichung eines Ziels gehandelt, das über mehrere Jahrzehnte immer wieder an der unerbittlichen Opposition der Sozialisten und der Liberalen gescheitert sei.

Warum wurde diesem Fall von den Politikern der 1950er Jahre eine solche Bedeutung beigemessen, obwohl ihnen bewusst war, dass die problematischen Aspekte der katholischen NS-Vergangenheit ausgegraben und vor den Augen der Länderparlamente, des Bundesverfassungsgerichts und der Presse ausgebreitet würden? Eine Erklärung liegt darin, dass das Verhältnis zwischen der katholischen Kirche und dem NS-Regime zu einer Waffe in der Kontroverse über die Grenzen zwischen Kirche und Staat wurde. Vor Gericht standen die Verpflichtung der größten politischen Parteien gegenüber einem demokratischen Grundethos sowie die Rolle der katholischen Kirche während der Umbrüche im Übergang von Demokratie zu autoritärer Herrschaft. In der Wahrnehmung der liberalen und sozialdemokratischen Gegner des Reichskonkordats war der Staatskirchenvertrag ein totalitärer Eingriff in die junge

---

10   Für eine Zusammenfassung der Junktim-These vgl. Kretschmann, „Eine Partei für
      Pacelli?", S. 13–24, hier 19; vgl. ebenso Repgen, „P. Robert Leiber SJ, der Kronzeuge",
      S. 13–37.

demokratische Republik, der den Bestand der gerade erst wiedergewonnenen Grundrechte und Grundfreiheiten gefährdete. Demgegenüber sahen die Verteidiger des Konkordats das Abkommen gerade als Gewährleistung der Religionsfreiheit einer belagerten religiösen Minderheit, da Katholiken selbst in der Bundesrepublik weiterhin eine Minderheit bildeten.

Der Kampf um das Reichskonkordat und das Schulsystem entwickelte sich somit rasch in eine größere Debatte über Grundfreiheiten und Toleranz. In den Augen derjenigen Katholiken, die in ihren Gemeinden aktiv waren, erinnerte die zwangsweise Umwandlung der Bekenntnisschulen in Simultanschulen an die Maßnahmen der Nationalsozialisten in ihrem Krieg gegen die Kirche während der 1930er Jahre. Für ihre Gegenspieler waren nach Konfessionen getrennte Schulen per se ein Zeichen der Intoleranz und Ausgrenzung. Diese Auseinandersetzung kam zu einer Zeit auf, als noch Unsicherheit darüber bestand, ob die Bundesrepublik unter Adenauer auf einem soliden demokratischen Fundament fußte oder noch dem autoritären Morast der deutschen Vergangenheit verhaftet war.

Indem sie das Gespenst der nationalsozialistischen Gewaltherrschaft wieder heraufbeschwor, spaltete die Kontroverse um das Reichskonkordat und die Schulen diejenigen, die auf die Vergangenheit zurückblickten, in zwei unterschiedliche Lager entlang der weltanschaulichen Frontlinien der frühen Bundesrepublik. Konfessionelle Spannungen zwischen Katholiken und Protestanten, die während der NS-Jahre und der gemeinsamen Opposition gegen Kriegsverbrecherprozesse und Entnazifizierung temporär beiseitegeschoben worden waren, entflammten nun aufs Neue. Dieser Streit verwob zudem von Beginn an Fragen der Toleranz und Freiheit mit den historischen Kontroversen über die NS-Vergangenheit.

Dieses Kapitel rekonstruiert die Stufen dieses Kampfs um das öffentliche Schulsystem ausgehend von der Weimarer Republik bis in den Gerichtssaal in Karlsruhe. Dabei werden sechs unterschiedliche Abschnitte in den Blick genommen. Zunächst werden die Auseinandersetzungen in der Weimarer Republik betrachtet, die dazu führten, dass prominente deutsche Katholiken ein umfassendes Abkommen mit dem Vatikan vorantrieben. Dabei werden auch die Verletzungen des Konkordats seitens der Nationalsozialisten, einschließlich seiner Vorschriften zur Gewährleistung der Bekenntnisschulen, dargestellt. Im Anschluss wird untersucht, wie die Schulen und das Reichskonkordat die Arbeit des Parlamentarischen Rats an der neuen westdeutschen Verfassung fast zum Scheitern brachten. Im dritten Abschnitt wird der Blick auf die Schulen in den frühen 1950er Jahren gerichtet, um darzulegen, warum Niedersachsen sein Schulgesetz erließ und Adenauer sich für einen Gerichtsprozess entschied. Daran anschließend werden die Ursprünge

der beiden konkurrierenden Netzwerke, die den Kampf vor dem Bundesverfassungsgericht austrugen, zurückverfolgt. Auf der einen Seite standen die
Landesregierungen Niedersachsens und Hessens, letztere unter dem SPD-
Ministerpräsidenten Georg August Zinn. An der Spitze der anderen Seite stand
der Kölner Prälat Wilhelm Böhler, der ein Team zur Verteidigung der (Fort-)
Geltung des Reichskonkordats zusammenstellte. Im fünften Abschnitt werden
die Public-Relations-Kämpfe dieser Netzwerke betrachtet. Schließlich wird
der Blick auf Karlsruhe und die mündliche Verhandlung im Juni 1956 gerichtet,
wo er bis zur Urteilsverkündung am 26. März 1957 verweilt.

Der Kampf um die Bekenntnisschulen, 1871–1945

Die Verteidigung der Bekenntnisschulen war tief in der Psyche deutscher Katholiken verankert. Die Verhinderung konfessionsübergreifender,
„simultaner" Bildung war für viele römisch-katholische Politiker und Bischöfe
ein Schlagwort, mit dem sie sich mindestens vier verschiedene Konflikte mit
dem Staat aus der Zeit vor 1945 in Erinnerung rufen konnten. Die Zukunft
der Bekenntnisschulen war in Zeiten politischer Umbrüche und Übergänge
tatsächlich jedes Mal ein äußerst kritischer Punkt gewesen – während der
1850er Jahre in Preußen, während des Kulturkampfs der 1870er Jahre, in der
ersten Phase der Weimarer Republik in den Jahren 1919/20, während der Zeit
des Nationalsozialismus und erneut während der Besatzungsjahre und in
den ersten Jahren der Bundesrepublik.[11] Konservative Protestanten – oftmals
Vertreter der lutherischen Orthodoxie – waren zwar auch über den staatlichen Eingriff in ihre rein evangelischen Hochburgen verärgert.[12] Doch für
Katholiken, die als Minderheit wiederholt den Eingriffen durch Liberale und
Sozialisten sowie den Angriffen der Nationalsozialisten ausgesetzt gewesen
waren, war der Erhalt ihrer bildungspolitischen Autonomie eine Nagelprobe
für den Erhalt der kirchlichen Freiheit.
   Die revolutionären Übergänge zu Beginn und am Ende der Weimarer
Republik boten denjenigen eine seltene Gelegenheit, die nach einer dauerhaften Lösung der Streitfragen über die Bekenntnisschulen und das Verhältnis
von Kirche und Staat strebten.[13] Der Versuch, durch radikale Säkularisierung

---

11   Ayako Bennette, *Fighting for the Soul of Germany*, S. 132 f.; Anderson, *Windthorst*, S. 134;
     Evans, *German Center Party*, S. 39–41.
12   Ayako Bennette, *Fighting for the Soul of Germany*, S. 133; Lamberti, „State, Church and the
     Politics of School Reform", S. 63–81, hier 76 f.
13   Für einen hervorragenden Überblick siehe Buchna, *Ein klerikales Jahrzehnt?*, S. 88–123.

den Einfluss der Kirche hinwegzufegen, löste bei Kirchenverteidigern das
Bestreben aus, das Recht auf Bekenntnisschulen in Verfassungstexten und
völkerrechtlichen Verträgen zu verankern. Im November 1918 ordnete Adolph
Hoffmann, linkssozialistischer Abgeordneter, Mitbegründer der von der SPD
abgespaltenen USPD und neu ernannter Preußischer Minister für Wissenschaft, Kultur und Volksbildung, die Eliminierung sämtlicher religiöser
Spuren aus den Klassenzimmern Preußens an, dem größten Gliedstaat der
Republik. Fortan waren etwa Kreuze, Bibeln, Katechismus-Unterweisungen
und Gebete aus den preußischen Schulen verbannt.[14] Hoffmans Anordnung
erschien aufgrund ihrer Ähnlichkeit mit erst kürzlich verhängten Maßnahmen
in der Sowjetunion wie der Vorbote eines erneuten Kulturkampfs und löste
heftige Proteste von aufgebrachten katholischen Wählern aus. Obwohl Hoffmann seine Anordnung schnell wieder zurückzog, lagen Katholiken, Liberale
und Sozialisten während der Weimarer Republik bezüglich dieses Themas im
Streit und der rechtliche Status der Bekenntnisschulen blieb umstritten, auch
wenn das Volksschul-Unterhaltungsgesetz von 1906 rechtlich fortgalt, das die
Finanzierung der Volksschulen als Bekenntnisschulen sicherte. Die Weimarer
Verfassung sah zwar die Verabschiedung eines umfassenden Reichsschul-
gesetzes zur Lösung dieser Frage vor, doch kein Gesetzesentwurf konnte im
zersplitterten Reichstag eine Mehrheit auf sich vereinen.[15]

   Mehrere Gliedstaaten versuchten daher, diese Pattsituation durch direkte
Vertragsverhandlungen mit dem Vatikan zu umgehen, darunter Bayern
(1924), Preußen (1929) und Baden (1932). Doch die Kirchenführer mussten mit
Bestürzung feststellen, dass lediglich das bayerische Konkordat tatsächlich
Regelungen bezüglich des katholischen Bekenntnisses von Schulen enthielt.

   Die Reaktionen der Katholiken auf die Angriffe auf das Schulsystem
machten sich während der 1950er Jahre im Wesentlichen wie folgt bemerkbar:
durch das Bestreben, das Recht auf Bekenntnisschulen in Verfassungen und
völkerrechtlichen Verträgen zu verankern, sowie durch Proteste gegen Verstöße, zumeist mittels großer öffentlicher Demonstrationen. Diese Strategie
trug die unverkennbare Handschrift von Eugenio Pacelli, der sich erst als
Nuntius in Deutschland zwischen 1919 und 1929 und dann als Kardinalstaatssekretär für den Abschluss eines umfassenden Reichskonkordats einsetzte.
Als einer der Hauptarchitekten des Konkordats betrachtete er das Abkommen

---

14   Vgl. Groschopp (Hg.), „Los von der Kirche".
15   Vgl. Artikel 146 und 147 der Weimarer Reichsverfassung: www.documentarchiv.de/wr/wrv.
     html#VIERTER_ABSCHNITT02 (acc. 11.6.2015). Zur Reaktion der Kirchen vgl. Scholder,
     Die Kirchen und das Dritten Reich, I, S. 19–23.

vom 20. Juli 1933 als krönende Errungenschaft und verteidigte es als Pontifex
zwischen 1939 und 1958 mit entsprechender Inbrunst.[16]

Abb. 3.1   Unterzeichnung des Reichskonkordats am 20. Juli 1933 in Rom. Das Foto zeigt von
            links: Prälat Kaas, Vizekanzler von Papen, Msgr. Pizzardo, Kardinalstaatssekretär
            Eugenio Pacelli, ab 1939 Papst Pius XII., Ministerialdirektor Buttmann vom
            Reichsministeriums des Innern, dessen Unterlagen eine bedeutende Rolle in
            der Debatte über die Entstehung des Reichskonkordats spielen sollten, Msgr.
            Ottaviani, Msgr. Montini und Botschaftsrat Klee. Mit freundlicher Genehmigung
            des Bundesarchives, Bild 183-R24391.

Entgegen der an das Konkordat gerichteten Erwartungen stellte es sich in der
Folge als Quelle der Zwietracht heraus. Die Kontroversen entzündeten sich
nicht nur an den fünf Artikeln (21–25) zur allgemeinen Schulbildung. Wenngleich das Abkommen darin eine Garantie für die freie und öffentliche Ausübung des Glaubens beinhaltete und die drei bereits bestehenden Konkordate
auf Landesebene aufrechterhielt, sahen andere Vereinbarungen der insgesamt 34 Artikel vor, dass Bischöfe einen Treueeid auf den Reichspräsidenten
zu leisten hatten, dass an Sonntagen in der Kirche für das Wohlergehen des
Deutschen Reiches und Volkes zu beten war und dass es Klerikern verboten
war, politische Ämter zu bekleiden oder im Namen von politischen Parteien
tätig zu werden.[17]

---

16   Spotts, *Churches and Politics*, S. 211; Ventresca, *Soldier of Christ*.
17   Gemäß Artikel 11 erforderten Neubildungen oder Änderungen der Diözesanorganisation
      oder Diözesanzirkumskription, die über die Grenzen Deutschlands hinausgingen, die

Eine Reihe namhafter deutscher Katholiken, darunter Bischöfe, Theologen und Laienführer, begrüßte die Unterzeichnung des Reichskonkordats
am 20. Juli 1933 mit überschwänglicher Begeisterung.[18] Seit 1919 hatten
führende katholische Politiker um die Ausarbeitung und den Abschluss eines
umfassenden Konkordats zwischen dem Deutschen Reich und dem Vatikan
gerungen. Mit der Ermächtigung der Hitler-Regierung, die Ratifizierung von
völkerrechtlichen Verträgen durch das Parlament zu umgehen, konnte die
Pattsituation scheinbar beendet werden. Der neue Reichskanzler schien das,
was in der Weimarer Republik mit ihren unzähligen Parteien und Fraktionen
unmöglich gewesen war, ohne Gegenleistung anzubieten. Artikel 23 enthielt unstrittig eine ausdrückliche Gewährleistung für die Beibehaltung der
katholischen Bekenntnisschulen und deren Neueinrichtung auf Antrag der
Eltern.[19]

Gefühle der Erleichterung und Euphorie traten offen zu Tage. Noch am
15. Januar 1934 veröffentlichte die *Bayerische Volkszeitung* eine gemeinsame
Stellungnahme des katholischen Klerus in Nürnberg mit der Überschrift
„Die Schule des katholischen deutschen Kindes ist die im Reichskonkordat
vom Führer gewährleistete Konfessionsschule".[20] Darin wurde der Aufruf des
Klerus zitiert, Kirche und Staat müssten zusammenarbeiten und die Kinder
mithilfe der Bekenntnisschulen zu „wertvollen Mitarbeitern der deutschen
Volksgemeinschaft erziehen" – jener von der NS-Ideologie angepriesenen
Gemeinschaft des deutschen Volks. Über zwei Jahrzehnte später warf der
junge Rechtswissenschaftler und angehende Historiker Ernst-Wolfgang
Böckenförde die Frage auf, ob die Wellen der Begeisterung und die Bereitschaft
zur Kooperation mit dem neuen Regime die Folge falsch gesetzter Prioritäten gewesen waren. Aus seiner Sicht hatte der Wunsch, die Schulkinder zu
schützen, anscheinend jede Verpflichtung gegenüber demokratischen Werten
und Prozessen verdrangt.[21]

Vor allem aber wurde das Reichskonkordat seiner Funktion als Gewährleistung der Konfessionsschulen nicht gerecht. Nur wenige Wochen nach

Zustimmung der Reichsregierung. Nach 1945 diente das Reichskonkordat als Mittel zur
Anfechtung territorialer Festlegungen der Nachkriegszeit, nach denen Deutschland
Gebiete – und der deutsche Episkopat seine Diözesen ganz oder teilweise – an Polen, die
Sowjetunion und den ostdeutschen Staat verloren hatte.

18   Böckenförde, „Der deutsche Katholizismus im Jahre 1933", S. 215–239.
19   http://www.verfassungen.de/de33-45/reichskonkordat33.htm (Stand: 11.6.2015).
20   Zeitungsausschnitt, „Die Schule des katholischen deutschen Kindes ist die im Reichskonkordat vom Führer gewährleistete Konfessionsschule", in: *Bayerische Volkszeitung*,
15.1.1934, USHMM, RG76.001M, Reel 3, 198.
21   Böckenförde, „Der deutsche Katholizismus im Jahre 1933".

der Ratifizierung begannen führende NS-Parteimitglieder – ganz den Vorstellungen einer „Volksgemeinschaft" frei von konfessionellen und Klassen-
unterschieden verschrieben –, gegen die Vorschriften des Reichskonkordats zu
verstoßen, einschließlich der Gewährleistung der Bekenntnisschulen. Bereits
im Januar 1934 organisierte die Parteiführung in Mittelfranken eine Kampagne,
um Schüler unter dem Motto „Ein Volk – eine Jugend – eine Schule" zum
Wechsel von Bekenntnisschulen auf Gemeinschaftsschulen zu bewegen.[22]
Doch Aktionen dieser Art vermochten es nicht, Eltern davon zu überzeugen,
das Bollwerk der konfessionellen Schulbildung aufzugeben.[23] Als die Parteiführung erkannte, dass ihre Propaganda allein nicht den erwünschten Exodus
bewirkte, griff sie zu drastischeren Maßnahmen. In einigen Ländern gelang
den Nationalsozialisten mit der Unterstützung von Bürokraten wie dem
opportunistischen Juristen Helmut Bojunga aus Hannover die vollständige
Auflösung von Bekenntnisschulen oder ihre Umwandlung in sogenannte
Gemeinschaftsschulen.[24] In Preußen, dem größten Gliedstaat im Deutschen
Reich, zu dessen Gebiet ein Großteil des späteren Bundeslands Niedersachsen
gehörte, wurden die Konfessionsschulen im Jahr 1939 abgeschafft, wie auch in
Bayern und Württemberg.[25] Selbst in Ländern, in denen Bekenntnisschulen
weiterhin existierten, griffen NS-Parteiführer zu Maßnahmen, die den Einfluss
der Religion in den Schulen minimieren sollten: Kruzifixe und Heiligenbilder
wurden aus den Klassenzimmern entfernt, die Stunden für den Religionsunterricht wurden gekürzt und das Lehrpersonal aus den Reihen des Klerus
wurde durch Laien ersetzt.[26]

Den Gläubigen blieb als einziger Ausweg nur der Protest – und das Reichskonkordat bot den rechtlichen Rahmen dafür.[27] Pacelli hatte dies von Anfang
an bedacht. Nur ein umfassender völkerrechtlicher Vertrag könne die Rechte
der 23 Millionen Katholiken in Deutschland vor den voraussichtlichen Eingriffen durch Hitlers Regierung schützen.[28] Die Bischöfe nutzten das Reichs-

---

22   Zeitungsausschnitt, „Zur Schulanmeldung: Was jeder Nationalsozialist wissen muss"
      (undatiert, aber höchstwahrscheinlich von Anfang Januar 1934), USHMM, R676.001M,
      Reel 3, 198.
23   Die Anzahl der Schüler, die eine konfessionsübergreifende Volksschule besuchten, ver-
      zeichnete in der Zeit zwischen 1931 und 1937 tatsächlich nur einen leichten Anstieg von
      15 auf 24 Prozent; vgl. Lundgreen, *Sozialgeschichte der deutschen Schule, II*, S. 42. Für
      Darstellungen der nationalsozialistischen Schulpolitik vgl. Eilers, *Schulpolitik*; Schmidt,
      Hamburger Schulen; Pine, *Education in Nazi Germany*.
24   Damberg, *Kampf um die Schulen*, S. 88.
25   Damberg, „Säkularisierung des Schulwesens", S. 631–647, hier 636.
26   Vgl. Damberg, *Kampf um die Schulen*; Damberg, „Säkularisierung des Schulwesens".
27   Damberg, *Kampf um die Schulen*, S. 215–231.
28   Ventresca, *Soldier of Christ*, S. 83.

konkordat daher wiederholt als Rechtsgrundlage für ihre Beschwerden und Eingaben gegenüber dem NS-Regime.[29] In seiner berühmten, von Pacelli entworfenen Enzyklika aus dem Jahr 1937 mit dem Titel *Mit brennender Sorge* verwies auch Papst Pius XI. darauf, dass die Nationalsozialisten mit ihren Angriffen auf die Bekenntnisschulen das Konkordat verletzten.

Abb. 3.2
Erste Aufnahme von Papst Pius XII. im Jahr 1939. Das Reichskonkordat war ein Hauptbestandteil seines Lebenswerks. Mit freundlicher Genehmigung des Bundesarchivs. Bild 183-S49656.

Auch als Papst Pius XII. hielt Pacelli rückblickend an seinem Standpunkt fest, das Reichskonkordat habe weitaus Schlimmeres verhindern können.[30] Diese Überzeugung war eine der wesentlichen Grundlagen für seine Ansprache vor dem Kardinalskollegium am 2. Juni 1945, zu der Josef Müller entscheidend beigetragen hatte.[31] Die Angst vor weiteren Verletzungen der kirchlichen Souveränität könnte in der Tat der ausschlaggebende Grund dafür gewesen sein, weshalb der Pontifex nicht nur seinen Kurs während der nationalsozialistischen

---

29 Neuhäusler liefert aussagekräftige Ausschnitte einer Protestnote der Fuldaer Bischofskonferenz gegenüber dem Reichsministerium für die Kirchlichen Angelegenheiten vom 13. Januar 1937, in der die Bischöfe die konkreten Verletzungen des Konkordats Artikel für Artikel auflisteten, vgl. Neuhäusler, *Kreuz und Hakenkreuz, II*, S. 94–98.

30 Ventresca, *Soldier of Christ*, S. 83–85.

31 http://w2.vatican.va/content/pius-xii/it/speeches/1945/documents/hf_p-xii_spe_19450602_accogliere.html (acc. 14.6.2014).

Gewaltherrschaft, sondern auch die Fortgeltung seines Werks in der Nachkriegszeit so energisch verteidigte.[32] Das Verhalten des Papstes spiegelt deutlich seine Befürchtungen angesichts der Aufteilung Deutschlands in vier
Besatzungszonen wider: Er befürchtete, die Aufteilung habe die Wahrscheinlichkeit erheblich erhöht, dass alte ideologische Gegner – Liberale, Sozialisten
und Kommunisten – an die Macht gelangen und das angreifen könnten, was
er als Rechte und Privilegien der Kirche ansah.[33] Die Aufrechterhaltung des
deutschen Konkordats blieb das Hauptanliegen des Heiligen Vaters, jedenfalls
laut der Tagebucheinträge des neuen Nuntius in Deutschland und Bischofs von
Fargo in Nord-Dakota, Aloisius Muench, nach seinem ersten Treffen mit Pius
XII.[34] Das Reichskonkordat machte nach den Angaben des westdeutschen
Botschafters im Vatikan den Hauptbestandteil seines Lebenswerks und seines
Vermächtnisses an seinen Nachfolger aus.[35]

Der Kampf um das „Elternrecht", 1945–1949

„Die Erhaltung der konfessionellen Schule sei einen Kampf wert." – Von
diesen Worten des Papstes berichtete Pater Ivo Zeiger SJ am 8. September 1945
Kardinal Frings während eines spontanen Treffens der beiden.[36] Zeiger
war ein enger und einflussreicher Vertrauter Papst Pius' XII. und Leiter
der vatikanischen Mission in Kronberg im Taunus, dem späteren Sitz der
Nuntiatur. Der entschlossenen Haltung des Papstes folgend, machten die
Bischöfe die in Bedrängnis geratenen Bekenntnisschulen zum Gegenstand
interner Diskussionen und Briefe und thematisierten sie in Gesprächen mit
Vertretern der Besatzungsmächte und offiziellen Eingaben an die Besatzungsbehörden.[37] Im Austausch über dieses brisante politische Thema verwendeten

---

32   „Bericht Zeigers, Rom, 20 September 1945", in: Volk (Hg.), *Akten deutscher Bischöfe, Bd. VI*,
      S. 768.

33   „Pius XII an den deutschen Episkopat, 18 January 1947", in: Helbach (Hg.), *Akten deutscher
      Bischöfe, II*, S. 963–961, 970.

34   Zitiert nach Spotts, *Churches and Politics*, S. 211; vgl. ebenso Volk, „Der Heilige Stuhl und
      Deutschland", in: Rauscher, S. 53–87, hier 69.

35   Botschaft der Bundesrepublik Deutschland an das Auswärtige Amt, Bonn, Betr: Ein-
      stellung des Papstes zur Verzögerung des Urteils des Bundeverfassungsgerichts, Bezug:
      Drahtbericht Nr. 53 vom 12.12.1956, PAAA, B130, 5445A, Jaenicke.

36   „Frings an die Bischöfe der britischen Besatzungszone, 10 September 1945", in: Volk (Hg.),
      Akten deutscher Bischöfe, Band VI, S. 736; zu Zeiger vgl. Ventresca, *Soldier of Christ*, S. 238 f.

37   Vgl. beispielsweise „Denkschrift [Jaegers oder Bernings] für Griffin zur Bekenntnisschule,
      o.O., vom 28. September 1945", „Protokoll über Gespräch Frings mit Asbury, 5. Juli 1946",
      „Machens an das Oberpräsidium der Provinz Hannover, 29. Juli 1946" und „Erklärung des

die Bischöfe und Laien eine Art kodierte Sprache, die alle Beteiligten auf Anhieb verstanden. Die Katholiken erhoben in diesem Zusammenhang das „Recht der Eltern" oder „Elternrecht" zu ihrem Motto, das sich auf das Recht der Eltern bezog, ihre Kinder auf katholische Konfessionsschulen zu schicken. Obwohl die Bezeichnung auf die Auseinandersetzungen über das Schulsystem zu Beginn der Weimarer Republik zurückging, führte sie in der unmittelbaren Nachkriegszeit unter den Eltern zu Unbehagen, da sie sich noch allzu gut an den Anspruch der Nationalsozialisten erinnern konnten, dass es das Recht des Staates – und nicht der Eltern – sei, über die Schulbildung deutscher Kinder zu entscheiden.[38]

Es ist allerdings zweifelhaft, dass Zeiger oder Pius XII. vorhersehen konnten, dass ihr Kampf um das „Elternrecht" eine Reihe von Ereignissen auslösen würde, an deren Ende eine vollständige Neubetrachtung der Rolle der katholischen Kirche in den verheerenden Ereignissen des Jahres 1933 stand. Den Bischöfen war sehr wohl bewusst, dass im Zuge dieser Auseinandersetzung auch die Vergangenheit beleuchtet werden würde, waren jedoch zweifellos in dem Glauben, die Vorstöße würden sich auf die Zeit zwischen 1936 und 1939 beschränken, als der nationalsozialistische Kampf gegen die Konfessionsschulen seine Hochphase erlebt hatte. Aus ihrer Sicht konnte es der Verwirklichung ihrer bildungspolitischen Agenda tatsächlich nur förderlich sein, den Besatzungsbehörden den Widerstand der Kirche während dieser Jahre des NS-Kirchenkampfs in Erinnerung zu rufen. Zwei Wochen nachdem Frings Pius' Nachricht erhalten hatte, äußerte sich ein deutscher Bischof – entweder Wilhelm Berning von Osnabrück oder Lorenz Jaeger von Paderborn – sehr deutlich gegenüber einem Vertreter der britischen Besatzung darüber, dass die sozialdemokratischen Regierungen in Teilen der britischen Besatzungszone die gleichen Strategien wie Hitler verfolgen würden, um die Bekenntnisschulen in deutsche Gemeinschaftsschulen umzuwandeln.[39] Der dadurch ausgeübte Druck zeigte Wirkung, als die Briten das Thema im Jahr 1946 zum Gegenstand einer Abstimmung machten, deren Ergebnis die eindeutige Befürwortung der Bekenntnisschulen in mehrheitlich katholisch geprägten Gebieten aufzeigte.[40]

Doch dabei handelte es sich bestenfalls um eine kurzfristige Ruhephase. Im Zuge der Ausarbeitung einer neuen deutschen Verfassung wurde das heikle

---

Episkopats zur Bekenntnisschule, 20.-22. August 1946", in: Helbach (Hg.), *Akten deutscher Bischöfe, I*, S. 259–264, 601–603, 631–634, 728.

38   Zu den Ursprüngen der Bezeichnung vgl. Sacher (Hg.), *Staatslexikon, IV*, S. 829–834.

39   „Denkschrift [Jaegers oder Bernings] für Griffin zur Bekenntnisschule, o.O., vom 28. September 1945", in: Helbach (Hg.), *Akten deutscher Bischöfe, I*, S. 263 f.

40   Damberg, *Abschied vom Milieu?*, S. 430–432.

Thema des Verhältnisses zwischen Kirche und Staat wieder in den Vordergrund gerückt, was wiederum zum erneuten Aufflammen der Kontroverse über die Bekenntnisschulen führte.[41] Auf dem Verfassungskonvent zur Ausarbeitung eines ersten Verfassungsentwurfs im historischen Alten Schloss Herrenchiemsee im August 1948 waren die katholischen Vertreter davor zurückgeschreckt, das Thema der Schulen und des Reichskonkordats einzubringen.[42] Doch als die Abgeordneten aller großen Parteien zwischen dem 1. September 1948 und dem 8. Mai 1949 im Bonner Museum Koenig zum Parlamentarischen Rat zusammenkamen, um aus dem Entwurf den endgültigen Verfassungstext zu erarbeiten, kam das Thema erneut auf.[43] Im Parlamentarischen Rat bestanden einzelne Politiker der wiedergegründeten Zentrumspartei und der neu gegründeten CDU auf einer ausdrücklichen Gewährleistung der Konfessionsschulen in der neuen Verfassung.[44]

Die Bekenntnisschulen wurden damit quasi über Nacht zum Präzedenzfall für die Ausgestaltung der Religionsfreiheit in der jungen Bundesrepublik. Doch die Festlegung der schul- und bildungsbezogenen Rechte der Kirchen polarisierte. Die umfassenderen Vorschläge einiger der katholischen Abgeordneten führten dazu, dass die ideologischen Grabenkämpfe, die bereits in Weimar die Koalitionen gespalten hatten, erneut ausbrachen.[45] Das Lager auf der einen Seite war ein loser Zusammenschluss aus Kommunisten, Sozialdemokraten und Liberalen. Die kommunistischen Abgeordneten waren gegen jegliche Form religiöser Erziehung an öffentlichen Schulen und befürworteten eine, falls erforderlich auch zwangsweise, Zusammenlegung katholischer und evangelischer Schulkinder in „Einheitsschulen", die aus kirchlicher Sicht in diesem Aspekt denjenigen der Nationalsozialisten nicht unähnlich waren.[46] Die Sozialdemokraten und Liberalen standen den nach Konfessionen getrennten Schulen ablehnend gegenüber, gaben jedoch ihre allgemeine Zustimmung, dass Religion als Pflichtfach in öffentlichen Schulen beibehalten werden sollte. Das andere Lager setzte sich aus Abgeordneten der rechtsgerichteten Deutschen Partei, Eminenzen der katholischen Hierarchie und

---

41   Buchna, *Ein klerikales Jahrzehnt?*, S. 176–187.
42   Bauer-Kirsch, *Herrenchiemsee*.
43   Vgl. hierzu Benz, *Besatzungsherrschaft zur Bundesrepublik*, S. 200–235; Feldkamp, *Der Parlamentarische Rat*.
44   Gotto, „katholische Kirche und Grundgesetz", S. 88–108.
45   Damberg, *Abschied vom Milieu?*, S. 429.
46   Ebd.; Tischner, *Die Katholische Kirche in der SBZ/DDR 1945–1951*, S. 275.

vielen – doch, was entscheidend war, nicht allen – katholischen Delegierten der CDU und des Zentrums zusammen.[47]

Der Kölner Domkapitular und Prälat Wilhelm Böhler, ein Experte in Sachen Schulwesen, war als Kontaktperson zwischen den Bischöfen und den Laien tätig. Eine Stärke Böhlers lag in der Zusammenstellung erstklassiger, gut funktionierender Teams und Arbeitsgruppen. Zwischen 1920 und 1935 war er als Generalsekretär der Katholischen Schulorganisation tätig gewesen, hatte diese Position jedoch auf Druck der Nationalsozialisten aufgeben müssen. Im Mai 1946 wurde er von Frings von seiner Pfarrei in Essen-West wegberufen, um die westdeutsche Kirche als Experte für politische Angelegenheiten zu beraten. Trotz wiederkehrender gesundheitlicher Schwierigkeiten war Böhler bis zu seinem Tod im Jahr 1958 als tatkräftiger politischer Vermittler aktiv. So angesehen er in vielen Kreisen war, er polarisierte auch und seine politischen Hiebe lösten bisweilen Revierkämpfe mit der Nuntiatur und Eifersüchteleien in Rom aus.[48]

Das Kräftemessen im Parlamentarischen Rat legte nicht nur Spaltungen über konkrete Punkte der Tagesordnung offen, sondern auch über die zugrundeliegenden Prinzipien. Böhler, der erst kurz zuvor neu ernannte Bischof Michael Keller von Münster und katholische Abgeordnete wie Adolf Süsterhenn und Helene Weber machten ein bestimmtes Verständnis des Naturrechts zum Kern ihrer Verteidigung der Bekenntnisschulen. Dabei handelte es sich um eine tief im Katholizismus verwurzelte Moral- und Rechtstradition, die auch als Hauptargument in der Auseinandersetzung vor dem Bundesverfassungsgericht und in nachfolgenden Kontroversen über die katholische Vergangenheit diente.[49] Für diese Verfechter der Bekenntnisschulen war es nicht schwierig, das Recht auf Konfessionsschulen auf die Naturrechtslehren zurückzuführen und es als „Elternrecht" zu formulieren. In ihrem Repertoire christlicher Lehren befand sich auch Papst Pius' XI. Enzyklika aus dem Jahr 1929, *Divini Illius Magistri*, die das unabdingbare Recht der Eltern zur Erziehung ihrer Kinder als direkt von Gott abgeleitetes Recht auswies und dem Staat die

---

47   Bericht über die Verhandlungen, die am Dienstag, den 14. Dezember, zwischen Vertretern der Kirchen und des Parlamentarischen Rates stattfanden, HAEK, CR II, 16.10.4.

48   Für unterschiedliche Deutungen vgl. Bergmann/Steinberg, (Hg.), *In Memoriam Wilhelm Böhler*; Spotts, *Churches and Politics*, S. 175 f.; Schewick, *Katholische Kirche und Verfassungen*, S. 30; Schewick, „Wilhelm Böhler", S. 197–207; Repgen, „Der Konkordatsstreit", S. 201–245; Buchna, *Ein klerikales Jahrzehnt?*, S. 336–342. Zur Opposition aus Rom gegen Böhlers Aktivitäten siehe: Josef Frings an Aloisius Muench, 6.12.1956, HAEK, NL Frings II, Nr. 1, Addenda 1.

49   Zu Süsterhenn und der Naturrechtslehre vgl. Baumgart, „Adolf Süsterhenn", S. 189–199; Hehl, *Adolf Süsterhenn*; Buchna, *Ein klerikales Jahrzehnt?*, S. 156–160.

Pflicht zum Schutz dieses Elternrechts auferlegte.[50] Laut Kardinal Frings war
die Demokratie ein politisches System, das die im Naturrecht begründeten
Rechte des Einzelnen und der Gemeinden schützen müsse, einschließlich
des Rechts von Familien, über die Schulbildung ihrer Kinder zu entscheiden:
„Ohne eine Proklamierung des Elternrechtes bliebe für uns die Demokratie
leere Form."[51] Nuntius Muench zufolge war die zwangsweise Zusammenfassung katholischer und evangelischer Schüler in „Einheitsschulen" eine
totalitäre Maßnahme, die das Recht der Eltern, ihre Kinder im Einklang mit
ihrem christlichen Gewissen zu erziehen, grob missachtete.[52]

Diese Art der Wortwahl ließ wenig Zweifel daran, dass die zwölf Jahre des
Kirchenkampfs mit dem NS-Regime dem Naturrecht in der Nachkriegszeit
zu einer besonderen Vorrangstellung verholfen hatten. Für die Bischöfe und
Gründer der CDU war der Nationalsozialismus die Folge der Entchristlichung
der Gesellschaft und eines materialistischen Ethos gewesen.[53] Sie sahen ihre
Aufgabe entsprechend in einer erneuten Verchristlichung der Politik und
Gesellschaft, wofür sie die Ausrichtung der Verfassung nach den Grundsätzen
des Naturrechts als geeignetes Mittel ansahen. Nach Auffassung einiger Mitbegründer der CDU wie etwa Hans Peters, einem Staatsrechtler aus Berlin,
hatte das Naturrecht eine ebenso wirkungsvolle Grundlage für den Widerstand gegen den Nationalsozialismus geboten wie das Reichskonkordat. Die
Vernachlässigung des Naturrechts habe daher den Weg für die Katastrophe
von 1933 bereitet.[54] Peters hatte nun den Kampf zum Erhalt des Rechts auf
Konfessionsschulen mit den Behörden in der Sowjetzone aufgenommen und
stützte sich dabei auf das Reichskonkordat.[55] Es passte daher gut, dass Peters
die Fortgeltung des Reichskonkordats und das Recht auf Bekenntnisschulen
ebenfalls in einem ausführlichen Gutachten für das Bundesverfassungsgericht
und dann erneut in der mündlichen Verhandlung in Karlsruhe verteidigen
sollte.[56]

---

50   www.vatican.va/holy_father/pius_xi/encyclicals/documents/hf_p-xi_enc_31121929_
     divini-illius-magistri_en.html (acc.14.6.2016).
51   Josef Frings an Konrad Adenauer, 17.1.1949, HAEK, CRII, 16.10.4.
52   Robert Murphy an John Taylor, 4.11.1946, Marquette University Archives, John Riedl
     Papers, C-1.12 Series, Jor -2.5, Box 3, School Reform.
53   Vgl. Mitchell, „Materialism and Secularism", S. 278–308.
54   Buchhaas-Birkholz, *Gesetzgebung*; Maria Mitchell, „Materialism and Secularism",
     S. 278–308.
55   Tischner, *Die Katholische Kirche in der SBZ/DDR*, S. 275, 293.
56   „Das Gutachten von Prof. Dr. Hans Peters (Köln)", in: Giese/Frhr. v.d. Heydte, *Der
     Konkordatsprozeß, II*, S. 648–669; Giese/Frhr. v.d. Heydte, *Der Konkordatsprozeß, IV*,
     S. 1455–1462, 1468–1476, 1478–1499, 1546–1555, 1558–1560.

Katholische Mitglieder der CDU und Vertreter der katholischen Hierarchie sahen in den Bekenntnisschulen das beste Mittel zur Verchristlichung der Gesellschaft. Dementsprechend versuchten sie, den Verfassungsentwurf, der im Parlamentarischen Rat zur Debatte stand, in einer Weise abzuändern, die mit den Grundprinzipien des Naturrechts vereinbar war. Sie fanden zwei sich nicht gegenseitig ausschließende Möglichkeiten, um die Bewahrung des sogenannten „Rechts der Eltern" in der neuen Bundesrepublik sicherzustellen. Die erste – und direktere – Möglichkeit war die Aufnahme einer entsprechenden ausdrücklichen Gewährleistung in den Verfassungstext.[57] Die zweite Möglichkeit bestand in der Hinzufügung eines Artikels, der die Fortgeltung des Reichskonkordats und dessen Gewährleistung der Bekenntnisschulen aus Artikel 23 des Konkordats vorsah.

Die Vertreter der ersten Herangehensweise sahen sich sofort unter Beschuss der Abgeordneten der Gegenseite. Der FDP-Vorsitzende und spätere Bundespräsident Theodor Heuss argumentierte, dass ein Passus zur Gewährleistung des „Elternrechts" das deutsche Schulsystem ins Chaos stürzen würde, insbesondere in Regionen, in denen Flüchtlinge aus dem Osten das traditionelle und empfindliche konfessionelle Gefüge aus dem Gleichgewicht gebracht hatten.[58] Andere wiederum, wie der SPD-Anwalt Georg August Zinn, bestritten, dass das Recht der Eltern über die Schulbildung tatsächlich ein Ausfluss des Naturrechts sei.[59] Er argumentierte stattdessen, der Staat habe die Pflicht zur Förderung von Toleranz; die kirchliche Ausdehnung der Naturrechts auf die Sphäre der Bildung verstoße gegen die Rechte von Freidenkern.[60] Auf einer noch grundsätzlicheren Ebene forderten Abgeordnete wie der Rechtswissenschaftler und Vorsitzende der SPD-Fraktion im Parlamentarischen Rat, Carlo Schmid, eine konsequentere Trennung von Kirche und Staat, wie es sie in den Vereinigten Staaten oder Frankreich bereits gab.[61] Diesen Abgeordneten war

---

57   Schewick, *Katholische Kirche und Verfassungen.*

58   Wilhelm Böhler, Bericht über die Verhandlungen, die am Dienstag, den 14. Dezember zwischen Vertretern der Kirchen des Parlamentarischen Rates stattfanden, 17.12.1948, HAEK, CR II, 16.10.4.

59   Streitgespräch über das Thema, Elternrecht zwischen Justizminister Zinn (SPD), OLG-Präs Dr. Dehler (FDP), Stud. Rat. Dr. Finck (CDU), Frau Helene Wessel (Zentrum), Von Radio München am 8.3.49, 18:00 Uhr übertragen, HHSTA, ABT 502, 6288.

60   Zeitungsausschnitt, Herbert Borris, „Eltern oder Staat – ist das die Frage? Bemerkungen zu einer Diskussion bei Radio Frankfurt", in: *Frankfurter Rundschau*, 28.3.1949, HAEK, 502–6288; Zeitungsausschnitt, R., Eig. Bericht, Bericht über eine Radiosendung in Radio Frankfurt, undatiert, aber wahrscheinlich vom oder um den 28.3.1949, HAEK, 502–6288.

61   Wilhelm Böhler, Bericht über die Verhandlungen, die am Dienstag, den 14. Dezember zwischen Vertretern der Kirchen des Parlamentarischen Rates stattfanden, 17.12.1948, HAEK, CR II, 16.10.4.

sehr wohl bewusst, dass die Christdemokraten eine Erneuerung des Staats und der Gesellschaft auf Grundlage christlicher Prinzipien anstrebten, und sie reagierten allergisch auf alle Vorschläge, die einem christlichen Staat oder einer „Klerikalisierung" der Politik ähnelten.[62]

Mit dem zweiten eingeschlagenen Kurs stießen die Verteidiger des „Elternrechts" auf eine weitere Hürde – die Tatsache, dass der letztendliche rechtliche Status des Reichskonkordats weiterhin umstritten war. Die Alliierten hatten alle völkerrechtlichen Verträge mit dem „Dritten Reich" für nichtig erklärt, da der Staat, der sie unterzeichnet hatte – das „Dritte Reich" – nicht mehr existierte. Doch sie schienen – zumindest auf den ersten Blick – eine Ausnahme für das Reichskonkordat gemacht zu haben. Sie entschieden, dass das Reichskonkordat „technically binding" sein sollte, behielten sich jedoch das Recht vor, es in Zukunft für unwirksam zu erklären.[63] Diese Rechtsunsicherheit färbte auch auf die politischen Gegner und sogar einige Bischöfe ab, die aufgrund der veralteten Vorschriften in Frage stellten, dass das Abkommen einen eigenen Platz in der Zeit nach dem „Dritten Reich" einnehmen konnte.[64] Das Reichskonkordat beinhaltete nämlich beispielsweise nach wie vor eine Vorschrift, die vorsah, dass neu ernannte Bischöfe einen Treueeid auf den Reichspräsidenten beziehungsweise Reichsstatthalter schwören mussten, also auf Personen, deren Ämter aufgrund des Zusammenbruchs des NS-Regimes nicht mehr existierten. Muench gab durchaus zu, dass diese Vorschrift „das gesamte Reichskonkordat in Frage stellen" könnte.[65]

Die Anerkennung des Elternrechts und des Reichskonkordats war für die Opposition, die den Befürwortern der Bekenntnisschulen im Parlamentarischen Rat um drei Stimmen überlegen war, ärgerlich genug. Doch noch unangenehmer war für sie eine Drohung, die Bischof Keller von Münster bei einem Treffen von Vertretern beider Kirchen und Vertretern aller großen, im Parlamentarischen Rat vertretenen Parteien, mit Ausnahme der Kommunisten, am 14. Dezember aussprach. Unter den Bischöfen war Keller wohl der entschiedenste Verfechter des Naturrechts. Territoriale Veränderungen innerhalb seines Bistums hatten ihn in seinen Überzeugungen weiter bestärkt.[66] Die katholische Enklave südlich von Oldenbourg, die 1946 in dem mehrheitlich

---

62   Buchna, *Ein klerikales Jahrzehnt?*, S. 217.

63   Vollnhalls, „Reichskonkordat", S. 677–706.

64   „Bericht Virrions über sein Gespräch mit Gröber, 8. August 1946", in: Helbach (Hg.), *Akten deutscher Bischöfe, I*, S. 663–669.

65   Muench an Hochwürdigste Exzellenz, 19.9.1947, CUA, NL Muench, Box 43, Folder 22. Es bleibt unklar, an welchen Bischof dieses Schreiben gerichtet war.

66   Zu Keller vgl.: Hürten, „Michael Keller", S. 208–224; Damberg, *Abschied vom Milieu?*, S. 73–106.

evangelischen und SPD-dominierten Niedersachsen angesiedelt worden war, gehörte zu seinem Bistum. In dem Glauben, nicht nur für sich selbst, sondern auch für gleichgesinnte andere Bischöfe zu sprechen, drohte Keller damit, die Kirche werde die neue Verfassung in Gänze ablehnen, sollte das „Elternrecht" darin nicht enthalten sein.[67] Er stürzte die CDU zwei Monate später in eine unerwartete politische Krise, als er zu noch drastischeren Druckmitteln griff: Die deutschen Bischöfe würden die katholischen Abgeordneten dazu drängen, das Grundgesetz abzulehnen, sollte das „Elternrecht" nicht in der Verfassung verankert sein.[68]

Für diejenigen, die der katholischen bildungspolitischen Agenda ohnehin ablehnend gegenüberstanden, scheinen Drohungen dieser Art das Fass zum Überlaufen gebracht zu haben. Sie reagierten, indem sie auf eine der mächtigsten unter den ihnen zur Verfügung stehenden Waffen zurückgriffen – die Verurteilung der Kirche für ihre angeblich problematische Vergangenheit. Zwischen Januar und Mai 1949 machten drei prominente FDP- und SPD-Politiker den Staatskirchenvertrag vom 20. Juli 1933 für Hitlers Konsolidierung seiner Macht verantwortlich. Der erste war der Jurist Hermann Höpker-Aschoff, FDP-Abgeordneter und von 1951 bis 1954 Präsident des Bundesverfassungsgerichts. Als preußischer DDP-Abgeordneter war er Jahrzehnte zuvor an den Verhandlungen über das preußische Konkordat beteiligt gewesen. Kardinalstaatssekretär Pacelli beschrieb ihn später als einen der „hartnäckigsten Gegner" der auf das Schulwesen bezogenen Konkordatsartikel.[69]

In einem Artikel in der *Zeit* vom 6. Januar 1949 kritisierte Höpker-Aschoff das Reichskonkordat.[70] Dieser Pakt, den er fälschlicherweise als den ersten einer Reihe von völkerrechtlichen Verträgen mit dem „Dritten Reich" darstellte, habe Hitlers Regime zu internationalem Ansehen verholfen und ihm die Konsolidierung seiner Macht innerhalb Deutschlands ermöglicht. Im Hauptausschuss des Parlamentarischen Rats, zu dessen Aufgaben auch das Ausbügeln der oft widersprüchlichen Entwürfe aus den sechs themenbezogenen Ausschüssen gehörte, erklärte Höpker-Aschoff zudem: „Das sogenannte Reichskonkordat von 1933 ist von einer Verbrecherbande abgeschlossen worden in

---

67   Wilhelm Böhler, Bericht über die Verhandlungen, die am Dienstag, den 14. Dezember zwischen Vertretern der Kirchen des Parlamentarischen Rates stattfanden, 17.12.1948, S. 7, HAEK, CR II, 16.10.4.
68   Konrad Adenauer an Josef Frings, 7.2.1949, HAEK, CR II, 16.10.5.
69   Abschrift, Visitator Apostolicus, Kronberg, den 13.1.1949, Nr. 1431/49, C. Rossi an Josef Frings und Wilhelm Böhler, AEMF, NL Johannes Neuhäusler, N266.
70   „Bonn und die christlichen Kirchen", in: *Die Zeit*, Nr. 1, 6.1.1949. Für eine frühere, neutralere Position vgl. Höpker-Aschoff, „Das Reichskonkordat", S. 396–400.

der vorherigen Absicht, es nicht einzuhalten."[71] Seine naiven katholischen
Unterstützer, so seine Schlussfolgerung, seien hinters Licht geführt worden.

Dieses Argumentationsmuster wurde Teil des Standardarsenals der Kirchenkritiker. Doch hinsichtlich seiner direkten politischen Auswirkungen verblasste
es im Vergleich zu der verheerenden Kritik, mit der der SPD-Abgeordnete und
hessische Justizminister Georg August Zinn weniger als zwei Wochen später
um sich warf. Wenn es eine Kontrastfigur zu Böhler gab, dann war es der Sohn
des Ingenieurs Conrad Zinn aus einem mehrheitlich evangelischen Land, der
für seine progressiven Vorstellungen hinsichtlich des Schulsystems bekannt
war.[72] Der während der Verhandlungen im Frühjahr 1949 gerade einmal
47-jährige und im Vergleich zu Böhler zehn Jahre jüngere Zinn war während
der turbulenten Zeit der Weimarer Republik volljährig geworden.[73] 1925 war
er zum Leiter des ein Jahr zuvor gegründeten Reichsbanner Schwarz-Rot-Gold,
eines Wehrverbands zum Schutz der Demokratie, gewählt worden. 1929 war
er als Abgeordneter in die Kasseler Stadtverordnetenversammlung gewählt
worden, wo es oft nicht nur sinnbildlich zu einem langwierigen und heftigen
Schlagabtausch gekommen war. Zinn hatte seine neu gegründete Anwalts-
kanzlei genutzt, um Opfer nationalsozialistischer Gewalt zu verteidigen,
darunter auch gepeinigte jüdische Opfer. Es ist nicht verwunderlich, dass er
stets eine äußerst skeptische Haltung gegenüber den nationalsozialistischen
Machthabern beibehalten hatte, woran auch sein Rückzug ins rein Private
während des „Dritten Reichs" nichts geändert hatte. Nach dem gescheiterten
Attentat auf Hitler am 20. Juli 1944 war er nur knapp und wie durch ein
Wunder der Verhaftung entkommen, da seine Verfolger nicht in der Lage
gewesen waren, seinen Aufenthaltsort an der Ostfront ausfindig zu machen,
wo er als Feldwebel im Einsatz gewesen war. Fast unmittelbar nach seiner Frei-
lassung aus amerikanischer Kriegsgefangenschaft ging er zurück in die Politik.
Er genoss ein wachsendes Ansehen und wurde einer der einflussreichsten
Architekten des Grundgesetzes. Dabei knüpfte er Kontakte zu gleichgesinnten

---

71   Dehler befürwortet neuen Konkordatsabschluss (fdk), undatiert, aber vermutlich von
      1956, ADL, NL Thomas Dehler, N1-3086. Dehler zitierte Höpker-Aschoffs Rede aus dem
      Jahr 1948, die durch den Nachrichtendienst FDK zusammengefasst worden war. Für eine
      Darstellung des Hauptausschusses des Parlamentarischen Rates vgl. Feldkamp (Hg.), *Der
      Parlamentarischer Rat, Hauptausschuß: 14.*
72   Zum Schulwesen in Hessen siehe: Tent, *Mission on the Rhine*, S. 167.
73   Eine Biografie Zinns steht noch aus. Am nächsten kommt dem ein Ausstellungskatalog,
      der vom Hessischen Hauptstaatsarchiv im Zuge einer vom Archiv organisierten Aus-
      stellung über Zinn zusammengestellt wurde, vgl. „Georg August Zinn – Ministerpräsident,
      1950–1969. Katalog zur Ausstellung des Hessischen Hauptstaatsarchivs im Auftrag der
      Hessischen Landesregierung", 2001.

Kollegen in der FDP und SPD wie beispielsweise Adolf Arndt, dem späteren Kronjuristen der SPD.[74]

Als Mitglied des Allgemeinen Redaktionsausschusses sprach sich Zinn am 20. Januar 1948 im Parlamentarischen Rat gegen eine Aufnahme der kirchenbezogenen Vorschriften der Weimarer Reichsverfassung in das neue Grundgesetz aus. Er lehnte ebenfalls eine Regelung ab, nach der bestehende Verträge zwischen den Ländern und der Kirche, die am 8. Mai 1945 noch in Kraft gewesen waren, weiterhin fortgelten sollten, es sei denn, sie würden durch neue Abkommen ersetzt.[75] Letztere Regelung war ein unverkennbarer Verweis auf die Konkordate des Vatikans mit Preußen, Baden und Bayern. Doch für Zinn waren diese eng mit dem Reichskonkordat verbunden, das er als „kein Ruhmesblatt" der katholischen Kirche bezeichnete. Angesichts der darin enthaltenen Vorschriften, die Gebete für das Wohlergehen des Deutschen Reichs vorsahen, war in der neuen Republik laut Zinn kein Raum mehr für das Konkordat.

Doch an diesem Punkt uferte die Kritik des sonst so methodisch akkuraten Zinns unerwartet aus: Er verblüffte die Mitglieder des Ausschusses, indem er auf die Begeisterung prominenter Katholiken für den neuen Staat im Anschluss an die Unterzeichnung des Reichskonkordats aufmerksam machte. Ildefons Herwegen, der Abt der Abtei Maria Laach, habe 1933 dargelegt, dass die katholische Kirche ein Vorbild für den neuen nationalsozialistischen Staat sei. Der westfälische Adlige und 1944 hingerichtete Widerstandskämpfer Ferdinand Freiherr von Lüninck habe ausgeführt, die Kirche habe seit mehr als fünf Jahrhunderten gegen „den Geist des Individualismus, des Liberalismus und des humanitären Denkens" gekämpft. Die Kirche habe sich nicht durch scharfen Protest gegen nationalsozialistische Übergriffe verdient gemacht, nicht einmal im religiösen und politischen Bereich. Bischöfe wie der österreichische Kardinal Innitzer hätten dem Nationalsozialismus vielmehr bis ins Jahr 1938 Vorschub geleistet. Die ideologische Affinität zwischen den beiden totalitären Institutionen, so Zinns Unterstellung, habe den Geist des kirchlichen Widerstands untergraben.

Zinns Ausbruch streifte eine Hauptbefürchtung, die die Gegner des Konkordats auch 1956 in der mündlichen Verhandlung in Karlsruhe stark bewegte: Für sie war das Reichskonkordat ein totalitärer Eingriff, der den Kern

---

74   Zu Arndt vgl. Gosewinkel, *Adolf Arndt*.

75   Er bezog sich hierbei konkret auf Artikel 137, 138 und 141. Für den vollständigen Text seines Berichts vgl. Dr. Jenuschat, Parlamentarischer Rat, Hauptausschuss, 46 Sitzung, Donnerstag, den 20. Januar 1949, 10 Uhr, Auszug, AEMF, NL Johannes Neuhäusler, N266; Abschrift, Parlamentarischer Rat, Hauptausschuss, 46. Sitzung, Donnerstag, den 20. Januar, 1949, 10 Uhr, BAK B136/5845, Fiche 8.

Abb. 3.3   Ein späterer Gegner des Reichskonkordats bei einer Sitzung des
             Hauptausschusses des parlamentarischen Rates im November 1948. Links: Der
             SPD-Abgeordnete und spätere Ministerpräsident von Hessen, Georg August Zinn
             (2. v. l.). Mit freundlicher Genehmigung des Bundesarchivs, Bild 116-488-09.

der Demokratie zersetzte. Laut Zinn war dieser Staatskirchenvertrag zu sehr
durch den Nationalsozialismus belastet, als dass seine Inhalte in die neue Verfassung aufgenommen werden konnten. Selbst die Passagen aus der Weimarer
Verfassung seien zu sehr durch die NS-Vergangenheit belastet worden.[76] Am
Ende seines Berichts zitiert Zinn die mahnenden Worte Pater Paul Jungbluts,
eines katholischen Priesters aus dem Schwarzwald. Dieser hatte Zinn erst kurz
zuvor eine sowohl dem Reichskonkordat als auch dem Verhalten der Kirche
während des „Dritten Reichs" äußerst kritisch gegenüberstehende Ansprache
zukommen lassen.[77] Das Reichskonkordat sei vom Gift des Nationalsozialismus durchdrungen, was er als „Vergewaltigung des Individuums" bezeichnet.

76   Ebd.
77   „Das Reichskonkordat. Von Dr. theol. Dr. rer. pol. Paul Jungblut, Hinterzarten/Schwarzw"
      (undatiert), HHSTA, 502–6288; Wilhelm Böhler an Konrad Adenauer, 21.1.1949, HAEK,
      Bestand Katholisches Büro I, #81, Staat und Reichskonkordat.

Jene, die davon getrunken hätten, würden daran vergehen, einschließlich heiliger Mächte wie der katholischen Kirche.

Zinns „sehr impertinente Rede" überraschte die entgeisterten CDU- und CSU-Abgeordneten, von denen sechs von acht evangelischen Glaubens waren, derart, dass der Vorsitzende sich unversehens gezwungen sah, die Sitzung zu unterbrechen.[78] Lediglich einer der beiden katholischen Abgeordneten, der Zentrumspolitiker Johannes Brockmann, brachte ansatzweise eine Erwiderung zustande und auch er konnte sich nur mit einer dürftigen Hervorhebung der Widerstandsaktivitäten des unlängst verstorbenen Bischofs von Münster, Clemens August Graf von Galen, behelfen.[79] Nachdem die Medien den Vorfall einmal aufgegriffen hatten, löste Zinns Trommelfeuer einen wütenden Schlagabtausch in der Tagespresse aus. Auf den Seiten der *Süddeutschen Zeitung* hagelte es wechselseitige Kritik zwischen Johannes Neuhäusler und Zinn, während Wilhelm Karl Gerst das „totalitäre Reichskonkordat" in einem polemischen Artikel als eine weitere Übung in puncto „Clerofaschismus" abstempelte.[80] Der SPD-Politiker Johannes Meerfeld geriet mit Böhler in eine hitzige Diskussion darüber, welche Einrichtung – die SPD oder die katholische Kirche – größeren Widerstand gegen den Nationalsozialismus geleistet habe.[81]

Der Effekt dieser Vorwürfe von links gegen die Kirche war verheerend. Mehrere der Berliner Repräsentanten der katholischen Kirche, darunter Walter Adolph, sowie die CDU-Politiker Heinrich Krone und Hans Peters erkannten, dass sie die Vorwürfe langfristig nur mit der Hilfe professioneller Historiker

---

78 Diese Formulierung stammt aus dem von einem CDU-Abgeordneten angefertigten Sitzungsprotokoll, vgl. Sitzungsprotokoll vom 20.1.1949, 12 Uhr, in: Salzmann (Hg.), *CDU/ CSU im Parlamentarischen Rat*, S. 349; Abschrift, Anlage 2, Zinn an die Redaktion der „Ruhr-Nachrichten", Dortmund, 1.4.1949, BAK, B122/2182. Fiche 2. Zu den Reaktionen von katholischer Seite vgl. Trippen, *Josef Kardinal Frings, Bd. I*, S. 373; Hehl, *Adolf Süsterhenn*, S. 409.

79 Fritz Stricker, Die Niederlage von Bonn! Münster, 12.3.1949; Parlamentarischer Rat, Hauptausschuß, Bonn 1948/49, S. 46; Sitzung, Donnerstag, den 20.1.1949, S. 501, HAEK, CR II, 16.10.5.

80 Zeitungsausschnitte, „Scharfe Kritik an der Katholischen Kirche. Justizminister Zinn zum Reichskonkordat. Gegen ‚Privilegien' der Kirchen", in: *Süddeutsche Zeitung*, 22.1.1949; „Mißdeutung des Reichskonkordates': Das Erzbischöfliche Ordinariat München erwidert auf die Bonner Kritik", in: *Süddeutsche Zeitung*, 25.1.1949, HHSTA, 502–6288; Rede von G.A. Zinn, 28.1.1949; Wilhelm Karl Gerst, „Reichskonkordat und Kriegsächtung. Kann das ‚totalitäre' Reichskonkordat bestehenbleiben?", HHSTA, 502, 6288. Das letztere abgetippte Manuskript wurde wahrscheinlich in der *Frankfurter Rundschau* veröffentlicht.

81 Johannes Meerfeld, „Die streitende Kirche", in: *Rheinische Zeitung*, Bonn Stadt, 23.2.1949; Wilhelm Böhler, „Die streitende Kirche", in: *KND* 50, 25.2.1949; Wilhelm Böhler, „Die streitende Kirche", in: *KND* 64, 18.3.1949; Johannes Meerfeld, „Schlußwort einer Fehde", in: *Rheinische Zeitung*, Bonn Stadt, 23.4.1949; Buchna, *Ein klerikales Jahrzehnt?*, S. 173 f.

widerlegen können würden. 1953 gelang es Krone, Drittmittel des Bundesministeriums des Innern für die Arbeit an einer überblicksartigen Dokumentensammlung über die katholische Kirche während des Nationalsozialismus
einzuwerben. Gustav Kafka, Referent für staatspolitische Angelegenheiten im
Zentralkomitee der deutschen Katholiken (ZdK), erläuterte später, dass diese
Initiative auf eine Anregung Krones zurückgegangen sei, um dem Bemühen der
SPD, „den Widerstand gegen den Nationalsozialismus nahezu ausschließlich
für sich zu reklamieren", durch entsprechendes Material entgegenzutreten.[82]

Doch dieses Forschungsprojekt führte nicht zu dem erhofften Erfolg. Der
Historiker, den die Auftraggeber für das Projekt bevorzugt hätten, war durch
andere Verpflichtungen bereits überlastet.[83] Da der Pool an qualifizierten
katholischen Wissenschaftlern extrem klein war, wandte sich Adolph stattdessen an einen Kirchenhistoriker, den er aus Berlin kannte: den 1932 mit
einer Studie „über drei Quellen zur ältesten Geschichte Polens" zum Dr. phil.
promovierten Priester Bernhard Stasiewski.[84] Dieser sollte sich jedoch als
unglückliche Wahl herausstellen. Da der in der polnischen Kirchengeschichte,
Kunstgeschichte und Slawistik beheimatete Stasiewski von Anfang an nicht
wirklich mit dem Herzen bei der Sache war, überforderten ihn die Berge
an zeitgeschichtlichen Dokumenten, die er während seiner vierjährigen
Vollzeit-Recherche zwischen 1954 und 1958 zusammengetragen hatte. Als die
Kontroversen um Hochhuth und Lewy 1963 beziehungsweise 1965 ausbrachen,
lag das Projekt immer noch auf seinem Schreibtisch.

Auf kurze Sicht torpedierte Zinns Kritik die Bemühungen, das „Elternrecht"
in der neuen Verfassung zu verankern.[85] Der Pragmatiker und spätere Bundeskanzler Konrad Adenauer stand den naturrechtlichen Grundprinzipien von
vornherein skeptisch gegenüber und zwang die Bischöfe, klein beizugeben.[86]
Adenauer war nicht bereit, die Verfassung aufs Spiel zu setzen und die Bischöfe
gewähren zu lassen, während sie nicht wiedergutzumachenden Schaden an
ihrer eigenen Kirche anrichteten. Er setzte Frings daher am 7. Februar 1949

---

82   Gustav Kafka an Joseph Teusch, 11.3.1960, HAEK, Gen II 22.13, S. 10.

83   Die erste Wahl fiel auf Georg Smolka, der zwischen 1959 und 1969 Professor an der
      Hochschule für Verwaltungswissenschaften in Speyer war. Heinrich Krone an Johannes
      Schauff, 22.9.1952, KAS, NL Heinrich Krone, 028-014/1.

84   Morsey, „Gründung und Gründer der Kommission für Zeitgeschichte", S. 458 f.; General-
      vikar Puchowski an Heinrich Krone, 20.5.1954, DAB, I/4-20a, Kirche und Staat.

85   Vgl. hierzu ebenfalls Burkhard van Schewick, *Die Katholische Kirche und die Entstehung
      der Verfassungen in Westdeutschland*, S. 118–127.

86   Zu Adenauers Zweifeln an der Naturrechtslehre vgl. Christoph von Hehl, *Adolf
      Süsterhenn*, S. 410. Vgl. ebenso LHA, 700, 177, Nr. 478. Zum Einlenken der Bischöfe gegen-
      über Adenauers Strategie vgl. Schewick, *Katholische Kirche und Verfassungen*, S. 119 f.;
      Volk, „Der Heilige Stuhl und Deutschland", S. 144–174.

darüber in Kenntnis, dass die CDU/CSU-Fraktion sich einer Mehrheit gegen-
übergesehen habe, „die nicht zu überstimmen oder zu spalten war", und daher
außerstande gewesen sei, das „Elternrecht" in die Verfassung aufzunehmen.
Die Fraktion habe jedoch einen Kompromiss erarbeiten können, der die
religiöse Unterweisung und – so die implizite Botschaft – die Fortgeltung des
Reichskonkordats gewährleiste.[87]

Anscheinend waren Böhler und Süsterhenn an diesem Umweg durch die
Hintertür beteiligt gewesen.[88] Der von ihnen eingebrachte Artikel 123 regelte,
dass „vom Deutschen Reich abgeschlossene Staatsverträge, die sich auf Gegenstände beziehen, für die nach diesem Grundgesetze die Landesgesetzgebung
zuständig ist" in Kraft blieben – was kein besonders subtiler Verweis auf den
Vertrag von 1933 war.[89] Da sich der Anwendungsbereich dieses Vertrags auf das
gesamte Deutsche Reich erstreckte, hatte die Regelung des Artikel 123 Vorrang
vor den Rechten der einzelnen Länder. Das föderale Kompetenzgefüge, das
die Mütter und Väter des Grundgesetzes geschaffen hatten, wies bestimmte
Bereiche, darunter auch Bildung und Kultur, den Ländern zu, wenn auch mit
Ausnahmen. Mit diesem Kompromiss ging die Bundesregierung von Anfang
an auf Konfrontationskurs mit den Ländern. In der Überzeugung, dass mit
dem Untergang des NS-Regimes auch das Konkordat seine Gültigkeit verloren habe, erließen eine Reihe überwiegend protestantischer Länder – Berlin,
Hessen, Hamburg, Schleswig-Holstein und Bremen – zwischen 1945 und 1951
Schulgesetze, die ganz offen in Widerspruch zu Artikel 23 des Reichskonkordats
standen.[90]

Um der SPD und der FDP Artikel 123 schmackhaft zu machen, mussten
Böhler und Süsterhenn mehrere Vorbehalte im endgültigen Verfassungstext hinnehmen. Die Staatsverträge blieben nur in Kraft, „wenn sie nach allgemeinen Rechtsgrundsätzen gültig sind und fortgelten". Sie konnten ferner
durch neue Staatsverträge ersetzt oder anderweitig beendet werden. Die
schwammige Formulierung, dass die Verträge „unter Vorbehalt aller Rechte
und Einwendungen der Beteiligten" stünden, bereitete selbst den Spitzen-
juristen der Kirche erhebliches Kopfzerbrechen.[91] Es bestand insbesondere

---

87   Konrad Adenauer an Josef Frings, 7.2.1949, HAEK, CR II, 16.10.5. Bezeichnenderweise
      erwähnte Adenauer die sogenannte Bremer Klausel nicht, eine Ausnahme, die dem Land
      Bremen trotz offensichtlichen Verstoßes gegen das Reichskonkordat gewährt wurde.
88   Vgl. Repgen, „Der Konkordatsstreit", S. 218–220.
89   Zur Entstehung des Artikels 123 vgl. Hollerbach, „Entstehungsgeschichte", S. 367–382.
90   „Geheime Freuden", in: Der Spiegel, 13.6.1956.
91   Für ein Beispiel der dadurch entstandenen Verwirrung vgl. Stellungnahmen zum Reichs-
      konkordat, Prof. Dr. jur. Küchenhoff an Adolf Süsterhenn, 10.3.1949, HAEK, Bestand
      Katholisches Büro Bonn I, #108.

Unsicherheit darüber, auf wen sich die Kategorie der „Beteiligten" bezog –
auf die Länder, Einzelpersonen oder die Bundesregierung.[92] Die „Beteiligten"
mussten eine Liste potenzieller Einwände gegen die Gültigkeit des Vertrags
vorlegen, einschließlich ihrer Zweifel am rechtmäßigen Zustandekommen des
Konkordats.[93] Doch wem sollten diese Einwände vorgelegt werden? Fast allen
Akteuren, einschließlich Böhler und Süsterhenn, war klar, dass letztendlich die
Gerichte über die Fortgeltung des Reichskonkordats entscheiden würden.[94]

Diese Kompromisse sorgten Anfang Mai 1949 in der letzten hektischen
Sitzungswoche des Parlamentarischen Rats für anhaltende Frustration.[95]
Am 2. Mai 1949 erschienen in der Kölner Diözesanpresse, vermutlich auf
Geheiß von Böhler, Auszüge eines verärgerten Briefs von Papst Pius XII. an
die deutschen Bischöfe vom 20. Februar 1949, in dem der Papst schrieb, er
beobachte den eingeschlagenen Weg zur neuen Verfassung „mit wachsender
Sorge."[96] Diese Wortwahl war eine unverkennbare Anspielung auf die
„brennende Sorge", mit der sein Vorgänger Papst Pius XI. 1937 seine berühmte
Anti-NS-Enzyklika eingeleitet hatte.[97] Pius XII. rügte nun die Opposition aus
FDP und SPD als Nachahmer „eines zusammengebrochenen Staatssystems
[...], das neben vielen anderen unrühmlichen Kennzeichen auch das der plan-
mäßigen Mißachtung naturgegebener religiöser Rechte und offenkundiger
Vertragsuntreue an seiner Stirne trug."[98] Die Bischöfe ergriffen am 23. Mai 1949
ein letztes Mal das Wort, um zu protestieren. Dies geschah just in dem Moment,
als die fertige Verfassung dem deutschen Volk feierlich verkündet wurde. Der
Episkopat hatte veranlasst, dass ein Hirtenbrief von den Kanzeln verlesen
wurde, in dem unerbittlich das Fehlen elterlicher Rechte als „Vergewaltigung
des Gewissens unserer christlichen Eltern" und als Versäumnis, die Glaubens-
überzeugungen der christlichen Bürgerinnen und Bürger zu respektieren,

---

92   „Das Gutachten von Professor Dr. Walter Schätzel (Bonn): Transformation, Partnerschaft
      und sonstige Probleme des Reichskonkordats von 1933", in: Giese/Frhr. v.d. Heydte, *Der
      Konkordatsprozeß, III*, S. 1094–1123.
93   Ebd., S. 1108.
94   Repgen, „Der Konkordatsstreit", S. 219.
95   „Bericht Böhlers, Köln, 9. Mai 1949", und „Frings an Adenauer, Köln, 1. Mai 1949", in:
      Mertens (Hg.), *Akten deutscher Bischöfe*, S. 623–632, 612 f. Für eine Darstellung der letzten
      Debatte über das „Elternrecht" im Parlamentarischen Rat vgl. Hehl, *Adolf Süsterhenn*,
      S. 416–418.
96   „Pius XII. an die deutschen Bischöfe", in: *Kirchlicher Anzeiger Köln*, 2.5.1949, S. 195–200.
97   „Papst Pius XII. zum Bonner Grundgesetz", in: *Allgemeine Kölnische Rundschau*, 2.5.1949,
      HHSTA, 502–6288, Abschrift.
98   Zit. nach Schewick, *Katholische Kirche und Verfassungen*, S. 124.

angeprangert wurde.[99] Der zum Großteil von Böhler verfasste und von Keller schärfer ausformulierte Brief machte die endgültige Anerkennung der neuen Verfassung von einer Aufnahme der aus dem Naturrecht abgeleiteten Rechte und Grundprinzipien abhängig. Die Bischöfe konnten die neue Verfassung daher nur als Provisorium ansehen.[100]

Dieses Aufzeigen einer roten Linie lässt die Bemerkungen von Thomas Dehler, dem scharfzüngigen und streitlustigen späteren Bundesvorsitzenden der FDP, nachvollziehbarer erscheinen. Als Abgeordneter im Parlamentarischen Rat war er bei einem der beiden Treffen von Zinn und Adenauer zugegen gewesen.[101] Wie Zinn rühmte sich Dehler einer tadellosen Vergangenheit während des „Dritten Reichs". Er erfreute sich diverser Verbindungen zu Widerstandsgruppen und hatte seine jüdische Frau erfolgreich vor der Gestapo beschützt.[102] Doch im Gegensatz zu seinem sozialdemokratischen Freund hatte der launische Dehler ein Gespür für Rhetorik, die für Aufruhr sorgen konnte, was sich bisweilen sogar nachteilig auf seine politische Karriere auswirkte. In den nachfolgenden 15 Jahren sollte er immer wieder für Zündstoff in den Debatten über die Vergangenheit der Kirche sorgen. Für seine am 11. Juli 1949 in Bayreuth gehaltene Rede erhielt er gut zwei Monate *nach* der Ratifizierung des Grundgesetzes Beifall, weil er den Mythos des kirchlichen Widerstands infrage stellte, den führende CDU-Politiker und der Klerus laut Dehler sorgfältig kultiviert hatten. Die Kirchen, so Dehler, seien nicht, „so, wie sie es jetzt gerne hinstellen, die großen Gegenspieler des Nationalsozialismus" gewesen.[103] Das Reichskonkordat, so seine Unterstellung, habe Hitler international zu Ansehen verholfen und „hoffähig" gemacht, als selbst Mussolini sich von dem neuen Staat nördlich Italiens distanzierte.

Mit Dehlers Eintritt in die Arena lagen so gut wie alle Voraussetzungen für künftige Konflikte vor: Der Widerwille der Bischöfe und des Papstes, in puncto Bekenntnisschulen und Reichskonkordat nachzugeben; die Entschlossenheit von SPD- und FDP-Politikern, dem entgegenzusteuern; eine

---

99   „Erklärung und Hirtenwort der Bischöfe zum Grundgesetz, 23. Mai 1949", in: Mertens, *Akten deutscher Bischöfe*, S. 657–671 hier 668. Für eine Darstellung der Entstehungsgeschichte dieses Hirtenbriefs vgl. Trippen, *Josef Kardinal Frings, Bd. I*, S. 382–384.

100   „Erklärung und Hirtenwort der Bischöfe zum Grundgesetz, 23. Mai 1949", in: Mertens, *Akten deutscher Bischöfe*, S. 657–671, hier 667.

101   „Die Beitrittserklärung von Bremen vom 25. Juni 1955", in: Giese/Frhr. von der Heydte (Hg.), *Der Konkordatsprozess, I*, S. 125 f.

102   Frei, *Vergangenheitspolitik*, 1996, S. 24 f.; Wengst, *Thomas Dehler*, S. 56–75.

103   Rede des Landesvorsitzenden der FDP, Dr. Dehler in Bayreuth, am 11. Juli 1949, ADL, NL Thomas Dehler, N1-41.

Abb. 3.4
FDP-Politiker und
Reichskonkordatsgegner Thomas
Dehler, der für seine leidenschaftliche
Rhetorik bekannt war. Mit freundlicher
Genehmigung des Bundesarchivs, B 145
Bild-P002193.

von weltanschaulichen Gräben durchzogene politische Landschaft, welche derjenigen der Weimarer Republik ähnelte; bittere Erinnerungen an die Verfolgung der Kirchen und schließlich ein polarisierender Staatskirchenvertrag, dessen rechtlicher Status weiterhin in der Schwebe hing.

Es fehlte nur noch ein Pressekorps, das es vermochte, Vorstöße in die katholische Vergangenheit aufrechtzuerhalten, auch wenn diese einen langen Atem erforderten. *Die Zeit*, die zu diesem Zeitpunkt noch nicht das kritische Organ war, zu dem sie sich bis Ende der 1950er Jahre entwickelte, verzeichnete gegen Ende der schweren Papierknappheit im Jahr 1950 einen Absatz von weniger als 81.000 verkauften Exemplaren.[104] Die Presse, wie auch die deutsche Gesellschaft insgesamt, war der Abrechnung mit der Vergangenheit überdrüssig geworden. Die Entnazifizierungsgerichte wurden zunehmend eingestellt und der Druck zur Gewährung von Amnestien für Kriegsverbrecher wurde größer. Außer den Angehörigen der KPD sah nur eine kleine Zahl von Politikern daher einen Mehrwert in künftigen Angriffen auf die angeblich problematische Vergangenheit der Kirche. Sogar Zinn bemühte sich, zumindest vorübergehend, die Kontroverse zu dämpfen. Auf die ausdrückliche Bitte Adenauers hin strich er seine abfälligen Bemerkungen

---

104   Dörger, *Religion als Thema*, S. 74.

über Ildefons Herwegen, die österreichischen Bischöfe und von Lüninck aus der stenografischen Mitschrift seiner Rede vor dem Parlamentarischen Rat.[105] Die Reaktion der Öffentlichkeit beschränkte sich, was wenig verwundert, auf einige wenige Leserbriefe und war weit entfernt von den unzähligen Briefen und Leitartikeln, die in den 1950ern und 1960ern zu diesem Thema verfasst wurden.[106]

Damit sich diese Situation verändern konnte, musste die Presse dieses hoch komplizierte Thema erst für die breitere Bevölkerung zugänglich machen. Deutsche Rundfunkstationen und die größten deutschen Zeitungen hatten über die Debatten der führenden Politiker berichtet und die Hauptstreitpunkte zusammengefasst. Doch die jeweiligen Redner hatten auf einer derart abstrakten Ebene über das Verhältnis zwischen Elternrecht, Schulsystem, Kirche und Staat diskutiert, dass sogar aus den eigenen Reihen zum Teil eingestanden wurde, dass der Mann auf der Straße ihren Gedanken und Diskursen wohl nicht werde folgen können.[107] Bis Mitte der 1950er sollte sich in diesem Punkt allmählich eine Veränderung abzeichnen. Andauernde Konflikte in den Klassenzimmern einzelner Bekenntnisschulen machten das Thema auf einmal für den deutschen Durchschnittsbürger in konfessionell durchmischten Ländern im Alltag erfahrbar. Sie übten entsprechenden Druck auf die Politik aus, die das Thema schließlich vor Gericht brachte.

Der Kampf um die Schulen und das Recht, 1949–1955

Nach 1949 erreichten die Konflikte die Schulhöfe und Länderparlamente Deutschlands.[108] Die Aufnahme von 12 Millionen Heimatvertriebenen aus den ehemaligen ostdeutschen Gebieten führte dazu, dass die katholischen Neuankömmlinge zum Teil Seite an Seite mit langjährigen Einwohnern anderer Konfessionen lebten. Zudem waren Ländergrenzen abgeändert worden, sodass Regionen, die auf lange, jedoch konkurrierende Traditionen im öffentlichen Schulwesen zurückblicken konnten, nun verwaltungstechnisch zusammengelegt worden waren. So war es beispielsweise dem nördlichen Teil Badens mit seinen interkonfessionellen Schulen und dem Norden Württembergs mit

---

105 Zinn an die Redaktion der „Ruhr-Nachrichten", Dortmund, 1.4.1949, BAK, B122/2182., Fiche 2, Abschrift, Anlage 2.
106 „Briefe an ‚die Zeit', Antwort an Höpker-Aschoff", in: *Die Zeit*, 20.1.1949, S. 12; „Dr. Dehler erlaubt sich Angriffe gegen die Kirche", in: *St. Heinrichsblatt* 28, 10.7.1949, S. 4.
107 Bericht einer Rundfunksendung auf Radio Frankfurt, undatiert, aber wahrscheinlich vom oder um den 28.3.1949, HHSTA, 502–6288. R., Eig. Bericht.
108 Hars, *Bildungsreformpolitik*.

seinen Bekenntnisschulen ergangen. Schulleitungen, Kirchenführer und Landes-
politiker waren mit zwei unübersehbaren und brisanten Fragen konfrontiert:
Sollten sie eine bestimmte Schulart anordnen und, wenn ja, welche?

Der sich anschließende Streit über die Verfassung des neuen Bundeslands Baden-Württemberg endete 1953 mit einer Bestätigung des bildungspolitischen Status quo.[109] Die Kontroverse entzündete sich andernorts jedoch
daran, dass Unsicherheit darüber bestand, was eine „Bekenntnisschule" überhaupt ausmachte.[110] In einigen Dorfgemeinden waren Lehrer und Schüler der
jeweils anderen Konfession von den Bekenntnisschulen ausgeschlossen. In
anderen hingegen war allenfalls der Lehrplan ausschließlich von Pädagogen
und Lehrern einer einzigen Konfession erstellt worden. Diese Verwirrung in
der Theorie spiegelte sich auch in den Notwendigkeiten der Praxis. In vielen
dünn besiedelten ländlichen Gebieten besuchten Grundschüler entweder
Bekenntnisschulen der anderen Konfession oder mussten, in den Worten
eines Gegners, alternative Wege „bei Wind und Wetter" antreten.[111] In vielen
Fällen besuchten sie Schulen mit nur einer oder zwei Klassen, die oft spöttisch
als „Zwergschulen" bezeichnet wurden. Ein Beispiel war eine neu gegründete
Bekenntnisschule außerhalb von Bielefeld für ursprünglich 42 Schüler, denen
vier Klassenstufen und Lehrer versprochen worden waren. Innerhalb von
nur drei Wochen wechselten 39 Schüler auf eine andere Schule, da es an der
Bekenntnisschule lediglich einen Lehrer und einen Klassenraum für acht
Stufen gab.[112] Nichtsdestotrotz stellten die „Zwergschulen" bis in das Jahr 1956
52 Prozent der deutschen Volksschulen und ihre Anzahl nahm weiter zu.[113]

Gegner der Konfessionsschulen beurteilten die Zwergschulen wegen ihrer
Unzulänglichkeiten natürlich als ungenügend.[114] Doch sie taten dies auch, weil
konfessionelle Minderheiten sich über Diskriminierung beklagten. Berichte
über ignorierte, gehänselte, drangsalierte oder verprügelte Kinder wurden
zum Gegenstand von Diskussionen auf öffentlichen Versammlungen und
in der Presse veröffentlichten Denkschriften.[115] Bis zur zweiten Jahreshälfte

---

109   Maier, *Erinnerungen*, S. 527.

110   Vgl. die Zeitzeugenberichte von Hans Peters und Ekhard Koch in: Giese/Frhr. von der
      Heydte (Hg.), *Der Konkordatsprozess, IV*, S. 1471–1476, S. 1505–1509.

111   ASD, NL Karl Bechert, Box 51, Mappe 140, Karl Bechert, Reichskonkordat, June 30, 1955.

112   Zeitungsausschnitt, „Eine Bekenntnisschule mit drei Kindern: In Quelle bei Bielefeld gab
      es Tränen und Proteste", in: *Ostfriesische Rundschau*, 9.5.1955, NLA, NDS 400, ACC 165/94,
      Nr. 74.

113   28 Prozent hatten lediglich einen Klassenraum und Lehrer, die anderen 24 Prozent zwei
      Klassenzimmer und Lehrer, vgl. Lundgreen, *Sozialgeschichte der deutschen Schule*, S. 43 f.

114   Rede von Dr. Dahlem (undatiert), ASD, NL Karl Bechert, Box 51, Mappe 137.

115   Niederschrift über die Gründungsversammlung der Vereinigung zur Erhaltung und
      Förderung der Christlichen Simultanschulen in Rheinland-Pfalz am 19.6.1954 in Mainz,

1954 behaupteten die Gegner der Bekenntnisschulen, dass Kinder auf nach Konfessionen getrennten Schulen unter erhöhter psychischer Belastung leiden würden – ein Argument, das sie aus dem Fall *Brown vs. Board of Education*, der erst kurz zuvor auf der anderen Seite des Atlantiks höchstrichterlich entschieden worden war, übernommen hatten.[116]

Befürchtungen, von katholischer Seite werde aktiv der Versuch unternommen, bereits existierende Simultanschulen in konfessionelle Hochburgen umzuwandeln, gossen zusätzlich Öl ins Feuer. In Rheinland-Pfalz forderte der Mainzer Bischof Albert Stohr katholische Eltern, die in protestantischen Gebieten wohnhaft waren, dazu auf, die Gründung neuer Bekenntnisschulen zu beantragen, obwohl die evangelischen Kirchen bereits deutlich ihren Willen zum Ausdruck gebracht hatten, die altbewährten Modelle beizubehalten.[117] Widersacher wie der evangelische Physiker und SPD-Politiker Karl Bechert, der später dem Reichskonkordatsprozess in Karlsruhe beiwohnen sollte, waren aufgebracht, da die Umwandlung der Schulen die Rechte der protestantischen Minderheit aus ihrer Sicht mit den Füßen trat. In der nahe Mainz gelegenen Ortschaft Drais wurde eine Simultanschule mit zwei Klassenräumen in eine katholische Bekenntnisschule umgewandelt, nachdem die Eltern von 89 der 94 katholischen Schulkinder entsprechende Anträge gestellt hatten. Dem örtlichen evangelischen Pastor wurde die Nutzung eines Klassenzimmers gestattet, um für die vier verbleibenden evangelischen Schüler Religionsunterricht anzubieten. Der Schuldirektor hielt sich jedoch nicht an die Vereinbarung und verwies den Kleriker unter einem Schwall von Beleidigungen des Schulgebäudes.[118] Bechert unterstellte außerdem den Antrag stellenden Eltern, sie hätten lediglich auf Druck der Kirche gehandelt. Er zitierte Passagen

---

Gaststätte Neubrunnenhof; Zeitungsausschnitt, „Für Zusammenleben der Konfessionen: Eine Vereinigung zur Erhaltung der Simultanschulen gegründet", in: *Allgemeine Zeitung, Ingelheimer Ausgabe*, 21.6.1954; Zeitungsausschnitt, „Menschenwürde in Gefahr! ‚Die Furcht geht um in Rheinland-Pfalz': Neue Beweise der intoleranten, unchristlichen und gegen das Grundgesetz verstoßenden Schulpolitik des rheinland-pfälzischen Kultusministeriums", in: *Die Freiheit*, 2.11.1954, ASD, NL Karl Bechert, Box 51, Mappe 132; Karl Bechert an Herrn Lehrer Sarg, Gau-Algesheim, 16.4.1953, ASD, NL Karl Bechert, Box 51, Mappe 131; „Ich sage nein zum Reichskonkordat", in: *Blatt 2 der Lehrer-Korrespondenz* Nr. 13 (undatiert, aber höchstwahrscheinlich vom Juli 1955), ASD, NL Karl Bechert, Box 54, Mappe 140.

116 Niederschrift über die Gründungsversammlung der Vereinigung zur Erhaltung und Förderung der Christlichen Simultanschulen in Rheinland-Pfalz am 19.6.1954 in Mainz, Gaststätte Neubrunnenhof, ASD, NL Karl Bechert, Box 51, Mappe 132.

117 Bösch, *Adenauer-CDU*, S. 132.

118 Abschrift aus *Die Freiheit*, Mainz, 13. Mai 1953, „Pfarrer aus dem Zimmer gewiesen. Kein Raum für den evangelischen Religionsunterricht in der katholischen Konfessionsschule Drais", ASD, NL Karl Bechert, Box 51, Mappe 131.

aus Gebetbüchern und liturgischen Büchern, die Eltern dazu aufforderten, Beichte abzulegen, falls sie keine Konfessionsschule für ihre Kinder beantragt hatten. Ferner zitierte er Androhungen von höllischen Qualen: „Wer seine Kinder nicht in die Bekenntnisschule schickt, kommt nicht in den Himmel!"[119]

Diese Kämpfe um die Schulhöfe in Deutschland ließen unterschiedliche Erinnerungen aus der Vergangenheit aufeinanderprallen und trugen zur Herausbildung zweier miteinander konkurrierender Narrative der Intoleranz bei.[120] Es bedurfte aber eines sich ausweitenden konfessionellen Bruchs zu Beginn der 1950er Jahre, um diesen Effekt herbeizuführen.[121] Während sich Bischöfe wie Michael Keller in Münster über die Gefahren des Interkonfessionalismus ausließen, wurden ihre Mahnungen von einigen Priestern auf lokaler Ebene bis ins Extreme umgesetzt.[122] Sie forderten die Konfessionstrennung nicht nur in weiterführenden Schulen, sondern auch in technischen Schulen, Hochschulen und sogar auf Friedhöfen.[123] Im medienwirksamen Ochsenfurter Zwischenfall weigerte sich der Würzburger Bischof Julius Döpfner nach der Einweihung einer Zuckerfabrik im unterfränkischen Ochsenfurt, einen zweiten Weiheakt durch einen evangelischen Geistlichen zuzulassen.[124] Protestanten sahen in diesem Reinhaltungswahn den katholischen Eifer der Gegenreformation und des Dreißigjährigen Kriegs wieder aufflammen.[125] Aus ihrer Sicht bestätigten Medienberichte über Übergriffe auf protestantische Kirchengemeinden in Spanien, Kolumbien und Italien ihre schlimmsten Befürchtungen bezüglich

---

119   Gebetbuch und Gesangbuch für das Bistum Speyer, „Die Beichte des Erwachsenen, Pflichten der Eltern", ASD, NL Karl Bechert, Box 51, Mappe 137, S. 69; Niederschrift über die Gründungsversammlung der Vereinigung zur Erhaltung und Förderung der Christlichen Simultanschulen in Rheinland-Pfalz am 19.6.1954 in Mainz, Gaststätte Neubrunnenhof, ASD, NL Karl Bechert, Box 51, Mappe 132.

120   Rede in Mainz am 26.4.1955, „Kulturpolitik noch unduldsamer?", ASD, NL Karl Bechert, Box 51, Mappe 133.

121   Josef Frings, Entwurf für die Mitglieder der Fuldaer Bischofskonferenz, Einiges zur Situation der katholischen Kirche in Deutschland Herbst 1953 bis Sommer 1954, HAEK, CR II 2.19, 43; Trippen, „Interkonfessionelle Irritationen", S. 345–378; Buchna, *Ein klerikales Jahrzehnt?*, S. 348–368, hier 367 f.

122   Bösch, *Adenauer-CDU*, S. 132.

123   Zeitungsausschnitt, „Konfessionalisierung der Universitäten und der Höheren Schulen bleibt das Ziel!", in: *Die Freiheit*, Mainz, 19.11.1954; „Konfessionalisierung soll weitergehen: Regierungsdirektor von den Driesch wies auf die höheren Schulen hin", in: *Ingelheimer Zeitung*, 18.11.1954; „Konfessionstrennung auch auf dem Friedhof? Ein bedenklicher Vorgang in Unterfranken", in: *Die Freiheit*, Mainz, 8.12.1954, ASD, NL Karl Bechert, Box 51, Mappe 132.

124   „Konfessionsstreit: Aus einem Napf", in: *Der Spiegel*, S. 29, 15.7.1953.

125   Rede von Dr. Dahlem (undatiert), ASD, NL Karl Bechert, Box 51, Mappe 137.

eines erneuten Angriffs von katholischer Seite anlässlich des Marianischen Jahrs 1954.[126] Laut dem evangelischen Landesbischof von Hannover, Hanns Lilje, wurde das Reichskonkordat als „strategischer Großangriff der katholischen Kirche" genutzt, um in das evangelische Kerngebiet Norddeutschlands einzufallen.[127]

Überzogene Bedenken dieser Art spiegelten das im Wandel begriffene konfessionelle Gleichgewicht Westdeutschlands. Der an der Universität Bonn tätige Rechtswissenschaftler Ulrich Scheuner ging sogar so weit, zu behaupten: „Als ganzes [sic!] ist die Bundesrepublik – dies Rumpfdeutschland – kein evangelischer Staat mehr". Unter Außerachtlassung der Tatsache, dass Protestanten in Westdeutschland nach wie vor die knappe Mehrheit bildeten, beharrte er darauf, die Bundesrepublik sei de facto „angesichts des spezifischen Gewichts beider Konfessionen, trotz der statistischen Lage eher ein mehrheitlicher katholischer [Staat]."[128] Scheuner hatte nur in einem Punkt Recht: Katholiken blieben ihrer Kirche im Vergleich zu Protestanten mit größerer Wahrscheinlichkeit treu und nahmen die politischen und kulturellen Botschaften, die von der Kanzel verkündet wurden, sehr ernst.

Hinter dem am 14. September 1953 verabschiedeten Schulgesetz Niedersachsens stand demnach ein heikles Thema, das für alle Beteiligten offensichtlich, jedoch nie ausdrücklich zur Sprache gebracht worden war: die vermeintliche katholische Intoleranz gegenüber Protestanten. Das Gesetz war von der SPD vorgeschlagen und von der FDP mitgetragen worden – beide mehrheitlich protestantisch geprägte Parteien – und erklärte die Simultanschulen zur Norm. Um den „Zwergschulen" einen Riegel vorzuschieben, setzte es voraus, dass Konfessionsschulen nur mit einer Mindestanzahl von 120 Schülern gegründet werden durften. Sie durften ferner „nicht wesentlich"

---

126 Evangelischer Bund, Konfessionskundliches Institut, Konfessionskundliche Mitteilungen 1/1954, Inhalt: Toleranz in Italien, Das Marianische Jahr, Bensheim, 18.2.1954, ASD, NL Karl Bechert, Box 51, Mappe 132; Entschliessung des Pfarrer-Konvents in Ingelheim am 29.4.1955, HHSTA, 502–6272.

127 Lilje zit. nach Ziegler, „Gültigkeit und Zweckmäßigkeit", S. 1, HHSTA, 502–6279. Für weitere Bedenken gegenüber eines katholischen „Gottesstaats" vgl. Abschrift, Evangelischer Bund, Konfessionskundliches Institut Bensheim, Konfessionskundliche Mitteilungen, 3/1956 sowie insbesondere den Artikel von Pfarrer D. Sucker, „Evangelisches Interesse am Reichskonkordat", 15.5.1956, NHSA, NDS 400, ACC 165/ 94, Nr. 57.

128 Ulrich Scheuner an Ministerialrat Dr. Konrad Müller, 25.4.1955, NHSA, VVP 10 (Dep.), Nr. 125II. Ironischerweise war Scheuner einer der Juristen, die im Namen der Bundesregierung Gutachten vorlegten, obwohl er eigentlich die Auffassung und Entscheidung der EKD teilte, die Regierung nicht zu unterstützen.

kleiner sein als andere Schulen.[129] Innerhalb weniger Wochen nach Inkrafttreten des Gesetzes begannen die Behörden damit, Bekenntnisschulen außerhalb der Oldenburger Region in Simultanschulen umzuwandeln. Der für
viele Umwandlungen zuständige Staatssekretär war Helmut Bojunga, der
als NS-Funktionär Ende der 1930er für die Schließung katholischer Schulen
verantwortlich gewesen war und nun im Gewand eines SPD-Funktionärs
auftrat – eine Konstellation, die die Wut der katholischen Einwohner auf sich
zog.[130] Die Bischöfe von Hildesheim und Osnabrück sowie der Bischof von
Münster, dessen Diözesangebiet auch Gemeinden in Niedersachsen umfasste,
protestierten lautstark. Ihre Aufrufe zu Schülerstreiks hatten Demonstrationen
mit mehr als 60.000 katholischen Teilnehmern und den Boykott der Schulen
durch 40.000 Schüler zur Folge.[131] Unter vielen Katholiken wurde das Wortspiel
„NS-Schulen" als Bezeichnung für die niedersächsischen Simultanschulen zum
geflügelten Wort. Darin lag auch eine Anspielung auf die bildungspolitischen
Maßnahmen der Nationalsozialisten gegen Ende der 1930er Jahre, die im
Rahmen ihrer Angriffe auf die katholischen Schulen Zwangsversetzungen der
Kinder in oftmals weit entlegene konfessionsübergreifende Schulen veranlasst
hatten.[132]

Die Vorgänge in Niedersachsen präsentierten sich für die katholische Seite
als Fortsetzung des Kirchenkampfs der 1930er und des Kulturkampfs des
19. Jahrhunderts, im Zuge derer liberale Protestanten erneut zum Schlag gegen
die katholische Minderheit ausholten.[133] Doch, wie Keller und die Bischöfe von
Hildesheim, Paderborn und Osnabrück es in einem scharf formulierten Brief
an den niedersächsischen SPD-Ministerpräsidenten Hinrich Kopf formulierten,
der Minderheitenschutz und die Gewissensfreiheit seien in der Demokratie
unveräußerliche Rechte und das SPD-Schulgesetz stelle eine offensichtliche
Verletzung dieser Rechte dar.[134] Der Blick über die innerdeutsche Grenze in das

---

129 „Das Gesetz über das öffentliche Schulwesen in Niedersachsen vom 14. September 1954",
     in: Giese/Frhr. von der Heydte (Hg.), *Der Konkordatsprozess, I*, S. 13.

130 Für einen Überblick der zahlreichen Tätigkeiten von Staatsekretär Dr. Bojunga im
     Rahmen der Auseinandersetzungen über das Schulsystem und das Reichskonkordat vgl.
     die umfassenden Dokumente in NSLA, Hannover, NDS.400,ACC 165/94, Nr. 74, 75.

131 Bösch, *Adenauer-CDU*, S. 133; Stellungnahmen zum Reichskonkordat, Dr. Günter Schultz,
     Hamburg, in: *MDR* Heft 7 (1956), S. 398, HAEK, Bestand Katholisches Büro I, #108.

132 Damberg, *Kampf um die Schulen*, S. 230 f.; „NS-Schulen?," in: *Die Zeit*, 11.2.1954.

133 Zeitungsausschnitt, Adolf Süsterhenn, „Reichskonkordat und Elternrecht: Das nieder-
     sächsische Schulgesetz entfesselt den Kulturkampf", in: *Rheinischer Merkur*, 3.12.1954,
     BAK, B141, 6447; Zeitungsausschnitt, *Oldenburger Volkszeitung*, 4.12.1954, NSLA, NDS.400,
     ACC 165/94, Nr. 79.

134 Abschrift, Wilhelm Berning, Joseph Machens, Michael Keller und Lorenz Jaeger an
     Hinrich Kopf, 7.2.1954, NSLA, NDS, ACC 165/94, Nr. 76.

kommunistische Ostdeutschland verhieß noch weitaus Schlimmeres – einen regelrechten Krieg des Staates gegen die Kirchen, der den Religionsunterricht in öffentlichen Schulen mit einem generellen Verbot versehen hatte.

Evangelische und katholische Kirchenführer, die hinsichtlich der NS-Vergangenheit mit ihrer gemeinsamen Opposition gegen Kriegsverbrecherprozesse und Entnazifizierung für ein gemeinsames Anliegen eingetreten waren, gingen nun aufgrund des Schulstreits wieder getrennter Wege. Während der Auseinandersetzungen über die Verfassung in den Jahren 1948 und 1949 hatten die evangelischen Kirchenvertreter gegenüber der katholischen Kirche nachgegeben, wenn auch ohne Begeisterung. Zwischen 1954 und 1956 hatte sich die Haltung bedeutender Protestanten jedoch verändert. Martin Niemöller sprach sich genauso offen gegen den Standpunkt der katholischen Kirche bezüglich der Schulen aus wie er es bereits im Hinblick auf das Kontroverse Thema der Wiederbewaffnung getan hatte.[135] Im November 1955 kamen acht führende protestantische Kirchenvertreter während einer vertraulichen Besprechung in Bonn, in der sie den Verfassungsstreit um das Reichskonkordat diskutierten, zu dem Schluss, dass ein Urteil des Bundesverfassungsgerichts zugunsten der Bundesregierung „nicht erwünscht" sei.[136]

Die Folge dieser konfessionellen Kluft: Die Schlagzeilen konzentrierten sich für über ein Jahrzehnt auf die Rolle der katholischen Kirche in den Jahren 1933/34 und ihre „Brückenbauer" zum Nationalsozialismus – und nicht auf die zur gleichen Zeit aktiven protestantischen Erfüllungsgehilfen der „Gleichschaltung" wie etwa die Deutschen Christen. Der Vorwurf, dass katholische Bekenntnisschulen eine Quelle der Intoleranz waren, wurde demnach mit den Debatten über die NS-Vergangenheit verwoben. Die Erforschung der Vergangenheit fand aus dem Blickwinkel der Gegenwart statt, da sich das unmittelbare politische Ziel der katholischen Seite – die rechtliche beziehungsweise verfassungsrechtliche Gewährleistung der Bekenntnisschulen – nicht verändert hatte.

---

135   Walter Kampe an Wilhelm Böhler, 20.4.1956; Wihelm Böhler an Walter Kampe, 23.4.1956, HAEK, Bestand Katholisches Büro I (Amtszeit Böhler), #109.
136   D. Hermann Diem an Landesbischof D. Haug, 21.5.1956, NSLA, VVP 10 (DEP), Nr 125 II; Vertrauliche Besprechung über den Verfassungsstreit zum Reichskonkordat zwischen der Bundesregierung und den Landesregierungen von Niedersachsen, Hessen und Bremen, (undatiert, aber das Treffen fand am 15. November 1955 statt), NSLA, VVP 10 (DEP), Nr. 128 I. Die Teilnehmer waren Präsident D. Brunotte, Oberkirchenrat Ranke, Oberkirchenrat Dr. Dr. Niemeier, Frau Oberkirchenrätin Dr. Schwarzhaupt, MdB, Pfarrer D. Dr. Sucker, Prof. Dr. Scheuner, Ministerialdirektor Osterloh, Ministerialrat Dr. Konrad Müller.

Die Formierung der Netzwerke, 1955–1956

Sechs Monate verstrichen, bevor Adenauer dem Antrag an das Bundesverfassungsgericht seine Genehmigung erteilte. Er traf die Entscheidung
für einen Gerichtsprozess nur widerwillig.[137] Das „Elternrecht" war für ihn
eine lästige Ablenkung und er war darauf bedacht, die evangelischen Mitglieder in der konfessionsübergreifenden CDU nicht vor den Kopf zu
stoßen, da er sie als unentbehrlich für künftige Wahlerfolge ansah.[138] Doch
ebenso wenig konnte er den unnachgiebigen Druck ignorieren, der durch
den Apostolischen Nuntius, den deutschen Episkopat und, was wohl letztendlich ausschlaggebend war, seine aufgrund zahlreicher Streiks und
Demonstrationen aufgebrachte katholische Basis auf ihn ausgeübt wurde.[139]
Diese Mobilisierung des katholischen Milieus – einschließlich der Eingaben
an Politiker von katholischen Elternverbänden, Streikaktionen, Märsche und
einer koordinierten katholischen Pressekampagne – wurde zur Mustervorlage
für künftigen katholischen Aktionismus: zunächst mit Blick auf das Reichskonkordat im weiteren Verlauf des Jahres 1956 und dann erneut während des
Hochhuth-Skandals im Jahr 1963.[140]

Von seinem Bürozimmer im Katholischen Büro aus, das im Süden Bonns
inmitten prachtvoller wilhelminischer Architektur gelegen war, wurde Böhler
zu einem der Vordenker und Hauptakteure der Verteidigung des Reichskonkordats vor Gericht.[141] Er war zweifellos davon überzeugt, dass die Kirche
und die Bundesregierung über bessere Ressourcen verfügten und somit
ihren Kontrahenten gegenüber im Vorteil waren. Er selbst verfügte über enge
Kontakte zu Kirchenvertretern, dem Nuntius, der CDU/CSU, dem Netzwerk
katholischer Verbände und, nicht zuletzt, der Katholischen Nachrichten-
Agentur (KNA). Als Experte für das Schulwesen fiel es ihm nicht schwer, ein
erstklassiges Team aus Bildungs- und Verfassungsexperten wie Hans Peters
zusammenzustellen. Dieses verfasste ganze neun Gutachten zur Vorlage beim
Bundesverfassungsgericht in weniger als 12 Monaten. Tatsächlich hatte Böhler
die ersten Rechtsgutachten bereits am 11. Mai 1949 in Auftrag gegeben, da er das

---

137   Laut Konrad Repgen habe Adenauer nicht widerwillig, sondern bewusst gehandelt, vgl.
      Repgen, „Der Konkordatsstreit", S. 240–243.
138   Bösch, *Adenauer-CDU*, S. 132–138.
139   Konrad Adenauer an Hinrich Wilhelm Kopf, 5.3.1954; Aloisius Muench an Konrad
      Adenauer, 17.2.1954, BAK, B141, 6447; Kupper, „Probleme des Reichskonkordats", S. 94.
140   Zur Eingabe der Katholischen Elternschaft Niedersachsens vgl. Repgen, „Der Konkordats-
      streit", S. 240.
141   Zur frühen Geschichte des Katholischen Büros vgl. Buchna, *Ein klerikales Jahrzehnt?*,
      S. 315–347.

Kräftemessen vor Gericht bereits wenige Tage, nachdem der Parlamentarische Rat seine Arbeit am Grundgesetz abgeschlossen hatte, vorhersehen konnte.[142]

Böhler und seine Verbündeten glaubten auch, dass sie sich die Zusammensetzung des Bundesverfassungsgerichts zu Nutze machen konnten. Böhlers enger Verbündeter, Adolf Süsterhenn, machte darauf aufmerksam, dass der Zweite Senat ihren Argumenten wahrscheinlich zugänglicher sein werde als der Erste – oder „rote" – Senat, dessen Besetzung zur Hälfte aus SPD-Mitgliedern bestand.[143] Laut Süsterhenn waren sieben der zwölf Mitglieder des Zweiten Senats der CDU „positiv nahe" und zudem mehrheitlich „gläubige Katholiken, die auch in ihren Rechtsauffassungen sich von der Naturrechtslage leiten lassen."[144]

Abb. 3.5
Prälat Wilhelm Böhler stand an der Spitze des kirchlichen Einsatzes für die Fortgeltung des Reichskonkordats. Mit freundlicher Genehmigung des Historischen Archivs des Erzbistums Köln.

142　Wilhelm Böhler an Joseph Kaiser, 11.5.1949, HAEK, Bestand Katholisches Büro Bonn I, #108, Stellungnahmen zum Reichskonkordat; „Bedürfen Länderkonkordate der Zustimmung der Bundesregierung? Rechtsgutachten erstattet von Dr. jur. Joseph H. Kaiser, Lehrbeauftragter an der Universität Tübingen", 16.5.1949, HAEK, Bestand Katholisches Büro Bonn I, #81 Staat und Reichskonkordat; Wilhelm Böhler an Joseph Kaiser, 24.9.1949, HAEK, Bestand Katholisches Büro Bonn I, #108 Stellungnahmen zum Reichskonkordat; Abschrift, Joseph Kaiser an Wilhelm Böhler, 26.10.1949, HAEK, Bestand Katholisches Büro Bonn I, #108, Stellungnahmen zum Reichskonkordat; Repgen, „Der Konkordatsstreit", S. 226.
143　Konrad Repgen, „Der Konkordatsstreit der fünfziger Jahre", S. 238.
144　Adolf Süsterhenn an Joseph Machens, 2.2.1955, LHA, 700,177, Nr. 285; Hehl, *Adolf Süsterhenn*, S. 459 ff.

Das war allerdings Wunschdenken. Böhler und Süsterhenn hatten übersehen, dass diese Beschreibung nicht auf einflussreiche Verfassungsrichter
wie Gerhard Leibholz passte.[145] Sie hatten außerdem nicht mit dem Eintritt
Bremens und Hessens in die Auseinandersetzung gerechnet und durch den
Eintritt Hessens wurden die Karten neu gemischt. Hessens Ministerpräsident
war seit 1950 ausgerechnet Georg August Zinn, der Süsterhenn bereits im
Parlamentarischen Rat ein Dorn im Auge gewesen war und weiterhin darauf
bestand, dass dem Reichkonkordat jegliche moralische Autorität fehle.[146] Zinn
hatte nichts an seiner Entschlossenheit eingebüßt, diesem totalitären Eingriff
in die demokratische Republik, oder, wie er es gerne nannte, dem „Hitler-
Konkordat", ein Ende zu setzen.[147] Zinn hob hervor, dass das Land Hessen die
Rechtmäßigkeit dieses Staatskirchenvertrags bereits seit 1946 bestritten habe.
Eine Entscheidung des Bundesverfassungsgerichts gegen die Auffassung des
Landes Hessen, so Zinns Argumentation, gefährde die Autonomie Hessens.[148]
Zinn war gleichermaßen entschlossen, mit seinem Bundesland ein Gegengewicht zur CDU-dominierten Bundesregierung zu bilden. Dafür musste
er Hessen zu einem „sozialdemokratischen Musterland und zum Kernland
eines zukünftig sozialdemokratisch geführten Deutschland" machen sowie
dem aus seiner Sicht unbeholfenen und Feingefühl vermissen lassenden
Zentralisierungsdrang Adenauers Einhalt gebieten.[149] Diese Hintergründe,
gepaart mit seinem großen Engagement für die Souveränität der Länder und
sozialdemokratische Bildungsideale, gaben Zinn ausreichend Anlass, dem
Land Niedersachsen in dessen Kampf gegen das Reichskonkordat zur Seite
zu stehen.

In Anlehnung an seine Taktik vom 20. Januar 1949 nutzte Zinn seine
Position an der Spitze der hessischen Staatskanzlei zur Koordinierung
einer Verteidigungsstrategie, die sowohl hinsichtlich ihrer Qualität als auch
Unverfrorenheit die rechtliche Argumentation Niedersachsens bei weitem
übertraf. Zwischen August 1955 und Januar 1956 konnte er den brillanten
SPD-Kronjuristen Adolf Arndt als Prozessbevollmächtigten gewinnen. Arndt

---

145   Zu Leibholz' Verbindung zu Kritikern des Reichskonkordats vgl. NSLA, VVP 10 (Dep.),
      Nr. 125H, Gerhard Leibholz an Konrad Müller, 11.4.1957.
146   Vgl. einen an mehrere Bischöfe adressierten, aber nie abgeschickten Brief, HHSA, 502–
      6265, Georg August Zinn an Albert Stohr, J.B. Dietz (Fulda), Wilhelm Kempf (Limburg),
      November 1955.
147   Hehl, *Adolf Süsterhenn*, S. 462.
148   Georg August Zinn an Albert Stohr, J.B. Dietz (Fulda), Wilhelm Kempf (Limburg),
      November 1955, HHSA, 502–6265.
149   „Georg August Zinn – Ministerpräsident, 1950–1969. Katalog zur Ausstellung des
      Hessischen Hauptstaatsarchivs im Auftrag der Hessischen Landesregierung", 2001, S. 68.

war ein tiefreligiöser Protestant, der vor allem den Lehren und dem Beispiel des Schweizer evangelisch-reformierten Theologen und Mitbegründer der Bekennenden Kirche Karl Barth folgte.[150] Arndt war mit der Kontroverse wohlvertraut und hatte etwas mehr als ein Jahr zuvor Süsterhenns Behauptung, der Streit über das Schulsystem käme einem neuen Kulturkampf gleich, öffentlich widersprochen.[151] Er teilte die Einschätzung seines Kontrahenten, dass seine eigene Seite angesichts der konfessionellen Zusammensetzung des Bundesverfassungsgerichts wenig Aussicht auf Erfolg hatte.[152] Denn auch er erkannte eine entscheidende Schwachstelle: Seine Mannschaft musste zuerst beweisen, dass das Ermächtigungsgesetz illegal und unrechtmäßig zustande gekommen war und dass die Kirche Kenntnis davon hatte.[153] Dies waren im Kern historische Fragestellungen, für deren Beantwortung Arndt den damals 34-jährigen aufsteigenden Stern der Politikwissenschaft engagierte: Karl Dietrich Bracher. Bracher war ein junger Protestant aus Stuttgart und der Ehemann von Dietrich Bonhoeffers Schwester, dessen Engagement der Rehabilitierung der Widerstandskreise gegen Hitler galt.[154]

Bracher war Politikwissenschaftler, Philologe und Historiker in einem. 1943 war er in Tunesien in amerikanische Gefangenschaft geraten und für drei Jahre in einem Kriegsgefangenenlager in Concordia, Kansas, einem Prozess der „Umerziehung" unterzogen worden. Nach diesen Erfahrungen richtete Bracher sein Lebensziel darauf aus, zu beleuchten, wie Menschen demokratische Institutionen zugunsten autoritärer oder totalitärer Strukturen nur allzu schnell über Bord werfen konnten.[155] 1955 veröffentlichte er seine richtungsweisende Studie über die Auflösung der Weimarer Republik, die in der politischen Landschaft Westdeutschlands wie eine Bombe einschlug.[156]

---

150 Gosewinkel, *Adolf Arndt*, S. 388–390.
151 Adolf Süsterhenn, „Reichskonkordat und Elternrecht: Das niedersächsische Schulgesetz entfesselt den Kulturkampf", in: *Rheinischer Merkur*, 3.12.1954; Adolf Arndt, „Süsterhenn und das Konkordat: Eine Stellungnahme von Dr. Arndt", in: *Neuer Vorwärts*, 10.12.1954; Adolf Arndt, „Reichskonkordat noch Gültig?", in: *Neuer Vorwärts*, Nr. 46, 19.11.1954.
152 Friedemann Pitzer an Helmut Bojunga, 24.7.1955, NSLA, NDS.400, ACC 165/94, Nr. 74.
153 Adolf Arndt an Georg August Zinn, 1.2.1956, HSTA, 502–6265.
154 Adolf Arndt an Georg August Zinn, 21.1.1956, HSTA, 502–6265; Gosewinkel, *Adolf Arndt*, S. 483, Fußnote 217. Zum bedeutenden Stellenwert seiner Ehe vgl. Jesse, „Karl Dietrich Bracher", S. 143–158; vgl. ebenso Leber (Hg.), *Gewissen*.
155 Quadbeck, *Karl Dietrich Bracher*, insbesondere S. 102–106, 122. Bracher hatte in den 1950er Jahren im Rahmen der Hessischen Hochschulwochen für staatswissenschaftliche Fortbildung Vorlesungen gehalten. Der Kontakt zu Zinn entstand zweifellos bei dieser Gelegenheit.
156 Vgl. Werner Conzes ambivalente Rezension in: *Historische Zeitschrift* 183 (1957), S. 378–382 und seine abgeänderte Beurteilung in: *Historische Zeitschrift* 187 (1959), S. 407 f. Zur

Bracher fokussierte die verheerende Machtübergabe des Parlaments an die autoritären Kräfte während der letzten Jahre der Weimarer Republik.[157] Er stellte die These auf, dass die Akteure dieses Übergangs, etwa der Zentrumspolitiker und katholische Reichskanzler Heinrich Brüning, der zwischen 1930 und 1932 im Amt gewesen war, der „Machtergreifung" der Nationalsozialisten im Jahr 1933 den Weg bereitet hatten. Brünings weitreichende Nutzung des Notverordnungsrechts nach Artikel 48 der Weimarer Reichsverfassung habe die demokratische Grundordnung dauerhaft untergraben. Diese Politiker seien Autokraten und keine Demokraten gewesen.

Bracher erklärte sich einverstanden, ein Gutachten zu erstellen, für das er – wie die anderen Experten auch – eine großzügige Vergütung erhielt.[158] Der junge Politikwissenschaftler war der einzige Nichtjurist unter den Beauftragten und kam in den Genuss eines unverhofften Quellenfunds, zu dem Zinn und sein Team im Zuge des Wettlaufs um Beweise aus der NS-Zeit Zugang erlangt hatten. Am Ende des Zweiten Weltkriegs hatte die britische Armee die Akten des Auswärtigen Amts erbeutet, einschließlich der Akten zu den Verhandlungen über das Reichskonkordat aus der ersten Jahreshälfte 1933.[159] Bis 1953 war der Bundesregierung, dem Auswärtigen Amt sowie vielen deutschen Archivaren bereits die Existenz einer Fundgrube in England bekannt. Die einschlägigen Akten befanden sich in einem Lager in Whaddon Hall in Buckinghamshire nahe London, wo die Dokumente von wissenschaftlichen Teams bereits zur Veröffentlichung vorbereitet wurden. Da das Auswärtige Amt die maßgebliche Relevanz der Dokumente für den Fall vor Gericht und Westdeutschlands Beziehungen zum Vatikan erkannte und zudem frustriert darüber war, dass in den Beständen der Nuntiatur in Deutschland kaum nützliches Material aufgefunden werden konnte, erwirkte das Amt eine Erlaubnis zur Entsendung einer seiner Londoner Vertreter, um im Juni 1955 Dokumente von potenzieller Relevanz durchzusehen.[160] Als dieser Vertreter Akten von unbestreitbarer Bedeutung für den Prozess in Karlsruhe fand, schloss das Auswärtige Amt mit seinem britischen Pendant einen Deal: 17 Akten wurden

---

Kontroverse zwischen Conze und Bracher vgl. Quadbeck, *Karl Dietrich Bracher*, S. 192–202; Möller, „Weimarer Republik", S. 157–180, hier 164–169.

157   Bracher, *Auflösung der Weimarer Republik*.

158   Barwinski an die Abteilung III im Hause, 5.5.1956; Karl Dietrich Bracher an Barwinski, 18.6.1956, HHSTA, 502–6273; Hans Schneider an Barwinski (undatiert, aber wahrscheinlich vom Juli 1956), HHSTA, 502–6278.

159   Eckert, *Kampf um die Akten*.

160   Jaenicke an das Auswärtige Amt, Bonn, 10.6.1955; Botschaft der Bundesrepublik Deutschland, London an das Auswärtige Amt, London, 28.6.1955, PAAA, B80, 288.

an das Bundesverfassungsgericht ausgeliehen.[161] Die deutschen Parteien erlangten schnell Kenntnis von der Vereinbarung, woraufhin die FDP Ende November eine Anfrage an den Bundestag richtete, um herauszufinden, ob ihre Wissenschaftler zur Vorbereitung auf den anstehenden Prozess vor dem Bundesverfassungsgericht Zugang zu den konkordatsbezogenen Dokumenten erhalten könnten.[162]

Außenminister Heinrich von Brentano bejahte die Frage. Tatsächlich sollten die Dokumente planmäßig am 5. Januar im Auswärtigen Amt eintreffen und am 12. Januar dem Karlsruher Gericht zur Verfügung gestellt werden.[163] Die hessische Landesregierung beantragte rasch Einsicht und bekam diese genehmigt. Das Bundesverfassungsgericht wiederum gab der Staatskanzlei weniger als zwei Wochen Zeit, um das in 27 Ordnern abgeheftete Material vor Ort zu sichten.[164] Das Zeitfenster war bewusst so knapp bemessen, da die Rücksendung der Dokumente nach London bereits geplant war.[165] Mitte Februar 1956 reisten Zinn, mehrere Vertreter seines Amtssitzes in Wiesbaden und mindestens ein Vertreter aus Hannover zur Sichtung nach Karlsruhe.[166] Die hessische Landesregierung stellte mit der gleichen Entschlossenheit, die Verfassungswidrigkeit des Ermächtigungsgesetzes nachzuweisen, beim Bundesministerium des Innern einen Antrag auf Einsicht in die relevanten ministeriellen Bestände, die im Bundesarchiv in Koblenz gelagert wurden.[167]

Zinns Team entdeckte gleich mehrere unwiderlegbar belastende Beweise in der offiziellen Korrespondenz aus dem Jahr 1933. Es stieß dabei auf die vollständige Fassung des Reichskonkordats, die, was den meisten und anscheinend auch Dehler unbekannt war, einen Geheimanhang beinhaltete, nach dem Kleriker im Falle der Einführung einer allgemeinen Wehrpflicht

161 Auskunfterteilung, Holger Berwinkel, Politisches Archiv des Auswärtigen Amtes an den Verfasser, 9.4.2014.

162 „Kleine Anfrage zu Reichskonkordatsakten", Bonn (fdk) (undatiert), Kleine Anfrage 203 der Fraktion der FDP betr. Akten zum Reichskonkordat, Deutscher Bundestag, 2. Wahlperiode, 1953, 8.11.1955, BAK, B136/5848, Fiche 10; Kent, „German Foreign Ministry's Archives", S. 43–54.

163 Heinrich von Brentano an den Herrn Präsidenten des Deutschen Bundestages Betr.: Akten zum Reichskonkordat, 25.11.1955, BAK, B136/5848, Fiche 10.

164 Der Vizepräsident des Bundesverfassungsgerichts als Vorsitzender des Zweiten Senats an die Regierung des Landes Hessen vertreten durch den Herrn Ministerpräsidenten, 25.1.1956, HHSA, 502–6265.

165 Auskunfterteilung, Holger Berwinkel, Politisches Archiv des Auswärtigen Amtes an den Verfasser, 9.4.2014.

166 Barwinski an Dr. Wehrhahn, 16.2.1956; Georg August Zinn an Rudolf Laun, 16.2.1956; Barwinski an Adolf Schüle, 16.2.1956, HHSTA, 502–6261.

167 Barwinski an den Herrn Bundesminister des Innern, 29.3.1956, HHSTA, 502–6287a.

und einer allgemeinen Mobilisierung zum Militärdienst eingezogen werden konnten.[168] Es stieß ebenso auf ein Zugeständnis des Vatikans, dass der Abschluss des Konkordats ohne die Nationalsozialisten nicht möglich gewesen wäre: der Weimarer Parlamentarismus hätte kurzerhand zur Ablehnung seiner Bestimmungen geführt.[169]

Zinns Team arbeitete diesen Fund nicht nur in seinen Schriftsatz für das Bundesverfassungsgericht ein. Er wurde außerdem an die begierige Presse weitergegeben.[170] Auch Bracher erhielt Kopien, die er in seinem Gutachten auswertete. Laut Bracher war das Reichskonkordat eine ausschlaggebende Etappe des Zerfalls der Weimarer Republik gewesen, dessen Stufen er gerade erst in seinem Opus magnum dargestellt hatte. Er verwies darauf, dass das Zustandekommen des Reichskonkordats ausschließlich durch die Verabschiedung des Ermächtigungsgesetzes vom 24. März 1933 ermöglicht worden war. Er arbeitete zudem auch heraus, dass die Reichstagswahlen am 5. März 1933, aus denen die NSDAP mit 43,9 Prozent der abgegebenen Stimmen hervorging und die insofern ebenfalls maßgeblich für die Gesetzesverabschiedung gewesen waren, alles andere als freie Wahlen gewesen waren. Einschüchterung, Täuschung, Gewalt, brutale Haftungsbedingungen für zuvor verhaftete Kommunisten – all diese Faktoren hätten dazu beigetragen, der NSDAP einen höheren Stimmenanteil einzufahren.[171] Die Rechtgrundlage des Reichskonkordats sei daher äußerst fraglich. Die Schlussfolgerung aus dieser Argumentationslinie sei offensichtlich: Die Annahme der Rechtmäßigkeit des Reichskonkordats sanktioniere rückwirkend die Zerstörung der Demokratie. In ihrem Effekt in gleicher Weise vernichtend stellte Bracher zudem die Junktim-These auf: die Behauptung, das Zentrum habe sich im Gegenzug für ein umfassendes Reichskonkordat und die Gewährleistung der Konfessionsschulen hinter das Ermächtigungsgesetz gestellt. Seine These fand ihren Weg in die Schriftsätze der hessischen Landesregierung vom 30. April sowie in die mündliche Beweisführung während

---

168   Barwinski an Adolf Schüle, 16.2.1956, HHSTA, 502–6261; „Der Schriftsatz der hessischen
       Landesregierung vom 30. April 1956", in: Giese/Frhr. von der Heydte (Hg.), *Der Konkordats-
       prozess, II*, S. 587; Prof. Dr. Karl Bechert an Thomas Dehler, ADL, NL Dehler, N1-3086.
169   Georg August Zinn an Rudolf Laun, 16.2.1956, HHSTA, 502–6261.
170   „Der Schriftsatz der hessischen Landesregierung vom 30. April 1956", in: Giese/Frhr. von
       der Heydte (Hg.), *Der Konkordatsprozess, II*, S. 610–614. Für Artikel in der Presse vgl. Hans
       Henrich, „Hitler auf der Suche nach Anerkennung. Die Tragödie des Reichskonkordats.
       Wie der Vatikan betrogen wurde", in: *Göttinger Presse*, 31.5.1956; „Gott erhalte unseren
       Reichskanzler. Die Tragödie des Reichskonkordats. Großer Jubel bei den Bischöfen", in:
       Göttinger Presse, 1.6.1956.
171   „Das Gutachten von Priv-Doz. Dr. Karl Dietrich Bracher (Berlin)", in: Giese/Frhr. von der
       Heydte (Hg.), *Der Konkordatsprozess, III*, S. 947–992, hier 969.

der Verhandlung in Karlsruhe.[172] Böhler war wegen der Junktim-These so beunruhigt, dass er sich umgehend an vier hoch angesehene ehemalige Zentrumspolitiker wandte, die ihm vergewisserten, dass Brachers Darstellung nicht den Tatsachen entspreche.[173]

Brachers Gutachten wurde dem Bundesverfassungsgericht im Mai 1956 vorgelegt. Bei Verteidigern des Konkordats, die das Gutachten als „gefährlich" einstuften, löste es sofort Schockwellen aus.[174] Gemeinsam mit den Schriftsätzen, die Zinns Team verfasst hatte, deckte es die Achillesferse von Böhlers Ensemble auf: Sein Team verfügte weder über ausreichend Beweise aus dem Jahr 1933 noch über Historiker, die das wenige zusammengetragene Material hätten auswerten können. Diese Situation bestand bereits seit Februar 1952, als Böhler von Herbert Groppe kontaktiert worden war, einem jungen Jurastudenten, der an einer Dissertation über die heiklen Fragen im Zusammenhang mit der „Bremer Klausel" und Artikel 123 Grundgesetz arbeitete. Auf der Suche nach zusätzlichem Quellenmaterial über das Reichskonkordat brauchte es fünf weitere schriftliche Gesuche, eine Reise nach Bonn und die nachdrückliche Empfehlung von Weihbischof Walter Kampe aus Limburg, um Böhler, der erkrankt war, dazu zu bewegen, Groppes zunehmend verzweifelten Anfragen nachzukommen.[175] Böhler konnte ihm lediglich eine dürftige Auswahl bestehend aus zwölf Zeitungsartikeln, den früheren Rechtsgutachten von 1949 und den Abschriften von einigen Schreiben von Kardinal Frings aus dem Jahr 1948 zur Verfügung stellen.[176]

---

172 „Der Schriftsatz der hessischen Landesregierung vom 30. April 1956", in: Giese/Frhr. von der Heydte (Hg.), *Der Konkordatsprozess, II*, S. 609 f.; „Das Gutachten von Priv.-Doz. Dr. Karl Dietrich Bracher", in: Giese/Frhr. von der Heydte (Hg.), *Der Konkordatsprozess, I*, S. 984 f. Für eine Erwiderung vgl. „Die wörtliche Niederschrift über die Verhandlung am 4., 5., 6., 7. und 8. Juni 1956 vor dem Bundesverfassungsgericht. 2. Verhandlungstag (5. Juni 1956)", in: Giese/Frhr. von der Heydte (Hg.), *Der Konkordatsprozess, III*, S. 1281.

173 Wilhelm Böhler an Helene Weber; Wilhelm Böhler an Georg Schreiber; Wilhelm Böhler an Franz Graf von Galen; Wilhelm Böhler an Joseph Joos, 3.5.1956, HAEK, Bestand Katholisches Büro I, #109 Allgemeine Korrespondenzen zur Konkordatsfrage.

174 R. an Deuerlein, 12.5.1956, HAEK, Bestand Katholisches Büro Bonn I, #109 Allgemeine Korrespondenzen zur Konkordatsfrage; Hehl, *Adolf Süsterhenn*, S. 462.

175 Herbert Groppe an Westhoff, 17.2.1952, Herbert Groppe an Wilhelm Böhler, 7.3.1952; Herbert Groppe an Wilhelm Böhler, 24.4.1952; Herbert Groppe an Wilhelm Böhler, 16.5.1952; Herbert Groppe an Wilhelm Böhler, 20.5.1952; Herbert Groppe an Wilhelm Böhler, 3.9.1952; Wilhelm Böhler an Walter Kampe, 5.10.1952; Walter Kampe an Wilhelm Böhler, 20.11.1952; Herbert Groppe an Wilhelm Böhler, 21.11.1952, HAEK, Bestand Katholisches Büro Bonn I, #108 Stellungnahmen zum Reichskonkordat.

176 Herbert Groppe an Wilhelm Böhler, 8.12.1952, Anlage, HAEK, Bestand Katholisches Büro Bonn I, #108 Stellungnahmen zum Reichskonkordat.

1956 verbesserte sich die Lage nur marginal. Böhlers wichtigster Mitarbeiter aus der Geschichtswissenschaft war Ernst Deuerlein, ein etwas temperamentvoller und launenhafter, damals 35-jähriger Historiker, Jurist und Redenschreiber für die CSU, dessen Bein nach der Schlacht von Stalingrad hatte amputiert werden müssen.[177] Das Interesse des gebürtigen Mittelfranken und einstigen Aktivisten in der katholischen Jugendbewegung am Thema Reichskonkordat war durch die 1953 entflammte Schulkontroverse in Baden-Württemberg geweckt worden. Deuerlein hatte damals bereits dem Standpunkt des FDP-Ministerpräsidenten Reinhold Maier widersprochen und vertrat nun eine Argumentationslinie, die das genaue Gegenteil von Maiers Ansicht darstellte. Er beteuerte, die Unterzeichnung des Reichskonkordats sei kein im Frühling 1933 unvermittelt unterbreitetes und zu verführerisches Angebot Hitlers gewesen, sondern vielmehr ein Ziel, welches die Kirche annähernd seit Beginn der Weimarer Republik verfolgt habe.[178]

Dieses Argument wurde die Grundlage für sein anschließendes Buch *Das Reichskonkordat*, das im Juni 1956 und damit weniger als einen Monat vor Beginn der Verhandlung in Karlsruhe erschien.[179] Indem er die zuvor auf Landesebene mit dem Vatikan unterzeichneten Konkordate in den Blick rückte, versuchte er, die Lesart, nach der das Reichskonkordat eine Idee der Nationalsozialisten gewesen sei, auszuräumen. Das Reichskonkordat folgte laut Deuerlein den Grundprinzipien der Weimarer Republik und nicht denen des „Dritten Reichs". Seine Inhalte seien allenfalls minimal abgeändert worden.[180]

Deuerlein war der erste Wissenschaftler, der sich eingehend mit den Akten von Rudolf Buttmann beschäftigte, einem hochrangigen NS-Funktionär im Reichsministerium des Innern, der 1933 an den Verhandlungen mit dem Vatikan teilgenommen hatte.[181] Doch er hatte auch unter erheblichem Zeitdruck gestanden: Innerhalb von etwas mehr als fünf Monaten Vollzeit-Arbeit hatte er 381 Seiten verfasst. Er hatte im Dezember 1955 mit der Niederschrift begonnen, wurde von seinem Hauptposten in der CSU allerdings erst im

---

177 Zu Deuerleins Temperament vgl. Josef Held an Wilhelm Böhler, 25.10.1955, HAEK, Bestand Katholisches Büro I, #95, Rechtsgutachten zum Reichskonkordat.

178 Ernst Deuerlein, „Das Reichskonkordat – eine Hitleridee? Der Vertrag mit dem Heiligen Stuhl war schon ein Ziel der Weimarer Republik", in: *Rheinischer Merkur*, 17.7.1953, HAEK, Kath. Büro Bonn I, #93.

179 Deuerlein, *Reichskonkordat*.

180 Böhler wiederholte diese Argumentation nach der Urteilsverkündung des Bundesverfassungsgerichts, vgl. Wilhelm Böhler, „Zur Karlsruher Entscheidung über das Reichskonkordat", in: *Echo der Zeit*, 7.4.1957, S. 7.

181 Ernst Deuerlein an Adolf Süsterhenn, 31.3.1956, HAEK, Bestand Katholisches Büro Bonn I, #95, Rechtsgutachten zum Reichskonkordat.

Januar 1956 freigestellt.[182] Dieser verspätete Forschungsurlaub wurde erst genehmigt, nachdem Böhler sich eingeschaltet und sich direkt an den einflussreichen Franz-Josef Strauß gewandt hatte.[183] Deuerlein wurde nicht durch wissenschaftliche Mitarbeiter unterstützt und, was die Angelegenheit noch verschlimmerte, konnte nicht nach Karlsruhe reisen, um die Akten des Auswärtigen Amts zu sichten. Er war daher gezwungen, seine Ausführungen auf das Archivmaterial zu stützen, das Böhler und seine Mitarbeiter zusammengetragen hatten.[184] Es erscheint daher wenig verwunderlich, dass das Ergebnis methodisch unzureichend und ein solches Durcheinander an Fakten- und Interpretationsfehlern war, dass die ersten veröffentlichten Exemplare zerstört werden mussten.[185] Deuerlein hatte auch just in dem Moment, als die korrigierte Fassung in den Druck ging, einer Reihe beträchtlicher Kürzungen zugestimmt, was zu zahlreichen Druck- und Layoutfehlern führte.[186]

Die beiden Parteien im Rechtsstreit um das Reichskonkordat hatten daher Zugang zu unterschiedlichen Teilen des Puzzles, aus dem es das Bild der Vergangenheit und Gegenwart dieses Vertrags zusammenzusetzen galt. Die hessische Landesregierung hatte Einsicht in die Akten des Auswärtigen Amts erhalten, während Böhlers Team die Dokumente des Innenministeriums auswertete. Dem Land Hessen wurde jedoch dadurch ein Vorteil verschafft, dass Brachers Gutachten für weitaus mehr Schlagzeilen sorgte.

Die Public-Relations-Kämpfe, 1955–1956

Seine Rolle als Speerspitze in den Vorbereitungen einer eingehenden Verteidigung vor Gericht war allerdings in vielerlei Hinsicht Böhlers geringste Sorge. Er musste darüber hinaus eine Public-Relations-Kampagne kolossalen

---

182 Katholisches Büro Bonn, Tätigkeitsbericht für das Jahr 1955/1956, erstattet für die Fuldaer Bischofskonferenz 1956, September 1956, HAEK, Gen II 3.3a, 45.

183 Alfons Kupper an Wilhelm Böhler, 5.1.1956; R. (Böhler's Sekretär) an Ernst Deuerlein, 5.1.1956, HAEK, Bestand Katholisches Büro I, #109 Allgemeine Korrespondenzen zur Konkordatsfrage.

184 Ernst Deuerlein an Rudolf Morsey, 20.11.1955, BSB, NL Ernst Deuerlein, Ana 463.I, 1, Morsey, Rudolf.

185 Dieser Punkt wurde von Rudolf Morsey in einer Rezension angesprochen, vgl. *Theologische Revue* 53 (1957), S. 19–23; Rudolf Morsey, „Gründung und Gründer der Kommission für Zeitgeschichte", S. 453–485, hier 455, Fußnote 10. I; Interview mit Rudolf Morsey, 9.6.2016; Rudolf Morseys Privatarchiv enthält ein nicht-makuliertes Exemplar der Urfassung von Deuerleins Buch.

186 Ernst Deuerlein an Rudolf Morsey, 30.5.1956, BSB, NL Deuerlein, Ana 463.1.1 Rudolf Morsey.

Ausmaßes koordinieren, die sich auf alle Pfeiler des katholischen Milieus
stützte – die katholische Presse, die Laienverbände und die politischen Netzwerke in CDU/CSU und Bundesministerien. Mit der Öffentlichkeitsarbeit ging
ein nicht weniger bedeutendes Ziel einher: diejenigen Verfassungsrichter für
seine Seite zu gewinnen, von denen auszugehen war, dass sie die Kontroverse
in der Presse verfolgten. Er widmete schon bald all seine Zeit und Aufmerksamkeit den damit verbundenen Aufgaben und verfasste Briefe, hielt Tagungen
ab, berief Konferenzen ein und bat sogar eine Gruppe von Nonnen, für einen
Ausgang zugunsten der katholischen Kirche zu beten.[187] So enthusiastisch
und zuversichtlich Böhler bei Bekanntmachung der Klage gegen Niedersachsen auch gewesen war, die damit verbundene Dauerbelastung brachte
den 64-jährigen Geistlichen immer wieder an seine physischen Grenzen.[188]

Böhlers Kontrahenten waren nicht weniger tatkräftig, was einen energischen PR-Wettbewerb auslöste, der in der Presse, dem Rundfunk, Bundesministerien, auf parlamentarischer Ebene und politischen Kundgebungen
ausgetragen wurde. Das Reichskonkordat sowie dessen Vorgeschichte, Verhältnis zum Ermächtigungsgesetz und Folgen im Hinblick auf die Grundrechte und Gewissensfreiheit standen mit einem Schlag im Zentrum einer
heftigen öffentlichen Debatte.[189] In einem Fall berichtete der hessische Rundfunk umfassend über eine Rede Adolf Arndts anlässlich des jährlichen SPD-
Parteitags, woraufhin Walter Kampe unverzüglich eine gleichlange Sendezeit
für die Vertreter der Bundesregierung forderte.[190] In einem anderen Fall
betitelte die *Hessische Zeitung* einen Beitrag über Zinns Schriftsätze für das
Bundesverfassungsgericht mit der Schlagzeile „Konkordat war Hitlers Waffe
gegen Juden".[191]

187 Konkordatstagung in Honnef, 12.–14. April 1956, HAEK, Bestand Katholisches Büro
     Bonn I, #90, Rechtsgutachten zum Reichskonkordat. Für Böhlers Anfrage an die
     Franziskus-Schwestern vgl. Schwester Ms. Aloysa, Generalsekretärin an Wilhelm Böhler,
     19.6.1956, HAEK, Katholisches Büro I, #126.
188 Kupper, „Probleme des Reichskonkordats", S. 96.
189 Für Stellungnahmen zur Junktim-These vgl. Friedrich Stampfer, „Zur Vorgeschichte des
     Konkordats: Die Zustimmung des Zentrums zum Ermächtigungsgesetz erschwindelt",
     in: *Badische Allgemeine Zeitung*, 12.4.1956; K.A., „Wie das Konkordat zustande kam: Die
     Auflösung des Zentrums 1933 und der Weg zum Einparteien-Staat", in: *Deutsche Zeitung*,
     19.5.1956; Hans Henrich, „Adolf Hitler auf der Suche nach Anerkennung: Die Tragödie des
     Reichskonkordats. Wie das Dritte Reich den Vatikan betrog", in: *Frankfurter Rundschau*,
     12. und 13.5.1956.
190 Walter Kampe an Wilhelm Böhler, 20.4.1956, HAEK, Bestand Katholisches Büro I (Amts-
     zeit Böhler), #109, Allgemeine Korrespondenzen zur Konkordatsfrage.
191 Zeitungsausschnitt, „Konkordat war Hitlers Waffe gegen Juden. Hessen: Reichskonkordat
     kann in Bundesrepublik nicht aufrechterhalten werden", in: *Hessische Zeitung*, 7.5.1956,
     ASD, NL Karl Bechert, Box 54, Mappe 141.

Böhler gelangen im Mai und Juni 1956 mehrere PR-Coups. Da er sich nicht mit einer bruchstückhaften und unsystematischen Berichterstattung zufrieden geben wollte, veröffentlichte er kurz vor der mündlichen Verhandlung in Karlsruhe in Zusammenarbeit mit katholischen Verlagen überarbeitete Auszüge aus den Schriftsätzen seines Teams.[192] Das Presse- und Informationsamt der Bundesregierung willigte ein, 600 Exemplare von Deuerleins Buch zu kaufen und zu verbreiten.[193] Die Exemplare sollten wichtigen CDU- und CSU-Politikern, darunter auch Adenauer und Strauß, allen Kultusministerien, dem Episkopat, bedeutenden katholischen Professoren der Rechtswissenschaft, sämtlichen Diözesanzeitungen und – vor allem – allen Richtern des Bundesverfassungsgerichts zugeleitet werden.[194] Die KNA stellte ihren Abonnenten eine enorme 100-seitige Sonderbeilage über das Reichskonkordat zur Verfügung, die auch eine fast ausschließlich auf Deuerleins unfertiges Werk gestützte Darstellung der Vorgeschichte des Konkordats enthielt.[195] Die beziehenden Redaktionen hatten somit die Option, leicht verdauliche Auszüge in ihren Zeitungen abzudrucken und damit bequem eine Drittel- oder Viertelseite zu füllen.

Die meiste Aufmerksamkeit erregte jedoch eine von Adolf Arndt angeführte Gruppe in der Opposition, die sich aus über 20 SPD- und FDP-Abgeordneten zusammensetzte und die Gelegenheit nutzte, um im Bundestag eine Große Anfrage an die Bundesregierung einzureichen.[196] Die Bundesregierung war dadurch gezwungen, die Anfrage schriftlich zu beantworten und im Bundestag zu debattieren. Die Große Anfrage enthielt vier polemische Fragen, die eine Antwort darauf verlangten, ob der Bundesregierung „bekannt" sei, dass die Entscheidung, vor Gericht zu ziehen, „in Kreisen des evangelischen

---

192 Zu den Publikationsplänen vgl. Ernst Deuerlein an Wilhelm Böhler, 23.11.1955; Ernst Deuerlein an Wilhelm Böhler, 28.5.1956, BSB, NL Ernst Deuerlein, Ana 463, I, I, Böhler, Wilhelm; Ernst Deuerlein an Wilhelm Böhler, 20.3.1956, HAEK, Bestand Katholisches Büro I, #95, Rechtsgutachten zum Reichskonkordat. Zu den Publikationen selbst vgl. Groppe, *Reichskonkordat.*

193 Presse-und Informationsamt der Bundesregierung an Adolf Süsterhenn, 29.3.1956, HAEK, Bestand Katholisches Büro Bonn I, #95, Rechtsgutachten zum Reichskonkordat, Forschbach.

194 R. an Herrn Pribil, Verlag Schwann, Düsseldorf, 26.5.1956, HAEK, Bestand Katholisches Büro Bonn I, #94 Rechtsgutachten zum Reichskonkordat; Wilhelm Böhler an Alfons Kupper, 24.5.1956, HAEK, Bestand Katholisches Büro Bonn, I, #95, Rechtsgutachten zum Reichskonkordat.

195 KNA Sonderbeilage, Überblick über die Geschichte des Reichskonkordats vom 20. Juli 1933, Mai 1958, CUA, NL Muench 37, Box 59, Folder 8; Ernst Deuerlein an Wilhelm Böhler, 28.5.1956, BSB, NL Deuerlein, Ana 463., I, i, Böhler, Wilhelm.

196 Gosewinkel, *Adolf Arndt*, S. 482.

Bevölkerungsteils Bedenken weckt und der Evangelischen Kirche in Deutschland Sorge bereitet" und gegen das staatsorganisatorische Grundprinzip des Föderalismus verstoße.[197]

Die sich anschließende Debatte im Bundestag am 30. Mai 1956 gab den schlagfertigsten Mitgliedern aller großen Parteien eine Bühne, auf der sie schnell deutlich machten, dass es bei dem vorliegenden Thema nicht mehr nur um Lehrer, Kinder oder Lehrpläne an deutschen Schulen gehe. Der FDP-Abgeordnete und ehemalige Abgeordnete des Parlamentarischen Rats Hans Reif führte die Junktim-These ins Feld.[198] Adolf Cillien, der als evangelischer CDU-Abgeordneter aus Niedersachsen die Position der Bundesregierung vertrat, lenkte kurz von der Diskussion über das Reichskonkordat ab und forderte zu mehr Toleranz gegenüber als unpopulär erachteten religiösen Überzeugungen auf.[199] Mehr noch als die mündliche Verhandlung in Karlsruhe, bei der die rechtlichen Aspekte im Mittelpunkt standen, verdeutlichte diese stundenlange Debatte auf höchster Ebene im Bonner Bundestag, was den Kontrahenten zufolge politisch und weltanschaulich zweifellos auf dem Spiel stand: die Position der katholischen Kirche innerhalb der Demokratie und Gesellschaft.[200] Das Reichskonkordat entwickelte sich in der Tat zum Präzedenzfall für den Verlauf der Grenzen zwischen Kirche und Staat. Für Kirchenkritiker, die den historischen Ballast der Kirche berücksichtigten, war es eine Frage der Grenzziehung nach amerikanischem Vorbild.[201]

Auf beiden Seiten kam es zu Fehltritten und man wird der Wahrheit wohl am nächsten kommen, wenn man den Ausgang dieser Public-Relations-Schlacht als unentschieden ansieht. Böhlers Seite profitierte von dem Verhalten des tobenden und schwadronierenden Thomas Dehler, einem der engsten Verbündeten Zinns. Dehler war in der Zwischenzeit zum Bundesvorsitzenden der FDP gewählt worden und hatte durch seine Forderung nach der Aufhebung des Reichskonkordats von 1933 und dem Abschluss eines neuen Staatskirchenvertrags seit mehr als einem Jahr für Schlagzeilen gesorgt.[202] Dehlers Partei

---

197   IFZG, ED 94-305-75, Deutscher Bundestag, 2. Wahlperiode, 1953, Drucksache 2258, Große Anfrage der Abgeordneten Melles, Dr. Reif, Petersen und Genossen betr. Verfassungsklage wegen des Reichskonkordats, 23.3.1956.

198   2. Deutscher Bundestag – 146. Sitzung, Bonn, Mittwoch, den 30. Mai 1956, S. 7758.

199   Ebd., S. 7752. Ciliens Überlegungen zum Reichskonkordat stützten sich auf Materialien, die ihm Böhler und dessen Team im Katholischen Büro in großer Eile zukommen ließen. Katholisches Büro Bonn, Tätigkeitsbericht für das Jahr 1955/1956, erstattet für die Fuldaer Bischofskonferenz 1956, September 1956, HAEK, Gen II 3.3a, 45.

200   2. Deutscher Bundestag – 146. Sitzung, Bonn, Mittwoch, den 30. Mai 1956, S. 7766.

201   Ebd., S. 7761.

202   Abschrift, Hans Berger, Aufzeichnung Betr: Äußerungen Dr. Dehlers zum Reichskonkordat, 30.4.1955, PAAA, B130, Nr. 4700A.

bildete seit 1949 gemeinsam mit der CDU/CSU die Regierungskoalition. Doch Ende Februar 1956 kam es zur abrupten Aufkündigung dieser Koalition durch die FDP-Fraktion wegen interner Bedenken, die CDU unter Adenauer habe die kleineren liberalen und konservativen Parteien gelähmt und ihre Politiker in den christlich-demokratischen Behemoth einverleibt.[203] Ein sichtlich aufgebrachter Dehler betrat am 4. März auf einer FDP-Kundgebung in Hamburg das Podium, um eine Rede vor einem überfüllten Saal zu halten. In einem spontanen Ausbruch verurteilte er Adenauers angebliche Verachtung des Parlaments und beschwor dabei Erinnerungen an die gewalttätigen Anfänge des NS-Regimes herauf: So beschrieb er die vorangegangenen Monate als eine Zeit der „Machtübernahme und Gleichschaltung durch Adenauer".[204] Direkt im Anschluss zitierte Dehler Höpker-Aschoffs Kritik bezüglich des Reichskonkordats aus dem Jahr 1949 und bezeichnete es als das Werk einer „Verbrecherbande", um dann gegen das in seinen Worten „verbrecherische Konkordat" zu wettern. In einem Versuch, aus den Karlsruher Akten, die ihm sein mittlerweile enger Freund Georg August Zinn zur Verfügung gestellt hatte, politisches Kapital zu schlagen, behauptete Dehler, dass die nun vorliegenden Akten beweisen würden, „daß man damals [von der Seite des Vatikans] mit der Möglichkeit spekulierte, mit Hitler einen kleriko-faschistischen Staat in Deutschland errichten zu können."[205] Als die KNA später Druck ausübte und konkrete Beweise verlangte, bemerkte Dehler lediglich stammelnd, der Nationalsozialismus sei in Bayern entstanden. Er fügte unter Stottern hinzu, dass Kardinal Faulhaber einmal „ein Hohes Lied auf Hitler" gesungen habe in der Hoffnung, mit „diesem Verbrecher zu paktieren."

Dehler wurde über Nacht zum Objekt bundesweiten Hohns. Seine Todsünde bestand darin, dass er mit seinem Angriff auf das Konkordat auch eine Schmähung seines Architekten, Papst Pius XII., vorgenommen hatte. Für das

---

203 Bösch, *Adenauer-CDU*, S. 174–194; Wengst, *Thomas Dehler*, S. 279–291.

204 Die Darstellungen und Wiedergaben seiner Rede variieren, da Dehler teilweise improvisierte und zudem immer wieder durch Beifall, Gelächter und Zwischenrufe unterbrochen wurde. Für unterschiedliche Perspektiven vgl. Auszug aus der Hamburger Rede Dr. Dehlers, gehalten am 4. März 1956, ADL, NL Dehler, N1-3086; „Das Unergründliche in Herrn Thomas Dehler: FDP-Chef verteilt Kinnhaken nach allen Seiten", in: *Hamburger Echo*, 5.3.1956, ADL, NL Dehler, N1-2598. Für weitere Reaktionen vgl. Schollwer, *„Gesamtdeutschland"*, S. 177 f.

205 Thomas Dehler an Georg August Zinn, 18.1.1956; Georg August Zinn an Thomas Dehler, 24.1.1956; Barwinski an Thomas Dehler, 7.2.1956, ADL, NL Dehler, N1-3086. In diesem Schriftwechsel verwenden Zinn und Dehler in der Einleitung den Vornamen des jeweils anderen und duzten sich durchweg. Für seine Zitate siehe: „Ich gebe keine Antwort': Dehler besteht auf Verdächtigungen des Vatikans und Reichskonkordats", in: *Kirchenzeitung für das Erzbistum Köln*, 11.3.1956, ADL, NL Thomas Dehler, N1-2598.

politische Establishment Deutschlands war Pius XII. weithin eine unantast-
bare Ikone wegen seines Einsatzes für die besiegten Deutschen in den späten
1940er Jahren. Es war schlimm genug, dass fast die gesamte deutsche Presse,
einschließlich des *Spiegel*, Dehlers Unverschämtheit und Taktlosigkeit verurteilte.[206] Die KNA verbreitete sogar einen Artikel über Klagen von Kardinal
Frings, der sich erst einige Tage zuvor mit dem Pontifex getroffen hatte. Hätte
er von diesen „unerhörten Angriffen einer führenden politischen Persönlichkeit in Deutschland" vor seiner päpstlichen Audienz erfahren, hätte Frings
nach eigener Aussage „die Augen beschämt zu Boden richten müssen."[207] Doch
der tumultartige Empfang, der Dehler eine Woche später im traditionsreichen
Hackerkeller in München erwartete, war wohl noch deutlich schlimmer und
markierte einen Tiefpunkt (von mehreren) in seiner politischen Karriere in
der Nachkriegszeit. Seine Wahlkampfrede vor hunderten von Bier trinkenden
Bayern wurde von den lautstarken Buhrufen und Pfiffen aus dem Publikum
übertönt. Dehler musste die Flucht antreten und laut eines Zeitungsberichts
war er auf den Geleitschutz einer Hundertschaft Polizisten angewiesen.[208]
Das katholische Milieu hatte seine Aufgabe gut erfüllt. Die Gläubigen hatten
ihrer Wut Ausdruck verliehen und Dehler war außer Gefecht gesetzt worden.
Diese Reaktion wurde zur Schablone für die Strategien, die sieben Jahre später
gegen Rolf Hochhuth zum Einsatz kommen sollten, um die Ehre des Papstes
zu verteidigen.

Von Dehlers Fiasko einmal abgesehen zeichnete sich in den Massenmedien
jedoch allmählich ab, dass sich das Blatt im folgenden Jahrzehnt gegen die
katholische Kirche wenden würde. Drei Tage nach Abschluss der mündlichen Verhandlung in Karlsruhe stellte *Der Spiegel* unter Beweis, dass er ein
aufstrebender Akteur der vierten Gewalt war. Die Redaktion veröffentlichte

---

206   „Scharfe Attacke Dehlers gegen den Bundeskanzler: Rede im überfüllten Curiohaus", in:
       Hamburger Abendblatt, 5.3.1956; „Wieder scharfe Angriffe Dehlers. Rede auf dem Parteitag
       in Hamburg. ‚Verbrecherisches Konkordat'", in: *FAZ*, 5.3.1956; „Ehrenbürger Dehler: Von
       Thomas und Caesar", in: *Der Spiegel*, 21.3.1956; Wengst, *Thomas Dehler*, S. 7.
207   Bundesjustizminister, bzgl. des Reichskonkordat, (kein Verfasser oder Datum genannt,
       aber folgende Notiz: 7. März, Papstfeier der deutschen Gemeinde in Rom), HAEK,
       Bestand Katholisches Büro I, #107, Presseberichte zu Thomas Dehler.
208   „Werkvolk-Präses rettet Dehler-Versammlung: Bayern protestieren auf ihre Art gegen
       Beleidigung der Katholiken – Msgr. Maier als ‚Salomon'", in: *Echo der Zeit*, 11.3.1956; „Dehler
       in München ausgepfiffen: Tumulte um eine Wahlrede – Katholischer Geistlicher rettet
       Versammlung", in: *Bonner Rundschau*, 13.3.1956; „Schwerer Tumult um Dehler: Politische
       Gegner schrien den FDP-Vorsitzenden nieder", in: *Die Welt*, 13.3.1956; „In München bekam
       Dehler eine Quittung", in: *Deutsche Tagespost*, 16.–17.3.1956. Für einen besonders ver-
       ärgerten Brief vgl. Päpstlicher Hausprälat Karl Nissl an Thomas Dehler, 11.3.1956, ADL, NL
       Thomas Dehler, N1 – 1556.

einen mehrseitigen Artikel über die Geschichte des Reichskonkordats mit dem Untertitel „Geheime Freuden", was eine Anspielung auf Hitlers Jubel angesichts der Vorteile, die ihm das Konkordat eingebracht hatte, war.[209] Der Beitrag war offenkundig das Ergebnis monatelanger Recherche. Die Autoren arbeiten mit umfangreichen Direktzitaten aus den Akten des Auswärtigen Amts. In mindestens einem Fall übernehmen sie eine Passage direkt aus Deuerleins Werk.[210] Doch ihr Beitrag hat einen zunehmend scharfen und kritischen Ton. Auch wenn sie Dehler abschätzig als „Brausekopf" bezeichnen, stützen sie sich in weiten Strecken auf direkt zitierte Aussagen Höpker-Aschoffs sowie Dehlers und scheinen deren Argumenten insgesamt Glauben zu schenken. Die Autoren betonen die freudige Hinwendung der Katholiken zum neuen Regime, um dadurch ihr langersehntes Ziel der Gewährleistung der Bekenntnisschulen zu verwirklichen. Aus den neu erschlossenen Unterlagen sei laut *Spiegel* ersichtlich, „warum der Heilige Stuhl so hartnäckig an dem 1933er Konkordat mit seinen braunen Hypotheken festhält." Die Autoren mutmaßen, dass der Vatikan so „weitgehende Zugeständnisse, wie er sie von Hitler bekam [...] in einem Land wie Deutschland, das zu zwei Dritteln protestantisch ist, nie wieder bekommen" würde.

Die Entscheidung des Bundesverfassungsgerichts, 4. Juni 1956–26. März 1957

Die fünftägige mündliche Verhandlung vor dem Bundesverfassungsgericht vom 4. bis 8. Juni 1956 war eine meisterhafte Darbietung mit viel Glanz und Gloria. Einem der zahlreichen nach Karlsruhe angereisten Journalisten zufolge seien niemals zuvor so viele hochkarätige Anwälte und staatliche Würdenträger vor dem Verfassungsgericht erschienen.[211] Das Verfahren wurde von Adolf Arndt beherrscht, dessen meisterhafter Auftritt von der Gegenseite unerreicht blieb. Karl Bechert hatte nicht ganz unrecht, als er nach Abschluss

---

209   „Reichskonkordat: Geheime Freuden", in: *Der Spiegel*, 13.6.1956.

210   *Der Spiegel* schrieb: „Am 30. April 1920 überreichte Diego von Bergen, bis dahin preußischer Gesandter beim Vatikan, dem Papst sein Beglaubigungsschreiben als Botschafter des Deutschen Reiches." Deuerlein hatte geschrieben: „Am 30. April überreichte der erste Botschafter des Deutschen Reiches beim Hl. Stuhl, Diego von Bergen, sein Beglaubigungsschreiben." KNA-Sonderbeilage Reichskonkordat, Ernst Deuerlein, Überblick über die Geschichte des Reichskonkordats vom 20.7.1933, CUA, NL Muench, Box 59, Folder 8, Mai 1956.

211   Zeitungsausschnitt, Autor unbekannt, „Ein unsichtbarer Angeklagter: Der Rechtsstreit um die Gültigkeit des Konkordats", in: *Deutsche Zeitung*, 9.6.1956, HHSTA, 504–7559b.

der Verhandlung gegenüber Zinn bemerkte, dass die hessische Delegation in Karlsruhe „bei weitem die nach Vorbereitung und Argumenten" beste Delegation gewesen sei.[212]

Letztendlich hatte Arndt begriffen, was den anderen entgangen war: Die vor dem Gericht verhandelte Frage hatte sich seit der Klageerhebung der Bundesregierung gegen Niedersachsen im März 1955 grundlegend verändert. So wichtig das konfessionelle Gleichgewicht in den Schulen auch gewesen sein mochte, es wurde von zwei größeren Streitpunkten in den Hintergrund gedrängt: zum einen dem Föderalismus und zum anderen der Rechtmäßigkeit von Verordnungen und Gesetzgebung wie dem Ermächtigungsgesetz, die Hitler genutzt hatte, um seine Diktatur hieb- und stichfest zu machen.

Letzteres streifte naturgemäß das Territorium der Historiker. Wenn auch kein Historiker, nicht einmal Karl Dietrich Bracher, in Karlsruhe eine Aussage vor Gericht gemacht hatte, war doch beiden Seiten klar, dass Bracher und die hessische Landesregierung die Weichen für die zukünftige historische Forschung gestellt hatten.[213] Wie Deuerlein gegenüber Böhler anmerkte: „Obwohl das Urteil im Konkordats-Prozess gefällt ist, ist damit zu rechnen, dass die Diskussion im Sinne Brachers anhält."[214] Diese Verschiebung des Schwerpunkts der Auseinandersetzung selbst vor dem Bundesverfassungsgericht spiegelte zahlreiche Kämpfe um die katholische Vergangenheit wider. Was als Stellvertreterkrieg begonnen hatte, verselbstständigte sich nun unaufhaltsam und entwickelte eine ganz eigene Dynamik.

Diese Erkenntnis kann erklären, weshalb sich nur sechs Wochen nach der mündlichen Verhandlung ein neuer Streit zwischen Böhler und der hessischen Landesregierung über die Entstehungsgeschichte des Reichskonkordats in der Presse entzündete. Ende Juli stellte die hessische Staatskanzlei in einer Pressemitteilung die Behauptung auf, Böhler habe öffentlich darauf bestanden, dass das Reichskonkordat das Ergebnis langwieriger Verhandlungen während der Weimarer Republik und die Idee Hindenburgs gewesen sei.[215] In der Pressemitteilung hieß es ferner, Hitler sei die treibende Kraft hinter dem Staatsvertrag

212 Karl Bechert an Barwinski, 19.6.1956, ASD, NL Karl Bechert, Mappe 141.
213 Bericht über den Konkordatsstreit, 30.3.1957, HHSTA, 502–6283, Barwinski.
214 Ernst Deuerlein an Wilhelm Böhler, 1.4.1957, BSB, NL Deuerlein, ANA 463, I, I, Böhler, Wilhelm.
215 Zeitungsausschnitt, „Prälat Böhler: Konkordat entspricht Weimarer Verfassung", in: *Offenbach-Post*, 26.7.1956, HHSTA, 502–7559b; Staatskanzlei, Pressestelle, Wiesbaden, Pressenotiz, 26.7.1956, HHSTA, 502–6288; Zeitungsausschnitt, „Hessische Staatskanzlei: Ansicht Prälat Böhlers in krassem Gegensatz zu Aktenmaterial", in: *Offenbach-Post*, 28.7.1956; Zeitungsausschnitt, „Hessen lehnt Böhlers Thesen ab: Stellungnahme der Staatskanzlei zur Gültigkeit des Konkordats", in: *Die Welt*, 28.7.1956, HHSTA 504–7559b.

gewesen, den er als Notwendigkeit in seinem Kampf gegen das „internationale Judentum" angesehen habe. In einem Versuch, die Darstellung zu korrigieren, pochte Böhler darauf, dass die Hessen seine Worte verdreht hätten. Er habe gesagt, von Papen habe den Vertrag „auf Veranlassung des Reichspräsidenten von Hindenburg" unterzeichnet.

Um die Entstehungsgeschichte des Vertrags wurden im Zusammenhang mit dem Bundesverfassungsgericht Intrigen gesponnen, während es gleichzeitig innerhalb des Gerichts zu einer Spaltung kam. Es dauerte in der Folge fast zehn Monate, bis die Richter sich zu einer Entscheidung mit einer knappen fünf zu vier Mehrheit durchringen konnten.[216] Während diese Spaltung nicht allen Beteiligten bewusst war, versuchten andere ganz offensichtlich, ihre gemeinsame Beziehung zur katholischen Kirche auszunutzen. Ernst Deuerlein führte nach Abschluss der Verhandlung ein ausführliches Telefonat mit dem katholischen Bundesverfassungsrichter und Verfasser des Urteils, Anton August Hennecka, der zudem der CDU nahe stand.[217] In einem himmelschreienden Bruch seiner Geheimhaltungspflicht fand Hennecka anscheinend überaus lobende Worte für das Buch des Historikers und erzählte ihm, dass die Anerkennung des Reichskonkordats durch den Zweiten Senat des Bundesverfassungsgerichts beschlossene Sache sei.[218] Außerdem soll Deuerlein von Hennecka erfahren haben, dass ein Urteil bis Ende September oder Anfang Oktober zu erwarten sei.[219] „Ich würde mich freuen", sprudelte es aus Deuerlein in einem Brief an Böhler heraus, „wenn auch meine Arbeit ihren Teil zu einer glücklichen Entscheidung in Karlsruhe beitragen könnte."[220]

Doch Ende Oktober erfuhr Deuerlein von Hennecka, dass die Beratungen der Richter ohne Mehrheitsurteil zu einem Stillstand gekommen waren und feststeckten.[221] Auch Papst Pius XII. hatte die Nachricht erreicht, dass die Urteilsfindung des Gerichts vorläufig gescheitert war.[222] Anfang Dezember dachte der beunruhigte Papst über drastischere Schritte nach. Er zog in Betracht, in einer Stellungnahme die Drohung auszusprechen, bei einer fortdauernden

216 Repgen, „Der Konkordatsstreit", S. 205 f.

217 Ernst Deuerlein an Wilhelm Böhler, 14.7.1956, BSB, NL Deuerlein, Ana 463.I, i, Böhler, Wilhelm.

218 Zu Henneckas Rolle vgl. Repgen, „Bundesverfassungsgerichts-Prozesse", S. 863–881, hier 875 f.

219 Ernst Deuerlein an Wilhelm Böhler, 14.7.1956, BSB, NL Deuerlein, Ana 463.I, i, Böhler, Wilhelm.

220 Ebd.

221 Ernst Deuerlein an Wilhelm Böhler, 24.10.1956, BSB, NL Deuerlein, Ana 463.I, i, Böhler, Wilhelm.

222 Abschrift, Aufzeichnung, Betr: Besuch bei Pro-Staatssekretär Tardini, R. Salat, Rom, den 12.12.1956, PAAA, B130, 5445A.

Verzögerung in Karlsruhe seine Pflichten nach dem Reichskonkordat aus-
zusetzen.[223] Dabei handelte es sich keineswegs um eine leere Drohgebärde.
Gemäß Artikel 11 des Reichskonkordats war der Vatikan verpflichtet, alle gegenwärtigen Diözesanzirkumskriptionen anzuerkennen. Zudem erforderten
Änderungen, die über die Grenze eines deutschen Landes hinausgingen, nach
dem Konkordat die Zustimmung der Reichsregierung. Eine einseitige päpstliche Änderung der deutschen Diözesanzirkumskription entlang der Grenze
zu Polen und der DDR, die der Papst bei einer Aussetzung des Konkordats
hätte herbeiführen können, hatte daher das Potenzial die Außenpolitik der
Bundesrepublik zu erschüttern, da die Bonner Regierung bis dato weder den
ostdeutschen Staat noch die Grenze zu Polen anerkannt hatte.[224] Tatsächlich
geht es in dem Entwurf eines Briefs an den Vize-Präsidenten des Zweiten Senats,
der jedoch nie abgeschickt wurde, explizit um dieses Szenario.[225] Drohungen
dieser Art führten dazu, dass im Auswärtigen Amt Alarm geschlagen wurde.
Aus Angst, dass eine solche Stellungnahme des Heiligen Stuhls als Erpressung
ausgelegt und zu einem gefundenen Fressen für die Oppositionspresse werden
könnte, setzte sich einer der beunruhigten Diplomaten, Wilhelm Grewe, mit
Hans Kutscher in Verbindung, der kurz zuvor zum Richter des Zweiten Senats
ernannt worden war.[226] Grewe konnte jedoch in Erfahrung bringen, dass diese
politischen Bedenken in den Erwägungen des Bundesverfassungsgerichts
keine Rolle spielen würden. Das Urteil der Diplomaten: Der Heilige Stuhl solle
weiteren Druck unterlassen und die Sache ruhen lassen.

   Dieser weise Ratschlag wurde zwar tatsächlich befolgt, doch er konnte nicht
verhindern, dass ein letztes Mal zu Tricksereien gegriffen wurde. Weniger als
eine Woche vor der Urteilsverkündung Ende März 1957 reiste im Auftrag des
Nuntius Aloisius Muench dessen deutscher Mitarbeiter und Konkordats-
experte, Monsignore Bernhard Hack, nach Karlsruhe, um den Verfassungsrichter Willi Geiger zu treffen, den Muench in seinem Tagebuch als „a good
Catholic" beschreibt.[227] Wie Muench erfuhr, war Geiger uneins („at odds")
mit einer Gruppe von Richtern, die „not friendly to the church" waren. Wie

---

223 Telegramm, Jaenicke an das Auswärtige Amt in Bonn, 12.12.1956, PAAA, B130, 5445A; vgl.
     ebenso, Abschrift, Aufzeichnung, R. Salat, 12.12.1956, PAAA, B130, 5445A.
224 Entwurf eines Schreibens an Dr. Rudolf Katz, kein Verfasser oder Datum, aber offensicht-
     lich zwischen dem 12.12.1956 und 15.1.1957 verfasst, PAAA, B130, 5445A.
225 Ebd.
226 Vermerk, Hans Berger, Abteilung 5, Bonn, den 16.1.1957, PAAA, B130, 5445A.
227 Muench, Tagebucheintrag vom 22.3.1957, CUA Archives, Muench Papers, Box 1, Folder 20;
     vgl. auch die nicht gänzlich akkurate Darstellung von Spotts, *Churches and Politics*, S. 218,
     dortige Fußnote.

Muench bei der offiziellen Urteilsverkündung herausfinden sollte, verhieß dieser Umstand nichts Gutes.[228]

Das am 26. März 1957 verkündete achtseitige Urteil des Bundesverfassungsgerichts war das Ergebnis schmerzhafter Kompromisse. Das Gericht äußerte sich zu einigen von den Parteien vorgetragenen Punkten direkt, umging andere und formulierte wieder andere bewusst undeutlich. Mithilfe eines vernebelnden Kunstgriffs erklärten die neun Richter, das Reichskonkordat sei gültig zustande gekommen. Obwohl das Ermächtigungsgesetz gemessen an den Vorschriften der Weimarer Reichsverfassung ungültig gewesen sei, müsse es als „Stufe der revolutionären Begründung der nationalsozialistischen Gewaltherrschaft angesehen werden."[229] In einem Akt meisterhafter Verschleierung bezeichneten die neun Richter Hitlers angehende Diktatur als „eine neue Kompetenzordnung", die „international anerkannt" gewesen sei. Bereits vor der Unterzeichnung durch Pacelli sei von Hitlers Regierung „eine Reihe von völkerrechtlichen Verträgen geschlossen worden" gemäß den Bestimmungen des Ermächtigungsgesetzes.[230] Das Gericht führte weiter aus, man könne die Existenz einer „neuen Kompetenzordnung" zwar nicht bejahen, wohl „aber den unter dieser Kompetenzordnung gesetzten Staatsakten und Normen die Geltung versagen." Die auf ihrer Grundlage erlassenen Gesetze könnten jedoch nur für ungültig erklärt werden, wenn sie gegen etablierte Grundprinzipien des Rechts verstoßen. „In dieser Hinsicht", so die Richter, „können Bedenken gegen das Reichskonkordat nicht erhoben werden." Die Rechtmäßigkeit und Gültigkeit des Konkordats war aus Sicht des höchsten deutschen Gerichts aus drei Gründen unbestritten: Die Alliierten hatten es nicht für ungültig erklärt, die Bundesrepublik war der Nachfolgestaat des Deutschen Reichs und Artikel 123 des Grundgesetzes sah die Fortgeltung bestehender völkerrechtlicher Verträge bis zum Abschluss neuer Verträge vor.[231]

Doch Böhlers Freude bei der Lektüre des Urteils war nur von kurzer Dauer. Denn das Bundesverfassungsgericht stärkte ebenso die Rechte der Länder und urteilte, dass die Bundesregierung die Länder nicht zur Einhaltung der Schulklausel des Reichskonkordats zwingen könne, da das Grundgesetz das Schulwesen der ausschließlichen Kompetenz der Länder zugewiesen habe.

---

228 Muench, Tagebucheintrag vom 26.3.1957, CUA Archives, Muench Papers, Box 1, Folder 20. Für Berichterstattung in der Presse siehe: Zeitungsausschnitt, „Kulturhoheit der Länder trotz Konkordat. Der Vertrag mit dem Vatikan gültig/Entscheidung des Bundesverfassungsgerichts", in: *FAZ*, 27.3.1957, HHSTA, 504–7559b.

229 „Das Urteil des Bundesverfassungsgerichts vom 26. März 1957", in: Giese/Frhr. von der Heydte (Hg.), *Der Konkordatsprozess, IV*, S. 1685.

230 Ebd., S. 1686.

231 Ebd., S. 1685 f.

Das Gericht könne daher nicht darüber befinden, ob Niedersachsen gegen Artikel 23 des Reichskonkordats verstoßen habe.[232] Das Bundesverfassungsgericht wies den Antrag der Bundesregierung dementsprechend zurück. Arndts Berufung auf den Föderalismus hatte sich durchgesetzt. Die Bundesregierung verlor den Rechtsstreit über das Schulsystem, obwohl – was an Ironie kaum zu übertreffen war – die Fragezeichen hinsichtlich des Rechtsstatus des Reichskonkordats verschwunden waren.[233] Das Reichskonkordat ist bis heute in Kraft und Niedersachsen setzte der leidigen Frage der Konfessionsschulen endlich ein Ende, als es am 26. Februar 1965 sein eigenes Konkordat mit dem Heiligen Stuhl abschloss.[234]

Das Bundesverfassungsgericht veröffentlichte damals weder abweichende Rechtsauffassungen noch machte es Angaben dazu, welche Richter eine andere Auffassung vertraten. Muench und Hack konnten diese Hürde jedoch schnell umgehen, indem Hack sich mit mindestens zwei katholischen Richtern, Willi Geiger und Ernst Friesenhahn, traf.[235] Am 30. März konnte er Muench berichten, dass vier katholische Richter gegen das Urteil gestimmt und, was noch wichtiger war, ihrem Vorgesetzten eine nicht unterzeichnete Kopie ihrer abweichenden Meinung zur Verfügung gestellt hatten.[236] Laut dem Journalisten Frederic Spotts übergab Friesenhahn Hack persönlich eine Kopie der abweichenden Meinung, die er zusammen mit Geiger und einem weiteren Richter, Julius Federer, verfasst hatte.[237] Muench zog in Betracht, eine Veröffentlichung des inoffiziellen Schreibens in der katholischen Zeitschrift *Herder Korrespondenz* in die Wege zu leiten.[238] Die Mehrheit der Richter waren jedoch alles andere als erfreut über diese Verletzung des

---

232   Ebd., S. 1712.

233   Böhler an die Redaktionen der Kirchenblätter, 20.3.1957, HAEK, Bestand Katholisches Büro Bonn, I, #125, Korrespondenz zum Prozess über die Geltung des Reichskonkordats.

234   www.vatican.va/roman_curia/secretariat_state/archivio/documents/rc_seg-st_ 19650226_concordato-sassonia-inf_ge.html (acc.15.6.2016).

235   Spotts, *Churches and Politics*, S. 218.

236   Vgl. „Abweichende Meinung – gemeinsam mit BVerfR Prof. Friesenhahn und BVerfR Dr. Federer ausgearbeitet – zum Urteil des Bundesverfassungsgerichts vom 26. März 1957 in dem Verfassungsrechtstreit zwischen der Bundesregierung und der Landesregierung des Landes Niedersachsen betreffend die Vereinbarkeit des Niedersächsischen Schulgesetzes mit dem Reichskonkordat – 2 BvG 1/55", in: Geiger (Hg.), *Abweichende Meinungen*, S. 75–112. Zu dieser abweichenden Meinung vgl. Repgen, „Der Konkordatsstreit", S. 203 f.

237   Spotts, *Churches and Politics*, S. 218. Obwohl Spotts keine Quellennachweise aufführt, erhielt er diese Information vermutlich durch eine der Personen, die er für sein Buch interviewt hatte.

238   Muench, Tagebucheintrag vom 30.3.1957, CUA Archives, Muench Papers, Box 1, Folder 20.

Beratungsgeheimnisses[239] und zwangen Muench zur Rückgabe der Kopie, die daraufhin bis 1979 unter Verschluss blieb.[240]

Schlussfolgerung

Aus diesem richtungsweisenden Fall lässt sich eine unmittelbare Schlussfolgerung ziehen: Die Kämpfe über das Reichskonkordat entstanden aus den tagtäglichen Auseinandersetzungen über die Bekenntnisschulen und erreichten Mitte der 1950er eine derartige Intensität, weil sie im Grunde Stellvertreterkriege für zwei größere miteinander zusammenhängende Fragen waren: 1.) Wo sollten die Grenzen zwischen Kirche und Staat rechtlich gezogen werden? 2.) Wie sollte sich die Kirche politisch und weltanschaulich in einer demokratischen Gesellschaft positionieren? Auf diese Fragen gab es keine einfache Antwort, auf die sich in den turbulenten ersten Jahren der Bundesrepublik alle hätten einigen können. Die zwischen dem Ende der 1940er und Mitte der 1950er Jahre folgende Auseinandersetzung über diese beiden Fragen bezog sich unmittelbar auf die ideologischen Frontlinien zwischen Liberalen, Katholiken, Sozialdemokraten und Kommunisten in der frühen Bundesrepublik. Es waren dieselben wie in der Weimarer Republik.

Die Parteien und Netzwerke nahmen sich dieser Fragen als erstes und auf Bundesebene an. Dieser Umstand sollte seine Spuren in der künftigen Forschung über die Kirchen im Nationalsozialismus hinterlassen. Am deutlichsten schlug sich dies in der Themenauswahl nieder. Da sowohl die Bekenntnisschulen als auch das Reichskonkordat als spezifisch katholische Angelegenheiten betrachtet wurden, wurde der Reaktion der katholischen Kirche auf den Nationalsozialismus von der zeitgeschichtlichen Forschung unverhältnismäßig viel Aufmerksamkeit geschenkt – und nicht den evangelischen Kirchen. Die meisten namhaften Protestanten beteiligten sich entweder nicht an den Kontroversen, weil ihre Interessen nicht auf dem Spiel standen, oder sie stellten sich gegen die katholischen Standpunkte.

Die Debatten über konfessionell getrennte Schulen waren darüber hinaus eng verbunden mit Fragen der religiösen Toleranz und Glaubensfreiheit. Auch diese Fragen wurden in der Folge von der Forschung über die katholische Vergangenheit aufgegriffen. Wie hätte es auch anders sein können? Diese Fragen

---

239 Für einen indirekten Beleg hierfür vgl. Gerhard Leibholz an Konrad Müller, 11.4.1957, NSLA, VVP 10 (Dep.= Nr. 125H).

240 Die abweichende Meinung wurde 1979 schließlich veröffentlicht, vgl. Friesenhan, „Geltung des Reichskonkordats", S. 151–180.

waren tief verwurzelt im kollektiven Gedächtnis wie auch in der Erinnerung des Einzelnen an traumatische Erfahrungen in der Vergangenheit, darunter an das „Dritte Reich", an den Kulturkampf und an die Gegenreformation. Die Hervorhebung von Beispielen der Verfolgung oder des Unrechts brachte daher in den ersten zehn Jahren der Bundesrepublik immer wieder unangenehme Parallelen zum Vorschein. Waren die Verstöße Niedersachsens gegen das Reichskonkordat und die Religionsfreiheit deutscher Katholiken denen der Nationalsozialisten nicht sehr ähnlich? Und trat nicht die römisch-katholische Kirche durch ihren Stellvertreter, die CDU/CSU, die Rechte der Protestanten mit Füßen?

Die Auswirkungen der mündlichen Verhandlung erstreckten sich auf noch mehr als die Themenwahl und die Art der Darstellung. Die öffentlichen Debatten im Bonner Bundestag und im Karlsruher Gerichtssaal machten es für die Redner erforderlich, die Beteiligten in „unsere Seite" und „die andere Seite" aufzuteilen. Auch für die Beteiligten an den historischen Debatten in den folgenden Jahren und Jahrzehnten, selbst für diejenigen, die keine Politiker waren, wurden Dichotomien dieser Art zu fest etablierten Kategorien. Bei Neuzugängen wurde unverzüglich Alarm geschlagen – handelte es sich um einen Freund oder Feind?

Die Folgen waren absehbar. Die Argumente für und gegen das Reichskonkordat, die zunächst 1949 im Parlamentarischen Rat, dann erneut im Vorfeld des Prozesses in Karlsruhe und schließlich während der mündlichen Verhandlung vorgebracht worden waren, veränderten sich über die nächsten zehn Jahre kaum, egal wie viele neue empirische Beweise aus den Archiven und Bibliotheken Europas ans Licht gebracht wurden. Verteidiger des Reichskonkordats machten weiterhin geltend, der Vertrag habe katholische Rechte und Privilegien sichergestellt – ein wesentlicher Eckpfeiler der Verteidigung, der sich bis auf Papst Pius XII. zurückverfolgen lässt. Kritiker hielten hingegen an der Junktim-These fest. 1977 machte der evangelische Historiker und FDP-Politiker Klaus Scholder diese Argumentationslinie zum Herzstück seiner gewaltigen, in zwei Bänden erschienenen und 1.200 Seiten zählenden Darstellung *Die Kirchen und das Dritte Reich*.[241] Die Junktim-These wird auch in Werken aus diesem Jahrhundert noch vertreten.[242]

Die Verfechter des Reichskonkordats konnten die Ironie der Situation gar nicht übersehen. Indem sie das umstrittene Thema des Schulsystems und des Staatskirchenvertrags vor Gericht gebracht hatten, bekamen Politiker, Journalisten und Historiker des eher kritischen Schlags Wasser auf die Mühlen,

---

241 Scholder, *Die Kirchen und das Dritte Reich, I*, und *II*.
242 Patch, *Heinrich Brüning*; Ventresca, *Soldier of Christ*, S. 79.

um die Rolle der katholischen Kirche sowohl in der Vergangenheit als auch Gegenwart anzugreifen. Die Verteidiger des Reichskonkordats boten somit ein anschauliches Beispiel dafür, wie man auch in eine noch so gut vorbereitete Grube selbst hineinfallen kann. Denn sie hatten ungewollt dazu beitragen, die zwischen 1945 und 1949 so sorgfältig herausgearbeiteten katholischen Widerstandsnarrative zu entkräften. Die historischen Kontroversen der darauffolgenden sieben Jahre waren durch den richtungsweisenden Fall vor dem Bundesverfassungsgericht im Jahr 1956 inspiriert oder zumindest beeinflusst. Für diejenigen, die Interesse an der Rolle der katholischen Kirche im Jahr 1933 hatten, war die mündliche Verhandlung in Karlsruhe nicht der Höhepunkt, sondern lediglich der Auftakt.

KAPITEL 4

Generationenkonflikte und die Kontroverse um Böckenförde

In der ersten Februarwoche 1961 schlug eine Neubewertung des Verhaltens der katholischen Kirche im Jahr 1933 „wie ein Blitz" ein.[1] Unter dem Titel „Der deutsche Katholizismus im Jahre 1933: Eine kritische Betrachtung" beschäftigt sich der Autor akribisch mit der politischen Rolle der katholischen Kirche in der Vergangenheit und Gegenwart.[2] In diesem Artikel vertritt er nicht nur die Ansicht, die Loyalität der katholischen Kirche gegenüber republikanischen Staatsformen sei fragwürdig gewesen – und bleibe es weiterhin. Er liefert auch eine lange Liste kompromittierender Zitate von Kardinälen, Bischöfen, Theologen an Hochschulen und Laienführern, die 1933 begeistert zur Unterstützung und Mitarbeit am neuen nationalsozialistischen Staat aufgerufen hatten.[3]

Auch die unerwartete Urheberschaft dieses Artikels löste unmittelbar Schockwellen aus. Wäre diese 24-seitige Analyse der Vergangenheit und Gegenwart in protestantisch-sozialdemokratischen intellektuellen Kreisen entstanden, so wie die meisten kirchenkritischen Beiträge im Zuge der Reichskonkordatskontroverse, wäre sie wohl als Parteipropaganda kategorisiert und für spätere Auseinandersetzungen mit der konfessionellen und politischen Opposition gegen Adenauers CDU aufbewahrt worden. Doch stattdessen stammte der Artikel aus der Feder eines 30 Jahre alten Katholiken, der nach seiner ersten rechtswissenschaftlichen Promotion kurz vor dem Abschluss einer zweiten, geschichtswissenschaftlichen Dissertation stand und dem eine steile Karriere als renommierter Staatsrechtler, Hochschullehrer und Bundesverfassungsrichter bevorstand. Ebenso verblüffend war die Veröffentlichung des Beitrags in der angesehenen katholischen Zeitschrift *Hochland*, die für ihren hohen intellektuellen Anspruch bekannt war.

Dieser Artikel von Ernst-Wolfgang Böckenförde wurde in den nachfolgenden zwei Jahren zum heißen Diskussionsthema in zahlreichen führenden

---

1 Dies sind die Worte Konrad Repgens zit. nach Böckenförde, *Katholizismus. Kirche und demokratisches Ethos*, S. 14.
2 Böckenförde, „Der deutsche Katholizismus im Jahre 1933", S. 215–239.
3 Ebd. Diese belastenden Aussagen stammten von Franz von Papen, Ildefons Herwegen, Conrad Gröber, Adolph Bertram, Joseph Lortz, Karl zu Löwenstein, Michael von Faulhaber und Clemens August Graf von Galen.

© BRILL SCHÖNINGH, 2022 | DOI:10.30965/9783657701544_005

Zeitungen und Zeitschriften. *Der Spiegel* ließ überspitzt verlauten, dass es
die „rechtgläubige Zeitschrift ‚Hochland'" gewesen sei, die „ihre frommen
Seiten einem Autor geliehen habe, der unbarmherzig in einer noch schwä-
renden Katholiken-Wunde kratzte".[4] Der Artikel fuhr seinem Autor die
Rügen und wütenden Kommentare prominenter Vertreter der Kirche und
des politischen Katholizismus ein. Er brachte zudem eine derart aufgeladene
historische Kontroverse hervor, dass er zu einer nachhaltigen Veränderung
der institutionellen Landschaft zur Erforschung der katholischen Vergangenheit beitrug. Denn dieser Beitrag entwickelte sich zum Katalysator für die
Gründung der Kommission für Zeitgeschichte im September 1962, einer
noch heute bestehenden katholischen Einrichtung zur zeitgeschichtlichen
Erforschung der Geschichte des deutschen Katholizismus.

Weshalb wurde die von Böckenförde ausgelöste Kontroverse zu einem
Wendepunkt? Warum kam es gerade 1961 zu diesem Wendepunkt und nicht
bereits 1956 während des Rechtsstreits vor dem Bundesverfassungsgericht?
Es erscheint zwar naheliegend, die Gründe hierfür in den neuen Kriegs-
verbrecherprozessen zu suchen, aufgrund derer Politiker, Journalisten und
Intellektuelle mit der Verantwortlichkeit für den Aufstieg und die Verbrechen
des Nationalsozialismus ringen mussten. Doch die Reaktion auf Böckenfördes
Artikel war durch etwas ganz anders angetrieben – die politische Lage am
Ende der Adenauer-Ära. Der Zeitraum zwischen 1957 und 1962 markiert eine
Phase der politischen und religiösen Übergänge, den Beginn des Zweiten
Vatikanischen Konzils und den Auftakt der „langen sechziger Jahre". Viele
Oppositionspolitiker waren wegen der jüngsten politischen Niederlagen ver-
bittert. Obwohl die Regierungsparteien die unter CDU-Führung erzielten
Errungenschaften feierten, fürchteten sie sich gleichermaßen vor zukünftigen
Wahlverlusten. Die Gemüter waren entsprechend erregt, was Auswirkungen
auf die politischen Netzwerke hatte, die anlässlich der Auseinandersetzung
in Karlsruhe gegründet worden und nach wie vor entschlossen waren, ihren
ideologischen Rivalen in der Erforschung der katholischen Vergangenheit
zuvorzukommen.

Just in diesem Moment erfuhren diese Netzwerke mehrere Neuzugänge
in ihren Reihen. Die meisten unter ihnen waren Intellektuelle in ihren
Zwanzigern und Dreißigern und gehörten der heute oft als „45er-Generation"
bezeichneten Alterskohorte an. Diese Bezeichnung ist eine Anspielung darauf,
dass der Zusammenbruch des NS-Regimes das Weltbild dieser Generation

---

4   „Drittes Reich: Führers Prälaten", in: *Der Spiegel*, 24.5.1961.

entscheidend prägte.[5] Nach diesen Erfahrungen des Untergangs und der Bekehrung fühlten sich viele der Grundlegung eines stärkeren freiheitlich-demokratischen Fundaments verpflichtet und waren davon überzeugt, dass der Kirche dabei eine zentrale Rolle zukam.[6] Doch es bestand Uneinigkeit darüber, was genau diese Rolle beinhaltete. War die Kirche daran beteiligt gewesen, den illiberalen Impulsen einer vergangenen Zeit zu folgen und somit die Katastrophe von 1933 herbeizuführen? Oder hatte sie durch ihre Verpflichtung gegenüber der christlichen Demokratie eine Grundlage für Erneuerung geschaffen?

Das vorliegende Kapitel beleuchtet, wie die unterschiedlichen Antworten auf diese Fragen in der von Böckenfördes Artikel ausgelösten Kontroverse gipfelten. Es erläutert zunächst, wie die besagten Neuzugänge eine Ver-änderung des Netzwerks in Gang setzten, das von Prälat Wilhelm Böhler ursprünglich für den Reichskonkordatsprozess von 1956 gegründet worden war. Im Anschluss wird dargestellt, wie eine Handvoll junger linkskatholischer Intellektueller dem Vorbild der Kirchenkritiker vor dem Bundesverfassungs-gericht folgte und sich in die jüngste katholische Vergangenheit vertiefte. In einem dritten Schritt wird betrachtet, wie Ernst-Wolfgang Böckenförde seine eigene Kritik in Reaktion auf öffentliche Kontroversen über das Verhältnis zwischen Kirche und Staat entwickelte. Sodann wird untersucht, weshalb seine Kritik, obwohl sie Überlegungen aus dem Kampf um das Reichskonkordat und die Konfessionsschulen aufgriff, einen weitaus heftigeren Sturm aus-löste als ähnliche Vorwürfe von anderen Vertretern des linkspolitischen Spektrums. Schließlich wird betrachtet, wie die Böckenförde-Kontroverse die Institutionalisierung der zeithistorischen Forschung über den Katholizismus beschleunigte und dazu beitrug, bleibende Mechanismen der Exklusion und Inklusion zu schaffen.

Die Nachwirkungen des Reichskonkordatsprozesses in der zeitgeschichtlichen Forschung

Es gab einen guten Grund dafür, dass die diplomatischen und politischen Strategien der Katholiken in Rom, Berlin und Weimar während der ersten Jahreshälfte 1933 auch noch lange nach der mündlichen Verhandlung in

---

5 Böckenförde, *Katholizismus. Kirche und demokratisches Ethos*, S. 9 f. Zur „45er-Generation"
   vgl. Moses, „Forty-Fivers", S. 105–127; Moses, *German Intellectuals*, hier S. 55–73; Kersting u. a.,
   „Aufbrüche und Umbrüche", S. 7–18.

6 Rosenthal, *Hitler-Jugend Generation*, S. 97–99.

Karlsruhe eine Zielscheibe für Kirchenkritiker bildeten. Der Status der Bekenntnisschulen hing in einzelnen Bundesländern wie Niedersachsen immer noch in der Schwebe und schürte auch nach der Urteilsverkündung im März 1957 weiterhin den Groll der Betroffenen. Noch entscheidender war aber, dass der Aufruhr in Karlsruhe die Neugier der Wissenschaft geweckt hatte. Nur wenige Tage vor der Eröffnung der mündlichen Verhandlung am 6. Juni 1956 erfuhr Böhler, dass zwei bekannte deutsche Wissenschaftlicher fest entschlossen waren, sämtliche Anträge, Schriftsätze und Gutachten sowie die Protokolle der mündlichen Vorträge und das Urteil zu veröffentlichen.[7] Einer der Herausgeber, der rechtskonservative CSU-Politiker und Staatsrechtler Friedrich von der Heydte, bat sowohl den CDU-Politiker Adolf Süsterhenn als auch Böhler um ihre Unterstützung und betonte, es sei von größter Bedeutung, dass diese Dokumente von „ihrer Seite" publiziert würden.[8]

Obgleich Böhler im November 1955 Interesse an einem überschaubareren Projekt dieser Art gezeigt hatte, unterstützte er das neue Projekt in den Jahren 1957 und 1958 nur halbherzig.[9] Als umfassende Dokumentation enthielt die Publikation auch das Gutachten des Politikwissenschaftlers Karl Dietrich Bracher und dessen These, zwischen den Stimmen der Zentrumspartei für das Ermächtigungsgesetz und dem von Hitler zugesagten umfassenden Reichskonkordat bestehe ein direkter Zusammenhang.[10] Böhlers Zurückhaltung machte den Plänen der beiden Herausgeber jedoch keinen Strich durch die Rechnung. Obwohl ihre Dokumentensammlung am Ende selbst in der kleinstmöglichen Schriftart mehr als 1.800 Seiten zählte und der Verlag in München gezwungen war, sie stückweise zu veröffentlichen, erschienen die Dokumente innerhalb der nächsten zwei Jahre in insgesamt vier Bänden.[11]

7   Freiherr von der Heydte an Wilhelm Böhler, 2.2.1956, HAEK, Bestand Katholisches Büro I, #108.

8   Ebd. Zu von der Heydte siehe: „Friedrich August Freiherr von der Heydte: ein katholischer Adeliger im ‚Reich' – ein Wehrmachtsgeneral im ‚Großraum'", in: Conze (Hg.), *Europa der Deutschen*. Sein Mitherausgeber war Friedrich Giese, ein liberaler Protestant und Hochschullehrer für Rechtswissenschaft. Giese verstarb 1958 und damit über ein Jahr, bevor das fertige Werk veröffentlicht werden konnte.

9   Adolf Süsterhenn an Friedrich August Freiherr von der Heydte, 11.11.1955, HAEK, Bestand Katholisches Büro I, #108, Stellungnahmen zum Reichskonkordat; Wilhelm Böhler an Günter Olzog, 1.6.1957, HAEK, Bestand Katholisches Büro I, #109, Allgemeine Korrespondenzen zur Konkordatsfrage; Alfons Kupper an Joseph Teusch, 8.10.1958, HAEK, CR II, 1.17a, 5.

10   „Der Schriftsatz der hessischen Landesregierung vom 30. April 1956", in: Giese/Frhr. von der Heydte (Hg.), *Der Konkordatsprozess, II*, S. 609 f.; „Das Gutachten von Priv.–Doz. Dr. Karl Dietrich Bracher", in: Giese/Frhr. von der Heydte (Hg.), *Der Konkordatsprozess, III*, S. 984 f.

11   Giese/Frhr. von der Heydte (Hg.), *Der Konkordatsprozess*.

Vieles in diesen vier Bänden war so schwer verständlich, dass nur wenige Leser ohne entsprechende juristische Kenntnisse ihre Inhalte verstehen konnten. Es standen aber unmittelbar nach Karlsruhe auch noch andere Publikationsvorschläge im Raum, die bei Böhler und Ernst Deuerlein, die gerade gemeinsam ein Buch zur Entstehungsgeschichte des Reichskonkordats verfasst hatten, für einen erhöhten Puls sorgten. In der 1956er Juniausgabe der *Vierteljahrshefte für Zeitgeschichte* hatte das sieben Jahre zuvor gegründete Münchener Institut für Zeitgeschichte (IfZ) eine prägnante Analyse eines lange verschollen geglaubten Dokuments aus dem Jahr 1933 veröffentlicht.[12] Adolf Arndt hatte den neun Verfassungsrichtern während der mündlichen Verhandlung eine Kopie des Dokuments übergeben und der Öffentlichkeit zur Verfügung gestellt. Es handelte sich dabei um eine grobe Skizze des Protokolls über die verhängnisvolle Sitzung der Zentrumspartei am Nachmittag und frühen Abend des 23. März 1933, dem Tag der Abstimmung über das Ermächtigungsgesetz. Was bei Deuerlein für Verärgerung sorgte, war die Tatsache, dass der Autor des Artikels, der junge SPD-nahe Politikwissenschaftler Erich Matthias, mit diesem Sitzungsprotokoll die Junktim-These stützte.[13] Zwei Monate später berichtete Deuerlein Böhler von einem noch größeren Anlass zur Sorge. Er hatte in Erfahrung bringen können, dass Bracher und der Leiter des IfZ die Veröffentlichung der Akten des Auswärtigen Amts, die zur Vorbereitung auf den Prozess in Karlsruhe gedient hatten, beabsichtigten. Welchen Zweck Bracher mit diesen Unterlagen verfolge, schrieb Deuerlein an Böhler, „bedarf keiner Begründung."[14]

Es gab noch einen weiteren, tiefer liegenden Grund dafür, weshalb Wissenschaftler wie Bracher – der im Begriff war, auf seine wegweisende Darstellung des Zerfalls der Weimarer Republik eine bahnbrechende Untersuchung der „Machtergreifung" folgen zu lassen – sich tatsächlich auch weiterhin auf die Intrigen, Verschwörungen und Abmachungen fixierten, die als charakteristisch für den Niedergang des politischen Katholizismus galten.[15] Dieser Grund bezog sich auch nicht nur auf die Erforschung der katholischen Vergangenheit: Die wissenschaftlichen Arbeiten waren weiterhin von der Frage nach den Gründen für den Untergang demokratischer Systeme angetrieben und liefen in den katastrophalen Ereignissen von 1933 als Fixpunkt zusammen. Mitte der

---

12   Matthias, „Sitzung des Zentrums", in: *VfZ* 4 (1956), S. 302–307.

13   Ernst Deuerlein an Anton Böhm, 19.7.1956, HAEK, Bestand Katholisches Büro I, #95, Rechtsgutachten zum Reichskonkordat. Zu Matthias' Publikation vgl. Morsey, „Ende der Zentrumspartei", S. 41–45.

14   Ernst Deuerlein an Wilhelm Böhler, 8.9.1956, HAEK, Bestand Katholisches Büro I, #95, Rechtsgutachten zum Reichskonkordat.

15   Bracher u. a., *Machtergreifung*; Matthias/Morsey (Hg.), *Ende der Parteien*.

1950er Jahre war ein Interesse für die Prozesse am Beginn von Diktaturen für deutsche Wissenschaftler weniger riskant als die Frage nach ihrer eigentlichen Funktionsweise. Diejenigen, die Letzteres untersuchten, stützten ihre Studien in der Regel auf Totalitarismustheorien, die tödliche Strukturen betonten und individuelle Verantwortung herunterspielten.[16] Die Erinnerungen an die Entnazifizierung waren noch frisch und die Spruchkammerverfahren der unmittelbaren Nachkriegszeit hatten eines verdeutlicht: Eine Beleuchtung dessen, was sich zugetragen hatte, nachdem die Nationalsozialisten erst einmal die Macht gekommen waren, würde auch die unterschiedlich tiefe Verstrickung von Millionen von Menschen in die Machenschaften der Nationalsozialisten ans Licht bringen. Es war daher sicherer, die Fehltritte der Männer, die im Frühjahr 1933 an den Hebeln der Macht gesessen hatten, zu sezieren, so etwa die Schritte Paul von Hindenburgs oder des ehemaligen Vorsitzenden der Zentrumspartei, Ludwig Kaas, die beide bereits verstorben waren.

Daraus ergaben sich für diejenigen, die das Verhalten der Kirche im Jahr 1933 verteidigen wollten, allerdings gleich mehrere Probleme. Eines bestand in der Tatsache, dass einige der führenden Katholiken noch am Leben waren und weiterhin für Schlagzeilen sorgten. Heinrich Brüning, der zwischen 1930 und 1932 Vorsitzender der Zentrumspartei gewesen war, war 1934 aus Deutschland geflohen. Er lebte im selbst auferlegten Exil in den entlegenen Bergen und Wäldern von Norwich im amerikanischen Bundesstaat Vermont, die durch den Connecticut River von der benachbarten Eliteuniversität Dartmouth College getrennt werden. Die deutsche Presse berichtete umfassend über seinen 75. Geburtstag am 26. November 1960.[17] Brüning schwieg jedoch über seine Zeit als Reichskanzler. Er hatte die Veröffentlichung seiner Memoiren zugesagt und dann doch wieder abgelehnt, was das Mysterium um die Beziehung seiner Partei zum Vatikan steigerte.[18]

Franz von Papen, der hauptverantwortliche Drahtzieher hinter Hitlers Ernennung zum Reichskanzler im Januar 1933, sorgte für noch größere öffentliche Verlegenheit.[19] In den Augen der meisten katholischen Politiker

16   Berg, *Holocaust und die westdeutschen Historiker*.

17   Morsey, „Gründung und Gründer der Kommission für Zeitgeschichte", S. 453–485, hier 466; vgl. NL Bernhard Stasiewski, KFZG, Rudolf Morsey, Vorschlag für eine Klausurtagung von Historikern und Politikern zum Thema „Kirche und Staat am Ausgang der Weimarer Zeit" (undatiert).

18   Heinrich Brüning an Heinrich Krone, 16.11.1960, IFZG, München, ED 346/4, NL Johannes Schauff; vgl. ebenso das letzte Kapitel von Patch, *Heinrich Brüning*.

19   Von Papens Wiederernennung zum päpstlichen Geheimkämmerer erfuhr große Aufmerksamkeit in der Presse, vgl. beispielsweise „Ehrentitel: Katholisches Ärgernis", in: *Der Spiegel* (46), 11.11.1959. Der *Spiegel*-Artikel (und sein Titel) stützte sich in weiten Strecken auf einen ausgesprochen kritischen Kommentar zu von Papens Wiederernennung, den

in der CDU stellte von Papen einen Überläufer und eine Schande dar. Der neue und vorgeblich liberale Papst Johannes XXIII. verlieh ihm 1959 indessen erneut den Ehrentitel eines päpstlichen Geheimkämmerers, obwohl sein Vorgänger, Papst Pius XII., von Papen den Titel 1939 aufgrund dessen verhängnisvollen Anteils an der Machtübernahme Hitlers entzogen hatte. Von Papens Rückkehr ins Rampenlicht erhöhte nun die Wahrscheinlichkeit, dass Wissenschaftler und Journalisten die Frage nach der Verantwortlichkeit prominenter Katholiken, die der Diktatur ihren Segen gegeben hatten, für die darauffolgenden Verbrechen aufwarfen.

Wie Böhler richtig erkannte, bestand das zweite Hauptproblem darin, dass die Verteidiger der diplomatischen und politischen Entscheidungen der Kirche im Jahr 1933 nur schlecht vorbereitet waren, um wirksam auf den Fund und die Veröffentlichung möglicherweise unvorteilhafter Unterlagen aus staubigen Archiven zu reagieren. Zum einen war „seine Seite" durch die Art der Debatte im Nachteil. Sie musste die Defensive übernehmen und es war für die Gegner weitaus einfacher, eindeutig belastende Beweise ans Tageslicht zu befördern, während die Kirchenverteidiger die historischen Hintergründe kontroverser Abkommen und Entscheidungen systematisch rekonstruieren mussten. Zum anderen musste sein Team gegen eine aus katholischer Sicht tief verwurzelte Schwäche in der akademischen Landschaft Deutschlands ankämpfen: Seit dem 19. Jahrhundert war der Berufsstand der Historiker mehrheitlich durch Protestanten geprägt. Von den 85 Lehrstühlen der Geschichtswissenschaft waren nach den Konkordaten gerade einmal sechs ausschließlich katholischen Wissenschaftlern vorbehalten – und die Inhaber dieser Konkordatslehrstühle wurden tendenziell als zweitklassig angesehen.[20] Böhler beklagte diese Situation verständlicherweise und fragte: „Wo sind unsere Professoren, die an Doktoranden solche oder ähnliche Themen [wie die Behandlung des Reichskonkordats] vergeben?"[21]

Böhler erkannte, dass die einzige Möglichkeit, diesem Wettbewerbsnachteil entgegenzuwirken, in systematischer Planung lag. Seinen Mitstreitern

---

der katholische Publizist und Journalist Otto Roegele verfasst hatte: „Ein Ärgernis", in: *Rheinischer Merkur*, Nr. 44, 30.10.1959; vgl. ebenso Oskar Neisinger, „Wegbereiter der Tyrannei: Die deutschen Katholiken haben Franz v. Papens politische Vergangenheit nicht vergessen", in: *Die Allgemeine Sonntagszeitung*, 8.11.1959, S. 1; Dr. Hugo Poth an Josef Frings, 3.11.1959, HAEK, Gen II 23.23a, 52.

20   Weber, *Priester der Klio*, S. 54, 83–93.

21   Entwurf, Wilhelm Böhler an Georg Schreiber, Münster, HAEK, Bestand Katholisches Büro Bonn I, #109, Allgemeine Korrespondenzen zur Konkordatsfrage. Dieser Entwurf wurde nie abgesendet. Stattdessen wurde die endgültige Version des Schreibens am 6. Juli 1957 verschickt.

war sehr wohl bewusst, dass die von katholischer Seite bisher blindlings erstellten historischen Studien allenfalls an der Oberfläche kratzten. Diese Erkenntnis wurde zur treibenden Kraft hinter einer Vielzahl von Plänen für Arbeitsgruppen, Forschungsprojekte und Think-Tanks.[22] Neue generationenübergreifende Historikerteams sollten erfahrene Professoren mit jüngeren Kollegen zusammenbringen und eine neue historische Forschungseinrichtung, deren exakte Konturen noch nicht definiert waren, sollte aus den Forschungsergebnissen Publikationen machen.

Doch bereits die allerersten Pläne im September 1956 zeigten gerade einmal zwei Monate nach dem Abschluss der mündlichen Verhandlung in Karlsruhe, dass die Aufarbeitung der Vergangenheit einen Balanceakt zwischen zwei selbst auferlegten Verpflichtungen erfordern würde – ein Spannungsverhältnis, dass auch heutzutage vielen Arbeitsgruppen bekannt ist.[23] Einerseits sollten diese wissenschaftlichen Netzwerke eine bestimmte politische Agenda fördern. Andererseits sollten sie sich durch ihre objektive geschichtswissenschaftliche Methode auszeichnen. Die in der „Denkschrift betr. Errichtung eines Instituts zur Erforschung der Geschichte des deutschen Katholizismus im 19. Jahrhundert" unverblümt zum Ausdruck kommenden Ziele waren politisch. Im Einleitungssatz werden die „Verhandlungen über Fragen, die das Verhältnis von Kirche und Staat betreffen, z. B. Konkordatsfrage, Schulproblem, Kirchenpolitik allgemein" als Impulsgeber genannt. Der zweite Absatz fordert zur Forschung über das 19. Jahrhundert und die erste Hälfte des 20. Jahrhunderts auf, um „daraus Anhaltspunkte für eigene Entscheidungen, zugleich aber auch Kraft und Trost für die eigenen Kämpfe unserer Zeit zu gewinnen." Und dennoch sah einer der ersten Befürworter dieser Pläne, der spätere Leiter der Katholischen Akademie in Bayern, in ihnen das Potenzial, ein katholisches Gegengewicht zum Institut für Zeitgeschichte zu schaffen.[24] Damit deutete er auch an, dass er die Überzeugung teilte, dass die katholische Seite ihre wissenschaftliche Standhaftigkeit künftig würde beweisen müssen. Tatsächlich sollte die neue Einrichtung aufzeigen, dass die Katholiken durchaus in der Lage waren, ihre defensive Festung aus Kulturkampf-Zeiten zu verlassen, und die neue Mission und politische Rolle der Kirche in der modernen Gesellschaft

---

22   Vgl. beispielsweise Privatbesitz Rudolf Morsey, Kupper, Denkschrift betreffend Inangriffnahme der wissenschaftlichen Erforschung der Geschichte des Katholizismus in Deutschland zur Zeit der Weimarer Republik und des Dritten Reiches (1918–1945), Mai 1961.

23   Denkschrift betr. Errichtung eines Instituts zur Erforschung der Geschichte des deutschen Katholizismus im 19. Jahrhundert (Entwurf), undatiert, aber zweifellos vom 12.9.1956, KAB, BI/9.

24   Stellungnahme von Dr. Ibach zur Denkschrift Just, Deuerlein, Kupper, 12.9.1956, KAB, A1/1.

verstanden.[25] In einer Zeit, in der die katholisch-bildungspolitischen Errungenschaften offensichtlich hinterherhinkten, wurde die Überkompensation zum
neuen Leitsatz: Man war der Überzeugung, dass die katholischen Forscher
das Handwerkszeug der geschichtswissenschaftlichen Disziplin nicht nur
meistern, sondern es auch gewandter zum Einsatz bringen mussten als ihre
protestantischen Konkurrenten.

Die Ursprünge dieses Spannungsverhältnisses zwischen wissenschaftlicher
Präzision und politischem Engagement sind nicht schwer zu identifizieren:
Die Denkschriften wurden durch Wissenschaftler, politische Berater und
Politiker in Umlauf gebracht. Die ersten Pläne wurden von Mitgliedern aus
Böhlers Team zur Verteidigung des Reichskonkordats vorgelegt. Dazu gehörten
Ernst Deuerlein, Leo Just, ein Historiker an der Universität Mainz, und Alfons
Kupper, Böhlers wichtigster Mitarbeiter während des Konkordatsprozesses.[26]
Derweil das Trio im Zuge der Sitzungen zwischen dem 20. Dezember 1956
und 22. Februar 1957 zu einem semiformellen Netzwerk mit zehn Mitgliedern
anwuchs, traten die Spannungen noch deutlicher hervor. Kupper erstellte eine
Liste mit 14 Forschungsthemen, die ausdrücklich auf die politischen Erfordernisse der Gegenwart ausgerichtet waren.[27] Alle Themen berührten auf die
eine oder andere Weise das Reichskonkordat, seine Vorgeschichte, die Verhandlungen zwischen 1920 und 1933, katholische Staatstheorien oder den Streit
über das Schulsystem während der Weimarer Republik. Und dennoch sahen
die Arbeitspläne explizit vor, dass sich die Wissenschaftler diesen Themen
ohne Apologetik und Polemik anzunähern hätten, ungeachtet dessen, wie das
Urteil der neun Karlsruher Richter ausfallen würde.[28]

Die Arbeitsgruppe war vielfältig und setzte sich aus mehreren Professoren
sowie dem 52-jährigen Kirchenhistoriker Bernhard Stasiewski zusammen.
Zunächst nahm auch der CDU-Politiker und Anwalt im Konkordatsprozess
Hans Peters, der ebenso Präsident der ehrwürdigen katholischen Görres-
Gesellschaft war, teil. In der Sitzung vom 22. Februar 1957 erklärte Peters
jedoch, dass er den gesamten Betrieb der Zeitgeschichte ablehne. Diese
Ansicht stand im krassen Widerspruch zu denen anderer Mitglieder. Für

---

25   Schütz, *Begegnung*.

26   Denkschrift betr. Errichtung eines Instituts zur Erforschung der Geschichte des deutschen
      Katholizismus im 19. Jahrhundert (Entwurf), undatiert, aber zweifellos vom 12.9.1956,
      KAB, BI/9.

27   Abschrift, Alfons Kupper an Braubach, Buchheim, Conrad, Just, Schwarz, Deuerlein und
      Ibach, 8.1.1957; Arbeitsplan für die Besprechung des Arbeitskreises Reichskonkordat am
      22.2.1957, in Bonn, BAK, NL Hans Peters, N1220, 54; Rudolf Morsey an den Verfasser,
      4.3.2012.

28   Privatbesitz, Rudolf Morsey, Alfons Kupper an Rudolf Morsey, 6.2.1957.

Abb. 4.1
Der junge Historiker Rudolf Morsey
in den 1950er Jahren zu Beginn seiner
Forschungen über den Niedergang
der Zentrumspartei. Mit freundlicher
Genehmigung von Rudolf Morsey.

Rudolf Morsey, einen 28-jährigen aufstrebenden Professor, war ein besseres Verständnis der jüngsten Vergangenheit gerade der ausschlaggebende Grund für seine Teilnahme. Der gebürtige Westfale war über seinen Mentor während des Geschichtsstudiums an der Universität Münster, Georg Schreiber, zu der Gruppe (und zu Böhler) gestoßen.[29] Schreiber war ein renommiertes Mitglied der Zentrumspartei und angesehener Professor für Kirchengeschichte an der Universität Münster gewesen, bis er seinen Lehrstuhl 1935 aus politischen Gründen zugunsten von Joseph Lortz räumen musste, dem katholischen Historiker und NSDAP-Parteigänger, der für seinen ausufernden Enthusiasmus für die nationalsozialistische Bewegung bekannt war.[30] Schreiber machte aus seinem Haus in Münster einen Treffpunkt für Akademiker und ehemalige Zentrumspolitiker. Ganz der erfahrene Staatsmann, gab er seinem jungen Studenten ein Thema, das er selbst miterlebt hatte: den Zusammenbruch der Zentrumspartei während der ersten Hälfte des Jahres 1933.[31]

---

29   Vgl. Morsey, „Ende der Zentrumspartei", S. 37–39.
30   Schreiber, *Zwischen Demokratie und Diktatur*; Damberg, „Georg Schreiber und Joseph Lortz", S. 145–167; Morsey, „Georg Schreiber", S. 177–185; Krieg, *Catholic Theologians*, S. 73 f.
31   Morsey, „Ende der Zentrumspartei", S. 38.

Seitdem richtete Morsey seine gesamte Aufmerksamkeit und Energie auf dieses Problemfeld. Wie die meisten Historiker seiner Zeit legte er den Schwerpunkt auf eine politik- und diplomatiegeschichtliche Forschung. Morsey war ein zielstrebiger Empiriker, der sich mit einer endgültigen Beurteilung größerer Zusammenhänge und Fragen der Kausalität zurückzuhalten pflegte, bis er alle verfügbaren Quellen untersucht hatte.[32] Er entwickelte eine unermüdliche Ausdauer auf der Suche nach Tagebüchern, diplomatischen Nachrichten, Sitzungsprotokollen, Briefen, Lagebesprechungen – kurz: jedem Schriftstück, das bei der Beleuchtung des Niedergangs von 1933 helfen konnte. Mit dieser Vorgehensweise handelte er sich Deuerleins Misstrauen ein. Dieser zeigte sich besorgt darüber, dass Morsey nicht gewillt war, die Möglichkeit auszuschließen, dass Hitler und der Vorsitzende des Zentrums, Ludwig Kaas, in ihrem geheimen Treffen am 22. März 1933 eine Abmachung getroffen hatten und Kaas dabei möglicherweise die Stimmen des Zentrums für das Ermächtigungsgesetz im Gegenzug für ein Reichskonkordat angeboten hatte.[33] Wie sich herausstellte, distanzierte sich Morsey später öffentlich und ausdrücklich von der Junktim-These, allerdings erst 1977, nachdem er auch nach Jahrzehnten ausgiebiger Recherche den endgültigen Beweis trotz gezielter Suche nicht hatte finden können.[34] Dieser Vorgang ist einer der wenigen Fälle im Zusammenhang mit den Kämpfen um die katholische Vergangenheit, in denen ein Mitstreiter von einer zentralen Theorie oder Hypothese Abstand nahm – aber eben weil sie ohne quellenmäßigen Beleg geblieben war.

Auf der Sitzung am 22. Februar 1957 wurde außerdem deutlich, wie schwierig die Suche nach schriftlichen Quellen dieser Art sein würde. Kupper hatte gehofft, dass die Mitglieder der Arbeitsgruppe im Idealfall in allen Landes- und Kirchenarchiven recherchieren würden. Sein Eifer wurde jedoch durch einen Bericht Stasiewskis, der mittlerweile zwei Jahre der Recherche über die katholische Kirche im „Dritten Reich" hinter sich hatte, gebremst. Stasiewski wies auf die kläglichen Zustände in den meisten Diözesanarchiven hin.[35] Er machte außerdem auf einen weiteren äußerst wichtigen Umstand aufmerksam: Der Zugang zu den relevanten Quellen wurde nur persönlich gewährt

---

32   In seiner Diskussion der schwindenden demokratischen Kräfte in der Zentrums-partei warnt Morsey beispielsweise, dass seine Deutung wegen noch fehlender Quellen über innerparteiliche Konflikte nicht erschöpfend dargestellt werden könne. Morsey, „Deutsche Zentrumspartei", S. 415.

33   Abschrift, Rudolf Morsey an Alfons Kupper, 3.6.1956, HAEK, Bestand Katholisches Büro Bonn I, #109, Allgemeine Korrespondenzen zur Konkordatsfrage; Ernst Deuerlein an Wilhelm Böhler, 22.6.1956, BSB, NL Deuerlein, Ana 463, I, i., Böhler, Wilhelm.

34   Morsey, *Untergang des politischen Katholizismus*, S. 132, 196.

35   Privatbesitz Rudolf Morsey, Bericht von Morsey, 22.2.1957.

und hing davon ab, ob die Diözesanvertreter oder Archivare den jeweiligen Archivbenutzern ihr Vertrauen aussprachen. Die Mitglieder diskutierten daher auch über die unterschätzte Alternative privater Archive und Bestände. Doch wie Stasiewski aus eigener mühsamer Erfahrung berichten konnte, war die Aussicht auf Zugang zu Privatbeständen wie denen Johannes Neuhäuslers oder Kardinal von Faulhabers ebenso entmutigend, selbst für Forscher in geistlichem Gewand.

Diese Sitzung war die zweite und letzte des Arbeitskreises, der von Böhlers Büro in Bonn aus tätig war. Böhler starb im Juli 1958. Andere Mitglieder der Gruppe hatten sich unterdessen neuen Vorhaben zugewendet. Vier Mitglieder – Deuerlein, Morsey, Kupper und Stasiewski – waren jedoch studierte Historiker und bildeten fortan den Ausgangspunkt für künftige Netzwerke zur Erforschung der katholischen Vergangenheit. Kupper verfasste innerhalb kurzer Zeit eine Artikelreihe über das Reichskonkordat, die in der angesehenen Jesuitenzeitschrift *Stimmen der Zeit* erschien und einen kleinen ersten Schritt auf seinem Weg zu einer umfassenden Darstellung des Reichskonkordats – sein letztendliches Ziel – darstellte.[36] Er konnte zudem Mikrofilme der in London gelagerten Bestände des Auswärtigen Amts über das Reichskonkordat beschaffen.[37]

Doch es war Morsey, der den wichtigsten Beleg aus dem Jahr 1933 an die Öffentlichkeit brachte. Morsey genoss unter Historikern rasch außergewöhnliches Ansehen und besondere Autorität, da er kreuz und quer in historischen Netzwerken aktiv war. Er begann seine Arbeit in der Bonner Kommission für Geschichte des Parlamentarismus und der politischen Parteien, die damals unter der Leitung des Historikers Werner Conze stand, der gleichzeitig Morseys Mentor nach dem Studium war.[38] Dort fand er in Erich Matthias einen dauerhaften Mitstreiter. Letzterer war in Böhlers Kreisen wegen seiner Nähe zur SPD und Offenheit gegenüber der Junktim-These eher mit

---

36   Alfons Kupper, „Zur Geschichte des Reichskonkordats: Ein Beitrag zur Geschichte des Verhandlungsablaufs zwischen Ostern 1933 und der Ratifikation des Konkordats", in: *Stimmen der Zeit* 163 (1959), S. 278–302; Alfons Kupper, „Zur Geschichte des Reichskonkordats: Die Verhandlungsperiode bis zur Unterzeichnung (5.–20. Juli 1933)", in: *Stimmen der Zeit* 163 (1959), S. 354–375; „Zur Geschichte des Reichskonkordats", in: *Stimmen der Zeit* 171 (1962), S. 25–50. Zu seinen Plänen vgl. Alfons Kupper an Josef Frings, 5.1.1959, HAEK, CR II, 1.17a.5.

37   Privatbesitz Rudolf Morsey, Akten-Notiz, Wilhelm Wissing, Betr.: Konkordatsarbeit Dr. Kupper, 13.3.1959 (dieses Dokument entstammt ursprünglich dem Archiv des Katholischen Büros); vgl. ebenso Morsey, „Gründung und Gründer der Kommission für Zeitgeschichte", S. 468.

38   Zu Conzes kontroverser Vergangenheit während des NS vgl. Aly, „Theodor Schieder, Werner Conze", S. 163–214; Dunkhase, *Werner Conze*.

Misstrauen beäugt worden.[39] Doch Matthias' Forschung zum Zusammen-bruch der Sozialdemokratie im Jahr 1933 war hoch angesehen und zudem ein Bereich, der sich für prägnante Vergleiche mit Morseys Forschungsschwer-punkt anbot. Der von ihnen 1960 herausgegebene Band *Das Ende der Parteien 1933* war eine Obduktion der führenden politischen Parteien Weimars – von den Konservativen bis zu den Kommunisten. Ihre Darstellung, die mit einem umfangreichen Dokumentenanhang ausgestattet war, ging von der Prämisse aus, dass der Sieg der Nationalsozialisten trotz Hitlers Anziehungskraft nicht unvermeidbar gewesen war. Ihr Aufstieg sei das Ergebnis fataler Fehlein-schätzungen, menschlicher Schwäche und in vielen Fällen auch einer allzu optimistischen Zurückweisung der wahren Bedrohung, die der National-sozialismus dargestellt hatte, gewesen.[40] Dieser umfassende Band entwickelte sich zu dem am meisten zitierten Werk der Parlamentarismuskommission und wurde so breit rezipiert, dass 1984 ein Nachdruck in Taschenbuchformat erschien.[41] Morseys Darstellung des Untergangs der Zentrumspartei wurde ihrerseits zu einem Standardwerk.

Morseys kurzer Artikel in der 1960er Septemberausgabe von *Stimmen der Zeit* schlug ebenfalls hohe Wellen.[42] Diesen Artikel hätte er nicht ohne die Hilfe eines ehemaligen Zentrumspolitikers, den er 1958 durch Georg Schreiber traf, verfassen können.[43] Johannes Schauff war ein unerbittlicher Gegner der NSDAP und des Ermächtigungsgesetzes gewesen und hatte die Zeit der nationalsozialistischen Herrschaft größtenteils im Exil verbracht. Bereits an Bord des Schiffes, das ihn 1934 nach Brasilien gebracht hatte, war Schauff fest davon überzeugt gewesen, dass der Niedergang der Zentrumspartei Gegen-stand wissenschaftlicher Forschung werden müsse. Seine Entschlossenheit wurde nach seiner Rückkehr nach Europa im Jahr 1949 nur noch erhärtet, als er abfällige Bemerkungen über die ehemaligen führenden Zentrums-politiker vernahm.[44] Fest entschlossen, die Junktim-These zu widerlegen, versuchte er, eine Sammlung von Tagebüchern und Reden seines einstigen

---

39   Matthias, „Untergang der Sozialdemokratie", S. 179–226, 250–286. Morsey und Matthias bearbeiteten gemeinsam mehrere Dokumentensammlungen, vgl. Morsey/Matthias, *Interfraktioneller Ausschuß; Regierung*; vgl. ebenso Schumacher, „Gründung", S. 1029–1054, hier 1054; vgl. Weber, *Biographisches Lexikon*, S. 397. Obwohl Matthias enge Ver-bindungen zur SPD hatte, war er kein ordentliches Mitglied der Partei. Rudolf Morsey an den Verfasser, 4.3.2012.

40   Matthias/Morsey, *Ende der Parteien*.

41   Schumacher (Hg.), *Annotierte Bibliographie 2002*, S. 258 f.; Matthias/Morsey, *Ende der Parteien*.

42   Morsey, „Tagebuch", S. 422–430.

43   Schneider, *Johannes Schauff*, S. 190.

44   Ebd., S. 189.

Parteivorsitzenden Ludwig Kaas zusammenzustellen.[45] Nach dessen Tod im
Jahr 1952 kaufte Schauff Kaas' Anwesen in Norditalien und stieß im Frühjahr 1960 in Kaas' altem Schreibtisch auf einen bemerkenswerten Fund –
fragmentarische, tagebuchähnliche Notizen in Kaas' Handschrift vom 7. bis
20. April 1933.[46] Aus diesen Notizen ging hervor, dass Kaas Franz von Papen am
8. April 1933 zufällig im Speisewagen eines Zugs begegnet war. Und sie offen-
barten Kaas' Entscheidung „aus innerer Überzeugung" konstruktiv am Aufbau
und der Konsolidierung des neuen Staats mitzuarbeiten.[47]

Schauff gab seinen Fund an Morsey weiter, mit dem er eine sehr gute
Arbeitsbeziehung aufgebaut hatte. Was als nächstes geschah, war im *Spiegel*-
Artikel über das Reichskonkordat vom Juni 1956 bereits im Ansatz erkennbar
gewesen und sollte sich in den folgenden Monaten und Jahren immer wieder
wiederholen: Teile der Presse, die nach geeignetem Material für Sensations-
berichte Ausschau hielten, zerpflückten sachliche Beiträge in seriösen wissenschaftlichen Zeitschriften und Werken und stellten sie einem anscheinend
unersättlichen Publikum zur Schau. Die Enthüllungen in Morseys bahnbrechenden Publikationen – seinem Artikel in *Stimmen der Zeit* und dem von
ihm mitherausgegebenen Band über das Ende der Weimarer Republik – waren
daher ein gefundenes Fressen für die Reporter des *Spiegel*. Nur zwei Wochen
nach Brünings 75. Geburtstag erschien im *Spiegel* am 7. Dezember 1960 ein
Artikel mit dem Titel: „Reichskonkordat: Hitler klatschte".[48] Die Einleitung
suggeriert, der Vatikan verberge dunkle Geheimnisse. Nicht Franz von Papen,
sondern der hagere Prälat Kaas „lockte die mißtrauischen Vatikan-Diplomaten
auf den Leim des Dritten Reiches" und verbeugte sich vor dem „Emporkömm-
ling Hitler".

Es gab gute Gründe dafür, weshalb sich *Der Spiegel* dieses explosiven
Themas annahm: Gebildete Deutsche der jüngeren Generationen zeigten
ein steigendes Interesse daran, mit der NS-Vergangenheit abzurechnen. Im
Wintersemester 1959/60 tat sich Morsey mit einem Kreis frisch promovierter
Wissenschaftler zusammen, darunter Hans Buchheim, Karl Otmar von Aretin,
Kurt Sontheimer und Martin Broszat. Letztere beide Wissenschaftler sollten zu
Giganten innerhalb ihrer jeweiligen Forschungsbereiche werden.[49] Alle Mit-
glieder dieses Teams hielten deutschlandweit insgesamt über 100 Vorlesungen
zu dem Thema „Bewältigung der Vergangenheit" vor überfüllten katholischen

---

45   Morsey, „Gründung und Gründer der Kommission für Zeitgeschichte", S. 460.
46   Schneider, *Johannes Schauff*, S. 192; Rudolf Morsey an den Verfasser, 4.3.2012.
47   Morsey, „Tagebuch".
48   „Reichskonkordat: Hitler klatschte", in: *Der Spiegel*, 7.12.1960.
49   Für Sontheimers wissenschaftliches Profil vgl. Söllner, „Kurt Sontheimer", S. 711–724. Zu
     Broszat vgl. Henke/Natoli, *Pathos der Nüchternheit*, 1991.

Studentengemeinden.[50] Ihre Vorlesungen, in denen nur Stehplätze zur Verfügung standen, konnten der Aufmerksamkeit eines neuen und aggressiveren Schlags von Journalisten und Redakteuren, die oft selbst erst wenige Jahre zuvor ihr Studium abgeschlossen hatten, kaum entgehen. Die Presse war selbst im Begriff, sich zu wandeln und eine kritischere Haltung gegenüber Einrichtungen wie der Kirche, um die viele Journalisten einst einen großen Bogen gemacht hatten, zu entwickeln.[51] Diese jüngere Journalistengeneration hatte die Einfallstore für eine Auseinandersetzung mit den NS-Verbrechen bereits gefunden. Dazu gehörten Anne Franks Tagebücher, die Zeugenaussagen von Opfern und Tätern im Ulmer Einsatzgruppen-Prozess, die zwischen dem 28. Juli und 29. August 1958 gemacht wurden, und William Shirers im Oktober 1960 erschienene wegweisende Anklageschrift *The Rise and Fall of the Third Reich*.[52]

Von ehemaligen Staatsmännern und Zentrumsmitgliedern erntete Morsey für sein jüngstes Werk allerdings eher privates Murren sowie öffentliche Kritik und Richtigstellungen – und nicht nur, weil *Der Spiegel* sich seine Ergebnisse zunutze gemacht hatte.[53] Heinrich Brüning schrieb von Vermont aus an Heinrich Krone, er sei „entsetzt" über die Tatsache, dass die Jesuitenzeitschrift *Stimmen der Zeit* die Entscheidungen und Taten aufgedeckt habe, in die Kaas im weiteren Sinne involviert gewesen sei.[54] Er brachte auch seine Hoffnung zum Ausdruck, dass seine Verhandlungen mit Pacelli nie an die Öffentlichkeit gelangen würden. Etwas verhängnisvoller war eine Art Richtigstellung in der Dezemberausgabe von *Stimmen der Zeit*, die Pater Robert Leiber SJ, Privatsekretär und Berater Pacellis, verfasst hatte.[55] Leiber zog einige von Morseys Thesen in Zweifel und wies die Verantwortung für den schmachvollen Niedergang des Zentrums der Partei selbst zu und nicht dem Vatikan.[56] Da er sich nicht die Möglichkeit verbauen wollte, Interviews mit dem einflussreichen

---

50   Schmidtmann, *Katholische Studierende*, S. 223 f.
51   Hannig, *Religion der Öffentlichkeit*, hier S. 234–239.
52   Zu den Kriegsverbrecherprozessen vgl. Pendas, „Seeking Justice", S. 352–354. Zum Ulmer Prozess vgl. Fröhlich, *Tabuisierung*; Tobin, „Old Fighters'", S. 684–710. Zu der weitgehend ablehnenden Rezeption von Shirers Buch in Deutschland vgl. Rosenfeld, „Reception", S. 95–128.
53   Heinrich Brüning an Heinrich Krone, 16.11.1960, ACDP, NL Heinrich Krone, 1-028-014/1; Leiber SJ, „Reichskonkordat und Ende der Zentrumspartei", S. 213–223; Morsey, „Gründung und Gründer der Kommission für Zeitgeschichte", S. 464.
54   Heinrich Brüning an Heinrich Krone, 16.11.1960, ACDP, NL Heinrich Krone, 1-028-014/1.
55   Leiber SJ, „Reichskonkordat und Ende der Zentrumspartei", S. 213–223.
56   Vgl. Morsey, „Gründung und Gründer der Kommission für Zeitgeschichte", S. 467.

Jesuiten als Quelle zu verwenden, entschied sich Morsey dafür, nicht direkt auf Leibers Gegendarstellung zu antworten.[57]

Reaktionen dieser Art deuten die Schwierigkeiten an, vor denen diejenigen jüngeren Wissenschaftler standen, die zu Recht vermuteten, dass die jüngste Vergangenheit komplexer war als aus den frühen Darstellungen etwa Adolphs oder Neuhäuslers hervorging. Diese jüngere Generation stieß auf eine Wand des Schweigens. Zu vielen Zeitzeugen widerstrebte es, sich öffentlich über 1933 zu äußern oder ihre Unterlagen aus der Zeit zugänglich zu machen. Wie sollten die jungen Wissenschaftler ihre Forschung finanzieren, Quellen finden und ihre Ergebnisse veröffentlichen, zumal viele Verlage das Thema nicht anfassen wollten? Die Antwort auf diese Frage hing in keinem geringen Umfang von der Fähigkeit der einzelnen Historiker ab, persönliche oder familiäre Kontakte zu nutzen und die kirchlichen und wissenschaftlichen Netzwerke, die zwischen 1956 und 1962 allmählich Gestalt annahmen, anzuzapfen.

Die linkskatholischen Netzwerke

Doch welche Kontakte und welche Netzwerke? Diese jungen Wissenschaftler und Intellektuellen waren in einer stark gespaltenen konfessionellen und politischen Landschaft aufgewachsen, in der sich Netzwerke tendenziell entlang politischer, konfessioneller und ideologischer Linien entwickelten. Die Mitglieder dieser Netzwerke sprachen oft von „unserer Seite" und „der anderen Seite" und diese Fronten waren in der Regel gleichbedeutend mit der CDU/ CSU beziehungsweise der Opposition aus FDP und SPD, Protestanten, nicht oder nur unregelmäßig praktizierenden Katholiken und säkularen Stimmen, die sich durch letztere Parteien besser vertreten fühlten. Eine kleine Anzahl katholischer Intellektueller passte jedoch in keine der beiden Kategorien: die sogenannten „Linkskatholiken". Diese Bezeichnung wurde unter traditionellen Katholiken oft für andersdenkende Kirchenmitglieder verwendet und zum Teil nutzten die innerkirchlichen Kritiker sie selbst als Instrument der Selbstidentifizierung.[58] Sie konnten zweifellos auf eine lange Tradition des Dissens verweisen. In den 1950er Jahren hatten Nonkonformisten wie der Journalist Walter Dirks sich aufgrund ihrer öffentlichen Auseinandersetzungen mit dem Episkopat und führenden Laienverbänden über die westdeutsche

---

57   Ebd.

58   Heer, „Linkskatholizismus", S. 134–161; Stankowski, *Linkskatholizismus*, 1974; Horn/Gerard, *Left-Catholicism*, 2001; Mautner, „Dekonstruktion", S. 227–256.

Wiederbewaffnung einen schlechten Ruf eingehandelt. Folglich nahmen sie in der Welt des organisierten Katholizismus und dessen Einrichtungen wie dem Zentralkomitee der deutschen Katholiken die Position von Außenseitern ein. Viele der Nonkonformisten bedauerten in der Folge ihren marginalisierten Status, wie etwa der Schriftsteller Heinrich Böll in seinem 1963 veröffentlichten, bissigen Roman *Ansichten eines Clowns*.[59]

Unklar blieb, welche Position die einzelnen Vertreter der jüngeren Generation deutscher Katholiken (im Allgemeinen die Geburtsjahrgänge ab 1925), die die Rechtgläubigkeit über die Vergangenheit ihrer Kirche in Frage stellten, einnehmen würden. Würden sie in die Reihen der linkskatholischen Abweichler verbannt oder doch vom Mainstream des institutionalisierten Katholizismus akzeptiert werden? Würden sie ihren Weg zur CDU/CSU finden? Oder würden sie den undenkbaren Schritt eines SPD-Eintritts wagen, was für viele im Episkopat und unter den Gläubigen untragbar war, solange die SPD sich weigerte, dem Marxismus in ihrem offiziellen Parteiprogramm abzuschwören? Die Antwort hierauf ist einfach: Die Mitglieder dieser Kohorte spalteten die Reihen der Katholiken. Die Seite, zu der sie sich zugehörig fühlten – oder der sie sogar formal beitraten – würde großen Einfluss auf ihre eigenen Erfolgschancen hinsichtlich Quellen, Zeitzeugen und Publikationen haben.

Für den 30-jährigen katholischen Grundschullehrer aus dem Ruhrgebiet, Hans Müller, ergab sich der Weg zur „anderen Seite" und zur SPD aus einer persönlichen Konversionserfahrung.[60] Der 1928 geborene Müller war überzeugter Anhänger der Nationalsozialisten und eifriges Mitglied der Hitlerjugend gewesen. 1945 hatte er im Rahmen des „Volkssturms" einen letzten verzweifelten Verteidigungsversuch initiiert und erwartet, während der Invasion der amerikanischen Truppen in sein Heimatgebiet den Heldentod zu sterben. Im Bewusstsein der Sinnlosigkeit eines solchen Opfers hatte sein befehlshabender Offizier ihn zur Desertion gedrängt, wodurch dieser ohne Zweifel Müllers Leben gerettet hatte. Seine spätere Ehefrau, deren eher liberaler Vater gegen das NS-Regime gewesen war, trug ihrerseits dazu bei, dass er sich innerlich von den Werten der Nationalsozialisten entfernte.

Müller schlug eine Karriere als Historiker ein und wurde zu einer kritischen Stimme, die aus den Fehlern der unmittelbaren Vergangenheit gelernt hatte. Er wurde zum Hauptmitarbeiter des Projekts von Friedrich August Freiherr

---

59   Böll, *Ansichten eines Clowns*, 1963.
60   Vgl. die beiden folgenden Nachrufe auf Müller (1928–2005): www.meindortmund.de/professor-hans-mueller.pdf und www.mein-dortmund.de/professor-hans-mueller.html (acc.15.6.2016).

von der Heydte und Friedrich Giese zur Herausgabe der Dokumente aus dem
Reichskonkordatsprozess. Während der Aufbereitung der Prozessunterlagen
begann Müller damit, Zeitungs- und Zeitschriftenausschnitte, Briefe und
Berichte aus Diözesanarchiven in Münster, Aachen, Limburg, Paderborn und
sogar Breslau zutage zu fördern. Er nahm die Arbeit an einer kritischen Darstellung der Beziehung zwischen der katholischen Kirche und dem Nationalsozialismus zwischen 1930 und 1935 auf, die zu einem über 400-seitigen Buch
werden sollte.[61] Hätten die Nationalsozialisten von ihrem weltanschaulichen
und politischen Feldzug gegen die Kirche abgelassen, so Müllers Schlussfolgerung, hätten die katholische Kirche und das NS-Regime ohne Weiteres
symbiotisch nebeneinander koexistieren können. Die Kluft zwischen Regime
und Kirche hinsichtlich vieler staatsorganisatorischer und politischer Fragen
sei nicht so groß gewesen wie gemeinhin angenommen.[62]

Während Müller die Quellen für seine Darstellung auswählte, fielen ihm vermehrt Abweichungen zwischen den Originalen und den editierten Versionen
auf, die Johannes Neuhäusler mehr als zehn Jahre zuvor in *Kreuz und Hakenkreuz* veröffentlicht hatte. Müller machte sich daher daran, die Geschichte zu
berichtigen. 1961 wies er in einer Rezension in der angesehenen Zeitschrift
Politische Studien auf Neuhäuslers tendenziöse Fehler und Auslassungen hin.[63]
Doch er stieß auf dieselben Schwierigkeiten wie die anderen Linkskatholiken,
die innerhalb ihrer „Mutter Kirche" einen politischen und kulturellen Wandel
herbeiführen wollten. In den Jahren 1960/61 unternahm er den Versuch,
Dokumente bezüglich der Erklärung der Fuldaer Bischofskonferenz vom
28. März 1933 zu veröffentlichen, mit der der deutsche Episkopat das Verbot
aufgehoben hatte, der NSDAP oder ihren angeschlossenen Gliederungen und
Verbänden beizutreten.

Nachdem er zwei Ablehnungen erhalten hatte, veröffentlichte Müller die
Dokumente in den *Werkheften Katholischer Laien*, einer linkskatholischen
Publikationsreihe mit kleinem Budget, einem dürftigen Layout, kläglichem
Schriftsatz, billigem Papier, ungefähr 2.000 Abonnenten und einem entsprechend geringen Ansehen im römisch-katholischen Mainstream.[64] In
vielerlei Hinsicht war diese Hybridform zwischen Zeitschrift und Mitteilungs-
blatt sinnbildlich für das Schicksal des Linkskatholizismus während der 1950er
und frühen 1960er Jahre. Dieser geriet mit dem Episkopat und den Vertretern

---

61   Hans Müller an Karl Forster, 14.4.1961, AKAB, BI/9; Müller, *Katholische Kirche*, 1963.
62   Müller, *Katholische Kirche*, S. 12.
63   Müller, „Behandlung des Kirchenkampfes", S. 474–481.
64   Müller, „Vorgeschichte", S. 258–264; Müller, „Interpretation", S. 196–200. Zu den *Werk-
     heften katholischer Laien* vgl. Rudolf Morsey an Ernst-Wolfgang Böckenförde, 16.8.1961,
     BAK, NL Böckenförde, #575; Boll, „Werkhefte katholischer Laien"', S. 507–536.

des Mainstream-Katholizismus bezüglich nahezu aller großen aktuellen Streitfragen aneinander, einschließlich der Wiederbewaffnung, des Rechts auf Wehrdienstverweigerung und der Anweisung an Katholiken, die CDU/CSU zu wählen. Im Jahr 1958 hatten die verbitterten Redakteure der *Werkhefte* die Frage nach der NS-Vergangenheit aufgegriffen. Sie stellten eine Verbindung zwischen der Rolle der Kirche im Jahr 1933 und damaligen politischen Denkmustern her, die ihrer Meinung nach bis in die Gegenwart nachwirkten.[65] Ganz ähnlich wie Böckenförde zwei Jahre später konzentrierte sich zum Beispiel Paul Weinberger auf die strukturelle und ideologische Affinität, die dazu geführt habe, dass prominente Katholiken den Nationalsozialismus 1933 begrüßt hätten. Laut Weinberger war es „falsch zu meinen, daß alles sei heute anders, man habe dazugelernt."[66]

Doch zumindest zu Beginn dieser Auseinandersetzungen standen die linkskatholischen Nonkonformisten auf der Verliererseite. Und um das Ganze nur noch schlimmer zu machen, wurden sie oft von führenden Geistlichen aus dem katholischen Mainstream an den Pranger gestellt.[67] Niederlagen wie diese hinterließen bei den linkskatholischen Aktivisten ein ausgeprägtes Gefühl der Marginalisierung, insbesondere da sie erkannten, dass sie einflussreichen Netzwerken mit größeren Ressourcen gegenüberstanden. Nonkonformismus wurde daher zu einem Thema, dass sich auch durch spätere Kontroversen über die jüngste katholische Vergangenheit zog, so beispielsweise die kurze Zeit später durch den amerikanischen Soziologen und Pazifisten Gordon Zahn ausgelöste Debatte. Die Nonkonformisten verfolgten ihr Ziel, aus der katholischen Vergangenheit zwischen 1933 und 1945 Lehren für die Zukunft abzuleiten, oft mit Mitteln, die ihrem äußeren Anschein nach geradezu aufständisch wirkten. Die ad hoc aufgebauten Netzwerke zur Abwehr dieser Unruhestifter setzten im Gegenzug ihrerseits Strategien der Aufstandsbekämpfung ein.

Die Kontroverse um Böckenförde, 1945–1961

Für viele übereifrige Verteidiger der politischen Ausrichtung der Kirche in der Vergangenheit und Gegenwart wurde Ernst-Wolfgang Böckenförde zum

---

65   Vgl. Weinberger, „Der ungelöste Pakt", S. 178–187.
66   Ebd., S. 181.
67   Vgl. beispielsweise den Bericht von Gustav Kafka, ZDK, 4100, Bericht für die Hauptkommission der deutschen Bischöfe, Bad Godesberg, 1.3.1960; ZDK, 4100, Zum Phänomen des Linkskatholizismus, Bericht für die Hauptkommission der deutschen Bischöfe, April 1961; Kafka, „Nonkonformisten, Linkskatholiken und andere Katholiken", in: *Wort und Wahrheit*, 14.1.1959.

Paradebeispiel für die rebellische Auflehnung junger Katholiken.[68] Der 1930
geborene Böckenförde gehörte zur „45er-Generation".[69] Er vertrat leicht
linksgeneigte politische Ansichten und trat 1967 sogar in die SPD ein – ein
Schritt, der für katholische Integralisten des konventionellen Schlags undenkbar gewesen wäre. Viele seiner Kritikpunkte deckten sich mit denen radikaler
Nonkonformisten, doch brachte Böckenförde sie in einem intellektuelleren
und weniger scharfen Ton vor. Für den Erzbischof von München und Freising,
Julius Kardinal Döpfner, vertrat Böckenförde gemeinsam mit Hans Müller,
Gordon Zahn, Paul Weinberger und dem Schriftsteller Carl Amery „bedenkliche ekklesiologische Tendenzen". Sein Name fand sich daher auf einer Liste
„nonkonformistischer Katholiken", welche Döpfner der Fuldaer Bischofskonferenz am 24. August 1963 präsentierte.[70]

Den jungen Böckenförde in die Schublade des katholischen Nonkonformismus zu stecken, wie es einige der weniger informierten und eher übertriebenen
Kritiker taten, verschleiert einen unbequemen Umstand. Denn nicht nur junge
kritische Intellektuelle wie der katholische Moralphilosoph Robert Spaemann
boten ihm ein Umfeld, in dem Ansichten diskutiert und an die Öffentlichkeit
weitergegeben wurden, sondern auch seine streng katholische Familie aus
Westfalen.[71] Sahen sich andere linkskatholische Nonkonformisten nicht ganz
zu Unrecht als Außenseiter an, so war Böckenförde in nicht geringem Ausmaß
ein Mitglied der inneren Kreise, was seine Kritik umso einschneidender machte.

Wie kam es also dazu, dass ein begabter Studienabsolvent aus gläubigem
Elternhaus eine Reihe systematischer kritischer Überlegungen veröffentlichte, welche die traditionellen katholischen Haltungen zum Kirche-Staat-
Verhältnis und der NS-Vergangenheit in Frage stellten? Und warum fasste er
den Entschluss, sich in die katholische Vergangenheit ab 1933 zu vertiefen?
Böckenfördes Fokus auf das Geistige könnte durch einen Unfall verstärkt
worden sein, den er im Jahr 1943 als Kind erlitten hatte. Da er durch den
Unfall ein Bein verloren hatte, war es ihm nicht möglich gewesen, sich körperlichen Betätigungen wie Wanderungen zu widmen, was in der unmittelbaren

---

68   Vgl. beispielsweise Semmelroth SJ, „Kritik an der Kirche?", S. 241–254, hier 254.

69   Den besten Überblick zu Böckenförde und seinem Wirken liefern die neun Bei-
     träge in: Große Kracht/Große Kracht (Hg.), *Religion*. Vgl. ebenso Ruff, „Ernst-Wolfgang
     Böckenförde", S. 599–616.

70   Abschrift, Der Erzbischof von München und Freising, Bedenkliche ekklesiologische
     Tendenzen im Schrifttum „nonkonformistischer" Katholiken, München, 24.8.1963, KZG,
     NL Walter Adolph, WA25C3.

71   Böckenförde lernte Spaemann durch das philosophische Seminar in Münster kennen,
     das von dem renommierten Philosophen Joachim Ritter angeboten wurde. Böckenförde/
     Spaemann, „Zerstörung der naturrechtlichen Kriegslehre", 1960, S. 161–196; Drüding, „Das
     philosophische Seminar in Münster", S. 569–602; Laak, *Gespräche*, S. 192–200.

Nachkriegszeit eine übliche Freizeitaktivität unter Jugendlichen war.[72] Noch ausschlaggebender war zweifellos sein Elternhaus gewesen, in dem eine ungewöhnliche Mischung aus Katholizität und kritischer Reflexion gepflegt worden war. Sein Vater war als Forstmeister in der Nähe von Arnsberg im katholischen Sauerland tätig gewesen und damit in einer Region, die selbst in katholischen Kreisen für ihre ungewöhnlich hohe Anzahl religiöser Rituale, Prozessionen, Festlichkeiten und Verbände bekannt war. Als höherer Beamter zählte sein Vater zum intellektuellen Leserkreis etwa des *Rheinischen Merkurs* oder der katholischen Zeitschrift *Hochland*.[73] Letztere wurde von einem entfernten Verwandten Böckenfördes, Franz-Josef Schöningh, herausgegeben, der auch Mitbegründer der *Süddeutschen Zeitung* gewesen war.[74]

In dieser offenen Atmosphäre waren aktuelle politische wie kirchliche Themen diskutiert worden und an diesen Themen hatte es nicht gemangelt. Als 14-Jähriger hatte Böckenförde den Zusammenbruch des „Dritten Reichs" erlebt und aufmerksam die Wiedergeburt der deutschen Zivilverwaltung und politischen Ordnung unter dem Befehl der Militärregierung beobachtet. Diese prägenden Erlebnisse weckten sein Interesse an der Rechtswissenschaft und verfassungsmäßigen Staatsorganisation.[75] Bereits als Jugendlicher zeigte sich Böckenförde besorgt über die Versuche führender Katholiken, das Naturrecht im Zuge des deutschen Wiederaufbaus als Grundprinzip der Moral- und Rechtsordnung zu etablieren.[76] Konnte die Annahme einer Verfassung letztendlich wirklich von der Aufnahme des „Elternrechts" abhängen, wie Bischof Michael Keller im Februar 1949 insistiert hatte?

Böckenförde sollte Kellers eiserne Ansichten wiederholt kennenlernen. Er entschied sich für ein Studium der Rechtswissenschaft in Münster. Die Universitätsstadt war zugleich Kellers Bischofssitz und deutschlandweit für ihre ungewöhnlich hohe Anzahl gemeinnütziger Organisationen und ihr lebendiges religiöses Leben bekannt. Für antikatholische Gemüter war Münster der Inbegriff klerikaler Autokratie.[77] Keller wurde diesem Ruf mehr als gerecht und war selbst für seine hoch politisierten Hirtenbriefe bekannt, die im Grunde kaum verschleierter Wählerbeeinflussung gleichkamen. Sie wurden von den Kanzeln jeder Pfarrei der Diözese verlesen und erinnerten die Wähler an die ideologischen und religiösen Belange, die bei anstehenden Wahlen auf dem Spiel standen. Sie endeten üblicherweise mit einer Ermahnung, „christlich"

---

72   Gosewinkel, „Biographisches Interview", 2011, S. 317.
73   Schmidtmann, *Katholische Studierende*, S. 465.
74   Harbou, *Wege und Abwege*.
75   Schmidtmann, *Katholische Studierende*, S. 465.
76   Böckenförde, *Katholizismus. Kirche und demokratisches Ethos*, S. 9 f.
77   Klenke, *Schwarz, Münster, Paderborn*, 2008.

zu wählen – einer wenig subtilen Erinnerung daran, dass gute Christen nicht die Sozialdemokraten wählten. Auch andere Bischöfe verfassten ähnliche Wahlhirtenbriefe, doch Keller brachte seine Ablehnung der SPD deutlicher als die anderen zum Ausdruck. In einer kompromisslosen Ansprache im Juni 1957 sagte er bestimmend, dass ein gläubiger Katholik die SPD nicht reinen Gewissens wählen könne.[78] In einem privaten Schreiben an den Erzbischof von Salzburg ging er noch einen Schritt weiter und verlieh seiner persönlichen Überzeugung Ausdruck, dass eine Unterstützung der SPD für gläubige Katholiken eine Form des „Selbstmords" sei.[79]

Als Böckenförde die Arbeit an seiner geschichtswissenschaftlichen Promotion in München unter der Betreuung von Franz Schnabel aufnahm, lernte er eine überzeugende Gegenansicht zu Kellers Integralismus kennen. Nur ein Jahr, nachdem Adolf Arndt sich in der mündlichen Verhandlung des Reichskonkordatsprozesses in Karlsruhe als Prozessbevollmächtigter hervorgetan hatte, wohnte Böckenförde einem Vortrag des renommierten SPD-Kronjuristen bei, den dieser an der Technischen Universität München hielt.[80] Arndts nuancierte und richtungsweisende Ansprache griff dem neuen Kurs der SPD voraus, der 1959 mit dem berühmten Godesberger Programm offiziell bekannt gemacht wurde und dem Marxismus abschwor.[81] Arndt sprach sich gegen die tiefe weltanschauliche Zerklüftung der deutschen politischen Landschaft aus und kritisierte, dass die deutschen Parteien zunehmend religiösen Einrichtungen ähnelten. Laut Arndt drohte die CDU, zu einer „Kirchenpartei" zu degenerieren. Er drängte daher darauf, dass Weltanschauung und politischer Auftrag voneinander abgekoppelt werden müssten.[82] Indem er seine Überzeugung deutlich machte, dass Sozialdemokratie und Christentum eine gemeinsame Grundlage zur Kompatibilität finden könnten, versuchte Arndt, die Zweifel an einer aufrichtigen Verpflichtungen der Sozialdemokraten gegenüber einem demokratischen Ethos zu zerstreuen. Er tat dies nicht nur, um die Sozialdemokratie bei katholischen Wählern akzeptabel zu machen, sondern auch, um das Verhältnis zwischen Staat und Kirche grundsätzlich neu zu überdenken. Toleranz gegenüber unterschiedlichen Werten stand auf der Tagesordnung.

---

78   Keller, „Neugestaltung der Arbeitswelt".
79   Michael Keller an Andreas Rohracher, 11.6.1957, AES, NL Andreas Rohracher, 19/29, Korr. mit Bischöfen im Ausland, 1950–1958.
80   Schmidtmann, *Katholische Studierende*, S. 465; Böckenförde, „Begegnungen mit Adolf Arndt", S. 32–39.
81   Arndt, „Christentum und freiheitlicher Sozialismus", S. 133–164; Uertz, „Annäherungen", S. 93–120.
82   Gosewinkel, *Adolf Arndt*, S. 559 ff.

Abb. 4.2
Bischof Michael Keller von Münster
spricht in den 1950ern mit dem jungen
Historiker Rudolf Morsey und Georg
Schreiber. Von links nach rechts: Rudolf
Morsey, Bischof Keller, Georg Schreiber.
Mit freundlicher Genehmigung von
Rudolf Morsey.

Auch wenn er nicht mit allen Ansichten Arndts übereinstimmte, hatte der
Vortrag dennoch Böckenfördes eigenen Entschluss „bestärkt", weiter auf sein
zentrales Ziel hinzuarbeiten – die Kirche zur Anerkennung und Befürwortung
der pluralistischen Gesellschaft zu bewegen.[83] Böckenförde schrieb Arndt,
dass wenn sich alle seine grundsätzlichen Überlegungen verwirklichen ließen,
„kein Anlass mehr für die bisher üblichen bischöflichen Hirtenschreiben und
Wahlpredigten" bestünde und Katholiken ohne Weiteres die SPD wählen
könnten, sofern sie ihrem Grundprogramm zustimmten.[84]

Sowohl Keller als auch Arndt verkündeten den katholischen Wählern
im Sommer 1957 während des Wahlkampfs für die Bundestagswahlen im
September ihre Sicht auf die politische Lage. Das bedeutete im Fall Kellers eine
Ermahnung zur „christlichen" Stimmabgabe, bei Arndt das Werben für das
Wahlangebot der SPD. In diesem Kontext überspitzter Rhetorik und weltan-
schaulicher Rangelei erhielt Böckenförde eine Gelegenheit, seine Überlegungen
zur Rolle der Kirche in einer demokratischen Gesellschaft im *Hochland* zu

---

83   Böckenförde, *Kirche und christlicher Glaube*, 2004, S. 8.
84   Ernst-Wolfgang Böckenförde an Adolf Arndt, 15.12.1957, ASD, NL Adolf Arndt, Box 5,
      Mappe 13; Abschrift, Ernst-Wolfgang Böckenförde an Adolf Arndt, 28.12.1960, ASD, NL
      Peter Nellen, 6b.

veröffentlichen.[85] Die Anfrage hierfür kam von Franz-Josef Schöningh und das
Thema des Aufsatzes passte perfekt zu dem Profil, das Schöningh seiner ehrwürdigen Zeitschrift gegeben hatte, seit die amerikanische Militärregierung
ihm 1946 die Lizenz zur Neugründung erteilt hatte. Während der Weimarer
Republik war die Zeitschrift für ihre oftmals kritische Auseinandersetzung
mit Glaubensfragen bekannt geworden.[86] Doch nach dem Zweiten Weltkrieg erachtete Schöningh die Auseinandersetzung mit den drängenden
historischen und politischen Problemen der Gegenwart als ebenso zwingend
erforderlich. Eine Aufarbeitung der NS-Vergangenheit Deutschlands gehörte
bezeichnenderweise nicht dazu. Es war vermutlich kein Zufall, dass Schöningh
zwischen 1941 und 1943 in der deutschen Zivilverwaltung im besetzten Polen
angestellt und für die Enteignung der Opfer verantwortlich gewesen war,
während die Nationalsozialisten Massenmorde verübten und die jüdische
Bevölkerung in dieser Phase der „Endlösung" deportierten.[87]

Schöningh hatte stattdessen weniger heikle verfassungsrechtliche und
staatsorganisatorische Fragen im Blick, etwa welche Staats- und Verfas-
sungsform das Fundament für die neue Republik bilden würde. Er teilte
Böckenfördes Skepsis bezüglich der Rolle der Kirche in der Politik. 1957 ging
er bewusst so weit, der loyalen innerkatholischen Opposition ein Forum zu
bieten. Im Geleitwort zum 50. Jahrgang des *Hochland* erklärt Schöningh, weshalb er in seiner Zeitschrift auch kritischere Stimmen zu Wort kommen lasse.
Er wolle „berechtigten Widerstand gegen eine mancherorts sichtbar werdende
Neigung, die universale, völkerverbindende Kirche an eine Partei zu binden
und auf den Gesichtskreis einer solchen zu verengen" leisten.[88]

Nachdem Schöningh einen ersten Entwurf des Beitrags erhalten hatte, hielt
er Böckenförde dazu an, seine Kritik prägnanter zu formulieren, seine Argumente auszubauen und in seinem Stil „nicht ganz so bescheiden" aufzutreten.[89]
Der 27-jährige Böckenförde fügte sich den Verbesserungsvorschlägen, merkte
aber an, dass sein gewissermaßen „puritanischer" Habitus und Stil seiner
sachlich-nüchternen westfälischen Herkunft entspreche.[90] Trotz Schöninghs
Tadel behielt Böckenförde in seinem Artikel jenen Ton bei – ebenso wie in

85   Interview mit Ernst-Wolfgang Böckenförde, Freiburg im Breisgau, 2006.

86   Dirsch, „Hochland"; Harbou, *Wege und Abwege*, S. 290.

87   Harbou, *Wege und Abwege*.

88   Schöningh, „Zum 50. Jahrgang", S. 3.

89   Gosewinkel, „Biographisches Interview", S. 392; Franz-Josef Schöningh an Ernst-Wolfgang
      Böckenförde, 16.7.1957, UBEI, VA 1, Kösel Archiv, VII 3.1, Hochland Korrespondenz,
      Mappe 9.

90   Ernst-Wolfgang Böckenförde an Franz-Josef Schöningh, 15.7.1957, UBEI, VA 1, Kösel
      Archiv, VII 3.1, „Hochland"-Korrespondenz, Mappe 9.

seinem vier Jahre später erschienenen Artikel über den deutschen Katholizismus im Jahr 1933. Dass die in diesen beiden Artikeln prägnant vorgetragene Kritik die Gemüter derart erregen würde, kann nicht auf einen sensationsheischenden oder aufrührerischen Stil zurückgeführt werden, sondern vielmehr auf die Argumentation selbst und die dafür angeführten Belege.

Böckenfördes Erstlingsaufsatz „Das Ethos der modernen Demokratie und die Kirche", der 1957 in der Oktoberausgabe des *Hochland* erschien, stützte sich auf mehrere Überlegungen.[91] Laut Böckenförde habe das Festklammern an der Naturrechtslehre und ihren Grundprinzipien dazu geführt, dass die Form der Staatsordnung für die meisten Katholiken bloß von sekundärer Bedeutung sei. Die Katholiken seien in der Lage, sich jeder Staatsform anzupassen, sei es Demokratie, Monarchie oder gar Diktatur, solange sie auf einem christlichen Fundament beruhe; maßgeblich sei lediglich, ob die aus dem Naturrecht sich ergebenden Grundsätze beachtet würden. Diese Beobachtung war eine offenkundige Kritik an einem wesentlichen Merkmal der politischen Landschaft der Bundesrepublik – die enge Verbindung zwischen den Christdemokraten und der katholischen Kirche, die Politiker wie Thomas Dehler oder der Politikwissenschaftler Thomas Ellwein als „Klerikalismus" verurteilten.[92] Doch Böckenfördes Artikel spiegelte auch tiefer sitzende Befürchtungen, dass die Bundesrepublik möglicherweise eine Demokratie ohne Demokraten sein könnte, deren Loyalität gegenüber der republikanischen Staatsform unbeständig war. Die Ängste vor einer „Mehrheitsdiktatur" wirkten immer noch nach. Hatte sich die katholische Kirche wirklich einem Ethos der Demokratie verschrieben und war sie bereit, die Rechte von Minderheiten zu billigen?

Böckenfördes Lösungsansatz ging von der Annahme aus, die Kirche müsse die Rolle eines „Mahner- und Wächteramtes" einnehmen und versuchen, ihren Einfluss auf *alle* politischen Parteien und Fraktionen auszuüben, um ihre Werte und Überzeugungen in das politische Geschehen einzuspeisen. Die Kirche selbst solle sich so weit wie möglich aus tagespolitischen Auseinandersetzungen heraushalten und diese Arbeit den Gläubigen überlassen. Diese Strategie könne zwar auf kurze Sicht zu Verlusten führen, da sie kirchlicherseits die Anerkennung der pluralistischen Gesellschaft erfordere, was traditionell nicht in christlichen Einrichtungen verankert sei. Doch dieser Weg biete der Kirche die Chance, ihre christlichen Werte durch die Unabhängigkeit von politischen Koalitionen, die per definitionem nur vorübergehend waren, dauerhafter sicherzustellen. Um diese Botschaft weniger als einen Monat nach dem

---

91   Böckenförde, „Ethos", S. 4–19.
92   Ellwein, *Klerikalismus*.

deutlichen Wahlsieg der CDU in der Bundestagswahl vom 15. September 1957 zu verbreiten, wollte Schöningh zunächst allen Bundestagsabgeordneten Sonderdrucke des Artikels zukommen lassen.[93] Böckenförde lehnte diesen Vorschlag jedoch ab. Er vertrat die Ansicht, dass das Problem „zunächst mal als innerkatholisches angegangen" werden müsse – und nicht durch Außenseiter mit Ressentiments gegenüber der katholischen Kirche.[94] Böckenfördes Artikel erfüllte aber dennoch seinen Zweck. Als deutlich „gegen den katholischen Mainstream" gerichtete Kritik schlug er bei besorgten Laien und Klerikern Wellen, die den Artikel als „rebellisch" wahrnahmen.[95] Seine Veröffentlichung in der ehrwürdigen Monatsschrift *Hochland* war ausreichend, um Gustav Kafkas Aufmerksamkeit im Referat für Staatsbürgerliche Angelegenheiten innerhalb des Zentralkomitees der deutschen Katholiken zu erregen. Die Tatsache, dass Böckenförde ein ehemaliger Schüler des umstrittenen Staats-rechtlers und durch seine NS-Vergangenheit belasteten Carl Schmitt gewesen war, erweckte sofort Kafkas Misstrauen, weswegen dieser versuchte, weitere Informationen über den jungen Autor zu erhalten.[96] Er kontaktierte den Münsteraner Domkapitular Heinrich Tenhumberg, der ihm zwei Tage später ein recht ausführliches Porträt zukommen ließ.[97] Laut Tenhumberg besaß der junge Böckenförde eine tadellose Integrität – eine Meinung, die tatsäch-lich von allen geteilt wurde, die mit Böckenförde in Kontakt kamen. Doch ein Bekannter Kafkas hatte ihn auch als „manchmal wohl etwas intellektualistisch verstiegenen bzw. einseitig orientierten jungen Akademiker" beschrieben.[98] Tenhumberg drängte daher dazu, „mit Herrn Böckenförde ernsthaft zu dis-kutieren", zumal „die Einseitigkeit und Irrtümer [...] so nicht im Raume stehen bleiben" dürften.

Zweifelsohne auf Wunsch Tenhumbergs erklärte sich Hermann Josef Spital Mitte Januar 1958 dazu bereit, eine Erwiderung auf Böckenfördes Artikel in

---

93   Franz-Josef Schöningh an Dr. Werner Böckenförde, 24.9.1957, UBEI, VA 1, Kösel Archiv, VII 3.1 „Hochland"-Korrespondenz, Mappe 9.

94   Ernst-Wolfgang Böckenförde an Franz-Josef Schöningh, 17.10.1957, UBEI, VA 1, Kösel Archiv, VII 3.1 „Hochland"-Korrespondenz, Mappe 9.

95   Gosewinkel, „Biographisches Interview", S. 396.

96   Gustav Kafka an Heinrich Tenhumberg, 29.10.1957, ZDK, Referat für Staatsbürgerliche Angelegenheiten, 4231/2. Zu Schmitts Einfluss auf Böckenförde vgl. Müller, *Dangerous Mind*, S. 166 ff., 118 ff.; Große Kracht, „Unterwegs zum Staat", S. 40 und insbesondere S. 16–22; Böckenförde, „Begriff des Politischen", S. 344–366; Böckenförde, „Politische Theorie", S. 16–25.

97   Gustav Kafka an Heinrich Tenhumberg, 29.10.1957, ZDK, Referat für Staatsbürgerliche Angelegenheiten, 4231/2.

98   Heinrich Tenhumberg an Gustav Kafka, 31.10.1957, ZDK, Referat für Staatsbürgerliche Angelegenheiten, 4231/2.

der katholischen Wochenzeitschrift *Echo der Zeit* zu verfassen.[99] Spital war ein
junger Kaplan und Sekretär des Münsteraner Bischofs Keller und sollte später
auf der kirchlichen Karriereleiter bis zum Bischof von Trier aufsteigen. Innerhalb weniger Wochen kamen Schöningh, Böckenförde, der Chefredakteur des
Hochland und Spital überein, eine offizielle sachliche Auseinandersetzung
zwischen Spital und Böckenförde zu führen, und begannen mit der Planung
der Einzelheiten.[100]

In den jeweiligen Erwiderungen beider auf die Überlegungen des jeweils
anderen kristallisierten sich Streitpunkte und Argumente heraus, in denen der
Konflikt um das Reichskonkordat und die Bekenntnisschulen nachhallte. Die
beiden Männer waren bezeichnenderweise ungefähr im gleichen Alter und
dies sollte nicht die letzte Begebenheit sein, bei der Vertreter der sogenannten
„45er-Generation" zu diametral entgegengesetzten Standpunkten hinsichtlich der Frage kamen, wie ein demokratisches Grundethos am besten zu
verwirklichen war. Spitals Ansichten und Argumentation blieben in hohem
Maße in jener defensiven Haltung verhaftet, wie sie für die katholische Kirche
in den frühen Jahren der Bundesrepublik charakteristisch gewesen war.[101]
Spital empfand das System der Demokratie als ebenso zerbrechlich wie
den kurz zuvor erzielten Wahlsieg der CDU: Die mit den Christdemokraten
konkurrierenden Parteien würden eine „Mehrheitsdiktatur" errichten, sobald
sie ihren weltanschaulichen Gegnern die Macht durch Wahlsiege abgerungen
hätten.[102] Er befürchtete, dass die weltanschaulichen Gegner der CDU/CSU
der katholischen Minderheit schnell ihre grundsätzlichen politischen und
von „Vernunft und Glauben her" unabdingbaren Rechte wie das Elternrecht
erneut verweigern würden, so wie es im Kulturkampf der 1870er Jahre und im
NS-Kirchenkampf schon geschehen sei. Es ging nach Spitals Auffassung also
um Religionsfreiheit und den Konflikt, der entsteht, wenn auf der einen Seite
das Recht auf freie und ungestörte Religionsausübung geltend gemacht wird,
was auf der Gegenseite von den Vertretern einer Religionsfreiheit im Sinne

---

99 Spital, in: *Echo der Zeit*, 12.1.1958.

100 Heinrich Wild an Hermann- Josef Spital, 29.1.1958, UBEI, VA I, Kösel Archiv, VII 3.1,
     Mappe 26; Heinrich Wild an Ernst-Wolfgang Böckenförde, 29.1.1958; Ernst-Wolfgang
     Böckenförde an Heinrich Wild, 31.1.1958; Franz-Josef Schöningh an Ernst-Wolfgang
     Böckenförde, 5.2.1958; Ernst-Wolfgang Böckenförde an Franz-Josef Schöningh, 8.2.1958;
     Franz-Josef Schöningh an Ernst- Wolfgang Böckenförde, 19.2.1958, UBEI, VA I, Kösel
     Archiv, VII 3.1, Hochland-Korrespondenz, Mappe 17; Franz-Josef Schöningh an Hermann-
     Josef Spital, 5.2.1958; Franz-Josef Schöningh an Hermann-Josef Spital, 19.2.1958, UBEI, VA
     I, Kösel Archiv, VII 3-1. Mappe 26; Böckenförde, *Kirche und christlicher Glaube*, S. 8.

101 „Arbeitskreis: Staatspolitische Arbeit", in: Zentralkomitee der Deutschen Katholiken,
     Arbeitstagung Saarbrücken, 16.–19. April 1958, S. 223–260, hier 240, 244 f.

102 Spital, „Noch einmal: Das Ethos der modernen Demokratie", S. 409–421.

einer Freiheit *von* Religion als einer „negativen Religionsfreiheit" jedoch als Diskriminierung wahrgenommen wird – eine Problematik, die auch aktuell in den Vereinigten Staaten hinsichtlich des Umfangs der dortigen „religious liberty" heftig umstritten ist.

Im Gegensatz dazu sah Böckenförde die römisch-katholische Kirche nicht mehr als belagerte Minderheit. Seiner Ansicht nach waren acht Jahre unter der Kanzlerschaft Adenauers ein Beweis für den Wandel, der sich vollzogen habe. Doch die Meinungsverschiedenheiten von Böckenförde und Spital gingen weit über die Frage hinaus, ob das Glas in der aktuellen Situation halb voll oder halb leer war. Für Spital war die Demokratie weder eine „sittliche Norm", noch könne sie es sein, da Staatsformen ethisch neutral seien. Für Böckenförde hingegen war die Demokratie notwendig mit gewissen ethischen Normen verbunden – Toleranz, Offenheit und vor allem der Bereitschaft, anderen, selbst langjährigen weltanschaulichen Gegnern wie etwa der SPD, die Gelegenheit zum Machterhalt einzuräumen.

Diese Auseinandersetzung zwischen Spital und Böckenförde konzentrierte sich ausschließlich auf die Rolle der katholischen Kirche in der Gegenwart. Es war Schöninghs Einfluss (was angesichts seiner heiklen Vergangenheit in Ostpolen fast ironisch anmutet), der Böckenförde dazu brachte, an einer kritischen Neubewertung der Rolle der katholischen Kirche im Jahr 1933 zu arbeiten. Zum einen zog Schöningh 1957 in seinem Wort zum 50. *Hochland*-Jahrgang in derselben Ausgabe, die auch Böckenfördes Erstlingsartikel enthielt, selbst eine Parallele zwischen der Gegenwart und der Vergangenheit. Darin warnt er davor, der Loyalität gegenüber politischen Parteien und parteinahen Organisationen den Vorrang gegenüber religiösen Werten und Überzeugungen zu geben. Er weist reumütig darauf hin, dass „1933 fast alle katholischen Organisationen nicht etwa nach zähem Widerstand, sondern wie Kartenhäuser von einem einzigen Windstoß zusammenbrachen."[103] Dieser Satz alleine sorgte für Furore und einen öffentlichen Aufruf, Materialien bezüglich der Schicksale katholischer Verbände zusammenzustellen.[104] Wie gerufen veröffentlichte der fast 1 Million Mitglieder starke Bund der Deutschen Katholischen Jugend (BDKJ) eine 240-seitige Dokumentensammlung über katholische Jugendverbände im „Dritten Reich" – die allerdings nicht den Enthusiasmus einiger Verbandsleiter für den nationalsozialistischen Staat im Jahr 1933 verschwieg.[105]

---

103 Schöningh, „Zum 50. Jahrgang", S. 3.
104 Kirchlicher Anzeiger für die Erzdiözese Köln, 2.12.1957, Nr. 454 (Die katholischen Organisationen in der Zeit des Nationalsozialismus).
105 Roth, *Katholische Jugend*, 1959.

Zum anderen gab Schöningh den kontroversen Artikel aus Böckenfördes Feder über das Jahr 1933 im Sommer 1960 in Auftrag und genehmigte seine Veröffentlichung im Spätherbst desselben Jahres kurz vor seinem Tod im Dezember.[106] Dieser Gelegenheit konnte Böckenförde nicht widerstehen. Böckenfördes Interesse an diesem Thema war durch den von Polemik durchzogenen Streit über das Reichskonkordat und insbesondere Dehlers vermeintliche Verleumdung des Heiligen Stuhls im Jahr 1956 geweckt worden.[107] Als Böckenförde sich tiefer in das Thema einarbeitete, wurde er von dem Ergebnis seiner Recherche aufrichtig überrascht.[108] In Paul Weinbergers Artikel „Kirche und Drittes Reich im Jahre 1933", der 1958 in den *Werkheften Katholischer Laien* erschienen war, stieß er auf zahlreiche belastende Äußerungen von hochrangigen kirchlichen Würdenträgern, prominenten Vertretern der katholischen Verbände und katholischen Intellektuellen.[109] Unter denjenigen, die öffentlich mit ihrer Bereitschaft zur Mitarbeit am neuen Staat geprahlt hatten, waren Akademiker wie Joseph Lortz und Michael Schmaus, Leiter katholischer Verbände wie dem Kolpingwerk, prominente Mitglieder des katholischen Adels und sogar Bischöfe. Als Böckenförde Morseys Darstellung des Untergangs der Zentrumspartei las, erfuhr er zudem von der Welle der Begeisterung, die sich an die Unterzeichnung des Reichskonkordats im Juli 1933 angeschlossen hatte.[110]

Die Erkenntnis, dass es in den Anfängen des „Dritten Reichs" so viele Beispiele der spontanen Begeisterung für den neuen Staat gegeben hatte, hinterließ bei dem jungen Wissenschaftler einen bleibenden Eindruck.[111] Sie verfestigte eine Argumentationslinie, die auch Böckenfördes neuem Artikel zugrunde lag. Verantwortlich dafür, dass führende Katholiken – und insbesondere diejenigen, die organische Modelle von Staat und Gesellschaft verwirklicht sehen wollten – im Jahr 1933 so anfällig für die Lockrufe des Nationalsozialismus gewesen waren, war laut Böckenförde die Tatsache, dass katholisch-politische Geisteshaltungen seit über 200 Jahren von einer Antipathie gegenüber der Aufklärung angetrieben gewesen seien. Den Katholiken sei, so Böckenförde weiter, eine ambivalente Beziehung zum liberalen Staat aufgebürdet worden. Seit der Französischen Revolution hätten moderne Konzepte des Staats die Kirche aus ihrer dominanten Position in Politik und Gesellschaft verdrängt. Geprägt von bitteren Erfahrungen wie dem Kulturkampf der 1870er Jahre

---

106   Anmerkung der Redaktion zu „Der deutsche Katholizismus im Jahre 1933", S. 391 f.

107   Böckenförde, *Katholizismus. Kirche und demokratisches Ethos*, S. 12 f.

108   Böckenförde, *Kirche und christlicher Glaube*, S. 113.

109   Weinberger, „Kirche und Drittes Reich", S. 91–100.

110   Morsey, „Deutsche Zentrumspartei", S. 405.

111   Böckenförde, „Der deutsche Katholizismus im Jahre 1933", S. 215–239.

hätten sich Katholiken innerhalb liberaler Staaten, wenn überhaupt, nur
dann politisch betätigt, um ihre Religionsfreiheit zu erhalten und lange verfolgte Ziele zu verwirklichen. Diese Ziele leiteten sich aus naturrechtlichen
Konzepten ab und beinhalteten nicht zuletzt das Recht auf Gründung und
Erhalt von Konfessionsschulen für katholische Schulkinder. Nach den neuscholastischen politischen Lehren von Papst Leo XIII. sei die Loyalität gegenüber konkreten Staatsformen sekundär und abhängig von dem Grad, zu dem
naturrechtliche Grundprinzipien verwirklicht werden können. Die Loyalität der römisch-katholischen Kirche gegenüber Regierungsformen wie etwa
der Weimarer Republik bleibe daher suspekt, da in dieser neuscholastischen
Lesart alle Regierungsformen per Definition vergänglich und nicht mehr
als „geschichtliche Zufälle" seien. Hitlers Versprechen, ein Konkordat abzuschließen, welches die Rechte der Kirche und den Erhalt der Bekenntnisschulen gewährleisten würde, habe wie eine „tödliche Versuchung" gewirkt.
Als die Nationalsozialisten erst einmal, wenn auch unaufrichtig, in Aussicht
gestellt hatten, den deutschen Katholiken bei der Verwirklichung ihrer in der
Weimarer Zeit erfolglos verfolgten Ziele wie der staatlichen Gewährleistung
der Konfessionsschulen zu helfen, habe sich die lauwarme Unterstützung der
Katholiken für die freiheitliche Demokratie nahezu über Nacht aufgelöst.

Böckenfördes Entdeckungen im Zuge seiner Recherche verstärkten auch
sein Zugehörigkeitsgefühl zu der „jüngeren" Generation von Katholiken,
denen von älteren Generationen nicht die Wahrheit über die Zeit des Nationalsozialismus erzählt worden war. Er kam zu dem Schluss, dass die Wahrheit
„verdrängt" worden sei.[112] Die Wahrheit über das Verhalten der katholischen
Kirche im Jahr 1933 ans Licht zu bringen, bedeutete auch, einen Sturm der
Entrüstung zu riskieren. Böckenförde war bewusst, dass er in seinem Artikel
Namen würde nennen müssen. Weinberger hatte in seinem Artikel lediglich
Initialen verwendet, obwohl es nicht viel Vorstellungskraft erfordert, um diese
zu entschlüsseln. Ebenso vorhersehbar war, dass viele namhafte Katholiken
an Hochschulen, in der Kirche und Laienorganisationen, die noch am Leben
waren, ihre einstigen Worte der Begeisterung wohl weiterhin im Verborgenen
halten wollten. Aus diesem Grund schloss Carl Schmitt, der während der 1950er
Böckenfördes Mentor gewesen war, eine Wette ab, dass der Aufsatz seines
Mentees nicht gedruckt werden würde.[113] Nachdem Schöningh einen ersten
Entwurf des Artikels gelesen hatte, drängte er Böckenförde dazu, den ersten
Teil seines Aufsatzes, in dem Namen und Lobpreisungen aufgeführt wurden,
zu kürzen, und stattdessen im zweiten Teil seine Überlegungen zu einer

---

112 Böckenförde, *Kirche und christlicher Glaube*, S. 113.
113 Gosewinkel, „Biographisches Interview", S. 363.

Erklärung dieser unverblümten Unterstützung zu erweitern.[114] Durch dieses Vorgehen würde er auch den „Eindruck der nachträglichen Denunziation" vermeiden.

Böckenförde kam diesen Vorschlägen jedoch nicht nach und behielt die Struktur seines Artikels bei. Stattdessen arbeitete er mit drei zusätzlichen „Absicherungen."[115] Er fügte in den Fußnoten Details aus dem historischen Kontext hinzu, die potenzielle Kritik an seinen Ausführungen relativierten. Er bat den versiertesten Experten – Rudolf Morsey – darum, die Druckfahnen Korrektur zu lesen, was dieser dann auch tat.[116] Er erhöhte außerdem die Anzahl der Sonderdrucke auf 40 und schickte sie (gemeinsam mit einigen entschuldigenden Zeilen) an viele der Betroffenen, die er zitierte.[117] Er sandte auch Sonderdrucke an zwei Bischöfe, Michael Keller und Julius Döpfner, mit der Zusicherung, sein Artikel sei nicht als Angriff gegen die Kirche gemeint, sondern er wolle damit lediglich eine schmerzhafte, aber notwendige Diskussion anstoßen.[118]

All diese Vorkehrungen waren allerdings vergebens. Die neue *Hochland*-Ausgabe war Anfang Februar 1961 in den Briefkästen, Bibliotheken und Lesesälen der Kirchen zu finden und Böckenfördes Artikel traf die katholische intellektuelle Elite wie ein Blitz aus heiterem Himmel. Böckenförde selbst sprach von einem „mittleren Erdbeben", das er ausgelöst hatte. Zwei Wochen nachdem der Artikel erschienen war, berichtete Morsey Böckenförde von dem großen Echo, dass der Beitrag insbesondere in Süddeutschland erfuhr.[119] Eine Woche später war die Ausgabe vergriffen und die *Hochland*-Redaktion musste schnell 3.000 zusätzliche Exemplare drucken, um mit der Nachfrage mitzuhalten.[120] Innerhalb weniger Monate wurde der Artikel ins Englische

---

114   Heinrich Wild an Ernst-Wolfgang Böckenförde, 8.11.1960, UBEI, VA1, Kösel-Archiv, Autorenkorrespondenz, Ernst-Wolfgang Böckenförde.

115   Ernst-Wolfgang Böckenförde an Heinrich Wild, 23.12.1960, UBEI, VA1, Kösel Archiv, Autorenkorrespondenz, Ernst-Wolfgang Böckenförde.

116   Ernst-Wolfgang Böckenförde an Heinrich Wild, 23.12.1960; Ernst-Wolfgang Böckenförde an HeinrichWild, 3.1.1961, UBEI, VA1, Kösel Archiv, Autorenkorrespondenz, Ernst-Wolfgang Böckenförde.

117   Ernst-Wolfgang Böckenförde an Heinrich Wild, 18.1.1961; Ernst-Wolfgang Böckenförde an Heinrich Wild, 2.2.1961, UBEI, VA1, Kösel Archiv, Autorenkorrespondenz, Ernst-Wolfgang Böckenförde.

118   Ernst-Wolfgang Böckenförde an Julius Döpfner, 18.2.1961; Ernst-Wolfgang Böckenförde an Michael Keller, 8.2.1961, BAK, NL Böckenförde, 575.

119   Ernst-Wolfgang Böckenförde an Heinrich Wild, 3.1.1961, UBEI, VA1, Kösel Archiv, Autorenkorrespondenz, Ernst-Wolfgang Böckenförde; Rudolf Morsey an Ernst-Wolfgang Böckenförde, 16.2.1961, BAK, NL Böckenförde, #575.

120   Gosewinkel, „Biographisches Interview", S. 404.

übersetzt und in der amerikanischen katholischen Zeitschrift *Cross Currents* veröffentlicht.[121] Angesehene Zeitungen und Zeitschriften mit belesenen und intellektuellen Leserkreisen, darunter etwa *Der Spiegel, Echo der Zeit,* die *Süddeutsche Zeitung* oder der *Rheinische Merkur,* veröffentlichten über 25 Stellungnahmen mit Überschriften wie „Eine ‚Hochland'-Legende" oder „Führers Prälaten".[122]

Zwei dieser Stellungnahmen stachen aufgrund ihrer boshaften Bemerkungen heraus und ließen wenig Zweifel daran, dass Böckenfördes Aufsatz anscheinend einen Nerv getroffen hatte. Hans Peters verfasste eine vernichtende Kritik auf den Seiten der *Kölnischen* und *Bonner Rundschau* und verstieg sich zu Angriffen auf Böckenfördes Person.[123] Er tat Böckenfördes Darlegungen als ein „in ein scheinwissenschaftliches Mäntelchen" gehülltes Zerrbild ab. Wenn er sich auf Böckenförde bezog, setzte er das Wort ‚Historiker' sogar in Anführungszeichen, denn Juristen, die „als Historiker auftreten" könne er nur verurteilen. Böckenfördes einseitiger Versuch, den Widerstand der katholischen Kirche zu verunglimpfen, war laut Peters nur „scharf zu verurteilen".

Der scharfzüngige Historiker Hans Buchheim ging noch weiter. Der 1920 geborene Buchheim war während des Kriegs an der Ostfront im Einsatz gewesen und schrieb seit 1951 Gutachten für das Institut für Zeitgeschichte in München, darunter auch eine Abhandlung über die Rückerstattung des von den Nationalsozialisten konfiszierten Kircheneigentums.[124] Er arbeitete zudem an einer Darstellung des SS-Staates, was sich in sein Interesse an der Erforschung totalitärer Strukturen fügte. Doch wie viele andere frühe Schriften über das erst 16 Jahre zuvor untergegangene NS-Regime enthielten seine Werke Widersprüche und Ungereimtheiten. Er verlangte wissenschaftliche Objektivität – doch nur diejenigen, die ein totalitäres Regime selbst miterlebt hätten, könnten es laut Buchheim auch wirklich verstehen.[125]

Solche Ungereimtheiten fanden auch ihren Weg in Buchheims Kritik an Böckenfördes Artikel, der seiner Einschätzung nach lediglich eine Polemik gegen die deutschen Bischöfe habe austragen wollen. In seinen Angriffen auf

---

121 Böckenförde, „German Catholicism in 1933", S. 283–304. Schmandt war eine Kollege Gordon Zahns an der Loyola University.

122 Für eine vollstände Auflistung vgl. Böckenförde, „Der deutsche Katholizismus im Jahre 1933: Stellungnahme", S. 217–245, hier Fußnote 1.

123 Peters, „Scheinwahrheit", S. 11.

124 Gutachten über die Kollektivverfolgung der katholischen Kirche in der Nationalsozialistischen Zeit, 12.5.1953, IFZG, München, Archiv, ID 105, Band 2, Hans Buchheim.

125 Buchheim, *Totalitäre Herrschaft*; Buchheim, *Die SS*; Berg, *Der Holocaust und die westdeutschen Historiker*, hier insbesondere S. 313–318, 409–419.

Abb. 4.3
Ein Artikel des späteren
Bundesverfassungsrichters
Ernst-Wolfgang Böckenförde löste 1961
einen Sturm der Entrüstung aus.
Mit freundlicher Genehmigung von
Iris Fleßenkämper.

Böckenförde bediente er sich eines ähnlichen Arguments wie Peters, das für viele deutsche Historiker ein Eckpfeiler in der Betrachtung der Vergangenheit war: Die historische Rekonstruktion traumatischer Ereignisse erfordere Einfühlungsvermögen.[126] Anstatt sich zum Richter über ihr Thema zu machen, müssten Historiker den Schweiß und die Tränen derjenigen spüren, die jahrelang im Schatten eines Bürgerkriegs agiert hätten. Buchheim verfasste als entsprechende Erwiderung auf Böckenförde eine „einfühlende" Darstellung der Situation im Jahr 1933, die im *Hochland* erschien, nachdem die Zeitschrift nach Schöninghs Tod im Dezember 1960 einen neuen Herausgeber erhalten hatte.[127] Gegenüber Böckenförde zeigt er sich darin allerdings weniger empathisch, bezichtigt ihn der „Fahrlässigkeit" und beschreibt eine seiner Äußerungen als „blasphemisch". Böckenförde erhielt auch rund 100 persönliche Briefe, viele davon lobend, andere kritisch oder sogar missbilligend. Julius Döpfner und Michael Keller nahmen kein Blatt vor den Mund und richteten ihren Zorn gegen Böckenförde persönlich. So schrieb Keller: „Ich habe wirklich Sorge – verzeihen Sie mir, wenn ich es ganz offen ausspreche – daß, wenn Sie auf diesem Wege weiterschreiten, allmählich in Ihnen die Liebe zur Kirche

---

126   Stelzel, „Working toward a Common Goal?", S. 639–671, hier 654.
127   Buchheim, „Der deutsche Katholizismus im Jahr 1933. Eine Auseinandersetzung mit Ernst-Wolfgang Böckenförde", S. 497–515.

erkalten könnte und Sie eines Tages zu Ihrem eigenen Erschrecken spüren würden, daß die Kirche nicht mehr ihre Heimat ist."[128]

Böckenfördes Artikel wurde daher mit schmähender Kritik und persönlichen Angriffen begegnet, die weit über die Reaktionen auf Morseys und Weinbergers zahlreiche Publikationen der vorangegangenen drei Jahre hinausgingen. Böckenförde und Weinberger hatten sogar in weiten Strecken dieselben bekannten Katholiken in der Kirche und Wissenschaft zum Gegenstand ihrer Beiträge gemacht. Doch Weinbergers Artikel über die katholische Mittäterschaft wurde mit vollkommenem Schweigen begegnet. Die Redaktion hatte eine Flut kritischer Reaktionen erwartet, jedoch keine einzige Reaktion erhalten.[129] Ähnlich wie bei Böckenförde und Weinberger kam es auch zwischen Morsey und Böckenförde zu einer gegenseitigen Befruchtung ihrer Arbeit. In seiner Darstellung des Niedergangs der Zentrumspartei bezog sich Morsey direkt auf Überlegungen aus Böckenfördes Artikel von 1957, um einen „gewissen demokratischen Substanzschwund" innerhalb des Zentrums zu erklären, der sich nach der Wahl von Kaas zum Parteivorsitzenden eingestellt habe. Die Partei, so Morsey, habe sich zu demokratischen oder konservativen „Entwicklungen" hinwenden können, sich aber letztendlich für letztere entschieden, da sie den „Faschismus" keinesfalls *a priori* als ihren Todfeind angesehen habe.[130]

Ein historischer Wendepunkt und seine Hintergründe: Bedeutung und Folgen von Böckenfördes Artikel

Warum also löste Böckenfördes Artikel ein derartiges Erdbeben aus, während Vorreiter wie Weinberger oder Morsey keine vergleichbare Reaktion erhalten hatten? Einer der Gründe war mit Sicherheit, dass sich Intellektuelle und Journalisten seit der Veröffentlichung von Weinbergers Artikel und den Ulmer Prozessen im Jahr 1958 zunehmend einer Gewissensprüfung hinsichtlich

---

128   Ernst-Wolfgang Böckenförde an Michael Keller, 3.5.1961; Michael Keller an Ernst-Wolfgang Böckenförde, 27.5.1961, BAK, NL Böckenförde, #575. Kellers Spitze gegen Böckenförde wurde durch dessen Beschwerde ausgelöst, dass Hans Peters' scharfe Kritik in großen Auszügen in der Münsteraner Diözesanzeitung erneut abgedruckt wurde, vermutlich auf Entscheidung des Bischofs.

129   Weinberger, „Der ungelöste Pakt", S. 178–187.

130   Rudolf Morsey, „Deutsche Zentrumspartei", S. 415, Fußnote 11. In dieser Fußnote zitiert Morsey Böckenförde direkt: „Ernst-Wolfgang Böckenförde spricht von einer ‚inneren Affinität der Kirche zu autoritären Regimen, sofern sie der Ansicht ist, daß diese auf christlicher Grundlage stehen'"; Böckenförde, „Ethos", S. 18.

der Verantwortlichkeit für den Nationalsozialismus unterzogen. Morseys Publikationen waren jedoch nur wenige Monate vor Böckenfördes Artikel erschienen.

Die Gründe, die Böckenfördes Arbeiten zu einem Wendepunkt machten, ergaben sich aus der konkreten politischen Situation und spezifischen Faktoren innerhalb der Kirche. Zunächst kann festgehalten werden, dass Morseys Darstellung der Zentrumspartei in einem 800 Seiten starken Werk erschienen war, welches das Ende aller deutschen Parteien im Jahr 1933 kritisch beleuchtet – und nicht ausschließlich das Ende der Zentrumspartei. Böckenfördes Beitrag fehlt eine solche Kulisse mit potenziell beschwichtigender Wirkung. Er geht vielmehr von einer breiteren Definition der Kirche aus, die eine Art der Geschlossenheit der Kirche annimmt, die Neuhäuslers triumphierender Darstellung in *Kreuz und Hakenkreuz* ähnelt. Nach Böckenfördes Ansicht stelle sich der deutsche Katholizismus „am Vorabend des Krisenjahres 1933 als eine auf religiös-weltanschaulicher Grundlage fest geeinte, in zahlreichen Berufs- und Standesorganisationen erfaßte, zu einheitlichem politischem Wollen verbundene soziale Gruppe dar." Im Einklang mit dieser Definition richtet Böckenförde seine Kritik vor allem gegen diejenigen an der Spitze der katholischen Hierarchie, die in der Zeit nach dem Kulturkampf eine „vorherrschende Stellung" eingenommen hatten – die Bischöfe.[131] Im Gegensatz dazu betont Morsey die Schwächen und Fehleinschätzungen der Zentrumspolitiker, die in der Mehrheit Laien gewesen waren, mit der wichtigen Ausnahme von Ludwig Kaas.[132] Viele treue Katholiken nahmen keinerlei Anstoß an der Verurteilung von Politikern einer in Verruf geratenen Republik, empfanden die offene Kritik am Episkopat jedoch weiterhin als Tabu, wie es etwa ein empörter Kritiker auf den Seiten der *Deutschen Tagespost* zusammenfasste: „Müssen die deutschen Bischöfe des Jahres 1933 wegen ihrer Erklärung vom 28. März noch nachträglich entnazifiert werden?"[133]

Doch für viele, die Böckenfördes Überlegungen beipflichteten, ging es gerade darum, das Tabu – und was sie als Mantel des Schweigens über die NS-Vergangenheit empfanden – zu brechen. In einem Artikel mit der passenden Überschrift „Die Tabus im Katholizismus" brach der österreichische Schriftsteller und Kulturhistoriker Friedrich Heer freudig und bereitwillig gleich mit mehreren Tabus, obwohl er dadurch die Schmach der „Tabu-Vertreter"

---

131   Böckenförde, „Der deutsche Katholizismus im Jahre 1933", S. 216.
132   Es gab weitere Ausnahmen, vgl. Morsey, „Deutsche Zentrumspartei", S. 405 f.
133   Zeitungsausschnitt, *Deutsche Tagespost*, Nr. 108, 8.–9.9.1961, HAEK, Gen II 22.13, 12.

innerhalb der Kirche riskierte.[134] Heer und seine linkskatholischen Mitstreiter begrüßten Provokation, wahrscheinlich weil ihre wiederholte Kritik am Episkopat ab der zweiten Hälfte der 1950er Jahre nicht viel im Hinblick auf deren Haltungen zu sozialer Gerechtigkeit und Krieg bewirkt hatte. Kritiker wie etwa der Kölner Domkapitular Josef Paulus scheinen Böckenfördes „außerordentlich schwere Anklagen gegen die Kirche" als eine solche Unverschämtheit empfunden zu haben, dass sie Böckenförde reflexartig in die Schublade der linkskatholischen Kirchenkritiker steckten.[135] Als ernstzunehmendem jungen Intellektuellen mit hohen Prinzipien widerstrebte Böckenförde in Wirklichkeit jede Form oberflächlicher und besserwisserischer Moralpredigten, was sowohl nach seiner als auch der Ansicht der *Hochland*-Herausgeber im Nachhinein nochmals betont werden musste.[136] Morsey verurteilte die heftigen persönlichen Angriffe in Hans Peters' Breitseite gegen Böckenförde. Er wandte sich daher schriftlich an den Leiter der Katholischen Akademie in Bayern und forderte einen anderen Umgang mit Kritik: „So geht es auf keinen Fall, daß man mit Verdächtigungen anstatt mit Argumenten arbeitet."[137]

Böckenfördes Darstellung enthusiastischer katholischer Politiker, Akademiker und Kirchenmänner, die sich als „Brückenbauer" zum Nationalsozialismus herausgestellt hatten, lief dem Selbstverständnis der CDU als einer aus dem NS-Widerstand entstandenen Partei zuwider. Und dieser Umstand scheint im Kern hinter der Breitseite von Hans Peters gestanden zu haben. Peters war im Frühjahr 1933 Abgeordneter der Zentrumspartei im Preußischen Landtag gewesen. Nach eigener Aussage war er 1933 mit allen deutschen Bischöfen in Kontakt gewesen. In demselben Jahr war er Mitglied der während des Deutschen Kaiserreichs gegründeten Görres-Gesellschaft und 1940 zu deren Präsident gewählt geworden, nur ein Jahr vor ihrer Auflösung auf Anordnung des SS-Obergruppenführers Reinhard Heydrich. Peters hatte darauf 1941 mit einem mutigen vierseitigen Protestbrief an den Reichsminister des Innern, Wilhelm Frick, reagiert.[138] 1945 war Peters einer der Mitbegründer der CDU in Berlin gewesen. Als offener Verfechter der Naturrechtslehren hatte er außerdem 1956 die Gültigkeit des Reichskonkordats vor den Richtern des Bundesverfassungsgerichts verteidigt.

---

134   Heer, „Die Tabus im Katholizismus", in: *Magnum*, Juni 1961, zit. in: Alfred Kröner an Ernst-Wolfgang Böckenförde, 9.4.1962, BAK, NL Böckenförde, #475.

135   Vgl. beispielsweise Josef Paulus, „Eine ‚Hochland'-Legende", in: *Rheinischer Merkur*, 10.3.1961, S. 9.

136   Ernst-Wolfgang Böckenförde an Jakob Hommes, 16.7.1961; Heinrich Wild an Michael Schmaus, 1.2.1961, BAK, NL Böckenförde, #575.

137   Rudolf Morsey an Karl Forster, 29.3.1961, AKAB, B I/9.

138   Morsey, *Görres-Gesellschaft*, S. 224 f.

Peters' Worte, Taten und Werte waren aus Böckenfördes Sicht daher der Inbegriff der katholischen „Ziele" und des katholischen „Verhaltens".[139] Damit meinte er zunächst Mittäterschaft und „brückenbauerische" Aktivitäten im Jahr 1933, denen erst später im „Dritten Reich" Widerstand gefolgt war. Es verwundert nicht, dass es dem Staatsmann Peters nicht gefiel, was er in dem kritischen Spiegel sah, den Böckenförde ihm vorhielt. In seinem Artikel hatte Böckenförde die Görres-Gesellschaft als ein Beispiel für die vielen Orden, Gesellschaften und Verbände herausgegriffen, die mit ihrer lautstarken Unterstützung des NS-Regimes weit über die Grenze diplomatischer Vorsicht hinaus gegangen waren.[140] Böckenförde reagierte 1962 mit einer Erwiderung in *Hochland* und kritisierte nun auch auf ausdrücklich persönlicher Ebene, indem er aus einer Rede seines Kontrahenten vor dem Preußischen Landtag am 31. Mai 1933 zitierte: „Es besteht durchaus die Möglichkeit und Chance für den Katholiken im Dritten Reich, seine Weltanschauung einzubauen, doch müssen wir dazu tätig werden."[141]

Böckenfördes gesamter Artikel ging davon aus, dass die katholische Akzeptanz des NS-Regimes zumindest teilweise daher rührte, dass die Nationalsozialisten bereit waren, langjährige konkrete Forderungen der Katholiken wie die aus dem Naturrecht abgeleiteten Bekenntnisschulen umzusetzen. Und das Naturrecht lag dem erfahrenen Staatstheoretiker besonders am Herzen, da es für ihn das Fundament der deutschen Wiedergeburt im Jahr 1945 gewesen war.[142] Für den Prozess in Karlsruhe hatte Peters ein Gutachten für die Bundesregierung erstellt und zur Verteidigung der Bekenntnisschulen und des Reichskonkordats vor Gericht vorgetragen. Als er seine Angriffe auf Böckenförde verfasste, schien er den Streit vor Gericht noch einmal zu durchleben, sodass seine vernichtende Kritik eher einem Schlussplädoyer in einem kontradiktorischen Verfahren als einer wissenschaftlichen Rezension ähnelte. Peters wiederholte auch Teile seiner Verteidigung in Karlsruhe, um die Notwendigkeit dieses Staatskirchenvertrags zu rechtfertigen: Der Vertrag habe „die letzte Chance" für die neuen nationalsozialistischen Machthaber dargestellt, sich „zu gesitteten Menschen" zu entwickeln und „anständige Partner" zu werden. Peters wagte sogar eine Verteidigung des Ermächtigungsgesetzes, dessen Wirksamkeit ebenfalls ein Streitpunkt vor dem Bundesverfassungsgericht gewesen war: „Die Annahme dieses Gesetzes nach festen Zusicherungen seitens der

---

139   Böckenförde, *Kirche und christlicher Glaube*, S. 166 f.
140   Böckenförde, *Katholizismus. Kirche und demokratisches Ethos*, S. 48.
141   Böckenförde, *Kirche und christlicher Glaube*, S. 166 f.
142   Ebd., S. 62.

Regierung, aber auch die strikte Ablehnung erscheinen mir auch heute noch beide vertretbar."[143]

Böckenförde hatte ferner auch etwas getan, was Morsey kategorisch abgelehnt hatte: Er wollte Lehren und Folgerungen aus der Vergangenheit „für Gegenwart und Zukunft" ziehen.[144] Für Morsey war das „traurig[e] Schlußkapitel" der Weimarer Republik „abgeschlossen."[145] Im Gegensatz dazu lehnte Böckenförde eine solche Ansicht entschieden ab, wie er es im Schlusssatz seines Artikels von 1961 formulierte: „Oder kann man im Ernst sagen, daß die Positionen und politischen Prinzipien, die zu den Irrtümern des Jahres 1933 geführt haben, im deutschen Katholizismus von heute überwunden sind?"[146] Seine Kritiker nahmen gerade an seiner These Anstoß, dass Katholiken die Demokratie nur dann akzeptieren würden, wenn die sich aus dem Naturrecht ergebenden Grundsätze realisiert würden. So schrieb ihm der Berliner Kardinal Julius Döpfner in einem persönlichen Brief: „Ich kann in Ihrer Arbeit keine unvoreingenommene Darstellung der kirchengeschichtlichen Ereignisse des Jahres 1933 erblicken, vielmehr drängt sich mir die Überzeugung auf, daß Sie Tatsachen auswählen und einseitig interpretieren mit dem Ziel, Ihre von vornherein feststehenden, teilweise fragwürdigen Thesen über die Kirche, die Aufgabe der Hierarchie und die Stellung der Christen in der Welt bestätigt zu erhalten."[147] Der Bischof von Münster, Michael Keller, brachte seine Ansicht noch drastischer zum Ausdruck: Er habe den Eindruck gewonnen, „daß Sie mit diesem Material eine These zu stützen versuchen [...], die nach meiner Überzeugung in dieser Form mit der Lehre der Kirche nicht vereinbar ist."[148]

Der Zeitpunkt der Veröffentlichung war ebenso ausschlaggebend, da das Jahr 1961 ein weiteres Wahljahr markierte. In der bevorstehenden Bundestagswahl im September stand die Mehrheit der CDU auf dem Spiel und die SPD sah erheblichem Stimmenzuwachs entgegen. Die aktuelle Relevanz von Böckenfördes Annäherungsversuch an die katholische Vergangenheit erhöhte daher die Wahrscheinlichkeit erheblich, dass kirchenfeindliche Mitglieder der beiden größten Oppositionsparteien – der FDP und SPD – sich sein Werk zunutze machen würden. Morsey hingegen hatte über die Fehltritte von Zentrumspolitikern geschrieben, von denen die meisten entweder bereits verstorben oder ins Exil gegangen waren oder aber sich vollkommen aus der Politik zurückgezogen hatten. Der Ruf von Politikern wie Helene Weber oder

---

143   Peters, „Scheinwahrheit".
144   Böckenförde, *Kirche und christlicher Glaube*, S. 116.
145   Morsey, „Deutsche Zentrumspartei", S. 417.
146   Böckenförde, *Kirche und christlicher Glaube*, S. 143.
147   Julius Döpfner an Ernst-Wolfgang Böckenförde, 29.3.1961, BAK, NL Böckenförde, #575.
148   Michael Keller an Ernst-Wolfgang Böckenförde, 27.5.1961, BAK, NL Böckenförde, #575.

Christine Teusch, die in der CDU weiterhin Karriere machten, hätte lediglich einen äußerst geringen Schlag einstecken müssen, da sie in der innerparteilichen Abstimmung über das Ermächtigungsgesetz der Minderheit von 12 zu 14 angehört hatten, die es abgelehnt hatte, Hitler diktatorische Befugnisse zu übertragen.[149] Im Gegensatz dazu hatten andere Politiker, deren wenig schmeichelhafte Äußerungen Böckenförde nun ans Licht gebracht hatte, in der Bundesrepublik hohe Ämter in Politik, Gesellschaft und Kirche entweder übernommen oder beibehalten: Professor Jakob Hommes war im Jahr 1959 gerade erst zum Rektor der Universität Regensburg ernannt worden. Michael Schmaus hatte in München seit 1945 den Lehrstuhl für Dogmatik inne und von 1951 bis 1952 das Amt des Rektors bekleidet.[150] Edmund Forschbach, der 1933 zu den führenden Mitgliedern katholischer Studentenverbindungen gehört hatte, war 1955 unter Adenauer dessen Leiter des Presse- und Informationsamt der Bundesregierung geworden und hatte nach wie vor eine Leitungsposition im Bundesministerium des Innern inne.

Ironischerweise hatte Böckenförde selbst versucht, die Instrumentalisierung seines Artikels für politische Schlammschlachten und Selbstdarstellung zu verhindern, und sich etwa schriftlich an Herbert Wehner, einen führenden und einflussreichen SPD-Politiker, mit der dringenden Bitte gewandt, seinen Artikel nicht für Propagandazwecke auszuschlachten.[151] Böckenförde bestand darauf, dass die von ihm ausgelöste Diskussion eine innerkatholische war. Doch er war bereits zu spät. Schon im Februar 1961 versuchte Bernhard Leverenz, damaliger Justizminister von Schleswig-Holstein und treuer FDP-Politiker, politisches Kapital aus Böckenfördes Aufdeckung zu schlagen, dass die „stets antiliberale Haltung der katholischen Kirche" dem Nationalsozialismus förderlich gewesen sei.[152] Die SPD-Zeitung *Vorwärts* veröffentlichte später eine Zusammenfassung dieses Artikels.

Es waren mithin auch politische und persönliche Kontakte, die darüber entschieden, ob die Enthüllungen über die katholische Vergangenheit des Jahres 1933 zum Gegenstand von Missbilligung oder ernsthafter Reflexion wurden. Morsey hatte zuvor bereits in Böhlers Kreisen mit Peters zusammengearbeitet und mit Buchheim im Rahmen einer deutschlandweiten Vortragsreihe vor katholischen Studentengruppen gesprochen. Es war daher eher unwahrscheinlich, dass die beiden sich öffentlich gegen einen Kollegen wenden würden, der zudem seit 1958 die Unterstützung des einflussreichen

149   Rudolf Morsey, *Der Untergang des politischen Katholizismus*, S. 140.
150   Heinzmann, „Michael Schmauss", S. 123–127.
151   Ernst-Wolfgang Böckenförde an Herbert Wehner, 8.2.1961, BAK, NL Böckenförde, #575.
152   „Führers Prälaten", in: *Der Spiegel*, 24.5.1961.

ehemaligen Zentrumspolitikers Heinrich Krone genoss. Krone war mittlerweile Vorsitzender der CDU/CSU-Bundestagsfraktion und hatte den Beinamen „Papa Krone", der auf seine mühelose Gewandtheit als politischer
Vermittler anspielte.[153] Krone wusste, dass Morsey an einem Manuskript
zur Geschichte der Zentrumspartei für ein Sammelwerk über das Ende der
Parteien 1933 arbeitete. Er hatte ihm ein „ähnliches grundlegendes Handbuch
und Nachschlagewerk" vorgeschlagen, „etwa unter dem Titel ,Zehn Jahre in der
Regierung – Zehn Jahre in der Verantwortung. Die CDU/CSU 1949–1959.'"[154]
Nach Morseys Vorstellung konnte letzteres Werk eine „fundierte Grundlage für
die Vorarbeiten zum nächsten Bundestagswahlkampf abgeben".[155]

Über ein Jahr später verbreitete ein führender CDU-Politiker 400 Sonderdrucke von Morseys Darstellung über das Ende der Zentrumspartei, was
zweifellos sicherstellen sollte, dass Kritik aus den Reihen der CDU/CSU nicht
öffentlich geäußert wurde.[156] Im Januar 1961 wurde Morseys Werk zudem im
offiziellen Bulletin des Presse- und Informationsamtes der Bundesregierung
vorgestellt, denn es war offensichtlich, dass dieser die Gegenwart optimistischer
wahrnahm als sein jüngerer Kollege Böckenförde.[157] Etwa zwanzig Jahre später
würde Morsey deutlich machen, dass die Geschichte der Bundesrepublik eine
Erfolgsgeschichte sei. Für diesen Erfolg zollte er den Vertretern des politischen
Katholizismus der Nachkriegszeit, die die notwendigen Lehren aus dem
Niedergang der Zentrumspartei gezogen und sich mit demokratischen Grund-
werten identifiziert hätten, Anerkennung.[158] Die Akzeptanz von Kritikern der
Kirche und deren Verhalten während der nationalsozialistischen Herrschaft
verlief in erheblichem Umfang entlang der etablierten Parteigrenzen – und ein
ausschlaggebendes Kriterium war die Haltung der jeweiligen Kritiker gegenüber der Politik und den Werten der CDU unter Adenauer.

---

153   Interview mit Rudolf Morsey, 15.3.2007, Bonn.
154   Privatbesitz Rudolf Morsey, Rudolf Morsey an Heinrich Krone, 9.3.1959, Anlage.
155   Ebd.
156   Morsey, „Ende der Zentrumspartei", S. 46.
157   „Das Ende der Parteien: Ein Werk der Kommission für Geschichte des Parlamentarismus
       und der politischen Parteien", Das Zentrum, Bulletin des Presse- und Informationsamtes
       der Bundesregierung, 18.1.1961, S. 109–112, KAB, BI/9.
158   Pressedienst des Sekretariats der Deutschen Bischofskonferenz, 15.11.1978, Ansprache
       des Vorsitzenden der Wissenschaftlichen Kommission, „Kommission für Zeitgeschichte",
       Professor Dr. Rudolf Morsey, aus Anlaß des Erscheinens des 50. Bandes der „Veröffent-
       lichungen der Kommission für Zeitgeschichte" am 15.11.1978, KAB, A16/5.

Die Gründung der Kommission für Zeitgeschichte, 1960–1962

Es waren tatsächlich parteipolitische Frontlinien, die in Bezug auf junge Wissenschaftler, die die katholische NS-Vergangenheit erforschen wollten, Mechanismen der Inklusion und Exklusion festgelegten. Die Kontroverse über Böckenfördes Artikel entfaltete sich zur gleichen Zeit, als Morsey, Schauff, Krone, Kupper und Karl Forster, der neue Leiter der Katholischen Akademie in Bayern, Pläne für eine Tagung machten, um die noch lebenden Zentrumspolitiker von 1933 und ausgewählte jüngere Wissenschaftler zusammenzubringen. Da sie sich mit sehr knappen Beständen an schriftlichen Quellen aus dem Jahr 1933 konfrontiert sahen (aufgrund der Tatsache, dass viele Akten bereits 1933 zerstört worden waren), erkannten die Anwesenden, dass ihre beste Chance zur Erforschung dessen, was sich in den Sitzungssälen der Zentrumspartei 1933 zugetragen hatte, darin bestand, die beteiligten Politiker zu bewegen, ihre Erinnerungen zu teilen.

Johannes Schauff fungierte als Hauptarchitekt dieses Vorhabens in der Hoffnung darauf, im Zuge der Konferenz ein ehrgeizigeres Projekt, das ihm schon seit Jahren vorschwebte und auf die Gründung einer katholisch-historischen Forschungseinrichtung zielte, auf den Weg zu bringen. Ihm war klar, dass der Erfolg eines solchen Unterfangens von der Mitwirkung unzähliger Personen abhängen würde. Doch laut Morsey war Schauff ein begnadeter Netzwerker, der allem Anschein nach jeden kannte.[159] Schauff wandte sich entsprechend im Frühjahr 1960 an Karl Forster in dem Wissen, dass dessen neue Katholische Akademie – ein Fenster zur modernen Welt – organisatorische Hilfe leisten sowie möglicherweise sogar Büroräume, Bücher und Dokumente zur Verfügung stellen und bei der Organisation von Tagungen behilflich sein könnte.[160] Schauff war auch auf finanzielle Mittel angewiesen. Er wandte sich bestimmt aus diesem Grund an Krone. Dieser war nämlich an der Beschaffung der Drittmittel für Bernhard Stasiewskis Forschung beteiligt gewesen und daher der perfekte Ansprechpartner, um Unterstützung aus der CDU/CSU zu erhalten.[161] Zur Gewährleistung wissenschaftlicher Expertise nahm Schauff Morsey an Bord, den versiertesten Wissenschaftler auf diesem Forschungsgebiet. Bis Oktober erstellten die beiden eine offizielle Liste mit Themen, Rednern und knapp 70 Teilnehmern, unter denen Abgeordnete der

---

159 Interview mit Rudolf Morsey, 15.3.2007, Bonn.
160 Rudolf Morsey, „Gründung und Gründer der Kommission für Zeitgeschichte", S. 461.
161 Ebd.; Johannes Schauff an Heinrich Krone, 2.2.1960, KAS, NL Krone, I-028-014/7.

Landtage, Vertreter der Bayerischen Volkspartei und der Zentrumspartei sowie Vertreter des Klerus, Historiker, Akademiker und Politiker waren.[162]

Doch all das war leichter gesagt als getan. Ihre Pläne drohten in der Vorbereitungsphase insbesondere des Spätwinters 1960 und Vorfrühlings 1961 mehrere Male ins Stocken zu geraten, da die ehemaligen Zentrumspolitiker Vorbehalte gegenüber einer Diskussion mit jüngeren und daher vermutlich kritischeren Historikern hatten. Zu diesem Kreis gehörte sogar Krone, dessen Bedenken sich häuften, wie er Schauff mitteilte.[163] Sowohl Krone als auch Christine Teusch, die 1933 Abgeordnete der Zentrumspartei und von 1947 bis 1954 Kultusministerin von Nordrhein-Westfalen gewesen war, teilten die Ansicht, dass eine vertrauliche Diskussion dieses sensiblen Themas bei 60 Teilnehmern unmöglich und daher idealerweise eine Teilnehmerzahl von 15 Personen zu bevorzugen sei.[164] Beide lehnten auch ausdrücklich die Teilnahme einiger Personen ab, die zwar auf der Teilnehmerliste standen, aber in ihren Augen zu jung waren, als dass sie an den zur Diskussion stehenden Vorgängen beteiligt sein sollten. Damit meinten sie Historiker wie Deuerlein oder Morsey, die angeblich zu sehr den schriftlichen Quellen aus der Zeit verpflichtet waren.[165] Teusch empfand ein exklusives Treffen ehemaliger Zentrumspolitiker als ideal.[166]

Für das von Schauff zusammengestellte Team war jedoch der Preis, das Projekt nicht voranzutreiben, zu hoch. Die durch Böckenförde ausgelöste Kontroverse hatte dem Thema „zusätzliche Aktualität, auch größere Aufmerksamkeit" gegeben.[167] Nicht zu handeln bedeutete das Risiko, die Bühne Kirchenkritikern wie Gordon Zahn, Adolf Arndt, Karl Dietrich Bracher oder dem berufsmäßigen Kirchenfeind Avro Manhattan sowie SED-Propagandisten zu überlassen, die allesamt namentlich in den Tagungsplänen sowie den Entwürfen für die Gründung einer zeithistorischen Forschungseinrichtung erwähnt werden.[168]

---

162   Morsey, „Gründung und Gründer der Kommission für Zeitgeschichte", S. 461, 465; Teilnehmerliste (undatiert, kein Verfasser oder Titel genannt), KAB, BI/9.

163   Heinrich Krone an Johannes Schauff, 2.2.1961, KAS, NL Krone, I-028-014/7.

164   Christine Teusch an Karl Forster, 13.4.1961, KAB, B I/9.

165   Schneider, *Johannes Schauff*, S. 195.

166   Morsey, „Gründung und Gründer der Kommission für Zeitgeschichte", S. 472.

167   Ebd., S. 468 f.

168   Vorschlag für eine Klausurtagung von Historikern und Politikern zum Thema „Kirche und Staat am Ausgang der Weimarer Zeit", NL Bernhard Stasiewski, KFZG; Einladungsschreiben, Karl Forster, 24.3.1961, KAB BI/9; Alfons Kupper, Denkschrift betreffend Inangriffnahme der wissenschaftlichen Erforschung der Geschichte des Katholizismus in Deutschland zur Zeit der Weimarer Republik und des Dritten Reiches (1918–1945), Mai 1961, Privatbesitz Rudolf Morsey.

Angesichts der Vorbehalte der Zeitzeugen mussten Schauff, Morsey und Forster entscheiden, wen sie einladen und wen sie ausschließen wollten. Forster verfasste ein Einladungsschreiben, um die im Raum stehenden Befürchtungen zu beschwichtigen.[169] Er versuchte allerdings nicht, die Tatsache zu verbergen, dass jüngere Katholiken an der Tagung teilnehmen würden. Vielmehr betonte er, dass die „jüngere Generation im deutschen Katholizismus [...] an der Klärung mehrerer Sachverhalte in der Geschichte des deutschen Katholizismus am Ende der Weimarer Republik stark interessiert [ist]." Doch er war ebenso bemüht, junge Katholiken wie sich selbst und Morsey, die an der „vollen geschichtlichen Wahrheit" interessiert waren, von weltanschaulichen Gegnern abzugrenzen. So schrieb er, dass kommunistische Funktionäre historische Quellen für ihre „hemmungslose Propaganda" ausnutzten und „[l]inkskatholische Thesen zur politischen Verantwortung der katholischen Christen" die Ereignisse aus dem Kontext rissen, was zu „Fehlurteilen" führe. Folglich würden „Unberufene und Böswillige" nicht zu der Tagung zugelassen werden. Die Tagung solle hinter verschlossenen Türen und nur unter Teilnahme derer stattfinden, die wirklich „etwas beizutragen" hätten – selbst Forsters Einladung werde geheim gehalten werden.

Bei der Kürzung ihrer Teilnehmerliste auf rund 30 Personen strichen die Organisatoren all diejenigen von der Liste, denen am ehesten mit Missgunst begegnet werden würde.[170] Böckenförde war dementsprechend nicht eingeladen, so sehr sich Alfons Kupper auch im Vorfeld gewünscht hatte, Böckenförde einzubeziehen.[171] Ebenso wenig war Böckenförde zu der Anschlusstagung im September 1962 unter dem Titel „Die politische Wirksamkeit der deutschen Katholiken, 1928–1934" eingeladen. Sowohl Forster als auch Morsey hatten sich gegen eine Einladung Böckenfördes zu dieser zweiten Tagung ausgesprochen, da sie – zweifellos zu Recht – befürchteten, dass seine Teilnahme die Politiker aufgrund ihrer Bedenken davon abhalten würde, sich frei zu äußern.[172] Hans Müller, der Forster um eine Einladung gebeten hatte und dessen Name wegen seiner Herausgeberschaft des Werks über das Karlsruher Verfahren bekannt gewesen sein könnte, wurde mit Sicherheit aus demselben Grund ausgeschlossen.[173]

Doch auch diese Schritte reichten nicht aus, um Politiker wie Krone und Christine Teusch zu überzeugen. Vielmehr musste Schauff persönlich

---

169   Einladungsschreiben von Karl Forster, 24.3.1961, KAB, BI/9.
170   Karl Forster an Christine Teusch, 19.4.1961, KAB, BI/9.
171   Alfons Kupper an Karl Forster, 10.4.1961, KAB, BI/9.
172   Karl Frings an Johannes Schauff, 29.8.1962, KAB, A16/1.
173   Hans Müller an Karl Forster, 14.4.1961, KAB, BI/9.

intervenieren.[174] Er traf sich daher in Rom mit dem einflussreichen deutschen Jesuitenpater und Kurienkardinal Augustin Bea und konnte diesen anscheinend davon überzeugen, die Gründung einer katholischen Forschungseinrichtung nach dem Vorbild des Münchner Instituts für Zeitgeschichte zu unterstützen.[175] Nachdem er Teusch per Telegramm und Krone in einem handschriftlichen Brief davon berichtet hatte, sagte Letzterer seine Teilnahme zu.[176] Forster konnte ihn sogar zu einer Spende der CDU/CSU-Fraktion in Höhe von 2.000 DM bewegen, was Krone zuvor in ähnlicher Weise für die neu gegründete Katholische Akademie in Bayern in die Wege geleitet hatte.[177]

Die Tagung fand am 8. und 9. Mai 1961 im Burkardus-Haus in Würzburg statt. Forster musste einem nicht eingeladenen *Spiegel*-Reporter den Zutritt verweigern, der vermutlich über irreführende Berichte des Bonner Presseamts im April desselben Jahres von der Tagung erfahren hatte.[178] Die Organisatoren hatten für die Tagung insgesamt vier Vorträge und jeweils zwei pro Tag vorgesehen, darunter auch ein Vortrag von Morsey.[179] Doch sie hatten genauso viel Zeit für formelle und informelle Diskussionen zwischen den Teilnehmern eingeplant, in denen das eigentliche Hauptgeschehen stattfand.[180]

Zu heftigen Wortwechseln kam es am zweiten Tag nach dem Vortrag eines jungen Historikers, dessen Teilnahme ursprünglich gar nicht vorgesehen gewesen war: Konrad Repgen. Repgen sollte sich in der Folge eines rasch zunehmenden Ansehens erfreuen und der Leiter sowie für Jahrzehnte das öffentliche Gesicht der neuen Forschungseinrichtung werden.[181] Er sprang auf der Tagung für Hans Buchheim ein, der aufgrund zu vieler anderer Verpflichtungen zwar teilnehmen konnte, aber keine Zeit zur Vorbereitung eines Vortrags zum Thema „Die Staatskrise ab 1930 und die deutschen Katholiken" gehabt hatte.[182] Dieses Thema gehörte noch nicht zu Repgens Stärken. Er arbeitete zu diesem Zeitpunkt am Abschluss seiner Habilitation über

---

174 Karl Forster an Christine Teusch, 19.4.1961, KAB, BI/9.

175 Morsey, „Gründung und Gründer der Kommission für Zeitgeschichte", S. 472.

176 Johannes Schauff an Heinrich Krone, 17.4.1961, ACDP, NL Krone, I-028-014/7; Johannes Schauff an Christine Teusch, 17.4.1961, ACDP, NL Krone, I-028-014/1 (erst am 1.5.1961 versandt).

177 Karl Forster an Heinrich Krone, 20.3.1961; Heinrich Krone an Karl Forster, 10.5.1961; Karl Forster an Heinrich Krone, 12.5.1961, KAB, BI/9.

178 Morsey, „Gründung und Gründer der Kommission für Zeitgeschichte", S. 470, 473.

179 Die anderen Redner waren Karl Buchheim (Hans Buchheims Vater), Johannes Hirschmann SJ, und Konrad Repgen, vgl. Einladung von Karl Forster, 24.3.1961, KAB, BI/9.

180 Interview mit Rudolf Morsey, Neustadt an der Weinstraße.

181 Konrad Repgen war zu diesem Zeitpunkt Privatdozent.

182 Einladung und Programm, Karl Forster, 24.3.1961, KAB, BI/9; vgl. Morsey, „Gründung und Gründer der Kommission für Zeitgeschichte", S. 469.

päpstliche Diplomatie während des Dreißigjährigen Kriegs und hätte es vorgezogen, die Aufgabe berufeneren Wissenschaftlern zu überlassen, so sehr er auch an der Thematik interessiert war.[183] Doch wie Morsey ihm angesichts des Mangels an katholischen Wissenschaftlern offen und direkt mitteilen musste: Es gab schlichtweg niemand anderen, an den er sich hätte wenden können.[184]

Repgen lieferte daher rechtzeitig ein 18 Seiten starkes Vortragspapier, das dazu gedacht war, zur Diskussion anzuregen.[185] Das gelang ihm auch durchaus, denn in der anschließenden offenen Diskussion griff Krone den nicht anwesenden Heinrich Brüning scharf an, der Unwillens gewesen war, aus Vermont anzureisen. Ein Teilnehmer verstand Krones Kritik als Versuch, Kaas zu entlasten und dessen Verantwortlichkeit für die Ereignisse Brüning zuzuschieben.[186] Krone entgegnete, dass die Zeit noch nicht reif sei, um öffentlich über ein Gespräch zwischen Brüning und Papst Pius XI. zu sprechen.[187] Repgen ergriff daraufhin das Wort, um dem dienstälteren CDU-Mann mit dem stürmischen Ausruf zu widersprechen: „Die Wahrheit solle und müsse ans Licht kommen!" Mit einiger Untertreibung notierte Krone später an diesem Abend in sein Tagebuch, dass er den Unmut einiger der „jungen Historiker" geerntet habe. Dennoch brachte Krone seine Position am Ende der Tagung erneut zum Ausdruck. Er war der Ansicht, dass in einer Zeit intensiver Auseinandersetzungen zwischen Ost und West diejenigen, die an der Aufarbeitung der Vergangenheit beteiligt waren, sehr bewusste Entscheidungen darüber treffen müssten, wann und in welchem Rahmen solch schwierige Themen aufgeworfen werden sollten, vor allem wenn der Vatikan betroffen war. Er beharrte ferner darauf, dass die historischen Rekonstruktionen anderenfalls von den Kommunisten zu Propagandazwecken instrumentalisiert würden.[188]

Die Diskussionen in Würzburg gaben den entscheidenden Impuls für die Gründung der Kommission für Zeitgeschichte.[189] Die Leitungsgremien der im Herbst 1962 nach Beratungen mit dem Zentralkomitee der deutschen Katholiken und dem Katholischen Büro in Bonn gegründeten Forschungseinrichtung waren in ihrer Besetzung ähnlich durchmischt wie die Teilnehmer

183   Morsey, „Gründung und Gründer der Kommission für Zeitgeschichte", S. 469.
184   Rudolf Morsey an Karl Forster, 9.3.1961, KAB, BI/9.
185   Morsey, „Gründung und Gründer der Kommission für Zeitgeschichte", S. 469. Für den vollständigen Vortragstext vgl.: Privatdozent Dr. Konrad Repgen, Bonn, „Die Staatskrise ab 1930 und die deutschen Katholiken", KAB BI/9.
186   Vgl. Abschrift aus dem Brief von Herrn Dr. A.H. Berning, Aachen, Capitelstr.1 vom 12.5.61, KAB BI/9.
187   Heinrich Krone, *Tagebücher. Erster Teil: 1945–1961*, Düsseldorf: Droste Verlag, 1995, S. 492.
188   Ebd.
189   Morsey, „Gründung und Gründer der Kommission für Zeitgeschichte"; Rundschreiben Forster, 26.7.1962, IFZG, NL Schauff, ED 346/24.

der Würzburger Tagung – zu ihren Mitgliedern gehörten Politiker, Intellektuelle, Journalisten und Wissenschaftler, von denen einige in den 1950er Jahren am Streit über das Reichskonkordat beteiligt gewesen waren.[190] Von den 17 Mitgliedern des „Wissenschaftlichen Vorstands" hatten etwas weniger als die Hälfte auch an der Tagung in Würzburg teilgenommen, einschließlich der Historiker Repgen, Morsey, Deuerlein, Stasiewski und Hans Buchheim.[191] Repgen sollte 1962 zum Ersten Vorsitzenden gewählt werden.[192]

Obwohl einige Mitglieder des wissenschaftlichen Leitungsgremiums auch Mitglieder der CDU oder CSU waren, bekannte die Besetzung des 10-köpfigen Verwaltungskuratoriums deutlich politische Farbe durch ihre Verbindungen zur Politik und, in weit geringer Anzahl, zur Kirche. Dem Kuratorium gehörte beispielsweise Hans Berger an, der deutsche Botschafter in Dänemark, der zuvor eine hochrangige Position in der Rechtsabteilung des Auswärtigen Amts inne gehabt hatte und eine wichtige Rolle in der Übermittlung von Mitteilungen während des Streits über das Reichskonkordat gespielt hatte. Auch Prälat Wilhelm Wissing, Böhlers Nachfolger im Amt des Leiters des Katholischen Büros, gehörte den Reihen des Kuratoriums an. Seine Aufgabe war es, die Beziehungen zwischen Kirche und Staat zu pflegen. Schließlich gehörten neben den ehemaligen Zentrumspolitikern Johannes Schauff und – überraschenderweise – Hans Peters auch zwei CSU-Politiker zu den Mitgliedern des Kuratoriums.[193] Peters war mit Sicherheit wegen seiner Position als Leiter der ehrwürdigen Vereinigung katholischer Wissenschaftler, der Görres-Gesellschaft, ausgewählt worden, obgleich sein Ärger über

---

190 Rundschreiben Karl Forster, 26.7.1962, IFZG, NL Schauff, ED 346/24.
191 Morsey, „Gründung und Gründer der Kommission für Zeitgeschichte", S. 481. Dem wissenschaftlichen Kuratorium gehörten an: Dieter Albrecht, Clemens Bauer, Karl Bosl, Karl Buchheim, dessen Sohn Hans Buchheim, Ernst Deuerlein, Gustav Gundlach SJ (der Sozialphilosoph und Vertraute Papst Pius XII., dessen Rechtfertigung für die Nutzung von Atomwaffen heftig von Böckenförde kritisiert worden war), Josef Höfer, Hubert Jedin, Paul Mikat, Rudolf Morsey, Konrad Repgen, Otto Roegele, Max Spindler, Bernhard Stasiewski und Bernhard Zittel.
192 Niederschrift über die Sitzung des Kuratoriums der Kommission für Zeitgeschichte bei der Katholischen Akademie in Bayern am Montag, 17. Dezember 1962, im Katholischen Büro Bonn, KAB A/10/2.
193 Zu den Mitgliedern gehörten Hans Berger, Forster, Schauff, Peters, Joseph Ernst Fürst Fugger von Glött (der CSU-Abgeordneter war), Prälat Bernhard Hanssler (der auch zur Leitung des Zentralkomitees der deutschen Katholiken gehörte), Wilhelm Wissing (Böhlers Nachfolger im Amt des Leisters des Katholischen Büros in Bonn), Bundesminister Fritz Schäffer, Joseph Fonk und, nicht zuletzt, der CSU-Politiker Karl Theodor Freiherr von und zu Guttenberg (1921–1972). Für eine kritische Darstellung dieses Netzwerks vgl. Blaschke, „Geschichtsdeutung und Vergangenheitspolitik", S. 479–521.

Böckenfördes Artikel seine Abneigung gegenüber der Zeitgeschichte vertieft hatte.[194]

Warum war die Besetzung dieser beiden Gremien so wichtig? Die neue zeithistorische Kommission würde den gleichen Balanceakt zwischen partei-politischem Auftrag und unparteilicher Wissenschaft vollziehen müssen, der die Forschung der katholischen „Seite" bereits seit Karlsruhe gekennzeichnet hatte. Infolgedessen war die Auswahl der Forschungsthemen oft durch aktuelle politische Themen bestimmt. So legte die Kommission für Zeitgeschichte in den ersten Jahren ihres Bestehens einen unverhältnismäßig großen Schwer-punkt auf das Reichskonkordat und die politischen Umstände, die zu dem ver-hängnisvollen Zusammenbruch von 1933 geführt hatten. Gut die Hälfte der bis 1970 durch die Kommission herausgegebenen Quelleneditionen und Mono-grafien beschäftigten sich mit dem Zeitraum zwischen 1930 und 1934.[195] Einer der ersten Vorschläge für eine Publikation war die von Alfons Kupper heraus-gegebene Dokumentensammlung zum Abschluss des Reichskonkordats im Jahr 1933. Indem Kupper auf die Bestände mehrerer Reichsministerien zurück-gegriffen hatte, sollte dieser Band es ermöglichen, die seit den Beratungen im Parlamentarischen Rat in den Jahren 1948/49 geführte Diskussion auf eine neue Ebene zu bringen.[196]

Noch grundlegender war, dass der Ton der früheren politischen und welt-anschaulichen Auseinandersetzungen aufgrund der Zusammensetzung dieses Netzwerks aus Wissenschaftlern und Förderern, das während des Streits über das Reichskonkordat Mitte der 1950er und Anfang der 1960er geformt worden war, in der neuen Forschungseinrichtung weiter nachhallte. Zwar waren nicht alle Mitglieder streitlustige Parteianhänger. Morsey etwa arbeitete weiterhin auch mit Wissenschaftlern auf der anderen Seite des politischen Spektrums zusammen. Doch andere Mitglieder wie beispielsweise Deuerlein waren weitaus stärker im politischen Lagerdenken verhaftet und zögerten nicht, auf fehlerhafte Tatsachendarstellungen oder Beurteilungsfehler von welt-anschaulichen Gegnern aufmerksam zu machen. Dies galt auch für den neuen Leiter Konrad Repgen, der sich im Laufe der folgenden Jahrzehnte einen kämpferischen Ruf erwarb. Kennzeichnend wurde auch hier eine politisierte Denkweise in binären Strukturen von „unserer Seite" und der „anderen Seite"

---

194   Morsey, „Ende der Zentrumspartei", S. 40.
195   Vgl. Albrecht, *Notenwechsel, I*; Volk, *Der bayerische Episkopat*, 1965; Stasiewski, *Akten deutscher Bischöfe, I*; Morsey, *Protokolle*; Volk, *Kirchliche Akten*; Kupper, *Staatliche Akten*.
196   Clemens Bauer, Ernst Deuerlein, Rudolf Morsey und Ernst Walter Zeeden an das Bundes-ministerium des Innern, Februar 1962, eingegangen am 14.3.1962, IFZG, ID103-6-101.

sowie eine erhöhte Sensibilität gegenüber der Kritik von weltanschaulichen Gegnern.

Die Zusammensetzung der Leitungsgremien war aber auch noch aus einem weiteren Grund wichtig: Die neue Einrichtung war organisatorisch bei der noch jungen Katholischen Akademie in Bayern e.V. angesiedelt und kein rein zeithistorisches Institut – ein zunächst womöglich fein anmutender, in Wirklichkeit jedoch enormer und nicht bloß formaler Unterschied. Im Gegensatz zu den ursprünglichen Plänen und Hoffnungen wurde die Kommission für Zeitgeschichte nicht zu einer katholischen Nachbildung des Instituts für Zeitgeschichte in München. Letzteres war in einem eigenen Gebäude untergebracht und verfügte über einen angestellten Leiter, professionelle Archivare, in Vollzeit beschäftigte Wissenschaftler und ein Sekretariat. Die Kommission war dagegen ein bescheidenes Unterfangen, das eher noch dem historischen Vorbild des Vereinskatholizismus aus dem 19. Jahrhunderts folgte. Die Kommission war nicht in einem eigenen Gebäude, sondern in den Räumen des freilich neuen, nach Kardinal Wendel benannten Akademie-Hauses untergebracht. Der Akademie oblag auch die Überwachung der Finanzen. Die Mitglieder der Leitungsgremien waren allesamt ehrenamtlich tätig, ihre Wohnsitze waren über die Bundesrepublik verstreut. Obwohl das Kuratorium in seiner ersten Sitzung am 17. Dezember 1962 die Anstellung eines Archivars beschloss, lag die Verantwortung für die Betreuung einzelner Publikationsprojekte dennoch bei einzelnen Mitgliedern der Kommission.[197] In ihren Reihen befanden sich keine Experten für Öffentlichkeitsarbeit.

Dass die Arbeit der neuen Kommission im Wesentlichen auf Freiwillige angewiesen war, die entweder bereits in Rente oder anderweitig in Vollzeit beschäftigt waren, wirkte sich nachteilig auf ihren Einfluss aus: Es bremste das Tempo der Publikationen. Alfons Kupper veröffentlichte seine Dokumentensammlung nicht wie geplant im Jahr 1962, sondern erst 1969 und nach zwei physischen Zusammenbrüchen.[198] Obwohl Kardinal Frings und Lorenz Jaeger, Erzbischof von Paderborn, bereit waren, ihm die finanziellen Mittel für entweder eine Habilitation oder ein Vollzeit-Forschungsprojekt über die Ursprünge des Reichskonkordats zur Verfügung zu stellen, entschied sich Kupper, den Weg als Gymnasiallehrer einzuschlagen, um seine wachsende

---

197   Niederschrift über die Sitzung des Kuratoriums der Kommission für Zeitgeschichte bei der Katholischen Akademie in Bayern am Montag, 17.12.1962, im Katholischen Büro Bonn, KAB A/10/2; Morsey, „Gründung und Gründer der Kommission für Zeitgeschichte", S. 483.
198   Kupper, Staatliche Akten; Morsey, „Gründung und Gründer der Kommission für Zeitgeschichte", S. 468; Alfons Kupper an Bernhard Stasiewski, 22.12.1968, NLBS, KFZG, Schriftwechsel A–K.

Familie zu versorgen.[199] Bernhard Stasiewski wurde an die Universität Bonn berufen und übernahm im Herbst 1962 den neu eingerichteten Lehrstuhl für Neuere und Neueste Kirchengeschichte. Seine Begeisterung galt weiterhin der Osteuropaforschung und weniger den Fragen über das Verhältnis von Kirche und Staat während des „Dritten Reichs". Die Verzögerungen seiner Arbeit an der wissenschaftlichen Edition der Akten deutscher Bischöfe sorgten für entsprechend große Irritation.[200] Seine Bände erschienen ab 1968 erst nach und nach, und auch das konnte nur unter dem Druck und erheblicher Mithilfe anderer Mitglieder der Kommission realisiert werden.[201]

Bis zu diesem Zeitpunkt war das öffentliche Interesse am Reichskonkordat wieder abgeklungen, selbst in historischen Forschungseinrichtungen wie dem Institut für Zeitgeschichte. Bereits 1962 verfasste das IfZ ein ablehnendes Gutachten im Zusammenhang mit einem Forschungsantrag, der für die Arbeit an diesem Band über das Reichskonkordat beim Bundesministerium des Innern eingereicht worden war.[202] Das vorgeschlagene Forschungsthema war nicht mehr von Belang. Die neu gegründete Kommission für Zeitgeschichte war aufgrund ihres Personals, ihrer Verwaltungsstrukturen und ihrer beharrlichen Forderung nach akribischer Detailarbeit schlichtweg nicht in der Lage, unverzüglich und umfassend auf die Kritik zu reagieren, die während der ersten vier Jahre ihres Bestehens zwischen 1962 und 1966 geäußert wurde.

Schlussfolgerungen

Streitpunkte in der Verhältnisbestimmung von Kirche und Staat bewegten Ende der 1950er und Anfang der 1960er Jahre eine Handvoll hauptsächlich jüngerer Wissenschaftler zu Forschungsprojekten über die NS-Vergangenheit, die sie selbst entweder als Kinder oder Jugendliche miterlebt hatten. Die Auseinandersetzungen waren Stellvertreterkriege, auch wenn die Beteiligten sie wahrscheinlich nicht als solche ausgewiesen hätten. Viele, die die

---

199 Akten-Notiz, Wilhelm Wissing, Betr.: Konkordatsarbeit Dr. Kupper, 13.3.1959 (dieses Dokument entstammte ursprünglich dem Archiv des Katholischen Büros), Privatbesitz Rudolf Morsey. Vgl. ebenso Alfons Kupper an Bernhard Stasiewski; Alfons Kupper an Bernhard Stasiewski, 20.12.1960, NLBS, KFZG, Schriftwechsel A–K.

200 Niederschrift über die Sitzung des Kuratoriums der Kommission für Zeitgeschichte bei der Katholischen Akademie in Bayern am Montag, 17. Dezember 1962 im Katholischen Büro Bonn, KAB A/10/2.

201 Stasiewski, *Akten deutscher Bischöfe, I.*

202 Krausnick an das Bundesministerium des Innern, z. Hd. Herrn Oberregierungsrat Dr. Petersen, 2.4.1962, IFZG, ID 103-6-106.

politischen Strategien der Kirche kritisch sahen, projizierten ihre Kritik von der Bundesrepublik auf die letzten Jahre der Weimarer Republik. Nach Ansicht von Ernst-Wolfgang Böckenförde strebte diese jüngere Generation deutscher Katholiken nicht weniger als eine Umgestaltung der politischen Landschaft der Bundesrepublik an. In der Neubewertung der katholischen Haltungen von 1933 ging es darum, die Kirche zur positiven Akzeptanz der Demokratie zu bringen und diese nicht länger davon abhängig zu machen, inwieweit Parlamente Gesetze im Einklang mit der katholischen Naturrechtslehre verabschiedeten. Es ging darum, Katholiken die Möglichkeit zu eröffnen, alle politischen Parteien, einschließlich der SPD, wählen zu können. Böckenfördes Beiträge rückten von vornherein ausschließlich die katholische und nicht die protestantische Vergangenheit ins Rampenlicht.

Dementsprechend wurde das Interesse vieler Wissenschaftler an der Vergangenheit der Kirche durch den Rechtsstreit über das Reichskonkordat geweckt. Es verwundert kaum, dass die nun entstehenden Netzwerke oft Erweiterungen oder abgeänderte Formen der Netzwerke waren, die bereits für die Verhandlungen vor dem Karlsruher Bundesverfassungsgericht aufgebaut worden waren. Bis 1962 entstand ein neues Netzwerk ehemaliger Zentrumspolitiker, CDU-Vertreter, Kirchenmänner und junger Wissenschaftler. Auf der anderen Seite standen junge linkskatholische Wissenschaftler, die sowohl in der hoch angesehenen Zeitschrift *Hochland* als auch in den weniger angesehenen *Werkheften Katholischer Laien* Publikationsplattformen fanden.

Junge Wissenschaftler, die sich auf dieses Terrain begaben, entschieden sich für die Zugehörigkeit zu einer Seite oder wurden, gewollt oder ungewollt, mit einem der beiden Lager assoziiert. Einige Vertreter des Linkskatholizismus wurden in die Schublade des Nonkonformismus gesteckt und ernteten somit die Schmach hochrangiger Kirchenvertreter. Durch ihren Ausschluss aus dem Netzwerk des katholisch-wissenschaftlichen Mainstreams wurden ihnen zwei klare Vorteile vorenthalten: der privilegierte Zugang zu Quellen und zu katholischen Verlagen. Wenig überraschend kam es in der Folge zur Entstehung von Netzwerken zur gegenseitigen Hilfe und Unterstützung unter den ausgeschlossenen Wissenschaftlern. Böckenförde, worauf in den folgenden Kapiteln jeweils noch genauer einzugehen sein wird, ließ etwa Gordon Zahn wertvolle Unterstützung zukommen und baute eine starke Arbeitsbeziehung zu Guenter Lewy auf. Nonkonformistische Ansätze durchdrangen auch weiterhin die zeitgeschichtliche Forschung über die katholische Vergangenheit.

Doch das neue katholische Netzwerk war in vielerlei Hinsicht auch benachteiligt und marginalisiert, zumindest im direkten Vergleich mit dem vorranging protestantisch geprägten Mainstream der Geschichtswissenschaft. Die Anzahl der aktiven Wissenschaftler war gering, ihre Ressourcen relativ knapp, ihr Ton defensiv. Für all das gab es natürlich Gründe. Die säkularen Medien griffen das heikle Thema der katholischen Vergangenheit begierig auf, wobei *Der Spiegel* ein besonderes Geschick dafür entwickelte, das Wesentliche ins Sensationelle zu wandeln. Dem neuen Netzwerk fehlte es an Public-Relations-Experten und es war daher nur schlecht gerüstet, um auf die mediale Ausschlachtung der wissenschaftlichen Enthüllungen durch die Publikumspresse zu reagieren.

Die Medien konnten sich tatsächlich zwischen 1961 und 1965 an einer Reihe von Ereignissen ergötzen, die sich in schneller Abfolge zutrugen. Dabei wurden die grundlegenden Elemente der heroischen Narrative, wie sie etwa Johannes Neuhäusler oder Walter Adolph geschaffen hatten, Stück für Stück demontiert, wobei jeder neue Hieb eine größere Kerbe hinterließ. Obwohl er weiterhin an Behauptungen, die Katholiken hätten „diesem Druck, im Ganzen gesehen, tapfer widerstanden und sich dabei als überzeugungsfeste Gegner des Nationalsozialismus erwiesen", festhielt, untergrub Böckenförde die katholischen Widerstandsmythen in Bezug auf das Jahr 1933. Gordon Zahn stutzte dann das idealisierte Bild des kirchlichen Verhaltens während des Zweiten Weltkriegs nach und nach zurecht. Rolf Hochhuth höhlte im Anschluss die moralische Autorität des Papstes aus. Guenter Lewy kürzte das, was von den Narrativen übriggeblieben war, heraus und vertrat die Ansicht, der katholische Widerstand habe erst eingesetzt, als das Überleben und die Interessen der Kirche selbst auf dem Spiel gestanden hätten, und sei somit zu schwach und zu spät gewesen.

All das vollzog sich vor einem internationalen Massenpublikum. Die neu gegeründete Kommission für Zeitgeschichte, die selbst noch im Aufbau war, konnte dem neuen kritischen Ton nur wenig entgegensetzen. Die Last der Verteidigung fiel daher ein weiteres Mal denjenigen zu, die sich dieser Aufgabe bereits in der unmittelbaren Nachkriegszeit angenommen hatten und die oben erwähnten Narrative geschaffen hatten. Dabei handelte es sich um Veteranen des Kirchenkampfs wie Adolph und Neuhäusler, die den Kampf erneut aufnahmen und sich dabei der Waffen bedienten, die bereits im Kampf gegen das NS-Regime und die kommunistische Diktatur zum Einsatz gekommen waren.

KAPITEL 5

Gordon Zahn versus den deutschen Episkopat

Am 2. September 1959 entfachte der amerikanische Soziologieprofessor Gordon Zahn, ein Mann der eher leisen Töne, der an der Loyola University in Chicago unterrichtete, unbeabsichtigt eine transatlantische Kontroverse, die die nächsten drei Jahre seines Lebens in Anspruch nehmen sollte. Er hielt ein Referat auf der jährlichen Versammlung der *American Catholic Sociological Association* (ACSA), die in diesem Jahr am benachbarten Mundelein College, einer kleinen katholischen Hochschule für Frauen im Norden Chicagos, stattfand. Auf der Grundlage von Material, das er mithilfe eines Fulbright-Stipendiums zwischen 1956 und 1957 während eines einjährigen Forschungs-aufenthalts in Deutschland zusammengetragen hatte, beleuchtete er in seinem 30-minütigen Vortrag über „The Catholic Press and the National Cause in Nazi Germany" die Unterstützung der Hitlerkriege durch die deutschen Bistumszeitungen und -zeitschriften. Zahn verwies auf das „entscheidende Versagen" der deutschen katholischen Presse, die Gläubigen zu leiten. Die katholische Presse habe in dieser Zeit laut Zahn hypernationalistische Züge angenommen und Artikel mit Titeln wie „A Saintly Soldier", „We Play our Part in the War" und „War, School for Sacrifice" veröffentlicht, wobei letzterer sogar das Opfer der Soldaten mit dem Opfer Jesu am Kreuze verglich. In seinen Schlussbemerkungen stellte Zahn die These auf, dass die katholische Presse es der säkularen Presse gleichgetan habe und sich auf „denselben Kreuzzug zur Schaffung eines totalen Konsenses zur Unterstützung der nationalen Frage" begeben hatte.[1]

Doch der Vortrag verdeutlichte auch, dass Zahn ein größeres Ziel als die katholische Presse im Blick hatte: Er verwies auf die nahezu bedingungs-lose Unterstützung des Zweiten Weltkriegs seitens der deutschen Katholiken in ihrer Gesamtheit, und das, obwohl es äußerst zweifelhaft erscheine, dass Hitlers „Raubkriege" die Kriterien der jahrhundertealten römisch-katholischen Lehre des gerechten Kriegs erfüllt hätten. Zahn war der Überzeugung, dass die katholische Hierarchie für dieses Versagen eine Mitverantwortung trug.

---

[1] „The Catholic Press and the National Cause in Nazi Germany, Gordon Zahn", Vortrag auf der Jahrestagung der American Catholic Sociological Society, Mundelein College, 2.9.1959, KZG, NL Adolph, WA 16a. Die hier angeführten Titel der von Zahn zitierten Artikel sind seine Übersetzungen der ursprünglich deutschen Titel ins Englische. Die deutschen Titel sind dem Vortrag nicht zu entnehmen.

© BRILL SCHÖNINGH, 2022 | DOI:10.30965/9783657701544_006

Bischöfe und Kardinäle hätten junge Katholiken dazu gedrängt, „ihre christliche Pflicht" zu erfüllen, wo immer das Militär sie zur Verteidigung von Volk und Vaterland hinschicken würde. Zahn konnte daraus nur schlussfolgern, dass das Vaterland auch für die katholische Hierarchie an erster Stelle stand. Nachdem sie über Jahrzehnte mit dem Vorwurf konfrontiert worden waren, Katholiken seien Bürger zweiter Klasse mit verdächtiger Loyalität gegenüber Rom, seien Kirchenführer nun darum bemüht gewesen, ihren Patriotismus in einem etwas verspäteten, deswegen aber nicht weniger inbrünstigen, Kompensationsversuch unter Beweis zu stellen. Aufgrund der inoffiziellen „gesellschaftlichen Kontrolle" durch ihre Kirche und der offiziellen Kontrolle durch den Staat, seien deutsche Katholiken, die den Kriegsdienst verweigert oder keine ausreichende Begeisterung aufgebracht hatten, Gefahr gelaufen, Verachtung und Schande über sich zu bringen oder zum Tode verurteilt zu werden.

Zahn hatte damit gerechnet, dass sein Material möglicherweise Zündstoff für eine Kontroverse enthalten könnte. Ein ähnlicher Beitrag mit dem Titel „Nationalism: The ‚Heresy' of our Day" war von den Zeitschriften *Thought*, *The Review of Politics* und *Cross Currents* abgelehnt worden.[2] Allerdings hatte er den gleichen Vortrag bereits ein Jahr zuvor auf einer Versammlung der *Pi Gamma Mu* am Rosary College gehalten, einer amerikanischen „Honor Society" zur Auszeichnung herausragender Studierender, wo er überwiegend positive Resonanz von den Chicagoer Schwestern erhalten hatte. Der unspektakuläre situative Kontext seines Vortrags vor der ACSA – ein Treffen katholischer Soziologen an einem regionalen Frauen-College – wäre unter gewöhnlichen Umständen wohl kaum Ausgangspunkt einer heftigen transatlantischen Auseinandersetzung gewesen. Zahn erhielt für seinen im bleiernen akademischen Stil gehaltenen Vortrag auf der Versammlung spontan lauten Beifall, wenn auch nicht alle Teilnehmer im Publikum und im Panel seiner Schlussfolgerung in Gänze zustimmten.[3]

Doch Zahn hatte einen groben Fehler gemacht. Da er negative Reaktionen befürchtete für den Fall, dass die höheren Kleriker im Ordinariat des Erzbistums Chicago von seinem Vortrag Wind und verzerrte Darstellungen zu Ohren bekämen, hatte er dem Public-Relations-Büro am Mundelein College nicht nur eine vorformulierte zusammenfassende Pressemitteilung gegeben, sondern auch den vollständigen Text seines Vortrags mit der strikten

---

2 Journal Record of a Controversial Research Report, S. 3, UNDA, Gordon Zahn Papers, 13231–13263.

3 Ebd., S. 4.

Anweisung, ihn erst kurz vor seiner Präsentation zu veröffentlichen.[4] Pflicht-
gemäß sandte das Public-Relations-Büro später am 2. September Pro-Forma-
Berichte an die örtliche Presse, darunter die *Chicago Daily Tribune*, *Chicago
Sun-Times* und *Chicago Daily News*. Die Redaktionen dieser Tageszeitungen
kürzten den zur Verfügung gestellten Text nach ihrem Gusto, um den Lesern
ihrer Morgenausgaben am darauffolgenden Tag etwas zu bieten. Ihre Berichte
zierten aufsehenerregende Schlagzeilen wie „Hitler Backed by Catholics,
Scholar Says", „Bishops Backed Hitler, Study Finds" und „Catholic Clergy in
Nazi Germany Draws Criticism", die Zahns Ansichten sowie seine sorgfältige
Differenzierung zwischen der bischöflichen Unterstützung für Hitlers Kriege
und ihrer Unterstützung für den Diktator selbst verzerrten.[5] Nachdem Zahns
langjähriger Freund und Kollege Dick Leonard diese Artikel im Anschluss
an die Vormittagssitzung der ACSA-Versammlung gelesen hatte, scherzte er:
„Well, does Zahn still have a job?"[6]

Dick Leonard lag damit weniger falsch als ihm bewusst war. Die öffentliche
Aufmerksamkeit, die Zahns Kritik an der deutschen Kirche von den führenden Chicagoer Tageszeitungen entgegengebracht wurde, setzte eine Ketten-
reaktion in Gang, die Zahn so nicht vorhergesehen hatte. Innerhalb weniger
Monate eskalierte der Aufruhr in den katholischen Kreisen Chicagos und
nahm eine internationale Dimension an – unter Einschaltung des Auswärtigen Amts, seines Generalkonsulats in Chicago, des deutschen Episkopats
und des Vatikans. Im Zentrum stand ein transatlantisches Netzwerk, das
unter anderem mit der Hilfe von Walter Adolph aufgebaut wurde, der über
ein Dutzend hochrangige Persönlichkeiten der katholischen Kirche dafür
gewinnen konnte, es mit Zahn aufzunehmen. Das Netzwerk verhinderte
erfolgreich die Veröffentlichung von Zahns wissenschaftlichen Beiträgen und
Büchern durch katholische Verlage. Es versuchte ferner, Druck auf den Erzbischof von Chicago und den Präsidenten der Loyola University auszuüben,
in der Hoffnung, dass diese eine Entlassung Zahns von seiner Professur auf
Lebenszeit in Betracht ziehen würden. Diese hatte er nach seinem Ruf an die

---

4 Für eine Abschrift der Pressemitteilung vgl. Abschrift, Mundelein College Public Relations
   Office, Peggy Roach, Press Release, American Catholic Sociological Convention for Release
   Wednesday PM, 2.9.1959, KZG, NL Adolph, WA 16a.
5 Abschrift, Mundelein College Public Relations Office, Peggy Roach, American Catholic
   Sociological Convention, for Release Wednesday PM, 31.8.1959; „Bishops Backed Hitler, Study
   Finds", in: *Chicago Daily News*, 2.9.1959; „Catholic Clergy in Nazi Germany Draws Criticism",
   in: *Chicago Sun-Times*, 2.9.1959; „Hitler Backed by Catholics, Scholar Says: Professor at Loyola
   Traces Trend", in: *Chicago Daily Tribune*, 3.9.1959, KZG, NL Walter Adolph, WA 16a.
6 Journal Record of a Controversial Research Report, S. 5, UNDA, Gordon Zahn Papers,
   13231–13263.

Loyola University im Jahr 1953 und einer dem amerikanischen *Tenure-Track*-System entsprechenden mehrjährigen Bewährungszeit als Assistenzprofessor (*Assistant Professor*) im Laufe des akademischen Jahres 1958/59 angetreten. Als nunmehr *Associate Professor* (mit *tenure*) konnte ihm nur unter bestimmten engen Voraussetzungen gekündigt werden.

Der Umfang und das Ausmaß der Kampagne, die gegen Zahn geführt wurde, schienen zunächst in keinem Verhältnis zu seinem Vergehen – der Kritik am Verhalten der kirchlichen Hierarchie in Deutschland, geäußert auf einer Soziologietagung – zu stehen. So reißerisch die Schlagzeilen der Chicagoer Tagespresse gewesen sein mögen, selbst diese Artikel beschränkten sich auf eine Platzierung auf den letzten Seiten der jeweiligen Zeitungen und erhielten selbst dort nur wenige Spalten. Zahn war ein wenig bekannter Soziologie-professor an einer kleinen katholischen Universität auf der anderen Seite des Atlantiks. Seine bisherigen Beiträge zu diesem Thema waren auf den Seiten der New Yorker Zeitschrift *The Catholic Worker* und der wöchentlich erscheinenden Jesuitenzeitschrift *America* veröffentlicht worden – beides Medien, die eine treue Leserschaft hatten, aber wohl kaum als katholische Mainstream-Lektüre bezeichnet werden können, selbst unter strenggläubigen Katholiken.[7]

Warum also suchten die Verteidiger der deutschen Kirche den Streit mit einem obskuren amerikanischen Hochschullehrer, womit sie ihm unbe-absichtigt zu Bekanntheit verhalfen? Und warum zog der von ihnen ein-geschlagene und so hartnäckig verfolgte Kollisionskurs so weite Kreise – von Chicago via Berlin nach Bonn und zurück nach Chicago mit einem Zwischen-stopp im Vatikan? In diesem Musterbeispiel eines Stellvertreterkriegs prallten die persönlichen, politischen und religiösen Ebenen vor dem Hintergrund bitterer Erinnerungen der über ein Dutzend Beteiligten an Diktatur und Krieg aufeinander. Für die meisten Beteiligten hatte dies direkte Zusammenstöße ihrer eigenen Biografien mit jenen der anderen Akteure zur Folge. Der Konflikt riss tiefe Wunden aus der Zeit des Zweiten Weltkriegs wieder auf und wurde als Nagelprobe für die grundlegenden religiösen Werte und religiöse Identität der Beteiligten wahrgenommen. Auch in dieser Hinsicht lassen sich die Kontinui-tätslinien zwischen ihren leidvollen Erfahrungen in der Vergangenheit und ihrer Involvierung in die Jahrzehnte später ausgetragenen zeitgeschichtlichen Kontroversen ohne Weiteres nachvollziehen.

Dieses Kapitel rekonstruiert die persönlichen, politischen und religiösen Wege, die dazu führten, dass die involvierten Männer zu Gegnern wurden.

---

7 Vgl. Gordon Zahn, „Würzburg 1957", in: *The Catholic Worker*, März 1958, S. 3; Gordon Zahn, „German Pacifists", in: *America*, 18.5.1957, S. 232 f.; Gordon Zahn, „He Would Not Serve", in: *America*, 5.7.1958, S. 388 f.

Zunächst wird Zahns religiöse Odyssee von den 1930ern bis zur Mitte der 1950er Jahre dargestellt. Im Anschluss wird aufgezeigt, wie seine Recherche während des Fulbright-Aufenthalts in den Jahren 1956/57 durch Personen geprägt wurde, die Zahn für ihre eigenen Zwecke während der hitzigen Wieder-bewaffnungsdebatte in Westdeutschland ausnutzten. Es wird auch dargestellt, wie das transatlantische Netzwerk gebildet wurde, um Zahns Erkenntnissen entgegenzutreten und zu verhindern, dass sie an die Öffentlichkeit gelangten. Zuletzt wird untersucht, wie die Strategien dieses Netzwerks insofern fehl-schlugen, als sie Zahn zu größerer Bekanntheit verhalfen und Fragen der Meinungsfreiheit aufwarfen.

Gordon Zahns Pazifismus und seine Ursprünge

Wie wurde ein Soziologieprofessor, der nach außen so unscheinbar wirkte, dass er von seinen Studierenden den Beinamen „Professor Sominex" (was in etwa „Professor Schlaftablette" entspricht) erhalten hatte, zu einem kämpferischen Pazifisten, der gegen die katholische Lehre von Krieg und Frieden ins Feld zog?[8] Seine Odyssee war von Krieg, Armut und seinem Glauben geprägt. Zahn wurde 1918 als uneheliches Kind in Milwaukee geboren. Seine Mutter hatte es abgelehnt, seinen biologischen Vater irischer Abstammung zu heiraten, der möglicherweise nicht ganz zu Unrecht den im Amerikanischen doppeldeutigen Namen „Roach" (was auch „Kakerlake" bedeuten kann) hatte und während des Ersten Weltkriegs in Frankreich gekämpft hatte.[9] Zahn nahm nie Kontakt zu seinem biologischen Vater auf und seine Arbeiterfamilie lebte in schwierigen Verhältnissen, die sie zu mehreren Umzügen wegen zu hoher Miete zwangen.

Die lähmende Armut hielt den hochbegabten Jungen nicht davon ab, heraus-ragende Leistungen in der Schule zu erbringen. Mit einer unersättlichen Lust am Schreiben tat er sich als wortgewandter Redakteur der Schulzeitung hervor und baute dort seine schriftstellerischen Fähigkeiten aus.[10] Es kam nicht selten vor, dass Zahn bis zu sechs private und berufliche Briefe pro Tag verfasste, von denen einige mehr als drei Seiten bei einfachem Zeilenabstand zählten. Eine langjährige enge Bekannte Zahns kommentierte: „Selbst in der Stube war er

---

8   Interview mit Michael Hovey.
9   Interview mit Susan Kalmer und Geraldine Ogren, 6.11.2009.
10   Interview mit Michael Hovey. Zahn würde seinen familiären Hintergrund später als „upper lower-class" (gehobene Unterschicht) beschreiben, vgl. Zahn, *Another Part of the War*, S. 17.

immer am Schreiben. Ich habe Gordon nie ohne Papier und Stift gesehen –
oder den *New Yorker*."[11]

Seine Mutter und sein Stiefvater waren nicht besonders religiös und lehnten
es ab, ihre Kinder auf eine der zahlreichen katholischen Schulen in Milwaukee
zu schicken.[12] Zahn äußerte zu einem späteren Zeitpunkt in seinem Leben,
dass er niemals der Kirche beigetreten wäre, hätten ihn katholische Nonnen
und Ordensbrüder unterrichtet – eine verbitterte Reaktion auf die Haltungen,
die ihm später in der Kirche begegnen sollten.[13] Er fand seinen Weg in die
Kirche außerhalb seiner Familie. Seine mittellose Mutter arbeitete in einer
nahegelegenen Bäckerei. Da eine bezahlte Kinderbetreuung für sie nicht
in Frage kam, musste sie ihren jungen Sohn in der Obhut der katholischen
Inhaber der Bäckerei lassen, die im Stockwerk über dem Ladengeschäft
wohnten. Gordon entwickelte eine enge Freundschaft zu den Mitgliedern
dieser frommen Familie, deren Tochter den katholisch getauften Zahn mit
dem Glauben vertraut machte und seine Rückkehr in die katholische Kirche
förderte.[14] Zahn war sowohl ein Konvertit im weitesten Sinne als auch ein theologischer Autodidakt. Tief religiöse Konvertiten und fromme Gläubige dieser
Art sorgen unter den übrigen Gläubigen wegen ihrer Diskussions- und Streit-
lust oft für Unruhe. Gerade wegen ihrer stark empfundenen Verpflichtung zur
Frömmigkeit und nach außen sichtbarer Religiosität sind sie oft nicht willens,
sich der Hierarchie zu fügen. Ihrem Eifer fehlen die Grenzen, die normalerweise durch formale religiöse Unterweisung gesetzt werden. Tatsächlich fand
Zahn, der keine strenge katholische Erziehung oder formale Unterweisung
erhalten hatte, über den Glauben zu seiner Berufung als Pazifist, als er sich
privat mit dem Neuen Testament beschäftigte. Allerdings räumte er auch bei
mindestens einer Gelegenheit ein, dass sein Pazifismus auch von der Abscheu
herrührte, die er empfunden hatte, als er einem Freund dabei zugesehen hatte,
wie dieser Eichhörnchen mit einem Luftgewehr jagte.[15]

Wo auch immer die Ursprünge seines Pazifismus lagen, die Pflicht zur
Ablehnung von Krieg und jeglicher christlichen Beteiligung daran wurde zur
Leitlinie seines Lebens.[16] Der Pazifismus wurde zu seinem Gewissens- und
Glaubensbekenntnis, zu seinem Taufbekenntnis, dem Vorbild Jesu Christi zu
folgen und das Kreuz auf sich zu nehmen.[17] Pazifisten waren gehalten, ihrer

---

11   Interview mit Susan Kalmer.
12   Zahn, *Another Part of the War*, S. 4 f.
13   Interview mit Michael Hovey; Zahn, *Another Part of the War*, S. 5.
14   Interview mit Susan Kalmer.
15   Zahn, *Another Part of the War*, S. 4.
16   Zahn, *Vocation of Peace*, S. viii; Zahn, *Another Part of the War*, S. 5.
17   Zahn, *Vocation of Peace*, S. 6.

Gefolgschaft gegenüber Gott den Vorrang vor Familie, Kirche oder Land einzuräumen. Sie hatten auch allen Versuchen der Kriegsverherrlichung entgegenzutreten, nationale Symbole und Flaggen aus den Kirchen zu entfernen und dem Patriotismus Grenzen zu setzen, selbst wenn die Gefahr einer nationalen Niederlage bestand, „wenn die einzige andere Alternative ein schwerer Verstoß gegen die Gebote Gottes wäre."[18]

Da Zahn dem Gewissen einen höheren Stellenwert beimaß als den kirchlichen Lehren, warf er unweigerlich immer wieder heikle Fragen in Bezug auf Konformismus, Anpassung und abweichende Ansichten auf. Zwei heftige Auseinandersetzungen während seines Studiums bestärkten ihn in seiner Überzeugung, ein Störenfried mit einer „propensity towards perversity" – also einer Tendenz zum Querdenken und Unruhestiften – zu sein.[19] Einige Monate nach dem Eintritt der Vereinigten Staaten in den Zweiten Weltkrieg erhielt Zahn seine Einberufungsunterlagen. Er berief sich vor der örtlich zuständigen Einberufungsbehörde auf seinen katholischen Pazifismus, nur um mit den Einwänden des behördlichen Priesters konfrontiert zu werden, der vehement deutlich machte, dass kein Katholik rechtmäßig den Kriegsdienst verweigern könne.[20] Die kirchliche Tradition konnte scheinbar keine solide Grundlage für einen religiös begründeten Pazifismus bieten. Angesichts vermeintlich widersprüchlicher Passagen aus dem Alten und Neuen Testament zur Legitimität von Krieg und staatlich sanktionierter Gewalt hatten spätantike bzw. mittelalterliche Kirchenlehrer wie Augustinus von Hippo oder Thomas von Aquin die Widersprüche miteinander verwoben und die katholische Lehre des „gerechten Kriegs" entwickelt. Obgleich diese Überlegungen nie den offiziellen Status eines Dogmas oder auch nur einer offiziellen Kirchenlehre erhalten haben, ermöglichen sie dennoch in den Augen der Kirche die rechtmäßige Führung von Kriegen, sofern bestimmte Voraussetzungen vorliegen. Nach Augustinus ist ein gerechter Krieg von einer legitimen Obrigkeit erklärt und muss Unrecht wieder richten, angerichtetes Elend beseitigen und Recht und Gerechtigkeit wiederherstellen.[21] In der bekannteren Version von Thomas von Aquin muss der gerechte Krieg von einer legitimierten Regierung geführt werden, auf einem gerechten Grund beruhen und dem Ziel der Wiederherstellung des Friedens dienen.

---

18   Ebd., S. 5 f.
19   Interview mit Michael Hovey.
20   Zahn, *Another Part of the War*, 5.
21   Für eine Bibliografie der sehr umfassenden Literatur zu diesem Thema vgl. Fitzgerald (Hg.), *Augustine*, S. 875 f.

Zahn war diese jahrhundertealte Tradition entweder nicht bewusst oder er blieb unbeeindruckt von ihr. In jedem Fall sandte er dem Erzbischof von Milwaukee unverzagt einen Brief per Einschreiben, erklärte diesem seine Ablehnung des Militärdienstes und bat ihn, seine offizielle Anerkennung als Kriegsdienstverweigerer zu unterstützen. Zahn erhielt darauf keine Antwort. Das Ausbleiben auch nur einer Pro-Forma-Anerkennung seitens des erzbischöflichen Generalvikariats wertete Zahn als Beleg dafür, dass er der einzige amerikanische Katholik war, der sich aktiv gegen den Militärdienst wehrte. Diese Illusion wurde ihm sofort wieder genommen, als die Entscheidung der Einzugsbehörde in zweiter Instanz aufgehoben wurde, Zahn also als Kriegsdienstverweigerer anerkannt und unversehens per Bus in ein abgelegenes und tristes Lager für katholische Kriegsdienstverweigerer in den dichten Wäldern von New Hampshire gebracht wurde.[22]

Die Isolation in Camp Warner sollte sich als Ausgangspunkt seines pazifistischen Aktivismus und Protests herausstellen.[23] Er lernte dort Dorothy Day kennen, die Gründerin des *Catholic Worker Movement*, die nach seiner eigenen Aussage das Feuer des Aktivismus in ihm entfachte.[24] Day war während des Ersten Weltkriegs als berüchtigte Pazifistin aktiv gewesen und hatte im Anschluss bis in die 1920er ein ungezwungenes Bohemeleben in Greenwich Village im New Yorker Stadtteil Manhattan geführt, bevor sie Ende 1927 zum Katholizismus konvertierte. Als Verfechterin gesellschaftlichen Wandels gründete sie die katholische Sozialbewegung *Catholic Worker Movement*. Der Bewegung fehlte ein offizieller kirchlicher Status, sie war insofern als intellektueller Laienverband außerhalb des straff organisierten amerikanischen Katholizismus angesiedelt.[25] Insbesondere für finanzschwache Katholiken auf der Suche nach einer intellektuellen Grundversorgung wurde Days gleichnamige Zeitschrift *The Catholic Worker* zu einem Ersatz für formale Bildung. Die Zeitschrift war für Zahn Ende der 1950er Jahre eine logische Wahl zur Veröffentlichung seiner ersten kritischen Artikel über das Verhalten der katholischen Kirche während des Zweiten Weltkriegs.

Zahn zog über 20 Jahre später rückblickend den schockierenden Schluss, dass die Ersatzdienstlager des *Civilian Public Service* (CPS) Konzentrationslagern glichen, wenn auch ohne Stacheldrahtzäune, Wachhunde und Gaskammern. „Egal wie großzügig die Vorschriften waren oder wie locker es mit

---

22   Zahn, *Another Part of the War*, S. 6; Zahn, *War, Conscience and Dissent*, S. 145–176.
23   Vgl. Piehl, *Breaking Bread*, S. 205.
24   Zahn, *Vocation of Peace*, Widmung.
25   Zwick/Zwick, *Catholic Worker Movement*, S. 19; Piehl, *Breaking Bread*, S. 134; Fisher, *Catholic Counterculture*.

der Disziplin gehalten wurde," so Zahns Beschreibung, „die oberste Priorität war es, die potenziell Unruhe stiftenden Kriegsdienstverweigerer in isolierten Arbeitslagern zusammenzupferchen – nach dem Motto: Aus den Augen, aus dem Sinn."[26] Den größten Verdruss bereitete den Lagerinsassen jedoch die Erkenntnis, dass ihre zum Protest erhobenen Stimmen weder von der säkularen amerikanischen Gesellschaft noch von den „auserwählten geistlichen Oberhäuptern der amerikanischen Kirche" auch nur im Ansatz wahrgenommen wurden.[27] Der Bischof von Manchester, New Hampshire, protestierte anscheinend mit besonders heftigem Nachdruck gegen die Anwesenheit katholischer Kriegsdienstverweigerer in seinem Bistum und drängte die Regierung zur Stilllegung des Lagers. Seine Bitte wurde erhört und die Insassen wurden 1944 auf verschiedene, von Quäkern betriebene Lager in Maryland und North Dakota verteilt.[28]

Zahns eigene Wahrnehmung, innerhalb der Kirche einen Außenseiterstatus innezuhaben, wurde durch einen weiteren Vorfall bestätigt. Im Jahr 1946 schrieben sich Zahn und Dick Leonard, ein pazifistischer Mitstreiter, den er mit großer Wahrscheinlichkeit in Camp Warner kennengelernt hatte, an der St. John's University ein, einer von Seen umgebenen Benediktinerhochschule im leicht hügeligen deutsch-katholischen Kerngebiet Zentral-Minnesotas. Zahn und Leonard waren zuvor an zwei Universitäten des Franziskanerordens abgelehnt worden, nachdem sie in ihren Bewerbungen offen ihren Pazifismus bekundet hatten.[29] Die St. John's University hatte zunächst keine Bedenken, beiden Studenten ein Stipendium zur Befreiung von den anfallenden Studiengebühren sowie Stellen als Werkstudenten zu gewähren, was der Behandlung von aus dem Kriegsdienst heimkehrenden Soldaten entsprach.[30] Mitte der 1940er Jahre herrschte an der St. John's University mit weniger als 500 Studierenden, wenigen Fachbereichen und Hauptfächern und gerade einmal acht Laien unter den 43 Professoren eine ausgesprochen monastische Atmosphäre.[31] Wichtige Entscheidungen wurden in der Regel auf den Sitzungen des Benediktinerkapitels in der auf dem Campus gelegenen St. John's Abtei getroffen. Die Fakultätsmitglieder waren in überwiegender Mehrheit deutsch-amerikanischer Herkunft. Nichtsdestotrotz hatte die Hochschule den Ruf einer etwas eigenartigen, wenn nicht gar progressiven Einrichtung.

---

26   Zahn, *Another Part of the War*, S. 81.

27   Ebd., S. 246.

28   Zahn, „Memories of Camp Warner".

29   www.catholicdemocrats.org/MA/2008/01/remembering_gordon_zahn_cofoun.php (acc. 17.6.2016).

30   Rev. Baldwin Dworshak an Gordon Zahn, 2.9.1947, UNDA, Gordon Zahn Papers, 3314.

31   St. John's University Yearbook, 1945, St. John's University Archives.

An der St John's University wurde katholisch-intellektuelle Forschung mit liturgischer Experimentierfreude verbunden. Die Hochschule war ein Ort, an dem selbst Dorothy Day aufgrund des dort fortwährend gelebten sozialen Aktivismus, der bisweilen an Radikalismus grenzte, regelmäßig als Rednerin eingeladen wurde.[32]

Zahn stürzte sich in das Campusleben und verfasste Artikel für die Universitätszeitschrift. Er berichtete beispielsweise über Vorlesungen von Oliver Kapsner, einem Benediktiner und Hochschullehrer, der gerade erst von seinem Einsatz als Militärseelsorger der US-Armee in Deutschland zurückgekehrt war. Kapsner, so Zahn, habe vor Ort „keine Hinweise auf eine unmittelbare Verfolgung der katholischen Kirche unter dem NS-Regime" vorgefunden.[33] Doch im Laufe ihres ersten Studienjahrs in Collegeville, Minnesota, das, wie sich herausstellen sollte, auch ihr letztes war, wurde Zahns und Leonards pazifistischer Protest lauter.[34] Ihr Eifer erregte den Zorn vieler Benediktiner in der Abtei, von denen 14 wie Kapsner als Militärseelsorger im Zweiten Weltkrieg gedient hatten.[35] Zahn stellte die These auf, dass die Mönche durch die lautstarke Bekundung ihres amerikanischen Patriotismus ihre deutsche Herkunft kompensierten – ein Argument, das er in seiner Untersuchung der deutschen Hierarchie erneut vorbringen würde und das vermutlich nicht ganz aus der Luft gegriffen war.[36]

Ihre Gegner in den Reihen der Benediktiner hatten nicht nur Einwände gegen ihren Pazifismus, sondern auch gegen ihren „spirituellen Hochmut" und ihre „überkritische Haltung gegenüber der Religion und dem Priestertum."[37] Der Präsident der Universität war gleichzeitig Abt von St. John's und alle Entscheidungen bezüglich des Hochschulbudgets liefen über die Abtei. Zu Beginn des akademischen Jahres 1947/48 wurde eine Sitzung einberufen, um darüber zu befinden, ob Zahn und Leonard ihre Stipendien weiterhin erhalten sollten.

---

32 Für Darstellungen der Geschichte der St. John's University in the 1930er Jahren vgl. Berry, *Worship and Work*; Sandbrook, *Eugene McCarthy*, S. 8–13; vgl. „Miss Dorothy Day Visits St. John's", in: *The Record: Official Newspaper of St. John's University and Organ of the Alumni*, 24.10.1946, S. 1.

33 Zahn, „Germany through American Eyes", S. 2.

34 Interview mit Susan Kalmer.

35 Sylvester Theisen an den Verfasser, 22.10.2009. Theisen war ein enger Freund Zahns, der ebenfalls an der St. John's University studierte. Zwischen Januar 1955 und Februar 1958 war er als Sonderbeauftragter für geistige und kulturelle Angelegenheiten für den amerikanischen Episkopat in Westdeutschland im Einsatz; vgl. ebenso Klingeman OSB, „Military Chaplains of St. John's", S. 10 f.

36 Interview mit Michael Hovey. Zu diesem Thema siehe Barry, *Catholic Church and German-Americans*, S. 277.

37 Rev. Baldwin Dworshak an Gordon Zahn, 2.9.1947, UNDA, Gordon Zahn Papers, 3314.

Zu Beginn der zwei Tage andauernden Beratungen wurden Zahn und Leonard des Wohnheims verwiesen, was sie dazu zwang, in einem universitätseigenen Pendelbus zu übernachten.[38] Das Urteil der Fakultät: Das lästige Duo wurde für das anstehende akademische Jahr nicht zugelassen, erhielt jedoch die Möglichkeit, im darauffolgenden akademischen Jahr zurückzukehren mit der Garantie, erneut ein Stipendium zu erhalten.[39]

Die beiden wechselten unverzüglich an das St. Thomas College, eine weitere kleine katholische Hochschule für Geisteswissenschaften in Minnesota, die aufgrund der *GI Bill*, der nach dem Zweiten Weltkrieg erlassenen Gesetzgebung in den Vereinigten Staaten zur Wiedereingliederung heimkehrender Soldaten in das Berufsleben mittels staatlicher Stipendien zur Absolvierung eines Hochschulstudiums, einen erheblichen Anstieg ihrer Studierendenzahlen verzeichnete. Sie wurden durch einen St. John's-Alumnus aus dem Jahrgang 1936 unterrichtet, der sich als Soziologiedozent durchschlug. Eugene McCarthy, der berühmte Friedensaktivist und spätere Anwärter auf die Präsidentschaftskandidatur für die Demokraten, hatte 1942 das Noviziat in der St. John's Abtei angetreten, wurde aber innerhalb eines Jahres wieder entlassen wegen der Sünde des „intellektuellen Hochmuts".[40] Er unterrichtete zwischen 1946 und 1948 am St. Thomas College, bis er seine politische Karriere als Abgeordneter im US-Repräsentantenhaus für die *Democratic-Farmer-Labor*-Partei begann. Nachdem Zahn und Leonard 1951 ihr Studium abgeschlossen hatten, verschaffte der Kongressabgeordnete dem Duo Anstellungen an seinem Dienstsitz in Washington, was sie finanziell entlastete und es ihnen ermöglichte, an ihren Promotionen an der nahegelegenen Catholic University of America zu arbeiten.[41]

Beide zog es zu dem viel gepriesenen Soziologen, Pazifisten und sozialen Aktivisten Reverend Paul Hanly Furfey. Zahn verfasste eine Dissertation über

---

38　Der Nachruf auf Gordon Zahn in der britischen *The Times* ging fälschlicherweise davon aus, Zahn habe in seinem Auto geschlafen. Zahn war nie Eigentümer eines Autos und war mehrfach durch die Fahrprüfung durchgefallen. www.catholicdemocrats.org/MA/2008/01/remembering_gordon_zahn_cofoun.php (acc. 17.6.2016).

39　Rev. Baldwin Dworshak an Gordon Zahn, 2.9.1947, UNDA, Gordon Zahn Papers, 3314. Dworshak war Prior von St. John's.

40　Sandbrook, *Eugene McCarthy*, S. 18.

41　Michael Gallaghers ausgezeichnet geschriebenes Loblied auf Zahn enthält mehrere Fehler. So behauptet Gallagher, Zahn habe McCarthy an der St. John's University kennengelernt und Letzterer habe Zahn und Leonard als Senator Anstellungen in Washington ermöglicht. Zahn lernte McCarthy am St. Thomas College kennen, wo McCarthy als Soziologiedozent tätig war. McCarthy wurde zwar Kongressmitglied, aber als Abgeordneter im Repräsentantenhaus und nicht als Senator; vgl. Michael Gallagher, „Let Us Now Praise Gordon Zahn", auf www.catholicpeacefellowship.org/downloads/gordon_zahn.pdf.

die sozialen Hintergründe der Kriegsdienstverweigerer in den CPS-Lagern und die jeweilige Unterstützung, die sie von ihren religiösen Gemeinden erhalten hatten.[42] Zwar bediente er sich im Rahmen seiner Analyse der Grundlagen der Statistik, auch wenn ihm dabei einige arithmetische Fehler unterliefen, die in die Bewertung seines Betreuers einflossen. Doch die Soziologie war an den meisten katholischen Universitäten damals keineswegs die methodisch anspruchsvolle und ausgefeilte Disziplin, die sie heute ist. Katholische Soziologen strebten im Wesentlichen danach, katholische Soziallehren zu beleuchten und zu erklären. Sie stützten die lange Tradition der katholischen Soziallehre und Moraltheologie mit empirischen Daten.[43] Sie fungierten insofern als katholische, öffentlich wirksame Intellektuelle im weitesten Sinne, die es als ihre Pflicht ansahen, zu den aktuellen moraltheologischen und religiösen Fragen der Zeit Stellung zu beziehen.

In diesem Sinne reichte Zahn den Artikel „McCarthyism: A Catholic Issue" bei der katholischen Zeitschrift *Sign* ein. Er argumentiert darin, dass amerikanische Katholiken, die Joseph McCarthy unterstützten, für dessen wiederholte Verdrehung von Tatsachen mitverantwortlich seien. Laut Zahn haben Gläubige eine moralische Pflicht, sich solchen Übeln zu widersetzen. Sein Artikel wurde abgelehnt. In seiner sonst freundlichen Antwort an den Herausgeber, konnte er nicht widerstehen, das Versagen der amerikanischen katholischen Presse bei der Erfüllung ihrer eigentlichen Aufgabe als Hüterin der Moral hervorzuheben – ein vielsagender Vorgeschmack auf die Thematik, die er sechs Jahre später wieder aufgreifen und weiterentwickeln würde.[44]

Zahns Fulbright-Jahr, 1956–1957

Abgesehen von einem einjährigen Harvard-Stipendium für Postdoktoranden fand Zahns Karriere bis Mitte der 1960er Jahre fast ausschließlich in dieser eng umgrenzten katholischen Welt statt, in der die Betätigung von Laien allerdings sowohl an Fülle als auch Vielfalt explosionsartig zunahm.[45] Zahns Zielpublikum

---

42 Zu Furfey vgl. Morris, „Celebration of a Life", S. 219 f.; Misztal u. a., *Paul Hanly Furfey's Quest*. Für Furfeys Bewertung von Zahns Dissertation vgl. Paul Hanly Furfey an C.J. Nuesse, 1.7.1952, UNDA, Gordon Zahn Papers, 3696.

43 Sullins, „Paul Hanly Furfey", S. 125–147. Zahn, *Readings in Sociology*; Zahn, *What Is Society?*.

44 Gordon Zahn an Reverend Damian Reid, C.P., Literary Editor, The Sign, 19.3.1953; Gordon Zahn, „McCarthyism: A ‚Catholic Issue'", UNDA, Gordon Zahn Papers, 3700; vgl. ebenso Crosby, *God, Church and Flag*.

45 Für eine übersichtliche Darstellung dieses katholischen Umfelds vgl. O'Toole, *The Faithful*, S. 145–198.

Abb. 5.1 und Abb. 5.2   Die Aufnahmen von Gordon Zahn entstanden während seines
Aufenthalts in Deutschland zwischen 1956 und 1957 und fangen seine sanftmütige
und ernsthafte Art ein. Mit freundlicher Genehmigung von University of Notre
Dame Archives, CZHN-04463-01 beziehungsweise Michael Hovey.

war katholisch, seine Artikel erschienen fast ausschließlich in katholischen
Zeitschriften und Zeitungen. Von 1953 bis 1966 lehrte er an der Loyola University Chicago. Er wäre wahrscheinlich ein relativ unbekannter Soziologe
geblieben, wäre nicht das Fulbright-Stipendium für einen Forschungsaufenthalt in Deutschland während des akademischen Jahres 1956/57 gewesen, das
den Kurs seiner Karriere radikal verändern sollte.

Zahn plante, die Geschichte des Friedensbunds deutscher Katholiken (FDK)
während des „Dritten Reichs" zu erforschen. Er fragte danach, wie eine während
der Weimarer Republik so dynamische Vereinigung mit mehr als 40.000 Mitgliedern nach der Machtüberahme der Nationalsozialisten so schnell zer-
fallen konnte.[46] Es zeichnete sich jedoch innerhalb kurzer Zeit ab, dass Zahns
ursprüngliches Forschungsvorhaben ergebnislos bleiben würde. Nicht nur
waren die Bestände der Organisation fast vollständig zerstört, sondern das
Verhalten der deutschen Katholiken, so seine Schlussfolgerung, sei auch durch
eine „fast ausnahmslosen Fügsamkeit gegenüber den Kriegsforderungen des

---

46   Zahn, *Die deutschen Katholiken und Hitlers Kriege*, S. 9–13.

Naziregimes" gekennzeichnet gewesen.[47] Es habe in Deutschland nur wenige Einwände gegen die Kriegsanstrengungen und noch weniger Kriegsdienstverweigerer gegeben.

Zahns Forschungsschwerpunkt verschob sich daher auf die Beteiligung der Katholiken an den deutschen Kriegsanstrengungen und damit auf ein Thema, mit dem er sich zwangsläufig Ärger einhandelte. Seit dem Ende des Kriegs waren kaum zehn Jahre vergangen und Zahn stützte sich zu Beginn seiner Recherche auf Interviews mit Zeitzeugen. Eine kleine Anzahl an Ansprechpersonen, mehrheitlich in Deutschland verstreute ehemalige FDK-Mitglieder, half ihm dabei, Kontakte zu losen Vereinigungen von Linkskatholiken aufzubauen, die sich ohne Erfolg gegen das Wiederbewaffnungsprogramm unter der Federführung von Adenauers CDU – das die katholische Hierarchie unterstützt hatte – eingesetzt hatten.[48] Zahns Liste zählte über 60 Personen, mit denen er oft lange Gespräche führte, die er dann sorgfältig in seinem Notizbuch zusammenfasste. Sie liest sich wie ein Who's Who des Linkskatholizismus von 1956. So standen auf der Liste etwa: der Publizist Walter Dirks; Alfons Erb, der spätere Leiter der deutschen Sektion von Pax Christi; Franziskus Stratmann, Dominikanerkoryphäe und vor seiner Verhaftung durch die Gestapo im Jahr 1933 Friedensaktivist an der Spitze des FDK; Johannes Ude, der österreichische Moraltheologe und lebenslange Weggefährte des Priesters und Pazifisten Max Josef Metzger, der 1944 auf Anordnung Roland Freislers hingerichtet worden war.[49] Nahezu sämtliche Interviewpartner Zahns vertraten in puncto Wiederbewaffnung Ansichten, die mit der Position des deutschen Episkopats nicht

---

47   Zahn, *Die deutschen Katholiken und Hitlers Kriege*, S. 13.

48   Doering-Manteuffel, *Katholizismus und Wiederbewaffnung*; Doering-Manteuffel, „Die Kirchen und die EVG", S. 317–340; Large, *Germans to the Front*.

49   Record of my Fulbright Year, UNDA, Gordon Zahn Papers, 13264–13360. Eine vollständigere Auflistung enthält zudem die folgenden Einträge: Dr. and Mrs. Jaeuber, Prof. Dr. Berthold, Professor Franz Rauhut, Dr. Nehring, Father Stratmann, Frau Schmidtmann, Rappich, Dr. Johannes Hessen, Dr. Koch, Mr. Hüpgens, Dr. Salzbacher, Peter Nellen, Dr. Geck, Dr. Antz, Werthmann, Paulus Lenz, Prof. Dr. Hasenfuss, Domkapitular Kramer, Dr. Heinz Fleckenstein, Baronin von Guttenberg, Dr. Rheinfelder, Abbott Hugo Lang, Father Sieben SJ, Sr. Getrudis, Kaspar Mazer, Erzbischof Dr. Franz König, Prof. Dr. Johannes Ude, Prof. Dr. Ulrich Noack, Dr. Dietrich Wendland, Manfred Hörhammer, Alfons Erb, Msgr. Baumeister, Domkapitular Stehlin, Generalvikar Simon Hirt, Hans Lukaschek, Francis Keller, Dr. Karl Färber, Dr. Josef Knecht, Johannes Fleischer, Josef Fleischer, Hans Wirtz, Friedrich Ferber, Walter Ferber, Charles Froehlicher, Dr. Hans Bauer, Dr. Fauber, Dr. Rudolf Gunno, Dr. Leo Weismantel, Nikolaus Fries, Prälat Peter Buchholz, Sr. Maria Murtha, Pfarrer Felix Heinz, Bernhard Stasiewski, Melchoir Grunsey, M. Laros, Fr. Paul, Pfarrer Josef Karobatt, Dr. Holzapfel, Walter Dirks, Walter Adolf, Johannes Neuhäusler and Gustav Gundlach, SJ. Zu Stratmann vgl.: Stratmann, *In der Verbannung*; Groothius, *Im Dienste einer überstaatlichen Macht*, S. 405–420.

in Einklang standen. Einige genossen dabei einen semi-respektablen Status innerhalb des deutschen katholischen Mainstreams. Andere jedoch, die völlig entfremdet waren von den kirchlichen Obrigkeiten und dem links-katholischen Lager angehörten, gerieten immer wieder mit der Kirche über deren politischen Umgang mit der Vergangenheit und Gegenwart aneinander.

Die Lage wurde zudem durch eine heftige Debatte über die Einführung der allgemeinen Wehrpflicht verschärft, die Mitte 1956 zwischen den großen deutschen Parteien ausgebrochen war.[50] Obwohl das Recht zur Wehrdienst-verweigerung 1949 als Grundrecht in der westdeutschen Verfassung ver-ankert worden war, blieb weiterhin unklar, unter welchen Voraussetzungen der Einzelne dieses Recht ausüben konnte. P. Johannes Hirschmann SJ, ein bekannter katholischer Jesuit, vertrat in einer Sitzung des Ausschusses für Verteidigung im deutschen Bundestag am 6. Juni 1956 die Ansicht, dass die katholische Moraltheologie einen Pazifisten, der alle Formen des Wehrdienstes ablehne, nicht anerkennen könne, selbst wenn die Berufung auf sein Gewissen auf der Lektüre grundlegender Texte wie der Bergpredigt gründe. Im Einklang mit katholischer Tradition könne er sein Anrecht nur mit der Behauptung geltend machen, dass ein konkreter Krieg ungerecht sei. Hirschmann würdigte eine Berufung auf das Gewissen des Individuums herab. Das menschliche Gewissen war seiner Auffassung nach von vornherein fehlbar. Diejenigen, die Krieg kategorisch ablehnten, müssten sich nicht nur selbst die Frage stellen, ob sie ihr Gewissen gründlich genug geprüft hätten, sondern auch, ob sie über-haupt imstande seien, „eine so komplexe Frage so sicher im Gewissen zu ent-scheiden [...]."[51]

Als Zahn in Deutschland eintraf, waren diese Fragen bereits vorläufig geklärt worden und der Ausgang der Debatte entsprach nicht dem starken Schutz, auf den Verfechter des Rechts auf Wehrdienstverweigerung gehofft hatten. Die dazu erlassene Gesetzgebung vom Juli 1956 schränkte das Grundrecht derart ein, dass das Bundesverfassungsgericht, das in solchen Fragen das letzte Wort hat, im Jahr 1960 den Schutzbereich des Grundrechts klarstellen musste und

---

50 Vgl. Meier-Dörnberg, „Auseinandersetzung um die Einführung der Wehrpflicht", S. 107–118.

51 Deutscher Bundestag, Stenographischer Dienst, Stenographisches Protokoll (Sonder-protokoll) der 94. Sitzung des Ausschusses für Verteidigung, Bonn, Freitag, den 1. Juni 1956, Tagesordnung: Entgegennahme der Stellung von Vertretern der Evangelischen und Katholischen Kirche zur Frage der Kriegsdienstverweigerung, S. 37, 43, ASD,NL Peter Nellen, Box 7.

das Gesetz im Wege der verfassungskonformen Auslegung auch auf die Verweigerung des Wehrdienstes zu Friedenszeiten ausweitete.[52]

Die Entscheidung der NATO, die Bundeswehr mit Atomwaffen auszurüsten, goss zusätzlich Öl ins Feuer.[53] Dieser Schritt führte, wie vorherzusehen war, nicht nur dazu, dass die SPD der CDU/CSU in der Auseinandersetzung gegenüberstand, sondern auch eher linksgeneigte Katholiken dem Episkopat. Da der lose, aber dennoch umfangreiche Korpus an kirchlichen Äußerungen zu Krieg und Frieden nie mit dem offiziellen Siegel eines Dogmas oder einer Lehre versehen worden war, wurde für Positionen zu dieser Thematik ein anderer Auslegungsmaßstab angelegt. Ein anschauliches Beispiel hierfür liefert die Weihnachtsansprache von Papst Pius XII. von 1956, etwa einen Monat nach dem Einmarsch der sowjetischen Armee in Ungarn. Seine Botschaft schien den Katholiken das Recht auf Verweigerung ihrer Einberufung zu verwehren, wenn eine frei gewählte Regierung per Gesetz die Wehrpflicht für den Fall eines nationalen Notstands oder der Bedrohung durch gefährliche Feinde eingeführt hatte.

Da dieser Stellungnahme die lehramtliche Verbindlichkeit des Papstes fehlte, waren die Türen für öffentliche Debatten nicht nur über die päpstliche Stellungnahme selbst, sondern auch über das Recht der Katholiken zu öffentlichem Widerspruch gegen päpstliche Verlautbarungen und Positionen offen geblieben.[54] Katholische Andersdenkende machten aus Ärger über vermeintliche Unterdrückungs- und Zensurversuche ihr Recht auf freie Meinungsäußerung geltend, womit sie die Debatte veränderten und die Ausübung ihrer Grundrechte ins Zentrum rückten.[55] In einem aufsehenerregenden Fall gaben im Mai 1958 51 deutsche, größtenteils linksorientierte katholische Intellektuelle eine öffentliche Erklärung ab, in der sie nicht nur die Atomstrategie der CDU kritisierten, sondern auch die diffamierenden Angriffe auf Kirchenkritiker seitens hochrangiger Persönlichkeiten innerhalb der Kirche. Die Kläger appellierten an die deutschen Bischöfe, „der bedrohten Gewissensfreiheit kirchlichen Schutz zu gewähren."[56]

---

52   Zu diesen Themen vgl. Bernhard, *Zivildienst*, insbesondere S. 32 f.; Möhle/Rabe, *Kriegsdienstverweigerer*.

53   Für eine Übersicht vgl. Buchholz, *Strategische und militärpolitische Diskussionen*, insbesondere S. 201–241.

54   „Der Fall ‚Fleischer I,'" Erklärung des Weltfriedensbunds katholischer Kriegsgegner zum päpstlichen Veto gegen die Kriegsdienstverweigerung aus Gewissensgründen, Januar 1957, AKMB, NL Werthmann, I Pers. Dokumente.

55   Vgl. beispielsweise Karl Peters, Walter Rest und Walter Dirks an Julius Döpfner, 9.5.1958, DAB, V/7-25-2.

56   Erklärung, undatiert, aber wahrscheinlich vom 6. oder 7.5.1958, DAB, 17-25-1.

Durch seine Gespräche mit den von einer Niederlage in die nächste taumelnden Aktivisten geriet Zahn in eine raue Atmosphäre, die von einer Mischung aus idealistischem Eifer, angestautem Frust und der erbitterten Entschlossenheit geprägt war, mit den Vertretern des Episkopats abzurechnen. Denn diese hatten den Friedensaktivisten in deren eigener Wahrnehmung großes Unrecht angetan. Innerhalb von drei Wochen nach seiner Ankunft in Würzburg, seinem Wohnsitz während des Fulbright-Jahres, suchte Zahn den berüchtigten linken Friedensaktivisten Franz Rauhut auf, dessen Name laut Zahn bei Erwähnung zu „der Art abwinkender Reaktion, die normalerweise Extremisten vorbehalten ist," führte.[57] Bei Rauhut, der nichtpraktizierender Katholik war, sich aber immer noch mit den Gläubigen identifizierte, hatte die Haltung des Episkopats hinsichtlich der Wiederbewaffnung und der Einführung der Wehrpflicht große Entrüstung ausgelöst. Er empfand sie als Teil einer unheilvollen „deutschen Satellitensklaverei" gegenüber den USA und eines „Kreuzzugsgeist[es] gegen den Osten."[58] Mehrere Wochen nach seinem Gespräch mit Zahn trat Rauhut als Redner bei einer Versammlung auf, die völlig außer Kontrolle geriet. Das Chaos erreichte seinen Höhepunkt, als Bierflaschen in Richtung eines katholischen Priesters flogen, der es gewagt hatte, sich für die Gegenposition, also für die deutsche Wiederbewaffnung, auszusprechen.[59]

Eine scharf geführte Kontroverse im Frühling vor Zahns Ankunft in Deutschland, in die einige dieser Aktivisten involviert gewesen waren, wirkte sich maßgeblich auf seine Recherche aus. Einige der Beteiligten in dieser früheren Debatte, die nun nach öffentlicher Exkulpation trachteten, gaben Zahn Hinweise und Tipps, die seine Recherche und Forschung entscheidend prägten. Der besagte Konflikt drehte sich um Johannes und Dr. Josef Franz Fleischer, zwei pazifistische Brüder aus Südbaden. Die beiden waren seit ihrem verbalen Kräftemessen mit Walter Adolph im Januar 1947 über die kirchliche Unterstützung des Zweiten Weltkriegs in einen Kampf mit dem Episkopat verwickelt, in dem auf alle verfügbaren Mittel zurückgegriffen wurde.[60] Seither bombardierten sie Bischöfe und hochrangige Vertreter verschiedener Generalvikariate mit Manifesten, Schimpftiraden und Artikeln, in denen sie die Kirche verurteilten. Moralpredigten wie „Der päpstliche Bankrott" waren

---

57 Record of my Fulbright Year in Germany, 26.10.1956, UNDA, Gordon Zahn Papers, 13264–13360.

58 Franz Rauhut an Georg Werthmann, undatiert, aber wahrscheinlich vom Sommer 1956. Laut Zahn war Rauhuts Frau evangelisch.

59 Record of my Fulbright Year, 19.12.1956, UNDA, Gordon Zahn Papers, CZHN, 13264–13360.

60 Zeitungsausschnitt, Johannes Fleischer, „Schuldbekenntnis der versäumten Pflichten. Die andere Konsequenz", in: *Der Tagesspiegel*, Berlin, 12.1.1947; Walter Adolph, „Dolchstoss-Legende in Neuer Form", in: *Das Petrusblatt*, 26.1.1947, HAEK, Gen II, 23.23a, 11.

in linksalternativen Zeitungen erschienen, da seit Mitte der 1950er Jahre kein
katholischer Verlag mehr Willens war, ihre Schriften zu drucken.[61] Nach Aus-
sage Johannes Fleischers war eine unter der Leitung eines dominikanischen
Provinzials stehende Zeitschrift sogar eingestellt worden, nachdem darin
einer seiner Artikel erschienen war.[62] Als Reaktion darauf gründete Johannes
Fleischer das Katholische Friedensbüro, das im Wesentlichen ein Ein-Mann-
Unternehmen darstellte und zu zahlreichen Beschwerden von verärgerten
Diözesanvertretern und Bischöfen aus ganz Deutschland führte.[63]

Die beiden Brüder waren absolute Außenseiter. Gleiches galt für den
gebürtigen Sachsen und Familienpatriarchen Dr. Paul Fleischer, der zum
Katholizismus konvertiert und in den 1920er Jahren Berliner Abgeordneter
für die Zentrumspartei gewesen war.[64] Der Kreuzzug der Gebrüder Fleischer
wurde von schmerzlichen Erinnerungen aus der Vergangenheit angetrieben.
Josef war während der Herrschaft der Nationalsozialisten verhaftet worden,
weil er den Fahneneid auf Hitler verweigert hatte, und konnte sich noch gut an
den Besuch eines hochrangigen Militärgeistlichen erinnern, der es ablehnte,
seinen Status als Kriegsdienstverweigerer zu unterstützen.[65] Mit der Hilfe ihres
über 80-jährigen Vaters verstärkten die beiden Brüder ihre Bemühungen im

61   Johannes Fleischer an das Erzbischöfliche Ordinariat München, 30.1.1946, AEMF,
      Kardinal Faulhaber Archiv, 5010. Diesem Schreiben fügte er zwei Artikel bei: „Die neue
      Welt" und „Der dreifache Verrat"; Johannes Fleischer, „Schuldbekenntnis der versäumten
      Pflichten"; Johannes Fleischer, „Was lehrt der Papst über den totalen Krieg"; Johannes
      Fleischer, „Der päpstliche Bankrott: Was ist von der Weihnachtsansprache Pius XII. zu
      halten?", in: *Die Andere Zeitung*, 24.1.1957, S. 2.
62   Record of my Fulbright Year, 22.2.1957, UNDA, Gordon Zahn Papers, CZHN, 13264–13360.
63   Der Großteil dieser Beschwerden und Auskunftsanfragen wurde an den Pastor in Donau-
      eschingen gerichtet, wo Fleischer sich niedergelassen hatte. Matthias Defregger, Sekretär
      des Erzbischofs München, an das Katholische Stadtpfarramt Donaueschingen, 12.2.1954;
      Stadtpfarrer, Donaueschingen an das Hochw. Erzbischöfliche Sekretariat (München-
      Freising), 15.2.1954; Verlag für kirchliches Schrifttum im Verlag Wort und Werk, Köln an
      Pfarrer Held, Donaueschingen, 20.4.1954; Dr. Tuschen, Generalvikar, Erzbischöfliches
      Generalvikariat, Paderborn, 30.10.1954; Dr. Eugen Seiterich, Erzbischof von Freiburg an
      Herrn Geistl. Rat Dekan K. Held, 10.11.1954; Geheimsekretär, Der Bischof von Aachen an
      das katholische Pfarramt, Donaueschingen, 14.1.1955; Bistumskonservator, Trier und das
      Katholische Pfarramt, St. Johann-Baptista, Donaueschingen, 21.1.1955; Konrad Held an
      den Erzbischof von Freiburg, 12.4.1957, Pfarrarchiv Donaueschingen; Matthias Defregger,
      Erzbischöflicher Sekretär an Wilhelm Böhler, 17.2.1954, HAEK, CR II 25.2.5.
64   Katholisches Pfarramt Donaueschingen an das Hochw. Erzb. Ordinariat, Freiburg i. Br,
      16.1.1957, Leumundszeugnis (Verfasser unbekannt, aber wahrscheinlich Konrad Keld),
      Pfarrarchiv Donaueschingen; Andreas Hermes an Emil Dovifat, 31.1.1947, KZG, NL
      Adolph, WA34a.
65   Josef Fleischer an Heinrich Höfler, 28.3.1956, AKMB, NL Georg Werthmann, I, Persön-
      liche Dokumente, Der Fall, „Fleischer", I.

Februar 1956, was zeitlich mit den Bundestagsdebatten über die Einrichtung einer Militärseelsorge in der neuen Bundeswehr zusammenfiel.[66] In einem Manifest, das Josef Fleischer an den Verteidigungsminister sandte, berichtete er im Detail darüber, wie der Militärseelsorger damals versucht hatte, ihn einzuschüchtern und unter Druck zu setzen.[67] Er behauptete nachdrücklich, dass dieser erzürnte Kaplan herausgebrüllt hätte: „Solche Elemente müßen ausgemerzt und einen Kopf kürzer gemacht werden."

Dabei war entscheidend, dass Josef Fleischer den Militärgeistlichen als Georg Werthmann identifizieren konnte, den Leiter des Katholischen Militärbischofsamts in Bonn.[68] Werthmann war eine Persönlichkeit, deren Bekanntheit und Bedeutung zu diesem Zeitpunkt immer weiter zunahmen. Die Fuldaer Bischofskonferenz hatte ihn mit der Aufgabe betraut, die katholische Militärseelsorge aufzubauen. Werthmanns Ernennung zu ihrem Leiter im März 1956 stand kurz bevor.[69] In enger Zusammenarbeit mit den Streitkräften der NATO hatte er 1952 einen Kurs an einer Ausbildungsstätte für Militärseelsorger in Washington, D.C., absolviert und entwickelte das Konzept der Militärseelsorge in der Bundeswehr als gemeinsame Angelegenheit von Staat und Kirche – ein System, das bis heute in Kraft ist.[70]

Zwischen 1936 und 1945 war Werthmann als Feldgeneralvikar die rechte Hand Franz Justus Rarkowskis gewesen, des cholerischen Feldbischofs, der für seinen frenetischen Nationalismus und seine schroffen Ermahnungen an die katholischen Soldaten zur Aufrechterhaltung des Kampfs bekannt war.[71] Während er mit Werthmanns Hilfe am Aufbau der Militärseelsorge in der Wehrmacht gearbeitet hatte, hatte Rarkowski zahlreiche Katholiken zu den Waffen gerufen. Seine Aufrufe klangen oft wie jener aus dem Jahr 1939, in dem er schreibt: „Es geht um das Heiligste und Ehrwürdigste, um das Liebste und

---

66   Dr. Josef Fleischer, Kriegsdienstverweigerung und Militärseelsorge, undatiert, aber zweifellos vom Februar 1956, HAEK, CR II, 25.2.5.

67   Betr.: „Bericht des Herrn Verteidigungsministers zu den Angriffen gegen H.H. Generalvikar Werthmann" (3. Punkt der Tagesordnung der 95. Sitzung des Verteidigungsausschusses am 4.6. 1956), 6.6.1956, AKMB, NL Georg Werthmann, I, Persönliche Dokumente, Der Fall „Fleischer", I.

68   Josef Fleischer an Heinrich Höfler, 28.3.1956; Bestätigung, Dr. Paul Fleischer, 27.2.1956, AKMB, NL Georg Werthmann, I, Persönliche Dokumente, Der Fall, „Fleischer", I.

69   Georg Werthmann an Michael Keller, 29.5.1955, BAM, AO-798, Generalvikariate, Bischöfe.

70   Biographisches-Bibliographisches Kirchenlexikon, Georg Werthmann, abrufbar auf www.kirchenlexikon.de/w/werthmann_g.shtml (acc. 15.10.2016).

71   Güsgen, „Die Bedeutung der Katholischen Militärseelsorge", S. 503–524; Faulkner, *Wehrmacht Priests*. Für eine direkt auf Zahn aufbauende Darstellung über Werthmann vgl. Lewy, *The Catholic Church and Nazi Germany*, S. 236–242.

Teuerste auf Erden."[72] Obwohl Werthmann sich während des Kriegs zu keinem Zeitpunkt negativ über seinen Vorgesetzten geäußert hatte, kochte sein anscheinend schwelender Frust schließlich über. Zwei Jahre nach Rarkowskis Tod im Jahr 1950 stellte Werthmann eine Sammlung wenig schmeichelhafter Kommentare des ehemaligen Vorsitzenden der Zentrumspartei, Ludwig Kaas, zusammen, der den unwirschen Militärbischof als „eine unqualifizierbare, unterdurchschnittliche und unbedeutende Persönlichkeit" beschrieben hatte – eine Ansicht, die unter denen, die Rarkowski gekannt hatten, weit verbreitet war.[73] Der kleine, stämmige Rarkowski war in der Tat innerhalb des Bischofskollegiums als ein Eindringling verachtet und von fast allen Sitzungen ausgeschlossen worden.[74] Trotz der Einwände des deutschen Episkopats war er 1933 zum Feldbischof ernannt worden, vermutlich auf Vorschlag Paul von Hindenburgs. Laut Werthmann hatte den deutschen Reichspräsidenten und Rarkowski eine so enge Freundschaft verbunden, dass der Militärgeistliche ein oft gesehener Gast auf Hindenburgs offiziellen Staatsbanketten gewesen war.[75] Im Gegensatz dazu hatte Werthmann im Rahmen der deutschen Militärseelsorge während des Kriegs eine stärker geistlich orientierte Präsenz als sein Vorgesetzter geboten. Trotz großer Gefahr für ihn selbst hatte er sich dafür eingesetzt, die Position der katholischen Militärgeistlichen in der Wehrmacht gegenüber den Eingriffen der Nationalsozialisten zu stärken und 1943 sogar eine Verwarnung des Reichsministeriums für die kirchlichen Angelegenheiten wegen seines Botendienstes zwischen dem Erzschof von Bamberg und dem päpstlichen Nuntius Cesare Orsenigo erhalten.[76]

Fleischers aufsehenerregende Anschuldigungen waren Anfang 1956 Wasser auf die Mühlen der Presse in Deutschland. Die *Frankfurter Allgemeine Zeitung* berichtete in einem Artikel vom 6. März über seine Vorhaltungen, was zahlreiche andere Zeitungen zu einer ähnlichen Berichterstattung veranlasste.[77] Rauhut griff Fleischers Vorwürfe in einer medienwirksamen Rede in der Würzburger *Gesellschaft für Politik und Kultur* auf, woraufhin die Einzelheiten der Rede in einem Zeitungsartikel in der Ostberliner *Weltbühne* als triumphierender Beweis für das Wiedererwachen des nationalsozialistischen Militarismus in der

72   Zahn, *Die deutschen Katholiken und Hitlers Kriege*, S. 208.
73   Aktenvermerk, ohne Namen, 27.4.1952, AKMB, Sammlung Werthmann, SW 1010/VII, 1.
74   Vgl. Güsgen, *Katholische Militärseelsorge*.
75   Record of my Fulbright Year, 25.6.1957, UNDA, Gordon Zahn Papers, 13264–13360.
76   Biographisches-Bibliographisches Kirchenlexikon, Georg Werthmann.
77   Betr.: „Bericht des Herrn Verteidigungsministers zu den Angriffen gegen H.H. Generalvikar Werthmann" (3. Punkt der Tagesordnung der 95. Sitzung des Verteidigungsausschusses am 4.6. 1956), 6.6.1956, AKMB, NL Georg Werthmann, I, Persönliche Dokumente, Der Fall „Fleischer", I.

Bundesrepublik dargestellt wurden.[78] Der SPD-Landesverband Bayern stürzte sich in einer Versammlung im April auf diese Reportagen und nutzte sie nicht nur dazu, Werthmanns Eignung für den Posten in Frage zu stellen, sondern auch, um den Verdacht „restaurativer Kräfte" in der Militärseelsorge und dem neuen westdeutschen Militär zu schüren.[79] Fleischers Anschuldigungen schienen in Werthmanns politischen Todesstoß zu münden, als sie im Frühsommer 1956 zum Gegenstand eines Ermittlungsverfahrens im Verteidigungsausschuss des Bundestags wurden.

Fleischers Anliegen blieb dennoch ohne jeden Erfolg. Der parlamentarische Verteidigungsausschuss erklärte die Anschuldigungen für unbegründet.[80] Werthmann konnte sich nicht daran erinnern, jemals das Strafgefängnis Tegel betreten zu haben. Nach seiner eigenen Aussage hatte Josef Fleischer Werthmann seit dem Krieg nicht mehr von Angesicht zu Angesicht gesehen, sodass die Zuverlässigkeit seines Gedächtnisses 16 Jahre später fraglich erschien.[81] In einer anderen öffentlichen Stellungnahme vom Februar 1956 widersprach er sich selbst, indem er Rarkowski – und nicht Werthmann – als den Besucher in seiner Gefängniszelle benannte.[82] Nachdem die Münchener SPD recht ominöse Briefe der Rechtsabteilung im Münchener Erzbischöflichen Sekretariat erhalten hatte, zog sie ihre früheren Stellungnahmen zurück.[83] Angesichts der Diskrepanzen zwischen Fleischers unterschiedlichen Versionen der Vorgänge gab Rauhut eine öffentliche Erklärung ab, in der er sein Bedauern über die Vorfälle äußerte und seine ursprüngliche Verurteilung Werthmanns

---

78   Für die Konsternation unter den hochrangigen katholischen Kirchenvertretern angesichts dieser ostdeutschen Berichterstattung vgl. Johannes Neuhäusler an Josef Wendel, München, 13.4.1956, AKMB, NL Georg Werthmann, I, Persönliche Dokumente, Der Fall „Fleischer," III.

79   SPD-Presse Korrespondenz, SPD-Landesverband Bayern, „Restaurative Kräfte auch in der Militärseelsorge", 12.4.1956, AKMB, NL Georg Werthmann, I, Persönliche Dokumente, Der Fall „Fleischer," III.

80   Betr.: „Bericht des Herrn Verteidigungsministers zu den Angriffen gegen H.H. Generalvikar Werthmann" (3. Punkt der Tagesordnung der 95. Sitzung des Verteidigungsausschusses am 4.6.1956), 6.6.1956, AKMB, NL Georg Werthmann, I, Persönliche Dokumente, Der Fall „Fleischer" I.

81   Record of my Fulbright Year, 27.2.1957, UNDA, Gordon Zahn Papers, 13264–13360.

82   Betr.: „Bericht des Herrn Verteidigungsministers zu den Angriffen gegen H.H. Generalvikar Werthmann" (3. Punkt der Tagesordnung der 95. Sitzung des Verteidigungsausschusses am 4.6.1956), 6.6.1956, S. 2, AKMB, NL Georg Werthmann, I, Persönliche Dokumente, Der Fall „Fleischer", I.

83   W. Rieß an Heinz Göhler, 24.4.1956; Heinz Göhler an W. Riess, 26.4.1956; W. Rieß an das Erzbischöfliche Sekretariat, z.Hd. v. H.H. Erzbischöflichen Sekretar Matthias Defregger; W. Rieß an Heinz Göhler, 20.6.1956, AKMB, NL Georg Werthmann, I, Persönliche Dokumente, Der Fall „Fleischer", III.

zurücknahm. Nachdem jedoch „neue" Informationen Werthmanns Alibi erneut in Zweifel gezogen hatten, widerrief Rauhut diese Erklärung. Als daraufhin erneut Druck auf ihn ausgeübt wurde, gab er seine Erklärung einige Wochen später unter erneuter Beteuerung seines Bedauern ein weiteres Mal ab.[84] Werthmann zog daraus unverblümt den Schluss, dass Josef Fleischer, der trotz all dieser Vorgänge weiter an Werthmann als seinem geistlichen Erzfeind festhielt, nichts weniger als ein vollkommener Psychopath sei.[85]

Warum hatte dieser verworrene Konflikt zwischen einem exzentrischen Kriegsdienstverweigerer und dem höchsten katholischen Militärgeistlichen der Bundesrepublik einen derart großen Einfluss auf die Kontroverse, in die Zahn drei Jahre später verwickelt wurde? Die Behandlung, die dem pazifistischen Abweichler zuteil geworden war, hatte Zahns Interesse geweckt. Er traf sich daher einmal mit Johannes, Paul und Josef Fleischer sowie zweimal mit Werthmann.[86] Während sein Gespräch mit der Fleischer-Familie lediglich zu banalen Erkenntnissen führte, zeigte sich Werthmann – zu Zahns großer Überraschung und Freude – außerordentlich kooperativ, obwohl Zahn während ihrer Treffen keinen Hehl aus seinem pazifistischen Forschungsvorhaben machte. Vielmehr gab sich Werthmann in einem unverkennbaren Versuch, sich selbst zu entlasten, besonders große Mühe, Zahn zu unterstützen.[87]

Er legte seinem amerikanischen Gast nahe, dass Rarkowski der Geistliche gewesen sein könnte, der Fleischer besucht hatte.[88] Er fuhr Zahn persönlich mit seinem Auto zu einem Treffen mit Heinrich Kreuzberg, dem Wehrmacht-Militärgeistlichen, der für die Gefängnisseelsorge in Tegel und für Fleischer zuständig gewesen war.[89] Kreuzbergs Hinweise führten ihn schließlich zu der Witwe des österreichischen Landwirts und Familienvaters Franz Jägerstätter, der wegen seiner Weigerung, den Treueeid auf Hitler zu schwören und in die Armee einzutreten, hingerichtet worden war. Dieser Tipp führte Zahn wiederum in das oberösterreichische Dorf St. Radegund und bewog ihn dazu, den heldenhaften jungen Kriegsdienstverweigerer zum Hauptgegenstand von *Er folgte seinem Gewissen* zu machen – mithin des Buches, das Zahns Karriere

84   Erklärung, Würzburg, 3.6.1956; Franz Rauhut an Georg Werthmann, 19.5.1956, AKMB, NL Georg Werthmann, I, Persönliche Dokumente, Der Fall „Fleischer", I; W. Rieß an Franz Rauhut, 9.7.1956, Der Fall, „Fleischer", III.

85   Georg Werthmann an Frau Becker, 18.6.1956, AKMB, NL Georg Werthmann, I, Persönliche Dokumente, Der Fall „Fleischer", III.

86   Record of my Fulbright Year, 23, 27.2.1957, UNDA, Gordon Zahn Papers, 13264–13360.

87   Georg Werthmann an Gordon Zahn, 24.7.1957, AKMB, NL Georg Werthmann, I, Persönliche Dokumente, Der Fall „Fleischer", III.

88   Zahn, *German Catholics and Hitler's Wars*, S. 147.

89   Record of my Fulbright Year, 13.11.1956, UNDA, Gordon Zahn Papers, 13264–13360.

zum Durchbruch verhalf und im Jahr 2007 zu Jägerstätters Seligsprechung führen sollte.[90] Werthmann lieh Zahn zudem Kopien von Rarkowskis Hirtenbriefen aus, in denen Letzterer die Kriegsanstrengungen lobpries – vermutlich ein posthumer Racheakt gegenüber seinem einstigen geistlichen Vorgesetzten. Werthmann sandte dem amerikanischen Wissenschaftler auch in der Folge bis Dezember 1961 belastende Dokumente wie etwa Exemplare der Zeitschriften der Militärseelsorge aus den Kriegsjahren zu, obwohl ihm die Kontroverse, die am Mundelein College mehr als zwei Jahre zuvor ausgebrochen war, sehr wohl bewusst war.[91] Bevor er diese Predigten und Briefe erhielt, hatte Zahn lediglich Zeitungsausschnitte aus der Diözesanpresse neun verschiedener Bistümer per Fernleihe als Arbeitsgrundlage zusammengetragen, was gemessen an der Forschung der nachfolgenden Jahrzehnte eine äußerste dürftige Quellenbasis darstellte. Um seine zusätzliche Quelle zu schützen, sah Zahn davon ab, Werthmann in seinem Buch *Die deutschen Katholiken und Hitlers Kriege* namentlich zu erwähnen, obwohl er den Konflikt zwischen ihm und Fleischer relativ ausführlich darstellt.[92] Diese Dokumente versorgten Zahn mit den seiner Ansicht nach belastendsten Belegen für die katholische Teilnahme an den Kriegsanstrengungen.[93] Zahn merkt in seinem Werk an, dass Rarkowski den Status eines Bischofs besessen hatte. Dass die anderen Mitglieder des Episkopats sich geweigert hatten, die extreme Zurschaustellung seiner Unterstützung für Hitlers Raubkriege zurückzuweisen, rührt laut Zahn daher, dass sie selbst an die nationalsozialistischen Kriegsanstrengungen geglaubt hatten.[94]

Während seines Aufenthalts in Deutschland hatte Zahn sich allerdings auch Feinde gemacht. Viele einflussreiche Akteure sahen ihn als Mitglied einer Clique von Friedenstreibern, zu der neben Zahn auch Fleischer und drei Würzburger Professoren gehörten – obwohl Zahn diesen Linksagitatoren während seines Aufenthalts mit deutlicher Zurückhaltung begegnet war.[95] Letzteres war Bernhard Stasiewski, Johannes Neuhausler und Walter Adolph allerdings

---

90 Zahn, *In Solitary Witness*. Die deutsche Übersetzung von Grete Steinböck erschien drei Jahre später: Zahn, *Er folgte seinem Gewissen*.

91 Gordon Zahn an Georg Werthmann, Poststempel, 17.12.1961; Gordon Zahn an Georg Werthmann, 25.8.1961, AKMB, Sammlung Werthmann, SW 1010/VII, I. Zahn verwies in seinem ersten Brief an Werthmann auf die Kontroverse, der ihm jedoch weiterhin Material zusandte.

92 Zahn, *German Catholics and Hitler's Wars*, S. 7 f., 147.

93 Georg Werthmann an Matthias Defregger, 15.6.1957, AKMB, Sammlung Werthmann, SW 1028/VIII, 5.

94 Zahn, *German Catholics and Hitler's Wars*, S. 161 f.

95 Die drei Würzburger Professoren waren Rauhut, Noack und Schneider; vgl. Zahn an Father Belfield, 21.4.1960, UNDA, Gordon Zahn Papers, 3147. Zu den katholischen Friedensbewegungen in der Bundesrepublik vgl. Gerster, *Friedensdialoge*. Zu Zahns

nicht bekannt. Zahn war an die drei aufgrund ihrer Autoren- und Herausgeberschaft der frühen Werke über die Geschichte der katholischen Kirche im Nationalsozialismus herangetreten und führte im Spätfrühling und Frühsommer 1957 Interviews mit ihnen. Alle Interviewpartner waren nach ihren Gesprächen mit Zahn verärgert. Stasiewski hielt in seinem Tagebuch fest, er habe den amerikanischen Soziologen „als einen etwas wirren pazifistischen Enthusiasten" wahrgenommen.[96] Neuhäusler belehrte den jungen Wissenschaftler anscheinend über die harte Realität, in einer Diktatur zu leben, nachdem er ihm in seinem Keller die dort verstauten Dokumente zur Einsicht zur Verfügung gestellt hatte.[97] Adolph behauptete, er habe seine Zweifel gegenüber Zahn zum Ausdruck gebracht, „ob es ihm als Amerikaner gelingen würde, die Atmosphäre und die Verhaltensweise der Christen, die unter einem totalitären Staat leben müssen, gerecht zu beurteilen."[98]

Es ist nicht überraschend, dass jeder dieser drei künftigen Gegner Zahns dessen Vortrag in Chicago durch das Prisma des sich in Zentraleuropa auf dem Höhepunkt befindlichen Kalten Kriegs und der eskalierenden Konfrontationen zwischen linkskatholischen Strömungen und der deutschen katholischen Hierarchie betrachteten. Der junge amerikanische Wissenschaftler teilte nicht nur ausdrücklich die linkskatholischen Standpunkte in der Wiederbewaffnungsdebatte und der Kontroverse um das Recht auf Wehrdienstverweigerung. Er hatte zudem die Haltung der katholischen Kirche im Kalten Krieg öffentlich angegriffen. In einer Predigt vom Oktober 1956 hatte der Kölner Kardinal Frings den Soldatenstand lobgepriesen: Dieser sei „ein edler Stand, von dem besondere Tugenden erwartet werden. Und diese

---

Reserviertheit vgl. Record of my Fulbright Year, 26.10.1956; 23.2.1957 (Eintrag am Morgen), UNDA, Gordon Zahn Papers, 13264–13360.

96   Gustav Kafka an Professor Dr. Heinz Fleckenstein, 11.9.1959, ZDK, #4231/7, und Aktennotiz (von Kafka), Bad Godesberg, 11.9.1959, ZDK #4231/7.

97   Bayerischer Rundfunk, Hörfunkarchiv, Kirchenfunk, „Katholische Welt: Vor 30 Jahren – Bayerns Klerus sagt ‚Nein.' Von Weihbischof Dr. Johannes Neuhäusler", Sendezeit: Sonntag, den 24.7.1966, 08.00–08.30/ II. Pr. Auf der letzten Seite der Transkription widmet sich Neuhäusler dem Treffen mit Zahn. Das tatsächlich gesendete Programm erwähnte dieses Treffen allerdings nicht. Bezeichnenderweise erscheinen Neuhäuslers Erinnerungen nicht in Zahns Darstellung desselben Treffens.

98   Walter Adolph, „Bemerkungen zu dem Vortrag von Gordon C. Zahn, Die Katholische Presse und die nationale Frage im nationalsozialistischen Deutschland" (undatiert), KZG, NL Adolph, WA 16a. Zahns extrem detaillierte Notizen weisen an diesen Stellen vielsagende Lücken auf und erwähnen die Schelte der Interviewpartner nicht. Es ist wahrscheinlich, dass Adolph und Neuhäusler sich in ihren Darstellungen gegenüber den bayerischen Radiohörern beziehungsweise den amerikanischen Lesern zehn beziehungsweise drei Jahren später gewisse retrospektive Freiheiten erlaubten. Record of my Fulbright Year, 2.5.1957; 8.7.1957, UNDA, 13264–13360.

besonderen Standestugenden der Soldaten können geradezu eine Hinführung und Vorbereitung zu christlichem Denken und Leben sein. Zum Soldatenstand gehört Unterordnung."[99] Zwei Jahre später kritisierte Zahn „diese besorgniserregenden Anzeichen" auf den Seiten von *The Catholic Worker* und warnte vor den Predigten „prominenter" Kirchenmänner, von denen viele katholisch seien. Laut Zahn stellten besagte Kirchenmänner „die während der beiden Weltkriege gefallenen Soldaten als würdige und erstrebenswerte Ideale für die Jugend von heute dar." Dieselbe Passage war zuvor bereits von der ostdeutschen Presse angeprangert worden.[100]

Die Fronten verhärten sich

Doch im Jahr 1957 konnten Adolph und Neuhäusler das große Aufsehen, für das die Befunde ihres neugierigen amerikanischen Besuchs sorgen würden, freilich nicht vorhersehen. Damit diese von der einen Seite des großen Teichs auf die andere überschwappen konnten, bedurfte es dem Eingreifen zweier weiterer Gruppen von Neuzugängen aus Europa, die sich nach wie vor der deutschen Kirche zugehörig fühlten. Ein ungarischer Migrant, der mit einer deutschen Ärztin verheiratet war, hatte Berichte über Zahns Vortrag in der Chicagoer Presse gelesen und benachrichtigte daraufhin Otto Roegele, den Chefredakteur der christlich-konservativen Wochenzeitung *Rheinischer Merkur*.[101] Roegele kontaktierte daraufhin Heinrich Köppler, den Generalsekretär des Zentralkomitees der deutschen Katholiken, der das Schreiben wiederum an Gustav Kafka weiterleitete. Dieser war ein Experte für das Verhältnis zwischen Staat und Kirche, der sich in Graz habilitiert hatte und nun auf der Suche nach einer Professur war.[102] Kafka war österreichischer Staatsbürger und wegen seiner jüdischen Vorfahren von der Gesellschaft im „Dritten Reich" ausgestoßen worden.[103] Er war kurz nach dem „Anschluss" nach Frankreich und in die Niederlande geflohen, doch 1940 konnte die Gestapo ihn dort nach dem deutschen Einmarsch aufspüren.[104] Der Volksgerichtshof verurteilte

---

99 Predigtskizze, Erster Standortgottesdienst in Köln am 10.10.1956 in St. Gereon, HAEK, CRII 2.5,2.5.

100 Zahn, „Würzburg 1957", S. 3; Zahn, „Der Kardinal und die ‚Bundeswehr'", in: *Neue Zeit*, Berlin-Ost, 28.11.1956, in: KNA Archiv, Bonn.

101 Abschrift Nicholas Bakony an Otto Roegele, 2.9.1959, ZDK, 4231/7.

102 Otto Roegele an Heinrich Köppler, 7.9.1959, ZDK, 4231/7.

103 Lebenslauf, Gustav Kafka (ohne Datum), ZDK, 4930, Referat für staatsbürgerliche Angelegenheiten – Berichte – Schriftverkehr, 1952–1965.

104 Gustav Kafka an Gordon Zahn, 6.11.1959, KZG, NL Walter Adolph, WA16a.

ihn zu fünf Jahren Gefängnis in Graz, aus dem er im Frühling 1945 entkam. Nachdem er seine Position beim ZdK in Bonn 1956 angetreten hatte, machte er sich einen Ruf als glühender Verfechter der Anwendung des katholischen Naturrechts in der Politik und als schonungsloser Kritiker der SPD.[105] „[D]enn unsere Aufgabe ist es," so Kafka, „heute mehr dafür zu sorgen, daß wir nicht vom roten Totalitarismus in Zwangssituationen gebracht werden."[106]

Die Neuigkeiten über Zahns Vortrag erreichten durch andere Kanäle auch Walter Adolph. Mehrere Tage nach seinem Konferenzbeitrag erhielt Zahn den Namen und die Anschrift einer Frau, die durch ihre Lektüre der Chicagoer Presse äußerst aufgebracht war.[107] Er schrieb Regina Kühn umgehend einen Brief nach Oak Park, Illinois, erhielt jedoch nie eine Antwort.[108] Stattdessen leiteten sie und ihr Ehemann das Schreiben an den Berliner Generalvikar auf der anderen Seite des Atlantiks weiter. Weniger als eine Woche später sprang Zahn – zu dessen Verblüffung – an den Zeitungsständen im Stadtzentrum die vorwurfsvolle Überschrift auf der Titelseite der Chicagoer erzbischöflichen Zeitung *The New World* ins Auge: „Support of Hitler by Catholic Bishops Is Labeled ‚Untrue': Dr. Zahn's Findings Contested."[109]

Was war geschehen? Regina und Heinz R. Kühn waren zwei junge deutsche Auswanderer und fromme Katholiken. Heinz galt nach der nationalsozialistischen Abstammungslogik als „Mischling". Sein evangelischer Vater aus Solingen hatte während seines Diensts in der deutschen Botschaft in Bern 1919 seine jüdische Sekretärin aus Ostpreußen geheiratet. Nach ihrer Scheidung im Jahr 1925 wurden Heinz und seine Schwester von ihrem Vater großgezogen, der sie auf öffentliche evangelische Schulen schickte, jedoch katholisch taufen ließ.[110] Ihre Mutter konvertierte ebenfalls zum katholischen Glauben und floh Ende der 1930er Jahre nach England. Zwei Tanten mütterlicherseits fielen dem Holocaust zum Opfer. Heinz überlebte nur durch seine mühevolle Arbeit im Rahmen des Reichsarbeitsdiensts. Er lebte in ständiger Angst vor Verhaftung und Deportation.

---

105 Lebenslauf, Gustav Kafka (ohne Datum), ZdK, 4930, Referat für staatsbürgerliche Angelegenheiten – Berichte – Schriftverkehr, 1952–1965.

106 Gustav Kafka an Gordon Zahn, 18.12.1959, KZG, NL Walter Adolph, WA16a.

107 Journal Record of a Controversial Research Report, S. 6–7, UNDA, Gordon Zahn Papers, 13231–13263.

108 Gordon Zahn an Regina Kühn, undatiert, aber eindeutig Anfang September 1959 verfasst, KZG, NL Walter Adolph, WA16a.

109 Gleeson, „Support of Hitler by Catholic Bishops Is Labeled ‚Untrue'. Dr. Zahn's Findings Contested," in: *The New World*, 11.9.1959, S. 1.

110 Kühn, *Mixed Blessings*, S. 8–15.

Kühns katholischer Glaube blühte erst nach dem Krieg auf. Es hatte ihn schon lange beunruhigt, dass die Mitglieder seiner Jugendorganisation Neudeutschland ihren Glauben nur allzu oft aus denselben spirituellen Strömungen speisten, die auch den Nährboden für die nationalsozialistische Ideologie geboten hatten.[111] Er hatte sich beim Bistum Berlin um die Aufnahme in den Priesterstand beworben, doch seine Bewerbung wurde von Kardinal von Preysing wegen der Fülle an Karrierewechseln und zwei gescheiterter Verlobungen zurückgewiesen.[112] Kühn nahm stattdessen eine Beschäftigung als Journalist für Walter Adolphs *Petrusblatt* an und wurde später Mitherausgeber des Blatts. Er verfasste ein kurzes Buch über den katholischen Widerstand im „Dritten Reich" und reiste 1950 in die Vereinigten Staaten, um dort im Rahmen eines kulturellen Austauschprogramms Publizistik zu studieren.[113] Bereits ein Jahr später wanderte er mit seiner Frau und seinen beiden kleinen Töchtern in die USA aus.[114] Aufgrund seiner lückenhaften Englischkenntnisse konnte er zunächst nur Arbeit in Milwaukee finden, wo er Lastkraftwagen mit Bierkästen beladen musste. Doch seine Sprachkenntnisse verbesserten sich zunehmend und bald folgten eine Reihe besser bezahlter Anstellungen, unter anderem als PR-Mann bei der *American Dental Assocation*, der größten zahnärztlichen Vereinigung in den USA.[115] Obgleich sein schriftstellerisches Schaffen fortan vor allem aus englischsprachigen Artikeln in etwa *The New World*, *Commonweal* und *America* bestand, behielt er sich sein großes Interesse an der deutschen katholischen Kirche bei. 1957 wollte er sogar einen Artikel über die Geschichte des Berliner Kirchenblatts für *America* schreiben.[116]

Der sonst eher ruhige und gefasste Kühn war entrüstet über Zahns Anschuldigungen gegenüber der deutschen katholischen Presse. Seine Tochter berichtete, dass sie ihn nur zweimal derart verstört erlebt habe: Die zweite Begebenheit drehte sich um aus seiner Sicht ungerechtfertigte Kritik an Franz Kafka.[117] Ohne Zahns Beitrag überhaupt gelesen zu haben, setzte Kühn den Prozess des Gegenschlags in Gang. Er teilte den Redaktionsmitgliedern von *The New World* seinen Unmut mit, woraufhin diese mit ihm ein Interview

---

111 Ebd., S. 188.

112 Dompropst Msgr. Piossek, Berlin, an Heinz Kühn, 6.8.1945; Bonaventure Rebstock OSB an Piossek, 2.7.1945, DAB, I/ 5–12 – Kühn, Heinz.

113 Kühn, *Mixed Blessings*, S. 183–189; Kühn, *Blutzeugen*.

114 Kühn, *Mixed Blessings*, S. 188 f.; Heinz Kühn an Walter Adolph, 26.4.1952, KZG, NL Walter Adolph, WA5L3.

115 Kühn, „We Will Bear True Faith", in: *America*, 14.9.1957, S. 618–620.

116 Walter Adolph an Heinz Kühn, 10.8.1957; Heinz Kühn an Walter Adolph, 8.9.1957 NL Walter Adolph, WA 5L3; Kühn, „We Will Bear True Faith", S. 618–620.

117 Interview mit Angelika Kühn.

führten und ihn mit der Aussage zitierten, Zahn fehle jegliches Verständnis über die Situation der katholischen Presse unter Hitler.[118] Aber Kühn war noch nicht fertig: Er rief seinen Freund Monsignore Dr. Gerhard Fittkau an, einen begabten Linguisten, der ebenfalls aus Deutschland ausgewandert war und in der Bronx arbeitete. Nachdem er Zahns Vortrag endlich zur Lektüre erhalten hatte, beschwor er Fittkau: „Ich habe Zahns paper durchgelesen. Es ist eine grosse Sauerei – besonders Anmerkung #5. Und dann will der Schweinehund ein ‚public apology'! Die deutschen Bischöfe sollten eine oeffentliche Entschuldigung und einen Widerruf verlangen! Sieh mal zu, was Du schnell machen kannst."[119]

Abb. 5.3
Heinz und Regina Kühn wandern 1951
mit ihren beiden kleinen Töchtern
nach Chicago aus. Als ehemaliger
Journalist für das *Petrusblatt* nahm Kühn
Anstoß an Gordon Zahns Darstellung
der katholischen Presse im Zweiten
Weltkrieg. Mit freundlicher Genehmigung
von Angelika Kühn.

Dessen Reaktion ging weit über Kühns Bitte hinaus. Unter Zahns Gegnern war Fittkau der hartnäckigste und hinterhältigste. Er operierte derart im Verborgenen, dass Zahn über mehrere Monate hinweg nicht genau wusste, wer sein Hauptwidersacher war.[120] In der Erinnerung einer Tochter von Heinz Kühn war Fittkau eine unheimliche Gestalt und ein humorloser Kleriker in

---

118   „Dr. Gordon Zahn's Letter", in: *The New World*, 13.11.1959; William J. Gleeson, „Support of
       Hitler by Catholic Bishops Is Labeled ‚Untrue': Dr. Zahn's Findings Contested", S. 1.
119   Heinz Kühn an Gerhard Fittkau, 27.9.1959, KZG, NL Walter Adolph.
120   Journal Record of a Controversial Research Report, S. 19–21, UNDA, Gordon Zahn Papers,
       13231–13263.

dunkler Kleidung, der weder zu leichter Unterhaltung noch heiteren Scherzen mit den Kindern imstande war.[121] Die Seiten seiner zahlreichen langen Briefe über Zahn waren oft voller giftiger Gehässigkeit. Zahn sei „ein unbelehrbarer Fanatiker", ein Aufrührer, der die kommunistische Legende, der zufolge der Episkopat sich voller Kriegsbegeisterung auf einem Kreuzzug befand, in der westlichen Welt salonfähig gemacht habe. Er nutze seine Schlussfolgerungen, um „sein Gift zu verspritzen", seine Thesen seien ungeheuerlich und seine an die Kirche gerichteten Vorwürfe eine „unerhörte Anklage". Fittkau schreibt weiter, „dass Herr Zahn [...] seine arrogante und fanatische Hetze mit verschwommenen pseudoreligiösen und pseudosoziologischen Argumenten weiterführt" und dass viele seiner fanatischen Anhänger die Ansichten ihres trügerischen Meisters einfach nachbeten.[122] Es ist daher wenig überraschend, dass Fittkau mit seiner Neigung zu rhetorischen Extremen auch das aktivste Netzwerkmitglied war und die meisten Zusammenkünfte organisierte, neue Mitverschwörer gegen Zahn mobilisierte und die Angriffe gegen Zahn anführte.

Hinter Fittkaus Verhalten standen jedoch auch Episoden entsetzlichen Leids, worauf Zahn durch Dorothy Day hingewiesen wurde.[123] Wie Rarkowski stammte auch Fittkau aus dem Ermland in Ostpreußen, was vermutlich zu Fittkaus Sympathien gegenüber dem ehemaligen Feldbischof beigetragen hatte.[124] Das Ermland war eine belagerte katholische Enklave innerhalb einer protestantischen Hochburg. Seine deutschen Einwohner hatte zwischen 1945 und 1946 ein Elend nach dem anderen heimgesucht. Das Ermland war eine der ersten Regionen Deutschlands, die von der Roten Armee überrannt worden waren – eine Erfahrung, die Fittkau grundlegend und nachhaltig prägte. In seinem pointierten Bestseller *Mein dreiunddreissigstes Jahr*, der gerade erst ins Englische übersetzt worden war (*My Thirty-third Year*), schrieb Fittkau über das Leid und Elend der Bevölkerung, nachdem die sowjetische Armee die kleine ostpreußische Ortschaft Süßenberg verwüstet hatte, wo er kurz zuvor

---

121 Interview mit Angelika Kühn.

122 Gerhard Fittkau an Walter Adolph, 15.12.1959, KZG, NL Walter Adolph, WA 16a; Abschrift, Gerhard Fittkau an Johannes Neuhäusler, 22.12.1959, PAAA, B92, Band 104; Aus einem Brief von Msgr. Gerhard Fittkau, Direktor des Amerikanischen Bonifatiusvereins, 1050 East, 233rd Street, New York, vom 25.1.1960, an Kardinal Bea, DAB V17-25-2; AKMB, Sammlung Werthmann, SW 1010/VII, 1; Gerhard Fittkau an Franz Hengsbach, 2.2.1960; Gerhard Fittkau an Walter Adolph, 6.4.1960, KZG NL Walter Adolph, WA 16a; Gerhard Fittkau an Dorothy Day, 13.4.1960, UNDA, Gordon Zahn Papers, 8370.

123 Dorothy Day an Gordon Zahn, 16.5.1960, UNDA, Gordon Zahn Papers, 13152.

124 Vgl. seine Verteidigung Raskowskis: „Noch einmal: Feldbischof Franz Justus Rarkowski", in: *Kirchenzeitung für das Bistum Aachen*, 2.2.1969, Nr. 5, 12/13.

sein Amt als Pfarrer angetreten hatte.[125] Die russischen Soldaten hatten unzählige Frauen und Mädchen vergewaltigt und massenhaft Stadtbewohner in Lager im Norden Russlands deportiert, was viele von ihnen, fast auch Fittkau, nicht überlebten. Die Tatsache, dass seine geliebte Region unter der Besatzung Polens und Russlands zerstückelt worden war, trug zusätzlich zu seinem Kummer bei. Nach seiner Freilassung und Genesung arbeitete Fittkau für den Bischof von Ermland, Maximilian Kaller, der selbst Heimatvertriebener und als „Vertriebenenbischof" bekannt war. Der neue polnische Bischof von Ermland, Kardinal August Hlond, hatte Kaller jedoch die Jurisdiktion entzogen und berief sich dabei auf Papst Pius XII., der ihm die Befugnis zur Entlassung seines deutschen Vorgängers erteilt habe. Kaller verstarb im Jahr 1947, woraufhin sich Fittkau fünf Jahre später in New York niederließ und dort als Direktor für den amerikanischen Bonifatius-Verein (*American St. Boniface Society*) tätig wurde. In New York kümmerte er sich um deutsche Einwanderer und dachte darüber nach, eine Biografie des von ihm verehrten Bischofs Kaller zu verfassen.[126]

Wie lässt sich das große Interesse Fittkaus und der Kühns an den Anschuldigungen eines unbekannten amerikanischen Soziologen erklären? Da ihnen bewusst war, wie fragil das Bild Deutschlands in den Vereinigten Staaten zu dieser Zeit war, hatten Fittkau und Adolph unmittelbar Grund zur Sorge. Während der zweiten Hälfte der 1950er Jahre hatten einzelne Katholiken und amerikanisch-katholische Wohlfahrtsverbände wie die *National Catholic Welfare Conference* Berliner Katholiken finanziell und mit CARE-Paketen unterstützt. Eine Hauptaufgabe Fittkaus am Hauptsitz des Bonifatius-Vereins im New Yorker Stadtteil Bronx bestand darin, Spenden für den Neubau zerstörter katholischer Kirchen in Deutschland zu sammeln.[127] Sowohl Fittkau als auch Adolph befürchteten daher wahrscheinlich, dass diese Einnahmequellen durch eine breitflächige Veröffentlichung von Zahns kritischer Abhandlung versiegen könnten. Ein Bekannter Kafkas war zudem besorgt, dass die Ausstrahlung einiger Ausschnitte von Zahns Vortrag durch einen New Yorker Fernsehsender kurz vor Adenauers Besuch in New York City der Begeisterung für den katholischen Bundeskanzler einen Dämpfer versetzen könnte.[128] Eine weitere Bekanntschaft hegte Bedenken, dass sich Zahns Argumente negativ auf

---

125   Fittkau, *Mein dreiunddreissigstes Jahr*; Fittkau, *My Thirty-Third Year*. Fittkau war unter seinen Gemeindemitgliedern sehr beliebt, vgl. Hans Poschmann, „60 Jahre unser guter Hirte: Ein Nachruf auf Prälat Professor Dr. Gerhard Fittkau", 3.6.2006, www.visitator-ermland.de/arch-ebr/2004fittkau2.htm. (acc. June 17.6.2016).

126   Gerhard Fittkau an Walter Adolph, 26.2.1954; Gerhard Fittkau an Walter Adolph, 22.3.1954, KZG, NL Walter Adolph, WA 5b2.

127   Gerhard Fittkau an Walter Adolph, March 22.3.1954, KZG, NL Walter Adolph, WA 5b2.

128   Georg Bitter, Paulus Verlag Recklinghausen, an Gustav Kafka, 21.3.1960, ZDK, 4231/7.

John F. Kennedys Aussichten in der Präsidentschaftswahl im November 1960 auswirken könnten, obwohl Zahn dem Vernehmen nach ein treuer Anhänger der Demokratischen Partei war und wahrscheinlich Kennedy wählen würde.[129]

Zahns Vorwürfe gegenüber der katholischen Presse im Zweiten Weltkrieg kamen für Adolph und Kühn, die beide in ihren Diözesen als Journalisten tätig gewesen waren, einer persönlichen Beleidigung gleich. Während des „Dritten Reichs" hatte Adolph die Spitzen und Angriffe der wütenden Reichspressekammer über sich ergehen lassen müssen. In den späten 1940er und frühen 1950er Jahren kämpften beide in einem Bistum, das beiderseits der Zonengrenzen lag, gegen die immer strengeren Auflagen der ostdeutschen Behörden.[130] Zahns Kritik an der katholischen Presse untergrub ihre oftmals mutigen Bemühungen, das *Petrusblatt* vor totalitären Eingriffen zu schützen. Zahns Rüge, die deutschen Bischöfe hätten nichts unternommen, um Rarkowski zu zügeln, war für Adolph ein nicht von der Hand zu weisender Affront gegen seinen Bischof und Helden, Kardinal Graf von Preysing, der unter den deutschen Bischöfen der stärkste Verfechter eines härteren Kurses gegenüber den Nationalsozialisten gewesen war: „Ich kann mich genau daran erinnern, wie der damalige Bischof von Berlin, Dr. Konrad Graf von Preysing, im Gespräch die Hyperbegeisterung von Feldbischof Rarkowski mit scharfer Kritik ablehnte," schrieb Adolph an Pater Placidus Jordan, einem neuen Rekruten in der Kampagne gegen Zahn.[131] Vor seinem Eintritt in den Benediktinerorden hatte sich Jordan während der 1930er und 1940er unter seinem bürgerlichen Namen Max Jordan einen Namen als deutsch-amerikanischer Pionier des Rundfunkjournalismus beim amerikanischen Hörfunksender NBC und langjähriger Korrespondent für die Pressestelle des *National Catholic Welfare Council* (NCWC) sowie als Sympathisant der Deutschen gemacht.[132]

Genauso ärgerlich war für Fittkau Zahns Insistieren, das regimekonforme Verhaltensmuster der deutschen Katholiken im Zweiten Weltkrieg sei unter den römisch-katholischen Gläubigen in den USA in gleichem Maße verbreitet. In einem Folgevortrag im März 1960 anlässlich eines Symposiums zum Thema „The Catholic Viewpoint on War and Peace", das durch den *Graduate Student Council* der Catholic University gesponsert wurde, verurteilte Zahn die amerikanischen Katholiken für ihre Duldung der amerikanischen Atom-Diplomatie.[133] Dieses Thema machte Adolph, der sich in Westberlin an der

---

129   Erwin Stindl an Julius Döpfner, 21.3.1960, KZG, NL Adolph, WA 16a; Sylvester Theisen an den Verfasser, 20.12.2009.

130   Tischner, *Katholische Kirche in der SBZ/DDR, 1945–1951*, S. 496–500.

131   Walter Adolph an Max Jordan, 14.11.1959, KZG, NL Adolph, WA 16a.

132   Horten, *Radio Goes to War*, S. 30.

133   Gordon Zahn an Francis Connell, 28.3.1960, UNDA, Gordon Zahn Papers, 3140.

Front des Kalten Kriegs befand, schwer zu schaffen. Die ostdeutsche Presse hatte längst Anschuldigungen erhoben, die den, in ihrer höhnischen Wortwahl, „Kleriko-Faschismus" entlarven sollten, also das angebliche „Bündnis" zwischen Kirche und Faschismus. Als Teil einer weitaus aggressiveren Kampagne gegen die Kirchen ließ die DDR-Regierung zwischen 1957 und 1961 eine Flut von über 50 kirchenfeindlichen Publikationen veröffentlichen.[134] Das im November 1959 veröffentliche, 90-seitige Propagandabuch *Prediger des Atomtodes* zeigte auf seinem Titel einen am Altar predigenden Bischof umringt von applaudierenden Soldaten, während eine atomare Mittelstreckenrakete über dem Kruzifix in einen passend zur Fastenzeit violetten Himmel aufsteigt. Die Broschüre enthielt die gleichen Zitate Franz Rarkowskis, die Zahn zutage gebracht hatte.[135]

In einem Brief erinnerte Adolph Zahn an das umfangreiche Arsenal der Kommunisten, mit dem sie Anschuldigungen ob der kirchlichen Unterstützung für Hitlers Kriegspläne formulierten. Adolph graute es vor der Propagandaschlacht, die folgen würde, sollte dieser kirchenfeindliche Angriff aus dem Osten zusätzlich Verstärkung durch westliche Wissenschaftler erhalten.[136] Kafka teilte diese Befürchtungen, da er durch Kontakte in Würzburg erfahren hatte, dass Zahn „sicher" mit den meisten Wiederbewaffnungs- und Atomgegnern in Kontakt stand.[137] Niemand Geringeres als Dorothy Day, die den Kommunismus ihrerseits entschieden ablehnte, ermahnte Zahn, weil er sich dieser Realität verschließe.[138]

Es gab gute Gründe dafür, dass Zahns Vorträge und ihre voraussichtlichen politischen Nachwehen Adolph und Fittkau umtrieben und die beiden geneigt waren, seinem Frontalangriff auf die katholische Moraltheologie auszuweichen. In einem Beitrag in *The Catholic Worker* von 1958 vertritt Zahn die Ansicht, dass die katholische Lehre des gerechten Kriegs lediglich in „eine Sackgasse moralischen Bankrotts" führe, da 99.000 aus 100.000 modernen Kriegen „mit Sicherheit" ungerecht sein werden.[139] Für Zahn war die Schlussfolgerung daraus offensichtlich: Er forderte „die restlose Ablehnung aktiver Beteiligung an ungerechten Kriegen dieser Art." Diese „düstere Aussicht", sich alternativ zur Beteiligung an einem ungerechten

---

134   Grundsätzliches Gespräch über die Religionspolitik in der DDR, 6.4.1961, ZDK, 4231/1. Für eine Darstellung der Kirchenpolitik der SED vgl. Schaefer, *East German State*, S. 64–84.

135   Autor unbekannt, *Prediger des Atomtodes*.

136   Walter Adolph an Gordon Zahn, 11.3.1960, KZG, NL Adolph, WA 16a.

137   Abschrift, Heinz Fleckenstein an Gustav Kafka, 12.9.1959, ZDK 4231/7 Referat für staatsbürgerliche Angelegenheiten.

138   Dorothy Day an Gordon Zahn, 16.5.1960, UNDA, Gordon Zahn Papers, 13152.

139   Zahn, „Würzburg 1957", S. 3 f.

Krieg „in die Katakomben zurückzuziehen", bedeute den Märtyrertod. Nach
Zahn haben Christen vergessen, dass die Nachfolge Christi stets einen hohen
Preis fordert.[140]

Zahns Forderung nach gewaltlosen Formen des Widerstands gegen staatlich sanktionierte Kriege stellte zweifellos eine tief verwurzelte Gehorsams-
ethik in Frage. Doch indem Zahn das Thema des Martyriums aufwarf, traf
er einen wesentlichen hermeneutischen Nerv in den Lebenswerken von
Adolph und Kühn, die beide Bücher über katholische Märtyrer im „Dritten
Reich" verfasst hatten. Laut Zahn war es entscheidend, dass der österreichische Kriegsdienstverweigerer Franz Jägerstätter, den er als Märtyrer-
Heiligen bezeichnet, ein gesellschaftlicher Außenseiter gewesen war, der
sich den Nationalsozialisten hinsichtlich der Wehrpflicht offen widersetzt
hatte.[141] Der Landwirt, so Zahn, habe seiner treuen Gefolgschaft gegenüber
Gott größere Bedeutung beigemessen als dem Gelübde gegenüber seiner
Frau, seinen Kindern und seinem Bischof. Märtyrer dieser Art, beklagt Zahn,
werden heute zu Unrecht als Fanatiker verunglimpft, während Märtyrer der
vergangenen Jahrhunderte mit zweifellos ähnlich extremen Persönlichkeiten in illustrierten Büchern, Kirchenfenstern und *The Lives of the Saints*
verehrt werden. Zahns Verständnis des Märtyrertums stand dem Adolphs
und Kühns diametral entgegen. Denn Letztere hoben für gewöhnlich weder
die Motive noch ein etwaiges abweichendes Verhalten der katholischen
„Blutzeugen" hervor, sondern vielmehr das Leid, welches den Opfern der
nationalsozialistischen Angriffe aufgrund ihrer Treue zu Kirche und Glauben
widerfahren war. Das Martyrium war jedoch kein Thema, bei dem Adolph
und Kühn willens gewesen wären, eine direkte Auseinandersetzung zu
führen. Dies hätte nämlich bedeutet, die alte Frage, warum es während der
Herrschaft der Nationalsozialisten so wenig offenkundigen Widerstand
seitens der katholischen Kirche gegeben habe, aufzuwerfen. Noch ausschlaggebender war jedoch, dass eine Billigung von Zahns Position – moderne
Kriege seien ungerecht und Christen hätten eine Verweigerungspflicht,
wenn sie von weltlichen oder kirchlichen Anführern zu den Waffen gerufen
werden, selbst wenn dies Selbstopfer und Tod bedeute – den Standpunkt der
katholischen Hierarchie im Kampf gegen den Kommunismus vollkommen

---

140   Zahn, *War, Conscience and Dissent*, S. 47.
141   Zahn, *In Solitary Witness*, S. 6; *Er folgte seinem Gewissen*, unveränderter Nachdruck von
      1979, S. 13.

unterminiert hätte. Adolph hatte daher kaum eine andere Wahl, als Zahn als „weltfremde[n] Ideologe[n]" abzutun.[142]

In diesen Kämpfen spielten die Persönlichkeiten und Biografien der Beteiligten eine gleichermaßen ausschlaggebende Rolle. Die Debattenführer – allesamt mit einem ähnlich hartnäckigen Naturell ausgestattet – waren Konvertiten und Außenseiter. Sie hatten also Charakterzüge, die sich für eine oppositionelle Haltung, ob nun gegen die amerikanische Armee oder gegen das nationalsozialistische beziehungsweise kommunistische Regime, gut eigneten. Es ist kaum verwunderlich, dass sie diese Eigenschaften gegeneinander zum Einsatz brachten. Was diese Männer einte, waren persönliche Geschichten des Leids: Alle Beteiligten hatten während der Kriegsjahre wegen ihres Glaubens Zeiten der Entbehrung und Verfolgung durchlebt und gleichzeitig in diesem Glauben Trost gefunden. Doch die Kontrahenten zogen aus ihren eigenen Erfahrungen mit Leid und Verfolgung unterschiedliche Lehren für die politischen Fragen der Gegenwart. Adolph, Fittkau und Kühn waren aufgrund ihrer eigenen Erfahrungen mit der kommunistischen Diktatur der Überzeugung, die katholische Kirche müsse sich stets vor kirchenfeindlichen und totalitären Regimen hüten. Zahn vertrat demgegenüber den Standpunkt, dass offener Dialog, und werfe er noch so kritische Fragen auf, die einzige Hoffnung für die Reform einer falschen Moraltheologie über Krieg und Frieden darstelle.

Adolphs Netzwerk versus Gordon Zahn

Die beteiligten Männer begaben sich dementsprechend mit unterschiedlichen Strategien in den Kampf. Fittkau legte großen Wert darauf, verdeckt zu agieren: „Für Herrn Zahn ist jede Art der Auseinandersetzung, auch wenn sie wissenschaftlich vernichtend für ihn wäre, nur eine willkommene Gelegenheit, sich weitere ‚Publicity' zu verschaffen."[143] Kafka erhob ähnliche Einwände gegen das Aufsetzen eines offiziellen Protesttelegramms, da ein solches die Gefahr barg, dass „Zahn als Opfer der freien Wissenschaft gegenüber ‚klerikalen Versuchen der Geschichtsfälschung' hausieren geht."[144] Doch Adolph war zu solcher Zurückhaltung nicht imstande – er war bereits in den 1930er Jahren zu dem Schluss gekommen, dass die beste Verteidigungsstrategie der Angriff war.

---

142   Walter Adolph, Bemerkungen zu dem Vortrag von Gordon C. Zahn, Die katholische Presse und die nationale Frage im nationalsozialistischen Deutschland, S. 8, KZG, NL Adolph, WA 16a.

143   Telegramm, 7.12.1959, PAAA, B92, Band 104; Abschrift, Gerhard Fittkau an Johannes Neuhäusler, 22.12.1959, PAAA, B92, Band 104.

144   Gustav Kafka an Walter Adolph, 15.10.1959, KZG, NL Adolph, WA 16a.

Im Gegensatz dazu versuchte Zahn, sich die kritische Öffentlichkeit zunutze zu machen, indem er seine Widersacher offen zu einem Dialog ohne persönliche Angriffe herausforderte. Er bemühte sich in seinen Schriften stets um eine wissenschaftlich-sachliche Grundhaltung, war aber durchaus zu heftigen Reaktionen und auch Paranoia imstande, wenn er mit dem Rücken zur Wand stand. Nachdem er sich lautstark über Fittkaus Verhalten ausgelassen hatte, wies ihn Dorothy Day zurecht: „Wir haben hier genug kämpfende Pazifisten...."[145] Zahn versteckte das Material, das er während seines Forschungsaufenthalts in Deutschland zusammengetragen hatte, bei Freunden in Milwaukee, da er gezielte Einbrüche auf Anweisung der Kirche befürchtete.[146] Er kontaktierte außerdem das amerikanische Außenministerium aus Angst, dass seine Gegner die Zukunft wissenschaftlicher Förderprogramme wie des Fulbright-Programms gefährden könnten.[147]

Düstere Vorahnungen dieser Art waren zwar absurd, doch seine Besorgnis war insgesamt nicht unberechtigt. Wie Zahn bald herausfinden sollte, konnten seine Widersacher mit einflussreicheren Kontakten auftrumpfen als sein verstreuter Kreis von Mitstreitern. Adolph, Kafka und Fittkau traten als maßgebliche Weichensteller in der Kampagne gegen Zahn hervor und koordinierten oftmals die verschiedenen Anstrengungen.[148] Zahn war so naiv gewesen, Kafka seinen Artikel zukommen zu lassen, der daraufhin eilig eine Übersetzung anfertigen ließ und diese an den Episkopat weiterleitete.[149] Fittkau leitete Auszüge von Zahns Vortrag an den Paderborner Erzbischof Jaeger weiter, der den amerikanischen Störenfried daraufhin anscheinend zum Diskussionspunkt

---

145   Dorothy Day an Gordon Zahn, 16.5.1960, UNDA, Gordon Zahn Papers, 13152.

146   Interview mit Susan Kalmer.

147   J. Manuel Espinosa an Gordon Zahn, 20.6.1960, UNDA, Gordon Zahn Papers, 13125.

148   Gustav Kafka an Karl Fürst zu Löwenstein, 16.10.1959, ZDK 4231/7 Referat für staatsbürgerliche Angelegenheiten.

149   Kafka hatte in diesem Zusammenhang Sylvester Theisen kontaktiert, einen amerikanischen Soziologen an der St. John's Universität in Minnesota, den Kafka durch Theisens Tätigkeit als Sonderbeauftragter des amerikanischen Episkopats für intellektuelle und kulturelle Angelegenheiten in Westdeutschland zwischen 1955 und 1958 kannte. Kafka war indessen nicht bekannt, dass Theisen und Zahn eine enge Freundschaft pflegten. Theisen leitete Kafkas Schreiben pflichtbewusst an Zahn weiter, der dem darin formulierten Anliegen nachkam und Kafka seinen Artikel zukommen ließ. Vgl. Gustav Kafka an Sylvester Theisen, 9.9.1959, ZDK, 4231/7 Referat für staatsbürgerliche Angelegenheiten; Sylvester Theisen an den Verfasser, 17.12.2009; Journal Record of a Controversial Research Report, S. 18, UNDA, Gordon Zahn Papers, 13231–13263; Sylvester Theisen an Gustav Kafka, 14.9.1959; Sylvester Theisen an Gordon Zahn, 14.9.1959; Gordon Zahn an Gustav Kafka, 16.9.1959, ZDK, 4231/7 Referat für staatsbürgerliche Angelegenheiten.

auf der Fuldaer Bischofskonferenz im September machte.[150] Obwohl der
deutsche Episkopat von offiziellen Schritten absah, vertrauten die Bischöfe
die Angelegenheit Julius Döpfner an, dem Bischof von Berlin und Adolphs
Ordinarius innerhalb der Kirche.[151] Erzbischof Wendel von München und Freising, der zugleich das Amt des deutschen Militärbischofs innehatte, brachte
Johannes Neuhäusler an Bord.[152] Kafka koordinierte seine Bemühungen
außerdem mit dem Präsidenten des Zentralkomitees der deutschen Katholiken, Karl Fürst zu Löwenstein-Wertheim-Rosenberg.[153]

Das gegen Zahn konstituierte Netzwerk setzte sich drei Aufgaben: den
Imageschaden der deutschen katholischen Kirche in den USA, der Bundesrepublik und der DDR zu verfolgen; Zahns Argumenten mit Zeitungsartikeln
und wissenschaftlichen Publikationen entgegenzutreten; die Veröffentlichung
weiterer Artikel und Bücher Zahns zu verhindern. Die ersten beiden Ziele
waren leicht umzusetzen, erforderten jedoch gelegentliche Hilfestellungen
seitens der Bundesregierung und des Auswärtigen Amts, was für sich
genommen ein Anzeichen für die engen Verflechtungen zwischen Kirche und
Staat war.

Die Mitglieder dieses Netzwerks starteten mehrere Offensiven in Chicago
und Rom, die Zahn das Leben an der Loyola University mehr als schwer
machten. Nachdem ihn Kühns Anschuldigungen in die Defensive gedrängt
hatten, versuchte Zahn, eine Erwiderung in *The New World* zu veröffentlichen.
Seine Gesuche wurden von Monsignor John M. Kelly, dem Herausgeber des
Blatts, abgeblockt, da er Zahn „wissenschaftliche Verantwortungslosigkeit"
vorwarf.[154] Zahn blieb nichts anderes übrig, als sich mit dem Generalvikar
des Erzbistums zu treffen, da er Zahns Partei ergriff und Kelly zur Veröffentlichung von Zahns Replik anwies.[155] Kelly wandte sich daraufhin direkt an
den deutsch-amerikanischen Erzbischof Albert Meyer. Dieser war allerdings

---

150   Gustav Kafka an Karl Fürst zu Löwenstein, 16.10.1959, ZDK, 4231/7; Gerhard Fittkau an
       Walter Adolph, 25.11.1959; Anmerkungen zum Schreiben Seiner Eminenz August Kardinal
       Bea vom 11.2.1960, KZG, NL Walter Adolph, WA 16a.

151   Lorenz Jaeger an Julius Döpfner, 2.11.1959, DAB, NL Döpfner, V/7-25-2; Walter Adolph
       an Julius Döpfner, 28.10.1959, KZG, NL Walter Adolph, WA 16a; Augustin Bea an Julius
       Döpfner, 11.2.1960, DAB, NL Döpfner, V/7-25-2.

152   Johannes Neuhäusler an Herrn Dr. Zöller, Presse und Informationsamt der Bundes-
       regierung in Bonn, 25.11.1959, AEM, NL Johannes Neuhäusler, VN N13.

153   Karl Fürst zu Löwenstein an Gustav Kafka, 19.9.1959; Gustav Kafka an Karl Fürst zu Löwen-
       stein, 19.9.1959; Gustav Kafka an Karl Fürst zu Löwenstein, 16.10.1959, ZDK, #4237/7.

154   Journal Record of a Controversial Research Report, S. 8 f., UNDA, Gordon Zahn Papers,
       13231–13263; Abschrift, Gordon Zahn an John R. Kelly, 18.9.1959; Gordon Zahn an John
       Kelly, 21.9.1959, KZG, NL Walter Adolph, WA 16a.

155   Gerhard Fittkau an Walter Adolph, 25.11.1959, KZG, NL Walter Adolph, WA 16a.

laut Zahn „fest entschlossen, dass jeder, der auf den Seiten von *The New World*
angegriffen wird, auch eine Chance zur Erwiderung erhält."[156]

Nachdem Kelly diese zweite Niederlage hatte einstecken müssen, veröffent-
lichte er zwar Zahns Schreiben, fügte diesem jedoch trotzig einen ausführlichen
Kontrapunkt hinzu, den Adolph in Berlin verfasst und Kühn übersetzt hatte.[157]
In der darauffolgenden Woche veröffentlichte Kelly zudem einen Brief von
Paul Mundy, der sich als Soziologe an der Loyola University und enger Freund
Zahns für dessen Positionen aussprach. Doch zusammen mit diesem Unter-
stützerschreiben veröffentlichte Kelly eine vernichtende Kritik aus der Feder
von Placidus Jordan, der die post mortem Beschmutzung „des Andenkens an
bedeutende Glaubensführer und Märtyrer des katholischen Deutschlands"
scharf verurteilte.[158] Laut Jordan war Zahns Versuch, diesen kleinen Teil des
katholischen Kirchenkampfs zu verstehen, vollkommen gescheitert.

Als Fittkau begriff, dass Meyer und das Chicagoer Ordinariat Zahn in Schutz
nahmen, stattete er Meyer und James Maguire, dem Präsidenten der Loyola
University, einen persönlichen Besuch ab, um „sie auf die Folgen dieser vor
einer völlig unkompetenten und uninformierten katholischen Öffentlichkeit in der weltlichen Presse zur Schau gestellten Hetzkampagne gegen den
deutschen Episkopat aufmerksam zu machen." Er erschien ohne Ankündigung
im Büro des Sekretärs von Kardinal Meyer und erwirkte einen Termin für den
darauffolgenden Tag, nachdem er dem Sekretär mitgeteilt hatte, dass es um
eine außerordentlich wichtige Angelegenheit für den gesamten deutschen
Episkopat und Erzbischof Meyer persönlich gehe.[159] Zahn fand später heraus,
dass dieser Geistliche sich im Rahmen des Termins am nächsten Tag als persönlicher Stellvertreter der deutschen Bischöfe auswies. Fittkau machte seinen
Zuhörern in Chicago deutlich, dass es sich bei Zahns Veröffentlichungen
nicht um eine bloße akademische Narretei handele, sondern dass der Pazifist mit dem Feuer spiele. Er betonte, dass Zahns Vortrag von kirchenfeindlichen Kräften ausgeschlachtet werden könnte und würde. Dabei hielt er mit
hämischer Freude einen Artikel in die Höhe, der sich Zahns Thesen auf ruch-
lose Weise zunutze machte und in *Voice of Freedom* veröffentlicht worden war,
einer fanatischen antikatholischen, nicht konfessionsgebundenen christlichen

---

156 Journal Record of a Controversial Research Report, S. 9 f., UNDA, Gordon Zahn Papers,
     13231–13263.
157 Gordon Zahn, „Catholic Support of Hitler's Wars", und Walter Adolph, „Monsignor
     Adolph's Reply", in: *The New World*, 13.11.1959.
158 Journal Record of a Controversial Research Report, S. 10, UNDA, Gordon Zahn Papers,
     13231–13263; Paul Mundy, „Dr. Paul Mundy's Letter", and Placidus Jordan, „Father Jordan's
     Letter", in: *The New World*, 20.11.1959.
159 Gerhard Fittkau an Walter Adolph, 25.11.1959, KZG, NL Walter Adolph, WA 16a.

Monatsschrift, die Fittkau erst einen Tag zuvor in einem polnischen Priester-
seminar entdeckt hatte.[160] Aus Fittkaus Sicht erinnerte die Veröffentlichung
an die abscheulichsten Propagandablätter der Nationalsozialisten wie *Der
Stürmer* oder *Das Schwarze Korps.*[161] So schädlich er Zahns Thesen auch
empfand, Maguire erwiderte, dass ihm die Hände gebunden seien: Zahn sei
ein Professor auf Lebenszeit und genieße wissenschaftliche Freiheit.[162]

Fittkau beklagte sich bitterlich über diesen Rückgriff auf die in seinen
spottenden Worten „akademische Narrenfreiheit" und versuchte, größeren
Druck auf den Präsidenten der Loyola University auszuüben.[163] In einem
Brief behauptete er, dass „das Ansehen Ihrer Universität als herausragende
katholische Einrichtung nicht nur in den Augen der deutschen Hierarchie
und der deutschen katholischen Bevölkerung in Mitleidenschaft gezogen
wird, sollten sie keinen Weg finden, um den Namen der Loyola University von
Zahns ungestümer Pazifismuskampagne zulasten der katholischen Kirche in
Deutschland zu trennen."[164] Er brachte außerdem seine Enttäuschung über
Meyers und Maguires halbherzige Antwort in einem an Adolph gerichteten
neunseitigen Brief zum Ausdruck.[165] Adolph gab Bischof Döpfner kurz vor
dessen Abreise nach Rom, wo Döpfner und Meyer die Kardinalswürde verliehen werden sollte, eine Abschrift des Briefs.[166] Nach der Zeremonie
nahm Döpfner sowohl Kardinal Meyer als auch Präsident Maguire zur Seite.
Letzterer hatte den Erzbischof von Chicago in die Heilige Stadt begleitet. Der
Berliner Kardinal versuchte nun, den beiden Klerikern aus Chicago deutlich
zu machen, welchen Schaden Zahns Thesen der Kirche zufügen könnten, „insbesondere in Gebieten wie Polen oder Nicaragua."[167]

Fittkau und Adolph waren weiterhin davon überzeugt, dass diese beiden
hochrangigen Geistlichen aus Chicago nicht genug getan hatten, um den fehl-
geleiteten Soziologen im Zaum zu halten. Sie zogen offenbar den Schluss,
dass nur Druck seitens der Spitze der jesuitischen Hierarchie in Rom einen

---

160   „Catholicism Aided Hitlerism', Says Loyola Professor", in: *Voice of Freedom: Keep Them
      Free, A Nondenominational, Nonsectarian Publication Devoted to the Cause of Religious
      Freedom and Our American Way of Life*, November 1959; Gerhard Fittkau an Walter
      Adolph, 25.11.1959, KZG, NL Walter Adolph, WA 16a.
161   Gerhard Fittkau an Walter Adolph, 25.11.1959, KZG, NL Walter Adolph, WA 16a; Gerhard
      Fittkau an Gustav Kafka, 10.12.1959, ZDK, #4231/7.
162   Gerhard Fittkau an Walter Adolph, 25.11.1959, KZG, NL Walter Adolph, WA 16a.
163   Ebd.
164   Gerhard Fittkau an James Maguire, 1.12.1959, KZG, NL Walter Adolph, WA 16a.
165   Gerhard Fittkau an Walter Adolph, 25.11.1959, KZG, NL Walter Adolph, WA 16a.
166   Ebd.; Walter Adolph an Gerhard Fittkau, 10.12.1959, KZG, NL Walter Adolph, WA 16a.
167   Journal Record of a Controversial Research Report, S. 26 f., UNDA, Gordon Zahn Papers,
      13231–13263.

Richtungswechsel herbeiführen könne. Die deutschen Bischöfe hatten sich bereits im September in Fulda und dann erneut auf der Westdeutschen Bischofskonferenz im Dezember gegen aussagekräftige offizielle Schritte entschieden.[168] Daher wandte sich Fittkau Ende Januar 1960 schriftlich an Augustin Bea SJ, den bekannten Bibeltheologen, dem Papst Johannes XXIII. gerade erst die Kardinalswürde verliehen hatte.[169] Auf dem Zweiten Vatikanischen Konzil tat Bea sich als Verfechter der Ökumene und mit maßgeblicher Arbeit an der Erklärung *Nostra Aetate* hervor, jenem bahnbrechenden Dokument, mit dem sich die katholische Kirche vom christlichen Antijudaismus distanzierte. Doch im Gegensatz zu seinem heute verbreiteten liberalen Ruf war der angesehene Jesuit damals tatsächlich für seine theologisch konservativen Ansichten und das Hochhalten theologischer Orthodoxie bekannt. In den vorangegangenen Jahrzehnten hatte er mehrere Male deutsche Professoren gerügt, die seiner Auffassung nach auf Abwege geraten waren, und sie zu Entschuldigungen bewogen.[170]

Es fiel Fittkau deshalb nicht schwer, Kardinal Bea für seine Sache zu gewinnen. Er berichtete ihm, dass die Loyola University Zahns Arbeitgeber sei und die Jesuitenzeitschrift *America* in ihrer Septemberausgabe eine kurze und nicht unvorteilhafte Zusammenfassung von Zahns Vortrag veröffentlicht hatte.[171] Es sei notwendig, beharrte Bea in einem Schreiben an Döpfner, dass „Professor Zahn eine weitere Tätigkeit in diesem Sinne unter Androhung der Entlassung verboten wird. Es geht nun wirklich nicht an, dass heute, wo wir uns mit allen Kräften gegen den Atheismus und den Materialismus wehren müssen, unsere eigenen Glaubensgenossen in den Rücken fallen."[172]

Bea hielt sein Wort. Er kontaktierte die Schriftleitung von *America* und äußerte sein Missfallen über ihre positive Erwähnung von Zahns Vortrag.[173] Während er unter allen Umständen Schritte vermeiden wollte, die Zahn zusätzlich Aufmerksamkeit brachten, fand er gleichzeitig eindeutige Worte: „Ich habe aber unserem P. General sehr deutlich zu verstehen gegeben, dass die Schriftleitung der ‚America' und die Direktion der Loyola Universität sich beim deutschen Episkopat entschuldigten bzw. ihr Bedauern aussprächen und

---

168 Anmerkungen zum Schreiben Seiner Eminenz August Kardinal Bea vom 11.2.1960, KZG, NL Walter Adolph, WA 16a.

169 Aus einem Brief von Msgr. Gerhard Fittkau, Direktor des Amerikanischen Bonifatiusvereins, 1050 East, 233rd Street, New York, vom 25.1.1960, an Kardinal Bea, DAB V17-25-2.

170 Vgl. beispielsweise die Abschrift eines Schreibens von Bea an einen nicht namentlich genannten Professor vom 10.7.1950. Ziebertz, *Berthold Altaner*, S. 337–339.

171 „200-Per-Cent Patriotism?", in: *America*, 26.9.1959, S. 755; „Correspondence", in: *America*, 24.10.1959.

172 Augustin Bea an Julius Döpfner, 11.2.1960, DAB, NL Döpfner, V/7-25-2.

173 Augustin Bea an Julius Döpfner, 20.2.1960, DAB, NL Döpfner, V/7-25-2.

versprächen, das Mögliche zu tun, um den Schaden wieder gut zu machen."[174]
Dieser erhebliche Druck zwang sowohl *America* als auch die Universitätsleitung
zum Handeln. Der Schriftleiter von *America* verfasste eine persönliche Entschuldigung an Döpfner: „Darf ich an dieser Stelle Eurer Eminenz versichern
(wie ich auch bereits Seiner Eminenz Kardinal Bea beteuert habe), wie sehr
America bedauert, dass die in der in Frage stehenden Rezension enthaltene
Anspielung auf Zahns These in unserer Ausgabe vom 26. September 1959, so
kurz und indirekt sie gewesen sein mag, sich nicht nur als geeignete Grundlage für beklagenswerte Missdeutungen herausgestellt hat, sondern auch die
sehr große Gefahr einer Ausnutzung durch die Kommunisten in der Ostzone
zulasten der Kirche in Deutschland erzeugt hat."[175]

Auch Maguire sah sich gezwungen, klein beizugeben. Er schrieb Döpfner,
er sei „bekümmert" ob der Beschämung, die Zahns Vortrag am Mundelein
College dem deutschen Episkopat bereitet habe. Zahn habe ihm ferner ver-
sichert, dass alle Anstrengungen unternommen würden, um die Universität
und seine persönlichen Ansichten voneinander getrennt zu halten.[176] In
einem privaten Treffen informierte Maguire Zahn darüber, dass er von „der
Universität nur wenig Unterstützung erwarten könne, sollte die Angelegenheit in Rom bekannt werden."[177] Darüber hinaus deutete er Zahn gegenüber
an, dass dieser die Veröffentlichung derart explosiven Materials unterlassen
solle. Die Leitung der Loyola University gab daher auf ihrem im Norden der
Stadt gelegenen Campus zu verstehen, dass Zahn eine Persona non grata war.
Ein Kollege Zahns im Sociology Department, Ralph Gallagher SJ, war daran
beteiligt, die Publikation von Zahns Beitrag in der Fachzeitschrift *Amercian
Catholic Sociological Review* zu verhindern. Die Zeitschrift veröffentlichte
die Beiträge der 1959er ACSA-Konferenz mit finanzieller Unterstützung
der Loyola University.[178] Den studentischen Redakteuren der Universitätszeitung wurde zu verstehen gegeben, dass Zahn, seine akademische Arbeit

---

174   Augustin Bea an Julius Döpfner, 8.4.1960, DAB, NL Döpfner, V/7-25-2.
175   Thurston N. Davis SJ an Julius Döpfner, 18.5.1960, DAB, NL Döpfner, V/7-25-2.
176   James Maguire an Julius Döpfner, 18.5.1960, DAB, V/7-25-2, NL Döpfner.
177   Journal Record of a Controversial Research Report, S. 26 f., UNDA, Gordon Zahn Papers,
       13231–13263.
178   Journal Record of a Controversial Research Report, S. 36–41, 56–69, UNDA, Gordon Zahn
       Papers, 13231–13263; Loretta Morris, „Defining Prudence", Annual Meeting, Society for
       the Scientific Study of Religion, Albuquerque, New Mexico, 4.–6. November 1994. Mit-
       hilfe von Kontakten des Verlagsleiters bei Helicon Press wurde Zahns Artikel stattdessen
       in *Cross Currents* veröffentlicht, vgl. Gordon Zahn an David McManus, 25.1.1961, UNDA,
       Gordon Zahn Papers, 8382; Zahn, „German Catholic Press and Hitler's Wars", S. 337–351.

und sonstigen Aktivitäten auf dem Campus keinerlei Erwähnung in dem Blatt finden durften.[179]

Die Kontroverse legte sich auch vorerst nicht. In katholischen Zeitungen und Zeitschriften auf beiden Seiten des Atlantiks erschien kontinuierlich herbe Kritik an Zahns Arbeit.[180] Erst 1965 erklärte sich bemerkenswerterweise der katholische Styria Verlag im österreichischen Graz bereit, sein Buch *German Catholics and Hitler's Wars*, das in den Vereinigten Staaten bereits 1962 erschienen war, zu verlegen.[181] Nachdem die University of Massachusetts Boston ihm 1966 eine Anstellung mit besserer Bezahlung und mehr Forschungsförderung angeboten hatte, weigerte sich die Loyola University, dem Angebot auch nur im Ansatz etwas Gleichwertiges entgegenzusetzen – und Zahn entschied sich, seine bisherige Wirkungsstätte zu verlassen.[182] Zahn galt nun auch in weiten Teilen des internationalen Katholizismus als Persona non grata. Bea konnte die von ihm ergriffenen Maßnahmen daher als erfolgreich bewerten: „P. Graham [der Herausgeber von *America*] hat inzwischen eingesehen, dass die Amerikaner solche Fragen oft sehr ‚simplifizierend' behandeln und es ihnen an geschichtlichem Denken fehlt. So wird doch wohl der Erfolg der ganzen Sache sein, dass man drüben etwas vorsichtiger wird."[183]

---

179 Interview mit Peter Steinfels.
180 „Die katholische Presse und der Nationalismus im Nazi-Deutschland. Eine Erwiderung auf das Gutachten von Prof. Zahn, Chikago", in: *Kirchenzeitung für das Bistum Aachen*, S. 17, 24.4.1960; „‚Bischöfe und Hitlers Feldzüge': Gordon Zahn hat ein neues Buch geschrieben", in: *KNA – Informationsdienst*, Nr. 37, 23.9.1962; Robert Graham SJ., „Review of German Catholics and Hitler's Wars: A Study in Social Control", in: *America*, 28.4.1962, S. 145 f.; „State of the Question: Dialogue in a Dilemma", in: *America*, 9.6.1962, S. 377 f.; „Ein unqualifizierter Angriff: Zu einem Buch von Gordon Zahn", in: *KNA: Der Buchbrief*, Nr. 2, 1.7.1962; „Zwischen Schwarz-Weiss und historischer Wahrheit: Zu Büchern von Guenter Lewy und Gordon C. Zahn über die Katholische Kirche im Dritten Reich", in: *Deutsche Tagespost*, 13.7.1965; P.A.N., „Gordon Zahn vs. The Hierarchy", in: *The Wanderer Forum*. Dies war ein Nachdruck in: Catholic University Archives, NL Muench, Box 60, Folder 2. Für eine positive Rezension vgl. „Das Dilemma der Katholiken: Ihre Wertordnung und der Patriotismus streiten miteinander", in: *Die Zeit*, 18.9.1964.
181 Zahn, *Die deutschen Katholiken und Hitlers Kriege*.
182 Journal Record of a Controversial Research Report, S. 74, UNDA, Gordon Zahn Papers, 13231–13263; Michael Gallagher, „Let Us Now Praise Gordon Zahn", www.catholicpeacefellowship.org/downloads/gordon_zahn.pdf (acc. 17.6.2016).
183 Augustin Bea an Julius Döpfner, 8.4.1960, DAB, NL Döpfner, V/7-25-2.

Weitere Kämpfe

Die Mitglieder dieses Netzwerks brachten jedoch ein zweischneidiges Schwert im Kampf gegen den „fanatischen" Pazifisten zum Einsatz. Obwohl Zahn und seine Handvoll Unterstützer sowohl zahlenmäßig als auch hinsichtlich der zur Verfügung stehenden Waffen unterlegen waren, konnten seine Gegner für gewöhnlich nur dann Erfolge verzeichnen, wenn sie im Geheimen agierten. Adolphs Erwiderung auf den Seiten von *The New World* verdeutlichten die Gefahren, die mit kämpferischen öffentlichen Angriffen und einem offensichtlich apologetischen Argumentationsmuster einhergingen. Mit den vorgebrachten Hauptargumenten, die Kühn im Laufe eines Wochenendes übersetzt und anschließend in *The New World* veröffentlicht hatte, versuchte Adolph Zahns These zu widersprechen, die deutschen Katholiken hätten wissen müssen, dass der Zweite Weltkrieg nicht die traditionellen Kriterien der katholischen Lehre des gerechten Kriegs erfüllt habe. Adolph hielt dem entgegen, dass die deutsche Bevölkerung, die lediglich die von Hitlers Regime vorgesetzten Argumente gekannt habe, im Jahr 1939 nicht hätte wissen können, dass der Krieg gegen Polen kein gerechter Krieg gewesen sei. Das deutsche Volk habe den Krieg als Fortsetzung legitimer außenpolitischer Ziele gesehen – der Befreiung von der „Last" des Versailler Vertrags und des Schutzes der belagerten deutschen Minderheit in Polen. Adolph unterstrich ferner, dass „die sture Haltung des polnischen Außenministers, Oberst Beck, das Spiel Hitlers erleichterte." Die deutsche Öffentlichkeit habe nichts von einem Vernichtungskrieg gewusst.[184]

Adolph hatte aus der Verteidigung des deutschen Katholizismus eine Verteidigung der deutschen Nation gemacht und damit ein Argument vorgebracht, mit dem er im Gerichtssaal der internationalen öffentlichen Meinung nur verlieren konnte. Gerade in Chicago, wo Menschen polnischer Herkunft die größte ethnische Gruppe ausmachten und die Erinnerungen an die Gräueltaten der Deutschen während des Zweiten Weltkriegs noch frisch waren, erwies sich Adolphs Erwiderung als Blindgänger. Oder wie Placidus Jordan es mit Bedauern ausdrückte: Deutschland genoss in der Welt wenig Sympathie.[185] Kühn nahm diese Schwierigkeiten sehr genau wahr und kürzte mehrere Absätze, in denen

---

184   Walter Adolph, „Bemerkungen zu dem Vortrag von Gordon Zahn, Die katholische Presse und die nationale Frage in nationalsozialistischen Deutschland", HAEK, Gen II 22.13, 10; vgl. zur „offiziellen" englischen Übersetzung, die Heinz Kühn angefertigt und herausgegeben hat: „The Catholic Press and the National Question in National-Socialist Germany: Remarks on a Paper by Dr. Gordon Zahn, By Msgr. Walter Adolph", KZG, NL Walter Adolph, WA 16a.

185   Max Jordan an Walter Adolph, 22.11.1959, KZG, NL Walter Adolph, WA 16a.

Adolph beschrieb, es könne keinem Zweifel unterliegen, dass die deutsche Armee „in gutem Glauben und in der festen Überzeugung, für ihr Vaterland zu kämpfen und zu sterben, am 1. September in den Krieg gezogen ist." Hinsichtlich des deutschen Originals wies er Adolph an: „Bitte schicken Sie Ihr deutsches Manuskript an niemanden hier in Amerika."[186]

Kühns geschickte Bearbeitung der Bemerkungen ersparte Adolph zwar einiges an Peinlichkeit. Etwas anderes galt jedoch für ein verhängnisvolles Unterfangen, das Kafka und Neuhäusler Ende November 1959 wagten. Neuhäusler wandte sich schriftlich an einen Mitarbeiter des Presse- und Informationsamts der Bundesregierung in Bonn, um diesem von Zahns Angriffen auf den Episkopat zu berichten und ihn um Hilfe aus der Staatskasse des Bundes zu bitten.[187] Er fragte, ob es nicht im Interesse der breiteren deutschen Öffentlichkeit sei, diesen Attacken auf die deutschen Katholiken durch einen Zuschuss für den Nachdruck und eine englische Übersetzung von *Kreuz und Hakenkreuz* entgegenzuwirken. Der Mitarbeiter in Bonn, ein gewisser Dr. Zöller, rief daraufhin das Auswärtige Amt an, welches wiederum sein in Chicago ansässiges Generalkonsulat anwies, die Situation vor Ort zu beobachten.[188] Es dauerte über einen Monat, bis das Generalkonsulat antwortete. In der Zwischenzeit hatte es auch die Abschrift eines an Neuhäusler gerichteten Briefes von Fittkau erhalten, in dem Fittkau behauptet, Zahn habe „angeblich volle Zustimmung seiner Zuhörerschaft, worunter die führenden katholischen Soziologen des Landes waren, erhalten."[189]

Das Auswärtige Amt in Bonn leitete schließlich den Bericht des Generalkonsulats in Chicago, aus dem hevorging, dass Zahns Vortrag als Gegenstand von lediglich zwei belanglosen Zeitungsartikeln bei der Chicagoer Bevölkerung keinerlei Widerhall gefunden habe, weiter. Zu diesem Zeitpunkt hatten Kafka und Zöller die Angelegenheit aber schon längst in die Hand

---

186 Heinz Kühn an Walter Adolph, 11.11.1959, KZG, NL Walter Adolph, WA 16a; Walter Adolph, „Bemerkungen zu dem Vortrag von Gordon Zahn, Die katholische Presse und die nationale Frage im nationalsozialistischen Deutschland", HAEK, Gen II 22.13, 10.

187 Johannes Neuhäusler an Zöller, Presse und Informationsamt der Bundesregierung in Bonn, 25.11.1959, AEMF, NL Johannes Neuhäusler, VN N13.

188 Telegramm, 7.12.1959; Generalkonsulat der Bundesrepublik Deutschland, Chicago an das Auswärtige Amt, Bonn, Betr: Vortrag von Professor Dr. Gordon Zahn, Loyola University, Chicago, über Haltung der katholischen Kirche in Deutschland gegenüber dem Nationalsozialismus, 10.12.1959, PAAA, B92, Band 104.

189 Abschrift, Gerhard Fittkau an Johannes Neuhäusler, 22.12.1959, PAAA, B92, Band 104; Zöller an Johannes Neuhäusler, 13.1.1960, AEMF, NL Johannes Neuhäusler, VN N 13; Kunisch an das Generalkonsulat der Bundesrepublik Deutschland, Chicago, 1.2.1960, PAAA, B 92, Band 104.

genommen.[190] Die westdeutschen Bischöfe beauftragten Kafka im Dezember
1959 mit der Zusammenstellung von Dokumenten aus dem „Dritten Reich",
die vertrauenswürdigen katholischen Wissenschaftlern zur Verfügung gestellt
werden sollten.[191] Auf Zöllers Geheiß richtete Kafkas kurz zuvor gegründete
Arbeitsgemeinschaft kirchliche Presse e.V. eine Zusammenkunft von etwa 100
katholischen Journalisten im Großen Sitzungssaal des Auswärtigen Amts in
Bonn aus, auf der Kafka einen Vortrag mit dem Titel „Gordon Zahn und die
katholische Kirchenpresse im Zweiten Weltkrieg" hielt.[192] Die Veranstaltung
wurde durch das Bundespresseamt finanziell unterstützt, das auch eine schwer-
fällige Übersetzung von Zahns Chicagoer Vortrag an die Journalisten verteilte.
Diese sollten die Journalisten dazu nutzen, um weitere Dokumente aus der
NS-Zeit ans Licht zu bringen und Artikel zur Verteidigung der katholischen
Presse im Zweiten Weltkrieg zu veröffentlichen.[193] Die Veranstaltung wurde
anfänglich als durchschlagender Erfolg gewertet. Zöller sonnte sich in seinem
Erfolg, nachdem er durch katholische journalistische Kreise herausgefunden
hatte, dass Zahn angeblich von einem linken Trio Würzburger Professoren
Informationen erhalten hatte.[194]

Zu seinem Verdruss musste Kafka allerdings feststellen, dass der Arbeitgeber
eines Teilnehmers, die in Würzburg verlegte *Deutsche Tagespost*, Zahns Vortrag
in Gänze veröffentlichte.[195] Als der Schriftleiter des Blatts unter den Beschuss
seiner erbosten Leserschaft geriet, rechtfertigte er seine Entscheidung mit
der Erwägung, es sei besser, wenn eine der katholischen Kirche freundlich
gesinnte Zeitung Zahns Vortrag veröffentliche, bevor die säkulare Presse und
insbesondere der Kontroversen liebende und zunehmend kirchenfeindliche
Spiegel dieses „Dynamit" in die Hände bekämen.[196] Dabei war es gerade die
Veröffentlichung in der *Deutschen Tagespost*, die der deutschen säkularen
Presse und insbesondere dem *Spiegel* Hinweise auf die Inhalte von Zahns

---

190   Auswärtiges Amt an das Zentralkomitee der Deutschen Katholiken, Bezug: Bericht des
       Generalkonsulats Chicago vom 7. März 1960, Bonn, 19.3.1960; Deutsches Generalkonsulat
       Chicago, Lupin an das Auswärtige Amt, Bonn, 7.3.1960, ZDK, #4231/7.
191   Aktenvermerk, 4.3.1960, ZDK, 4231/7.
192   Programm für den Informationsbesuch der Arbeitsgemeinschaft Kirchliche Presse
       e.V. in Bonn am 9. und 10. März 1960, ZDK, 4231/7.
193   Arbeitsgemeinschaft Kirchliche Presse, e.V., Betr: Erfahrungen der katholischen Kirchen-
       presse in der NS-Zeit, 22.3.1960, Private Sammlung Narzissa Stasiewski, NL Bernhard
       Stasiewski, KFZG.
194   Zöller an Johannes Neuhäusler, 11.3.1960, AEMF, NL Johannes Neuhäusler, VN N13.
195   Gustav Kafka an Joseph Teusch, 18.3.1960, HAEK, Gen II 22.13, 10; Gustav Kafka an
       Gerhard Fittkau, 22.3.1960, ZDK, 4231/7.
196   Erwin Stindl an Julius Döpfner, 21.3.1960, KZG, NL Walter Adolph WA 16a.

Vortrag gab.[197] *Der Spiegel* kontaktierte daraufhin zahlreiche Personen sowie die deutsche Niederlassung des amerikanischen Verlags, bei dem Zahn die Publikation seines Buchs plante.[198] Obgleich Zahn mit dem Gedanken gespielt hatte, dem Hamburger Nachrichtenmagazin seinen Beitrag zukommen zu lassen, hatte ihn die Aussicht, dass ein Enthüllungsbericht nach *Spiegel*-Manier möglicherweise die Veröffentlichung seiner Monografie gefährden könnte, von diesem Vorhaben absehen lassen.[199]

Zahns Gegenspielern fiel es allerdings leichter, die Veröffentlichung seines Buchs zu blockieren. Denn indem er seinen Vortrag am Mundelein College an Kafka übersandt hatte, hatte Zahn seine Kritiker unbeabsichtigt auch auf seine im Entstehen begriffene Monografie aufmerksam gemacht: Zahn erwähnte *German Catholics and Hitler's Wars* in einer Fußnote seines Vortrags, die er für den Kommentator bei der ACSA eingefügt hatte. Zahns ursprünglicher Plan sah vor, sein Buch bei Helicon Press verlegen zu lassen, einem in Baltimore ansässigen katholischen Verlag, dessen Leiter großes Interesse an Zahns Manuskript gezeigt und bereits zuvor Arbeiten des Soziologen publiziert hatte.[200] Helicon hatte allerdings auch eine deutsche Niederlassung in Düsseldorf, die seitens der Kirche erheblich unter Druck gesetzt wurde, als Zahns Gegner die Verbindung zwischen den beiden Verlagshäusern erkannt hatten.[201] Wie Zahn vermutlich durch seinen Verleger bei Helicon herausfand, hatte Kardinal Frings mit der Kündigung seines Vertrags mit der deutschen Helicon-Niederlassung gedroht, die im Erzbistum Köln Schulbücher verlegte.[202] In einem Schreiben an Döpfner gab der Leiter der deutschen

---

197   Paul Böhringer an die Redaktion DER SPIEGEL Abteilung Kultur, 11.4.1960, HAEK, Gen II 22.13, 10. Aus unbekannten Gründen veröffentlichte *Der Spiegel* den vorbereiteten Artikel jedoch nie.

198   Paul Böhringer an Julius Döpfner, 11.8.1960, HAEK, Gen II 22.13, 10; Gordon Zahn an Father Reinhold, 10.6.1960, UNDA, Gordon Zahn Papers, CZHN 8329.

199   Journal Record of a Controversial Research Report, S. 32, UNDA, Gordon Zahn Papers, 13231–13263.

200   Vgl. den umfassenden Schriftwechsel zwischen Zahn und dem Helicon-Leiter, David McManus, in: UNDA, Gordon Zahn Papers, 4006, 4034; 4041, einschließlich: Gordon Zahn an David McManus, 24.5.1959. McManus, der ebenfalls der Gründer des Verlags war, hatte eine deutsche Einwanderin geheiratet.

201   „Bericht des Zentralkomitees für die Hauptkommission der Fuldaer Bischofkonferenz, Bad Godesberg, 1. März 1960", in: Hürten (Hg.): *Akten deutscher Bischöfe seit 1945*, S. 878; Julius Döpfner an Paul Böhringer, L. Schwann Verlag, 2.5.1960, DAB, V/7-25-2.

202   Journal Record of a Controversial Research Paper, S. 29 f., UNDA, Gordon Zahn Papers, 13231–13263; Gordon Zahn an David McManus, 25.1.1961, UNDA, Gordon Zahn Papers, 4006; David McManus an Paul Böhringer, Schwann Verlag, 9.3.1961, UNDA, Gordon Zahn Papers, 8382.

Niederlassung ganz offen zu, dass er die Veröffentlichung von Zahns Buch bei Helicon zu verhindern versuche.[203]

Der Druck durch die deutsche Niederlassung besiegelte tatsächlich das Schicksal von Zahns Buch im Helicon-Verlag.[204] Frustriert durch die zunehmenden Verzögerungen entschied sich Zahn für eine Veröffentlichung seines Buchs bei Sheed and Ward, einem in London und New York ansässigen Verlag, der einen Ruf als „etabliertes" katholisches Verlagshaus hatte, das Buch aber trotzdem mit offenen Armen empfing.[205] Ähnlich wie Zahn befand sich Frank Sheed spirituell auf der Suche, war als Kleinkind katholisch getauft worden und hatte den katholischen Glauben dann als junger Mann für sich wiederentdeckt. Obwohl er von seinem Gemüt her eher abgeneigt war, auf die eine oder andere Seite des religiösen Spektrums festgelegt zu werden, hegten der gebürtige Australier und seine englische Frau, Maisie Ward, große Sympathien für Dorothy Days *Catholic Worker Movement* und die französische Arbeiterpriesterbewegung.[206] Dank des erfolgreichen Marketings, Vertriebs und der Kontakte von Sheed and Ward verfasste weltweit eine bedeutend größere Zahl akademischer Fachzeitschriften und katholischer Zeitschriften Rezensionen von *German Catholics and Hitler's Wars*. Gleichzeitig ging eine vernichtende Kritik von Robert Graham SJ, einem Mitherausgeber von *America*, den Fittkau mobilisiert hatte, um die Anstrengungen gegen eine Veröffentlichung des Buchs in den Vereinigten Staaten durch einen katholischen Verlag zu unterstützen, nach hinten los.[207] Der Herausgeber ließ fünf Leserbriefe drucken, darunter auch einen, der Grahams Rezension heftig angriff und als „ungerecht und unreif" bezeichnete, und kommentierte lakonisch, dass kaum eine kritische Rezension jemals derart heftig in Frage gestellt worden sei wie diese.[208]

Zahns Buch fiel auch dem linksliberalen Rowohlt Verlag ins Auge, bei dem das Stück *Der Stellvertreter* erschienen war und der im Gefolge des Hochhuth-Skandals sein Interesse an der Veröffentlichung der deutschen Übersetzung von Zahns Werk bekundete.[209] Doch seine Monografie erschien erst 1965 in

203   Abschrift, Dr. P. Böhringer an Bischof Döpfner, 28.3.1960, HAEK, Gen II 22.13,10.

204   David McManus, Helicon Press, an Paul Bohringer, L. Schwann Verlag, 9.3.1961, UNDA, Gordon Zahn Papers, 8382.

205   Philip Scharper, Editor, Sheed & Ward, an Gordon Zahn, 18.10.1960, UNDA, Gordon Zahn Papers, 4020; Gordon Zahn an Philip Scharper, 21.9.1960, UNDA, Gordon Zahn Papers, 4021; Philip Scharper an Gordon Zahn, 16.11.1960, UNDA, Gordon Zahn Papers, 4020; Gordon Zahn an David McManus, 25.1.1961, UNDA, Gordon Zahn Papers, 4006.

206   Meconi, *Spiritual Writings*.

207   Robert Graham SJ, „Review of German Catholics and Hitler's Wars: A Study in Social Control", S. 145 f.

208   „State of the Question: Dialogue on a Dilemma", in: *America*, 9.6.1962, S. 377–379.

209   Gordon Zahn an Louise Wijnhausen, 11.11.1963, UNDA, Gordon Zahn Papers, 4023.

deutschsprachiger Fassung, da Zahn darauf bestand, sein Buch bei einem
katholischen Verlag zu veröffentlichen. Nachdem der Versuch im Jahr 1962, den
Kösel Verlag – der auch die Zeitschrift *Hochland* herausgab – zur Veröffentlichung einer deutschen Übersetzung zu bewegen, erfolglos geblieben war,
gelang es Ernst-Wolfgang Böckenförde schließlich, die österreichische Niederlassung des Styria Verlags für die Publikation zu gewinnen.[210] Doch selbst nach
diesem Erfolg musste eine Einleitung von Franziskus Stratmann unterbleiben.
Auf Druck von Bernhard Stasiewski hin hatte Stratmanns Dominikanischer
Provinzialmagister ihm verboten, der Einleitung seinen Namen hinzuzufügen,
da er befürchtete, das Buch würde eine ähnlich heftige Kontroverse wie im
Fall Hochhuth auslösen.[211] Bis zu diesem Zeitpunkt waren Zahns Ansichten in
Deutschland entweder durch kritische Rezensionen seines Vortrags in Chicago,
zumeist in Kirchenblättern der Bistümer, oder durch Auszüge des Vortrags in
den wenig angesehenen *Werkheften katholischer Laien* vernommen worden.[212]
Möglicherweise ist dies auch der Grund dafür, dass Zahn dem Leiter der
KNA einen sarkastischen Brief schrieb und sich dafür bedankte, dass dieser
eine deutsche Übersetzung von Grahams Rezension gedruckt hatte – etwas
Publicity ist eben besser als keine Publicity.[213]

Eine umfassende wissenschaftliche Kritik an Zahns Ansichten entstand
erst mit erheblicher Verspätung, da es keinen etablierten deutschen Wissenschaftler gab, der eine gründliche und archivgestützte Erwiderung hätte verfassen können. Stasiewskis Forschung kam nicht voran. Kafka und Adolph

---

210   Ebd.; Ernst-Wolfang Böckenförde an Heinrich Wild, 2.9.1962; Heinrich Wild an Ernst-
       Wolfang Böckenförde, 8.1.1963, UBEI, VA 1, Köselarchiv, Autorenkorrespondenz, E-W,
       Ernst- Wolfgang Böckenförde; Gordon Zahn an Carl Amery (Anton Mayer), 28.1.1964,
       MLB, NL Carl Amery (Anton Mayer).

211   Franziskus Stratmann an Gordon Zahn, 3.1.1965; Franziskus Stratmann an Schreckenberg,
       19.1.1965; Franziskus Stratmann an Schreckenberg, 1.2.1965; Franziskus Stratmann an
       Gordon Zahn, 2.2.1965, ADTK, NL Franziskus Stratmann.

212   „Das Klerusblatt ein ‚Hilfsorgan der NS-Propagandamaschine'? Anklagen, die sich selbst
       das Urteil sprechen. Ein Diskussionsbeitrag von Paul Hümmelink, München", in: *Klerus-
       blatt*, München, S. 40, Nr. 10, 15.5.1960; „Die deutschen Katholiken und Hitlers Krieg:
       Scharfe Kritik eines amerikanischen Jesuiten-Professors an der Haltung der Kirchen-
       fürsten", in: *Die Abendzeitung München*, 28.5.1962. Für Artikel von und über Zahn in den
       Werkheften katholischer Laien vgl. Gordon Zahn, „Die deutsche katholische Presse und
       Hitlers Kriege", 1961, S. 180–182, 204–206; Gerd Hirschauer, „Keine Aussicht auf Einsicht:
       Gordon Zahns Untersuchung und die heutige katholische Presse", 1961, S. 215–217, 265–
       270; Carl Amery, „Der Bohrer des Dr. Zahn", 1962, S. 346–349; Hans Müller, „Zum Thema:
       Die katholische Presse im Dritten Reich", 1962, S. 25–28; „Das Gewissen und die recht-
       mäßige Obrigkeit", 1962, S. 335–338.

213   Gordon Zahn an Konrad Kraemer, 12.9.1962; „Ein unqualifizierter Angriff: Zu einem Buch
       von Gordon C. Zahn", S. 1–4, KNA Archiv, Gordon Zahn.

blieb daher nicht viel anderes übrig, als sich an den jungen Freiburger Theo-
logiestudenten Karl-Aloys Altmeyer zu wenden, der eine Abschlussarbeit
beträchtlichen Umfangs über die katholische Presse im „Dritten Reich" vorgelegt hatte.[214] Finanzielle Engpässe hatten ihn gezwungen, nicht nach der
Doktorwürde zu streben. Doch in der Hoffnung, für seine Arbeit dennoch
etwas breitere Anerkennung zu finden, fasste er seine Schlussfolgerungen
in einem Artikel zusammen, den er an den *Rheinischen Merkur* sandte.[215]
Sowohl Kafka als auch Adolph setzten sich unabhängig voneinander mit ihm
in Verbindung – Adolph hatte den angehenden Forscher bereits vor der Zahn-
Kontroverse kennengelernt. Beide hatten das große Potenzial von Altmeyers
Arbeit für ihre Kampagne gegen den Chicagoer Wissenschaftler und dessen
Thesen über die Unterstützung von Hitlers Krieg durch die katholische Bistums-
presse erkannt.[216] Sie lockten ihn mit der Aussicht darauf, die Druckkosten für
das Werk mithilfe des Bundespresseamts oder des Morusverlags, der das Buch
dann letztendlich auch verlegte, zu finanzieren.[217] Darüber hinaus steigerten
sie sein Interesse, indem sie ihm die deutsche Übersetzung von Zahns Vortrag
weiterleiteten. Altmeyer verkündete nach der Lektüre stolz, dass er 34 Fehler
in Zahns Darstellung der Geschehnisse und seinen Nachweisen gefunden
habe, woraufhin Adolph Altmeyers Arbeit in einiger Übertreibung als Todesstoß für Zahns Standpunkt darstellte: „Zahns Methode – seine Quellen- und
Literatur-Unkenntnis – wird in einer Weise angeprangert, die dem Chicagoer
Soziologen wohl den Atem verschlägt, wenn er noch wissenschaftliches
Gewissen hat."[218]

Auf Drängen seiner Unterstützer begab sich Altmeyer mit Enthusiasmus
in die hitzige öffentliche Debatte.[219] Im Herbst 1960 lieferte er eine Reihe

---

214   Gustav Kafka an Karl-Aloys Altmeyer, 7.3.1960, ZDK, 4231/7; Karl- Aloys Altmeyer an den
       Verfasser, 28.5.2009. Für Altmeyers früheren Kontakt mit Adolph vgl. Karl-Aloys Altmeyer
       an den Morus-Verlag, undatiert, aber wahrscheinlich Januar 1959; Karl-Aloys Altmeyer an
       Walter Adolph, 6.3.1959; Karl-Aloys Altmeyer an Walter Adolph, 12.5.1959, KZG, NL Walter
       Adolph, WA 16 f.
215   Karl-Aloys Altmeyer an Walter Adolph, 12.3.1960, KZG, NL Walter Adolph, WA 16 f.
216   Karl-Aloys Altmeyer an den Morus-Verlag, undatiert, aber wahrscheinlich von 1959;
       Karl-Aloys Altmeyer an Walter Adolph, 6.3.1959; Karl-Aloys Altmeyer an Walter Adolph,
       12.5.1959, KZG, NL Walter Adolph, WA 16f.
217   Gustav Kafka an Karl-Aloys Altmeyer, 11.3.1960, ZDK, 4231/7. Der Schwaben-Verlag hatte
       zunächst beabsichtigt, das Werk zu verlegen, sich dann aber aufgrund des damit ein-
       hergehenden Risikos dagegen entschieden. Walter Adolph an Konrad Kraemer, KNA,
       1.6.1962, KZG, NL Walter Adolph, WA 24e.
218   Abschrift, Karl Aloys Altmeyer an Gustav Kafka, 16.3.1960, HAEK, Gen II 22.13, 10; Walter
       Adolph an Gerhard Fittkau, 5.4.1960, KZG, NL Walter Adolph, WA16a.
219   Karl-Aloys Altmeyer an Gustav Kafka, 13.4.1960, ZDK 4231/7.

kritischer Erwiderungen, die in einem Austausch mit Zahn auf den Seiten der *Badischen Zeitung* die Grenze zu boshaften persönlichen Angriffen über-schritten.[220] So schrieb Altmeyer etwa über die Frage nach dem Versagen der deutschen Katholiken im Hitlerregime: „Eigentlich wäre eine solche Diskussion begrüßenswert, stünde nicht hinter ihr die zweifelhafte Figur eines Gordon Zahn, dem es anscheinend gelungen ist, seine Theorien mit dem Schein der Wissenschaftlichkeit zu umkleiden und vor sie die Fassade strenger Absolut-heit zu bauen." Kein Geringerer als Kafka war der Ansicht, dass die Arbeit des jungen Altmeyers übermäßig apologetisch ausfiel, da sie problematische Personen wie Rarkowski mit Schönfärberei behandelte.[221] Das Veröffent-lichungsdatum wurde daher um zwei Jahre verschoben und aus dem Werk wurde letztendlich eine unbeholfene Dokumentensammlung, in der 242 Briefe, Protestschreiben und Sitzungsprotokolle aus der NS-Zeit zusammengewürfelt wurden.[222] Mittlerweile war es zu spät, um die öffentlichen Auseinander-setzungen zu beeinflussen.[223]

Zahn entging die Ironie der ganzen Angelegenheit nicht. Die Kontroverse, die ihn für mehr als zwei Jahre umgeben hatte, drehte sich um einen 30-minütigen Konferenzbeitrag. Seine 232-seitige, 1963 veröffentlichte Monografie *German Catholics and Hitler's Wars* sollte zwar hier und da bittere Rezensionen hervor-rufen, die Reaktionen konnten jedoch bei weitem nicht mit der Ranküne der vorangegangenen drei Jahre mithalten.[224] Dank seiner Gegner erreichte seine Arbeit international ein gleichermaßen katholisches wie evangelisches Publikum. Wäre Zahn sich selbst überlassen geblieben, wären seine Beiträge

---

220 Karl-Aloys Altmeyer, „Versagten die deutschen Katholiken im Dritten Reich? Versuch einer kurzen Antwort auf eine Verurteilung vom grünen Tisch aus", in: *Deutsches Volks-blatt*, 15.9.1960 und 16.9.1960. Dieser Beitrag erschien ebenfalls in der *Badischen Zeitung*. Vgl. Gordon Zahns Antwort: „Versagten die deutschen Katholiken im Dritten Reich? Professor Gordon C. Zahn antwortet auf die Erwiderungen von Karl Aloys Altmeyer", in: *Badische Volkszeitung*, 3.11.1960; Karl Aloys Altmeyer, „Versagten die deutschen Katholiken im Dritten Reich? Der Wahrheit einen Schritt näher – Offener Antwortbrief auf das gestern abgedruckte Schreiben Professor Zahns", in: *Badische Zeitung*, 4.11.1960; Karl-Aloys Altmeyer an den Verfasser, 28.5.2009.

221 Gustav Kafka an Karlheinz Schmithüs, 15.7.1960, ZDK, 4231/7. 24 Jahre später machte auch Gottfried Beck auf den apologetischen Charakter von Altmeyers Arbeiten sowie eine Vielzahl an Fehlern in der Dokumentensammlung aufmerksam, vgl. Beck, *Bistums-presse*, S. 12, 15. Bezeichnenderweise mühte sich Beck in seinem Werk auch an einer Widerlegung von Zahns Kritik ab.

222 Altmeyer, *Katholische Presse*.

223 Journal Record of a Controversial Research Report, S. 73 f., UNDA, Gordon Zahn Papers, 13231–13263.

224 Vgl. hierzu Arthur A. Cohen, „Review of Gordon Zahn, German Catholics and Hitler's Wars", in: *Worldview* 6, Nr. 9, September 1963, S. 10 f.

in katholischen Nischenpublikationen erschienen, wo sie wahrscheinlich für etwas Stirnrunzeln gesorgt, jedoch niemals auch nur im Ansatz einen Skandal ausgelöst hätten.

Die Bedeutung von Zahns Wirken

Welche historische Bedeutung kommt Zahns donquichottischem Kampf gegen die katholische Hierarchie letztendlich zu? Er zeigt auf, was den Identitätskern der beteiligten Autoren ausmachte, der durch ihre persönlichen Erfahrungen mit Diktatur und Krieg geprägt worden war. Obwohl Zahn ein studierter Soziologe war, der gelernt hatte, dass empirische Beobachtung persönliche Distanz zum Forschungsgegenstand erfordert, treten Details aus seinen eigenen Erfahrungen während des Kriegs immer wieder in seinen wissenschaftlichen Arbeiten zutage. Es fällt schwer, sein wissenschaftliches Werk nicht zugleich als Fortsetzung seiner eigenen Lebensgeschichte zu lesen.[225] Der Titel seines Buchs über den österreichischen Kriegsdienstverweigerer Franz Jägerstätter, *Er folgte seinem Gewissen: Das einsame Zeugnis des Franz Jägerstätter*, lässt sich ebenso auf Zahn selbst beziehen: die Stimme von einem, der in der Wildnis schreit. Zahns Aufbegehren gegen den Episkopat rührte auch von den erheblichen, jedoch freilich nicht lebensgefährlichen Torturen her, die er in den 1940ern durchlebt hatte, als er wahlweise gegen den amerikanischen Staat, die katholische Hierarchie in Milwaukee und die Leitung der St John's University in Collegeville, Minnesota angekämpft hatte. Obwohl Adolph und auch andere Gegner Zahns größere Sorgfalt walten ließen, um ihre persönlichen Bezüge zur katholischen Vergangenheit im Nationalsozialismus in ihren Darstellungen derselben außen vor zu lassen, sahen auch sie sich gezwungen, ihre Lebensgeschichten in weiten Strecken zu Papier zu bringen, teilweise unter ihren eigenen Namen, zuweilen auch unter Pseudonymen.[226]

Im Zentrum dieses Kampfs standen die unterschiedlichen Schlussfolgerungen, die sie aus dem während der NS-Zeit durchlebten Leid gezogen hatten und nun auf die heftigen Auseinandersetzungen über die Wiederbewaffnung und atomare Bewaffnung auf dem Höhepunkt des Kalten Kriegs anwendeten. Indem Zahn den Standpunkt vertrat, dass die katholische Moraltheologie die Erkenntnisse der modernen Soziologie und empirischer

---

225   Vgl. Zahn, *Vocation of Peace*, vii; *In Solitary Witness*, S. 4–6; *Another Part of the War*; *Chaplains*, S. 36; *German Catholics and Hitler's Wars*, S. 3–11.

226   Vgl. Kühn, *Mixed Blessings*; Neuhäusler, *Amboß und Hammer*; Fittkau, *Mein dreiunddreissigstes Jahr*; Leibusch, *Lausitzer Straße*.

Untersuchungen menschlichen Verhaltens berücksichtigen müsse, stellte er die Brauchbarkeit der traditionellen katholischen Lehren über den Krieg in einem neuen Zeitalter der totalen und atomaren Kriegsführung in Frage.[227] Am Vorabend des Zweiten Vatikanischen Konzils vorgebracht, war seine Kritik am Verhalten der Kirchenführer während des Zweiten Weltkriegs eine kaum verschleierte Forderung nach grundlegender theologischer Erneuerung und einer Rückkehr zur Kernbotschaft des Neuen Testaments, des Fünften Gebots und des Frühchristentums. Die Kirchenführer, so Zahns ausdrückliche Ansicht, hatten die Tatsache aus den Augen verloren, dass die Treue gegenüber den wahren christlichen Lehren in Zeiten extremer Not, wie etwa während des Zweiten Weltkriegs und während des Kalten Kriegs, Nonkonformismus erfordere. Christ zu sein, bedeute die „Rückkehr in die Katakomben" und zu einer Kirche der Märtyrer.[228]

Ähnlich wie Ernst-Wolfgang Böckenförde wollte Zahn mit seiner Kritik der deutschen Katholiken im Zweiten Weltkrieg einen breiteren innerkatholischen Diskurs anstoßen. Auf dem Zweiten Vatikanischen Konzil wurden diese Themen debattiert, doch Zahns Standpunkt wurde nicht in Gänze akzeptiert. Eine Art kleinerer Erfolg – und auch dieser war bloß partiell – wurde Zahn erst 1983 mit der Erklärung des amerikanischen Episkopats „The Challenge of Peace" zuteil, die er als Auftragsschreiber verfasst hatte.[229] Mit dieser Erklärung wurde Katholiken das Recht auf Pazifismus gewährt und der Versuch unternommen, dem Gebrauch nuklearer Waffen Grenzen zu setzen. Doch Zahns größter Triumph ereignete sich im Jahr 2007, als er im Alter von 89 Jahren im Sterben lag und sein einst so scharfer Verstand durch seine Alzheimer-Erkrankung stark in Mitleidenschaft gezogen worden war. Als ihn die Nachricht erreichte, dass Franz Jägerstätter kurz zuvor selig gesprochen worden war, kamen ihm Freudentränen.[230]

Auf kurze Sicht wurde Zahns Kampf mit seinem Ziel, in der katholischen Öffentlichkeit frei seine Meinung über das Verhalten der katholischen Hierarchie äußern zu können, zu einer Art Präzedenzfall für progressive Katholiken, die danach trachteten, ihr Recht auf kritischen Widerspruch auszuüben. In einem Akt offenen Ungehorsams leiteten die Studenten der Universitätszeitung an der Loyola University es in die Wege, dass die Rezension von Zahns Buch aus der Feder des Mediävisten und Kirchenhistorikers der

---

227 Zahn, „Social Science and the Theology of War".
228 Zahn, *War, Conscience and Dissent*, S. 46.
229 Journal Record of a Controversial Research Report, S. 74 f., UNDA, Gordon Zahn Papers, 13231–13263.
230 Interview mit Michael Hovey.

Fakultät, Raymond Schmandt, auf der Titelseite der Universitätszeitung erschien – einen Tag nach dem offiziellen Erscheinungsdatum. In einer eindeutigen Stichelei gegen die Universitätsleitung bemerkte Schmandt, dass es „keinen Ort gibt, der besser geeignet wäre als eine katholische Universität, um diese Angelegenheit ohne Furcht vor Zensur anzusprechen und zu diskutieren."[231]

Die Geschichte des amerikanischen Pazifisten spiegelte daher fast vollständig diejenigen vieler katholischer Nonkonformisten in Deutschland während dieser Zeit – und viele Mitglieder des deutschen Episkopats nahmen dies genau so wahr. Im Jahr 1963 setzte Kardinal Döpfner den amerikanischen Pazifisten auf eine Liste katholischer „Nonkonformisten", auf der etwa Carl Amery, Ernst-Wolfgang Böckenförde, Heinrich Böll und Friedrich Heer aufgeführt waren, deren Schriften „religiös zelotisch, aber nicht eigentlich fromm" waren.[232] Es ist wenig überraschend, dass Zahns Werk vor allem mit Blick auf eine kleine Gruppe an Wissenschaftlern und Intellektuellen, die nonkonformistische Literatur rezipierten, Spuren hinterließ. Einige unter ihnen sollten schon bald ihr volles Potenzial erreichen und ihrerseits zu Sensationen in den internationalen Medien werden. Ein junger amerikanischer Politikwissenschaftler und jüdischer Geflüchteter des „Dritten Reichs", Guenter Lewy, entdeckte Zahns Befunde 1958 in den Tiefen von *The Catholic Worker*. Zahns Darstellung regte ihn dazu an, Anfang der 1960er Jahre seine eigene kritische Forschung über das Verhalten der katholischen Kirche im „Dritten Reich" aufzunehmen.[233]

Der ehemalige Kommunist Erwin Piscator, der hinter der Inszenierung der Uraufführung des *Stellvertreter* in Berlin gestanden hatte, nahm das Erscheinen von Zahns Buch zur Kenntnis und bemerkte: „Das kann uns natürlich auch sehr dienen."[234] Erst zu diesem Zeitpunkt fand das Thema des Martyriums, welches Zahns Bemühungen zugrunde gelegen hatte, ein wohlwollendes Ohr in der Presse und den Massenmedien – allerdings durch die an sich eher fernliegenden Sprachrohre, die dem ehemaligen Kommunisten Erwin Piscator

---

231   „Study Moral Implications of War in Zahn's Book on Hitler: Reviewed by Raymond Schmandt, Ph.D., Associate Professor, Department of History", in: *The Loyola News* XLI, Nr. 21, 29.3.1962; Interview mit Peter Steinfels. Steinfels war der damalige Schriftleiter der Loyola Universitätszeitung. Für weitere Berichterstattung über Zahn vgl. Tom Philpott, „German Catholics and Hitler's Wars: Catholic Self-Criticism in Zahn Talk", in: *The Loyola News* XLII, Nr. 19, 21.3.1963.

232   KZG, NL Walter Adolph, Julius Döpfner, WA25 C3, „Nr. 3 – Bedenkliche ekklesiologische Tendenzen im Schrifttum ‚nonkonformistischer' Katholiken, Fuldaer Bischofskonferenz 28–29. August 1963", 24.8.1963, S. 7 f.

233   Interview mit Guenter Lewy.

234   Erwin Piscator an Rolf Hochhuth, 25.9.1962, ADK, Archiv Theater der Freien Volksbühne, Schnellhefter, der Schnellvertreter, Vorkorrespondenz.

und dem nicht praktizierenden Protestanten Rolf Hochhuth zur Verfügung standen. Bereit zum Gegenangriff waren Walter Adolph, Robert Graham SJ und Julius Döpfner, die allesamt davon überzeugt waren, dass ihr kompromissloser Kampf gegen Gordon Zahn von Erfolg gekrönt gewesen war. Sie griffen auf dieselben Spielregeln wie bisher zurück und sollten schon bald feststellen, dass nicht alles nach Plan verlief.

KAPITEL 6

Der Streit um Hochhuths *Der Stellvertreter*

Am 20. Februar 1963 konnten die Theaterbesucher der Freien Volksbühne in Westberlin dabei zusehen, wie sich vor ihren Augen eine Konfrontation dramatischen Ausmaßes abspielte. Der Vorhang öffnet sich – 1. Akt: Riccardo Fontana SJ, der fiktive Held des Stücks, trifft Cesare Orsenigo, den Apostolischen Nuntius in Deutschland. Ein uniformierter SS-Offizier drängt sich in das Empfangszimmer. Der SS-Mann ist Kurt Gerstein, ein frommer Protestant. Voller Verzweiflung berichtet er von der millionenfachen Ermordung der Juden in Auschwitz und von seinen erfolglosen Versuchen, die Gaskammern zu sabotieren. Fontana begreift, dass Papst Pius XII. dem Massenmord durch öffentlichen Protest ein Ende setzen könnte. Er gibt Gerstein das Versprechen, dass der Vatikan handeln werde. Doch er erhält keine Rückmeldung des Pontifex und seine Frustration wächst.

4. Akt: Um den Papst zum Handeln zu bewegen, berichtet Gerstein darüber, dass die deutschen Truppen für Oktober 1943 Deportationen aus Rom planen und zu diesem Zweck die jüdischen Bewohner zusammentreiben. Papst Pius XII. zeigt jedoch wenig Mitleid mit den Betroffenen, die direkt vor seinem Fenster der Verfolgung zum Opfer fallen. Er richtet seine Aufmerksamkeit stattdessen auf die prekäre Lage der vatikanischen Staatskasse. Er sei „von brennender Sorge um Unsere Fabriken erfüllt," sagt er mit gedämpfter Stimme in einer zynischen Anspielung auf seinen unmittelbaren Vorgänger und dessen berühmte, den Nationalsozialismus verurteilende Enzyklika *Mit brennender Sorge* aus dem Jahr 1937.[1] Fontana beschwört den Papst, ein Protestschreiben an Hitler zu verfassen. Aus vorübergehender Verlegenheit kommt Pius XII. der Bitte widerwillig nach. Er verfasst eine schwache Botschaft mit Umschreibungen und diplomatischen Floskeln des vorangegangenen Jahrhunderts, die am 25. Oktober in der Zeitung des Vatikans *L'Osservatore Romano* veröffentlicht werden soll: „Mit dem Anwachsen so vieler Leiden hat sich die universale und väterliche Hilfstätigkeit des Papstes noch vermehrt; sie kennt keinerlei Grenzen, weder der Nationalität, noch der Religion, noch der Rasse."[2]

Als der wutentbrannte Riccardo ihm vorwirft, Hitler eine Blankovollmacht auszustellen, fällt dem sichtlich aufgewühlten Pontifex der Füllfederhalter aus der Hand und beschmutzt seine Hände mit Tinte. Er gibt die Anweisung, ihm

---

1 Hochhuth, *Der Stellvertreter*, S. 258.
2 Ebd., S. 283.

eine Schüssel mit Wasser zu bringen, um seine Hände zu waschen. Voller Entrüstung ob dieser Pontius Pilatus ähnelnden Geste ergreift der junge Jesuit eine
Maßnahme, die der Stellvertreter Christi auf Erden nicht zu ergreifen willens
ist: Er nimmt das Martyrium auf sich. Er heftet sich den gelben Judenstern an
die Brust und richtet harsche Worte an den sprachlosen Papst: „Gott soll die
Kirche nicht verderben, nur weil ein Papst sich seinem Ruf entzieht."[3] Er verlässt den Saal und schließt sich den Juden an, deren Deportation nach Auschwitz in Viehwaggons kurz bevorsteht.[4] Eine Stimme aus dem Off spricht die
Worte Ernst von Weizsäckers, des deutschen Botschafters beim Heiligen Stuhl:
„Der Papst hat sich, obwohl dem Vernehmen nach von verschiedenen Seiten
bestürmt, zu keiner demonstrativen Äußerung gegen den Abtransport der
Juden hinreißen lassen." Die Stimme fährt fort: „So arbeiteten die Gaskammern
noch ein volles Jahr. ... Zwei Monate später wurden die letzten Häftlinge in
Auschwitz durch russische Soldaten befreit."[5] Der Vorhang schließt sich.

Die atemberaubende Verurteilung Papst Pius XII. durch den 32-jährigen
Bühnenautor Rolf Hochhuth kam dem Sturz einer Ikone gleich. Pius war
von den Gläubigen wie kaum eine andere Figur des zeitgenössischen kirchlichen Lebens verehrt worden. Der Autor seiner Biografie, Konstantin Prinz
von Bayern, beschreibt sechs Jahre vor Pius' Tod, wie er diesem in einer Privat-
audienz begegnete: Als er den Pontifex in seinem weißen Gewand erblickte,
„stand die Zeit still" und es schien, „als ob die Augen des Papstes das Versprechen der Absolution an eine ganze Menschheit enthielten."[6] Viele Bayern
sahen Pius als einen der ihren an, nicht zuletzt wegen der Zeit, die dieser als
Nuntius in München zwischen 1917 und 1925 in Bayern verbracht hatte. Viele
Deutsche betrachteten den Italiener mit hervorragenden Deutschkenntnissen
als den Fürsprecher ihrer belagerten Nation, da sich Pacelli nach dem Krieg für
einen gerechten Frieden und immer wieder für Gnade gegenüber den durch die
alliierten Kriegsverbrechertribunale Verurteilten ausgesprochen hatte. Doch
es waren nicht nur Deutsche, die an der Mythen- und Legendenbildung um
Pacelli beteiligt waren. Seine unerschütterliche Verachtung des Kommunismus
brachte ihm die allgemeine Bewunderung von Linken wie Konservativen auf
beiden Seiten des Atlantiks ein. Wegen seines unermüdlichen diplomatischen

---

3 Hochhuth, *Der Stellvertreter*, S. 292
4 Hochhuth, *Der Stellvertreter*, S. 258, 288–293.
5 Ebd., S. 378 f. Bei der Uraufführung in Berlin wurde fast der gesamte 5. Akt gekürzt, der ein
   anderes Ende enthält. In der letzten Szene kommt es zum Entscheidungskampf zwischen
   dem in Auschwitz inhaftierten Riccardo und dessen Erzfeind, dem „Doktor". Die Figur des
   „Doktors" repräsentiert die Verkörperung des absolut Bösen und ist Josef Mengele, dem
   sogenannten „Todesengel", frei nachempfunden.
6 Prinz von Bayern, *Papst*, S. 42, 44.

Abb. 6.1   Rolf Hochhuths Stück *Der Stellvertreter* erreicht seinen Höhepunkt, als Papst
Pius XII. und Graf Fontana entsetzt mit ansehen, wie Riccardo Fontana SJ sich
den gelben Judenstern an die Brust heftet und den Raum verlässt, um sich
den bald nach Auschwitz deportierten Juden anzuschließen. Mit freundlicher
Genehmigung des Archivs der Akademie der Künste, Berlin. Rechteinhaber:
Deutsches Theatermuseum München, Archiv Heinz Köster.

und staatsmännischen Einsatzes erhielt er den Beinamen „Papst des Friedens".
Selbst *Der Spiegel*, der den politischen Katholizismus immer kritischer
betrachtete, erwies Pius XII. nach seinem Tod im Oktober 1958 Ehrerbietung
und pries unter Verweis auf die Verehrung, die ihm innerhalb und auch außerhalb der Gläubigen zukam, seine staatsmännischen Fähigkeiten.[7]

Wie schon Ernst-Wolfgang Böckenfördes Neubewertung des deutschen
Katholizismus im Jahr 1933 traf auch Hochhuths revisionistische Darstellung
die katholische Hierarchie vollkommen unvorbereitet. Und auch dieses
Mal hatte es bereits unter der Oberfläche erste Anzeichen gegeben, die auf-
geweckte Beobachter darauf hätten aufmerksam machen können, dass eine
Abrechnung mit dem Verhalten des Papstes im Zweiten Weltkrieg bevorstand.
Zwar hatten einige Kirchenkritiker wie beispielsweise der bekannte Dichter

---

7   *Der Spiegel*, 15.10.1958; vgl. Schlott, *Papsttod*, S. 139–155, hier 152–155.

Reinhold Schneider, der gleichzeitig ein frommer Katholik war, ihre Bedenken für sich behalten.[8] Doch bereits während des Zweiten Weltkriegs hatte eine überraschend große Anzahl an Personen öffentlich ihre Enttäuschung darüber zum Ausdruck gebracht, dass Pius nicht willens gewesen war, die Untaten der Achsenmächte deutlich zu verurteilen.[9] Im Juni 1945 verlangte die *Soviet Weekly*, eine kommunistische Zeitung aus London, Rechenschaft von Pius für dessen Versäumnis, seine Stimme gegen den millionenfachen Massenmord zu erheben.[10] 1951 untersuchte der jüdisch-französische Antisemitismusforscher und Wegbereiter der Holocaustforschung Léon Poliakov das Versäumnis des Papstes, eine feierliche und öffentliche Erklärung abzugeben, auf welche die Verfolgten so sehnlich gewartet hatten.[11]

Hochhuth waren diese kritischen Stimmen anfänglich nicht bewusst. Er war ein Einzelgänger abseits der Netzwerke und Vereinigungen, denen diese Kritiker angehörten. Die Idee für sein Stück kam ihm selbst und es war unbestreitbar seine Errungenschaft, Pius' Schweigen ins Rampenlicht zu rücken. Doch im Laufe seiner Recherche stieß der junge Bühnenautor auf Stimmen, die das Verhalten des Papstes kritisierten – einige von ihnen deutlich und heftig, wie die des Österreichers Friedrich Heer, andere eher vorsichtig, wie jene Poliakovs. Er entdeckte Artikel, Monografien und Äußerungen von Männern wie Gordon Zahn, Thomas Dehler und Ernst-Wolfgang Böckenförde, die den deutschen Katholizismus wegen seiner Rolle in der Politik der Bundesrepublik Deutschland kritisierten.

Warum also erregte Hochhuths Interpretation des Papstes solches Aufsehen, während zuvor geäußerte Kritik am Pontifex kaum Zugkraft zu entwickeln vermochte? Hochhuth war es meisterhaft gelungen, all diese Äußerungen des Unmuts in einer kohärenten Erzählung zu verweben, in der die Verurteilung zudem in Form einer vollkommenen Ästhetisierung vorgetragen wurde. Indem er seine Kritik in Gestalt eines Theaterstücks und nicht eines Artikels vorbrachte, stellte er sicher, dass sein Urteil von einem breiteren Publikum diskutiert wurde und nicht bloß in Intellektuellenzirkeln. Indem er seinen Zorn auf den Pontifex und nicht auf die Hierarchieebenen darunter richtete, verlieh Hochhuth seinem Werk außerdem ein einheitlicheres Narrativ und größere dramatische Schlagkraft. Doch entscheidend war, dass er seine Pläne im denkbar günstigsten Augenblick umsetzte. Die internationalen Massenmedien

---

8   Kuschel, Macht und Gewissen.

9   Guittat-Neudin, „Silences", S. 215–239.

10 Der „Sowjet Weekly" (London) gegen den Papst, Übersetzung und Auszug des Artikels „Quo Vadis, Vatican?" vom 16.6.1945, HAEK, Gen II 23, 23a, 5.

11 Poliakov, *Bréviere*, 1951. Für die englische Übersetzung vgl. Poliakov, *Harvest*, S. 296; Poliakov, *Mémoires*.

befanden sich mitten in einem tiefgreifenden strukturellen Wandel und wurden, was noch näher zu erläutern sein wird, immer empfänglicher für Stimmen des Widerstands und Protests. Hochhuths Stück fand seinen Weg zu journalistischen und literarischen Mitstreitern, die sich geschickt in diesen ungewohnten Fahrwassern bewegten und seinem Werk zu günstigen Startbedingungen verhalfen.

Der durch den *Stellvertreter* entfachte Sturm der Entrüstung war das Ergebnis einer Aneinanderreihung vorgelagerter Ereignisse. Seine Uraufführung markiert den Punkt, an dem schon lange brodelnde Kontroversen über die Vergangenheit der katholischen Kirche schließlich überkochten und letztlich sogar zu Gewalt führten. Die enorme Wut und Rage, die sich in Demonstrationen, Todesdrohungen und Tumulten niederschlugen, während *Der Stellvertreter* in den nächsten sechs Jahren in über 20 Ländern von Bühne zu Bühne zog, stellten sicher, dass die katholische Kirche und ihre Vergangenheit nicht mehr nur der Gegenstand kurzer Artikel auf den letzten Seiten in den Printmedien waren. Sie standen mitten im Rampenlicht, dienten als Aufmacher auf Titelseiten, waren Gegenstand von Fernseh- und Rundfunksendungen und in den Hochglanzfotos der florierenden Illustrierten verewigt.[12]

Dieses Kapitel betrachtet zunächst die Entstehung des *Stellvertreter*-Schauspiels: 1.) Weshalb entschied sich ein im Bertelsmann-Konzern tätiger Lektor ohne höheren Schulabschluss dazu, ein solches Stück zu verfassen? Im Anschluss werden die folgenden weiteren Fragen behandelt: 2.) Wie gelangte ein aufstrebender Bühnenautor ohne geschichtswissenschaftliche Ausbildung an das Rohmaterial für sein Werk? 3.) Wie gelang es ihm, bereitwillige Verleger und Regisseure für dieses extrem riskante Projekt zu finden? 4.) Wie erreichte er eine solche Medienpräsenz, dass seine Verurteilung des Papstes zu einem Kassenschlager wurde? 5.) Weshalb unterlagen seine Gegner in den PR-Kämpfen? In diesem Kapitel wird die These vertreten, dass die Verteidiger des belagerten Pontifex die Debatte über das Schweigen des Papstes zur Deportation und Ermordung der Juden mit ihrem Gegenschlag in eine Diskussion wandelten, die für ihre Sache weitaus schädlicher war – eine Diskussion über Meinungsfreiheit, Grundrechte und Toleranz – und das im Kontext der ersten Hälfte der 1960er Jahre, als sich die gesellschaftliche Haltung in Bezug auf diese Themen im Umbruch befanden.

---

12 Für die Berichterstattung in Illustrierten vgl. zum Beispiel: „The Play That Rocked Europe", in: *The Saturday Evening Post*, 29.2.1964, S. 36–39; Tom Prideaux, „Homage and Hate for ‚The Deputy'", in: *Life*, 13.3.1964, S. 28D.

Rolf Hochhuths Reise von Eschwege nach Gütersloh, 1931–1957

Wie kam ein junger und ehrgeiziger Stückeschreiber aus einem abgeschiedenen Teil Mitteldeutschlands auf die Idee, das Oberhaupt der katholischen Kirche an den Pranger zu stellen? Ähnlich wie bei Gordon Zahn und Ernst-Wolfgang Böckenförde führten fast ununterbrochene Kontinuitätslinien von prägenden Erlebnissen in Kindheit und Jugend zu Hochhuths kritischer Abrechnung mit der Kirche. Dabei ist der Einfluss seiner biografischen Reise jedoch nicht so unmittelbar und intuitiv nachvollziehbar wie bei anderen Kirchenkritikern. Vor allem war er wie die meisten seiner Klassenkameraden in seinem mehrheitlich protestantischen Heimatort Eschwege evangelisch erzogen worden. Er blieb formal betrachtet ein evangelischer Christ, auch wenn seine religiöse Erziehung so „lau" ausgefallen sei, dass er sich schon bei seiner Konfirmation als „Heuchler" gefühlt habe, da er noch nie an Glaubenslehren wie die Auferstehung des Fleisches geglaubt habe.[13] Während der entsetzlichen Jahre der NS-Diktatur und des Kriegs bedeutete dies wenige bis gar keine Begegnungen mit römisch-katholischen Kirchen- oder Laienführern, die seinen Ärger über die katholische Kirche oder ein Drängen auf Kirchenreform hätten auslösen können. Hochhuth sah sich selbst als Angehöriger der „45er-Generation" und behauptete sogar einmal, dass Hitler sein „Vater" gewesen sei – das heißt eine Vaterfigur, die seiner Vergangenheit und seiner literarischen Themenwahl zugrunde lag.[14] Wie ist diese höchst ungewöhnliche Odyssee zu verstehen?

Ein Teil des Puzzles war sicherlich die geografische Isolation Eschweges und ein spürbares Gefühl der Bedeutungslosigkeit, welches den Ort in der Nachkriegszeit durchzog. Mit seiner Lage im Osten Hessens war Eschwege eine verschlafene Ortschaft im Werratal, umgeben von einer idyllischen Berglandschaft, Seen und Wäldern – ein wahres Mekka für Dichter der romantischen Art. Die harmonische Mischung aus Fachwerkhäusern und anmutiger bürgerlicher Architektur aus der Zeit um die Jahrhundertwende verweist auf vergangenen Wohlstand. Eschweges Fabriken versorgten die Bevölkerung einst durch die Fertigung von Schuhen, Leder- und Textilwaren. Doch mit weniger als 20.000 Einwohnern ist es heute eher eine malerische Kleinstadt abseits der ausgetretenen Touristenpfade. Die nächstgelegenen Städte mittlerer Größe sind das etwa 50 Kilometer entfernte Kassel im Nordwesten sowie das etwa 30 Kilometer östlich liegende Eisenach. Doch in den 1950er Jahren trennte der Eiserne Vorhang zunehmend den regionalen Hauptumschlagplatz um

---

13   Hochhuth, „Mensch", S. 169–193, 175–176; Lahann, *Hochhuth*, S. 27, 372–373.
14   „Mein Vater heißt Hitler: Fritz J. Raddatz im Gespräch mit Rolf Hochhuth", in: *Die Zeit*, 9.4.1976.

Eschwege von seinem östlichen Hinterland in Thüringen. Die Wachtürme der DDR waren vom Stadtrand aus gut sichtbar. Die Entscheidungsträger im Westen beschlossen schließlich, den Zugverkehr ins Stadtzentrum einzustellen, wodurch die Einwohner Eschweges fortan auf den Busverkehr angewiesen waren, um zum nächsten, kilometerweit entfernten und verlassenen Bahnsteig zu gelangen. Das sich entlang der Zonengrenze erstreckende und von hoher Arbeitslosigkeit geplagte Eschwege sank immer tiefer in die Bedeutungslosigkeit herab.

Dieses sehr greifbare Gefühl des Abstiegs hinterließ bei Hochhuth unverkennbare Spuren. Er entwickelte eine tiefe Verachtung für den ersten Bundeskanzler der jungen Republik, Konrad Adenauer, den er dafür verantwortlich machte, dass die deutsche Nation buchstäblich unter seinen Füßen auseinandergerissen worden war. Jahre später bezeichnete er den Kanzler als „unbelehrbare[n] Separatist[en]" und „Rheinbundfanatiker".[15] Er machte sowohl Adenauer als auch den Generalsekretär der SED Walter Ulbricht für die Teilung Deutschlands verantwortlich und bezeichnete beide als „Ideologen" und „Hochverräter".[16] In Hochhuths Skizzenbuch – er war nach jahrelangem privaten Kunstunterricht durch einen lokalen Künstler ein begabter Zeichner –, das auch den ersten Entwurf für den *Stellvertreter* enthielt, befanden sich später Portraits von Papst Pius XII. und Konrad Adenauer nebeneinander.[17] Beide Männer waren für Hochhuth Symbole des glühenden Antikommunismus, der Deutschland in seinen Augen entzweit hatte. Hochhuth brachte indes seine Bewunderung für Bismarck, den großen Architekten der deutschen Einigung, zum Ausdruck.[18]

Die Schlussfolgerung, dass seine Verurteilung von Pacellis Schweigen aus seinem Hass für Adenauer erwuchs, würde zwar zu kurz greifen. Doch das mehrheitlich protestantische Land Hessen war eine Brutstätte für Kritiker, denen die Rolle der Kirche in der Politik sowie Adenauers Westbindung missfielen. Hochhuth konnte auf die Präzedenzfälle zweier Adenauerkritiker aus Hessen aufbauen: Georg August Zinn und Gustav Heinemann. Letzterer war ein von der CDU übergelaufener SPD-Abgeordneter, dessen Vater und erweiterter Familienkreis stolze Eschweger waren.[19] Dem im Vergleich zu Zinn noch

---

15 Friedhofs-Ordnung und Eiserner Vorhang: Notizen über Eschwege, SLA, NL Hochhuth, #302.

16 Hochhuth, „Friedhöfe und Eiserner Vorhang", S. 97–116, hier 112.

17 Zu Hochhuths künstlerischer Unterweisung vgl. SLA, NL Hochhuth, #302, undatiert, ohne Titel. Für die Zeichnungen siehe: SLA, NL Hochhuth, #1, loses Blatt.

18 Für eines der zahlreichen Beispiele siehe etwa Hochhuth, „Mensch".

19 In diesem Punkt scheint sich eine Parallele zwischen Hochhuth und Rudolf Augstein aufzudrängen, dem streitlustigen Gründer des *Spiegel*. Augstein schätzte nicht nur Bismarck gleichermaßen hoch, sondern fand ebenfalls großen Gefallen daran, die

scharfzüngigeren Hochhuth ging es darum, die Narrative von der katholischen Kirche als Quelle des NS-Widerstands als Gründungslüge der Bundesrepublik zu entlarven. Sowohl Liberale als auch Sozialisten konnten gegen Adenauers CDU gemeinsame Sache machen. Hochhuth übernahm auch unverkennbar Elemente beider Ideologien und griff später kapitalistische Exzesse heftig an, während er gleichzeitig seine Bewunderung für Bismarck nicht verschleierte.[20]

Die oben angesprochenen Abstiegsängste waren für Hochhuth auch unmittelbar persönliche Erfahrung und flossen, wenn auch nur indirekt, in die Entstehung von *Der Stellvertreter* ein.[21] Hochhuth wurde im Jahr 1931 als Kind einer gutbürgerlichen Familie geboren.[22] Sein Vater leitete – und verlor – eine Schuhfabrik im Jahr 1932. Obwohl dieser durch die Leitung von Eschweges ältestem Lebensmittel- und Saatgutunternehmen sowohl Gewerbe als auch Status wiederherstellen konnte, ließen sich bleibende finanzielle Ängste, berechtigte wie eingebildete, nicht ohne Weiteres bezwingen.[23] Diese wurden vermutlich durch die beunruhigenden beruflichen Aussichten des aufstrebenden Schriftstellers in den 1940ern und 1950ern verstärkt. Mit einer großen Abneigung gegenüber Mathematik und den Naturwissenschaften ging er 1948 nach der mittleren Reife von der Schule ab, um eine Lehre als Buchhändler zu absolvieren und seine literarische Karriere voranzutreiben.[24] Obschon er seiner Familie und seinen Freunden gesagt hatte, er wolle sich einen Namen machen, war der ehrgeizige Autodidakt gleichwohl, und wie vorherzusehen war, über sein ausbleibendes berufliches Vorankommen

---

Reichen und Mächtigen zu Fall zu bringen. Während der berüchtigten *Spiegel*-Affäre im November 1962 führten seine Gegner eine Kampagne gegen ihn. So widersprüchlich dies auch erscheinen mag, sowohl Augstein als auch Hochhuth verschmolzen Elemente des Nationalliberalismus mit einer vernichtenden Kapitalismuskritik. Allem Anschein nach standen sich beide mit kritischer Reserviertheit gegenüber.

20   Hochhuth, *Klassenkampf*. Bezüglich seines Interesses an Bismarck vgl. Rowohlt Theater Verlag, Zeitungsausschnitt, „Hochhuth ... Unverzeihliches über Gott".

21   Niedergang und Abstieg waren auch das Thema in Thomas Manns *Buddenbrooks*, einem von Hochhuths großen literarischen Vorbildern. Manns labyrinthartige Prosa weist eine mehr als flüchtige Ähnlichkeit mit der Erzählweise seines Anhängers auf. Zu seiner Bewunderung für Thomas Mann vgl. Lebenslauf, undatiert, aber mit großer Wahrscheinlichkeit Ende 1963 oder 1964, S. 4, SLA, NL Rolf Hochhuth, #396.

22   Puknus/Göttler, *Rolf Hochhuth*, S. 12.

23   Rolf Hochhuth an Dieter (kein Nachname angegeben), 11.6.1953, SLA, NL Rolf Hochhuth, #250; Lahann, *Hochhuth*, S. 24.

24   Zu seiner Abneigung gegenüber Mathematik und Physik vgl. KNA Archiv, Berlin, Zeitungsausschnitt, „Hochhuth wird nicht hochmütig. ‚Von der Kunst kann man nicht leben.' ‚Nacht-depesche' interviewte Autor des ‚Stellvertreter'", in: *Nachtdepesche*, 22.2.1963; Lahann, *Hochhuth*, S. 22 f.

frustriert.[25] 1953 schrieb er an einen Freund: „Ich bewege mich auf allen Vieren und zähle die Tage, die mir noch zu dem Versuch bleiben, schriftstellerisch hochzukommen: ein Jahr ist bereits vertan – das Ergebnis ist lähmend."[26]

Doch das Blatt wendete sich fast über Nacht. 1955 fand er Anstellung als Verlagslektor im schnell wachsenden Bertelsmann-Verlag, der für seinen Lesering bekannt war. Während er Manuskripte durchsah und zur Veröffentlichung vorbereitete, darunter Werke von Thomas Mann, Otto Flake und Erich Kästner, konnte der aufstrebende Literat durch seine Tätigkeit berufliche Kontakte knüpfen, ohne die *Der Stellvertreter* niemals Hochhuths Schreibtisch verlassen hätte.[27] Ihm fehlte jedoch nach wie vor der Stoff, der ihm zum entscheidenden Durchbruch verhelfen sollte. Mit seiner hohen Geschichtsaffinität fand er ihn schließlich durch *trial and error*, während er die Fülle an Material aus der unmittelbaren Vergangenheit Deutschlands durchkämmte. Schritt für Schritt entnahm er den traumatischen Erlebnissen seiner Kindheit und Jugend in Eschwege unter der NS-Herrschaft Leitgedanken und Motive. Diese bildeten letztendlich die Grundlage für den *Stellvertreter*, auch wenn die Verknüpfungen zwischen seiner Vergangenheit und dem Dargestellten für die Theaterbesucher auf dem Kurfürstendamm im Jahr 1963 nicht offensichtlich waren.

Hochhuths engster Familienkreis hatte im Gegensatz zu zahlreichen anderen deutschen Liberalen nicht an die Illusionen der Nationalsozialisten geglaubt, was einigen der traumatischen Erfahrungen zugrunde lag. Wie es sich für eine bürgerliche Familie mit Wurzeln im Deutschen Kaiserreich geziemte, waren seine Mutter und sein Vater beide Patrioten. Nichtsdestotrotz verachteten sie die Rohheit und den brutalen Antisemitismus der Nationalsozialisten.[28] Die jüdische Gemeinde in Eschwege war größer als man vielleicht zunächst vermuten würde und überstieg laut Hochhuth zahlenmäßig die der Katholiken.[29] Viele waren Kaufmänner und Fabrikanten, andere Viehhändler, die für ihre Bereitschaft, hohe Preise im Einkauf und hohe Gehälter zu zahlen, bekannt waren. Hochhuths Mutter war mit vielen Juden aus der Region befreundet und war einigen von ihnen heimlich behilflich, als die Nationalsozialisten ihre Verfolgungsmaßnahmen intensivierten.[30] So half sie der jüdischen Frau eines Cousins, die später Gift nahm, nachdem sie von der Gestapo eine „Einladung"

25 SLA, NL Rolf Hochhuth, #396, Lebenslauf.
26 SLA, NL Rolf Hochhuth, #250, Hochhuth an Dieter, 6.6.1953.
27 Rolf Hochhuth an die Redaktion, DIE ZEIT, Hamburg (undatiert, aber wahrscheinlich vom 4.4.1963), SLA, NL Rolf Hochhuth, Schachtel 269.
28 Interview mit Hans Heinrich Koch, Eschwege.
29 Zimmer, „Geschichte der jüdischen Gemeinden", S. 341–357; Lahann, *Hochhuth*, S. 19.
30 Interview mit Hans Heinrich Koch, Eschwege.

erhalten hatte.[31] Doch schon kurz nach der „Reichskristallnacht", in der auch
die Synagoge in Eschwege niedergebrannt wurde, flehte sie eine jüdische Frau
an, sie möge bei der örtlichen Parteiführung nachfragen, warum ihr Mann
nach Buchenwald geschickt worden sei. Seine Mutter verweigerte ihre Hilfe.
Hochhuth bemerkte hierzu: „Nur ein Idiot könnte sie heute dafür verurteilen."
Kein einzelner Bürger, so Hochhuth, „hätte sich dem Terror der Gestapo offen
entgegenstellen können. Das konnte nur, wer zum Martyrium bereit war."[32] Im
Gegensatz dazu habe Pius XII. „grosse Chancen gehabt, durch eine öffentliche
Stellungnahme viele ahnungslose Juden zu warnen und Hitler vielleicht sogar
einzuschüchtern."[33]

Berichte aus erster Hand über den Massenmord an den Juden hinterließen
bei Hochhuth einen tiefen Eindruck. Der Vater eines seiner engsten Freunde,
ein Arzt von Beruf, wurde 1942 in ein Lazarett nahe Smolensk geschickt.[34]
Bei seiner Rückkehr brachte er entsetzliche Berichte darüber mit, wie sich
die deutsche Führungsriege der Juden entledigte. Nachdem sie die Berichte
gehört hatten, waren beide Jungen überwältigt von Scham, zumal sie einige
der aus Eschwege deportierten Juden persönlich gekannt hatten. Ab diesem
Punkt wurde es für Hochhuth zur persönlichen Notwendigkeit, an das Thema
anzuknüpfen, das letztendlich zur Entstehung des *Stellvertreter* führte.[35] In
Teilen des dritten und fünften Akts werden die Verhaftung, Deportation und
Ermordung einzelner jüdischer Männer, Frauen und Kinder dargestellt. Im
Frühjahr 1958 lernte Hochhuth in Süddeutschland einen Kunsttischler kennen,
der während seines Kriegsdienstes in der Wehrmacht nach Auschwitz straf-
versetzt worden war.[36] Er erzählte Hochhuth, dass er mit angesehen habe, wie
kleine Kinder, die wie durch ein Wunder die Vergasung überlebt hatten, in die
Verbrennungsöfen geworfen worden und bei lebendigem Leib verbrannt waren.
Hochhuth soll später der *Welt am Sonntag* gesagt haben, er habe sich danach
nicht nur gefragt, „wie so etwas geschehen konnte", sondern auch nach der Verantwortlichkeit „des Papstes als der höchsten moralischen Instanz Europas".[37]

---

31   Interview mit Rolf Hochhuth in Ramparts, 13.2.1964, UNDA, CZHN, 3066; Lahann,
      Hochhuth, S. 26. Nach Lahanns Darstellung war es Hochhuths jüdische Tante, die mittels
      der Einnahme von Gift Selbstmord beging.
32   Lebenslauf, S. 2, SLA, NL Rolf Hochhuth, #396.
33   Ebd.
34   Interview mit Hans Heinrich Koch, Eschwege.
35   Interview mit Hans Heinrich Koch. Koch berichtete hierzu: „Wir haben uns kaputt
      geschämt ... Ich habe die Juden doch gekannt ... Es war ein Bedürfnis von ihm, sich um
      den Stellvertreter zu kümmern."
36   „Die Frage wurde dem Papst 1943 gestellt", in: *Werra-Rundschau*, 23.3.1963.
37   „Rolf Hochhuth arbeitet an zwei neuen Stücken", in: *Die Welt am Sonntag*, 10.3.1963, KZG,
      NL Walter Adolph, WA16D1, Zeitungsausschnitt.

In der Entstehungsgeschichte des *Stellvertreter* war ebenso die unerwartete Ankunft Marianne Heinemanns in Eschwege im Dezember 1943 ausschlaggebend. Heinemann war ein schlagfertiges Waisenmädchen mit blonden Haaren, die sie zu einem Pferdeschwanz trug, und musste in der Schule in der ersten Reihe sitzen, weil ihre Beine zu lang waren. Hochhuth, der nach eigener Aussage der Klassenclown war, verliebte sich augenblicklich in sie und beschrieb sie als „das schönste Mädchen von Eschwege."[38] Sie wurde nicht nur seine erste Ehefrau, sondern in den Worten Hochhuths auch seine maßgebliche literarische Mitarbeiterin – eine Art der Partnerschaft, die für Künstler und Literaten nicht ungewöhnlich ist. Ihre Mutter, Rose Schlösinger, war im August 1943 als Mitglied der Roten Kapelle hingerichtet worden.[39] Durch Marianne kam Hochhuth erstmals mit sozialistischem Gedankengut und sozialistischer Literatur in Berührung. Während eines gemeinsamen Spaziergangs kam ihr die Idee für die zweite Szene des ersten Akts, in der führende NS-Verbrecher, darunter Eichmann und der Doktor (dessen Charakter entfernt auf Josef Mengele basiert), zum Kegeln gehen. Mittels Improvisation und Pantomime stellte sie die Handlung für ihn dar.[40] Heinemann war eine Literaturkennerin, die 1963 selbst ein Buch über deutsche Lyrik veröffentlichte, und machte Hochhuth mit dem freien Vers vertraut, in dem auch *Der Stellvertreter* geschrieben ist.[41] Sie diskutierte fast jede Zeile seines Meisterstücks mit ihm.[42] Das Schicksal von Heinemanns Mutter war für Hochhuth, der mindestens einmal Blumen an ihrem Grab niederlegte, sowohl traumatisierend als auch inspirierend.[43] Während er am *Stellvertreter* arbeitete, schrieb er mit der Novelle *Die Berliner Antigone* ein bewegendes Epitaph für seine verstorbene Schwiegermutter, das im Zusammenhang mit seinem bekannteren Stück gelesen werden sollte.[44] In ihr fand Hochhuth eine Kontrastfigur zum Papst: eine weltliche NS-Widerstandskämpferin ohne Furcht vor dem Martyrium – ein Akt, der aus Hochhuths Sicht ein Prärogativ des Stellvertreters Christi auf Erden war.

In weniger berufenen Händen wären diese traumatischen Episoden reine Erinnerungen geblieben. Die auf Vorfälle dieser Art folgende moralische Entrüstung in dramatische Erzählungen fließen zu lassen, wurde Hochhuths

---

38 Puknus/Göttler, *Rolf Hochhuth*, S. 19; Lahann, *Hochhuth*, S. 38.
39 Lahann, *Hochhuth*, S. 38 f.
40 Marianne Heinemann-Sideri an den Verfasser, 30.12.2011.
41 Ebd.; Hochhuth, *Buch der Gedichte*.
42 „Wer ist das eigentlich, dieser Rolf Hochhuth?", in: *Werra Rundschau*, 7.3.1963.
43 Zur Bedeutung des Todes seiner Schwiegermutter vgl. Raddatz, *Tagebücher*, S. 89; Marianne Heinemann-Sideri an den Verfasser, 30.12.2011.
44 Hochhuth, *Berliner Antigone*.

Markenzeichen. Dieses Muster begegnet dem Leser in fast all seinen Haupt-
werken: Der Bühnenautor erkennt Ungerechtigkeit, ist überwältigt von Entrüstung, identifiziert die zur Verantwortung zu ziehenden Übeltäter, verurteilt
sie und hält an seiner Überzeugung trotz heftiger Kontroversen oder gegenteiliger Beweise fest. Dieser Moralismus erwuchs aus seinem cholerischen
Temperament: Hochhuth hatte einen kämpferischen Charakter und scheute
nur selten die Konfrontation mit anderen.[45] Einer seiner engsten Freunde
aus der Kindheit erzählte über den jungen Hochhuth: „Wenn ihm etwas nicht
gefallen hat, dann hat er es laut gesagt.“[46] Diese direkte und offensive Art wurde
zu einem essenziellen Bestandteil in den meisten seiner literarischen Werke.
Eine weniger kühne Persönlichkeit hätte es niemals gewagt, es mit einer so verehrten Gestalt wie dem Papst aufzunehmen. Gleichzeitig hatte Hochhuth, der
sich oft als Meister der Öffentlichkeitsarbeit oder öffentlichen Inszenierung
hervortat, ein gutes Gespür dafür, Themen zu finden, die große Wellen schlagen
würden. Es kam wohl nicht von ungefähr, dass seine Liste von Personen,
die sich als Objekt moralischer Entrüstung eigneten, sich mit inhaltlichem
Material deckte, das für Rampenlicht sorgen würde.

Eine Erläuterung der persönlichen Eigenarten, zufälligen Begegnungen
und traumatischen Erfahrungen Hochhuths verdeutlicht allerdings nur,
wie der Weg für den jungen Autor bereitet wurde, um der Frage nach der
moralischen Verantwortung für den Massenmord an den Juden nachzugehen.
Bis in die späten 1950er Jahre hinein war es keineswegs klar, ob sich diese verschiedenen Bestandteile jemals verbinden lassen würden, geschweige denn
in der Form eines Theaterstücks. Denn Hochhuth war mit verschiedensten
schriftstellerischen Projekten beschäftigt, einschließlich des Briefromans
Victoriastrasse 4, der frei auf seinen Erfahrungen als Kurier der in Eschwege
stationierten amerikanischen Besatzer während des Sommers und Herbsts
1945 basiert. *Der Stellvertreter* erscheint hingegen wie eine plötzliche Ein-
gebung, die wahrscheinlich Ende 1958 seine Arbeit unmittelbar anstieß, nachdem er das Schweigen des Papstes als konkretes Thema identifiziert hatte.[47]

---

45   Lahann, *Hochhuth*, S. 9. Auch Journalisten bemerkten sein cholerisches Temperament,
      vgl. Felix Schmidt, „Wieder zielt Hochhuth auf ein Tabu", in: *Bild*, 14.4.1963. Selbst der
      Literaturkritiker der *FAZ* spielte in einer Überschrift darauf an: Dieter Hildebrandt,
      „Bruchstücke eines großen Zorns", in: *FAZ*, 22.2.1963.
46   Interview mit Hans Heinrich Koch.
47   Puknus/Göttler, *Rolf Hochhuth*, S. 25; „Ein Satanischer Feigling': Dramatiker Rolf
      Hochhuth über die neuen Kontroversen zu seinem Papst-Stück ‚Der Stellvertreter' und
      Pius XII.", in: *Der Spiegel*, 26.5.2007.

Was aber veranlasste ihn dazu, seine übrige Arbeit beiseite zu schieben und sich der Rolle Papst Pius' XII. im „Dritten Reich" zuzuwenden? Die Antwort hierauf ist untrennbar mit der zweiten Frage dieses Kapitels verwoben: Wie fand ein Bühnenautor ohne geschichtswissenschaftliche Ausbildung das Rohmaterial für sein Werk? Die Antwort ist denkbar einfach: Seitdem er als 14-Jähriger den Zusammenbruch der nationalsozialistischen Diktatur und die Befreiung Eschweges durch die amerikanische Armee miterlebt hatte, war Hochhuth fest entschlossen gewesen, die Geschichte des „Dritten Reichs" durch- und aufzuarbeiten. Wie auch andere Mitglieder der „45er-Generation" verfolgte er die Lektüre historischer Monografien und Dokumentensammlungen mit großem Eifer. Im Zuge dessen stieß er auf Dokumente, welche die Untätigkeit hochrangiger katholischer Kirchenführer herausgriffen – darunter auch Papst Pius' XII. Als Hochhuth die glühende Verehrung für den Pontifex nach dessen Tod im Oktober 1958 vernahm, löste dies tiefe Beunruhigung bei ihm aus.[48] Um seine fixe Idee des päpstlichen Schweigens mit mehr Informationen zu untermauern, arbeitete er sich tiefer in das vorhandene Material ein. *Der Stellvertreter* war das Produkt von Abscheu.

Von Gütersloh nach Rom und zurück: Hochhuths Recherche zur jüngsten Vergangenheit des Papstes, 1957–1962

Hochhuths Leselust war unersättlich. Er verschlang Klassiker der deutschen Literatur, Werke von eher weniger berühmten Autoren wie Otto Flake, wöchentliche Nachrichtenmagazine wie den *Spiegel* und nahezu sämtliche Bücher über die jüngste deutsche Vergangenheit und den Holocaust, die ihm in die Hände fielen. Wegen seiner nur rudimentären Fremdsprachenkenntnisse war er grundsätzlich auf Werke in deutscher Sprache angewiesen und bediente sich herausragender Literatur aus dem Ausland für gewöhnlich erst, nachdem eine deutsche Übersetzung erschienen war.[49] Und dennoch waren es die Arbeiten von ausländischen oder emigrierten Forschern, die ihm bezüglich der Reaktion des Papstes auf den Holocaust die Augen öffneten. Die meisten Mainstream-Historiker und Akademiker aus Westdeutschland hatten es bis dahin bewusst vermieden, sich in das Minenfeld einer wissenschaftlichen Auseinandersetzung mit Antisemitismus, NS-Besatzungspolitik und Genozid zu begeben. Einige hatten sich ihre Hände durch ihre eigene enthusiastische

---

48   „Die Frage wurde dem Papst 1943 gestellt", in: *Werra-Rundschau*, 23.3.1963.
49   Lahann, *Hochhuth*, S. 30.

Mitarbeit an Besatzungs- und Säuberungsmaßnahmen der Nationalsozialisten beschmutzt.[50]

Der unmittelbare Auslöser für Hochhuths Interesse an der Rolle hoher Geistlicher war ein verstörender Zeitzeugenbericht von Kurt Gerstein über die Massenvergasungen in Auschwitz, auf den Hochhuth zufällig bei der Lektüre einer von Léon Poliakov und Josef Wulf zusammengestellten Dokumenten-sammlung gestoßen war. Poliakov und Wulf hatten Gersteins Bericht aus dessen gebrochenem Französisch ins Deutsche übersetzt.[51] Gerstein beschreibt darin, wie er ohne Ankündigung den Apostolischen Nuntius in Berlin, Cesare Orsenigo, aufsuchte und diesen über die andauernde Vernichtung in Kenntnis setzte. Auf die Frage hin, ob er ein Soldat sei, wurde Gerstein anscheinend von einem untergeordneten Priester der Eintritt verweigert und der Nuntiatur ver-wiesen.[52] Hochhuth nahm an, dass der hartnäckige Gerstein bis zu Orsenigo vorgedrungen war, obwohl dies nicht eindeutig aus dem Bericht hervorgeht.[53] Ganz im Bann Gersteins versuchte sich Hochhuth an einer Novelle, erkannte jedoch bald, dass diese rätselhafte Figur sich besser für die Bühne eignete.[54] Teile des Berichts wurden fast wörtlich in den Text des Stücks übernommen und nur aufgrund der Erfordernisse des Freiverses leicht abgeändert.[55]

Als Poliakov und Wulf eine Nachfolgepublikation über das „Dritte Reich" herausgaben, fand Hochhuth handfestere Hinweise auf Pius' Pontifikat. Sie enthüllten darin sieben Dokumente in Bezug auf die Rolle Pius' XII. und Ernst

---

50   Aly, „Theodor Schieder, Werner Conze", S. 163–214; Haar, *Historiker*; Dunkhase, *Werner Conze*.

51   Gerstein, „Augenzeugenbericht", S. 101–115; zu Hochhuths Fund des Berichts vgl. ADK, Erwin-Piscator Center, 182, F66, From: Paul Moor, Berlin stringer, filing through Bonn Bureau, 19.2.1963.

52   Gerstein, „Augenzeugenbericht".

53   Hochhuth, *Der Stellvertreter*, S. 387.

54   ADK, Erwin-Piscator Center, 182, F66, from Paul Moor, Berlin stringer, filing through Bonn Bureau, 19.2.1963.

55   Zwei Beispiele: Der Gerstein-Bericht enthält die Sätze: „Dann setzt sich der Zug in Bewegung. Voran ein bildhübsches junges Mädchen, so gehen sie die Allee entlang, alle nackt, Männer, Frauen, Kinder, ohne Prothesen." Hochhuth schreibt: „Und die Kinder-leichen. Ein junges Mädchen ging dem Zug voran, nackt wie alle. Mütter, alle nackt." Ferner enthält der Bericht die Sätze: „Wie Basaltsäulen stehen die Toten aufrecht aneinander gepreßt in den Kammern. Es wäre auch kein Platz hinzufallen oder auch nur sich vorüber zu neigen. Selbst im Tode noch kennt man die Familien. Sie drücken sich, im Tode verkrampft, noch die Hände, so daß man Mühe hat, sie auseinanderzureißen, um die Kammern für die nächste Charge freizumachen." Hochhuth schreibt: „Wie Basalt-säulen stehn die nackten Leichen da, im Tode noch erkennt man die Familien. Sie haben sich umarmt, verkrampft – mit Haken reißt man sie auseinander." Hochhuth, *Der Stellver-treter*, S. 37, 38; Gerstein, „Augenzeugenbericht", S. 101–115.

von Weizsäckers, des deutschen Botschafters beim Heiligen Stuhl, während der im Oktober 1943 durchgeführten Massenverhaftungen von Juden in Rom.[56] Unter diesen Dokumenten des Auswärtigen Amts befand sich ein Telegrammschriftwechsel zwischen Berlin und Rom, der die Gefahr eines päpstlichen Protests im Namen der Juden auswertete. Ferner enthielten sie die Übersetzung des Artikels vom 25./26. Oktober 1943, der in der vatikanischen Zeitung *L'Osservatore Romano* erschienen war und in dem der Papst erklärt, seine Hilfstätigkeit kenne „keinerlei Grenzen, weder der Nationalität, noch der Religion, noch der Rasse".[57] Das letzte der sieben Schreiben, in dem Weizsäcker seinen Vorgesetzten in Berlin am 28. Oktober 1943 berichtet, dass der Papst nicht öffentlich protestieren werde, wurde zu den Schlussworten in *Der Stellvertreter*.

Für Hochhuth war dies sein bedeutendster Fund.[58] Er hatte, zumindest oberflächlich betrachtet, absolut sichere Beweise für die Tatenlosigkeit und Mitschuld des Papstes an den Verbrechen der Nationalsozialisten gefunden. Die Reaktionen auf den Tod des Papstes im Oktober 1958 brachten das Fass für ihn dann endgültig zum Überlaufen: Zahllose Zeitungen und Zeitschriften zollten Pius höchste Anerkennung und verewigten ihn als den „Papst des Friedens", Beschützer der deutschen Nation, Kreuzzügler gegen den Kommunismus und Verteidiger der Schwachen. Hochhuth scheint daraufhin vor Entrüstung sein schriftstellerisches Unternehmen in Angriff genommen zu haben.[59] Mit der historischen Feinarbeit beginnend, schrieb er Brief um Brief an Bibliotheken, Verlage und Archive. Dadurch kam er in den Besitz von Fotografien, einer Handvoll wissenschaftlicher Artikel und der Protokolle des Wilhelmstraßen-Prozesses gegen deutsche Diplomaten wie etwa Ernst von Weizsäcker.[60] Vor allem aber durchforstete er die Literatur – über den Holocaust, den Vatikan, Pius XII. und, was von ausschlaggebender Bedeutung ist, Tagebücher, Memoiren und „Tischgespräche" der damaligen Hauptverantwortlichen, darunter Hitler, Goebbels, Graf Ciano, Franz von Papen, Albrecht von Kessel und anderen.[61]

---

56   Poliakov/Wulf, *Das Dritte Reich und seine Diener*, S. 79–86.

57   Ebd., S. 86.

58   Lahann, *Hochhuth*, S. 51.

59   Rolf Hochhuth, Lebenslauf, SLA, NL Rolf Hochhuth, #396.

60   Rolf Hochhuth an den Verlag Volk und Welt, 16.6.1959, SLA, NL Rolf Hochhuth, #296; Frau Dr. S. Noller, Institut für Zeitgeschichte, an Rolf Hochhuth, 9.7.1959; Rolf Hochhuth an das Bayrische Staatsarchiv z. Hd. Herrn Prof. Memmsen, 24.8.1959, SLA, NL Rolf Hochhuth, #5; Rolf Hochhuth an Elfriede Gerstein, 26.8.1959, SLA, NL Rolf Hochhuth, #296; Elfriede Gerstein an Rolf Hochhuth, 17.3.1960; #269, Rolf Hochhuth an Ilse Wolf, Wiener Library, 13.6.1961, SLA, NL Rolf Hochhuth, #5.

61   Hochhuth, *Der Stellvertreter*, S. 381–469.

Diese Aufgabe war damals nicht so einschüchternd wie sie heute erscheinen könnte. Ende der 1950er Jahre befand sich die Erforschung des Holocaust und der katholischen Kirche im „Dritten Reich" noch in ihren Anfängen. Wissenschaftliche Bibliografien zählten oftmals nur einige wenige Seiten, was im scharfen Kontrast zu den Bibliotheksflügeln von heute steht, die einschlägige Bücher und Artikel zu Tausenden beherbergen. Hochhuth war zudem ein schneller Leser und ein noch schnellerer Schreiber. Selbst mit den wenigen ihm täglich zur Verfügung stehenden Stunden, die sich wegen seiner Dreiviertelstelle bei Bertelsmann vor allem auf den Morgen begrenzten, brachte er umfängliche Seiten zu Papier. Darüber hinaus hatte er auch Glück: Die von ihm bearbeitete Wilhelm-Busch-Ausgabe verkaufte sich derart gut – mehr als eine Million Exemplare wurden verkauft –, dass sein Chef, Reinhard Mohn, ihm am 29. Juni 1959 einen dreimonatigen Urlaub gewährte, um sich ganz seinen literarischen Ambitionen zu widmen.[62] Dies war ein willkommener Segen. Nach der mühsamen Suche nach einer Unterkunft machten sich er und seine Frau Mitte September auf den Weg nach Rom – der Bühnenautor war darauf aus, herauszufinden, ob Papst Pius XII. sich tatsächlich geweigert hatte, öffentlich demonstrativ Stellung zu beziehen.[63]

Hochhuths Reise mag wie Donquichotterie anmuten. Aufgrund eher rudimentärer Italienischkenntnisse konnte er lediglich mit Mitarbeitern des Papstes sprechen, die des Deutschen mächtig und zudem gewillt waren, ihm von der Reaktion Pius' auf die Deportation der römischen Juden im Oktober 1943 zu erzählen.[64] Hochhuth scheint außerdem bei seiner Ankunft mit Dr. Gerd Kloeters, der gerade erst eine Forschungsförderung durch die katholische Wissenschaftler fördernde Görres-Gesellschaft erhalten hatte, lediglich einen einzigen Kontakt vor Ort gehabt zu haben.[65] Er wohnte während seines Aufenthalts im *Collegio Teutonico di Santa Maria dell'Anima*, wo sich Ludwig Hammermayer, ein weiterer aufstrebender katholischer Wissenschaftler aus Deutschland und späterer Geschichtsprofessor an der Universität München, zur gleichen Zeit aufhielt.

---

62   Rolf Hochhuth an Reinhard Mohn, June 9, 1959, SLA, NL Rolf Hochhuth, #396; Reinhard Mohn an Herrn Dr. Boeck z.H. Herrn Leonhardt, 29.6.1959, SLA, NL Rolf Hochhuth, #296.

63   Rolf Hochhuth an die Kulturabteilung des Auswärtigen Amtes z.Hd. Herrn Staatssekretär, Dr. Dieter Sattler, 10.7.1959; Dieter Sattler an Rolf Hochhuth, 16.7.1959; E. Minewegen, Legationsrat an Rolf Hochhuth, 7.8.1959; Rolf Hochhuth an Dieter Sattler, 31.8.1959, SLA, NL Rolf Hochhuth, #269.

64   Zu seinen mangelnden Fremdsprachenkenntnissen siehe die deutschen Übersetzungen, die er mit Bleistift neben den Text eines italienischen Dokuments geschrieben hat: Bombe sul Vaticano, SLA, NL Rolf Hochhuth, #1.

65   Interview mit Ludwig Hammermayer, Eichstätt.

Ende Oktober arrangierte Kloeters für Hochhuth ein Treffen mit Monsignore Bruno Wüstenberg, einem deutschen Prälaten, der in derselben Unterkunft wohnte.[66] Doch Wüstenberg war eine fragwürdige Persönlichkeit. Er war sehr bekannt – allerdings nicht aus den Gründen, die er selbst bevorzugt hätte. Er fuhr mit einem roten Porsche durch die Straßen Roms und war von derart kleiner Statur, dass einige ihn scherzhaft „Wüstenzwerg" anstelle von Wüstenberg nannten.[67] Noch ausschlaggebender war jedoch, dass er eine persönliche Abneigung gegen Pacelli hegte, den er für die Stagnation seiner Karriere verantwortlich machte. Pacelli war allerdings nicht der einzige, der Wüstenbergs Geltungsdrang ausbremste. 1966 beförderte Papst Paul VI. den matt gesetzten Monsignore als Apostolischen Pro-Nuntius weg ins Exil nach Japan.

Kloeters hat wohl auch Hochhuths Kontakt zu einem noch problematischeren Informanten ermöglicht, dessen Protestschreiben ein Schlüsselmoment im Austausch zwischen Fontana und Pius im 4. Akt des *Stellvertreter* einnimmt: Alois Hudal, der berüchtigte österreichische Bischof, Nazi-Sympathisant und Rektor des deutschen Priesterkollegs *Santa Maria dell'Anima*. Hudal war ein Intrigant und hegte selbst mit Mitte 70 noch einen Groll: Pius XII. hatte 1939 die Unterstützung der deutschen Kirche eingestellt.[68] Hudal wird heute äußerst kritisch gesehen, vor allem wegen seiner unermüdlichen Anstrengungen, das Christentum mit dem Nationalsozialismus in Einklang zu bringen, und seiner Rolle als Fluchthelfer der schwersten NS-Kriegsverbrecher, darunter Adolf Eichmann und Franz Stangl, denen er über von ihm organisierte „Rattenlinien" zur Flucht in sichere Häfen wie Argentinien verhalf.[69] Hochhuth kannte ihn jedoch aus einem ganz anderen, heroischen Licht – als Verfasser eines scharf formulierten Schreibens an den Befehlshaber der deutschen Truppen in Rom. Der von Poliakov und Wulf in Auszügen veröffentlichte Brief Hudals enthielt die Androhung einer öffentlichen Geste des Protests seitens des Papstes, sollten die Verhaftungen der italienischen Juden nicht eingestellt werden. Hochhuth konnte nicht wissen, dass Hudal nicht der tatsächliche Autor dieses Schreibens gewesen war. Höherrangige Geistliche hatten es Hudal lediglich in dem Glauben unterzeichnen lassen, dass seine allseits bekannten Sympathien für die Nationalsozialisten zu einem besseren Ergebnis führen würden.[70]

---

66   Rolf Hochhuth an Bruno Wüstenberg, 23.10.1959, SLA, NL Rolf Hochhuth, #5. Für Hochhuths Gesprächsmitschriften vgl. Rolf Hochhuth an Marianne (Hochhuth), 26.10.1959, SLA, NL Rolf Hochhuth, #5.

67   Interview with Ludwig Hammermayer, Eichstätt.

68   Phayer, *Pius XII*, S. 195 f.; Dr. Jakob Weinbacher an Andreas Rohracher, 1.9.1952, AES, NL Andreas Rohracher, 20/99.

69   Phayer, *Pius XII*, S. 195–207; Steinacher, *Nazis auf der Flucht*.

70   Phayer, *Pius XII*, S. 76–79.

Die Gesprächspartner des jungen Bühnenautors kannten das Ausmaß seiner Ambitionen nicht.[71] Er stellte sich den beiden als Schriftsteller vor, der an einem literarischen Werk arbeite, dessen Protagonist ein junger Priester nach dem Vorbild des Berliner Prälaten Bernard Lichtenberg sein werde. Lichtenberg, so Hochhuth weiter, habe geplant, „sich 1942 mit den Juden nach Polen deportieren zu lassen, um dort ihr Schicksal zu teilen."[72] Jahre später gestand Hochhuth sein schlechtes Gewissen, „weil Wüstenberg ein so kluger und netter Mann war und ich ihn hinters Licht geführt hatte. Doch wenn ich ihm erzählt hätte, dass es in meinem Stück um Pius XII. geht und dessen Haltung zum Holocaust, hätte ich wohl keine Antwort von ihm bekommen."[73]

Was genau konnte Hochhuth in seinen Interviews – zwei mit Hudal und eines mit Wüstenberg – in Erfahrung bringen? Er erhielt die Bestätigung, die er gesucht hatte: Pius hatte nicht öffentlich seine Stimme zum Protest erhoben. Beide erhärteten seinen Verdacht: Die Deutschen wären nicht willens gewesen, in den Vatikan einzumarschieren und den Papst zu verhaften, selbst wenn er öffentlich protestiert hätte. Hitler wäre laut Hudal nicht „so dumm" gewesen.[74] Wüstenberg war der Meinung, ein solcher Schritt wäre „lächerlich" gewesen.[75] In den *Historischen Streiflichtern*, dem je nach Ausgabe und Schriftgröße 40-bis 80-seitigen Anhang zu seinem Stück, zitiert Hochhuth diese beiden Aussagen fast wörtlich.[76] Darüber hinaus fand eine zentrale Äußerung in Hochhuths Protokoll über sein erstes Gespräch mit Hudal seinen Weg in den Haupttext des Schauspiels. In seinen Notizen zu dem Interview bemerkt Hochhuth mit Scharfsinn, dass Hudal noch immer ziemlich „infiziert" von der NS-Ideologie wirke: „Er bedauert auch heute noch, daß Nationalsozialismus und Christentum nicht zusammenpassten und zitiert ein Wort Molotows aus etwa 1934, der Kommunismus sei erledigt, wenn Nationalsozialismus und Christentum sich verständigten."[77] Hochhuth legte diese Worte des Wunschdenkens später Cesare Orsenigo, dem Apostolischen Nuntius in Berlin, tendenziös in den

71   Rolf Hochhuth an Ludwig Hammermeier [sic!], 12.3.1960, SLA, NL Rolf Hochhuth, #269.

72   Rolf Hochhuth an Bruno Wüstenberg, 23.10.1959, SLA, NL Rolf Hochhuth, #5. Nach Birgit Lahann erzählte Hochhuth beiden, er plane ein Werk über Maximilian Kolbe. Während dies durchaus möglich ist, bezieht sich Hochhuth jedoch im einschlägigen Schriftwechsel auf Lichtenberg – und nicht Kolbe; vgl. Lahann, *Hochhuth*, S. 44.

73   Lahann, *Hochhuth*, S. 44 f.

74   Handschriftliches Protokoll Hochhuths zu seinem Gespräch mit Alois Hudal, 22.10.1959, SLA, NL Rolf Hochhuth, #5.

75   Rolf Hochhuth an Marianne Hochhuth, 26.10.1959; Rolf Hochhuth an Bruno Wüstenberg, 23.10.1959, SLA, NL Rolf Hochhuth, #5.

76   Hochhuth, *Der Stellvertreter*, S. 428.

77   Handschriftliches Protokoll Hochhuths zu seinem Gespräch mit Alois Hudal, 22.10.1959, SLA, NL Rolf Hochhuth, #5.

Mund. Im ersten Akt meint Orsenigo: „Herr Molotow hat's längst begriffen: er hat im Jahre Vierundreißig eingestanden, wenn es in Deutschland zur Verschmelzung der Kirche mit den Hitler-Leuten komme [...], dann sei der Kommunismus erledigt in Europa."[78]

Hochhuth kam später selbst zu dem Schluss, dass er sein Vorhaben ohne den Forschungsurlaub in Rom niemals hätten verwirklichen können.[79] Ihm wurde ein Schreibtisch auf dem Dach des Petersdoms zur Verfügung gestellt, von wo aus er eine fantastische Sicht über die Kulisse für den vierten Akt seines Stücks hatte – den Vatikan und die angrenzenden Viertel, die von den Nationalsozialisten als Sammellager für die römischen Juden vor ihrer Deportation genutzt worden waren. Da die Archivbestände des Vatikans aus der Zeit nach 1846 zu diesem Zeitpunkt für Forscher nicht zugänglich waren, hatte er auch Zeit zum Schreiben. Er schrieb den ersten Entwurf seines Stücks in der Vatikanischen Bibliothek in einem kleinen gebundenen Notizbuch nieder, das heute im Schweizerischen Literaturarchiv eingesehen werden kann.[80] Aber es könnte auch argumentiert werden, dass Hochhuths Aufenthalt in Rom – der im Gegensatz zu den später von ihm behaupteten drei Monaten allem Anschein nach nur zwischen sechs und acht Wochen dauerte – sich als wesentlich bedeutsamer für spätere PR-Bemühungen erwies.[81] Denn er konnte glaubwürdig berichten, in Rom gewesen zu sein und Mitarbeiter des Vatikans interviewt zu haben.

Nach seiner Rückkehr nach Gütersloh, dem Bertelsmann-Hauptsitz, geriet die Arbeit an seinem Stück aufgrund der hohen beruflichen Beanspruchung ins Stocken. Da das Stück größere Dimensionen annahm, als er sich zunächst ausgemalt hatte, war außerdem eine weitere historische Recherche erheblichen Umfangs erforderlich.[82] Hierüber kam er in Kontakt mit Persönlichkeiten wie Léon Poliakov. Dieser gehörte zu den ersten Forschern, die die Verbrechen des

---

78 Hochhuth, *Der Stellvertreter*, S. 32.
79 Rolf Hochhuth an Reinhard Mohn, 21.3.1968, Unternehmensarchiv, Bertelsmann, 0046/48.
80 SLA, NL Rolf Hochhuth, Schachtel Ausstellung, Ringbuch mit Recherchematerial.
81 Aus den schriftlichen Anfragen für eine mögliche Unterkunft geht hervor, dass er lediglich plante, sich vom 15. September bis 30. Oktober 1959 in Rom selbst aufzuhalten, vgl. Rolf Hochhuth an Signora Ciancio, undatiert, aber wahrscheinlich aus der ersten Augusthälfte 1959; E. Minwegen an Rolf Hochhuth, 7.8.1959; Signora Caterinici an Rolf Hochhuth, 14.8.1959, SLA, NL Rolf Hochhuth, #1. Ein Ausweis der Biblioteca Apostolica Vaticana ist auf den 21.10.1959 datiert; eine Benutzungskarte des Instituts für Zeitgeschichte in München wurde vom 28.10.1959 bis zum 18.1.1960 verlängert, sodass er durchaus Ende Oktober nach Deutschland zurückgekehrt sein könnte, vgl. SLA, NL Rolf Hochhuth, #396.
82 Rolf Hochhuth an Bruno Wüstenberg, 18.2.1960, SLA, NL Rolf Hochhuth, #5.

Holocaust systematisch dokumentierten.[83] In ihren regelmäßigen Telefonaten und Briefwechseln versorgte Poliakov Hochhuth mit zusätzlichen Hinweisen, Kontakten und Quellenmaterial, darunter auch mit dem Zitat von François Mauriac, welches die Einleitung der Taschenbuchausgabe des *Stellvertreter* ziert.[84] Hochhuth beschrieb Poliakovs Hilfe später als „wirklich unbezahlbar.“[85]

Während dieser Zeit nahm Hochhuth wesentliche Änderungen vor. So fügte er die berühmte Händewasch-Szene hinzu, die den Höhepunkt des vierten Akts und, in der Einschätzung zahlreicher Kritiker, des gesamten Stücks markiert.[86] Diese Szene habe sich ihm aufgedrängt, so Hochhuth, nachdem er die Ansprache Papst Pius' XII. vom 2. Juni 1945 gelesen habe, in der Pius den katholischen Widerstand gegen den Nationalsozialismus angepriesen hatte.[87] Für Hochhuth grenzte dies an verabscheuungswürdige Selbstentlastung.

Hochhuth stellte seinen Entwurf im Februar 1961 fertig.[88] Am 23. Mai 1961 bot er den Entwurf sowie 60 Seiten Begleitdokumentation – den Vorläufer der *Historischen Streiflichter* – dem Verlag Rütten & Loening an.[89] Die Wahl des Verlags schien perfekt: Dessen Herausgabe der äußerst kompromittierenden Dokumentation über die NS-Vergangenheit von Adenauers engstem Berater Hans Globke hatte gerade erst hohe Wellen geschlagen.[90] Der Verlag war zudem 1960 vom Bertelsmann-Konzern aufgekauft worden und Hochhuths Chef Reinhard Mohn leitete nun die Geschäfte. Bis Ende August 1961 hatte Hochhuth einen Vertrag abgeschlossen und einen Vorschuss erhalten.[91]

---

83   Poliakov, „Le centre de Documentation Juivre", S. 39–44; Jockusch, *Collect and Record!*,
       S. 63–65, 169–171.

84   Vgl. Léon Poliakov an Rolf Hochhuth, 27.4.1961; Léon Poliakov an Rolf Hochhuth, 26.5.1961,
       SLA, NL Rolf Hochhuth, #5. Für das Mauriac-Zitat vgl. Hochhuth, *Der Stellvertreter*, 1963,
       S. 6.

85   Rolf Hochhuth an Léon Poliakov, 24.5.1961, SLA, NL Rolf Hochhuth, #5.

86   SLA, NL Rolf Hochhuth, Schachtel Ausstellung, Ringbuch mit Recherchenmaterial. Der
       erste Entwurf des vierten Akts enthält diesen Höhenpunkt nicht. Hochhuth fügte später
       die folgenden Anweisungen in greller blauer Schrift hinzu: „Die Pilatusszene: vielleicht –
       ein Waschbecken, das ihm gebracht wird, weil er sich beim Unterschreiben seiner [unles-
       bares Wort] die Finger bekleckert hat" und „Hände waschen."

87   Hochhuth, *Der Stellvertreter*, 1963, S. 273. Für den Wortlaut der Ansprache vgl. Volk, *Akten
       deutscher Bischöfe, VI*, S. 884–893.

88   Rolf Hochhuth an Dr. Eric Bentley, 5.12.1964, SLA, NL Rolf Hochhuth, #352.

89   Rolf Hochhuth an Herrn Leonhardt, 23.5.1961, SLA, NL Rolf Hochhuth, #6. Diese Daten für
       die Fertigstellung und den Druck des Manuskripts weichen von den Zeitangaben Birgit
       Lahanns ab, welche die Fertigstellung auf 1959 und den Druck auf 1960 datiert. Lahanns
       Darstellung stützt sich auf Interviews mit Hochhuth, während der zeitliche Ablauf hier
       mithilfe des Schriftverkehrs aus Hochhuths Dokumenten rekonstruiert wurde. Lahann,
       Hochhuth, S. 56.

90   Strecker (Hg.): *Dr. Hans Globke*, 1961.

91   Rolf Hochhuth an Friedrich Heer, 23.1.1962, ohne Signatur, ÖLA, NL Friedrich Heer.

Nachdem er im November letzte Korrekturen an den Druckfahnen vorgenommen hatte, gingen die Vorausexemplare in den Druck.[92] Die Veröffentlichung des Stücks schien unmittelbar bevorzustehen und die letzte Station auf der Reise von Gütersloh nach Rom und zurück zu markieren.

Von Gütersloh nach Berlin, Januar 1962 bis Februar 1963

Doch *Der Stellvertreter* erschien nicht 1962 bei Rütten & Loening. In einer dramatischen Wendung erschien das Stück erst einen Tag vor seiner Uraufführung im Februar 1963 als Taschenbuch beim Rowohlt-Verlag, einem konkurrierenden Buchverlag mit einem starken Interesse an Theater und Literatur. Natürlich hatte sich im Vorfeld hinter den Kulissen der beiden geschichtsträchtigen Verlagshäuser einiges an Diskussionen zugetragen über die Vor- und Nachteile, einen solchen Zündstoff unter ihrem Dach zu veröffentlichen. Beide Seiten erkannten das große Risiko. Warum also beschloss Rowohlt, das Risiko auf sich zu nehmen, obwohl der Verlag wusste, dass Rütten & Loening das Werk als zu brisant für eine Veröffentlichung erachtet hatte? Und wie konnte diese unerwartete Entwicklung dem Autor, der nach dem Verrat des ersten Verlags völlig niedergeschlagen war, zum Vorteil gereichen?

Die Entscheidungen waren vor dem Hintergrund geschäftlicher Erwägungen, politischer Interessen und sogar Intrigen im Hintergrund gefallen. Sowohl Bertelsmann als auch Rowohlt setzten sich aus mehreren, miteinander verbundenen Tochtergesellschaften und Abteilungen zusammen.[93] Als Vorstandsvorsitzender des Bertelsmann-Konzerns nutzte Mohn anscheinend die Erlöse aus dem überaus erfolgreichen Lesering, um Rütten & Loening zu bezuschussen.[94] Der Umstand, dass Rütten & Loening einen neuen Eigentümer hatte, was nicht allgemein bekannt war, schien jedoch der ausschlaggebende Faktor für Mohns Entscheidung gewesen zu sein, den Vertrag mit Hochhuth Ende Dezember 1961 zu brechen.[95] Hochhuth gab später Mohns Rechtfertigung für diesen Schritt wie folgt wieder: 47 Prozent des Leserkreises des Leserings bestünden aus Katholiken und er könne es sich nicht leisten,

---

92 Zu seinem Vorschuss vgl. Rolf Hochhuth an Reinhard Mohn, 21.3.1968, Unternehmensarchiv, Bertelsmann, 0046/48; Rolf Hochhuth an Eric Bentley, 5.12.1964, SLA, NL Rolf Hochhuth, #352.

93 Raddatz, *Jahre mit Ledig*, S. 85 f.

94 Rolf Hochhuth an Reinhard Mohn, 21.3.1968, Unternehmensarchiv, Bertelsmann, 0046/48.

95 Für das Datum des Vertragsbruchs vgl. Rolf Hochhuth an Friedrich Herr, 23.1.1962, ohne Signatur, ÖLA, Wien, NL Friedrich Heer.

einen so großen Teil seiner Basisleserschaft zu befremden.[96] Doch, was auch Hochhuth anmerkte, wer in Deutschland wusste überhaupt um die Verbindung zwischen dem Bertelsmann-Lesering und Rütten & Loening?[97] Hochhuth hatte den Verdacht, dass es zu Intrigen hinter verschlossenen Türen gekommen war. Seine Schreibkraft, die abends das Manuskript abtippte und dadurch ein wenig hinzuverdiente, entdeckte „Spitzelnotizen" von zwei Kollegen, die die Absicht hatten, wegen der Drucklegung eines solch skandalösen Werks bei Mohn Alarm zu schlagen.[98] Mohn sah die Dinge etwas anders. Zwar gestand er ein, von besagten Mitarbeitern beeinflusst worden zu sein, doch er bestand darauf, dass er Hochhuths Darstellung des Sachverhalts persönlich als tendenziös und nicht „objektiv" empfand. Obwohl Hochhuths „Tendenz beste Absichten verfolgte" würde sie laut Mohn „von den Mitgliedern unseres Leserings mit harten Maßnahmen quittiert werden."[99]

Hochhuth war hängengelassen worden, ein anderer Verlag war nicht in Sicht. Niemand wollte sich an ein Werk wagen, das den Makel potentieller Ablehnung durch den Kunden trug. Den Vorschuss musste er zurückzahlen. 1968 schrieb er Mohn, er hätte Rütten & Loening wegen des Vertragsbruchs verklagt, hätte er die finanziellen Mittel dafür gehabt.[100] Ohne Hochhuths Wissen nahm jedoch ein für ihn glücklicher Ausgang bereits Gestalt an. Mohn wollte einem geschätzten Mitarbeiter, der sich durch viele wertvolle Beiträge hervorgetan hatte, eine Aussicht bieten und traf sich mit Karl Ludwig Leonhardt, einem Lektor bei Rütten & Loening. Leonhardt war Hochhuths Vorgesetzter beim Lesering gewesen und die beiden, was noch bedeutender war, verband eine enge Freundschaft. Leonhardt entschied sich, einen ungewöhnlichen Schritt zu wagen: Er sandte das Manuskript an den Rowohlt-Verlag und traf sich mit Rowohlt-Vertretern, entweder mit Mohns Zustimmung oder unabhängig davon.[101] Fritz Raddatz, damals Cheflektor bei Rowohlt, nannte ihn daher den „illegitimen Erzeuger" des *Stellvertreter*.[102] In der Überzeugung, dass

---

96   Interview mit Rolf Hochhuth.

97   Ebd.

98   Rolf Hochhuth an Reinhard Mohn, 21.3.1968, Unternehmensarchiv, Bertelsmann, 0046/48.

99   Reinhard Mohn an Rolf Hochhuth, 25.3.1968, Unternehmensarchiv, Bertelsmann, 0046/48.

100   Rolf Hochhuth an Reinhard Mohn, 21.3.1968, Unternehmensarchiv, Bertelsmann, 0046/48.

101   Es bleibt unklar, ob Mohn von diesem Schritt Kenntnis hatte. Mohns Brief an Hochhuth aus dem Jahr 1968 scheint darauf hinzuweisen, dass er mit der Maßnahme einverstanden gewesen war, was allerdings nicht mit Gewissheit festgehalten werden kann. Reinhard Mohn an Rolf Hochhuth, 25.3.1968, Unternehmensarchiv, Bertelsmann, 0046/48; Rowohlt Verlag, unbekannter Absender an Karl Ludwig Leonhardt, 26.2.1962, SLA, NL Rolf Hochhuth, #396.

102   Raddatz, *Jahre mit Ledig*, S. 85.

die jüngste deutsche Vergangenheit aufgearbeitet werden müsse, hatte sich Leonhardt in Gesprächen mit Mohn und anderen Bertelsmann-Mitarbeitern für das Stück eingesetzt.[103] Leonhardt war so verärgert über die Wende, die die Veröffentlichung genommen hatte, dass er kurz darauf bei Rütten & Loening seine Kündigung einreichte.[104]

Diese beachtenswerte Hilfestellung war einer von drei schnell aufeinander folgenden Wendepunkten, die den Auftakt für Hochhuths literarische Karriere bildeten. Hochhuth bemerkte dazu später: „Leonhardt hat mich dem Rowohlt-Verlag aufgezwungen, wo der ‚Stellvertreter' schon abgelehnt war. Ich bin Karl Ludwig verpflichtet wie niemandem außer meinen Eltern."[105] Rowohlt, dessen Sitz sich damals in einem wohlhabenden Vorort Hamburgs befand, hatte sich einen internationalen Namen als linksliberales Unternehmen gemacht, das auch herausfordernde Autoren annahm und Provokation begrüßte. Die Taschenbuchreihe „rororo" wurde Deutschlands größte und erfolgreichste Taschenbuchreihe. Rowohlts Theaterverlag verfügte über direkte Kontakte zu Theaterbühnen und Regisseuren in der gesamten Bundesrepublik. Unter Rowohlts Fittichen hatte *Der Stellvertreter* bessere Erfolgsaussichten als bei den meisten anderen Verlagen.

Aber auch eine Zusage durch Rowohlt stand keinesfalls fest. Die Mitarbeiter des Bühnenverlags waren zunächst skeptisch.[106] Obwohl die historische Dokumentation so umfangreich war, dass es möglicherweise als Geschichtsbuch hätte veröffentlicht werden können, sahen sie wegen der übermäßigen Länge, des erforderlichen technischen Aufwands, des explosiven Inhalts und der Fülle an Charakteren, die eine 24-köpfige Besetzung erforderte, „keine Bühnenmöglichkeiten."[107] Sie zogen lediglich in Betracht, das Stück als Taschenbuch oder in einer kartonierten Buchausgabe zu veröffentlichen, merkten allerdings auch an, „dass rein literarisch gesehen, nämlich vom sprachlich Stilistischen, das Werk unseren Ansprüchen nicht recht genügt."[108]

---

103 Interview with Margaret Osthus.
104 Rolf Hochhuth an Eric Bentley, 5.12.1964, SLA, NL Rolf Hochhuth, #352.
105 Rolf Hochhuth an Herrn Pfarrer Jürgen Ehlers, 29.7.2007, Bestand Margaret Osthus.
106 Heinrich Maria Ledig-Rowohlt an Erwin Piscator, 26.2.1962, ADK, Archiv Theater der Freien Volksbühne Berlin, Schnellhefter, Der Stellvertreter, Vorkorrespondenz; Rowohlt Verlag, unbekannter Absender an Karl Ludwig Leonhardt, 26.2.1962, SLA, NL Rolf Hochhuth, #396.
107 Heinrich Maria Ledig-Rowohlt an Erwin Piscator, 26.2.1962, ADK, Archiv Theater der Freien Volksbühne Berlin, Schnellhefter, Der Stellvertreter, Vorkorrespondenz.
108 Unbekannter Absender an Karl Ludwig Leonhardt, 26.2.1962, SLA, NL Rolf Hochhuth, #396.

Die Druckfahnen landeten im Papierkorb des Leiters des Rowohlt Theaterverlags Klaus Juncker.[109]

Es folgte eine zweite Hilfestellung: Raddatz schlich sich in Junckers Büro und fischte das Manuskript aus dem Papierkorb. Er übergab es Heinrich Maria Ledig-Rowohlt, dem Leiter des Rowohlt-Verlags, um diesen im gleichen Zug „zur wenn auch kursorischen Lektüre [zu] zwingen."[110] Am nächsten Tag griff Ledig-Rowohlt zum Telefonhörer, um Erwin Piscators Urteil einzuholen.[111] Der hochgeschätzte Regisseur und Altkommunist war eine Institution aus eigener Kraft. Er war als Schöpfer des politischen Theaters der Weimarer Republik berühmt und hatte die 12 Jahre der Diktatur im Exil in Moskau, Paris und New York verbracht. Seit seiner Rückkehr nach Deutschland im Jahr 1951 hatte er mit dem Rowohlt Theaterverlag zahlreiche Projekte verwirklicht, darunter eine erst kurz zuvor aufgeführte Bühneninszenierung von Tolstois *Krieg und Frieden*. Ende 1962 sollte er die Intendanz an der Freien Volksbühne in Westberlin übernehmen. Ledig-Rowohlt vermutete daher: „Vermutlich wollen Sie auch selbst nicht unbedingt mit einem so brisanten Schock Ihr Berliner Debüt belasten."[112]

Nach weniger als 12 Stunden willigte Piscator ein. Er werde Hochhuths Stück uraufführen. Auch wenn er nicht vollkommen davon überzeugt war, dass „Hochhuth" kein Pseudonym eines berühmteren Autors war, sind die Gründe für seine Entscheidung unschwer zu erkennen.[113] Als Nachfahre einer protestantischen Pastorenfamilie hatte Piscator eine stark ausgeprägte antiklerikale Ader. *Der Stellvertreter* war für ihn ein aussichtsreiches Angebot, obwohl dessen Autor stets sehr zu beteuern bemüht war, dass sein Werk ein „christliches, ja sogar ein pro-katholisches Schauspiel" sei, das den Weg eines jungen Jesuiten nach Golgatha nachzeichne.[114] Das Stück hatte außerdem teilweise dokumentarischen Charakter und Piscator hatte bis Anfang der 1960er Jahre ein starkes Interesse an der Einführung des Dokumentartheaters entwickelt. Sein Theater sollte zum Tribunal, das Publikum zum Richter werden.

---

109   Raddatz, *Jahre mit Ledig*, S. 87.
110   Ebd., S. 87 f.
111   Ebd.; Heinrich Maria Ledig-Rowohlt an Erwin Piscator, 26.2.1962, ADK, Archiv Theater der Freien Volksbühne Berlin, Schnellhefter, Der Stellvertreter, Vorkorrespondenz.
112   Heinrich Maria Ledig-Rowohlt an Erwin Piscator, 26.2.1962, ADK, Archiv Theater der Freien Volksbühne Berlin, Schnellhefter, Der Stellvertreter, Vorkorrespondenz.
113   Zu Piscators Überzeugung, „Hochhuth" sei ein Pseudonym gewesen, vgl. Lahann, *Hochhuth*, S. 54–62.
114   „Hochhuth: ‚Ungeheuerliche Behauptung'", in: KNA, Nr. 36, Donnerstag, 21.2.1963/B, HAEK, Gen II, 22.13, 35.

Somit war Hochhuths Stück ein drittes Mal durch einen *Deus ex Machina* vor einem Schicksal in verstaubten Schreibtischschubladen und Papierkörben bewahrt worden.[115] Mit Piscators Unterstützung wurde Hochhuths ansonsten eher sperriges Werk plötzlich aufführbar gemacht. Piscator kürzte die Länge des Stücks von sieben auf zweieinhalb Stunden, wodurch er desaströse Rezensionen und einen leeren Theatersaal verhinderte.[116] Die beiden Männer führten gleichwohl bis kurz vor der Uraufführung einen erbitterten Streit über die Kürzungen.[117] Trotz des vehementen Widerspruchs durch den Autor bestand Piscator darauf, fast den gesamten fünften Akt, in dem Fontana, Gerstein und der Doktor sich in Auschwitz in einer Pattsituation wiederfinden, herauszukürzen.[118] Weniger als zehn Tage vor der Premiere riss Hochhuth Piscators Sekretärin das Telefon aus der Hand und schmiss es auf den Boden, wo es in tausend Stücke zerbrach.[119]

Hochhuth erkannte jedoch auch immer wieder an, dass er Piscator zu enormem Dank verpflichtet war.[120] Wäre *Der Stellvertreter* bei Rütten & Loening geblieben, wäre das Stück mit großer Wahrscheinlichkeit nie aufgeführt worden. Unter der Ägide von Rowohlt wurden nun sogar die finanziellen Schwierigkeiten ausgebügelt. Ledig-Rowohlt einigte sich mit Rütten & Loening auf einen Vergleich von 1.500 DM, wodurch allerdings keine Möglichkeit mehr für einen Vorschuss an den Autor bestand.[121] Er riskierte den Druck von 7.000 Exemplaren.[122] Die fast einjährige Verzögerung sollte sich als glückliche Fügung herausstellen. Denn in den deutschen Nachrichtenmedien hatte sich in der Zwischenzeit aus Gründen, auf die sogleich näher eingegangen wird, die latente Kirchenkritik zu einer antiklerikalen und antiautoritären Haltung verhärtet.

---

115 Hochhuth bekannte sich öffentlich hierzu. Zeitungsausschnitt, „NRZ-Gespräch mit Bühnen-Autor Rolf Hochhuth, ‚Ich hasse Papst Pius XII nicht'", in: *Neue Rheinzeitung*, 9.3.1963, HAEK, GEN II, 22.13, 35.

116 Zeitungsausschnitt, „Zahmer Piscator gab nur ein Fragment: Uraufführung von Hochhuths ‚Der Stellvertreter'", in: *Kölner Stadt-Anzeiger*, 22.2.1963, HAEK, GEN II, 22.13, 35.

117 Für ein Beispiel einer Kürzung, die kurz vor der Premiere vorgenommen wurde, vgl. Erwin Piscator an Erhart Stettner, 20.3.1963, ADK, Schnellhefter, Der Stellvertreter, Vorkorrespondenz.

118 Für die Diskussionen über den fünften Akt siehe: Kleinselbeck an Hochhuth, 16.8.1962; Rolf Hochhuth an Kleinselbeck und Erwin Piscator, 18.8.1962; Rolf Hochhuth an Erwin Piscator, 28.8.1962, ADK, Schnellhefter, Der Stellvertreter, Vorkorrespondenz.

119 „Die Frage wurde dem Papst 1943 gestellt", in: *Werra-Rundschau*, 22.3.1963.

120 Zeitungsausschnitt, „Nach der Premiere", in: *Berliner Morgenpost*, 22.2.1963, KZG, NL Walter Adolph, WA 16 D1.

121 Hochhuth, „L'Impromptu", S. 31–57, hier 33.

122 Ebd.

Maßgeblich war außerdem Rowohlts Netzwerk, das weltweit Kontakte zu internationalen Medien, Regisseuren, Übersetzern, Preiskomitees und Bühnen sicherstellte. Am 17. November 1962 verlieh die Freie Volksbühne Hochhuth die Förderprämie des Gerhart-Hauptmann-Preises in Höhe von 1.500 DM.[123] Während der Verleihung zog die Jury ausdrücklich ihren Hut vor dem „zornigen jungen Mann unserer dramatischen Literatur."[124] Nachdem nun alle Weichen für den Erfolg des *Stellvertreter* gestellt waren, trat der Autor ins Rampenlicht der Öffentlichkeit.

Abb. 6.2
Rolf Hochhuth und Erwin Piscator, der 30 Jahre ältere Veteran der Theaterregie, besprechen ihr in Kürze uraufgeführtes Stück *Der Stellvertreter*. Der erfahrene Bühnenautor und Regisseur musste das anderenfalls sieben Stunden dauernde Stück erheblich kürzen. Mit freundlicher Genehmigung des Archivs der Akademie der Künste, Berlin. Rechteinhaber: Deutsches Theatermuseum München, Archiv Ilse Buhs.

Die Public-Relations-Kämpfe vor der Uraufführung, Januar bis 22. Februar 1963

Durch viele Launen des Schicksals fand Hochhuth für sein Stück den richtigen Verlag, den richtigen Regisseur, die richtige Bühne und das richtige Timing. Es fehlte nur noch eines: Medienpräsenz. Wie jedes andere Debüt war auch *Der Stellvertreter* auf die üblichen Kanäle wie Werbeanzeigen, Ankündigungen in der Presse und Einladungen an Theaterkritiker angewiesen. Der Rowohlt-Verlag und Piscator nutzten ihre hoch angesehenen Namen und zapften gekonnt ihr internationales Netzwerk in den Bereichen Journalismus, Theater

---

123   Freie Volksbühne e.V. an Rolf Hochhuth, 2.11.1962, SLA, NL Rolf Hochhuth, #269.
124   HABF, HF/5462B, Zeittheater und Zeitgeschichte. Marginalien zu Rolf Hochhuths Schau-
        spiel „Der Stellvertreter," Sendung: 2.5.63, 21: 15–22:00 Uhr, 6.

und Literatur an. Doch diese Maßnahmen waren nicht unbedingt ausreichend, da selbst die Verfechter des *Stellvertreter* die literarischen Unzulänglichkeiten des Stücks erkannten – den unbeholfenen Einsatz des Freiverses, die ausschweifende Länge, die eindimensionalen Protagonisten und den Mangel an Charakterentwicklung.[125] Obgleich andere Szenen diese Schwächen mit literarischer Brillanz ausglichen, ging ausgerechnet der Autor als geistiger Vater bis zur letzten Minute davon aus, das Stück werde aus Sicht der Kritiker und an den Theaterkassen ein Misserfolg.

Stattdessen wurde Hochhuths Stück jedoch über Nacht zum Kassenschlager. Es sorgte für 60 ausverkaufte Aufführungen in Berlin, bevor das Theater das Stück einstellte, Tickets waren lediglich auf dem Schwarzmarkt erhältlich.[126] Die Taschenbuchausgabe schoss innerhalb von gerade einmal sechs Wochen an die Spitze der *Spiegel*-Bestsellerliste.[127] Zahlreiche Theaterkompanien sowohl in Deutschland als auch zunehmend aus dem Ausland baten Rowohlt um Erlaubnis, das Stück inszenieren zu dürfen. Das Stück wurde eilig ins Englische, Französische, Schwedische, Italienische und mehr als sechs weitere Sprachen übersetzt. Wie hatte *Der Stellvertreter* alle Erwartungen, einschließlich jene des Autors, übertreffen und zu solch einem Riesenerfolg werden können? Die Antwort ist trügerisch einfach: Der Hype um das Stück – und nicht zuletzt auch Piscators Kürzungen – kompensierten seine literarischen Schwächen. Das neue Stück wurde zur kommerziellen Sensation, weil es von Kontroversen umrankt war.[128] Rowohlts Team hatte das Stück wohlwissend um dessen Potenzial, einen Skandal auszulösen, angenommen – und wohl auch genau deswegen auf die Bühne gebracht. Als Ledig-Rowohlt Piscator das Manuskript im Februar 1962 zeigte, merkte er bereits an, das Stück enthalte „politisch betrachtet, ungeheuren Explosivstoff und würde ohne Zweifel heftig angegriffen werden, ja vielleicht sogar einen Skandal hervorrufen."[129]

Doch diese Erklärung ist nur ein Teil der Antwort. Die Kontroverse musste erst geschaffen werden, die Entrüstung musste eine ehrliche sein. Es war auch das Duett, das die Befürworter und Gegner des *Stellvertreter* boten, welches das Stück in den hektischen vier Wochen vor der Premiere in den Blickpunkt der Öffentlichkeit katapultierte. Erstere köderten die Presse, die unglücklich zum

---

125 Hans Egon Holthusen an Rolf Hochhuth, 19.2.1962, SLA, NL Rolf Hochhuth, #5.
126 „Rolf Hochhuth: Ein Kampf mit Rom", in: *Der Spiegel*, Nr. 17, 24.4.1963.
127 Ebd.
128 Vgl. beispielsweise „Shattering", in: *Newsweek*, Nr. 63, 9.3.1964, S. 78 f. Der Autor schreibt: „The Deputy' is a botch – crude, unshapely, and strident – but it is also a theatrical experience so shattering that it makes the usual yardsticks seem piffling and irrelevant."
129 Heinrich Maria Ledig-Rowohlt an Erwin Piscator, 26.2.1962, ADK, Archiv Theater der Freien Volksbühne Berlin, Schnellhefter, Der Stellvertreter, Vorkorrespondenz.

Ausdruck gebrachte Entrüstung der Letzteren zeugte von Überreaktion, ihre Erwiderungen köderten nur noch mehr. Dieses *Pas de deux* wurde auch noch Monate nach der Uraufführung im Februar 1963 fortgeführt, und es wiederholte sich, als das Stück zu neuen Bühnen im Ausland weiterzog.

Damit dieses Spektakel sich entfalten konnte, mussten beide Seiten ihren Part perfekt umsetzen. Das Rowohlt-Team entschied sich für Vorsichtsmaßnahmen und legte einen Mantel der Geheimhaltung über das Werk. Hochhuth war angehalten, alle Exemplare der Druckfahnen von Rütten & Loening zurückzuverlangen.[130] Zudem sollte die Buchausgabe erst am Tag der Premiere auf den Markt kommen. Dieses Vorgehen war für versierte Verleger mit einem Interesse an guten Umsätzen Standard. Eine frühere Veröffentlichung, zumal eines unbekannten Autors, hätte die Einnahmen aus dem *Stellvertreter* allzu leicht negativ beeinflussen können. Erst einen Monat vor der Uraufführung verschickte Piscator die Einladungen an internationale Journalisten, darunter Kritiker für *The New York Times, Herald Tribune* und *The Sunday Times*.[131] Er bediente sich eines geschickten Kunstgriffs und fügte der Buchausgabe nicht nur ein Vorwort hinzu, sondern teilte den Journalisten – deren Erinnerung an die Verhandlungen 1956 in Karlsruhe noch frisch waren – zudem mit, das Stück handele von dem berühmten Reichskonkordat, welches Pius XII. und Hitler abgeschlossen hatten. Er schlussfolgerte: „Ich hätte das Stück aufgrund seines recht gewagten und prekären Inhalts nicht angenommen, wenn ich nicht davon überzeugt gewesen wäre, dass hier ein außergewöhnliches Talent am Werk war."[132] Dieter Borsche, der renommierte Schauspieler, der Pius XII. darstellte, beschrieb das Werk in einem Interview mit der Berliner Tageszeitung *Der Abend* als „aggressiv".[133] Um das Interesse der Lokalpresse zu wecken, lenkten die für die PR-Strategie Verantwortlichen die Aufmerksamkeit darauf, dass das Stück unter anderem dem Berliner Dompropst und Märtyrer Bernhard Lichtenberg gewidmet war.[134]

---

130 Heinrich Maria Ledig-Rowohlt an Erwin Piscator, 8.3.1962, ADK, Erwin Piscator Center, 2150.

131 Erwin Piscator an Brooks Atkinson, 21.1.1963; Erwin Piscator an Kenneth Tinen, 21.1.1963; Erwin Piscator an Tom Curtis, 21.1.1963; Erwin Piscator an John Crosby, 21.1.1963; Erwin Piscator an Howard Taubmann, 22.1.1963; Leo Kerz an Erwin Piscator, 16.1.1963, ADK, Archiv Theater der Freien Volksbühne Berlin, Schnellhefter, Der Stellvertreter, Vorkorrespondenz.

132 Erwin Piscator an John Crosby, 21.1.1963, ADK, Archiv Theater der Freien Volksbühne Berlin, Schnellhefter, Der Stellvertreter, Vorkorrespondenz.

133 Für einen Bericht über das Interview vgl. Zeitungsausschnitt, KNA, „Borsche spielt ‚Pius XII.' Erstlingswerk von Hochhuth: ‚Der Stellvertreter'", 25.1.1963, KZG, NL AdolphWA16D1.

134 Rolf Hochhuth an Erwin Piscator, 12.3.1962, ADK, Archiv Theater der Freien Volksbühne Berlin, Schnellhefter, Der Stellvertreter, Vorkorrespondenz.

Sowohl durch Zufall als auch durch das Konzept der PR-Strategie trafen diese Werbemaßnahmen den Nerv einer Gruppe von Katholiken in Berlin, die Hochhuth zu diesem Zeitpunkt noch völlig unbekannt war. Der Katholiken-Ausschuss des Bistums Berlin war womöglich durch die Verleihung des Förderpreises an Hochhuth auf das Stück aufmerksam geworden und gelangte frühzeitig in den Besitz des Textes, wahrscheinlich handelte es sich dabei um ein Exemplar, das der Preisjury zur Verfügung gestellt worden war.[135] Unter den 25 Mitgliedern des Katholiken-Ausschusses befand sich auch Dr. Ernst-Alfred Jauch, der Berliner Korrespondent der Katholischen Nachrichten-Agentur (KNA). Ebenfalls Mitglied des Ausschusses war Monsignore Erich Klausener jun., Chefredakteur von Walter Adolphs *Petrusblatt* und Sohn des von den Nationalsozialisten 1934 ermordeten Leiters der Katholischen Aktion, für dessen Gedenken sich Walter Adolph eingesetzt hatte.[136] Walter Adolph, mittlerweile Generalvikar des Bistums Berlin, war erzürnt über die Widmung an Lichtenberg und steuerte die Maßnahmen der katholischen Seite.

Ihre Reaktion löste viel Mediengedrängel aus. In den Wochen vor der Premiere erhielt *Der Stellvertreter* die erdenklich beste Publicity: alles Mögliche und Unmögliche an heißen Gerüchten und hemmungslosen Anfeindungen. Auf das Interview Borsches hin hieß es in einem ersten KNA-Bericht vom 25. Januar fälschlicherweise, Hochhuth habe für sein Erstlingswerk „in den vatikanischen Archiven Dokumente studiert."[137] Als Nächstes eröffnete Klausener auf den Seiten des *Petrusblatts* das Feuer.[138] Da die KNA und das *Petrusblatt* ihre Berichterstattung für gewöhnlich koordinierten, stellte Klausener seinen massiven Angriff am 30. Januar der KNA zur Verfügung, die ihn wiederum an ihren Kundenkreis weitergab. Nachdem nun hunderte regionale und lokale Zeitungen in den Besitz des Berichts gekommen waren, verfasste die Deutsche Presse-Agentur (DPA) einen eigenen Bericht über die im *Petrusblatt* veröffentlichte Breitseite und leitete ihn ihrerseits an hunderte von Kunden weiter. Eine typische Überschrift infolgedessen lautete etwa: „Petrusblatt' greift die Freie Volksbühne an".[139] Hochhuth sah sich zu einer öffentlichen Verteidigung genötigt. Er setzte eine schriftliche Stellungnahme

---

135   Katholiken-Ausschuss der Bistums Berlin, Fachausschuss „Öffentliches Leben", Sitzungs-protokoll von Dr. Ernst Alfred Jauch, 14.3.1963, DAB, NL Erich Klausener Jr., V/12-6-2-2, Korr.–Klausener, 62–64.

136   Ebd.

137   Zeitungsausschnitt, KNA, „Borsche spielt ,Pius XII.'", 25.1.1963, KZG, NL Adolph WA 16D1.

138   Klausener, „Auge auf Berlin".

139   DRA, „Petrusblatt' greift die Freie Volksbühne an. Unfaires Stück über Pius XII.", in: *Der Tagesspiegel*, 31.1.1963; DPA, „Petrusblatt zur nächsten Piscator-Premiere", in: *Telegraf*, 31.1.1963.

auf und gab sie der DPA, die sie wiederum zusammenfasste und weiterleitete. Die darauffolgenden Überschriften vom 3. Februar griffen den sich zusammenbrauenden Konflikt zwischen Hochhuth und dem *Petrusblatt* heraus: „Kontroverse mit dem Petrusblatt", wurde lautstark verkündet.[140]

Weniger als zwei Wochen später holte die KNA zu einer weiteren Angriffsrunde aus. Jauch verfasste über eine Woche vor der Premiere eine vernichtende Kritik des noch nicht erschienenen Werks. Die Überschrift „Nimm ein Brechmittel ... du, der du dies liesest" war eine Anspielung auf Søren Kierkegaard.[141] Die KNA meldete, Hochhuth versuche, die Schuld am Massenmord von sechs Millionen Juden dem Papst zuzuschieben.[142] Zur gleichen Zeit veröffentlichte Jauch einen auf den ersten Blick gewöhnlichen „objektiven" Nachrichtenartikel, der jedoch bei genauerem Hinsehen wenig Zweifel an seiner Eigenschaft als Angriff auf die methodische Vorgehensweise des Bühnenautors ließ.[143] Die KNA druckte zudem einen kritischen Artikel von Walther Kampe, Weihbischof des Bistums Limburg, in dem er zum Ausdruck brachte, dass die Katholiken sich verpflichtet fühlten, „für die beleidigte Ehre eines Mannes einzutreten, dessen Andenken uns heilig ist."[144] Erzürnt darüber, dass das Manuskript an die Presse gelangt war und aggressiven Kritikern sich so viele Möglichkeiten zur Berichterstattung boten, drohte Piscator allen Schauspielern, Bühnentechnikern und Theatermitarbeitern mit einer horrenden Strafzahlung in Höhe von 10.000 DM, sollten Skripte, Druckfahnen oder Vorausexemplare an Dritte weitergegeben werden.[145]

Selbst wenn sie die KNA- oder DPA-Artikel nicht abdruckten, waren die Chefredakteure der lokalen und regionalen Presse aufmerksam geworden. Die Tatsache, dass Bischöfe, Kirchenzeitungen und die Katholische Nachrichten-Agentur so heftig und so früh protestierten, musste bedeuten, dass das Stück eine dunkle Wahrheit ans Licht bringen würde, welche die Kirche geheim halten wollte. Es erscheint daher nicht überraschend, dass Tageszeitungen in

---

140   DRA, „Kontroverse mit dem Petrusblatt. Ein Autor nimmt Stellung", 3.2.1963; „Schauspiel-Autor antwortet dem Petrusblatt", in: *Der Tagesspiegel*, 3.2.1963; „Die Antwort", in: *Der Abend*, 2.2.1963; „Nicht Pius XII: Hochhuth antwortet dem Petrusblatt", in: *Der Tag*, Berlin, 3.2.1963.

141   Ernst-Alfred Jauch, „Nimm ein Brechmittel ... du, der du dies liesest", 12.2.1963, KNA-Archiv, Akte: Rolf Hochhuth.

142   Ebd.

143   Jauch, „Theater-Angriff".

144   Walther Kampe, „Das Schweigen des Papstes. Hätte Pius XII die Juden retten können?", in: *KNA*, 15.2.1963, KNA-Archiv, Bonn, Akte: Rolf Hochhuth.

145   Piscator an alle Schauspieler und Mitarbeiter des Theaters am Kurfürstendamm, 12.2.1963, ADK, Archiv Theater der Freien Volksbühne Berlin, Schnellhefter, Der Stellvertreter, Vorkorrespondenz.

der gesamten Bundesrepublik begannen, über die bevorstehende Sensation zu berichten.[146] Ein DPA-Artikel vom 20. Februar, der an hunderte lokale und regionale Zeitungen weitergeleitet wurde, sprach von dem „mit Spannung erwartete[n] Schauspiel" und enthielt ein Foto einer Theaterprobe, auf dem Gerstein ohne Erfolg Orsenigos Hilfe erfleht, um die Juden zu retten.[147] Nachdem der Appetit der Presse angeregt worden war, schickten die wichtigsten überregionalen Zeitungen wie die *Frankfurter Allgemeine Zeitung* sowie eine erstaunlich große Anzahl lokaler und regionaler Zeitungen ihre eigenen Journalisten und Kritiker nach Westberlin, um über die Premiere zu berichten.[148] Da sie auf diese Weise die Nachrichtenagenturen umgingen, wurde der Einfluss der KNA durch ihre eigenen Darstellungen erheblich eingegrenzt: Die KNA konnte – wie es im Amerikanischen heißt – dem Ereignis nicht ihren eigenen „spin" geben und die Deutungshoheit gewinnen. Durch diese Zeitungen war dem Stück eine ausführlichere und gut platzierte Berichterstattung gewährleistet – und nicht nur eine flüchtige Erwähnung auf den letzten Seiten neben anderen auswärtigen Veranstaltungen.

Die Premiere war ein voller Erfolg. Die Presse berichtete, von einem „Skandal" könne keine Rede sein.[149] Das Sicherheitspersonal musste nicht

---

146   H.G. Sellenthin, „Querschüsse vor der Premiere. Piscator entfesselt Debatten", in: *Neue Rhein-Zeitung*, 19.2.1963; Hans-Ulrich Kersten, „Die katholische Kirche und die KZ-Gasöfen. Zu einer bevorstehenden Piscator-Inszenierung", in: *Kölner Stadt-Anzeiger*, 19.2.1963.

147   Zeitungsausschnitt, DPA, ohne Autor oder Titel, in: *Tagesblatt Bersenbrück, Osnabrück*, 20.2.1963, KNA Berlin.

148   Heinz Ritter, „Der Wille zur Wahrheit: Erregender Abend im Theater am Kurfürstendamm", in: *Der Abend, Berlin*, 21.2.1963; Walter Kaul, „Eifernde Reportage mit Tendenz", in: *Der Kurier*, Berlin, 21.2.1963; Georg Groos, „Piscator handhabe den Rotstift", in: *Düsseldorfer Nachrichten*, 22.2.1963; Dieter Hildebrandt, „Bruchstücke eines großen Zorns: Erwin Piscator inszeniert ‚Der Stellvertreter' von Hochhuth", in: *Frankfurter Allgemeine Zeitung*, 22.2.1963; „Papst Pius an den Pranger gestellt. Rolf Hochhuths Stück ‚Der Stellvertreter' in Piscators Fassung, von unserem zur Uraufführung nach Berlin entsandten Redakteur", in: *Kölnische Rundschau*, 22.2.1963; Friedrich Luft, „Der Christ in der Hölle der Barbarei", in: *Die Welt*, Essen, 22.2.1963; Dora Fehling, „Die entsetzlichen Umwege des Herrn", in: *Telegraf*, Berlin, 22.2.1963; Werner Fiedler, „Fragwürdig in der Zielrichtung", in: *Der Tag*, Berlin, 22.2.1963; Walther Karsch, „Jüngste Geschichte auf der Bühne", in: *Der Tagesspiegel*, Berlin, 22.2.1963; Hans Fabian, „Großes Zeitstück", in: *Berliner Stimme*, 23.2.1963; Hellmuth Karasek, „Hintertreppe zum Vatikan", in: *Deutsche Zeitung*, 23.2.1963.

149   Zeitungsausschnitt, „Eifernde Reportage mit Tendenz. ‚Der Stellvertreter' von Rolf Hochhuth im Theater am Kurfürstendamm", in: *Der Kurier*, Berlin, 21.2.1963; „Der Christ in der Hölle der Barbarei. ‚Der Stellvertreter': Rolf Hochhuths ‚christliches Trauerspiel' von Piscator uraufgeführt", in: *Die Welt*, Berlin, 22.2.1963; „Papst Pius an den Pranger gestellt. Rolf Hochhuths Stück ‚Der Stellvertreter' in Piscators Fassung", in: *Kölnische Rundschau*, 22.2.1963; „Zahmer Piscator gab nur ein Fragment. Uraufführung von Hochhuths ‚Der

eingreifen. Als Borsche in Gestalt von Papst Pius XII. die Bühne betrat, kam es
zu vereinzelten Pfiffen und Zwischenrufen.[150] Nachdem der Vorhang gefallen
war, trat Stille ein, gefolgt von fünf Minuten stürmischem und anhaltendem
Applaus, der die punktuellen Pfiffe und Buhrufe übertönte.[151] Der junge
Autor und der erfahrene Regisseur betraten die Bühne, um sich zu verbeugen.
Letzterem gebührte endlich der Triumph, der ihm während der turbulenten
Jahre der Weimarer Republik versagt geblieben war. Das Publikum verließ
das Theater unter Schweigen.[152] Der Katholiken-Ausschuss München zog den
Schluss, dass die „Gefühlsproteste vonseiten des Bischöflichen Ordinariats in
Berlin" letztlich den Weg für Hochhuths Erfolg geebnet hätten.[153] Indem es
einen einflussreichen Teil der deutschen Bevölkerung in Harnisch gebracht
hatte, hatte es das Stück in ein außerordentliches Medienereignis gewandelt.

Gründe für Hochhuths Sieg in den Public-Relations-Kämpfen, Februar 1963 bis 1966

Es hatte den Anschein, dass der Konflikt nach diesem dramatischen Auftakt
seinen Höhepunkt erreicht hatte und mit der Zeit an Intensität verlieren
würde. Indes, der Konflikt über den *Stellvertreter* flammte in den kommenden
Tagen, Wochen, Monaten und sogar Jahren immer wieder auf. Das Phänomen
Hochhuth erreichte über eine lange Zeitspanne hinweg immer wieder neue
Höhepunkte, bevor es sich schließlich nach einer kontroversen Inszenierung
1966 in Brüssel endlich aufzulösen begann. Es wäre vereinfacht, die Lang-
wierigkeit dieses Skandals dem durch den *Stellvertreter* bewirkten Tabubruch
zuzuschreiben. Mit dem Sturz einer Ikone hatten es Piscator und Hochhuth
auch anderen Kritikern der katholischen Vergangenheit ermöglicht, sich zu
ihren Klagen zu bekennen und sie öffentlich darzulegen. Weltweit rochen
die Bühnen sowohl Aufmerksamkeit als auch Profit und begrüßten die neue
Sensation mit offenen Armen. Nach der Berliner Uraufführung zog *Der*

Stellvertreter'", in: *Kölner Stadt-Anzeiger*, 22.2.1963; „Erwarteter Theaterskandal blieb aus",
in: *Der Mittag*, Düsseldorf, 22.2.1963, KZG, NL Adolph, WA 16 D1.

150   RTVA, RIAS, Berlin, Kulturelles Wort, Manuskript, Friedrich Luft, „Rolf Hochhuth ,Der
Stellvertreter'", 24.2.1963.

151   Zeitungsausschnitt, „Die Tragödie der Gewissensnot. Rolf Hochhuths ,Stellvertreter' war
auch ein großer Sieg für Piscator", in: *Berliner Morgenpost*, 22.2.1963, KZG, NL Adolph,
WA16 D1.

152   „Drama That Rocks Germany", in: *Life International*, 11.3.1963, S. 14 f.

153   Dokument ohne Autor und undatiert, aber vermutlich eine Ansprache des K.A. Ausschusses des Erzbistums München-Freising von Ende Januar oder Anfang Februar 1964,
AEMF, Dokumentation Pressestelle, 1958a (Der Stellvertreter, 1964).

Stellvertreter von Bühne zu Bühne, darunter Stationen in London, Basel, Paris, New York und Detroit – und der Skandal breitete sich unweigerlich aus, insbesondere, wenn vor Ort eine große katholische Gemeinde nahe und aufmerksam genug war, um aktiv zu werden.

Es gab auch Ausnahmen, zumeist in mehrheitlich protestantischen Städten wie Stockholm, Kopenhagen, London und Helsinki. Doch ein katholischer Sonderfall spricht Bände hinsichtlich der Dynamik, welche diesen scheinbar endlosen Konflikt befeuerte. Als der Katholiken-Ausschuss des Erzbistums München und Freising von den bevorstehenden Aufführungen im Februar und März 1964 erfuhr, startete er die Aktion „Schweigen". Diese beinhaltete, von jeglicher Zurschaustellung öffentlicher Entrüstung abzusehen und sämtliche Briefe, Telefonanrufe und persönliche Appelle von Heißspornen zu ignorieren.[154] Die Aktion wurde von Weihbischof Neuhäusler geleitet, der wieder auf sein während der NS-Diktatur und ersten Nachkriegsjahre entwickeltes Skript zurückgriff. Sein 1964 erschienenes Buch *Saat des Bösen* war ein energisches Plädoyer für Pius – allerdings ohne dabei Hochhuth oder dessen Stück auch nur einmal zu erwähnen.[155] Wie die Leitung des Katholiken-Ausschusses mit Stolz festhielt, fand sein Schweigen Widerhall. Das Stück floppte und die örtlichen SPD-geführten Gewerkschaften, die auf eine lebhafte Debatte gehofft hatten, mussten Tickets zum halben Preis anbieten.[156]

Diese Ausnahmen bestätigen die Berliner Erfahrungen: Die Verteidiger Pius' spielten ihren Gegnern und deren Kritik übermäßig in die Hände. Das Duett der übereifrigen Verteidiger und kompromisslosen Kritiker wurde fortgeführt. Nur zwei Wochen nach der Uraufführung betraten Politiker, Kirchenmänner, Theologen, Intellektuelle und Akademiker in fliegendem Wechsel die öffentliche Arena, um Kritik zu üben, das Stück zu verurteilen und in Zweifel zu ziehen. Wie vorauszusehen war, veranlassten ihre Angriffe Hochhuth und Rowohlt-Mitarbeiter immer wieder zur Inszenierung ebenso aggressiver öffentlicher Rechtfertigungen. Durch die ausgiebige Berichterstattung warf jedes neue Scharmützel auch neue Streitpunkte auf, die weit über die historische Genauigkeit der Darstellung des verstorbenen Papstes durch den Bühnenautor hinausgingen. Einige drehten sich um die Notwendigkeit theologischer Reform, andere um die Grundrechte und -freiheiten sowie Toleranz gegenüber missliebigen Meinungen.

---

154 Ebd.

155 Neuhäusler, *Saat des Bösen*.

156 „Des Fischers vergeblicher Fischzug oder: Die Macht des Schweigens". Für eine gekürzte Fassung des Artikels mit Auslassungen am Ende vgl. *Münchener Kirchenzeitung*, 19.4.1964.

Warum also richteten Männer wie Adolph ihren Zorn offen auf das Werk eines literarischen Neulings, anstatt ihm von Berlin, Bonn und Rom aus mit Schweigen zu begegnen? Vor allem war das unnachgiebige offensive Vorgehen gegen Feinde für Katholiken eine tief verwurzelte Gewohnheit, ein wesentliches Merkmal des politisierten Journalismus der Weimarer Republik, eine Lehre aus katholischem Versagen im „Dritten Reich" und des Modus Operandi in Westberlin. Sie waren angetrieben von der Überzeugung, dass Hochhuth mit seiner Darstellung von Pius als einem den eigenen finanziellen Interessen verfallenen Papst die Hetze des kommunistischen SED-Regimes nachbetete. Die Einwohner der DDR sollten nach Adolphs Überzeugung die Propaganda ihres Regimes nicht durch Stimmen aus dem Westen hören.[157]

Adolph war zudem der Ansicht, dass das Verfolgen einer kompromisslosen Taktik Kritiker in der Vergangenheit zum Schweigen gebracht hatte. Eine solche Strategie hatte 1947 die Auseinandersetzung mit Josef Fleischer beigelegt, 1956 Thomas Dehler blamiert sowie 1959 und 1960 Gordon Zahn einen Maulkorb angelegt. Die Ansichten dieser Kirchenkritiker waren bis dahin stets wieder aus der lokalen, regionalen und überregionalen Presse, die für den Leserkreis der deutschen und amerikanischen Laien eine Hauptinformationsquelle war, größtenteils verschwunden. Das dachte zumindest Adolph, irrte sich jedoch gewaltig. Dehler meldete sich mit anerkennenden Worten für seinen Mitstreiter zurück.[158] Zahn veröffentlichte eine ausführliche Analyse des *Stellvertreter*, die sowohl den Autor des Stücks als auch den Pontifex kritisch reflektierte.[159]

Mit der triumphalen Premiere des *Stellvertreter* war es weder möglich, die Veröffentlichung des Taschenbuchs, welches sich bereits auf dem Markt befand, zum Scheitern zu bringen, noch künftige Aufführungen des Theatererfolgs zu verhindern. Die Herausforderung bestand für Adolph und seine journalistischen wie publizistischen Mitstreiter darin, eine Richtigstellung in Bezug auf die Vergangenheit des Papstes in Umlauf zu bringen, um den Zerrbildern, Halbwahrheiten und Lügengeschichten etwas entgegenzusetzen. Auf diese Weise wurden die Medien das eigentliche Schlachtfeld der Kontroverse. Die meisten der etwa ein Dutzend voneinander unabhängigen Gefechte zwischen Februar 1963 und 1966 wurden von Personen mit Erfahrung in den Bereichen Öffentlichkeitsarbeit oder Journalismus ausgetragen.

---

157   Aktennotiz, Anlage 6, Protokoll Diöz Ref. Tagung, 1963, 19.3.1963, KZG, NL Adolph, WA 25C3.

158   Dehler, „Sie zuckten mit der Achsel", S. 231 f.; Thomas Dehler an Rolf Hochhuth, 19.6.1963, ADL, NL Thomas Dehler, N1-1895.

159   Zahn, „The Vicar", S. 42–47.

Adolph und ähnlich gesinnte katholische Publizisten erkannten bei ihrer Entscheidung für diese Strategie nicht, dass sowohl die Medienkultur als auch die öffentliche Sphäre, denen sie sich gegenübersahen, im Begriff waren, sich drastisch zu verändern.[160] Selbst zu Beginn waren sie bereits erheblich im Nachteil. Die katholische Presse hatte sich von der Verfolgung während der nationalsozialistischen Diktatur nie richtig erholt. Die Auflagen der wenigen katholischen Tageszeitungen, egal ob auf lokaler, regionaler oder bundesweiter Ebene, blieb weit hinter denjenigen der säkularen Wettbewerber zurück.[161] Die wöchentlichen Bistumsblätter erreichten 1962 zwar ihre bislang höchsten Auflagen, doch sie konnten mit diesem Erscheinungsrhythmus den Verlauf der 24- bis 48-stündigen Nachrichtenzyklen nicht nachhaltig beeinflussen. Ihnen mangelte es zudem an modernen Layouts; die Kirchenpresse hatte „einen ungewöhnlich konservativen Leserkreis" erhalten, da progressive Katholiken mit zunehmender Tendenz geneigt waren, Anweisungen hinsichtlich der Lektüre von bestimmten Zeitungen zu missachten.[162]

Dies hatte zur Folge, dass der Ausgang der Public-Relations-Kämpfe über den *Stellvertreter* entscheidend von der Berichterstattung in der nichtreligiösen Mainstream-Presse abhing – und von den erdbebenartigen Veränderungen in der Medienlandschaft. Bis zur zweiten Hälfte der 1950er Jahre hatte eine neue Generation, hauptsächlich Männer Ende 20 oder Anfang 30, Chefredakteursposten übernommen. Diese Vertreter der „45er-Generation" waren mit größerer Wahrscheinlichkeit säkular geprägt – bis zum Beginn der 1970er Jahre waren erstaunliche 40 Prozent formal kirchenfern.[163] Viele hatten zudem im Rahmen der alliierten *Reeducation*-Politik und Austauschprogramme mehrere Monate oder Jahre im Ausland verbracht, etwa in den USA oder Großbritannien. In Fernsehen, Radio und Zeitungen waren ihnen dort kritische Formate, die in Deutschland damals weitgehend unbekannt waren, begegnet – knallharte Round-Table-Gespräche, offene Paneldiskussionen und investigative Berichterstattung. Die jungen Journalisten brachten bei ihrer Rückkehr nach Deutschland komplexere Ansätze in der Berichterstattung mit nach Hause. Zwar gaben sie freilich nicht die konventionelle Form der Berichterstattung auf, also über aktuelle und berichtenswerte Ereignisse zu informieren. Doch sie erweiterten

---

160 Führer u. a. „Öffentlichkeit – Medien – Geschichte", S. 1–38; Münkel, *Willy Brandt*; Hodenberg, *Konsens und Krise*; Bösch, „Mediengeschichte", S. 409–429.

161 Referat von Dr. Josef Knecht, „Der Deutsche Katholizismus in der gegenwärtigen publizistischen Situation", Vollversammlung des Zentralkomitees der deutschen Katholiken, 5.-6.11.1964, Bensberg, S. 10, ZDK, VV Sitzungen 1958–1966 (2), 2306 Schachtel 2, 1742.

162 Ebd.

163 Hodenberg, *Konsens und Krise*, S. 245–292; Hannig, *Religion der Öffentlichkeit*, S. 106–108.

das Spektrum um neue Genres wie Boulevardjournalismus, investigative Berichterstattung und tiefgehende Kommentare. Daneben verbesserten sie Layouts, Schriftarten und Fotomontagen. Entscheidend war vor allem, dass sie sich vom in den 1950ern dominanten Modell des Konsensjournalismus verabschiedeten. Anstatt mit führenden Politikern anzubandeln, versuchten sie, Skandale aufzudecken und Debatten zu entfachen.

All diese Aspekte tragen zu einer Erklärung dafür bei, warum die katholischen Publizisten in den Public-Relations-Kämpfen unterlagen. Mit wachsendem Argwohn gegenüber dem Einfluss der Kirche auf die Politik waren die Journalisten, Rundfunksprecher und Fernsehpersönlichkeiten nicht mehr bereit, sich mit den Verteidigern Pius' innerhalb der CDU und der Kirche zu identifizieren, geschweige denn mit ihnen gesellschaftlich zu verkehren. Sie standen den katholischen Verteidigungsbemühungen vielmehr kritisch gegenüber – den Demonstrationen, Verurteilungen, Gerichtsverfahren und Versuchen, Radio- und Fernsehreporter unter Druck zu setzen. Sie machten die Reaktion der Katholiken zum Inhalt ihrer Berichte.

Wie kam es dazu, dass sich neue Arten des Journalismus wie der „Visual Turn" für Papstkritiker wie Hochhuth so unverhältnismäßig vorteilhaft auswirkten? Für viele fromme Katholiken bestand der Reflex auf Hochhuths vermeintlich blasphemischen Akt im Protest, so wie sie in der Vergangenheit bereits bei vielen anderen Begebenheiten protestiert hatten, beispielsweise anlässlich der Erstaufführung des kontroversen Films *Die Sünderin* im Jahr 1951 und der berüchtigten Nacktszene der Hauptdarstellerin Hildegard Knef.[164] Einige Protestaktionen waren spontan, andere wiederum mit Ordinariaten und Geistlichen vor Ort abgestimmt. Doch das Ergebnis blieb in der Regel das gleiche: Auf den Straßen kam es von unten zu Demonstrationen, Märschen, Kundgebungen, Unterbrechungen der Aufführungen und Ausschreitungen; die Geistlichen und Laien verurteilten von oben mit Predigten, Presseerklärungen und Pressekonferenzen. Lebte eine ausreichend große Zahl Katholiken in der jeweiligen Region, wurde das gesamte Milieu mobilisiert – die Presse, der Episkopat sowie Jugend-, Freizeit- und Frauenverbände – und erhob gemeinsam die Stimme zum Protest.[165] Der Aufruf zum Protest kam zuerst vom Berliner Generalvikariat und wurde dann von der katholischen Hierarchie in Deutschland sowie nach und nach auch in einer Reihe von schweizerischen

---

164   Fehrenbach, *Cinema*, S. 92–117.
165   „Der Katholische, Deutsche Frauenbund in Bayern ‚Wir protestieren‘", 9.3.1963, HAEK, Gen II 22.13, 39.

Städten – darunter Basel, Olten, Zofingen, Aarau und Solothurn – aufgegriffen, bevor er sich seinen Weg nach New York, Paris und Italien bahnte.

Es ist nicht schwierig nachzuvollziehen, warum die säkularen Medien den sich anschließenden Demonstrationen und Verurteilungen mit Zurückhaltung begegneten: Sie sahen, wie die Emotionen und Gemüter der Beteiligten mit ihnen durchgingen. Die Wutausbrüche in der Schweiz, Frankreich und den Vereinigten Staaten im darauffolgenden Jahr stellten alles, was sich auf den Straßen vor der Freien Volksbühne in Berlin zugetragen hatte, in den Schatten. Am 24. September 1963 demonstrierten annähernd 6.000 Katholiken vor dem Theater in Basel und hielten Schilder mit aufrührerischen Aufschriften in die Höhe. Am darauffolgenden Abend musste die Aufführung unterbrochen werden, weil die Demonstranten Stinkbomben geworfen hatten und Protestgeschrei von sich gaben.[166] Eine Gruppe in Italien drohte mit Bombenanschlägen auf das Theater, die Synagoge und die Freimaurerloge, da alle drei Akteure als Teil einer perfiden Verschwörung hinter der Produktion gestanden hätten.[167] In Paris wurde die Aufführung Mitte Dezember 1963 nicht nur mit Hilfe von Stinkbomben durch die Demonstranten unterbrochen, sondern auch durch den Einsatz von Niespulver.[168] Eine Gruppe von annähernd 30 Demonstranten in Fallschirmjägeruniformen sorgte zu Beginn des Aktes, in dem Pius auftritt, für eine so laute Geräuschkulisse aus Buhrufen und Pfiffen, dass der Vorhang wieder zugezogen wurde. Die militanten Demonstranten stürmten die Bühne, beteiligten sich an Handgreiflichkeiten mit den Schauspielern und warfen den Pius-Darsteller zu Boden, bevor die Polizei ihnen Handschellen anlegen und sie abführen konnte.[169] Gerüchten zufolge gehörten die Verantwortlichen dem fanatischen Komitee Pro Pio an, welches in Basel erstmals in Erscheinung getreten war. Einer der Anführer hatte angeblich der algerien-französischen Terrororganisation *Organisation de l'armée secrète* (OAS, auf Deutsch: Organisation der geheimen Armee) angehört.[170] In New York blockierten fast 150 Demonstranten den Bürgersteig vor dem Theater und buhten die Theaterbesucher aus. Die meisten waren Mitglieder des *Ad Hoc Committee to Protest the Deputy*, allerdings waren unter ihnen auch 15 Mitglieder der *American Nazi Party*, die Hakenkreuze zur Schau trugen und Schilder mit Aufschriften wie „This is a hate play" und „Jews mock Pius XII"

166 Ritzer, *Alles nur Theater?*, S. 61 f.
167 Ebd., S. 60.
168 Broesicke, „Stinkbomben".
169 Zeitungsausschnitt, AP, „Tumulte und Prügel um Hochhuth", in: *Berliner Zeitung*, 13.12.1963, HAEK, Gen II 22.13, 44.
170 Broesicke, „Stinkbomben".

in die Höhe hielten.[171] Die Sprechchöre der Demonstranten waren teilweise so laut, dass sie im Theater hörbar waren. Ein Mann grölte: „Don't picket, get in there and stop the show" („Demonstriert nicht, sondern geht rein und beendet die Aufführung"). Die Theaterleitung musste während der Pause die Türen des Theaters abschließen, um zu verhindern, dass die empörten Aktivisten in das Theater eindrangen.[172] Eine Inszenierung in Rom wurde im Februar 1965 verboten, woraufhin das dortige Theater eine heimliche Aufführung organisierte. Die Polizei unterbrach und beendete die Aufführung. Mehrere Tage später nahm der Bruder eines Hauptdarstellers Rache, indem er zwei Bomben am Sankt-Anna-Tor legte und Papst Paul VI. aus dem Schlaf riss.[173] Diese Anschläge bedeuteten Ärger für die fragile Regierungskoalition unter Aldo Moro.[174] Die Liste der Störungen lässt sich noch um etliche Einträge erweitern – Ohrfeigen im Foyer und Schlägereien auf den Rängen in Wien, Handgreiflichkeiten und Ausschreitungen in Brüssel, Ausschreitungen in der Schweiz in Olten und so weiter und so fort.[175]

Die Laien protestierten nicht nur zu viel und sorgten dadurch für fesselnde Bilder im Fernsehen, spannende Radiosendungen und aufmerksamkeitserregende Schlagzeilen – und natürlich ausverkaufte Aufführungen. Sie hatten auch eine Botschaft, die durch das Verhalten der Überbringer selbiger auf den Kopf gestellt wurde. Viele der Demonstranten forderten mehr „Toleranz" für die Gefühle der Katholiken, was in diesem Fall das Recht bedeutete, ihre Entrüstung über Hochhuths angebliche Blasphemie öffentlich äußern zu dürfen. Während des Tumults in seinem Erzbistum anlässlich der Premiere des *Stellvertreter* äußerte sich Kardinal Feltin von Paris öffentlich wie folgt: „Wer könnte nicht verstehen, dass ein Katholik sich gekränkt fühlt durch das Unrecht, welches dem Andenken an seinen Heiligen Vater angetan wurde?"[176]

---

171   „Deputy' Opening Picketed by 150. Laymen of 3 Faiths and U.S. Nazis March Peacefully", in: *The New York Times*, 27.2.1964, S. 24; Dolores Schmidt und Earl Schmidt, *The Deputy Reader: Studies in Moral Responsibility*, Glenview: Scott, Foresman and Company, 1965, S. i.

172   „Shattering", in: *Newsweek*, 9.3.1964, S. 78 f.; John Chapman, „Despite all the Commotion, ,the Deputy' Is Interesting and Challenging Theater", in: *Chicago Tribune*, 8.3.1964, F14.

173   Zeitungsausschnitt, „Hochhuths Papstdrama in Rom verboten", in: *Frankenpost*, 18.2.1965; „Schauspieler legte Bombe am Vatikan: Volonte spielt in Hochhuths ,Stellvertreter' mit", in: *Westdeutsche Rundschau*, Wuppertal, 20.2.1965; „Italiens Linke gegen den Papst. ,Der Stellvertreter' und ein Bombenanschlag in Rom", in: *Der Tagesspiegel*, 23.2.1965, Rowohlt Theater Verlag, Archiv, Hochhuth.

174   „Furor over Play ,Deputy' called Threat to Moro", in: *Chicago Tribune*, 15.2.1965, B20.

175   Ritzer, *Alles nur Theater?*, S. 78–85, Rowohlt Theaterverlag, str. „Krawall und Schlägerei in Brüssel bei Hochhuths ,Stellvertreter'", in: *Süddeutsche Zeitung*, 16.2.1966.

176   „The Deputy' in Paris", in: *America*, 4.1.1964, S. 9.

Doch es war extrem schwierig, die Glaubhaftigkeit dieser Botschaft aufrecht zu erhalten, während einige ihrer Überbringer gewalttätige junge Männer waren, die Theater stürmten. Die militanten Demonstranten bildeten dabei, wie so oft, eine kleine übereifrige Minderheit. Mit der Zeit wurden ihre Aktionen zumindest in einigen Ordinariaten als Problem wahrgenommen.[177] Dennoch vermittelten sie dieselbe Botschaft wie einige geachtete Kirchenälteste: Hochhuths verleumderisches Stück war eine untragbare Provokation. Und genau darin lag das Problem. Die katholischen Kirchenführer hatten im Zeichen des Protests schwere Geschütze in Stellung gebracht. Dabei handelte es sich naheliegenderweise hauptsächlich um erfahrene Männer in hohen Ämtern – Politiker und bedeutende Kirchenmänner, die ihre eigenen emotionsgeladenen Erinnerungen an Begegnungen mit Pius vortrugen. Ob nun zu Recht oder zu Unrecht, ihre Richtigstellungen der päpstlichen Vergangenheit waren mit einem Eindruck der Intoleranz verbunden.

Abb. 6.3
Die Polizei muss bei der Premiere von Rolf Hochhuths Stück *Der Stellvertreter* am 24. September 1963 in Basel einschreiten. Dies war nur einer von mehreren Protesten in Europa und Nordamerika zwischen 1963 und 1965. Keystone AG, 37503145 (RM).

Niemandem konnten die drastischen Worte entgehen, mit denen diese Prominenz das Stück anprangerte. Eine Woche nach der Uraufführung beschrieb Kardinal Frings Teile des Stücks als „eine Verleumdung."[178] In der ersten Märzwoche brachten die deutschen Bischöfe in einer Stellungnahme

---

177 Dokument ohne Autor und undatiert, aber vermutlich eine Ansprache des K.A. Ausschusses des Erzbistums München-Freising von Ende Januar oder Anfang Februar 1964, AEMF, Dokumentation Pressestelle, 1958a (Der Stellvertreter, 1964).

178 Zeitungsausschnitt, „Erzbischof: Künstler sollen für Christentum streiten. Gäste aus vielen Ländern beim ‚Aschermittwoch der Künstler'", in: *Neue Rheinzeitung an Rhein und Ruhr*, 28.2.1963; „Kardinal Frings: Hochhuths Vorwurf gegen Papst Pius XII. ist eine Verleumdung", in: *KNA*, 28.2.1963, HAEK, GEN II, 22.13, 35.

ihre Scham darüber zum Ausdruck, dass Pius' Ansehen durch Deutsche in Deutschland beschmutzt würde.[179] Kurz vor seiner Übernahme des Pontifikats als Papst Paul VI. brachte Kardinal Giovanni Battista Montini, ein enger Mitarbeiter Pius' XII., auf den Seiten der englischen katholischen Wochenzeitschrift *The Tablet* seinen Unmut über das Unrecht, welches seinem verstorbenen Vorgesetzten angetan worden war, zum Ausdruck.[180] Der Nuntius in Deutschland, Corrado Bafile, versuchte, seinen Zorn in aktives Handeln umzuwandeln. Am 15. März sandte er eine „Verbalnote" an das Auswärtige Amt, in der er die Bundesregierung drängte, „von ihrer Seite Einfluss" zu nehmen, um eine „anhaltende Verunglimpfung Papst Pius XII. zu verhindern."[181] Nachdem Mitarbeiter der Regierung es ablehnten, dass eine hochrangige politische Persönlichkeit eine Rede zur Verteidigung von Pius' Person und Ehre hielt, formulierten 19 CDU-Bundestagsabgeordnete eine Kleine Anfrage an die Bundesregierung.[182] Darin fragten sie, ob „es die Freunde unseres Volkes nicht befremden" müsse, dass Papst Pius XII. „gerade von deutscher Seite" angegriffen werde.[183] Diese Aussage zeugte von verletztem Nationalstolz und beherrschte die Schlagzeilen für mehrere Tage. Sie schrieben ferner, dass Pius eine Persönlichkeit gewesen sei, „die nicht nur den Juden während der Verfolgung durch das Naziregime tatkräftig geholfen, sondern auch während der gesamten Zeit ihres Wirkens dem deutschen Volk besonders nahegestanden hat[.]"[184]

Die Tatsache, dass prominente Vertreter innerhalb der Kirche und der CDU ihren Einfluss geltend machten, war auch von Tragweite für die Berichterstattung in den säkularen Mainstream-Medien. Ihre Korrespondenten und Leitartikelschreiber waren, wie alle Journalisten seit jeher, begierig nach delikaten Geschichten und fesselnden Schlagzeilen. Doch sie stellten die Vorgänge als Zweikampf von David und Goliath dar, allerdings mit einer Rollenverteilung, die nicht den Vorstellungen der religiösen Presse entsprach. Für Walter Adolph waren die Katholiken der in Bedrängnis geratene David; Goliath

179 „Erlasse der Bischofskonferenz der Diözesen Deutschlands, Nr. 117, Erklärung zum Schauspiel, ‚Der Stellvertreter'", in: *Kirchlicher Anzeiger für die Erzdiözese Köln*, 1.4.1963, S. 93 f.

180 Giovanni Battista Montini, „Pius XII and the Jews", in: *The Tablet*, 6.7.1963; Nachdruck in: *Commonweal*, 28.2.1964, 651 f.

181 Verbalnote, 15.3.1963, PAAA, B26, 186; Aufzeichnung, 11.4.1963, KAS, NL Gerhard Schröder, I 483-287-2, Korr. Brentano; Verärgerung des Vatikans über Hochhuths „Stellvertreter", undatiert, aber wahrscheinlich vom Mai oder Juni 1963, PAAA, D26, 186.

182 Aufzeichnung, Dr. Jansen, Bonn, 2.4.1963, PAAA, B26, 182.

183 Kleine Anfrage der Abgeordneten Majonica, Lemmer und Genossen, 2.5.1963, BT, Parlamentsarchiv, 4. Wahlperiode, Drucksache IV/1216. Für einen Entwurf der Anfrage vgl. Entwurf der Antwort der Bundesregierung, KAS, NL Gerhard Schröder, I 483-287-2, Korr. Brentano.

184 Ebd.

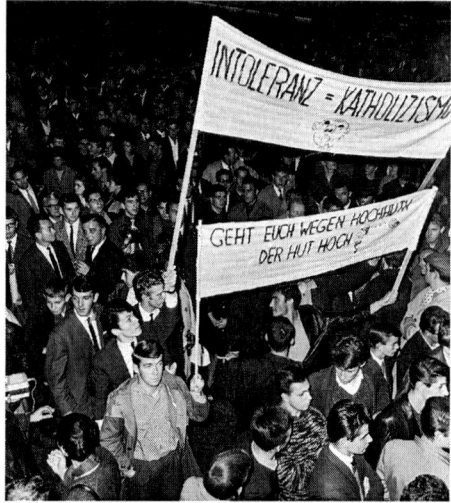

Abb. 6.4
Menschenmengen versammeln sich am
24. September 1963 in Basel im Vorfeld
der Premiere von Rolf Hochhuths
Stück *Der Stellvertreter*. Die Banner
tragen die Aufschriften: „Intoleranz =
Katholizismus" und das Wortspiel „Geht
euch wegen Hochhuth der Hut hoch?".
Keystone AG, 37503125 (RM).

wurde durch die von Protestanten dominierte liberale und sozialistische
Presse im Westen und vor allem durch den kommunistischen Koloss im
östlichen Teil des Bistums Berlin verkörpert. Als Erben einer annähernd
100-jährigen Belagerungsmentalität sprachen viele katholische Bericht-
erstatter und Kommentatoren von der Hochhuth-Affäre als der Fortsetzung
des Kulturkampfs der 1870er Jahre.[185] Doch in der neuen Darstellung waren
die Rollen genau umgekehrt: Der junge Hochhuth war David, seine Feinde
militant demonstrierende Philister, Giganten des katholischen politischen
und geistlichen Establishments, einschließlich des amtierenden Papstes und
ehemaligen Beraters Pius' XII., Papst Paul VI.[186] Es war ein damals zunächst
nicht wahrgenommener Zufall, dass diese Lesart die Handlung des Stücks
reflektierte: Hochhuths Protagonist, ein junger Jesuit, widersetzt sich dem
Pontifex in einem Akt höchsten Nonkonformismus.

---

185 Zur Diskussion steht Hochhuths „Stellvertreter" – Ein Bericht über Aufführungen,
Kritiken und Kontroversen, 28.4.1964, S. 4 f.

186 Vgl. die Beispiele in dem ausführlichen Bericht des Internationalen Biographischen
Pressedienstes. Bereits der erste Absatz konzentriert sich auf die zahlreichen Personen,
die sich gegen Hochhuth in Stellung brachten, darunter Kirchenführer, Theologen,
Publizisten und Politiker. Der Bericht hielt fest: „Nur eine Minderheit von Stimmen feiert
hingegen in Hochhuth den mutigen Mann der Feder, der ein Tabu im Namen der Geistes-
freiheit verletzte." Vgl. Interpress: Internationaler biographischer Pressedienst, Rolf
Hochhuth, Großer Wurf aus Gütersloh, Steckbrief des Autors und seines Erstlings, Nr. 73,
19.4.1963, HAWDR 02188.

Die Narrative, die diese Journalisten der Situation überstülpten, ergaben in Anbetracht der Premiere vom 20. Februar 1963 absolut Sinn. Im November 1962 hatte Bundesverteidigungsminister und CSU-Vorsitzender Franz-Josef Strauß die Verhaftung mehrerer Journalisten wegen angeblichen Landesverrats durch Veröffentlichung von Staatsgeheimnissen angeordnet, darunter auch der *Spiegel*-Gründer Rudolf Augstein. Die Kontroverse um Hochhuth war der erste größere Medienskandal im unmittelbaren Nachspiel der *Spiegel*-Affäre und einige Reporter und Kommentaroren zogen Parallelen.[187] Der jungen Garde aus radikalen linkspolitischen Netzwerken bot sich erstmals die Gelegenheit, sich in der Welt der Medien gegen ein aggressives und undemokratisches katholisches Establishment in der Politik zu wehren. Einige nahmen Hochhuth als einen der ihren an, ein Paradebeispiel für den Generationenwechsel. Zahlreiche Zeitungen veröffentlichten schmeichelhafte Porträts, die seine Aufrichtigkeit, seine anti-nationalsozialistischen Überzeugungen und seine Verärgerung über die nicht abgebüßten Sünden der älteren Generation priesen. Nach dieser neuen Heilsbotschaft war allein die Jugend imstande, die Halbwahrheiten über die NS-Vergangenheit zu beseitigen.[188] Die Berliner Tageszeitung *Der Abend* pries Hochhuths jugendhaften Mut und ließ verlauten: Die „Jugend hat das Recht, radikal und unbequem zu sein, keine halben Antworten, sondern die ganze Wahrheit zu suchen, auch wenn sie bitter klingt."[189]

Hochhuths junges Alter ermöglichte es ihm, aus dem wachsenden Trend der Berichterstattung über Prominente und der zunehmenden Nutzung visueller Mittel Kapital zu schlagen. Nachdem der Wirbel um die turbulente, letztendlich aber erstaunlich erfolgreiche Premiere nun hinter ihm lag, widmete die internationale Ausgabe des Hochglanzmagazins *Life Magazine* seinem Werk und ihm selbst eine schmeichelhafte fünfseitige Fotoreportage.[190] Ausführliche Beiträge über seine ungewöhnliche Reise aus der Namenlosigkeit zum Ruhm erschienen in hunderten von Tageszeitungen und Wochenzeitschriften in Deutschland. Die Leser erfuhren so von Hochhuths Vorliebe für Barockmöbel.[191] Ein auf geradezu beschämende Weise zuckersüßer Artikel mit der Überschrift „Schokolade für den Dichter" informierte: „Wenn er

---

187   Vgl. DRA, Personalia Hochhuth, St.R.K, Abteilung Information, SFB, Das Thema, 3.4.1963.

188   Vgl. beispielsweise den Zeitungsausschnitt, „Vor der neuen Piscator-Premiere: Gespräch mit einem jungen Bühnenautor", in: *Telegraf*, 17.2.1963, DRA, Inszenierung, Der Stellvertreter, #333.

189   „Der Wille zur Wahrheit: Erregender Abend im Theater am Kurfürstendamm. Hochhuths ‚Der Stellvertreter'", in: *Der Abend*, Berlin, 21.2.1963.

190   „Drama That Rocks Germany", in: *Life International*, 34, Nr. 4, 11.3.1963, S. 12–16.

191   Felix Schmidt, „Wieder zielt Hochhuth auf ein Tabu", in: *Bild*, 14.4.1963.

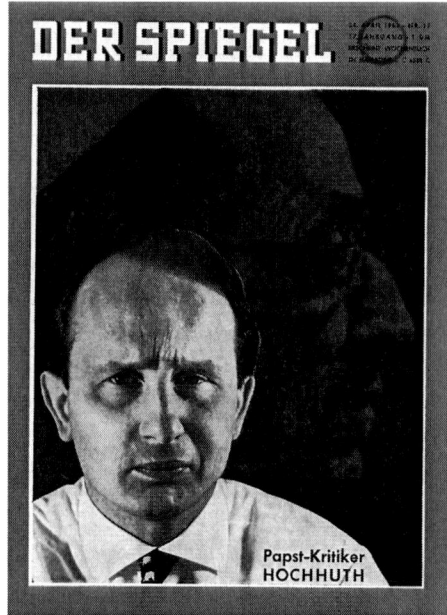

Abb. 6.5
Bühnenautor Rolf Hochhuth ziert die
Titelseite des *Spiegel* 17/1963 unter der
Schlagzeile „Ein Kampf mit Rom". Mit
freundlicher Genehmigung von DER
SPIEGEL.

sich in Ihrer Kneipe an der Ecke zu Ihnen an den Tisch setzte – Sie würden
gleich Vertrauen zu ihm fassen."[192] Die *Bild* gab Auskunft über seine gut aus-
sehende Frau und ihren gemeinsamen zweijährigen Sohn, begleitet von entsprechenden Fotos.[193] Hochhuth zierte die Titelseite des *Spiegel*.[194] Dieselbe
Ausgabe des *Spiegel* und die *Bild* druckten Fotos, die den jungen Bühnenautor
im Anzug auf seinem Fahrrad auf dem Weg zur Arbeit zeigten und einen Kult-
status erreichten.[195] Der Kontrast zu seinen profilierten Erzfeinden in Politik
und der katholischen Kirche, hauptsächlich wenig fotogene Männer in ihren
Sechzigern, Siebzigern und Achtzigern, hätte nicht markanter präsentiert
werden können[196]: Aufnahmen von alternden, eher mürrisch dreinblickenden
Männern mit faltigen Gesichtern und dunklen geistlichen Roben riefen eher

---

192 Zeitungsausschnitt, Eve Stolze, „Schokolade für den Dichter", in: *GZ*, 25.2.1963, ADK,
 Archiv Theater der Freien Volksbühne Berlin, Schnellhefter, Der Stellvertreter.

193 Ebd.; Marianne Koch, „Rolf Hochhuth freut sich auf den Alltag", in: *Bild-Zeitung*, 28.2.1963.

194 „Rolf Hochhuth: Ein Kampf mit Rom", in: *Der Spiegel*, 24.4.1963.

195 Fotomontagen dieser Art kaschierten ironischerweise die Tatsache, dass die Bericht-
 erstattung des *Spiegel* tatsächlich keine unkritische Haltung gegenüber Hochhuth hatte.
 Ein ähnliches Foto erschien in der *Bild*, vgl. Felix Schmidt, „Wieder zielt Hochhuth auf ein
 Tabu", in: *Bild*, 14.4.1963.

196 „Ein Kampf mit Rom", in: *Der Spiegel*, 24.4.1963. Es muss zugegebenermaßen eingeräumt
 werden, dass *Der Spiegel* auch Fotos der alternden Männer – Piscator, Ledig-Rowohlt
 etc. –, die Hochhuth unterstützten, abdruckte.

die Vorstellung geistlicher Engstirnigkeit und einer muffigen, verschlossenen
katholischen Subkultur hervor. Letztere bezeichnete Carl Amery in demselben
Jahr spöttisch als das „katholische Milieu", welches das Schweigen des Papstes
hervorzurufen schien.[197] Sie verstärkten den Eindruck, dass ein Hausputz mit
Generationenwechsel dringend nötig war.

Die Kontroverse um Hochhuth bedeutete auch für jüngere Journalisten eine
Gelegenheit, sich der Berichterstattung des schonungslos kritischen Stils zu
bedienen, den sie beispielsweise in Form des investigativen Journalismus im
Ausland kennengelernt hatten. Ihr Ziel war es nun, Geheimnisse aufzudecken,
Verfehlungen auf den Zahn zu fühlen und die verantwortlichen Übeltäter
bloßzustellen. Für apologetische Katholiken bedeuteten diese neuen Genres
zumeist nicht weniger als eine Katastrophe. In den Augen dieser Journalisten
war Hochhuth einer von ihnen – ein Meisterdetektiv, dem es irgendwie
gelungen war, die hohen Mauern des Vatikans zu durchdringen, um seine Verbrechen aufzudecken. Hochhuths Widersacher übten sich demgegenüber in
Verschleierungstaktiken. Sie verfassten ihre Artikel entsprechend als eine Art
Kriminalgeschichte: Wie hatte Hochhuth diese Meisterleistung vollbracht und
wo hatte er seine Quellen gefunden?

Hochhuths dreimonatiger Aufenthalt in Rom wurde unweigerlich zum
Gegenstand wilder Spekulation.[198] Sowohl er selbst als auch andere hielten
die Öffentlichkeit mit Andeutungen hin. In seinen *Historischen Streiflichtern*
schreibt Hochhuth ausdrücklich, die vatikanischen Archive hätten eine
Freigabe der Akten aus der Zeit nach 1846 verweigert. Der Hauptdarsteller
Dieter Borsche erzählte einer Berliner Tageszeitung hingegen fälschlicherweise, Hochhuth habe tatsächlich mit Dokumenten aus den Vatikanarchiven

---

197   Amery, *Kapitulation*.
198   Hochhuths Umgang mit den Quellen wird heute kontrovers diskutiert. Der ehemalige
      Geheimdienstmitarbeiter Ion Pacepa behauptete, Hochhuths Erfolg sei eigentlich ein
      Geniestreich des KGB gewesen, der den Vatikan infiltriert habe. Laut Pacepa hatte
      Nikita Chruschtschow im Februar 1960 einen streng geheimen Plan zur Zerstörung der
      moralischen Autorität des Vatikans in Westeuropa genehmigt. Der verstorbene Pacelli sei
      dabei das Hauptziel einer Operation mit dem Codenamen „Seat-12" gewesen. Ein für den
      KGB arbeitender Vatikanmitarbeiter, Agostino Casaroli, soll Pacepa angeblich Zugang zu
      den vatikanischen Archiven verschafft haben, woraufhin unzählige, mit Papst Pius XII. in
      Verbindung stehende Dokumente aus den vatikanischen Archiven und der Vatikanischen
      Apostolischen Bibliothek geschmuggelt worden seien. Nachdem die Operation zum
      Abschluss gebracht worden war – Pacepa nannte kein konkretes Datum – habe Pacepa
      im Laufe des Jahres 1963 in Bukarest von General Iwan Agayants, dem berühmten Chef
      der KGB-Desinformationsabteilung, erfahren, dass die Anstrengungen im Rahmen der
      Operation ein eindringliches Stück, welches Papst Pius XII. angreife, hervorgebracht
      hätten. Vgl. Pacepa, „Moscow's Assault". Für eine Gegendarstellung vgl. Brechenmacher,
      „Hochhuths Quellen"; Ruff, „Rolf Hochhuth".

gearbeitet.[199] Die Zeitung der Freien Volksbühne behauptete ferner, Hochhuth habe sich drei Monate im Vatikan aufgehalten und das von ihm verwendete Dokumentenmaterial sei „teilweise schwer zugänglich" gewesen.[200] Hochhuths Anhang enthielt außerdem zahlreiche Verweise auf Gespräche mit Mitarbeitern des Vatikans. Wer waren diese Mitarbeiter?

Mit dem Versuch, diesen Behauptungen einen Riegel vorzuschieben, befeuerte die KNA die Kontroverse nur noch mehr. Ihr Büro in Rom meldete kurz nach der Uraufführung, dass der junge Bühnenautor den zuständigen Stellen in Rom „völlig unbekannt" sei.[201] Die KNA berief sich dabei im Wesentlichen auf Robert Leiber SJ, einen deutschen Jesuiten und Berater Papst Pius' XII. Leiber hatte seine eigenen Gründe dafür, sich in das Getümmel zu stürzen. Mehrere Jahre zuvor hatte er als Reaktion auf *Der gelbe Stern*, jene bei Rütten & Loening erschienene Dokumentation der Judenverfolgung mit zahlreichen bis dahin unveröffentlichten Schwarz-Weiß-Fotos, den Artikel „Pius XII. und die Juden in Rom" verfasst.[202] Leiber hatte nicht der dargestellten Grausamkeit widersprochen, sondern der Verwendung des Zitats von Ernst von Weizsäcker, mit dem Hochhuth den *Stellvertreter* enden lässt. In jedem Fall war Hochhuth nicht gewillt, den Angriff der KNA einfach hinzunehmen. Die DPA erhielt als rivalisierende Nachrichtenagentur zwei scharfe Erwiderungen. In der ersten bezichtigte Hochhuth die KNA des Rufmordes. In der zweiten teilte der Rowohlt-Verlag mit, Hochhuth habe während seines dreimonatigen Aufenthalts im Vatikan „zahlreiche hohe Kleriker wie auch namenlose Augenzeugen der Geschehnisse des Jahres 1943" interviewt.[203] Darüber hinaus sei

---

199   Zeitungsausschnitt, „Borsche spielt ‚Pius XII.' Erstlingswerk von Hochhuth: ‚Der Stellvertreter'", in: *KNA*, 25.1.1963, KZG, NL Adolph WA16D1; „Papst bei Piscator. Zu Rolf Hochhuths ‚Stellvertreter'", in: *KNA*, 4.2.1963, KNA-Archiv, Akte: Rolf Hochhuth. Beide Artikel verweisen auf ein Interview Borsches mit der Berliner Tageszeitung *Der Abend* vom 15. Januar 1963.

200   Zeitungsausschnitt, „‚Der Stellvertreter' ausgeliefert. Einzelne ‚Spitzen' gegen Papst und Kurie eliminiert", in: *KNA* (undatiert), HAEK, Gen II, 22.13, 35. Dieser Artikel zitierte die FVB-Zeitung.

201   „‚Stellvertreter'-Autor spricht von Rufmord. Kontroverse um die neue Berliner Piscator-Inszenierung spitzt sich immer mehr zu", in: *Freie Presse*, Bielefeld, 25.2.1963.

202   Leiber, „Pius XII und die Juden in Rom", S. 428–436, hier S. 427, 429, 433, 435 f.; Schoenberner, *Der gelbe Stern*, S. 108; Rolf Hochhuth an Robert Kempner, 14.6.1963, SLA, NL Rolf Hochhuth, #269. In diesem Schreiben merkt Hochhuth an, dass er Schoenberner geholfen habe, allerdings bleibt der Umfang dieser Hilfe unklar, da ihm nicht namentlich gedankt wurde.

203   „Weiter heftiger Streit um ‚Stellvertreter': Schauspiel-Autor Hochhut [sic] spricht von ‚Rufmord'", in: *Rundschau am Sonntag*, 24.2.1963.

er „zu einer einstündigen Audienz im Staatssekretariat des Heiligen Stuhls empfangen worden."[204]

Diese in der Presse ausgetragenen Raufereien führten natürlich dazu, dass neugierige Journalisten nachbohrten. Hochhuth hielt sie mit weiteren Andeutungen bei der Stange. Etwa zwei Wochen später weigerte sich Hochhuth in einem Interview mit der *Neuen Rheinzeitung*, die Namen seiner Informanten preiszugeben: „Wenn die katholische Kirche darauf warten sollte, wird sie sehr lange warten müssen, nämlich bis zum Tode meiner Informanten. Einer von ihnen, ein Prälat, ist bereits verstorben. Vielleicht entschließe ich mich, wenigstens diesen Namen preiszugeben."[205] Dies war eine Anspielung auf den kurz zuvor verstorbenen Hudal. In einem ausführlichen Interview Ende April 1963 brachte ihn ein schonungsloser *Spiegel*-Mitarbeiter dazu, den Namen seines Informanten zu enthüllen.[206] Danach sagte Hochhuth kein Wort mehr zu diesem Thema. Er sagte Journalisten, er äußere sich nicht dazu, um seine Informanten vor Vergeltungsmaßnahmen zu bewahren. Die Kontroverse dauerte jedenfalls an, da die Presse, einschließlich der KNA, versuchte, die Identität seiner Informanten herauszufinden.[207] Wie hätte die katholische Verteidigung Pius' aus der Sicht diverser Leser mit einer Vorliebe für Spionageromane jemals mit Hochhuths Nacht-und-Nebel-Aktion mithalten können, die er in Rom im Alleingang unternommen hatte?[208]

Durch die Wende hin zum investigativen Journalismus hatten die Pius-Kritiker einen weiteren Vorteil: Journalisten, die sich normalerweise mit korrupten und despotischen Politikern beschäftigten, wendeten ihre Aufmerksamkeit nun dem verstorbenen Pontifex zu. Wie viel hatte Pius über den Massenmord an den Juden gewusst und wann hatte er Kenntnis davon erhalten? Wie hatte er darauf reagiert – und warum? Der gesamte Themenkomplex wies Elemente einer fesselnden Kriminalgeschichte auf – Verbrechen,

---

204 Hdt, „Hochhuth klärt Vorwürfe", in: *Frankfurter Allgemeine Zeitung*, 26.2.1963.

205 Kotschenreuther, „NRZ-Gespräch".

206 „Mein Pius ist keine Karikatur: SPIEGEL-Gespräch mit Dramatiker Rolf Hochhuth", in: *Der Spiegel*, Nr. 17, 24.4.1963, S. 90.

207 Für die Versuche der KNA, ihre Identität herauszufinden vgl. Presse-und Informationsamt der Bundesregierung, Spiegel der Katholischen Kirchenpresse, 30.3.1963, S. 5, HAEK, Gen II 22, 13, 34.

208 In einem Telefongespräch mit Wolfgang Knauft, einem Mitglied des Katholiken-Ausschusses in Berlin, hatte Hochhuth durchscheinen lassen, dass Hudal einer seiner Informanten gewesen war. Knauft gab diese Information an Adolph und Klausener weiter, die sie wiederum an Kardinal Frings weiterleiteten. Sie enthüllten Hudals Identität als Informant allerdings nicht öffentlich, vgl. Erich Klausener Jr. an Joseph Frings, 26.4.1963, Betreff: Telefonat Rolf Hochhuth – Kuratus Knauft am 3. März von 20.30 Uhr bis 21.15 Uhr, HAEK, Gen II 22.13, 32.

Täter, Opfer und am Ende moralische Schlussfolgerungen. Dies war Wasser auf die Mühlen jüngerer kompromissloser Journalisten und ein Minenfeld für Historiker. Die Rangältesten unter den westdeutschen Historikern übten sich mangels speziellen Fachwissens über das Thema in Zurückhaltung. Nur einige wenige Historiker wie Wilhelm Alff und Hans Buchheim vom Institut für Zeitgeschichte wagten den Sprung in die reißende Strömung.[209] Der Historiker Rudolf Morsey nahm nur zögernd an einer öffentlichen Diskussion in Heidelberg teil, nachdem er erfahren hatte, dass kein anderer Historiker teilnehmen würde.[210]

Die Folge dieser Situation war, dass hauptsächlich Diplomaten, Kirchenmänner und Politiker der 1930er und 1940er den Versuch unternahmen, die historischen Lücken zu schließen. Dabei standen die folgenden Personen dem *Stellvertreter* kritisch gegenüber: Johannes Neuhäusler; Gustav Gundlach; Monsignore Alberto Giovannetti; Otto Dibelius, der evangelische Bischof von Berlin; Robert Kempner, das berühmte deutsch-jüdische Mitglied der Anklage bei den Nürnberger Kriegsverbrecherprozessen und Ehemann einer frommen Katholikin; Albrecht von Kessel, der Deutschland als Diplomat im Vatikan vertreten und seinen Vorgesetzten, Ernst von Weizsäcker, in Nürnberg verteidigt hatte.[211] Vor dem Hintergrund ihrer gemeinsamen Erinnerungen an Pius und an die Verfolgung durch die Nationalsozialisten argumentierte dieser

---

209 „Aktuelle Diskussion bis halb elf: VHS-Gespräch über Hochhuths ‚Stellvertreter' ging Thema auf den Grund", in: *Neue Rheinzeitung*, 17.5.1963; KNA-Informationsdienst Nr. 15, „Vernichtende Kritik Prof. Bussmanns an Hochhuths ‚Stellverteter' – D. Dr. Dibelius", 11.4.1963; Wilhelm Alff, „Richtige Einzelheiten – verfehltes Gesamtbild", in: *Frankfurter Allgemeine Zeitung*, 11.5.1963; Rolf Hochhuth, „Ein Gesamtbild gibt es nicht: Antwort an Wilhelm Alff", in: *Frankfurter Allgemeine Zeitung*, 30.5.1963, KNA-Archiv, Akte: Rolf Hochhuth.

210 Morsey widerstrebte die Teilnahme an solchen Formaten, da er eine breitere Quellen grundlage für notwendig hielt. Rudolf Morsey an Erich Klausener Jr., 31.5.1963, DAB, V/12-6-2-2, NL Erich Klausener Jr., V/12 Korr. Klausener 62–64.

211 Robert Kempner, Brief an die Frankfurter Zeitung, 15.3.1963, DAB, NL Erich Klausener Jr., V/12, Korr. Klausener 62–64; Albrecht von Kessel, „Der Papst und die Juden", in: *Die Welt*, 6.4.1963, HAEK, Gen II 22.13, 38; Alberto Giovannetti, „Geschichte, Theater und Geschichten: zu Hochhuth: Verhältnisse von damals nicht mit heutigem Maßstab messen", 10.4.1963, KNA-Archiv, Akte: Rolf Hochhuth; Zeitungsausschnitt, „Stellvertreter des Stellvertreters: Eine Diskussion in der Katholischen Akademie über Hochhuths Schauspiel", in: *Münchener Merkur*, 24.4.1963; Zeitungsausschnitt, „Der Stellvertreter' – in München diskutiert: Umstrittenes Drama vor der Katholischen Akademie", in: *Augsburger Allgemeine*, 25.4.1963, HAEK, Gen II 22.13, 37; „Kein Bewältigen durch Vergessen: Ansprache von Weihbischof Dr. Johannes Neuhäusler bei der Grundsteinweihe für den ‚Karmel Heilig Blut Dachau' am 28. April 1963", KNA-Archiv, KNA, Akte: Rolf Hochhuth; Zeitungsausschnitt, dpa, „M.W.Kempner verteidigt Pius XII", in: *Kölner Stadt-Anzeiger*, 25.–26.5.1963, HAEK Gen II 22.13, 38.

Personenkreis, dass ein päpstlicher Protest wenig hätte ausrichten können, um die Juden zu schützen. Doch ihnen wurde auch von berühmten Persönlichkeiten wie dem elsässischen Lutheraner und Missionar Albert Schweizer und dem Pastor der Bekennenden Kirche, Heinrich Grüber, die Schau gestohlen. Unter Hinweis darauf, dass er selbst im Dezember 1940 verhaftet worden war, nachdem er zweimal versucht hatte, sich den Juden in Ghettos und Gefangenenlagern anzuschließen, vertrat Grüber die Ansicht, dass ein Papst, der diplomatisch schweige und sich selbst schone und das Vorbild des barmherzigen Samariters missachte, kein Rechte habe, „von der Nachfolge Jesu zu sprechen."[212] Als *Der Stellvertreter* am Broadway aufgeführt wurde, wurde Hochhuth von Grüber in die USA begleitet. In der Manier eines alttestamentarischen Propheten hielt er Vorträge an amerikanischen Universitäten und Predigten in protestantischen Kirchen, in denen er die Gleichgültigkeit der Kirchen gegenüber dem Genozid anprangerte. Das Christentum, so Grüber, bedürfe einer theologischen Reform, um sich von seinem Antisemitismus zu reinigen. Obwohl sie wenig zur historischen Bilanz von Pacellis Pontifikat beitrugen, lieferten evangelische Prediger abschließende Lehren in puncto Gut und Böse, was in den Übungen im investigativen Journalismus den letzten Schliff darstellte.

Doch der investigative Journalismus war nicht das einzige kritische Format, das Walter Adolph Schwierigkeiten bereitete. Die Presse wurde von den öffentlichen Diskussionsrunden angezogen, die in zahlreichen Städten wie München, Berlin, Duisburg, Heidelberg und Köln aus dem Boden sprossen. Dieses Format wurde in praktisch jedem Land, in dem Aufführungen des *Stellvertreter* das Publikum elektrisiert und Kritiker zu sofortigen Protestaktionen veranlasst hatten, übernommen.[213] Die Verteidiger des Papstes fanden eine ganze Reihe bereitwilliger Förderer, darunter Universitäten, katholische

---

212   Heinrich Grüber an Erwin Piscator, 4.3.1963, ADK, Archiv Theater der Freien Volksbühne Berlin, Schnellhefter, Der Stellvertreter, Vorkorrespondenz; Zeitungsausschnitt, „Die Meinung von Propst Grüber: Entscheidend ist nur, was laut gesagt wurde", in: *Freiheit und Recht*, Düsseldorf, Mai 1963, HAEK, Gen II 22.13, 38; RTVA, „Schweizer über Hochhuths Drama", in: *Frankfurter Allgemeine Zeitung*, 25.9.1963.

213   RTVA, Bayerischer Rundfunk München, Der Stellvertreter, Vorspann zur Diskussion am 29.4.1963; Zeitungsausschnitt, „Hochhuth sammelte Minuspunkte. ‚Stellvertreter'-Diskussion im Kölner ‚Kongreß für die Freiheit der Kultur'", in: *Kölnische Rundschau*, 29.4.1963, KZG, HAEK, Gen II 22.13, 37; „Rhythmisierte Dokumente': Podiumsdiskussion mit Rolf Hochhuth in Köln", in: *KNA*, 3.5.1963, NL Walter Adolph, WA 16D1; RTVA, Rolf Hochhuth, Zeitungsausschnitt, D, „Aktuelle Diskussion bis halb elf: VHS-Gespräch über Hochhuths ‚Stellvertreter' ging Thema auf den Grund", in: *Neue Rheinzeitung*, 17.5.1963; Zeitungsausschnitt, „Gericht über Hochhuth? Zu einem Podiumsgespräch in München", in: *Berliner Allgemeine Wochenzeitung der Jugend in Deutschland*, 24.5.1963, HAEK, Gen II 22.13, 38; RTVA, hfn, „Hochhuth – Anti-Hochhuth", in: *Abendzeitung*, 27.–28.7.1963.

Studentenverbindungen und die Katholische Akademie in Bayern sowie die Studios von Radio- und Fernsehsendern.[214] Während diese Diskussionen dem Publikum und den Diskussionsteilnehmern die Möglichkeit boten, sich hochtrabend über die Vergangenheit auszulassen, waren die Kritiker in einem relativ neuen journalistischen Stil ausgebildet – dem Pro-und-Kontra-Format. Die Schirmherren luden Redner ein, die entschlossen an ihrer Meinung festhalten würden. Grüber nahm an Diskussionen über den *Stellvertreter* in München und Berlin teil. Dennoch versuchten einige Gastgeber, den Gesprächsverlauf zu manipulieren. Die Katholische Akademie in Bayern etwa lud lediglich eine kritische Stimme zu ihrer Diskussionsrunde ein. Diese organisierte Geschlossenheit der vertretenen Meinungen blieb von der Presse nicht unbemerkt.[215]

Diese öffentlichen Diskussionsforen waren als ernsthafte Unterfangen konzipiert und setzten sich mit moralischen, theologischen und existenziellen Fragen auseinander, die sich einfachen Antworten entzogen: Wäre es Pius' Pflicht gewesen, sich für die europäischen Juden zu opfern? Wenn er sich lautstark gegen den Genozid ausgesprochen hätte, hätten die Nationalsozialisten seinen Protest vergolten und ihn möglicherweise verhaftet und hingerichtet? Hätte der päpstliche Protest zu einer Verschärfung der Verhaftungen und Deportationen geführt, so wie es in den Niederlanden geschehen war, nachdem die niederländischen Bischöfe gegen die Massenverhaftungen der Juden protestiert hatten? Oder hätten die Nationalsozialisten die Gaskammern geschlossen, so wie sie 1941 anscheinend nach dem Protest von Bischof von Galen die systematischen Krankenmorde an Menschen mit körperlichen und

---

214 Für Beispiele an Universitäten vgl. KNA, Bayerischer Dienst, „War des Papstes Schweigen ein ‚Verbrechen?'. Studenten diskutieren über Hochhuths ‚Stellvertreter'", 29.7.1963, KNA Archiv, Akte: Rolf Hochhuth. Für Fernseh-Diskussionen vgl. beispielsweise „Pius XII. und die Juden: Fernseh-Diskussion über Rolf Hochhuths Drama, ‚Der Stellvertreter'", in: *Der Abend*, Berlin, 20.5.1963; „Durfte Pius XII. schweigen? Eine Fernsehdiskussion über Hochhuths ‚Stellvertreter'", in: *Flensburger Tageblatt*, 31.5.1963, HAEK, Gen II 22.13, 38. Für eine ausführliche Beschreibung der zweistündigen Sendung auf dem zweiten Sender von Freies Berlin vgl. Aktennotiz, 25.8.1963, KZG, NL Adolph, WA 16D2.

215 Zeitungsausschnitt, „‚Der Stellvertreter' – in München diskutiert: Umstrittenes Drama vor der Katholischen Akademie", in: *Augsburger Allgemeine*, 25.4.1963, HAEK, Gen II 22.13, 37; Zeitungsausschnitt, „Stellvertreter des Stellvertreters: Eine Diskussion in der Katholischen Akademie über Hochhuths Schauspiel", in: *Münchener Merkur*, 24.4.1963, KAB, B1/17. Für Kommentare bezüglich der fehlenden Gegenpositionen vgl. Zeitungsausschnitt, „Pius XII. und die Pforten der Hölle. Die Katholische Akademie in Bayern veranstaltet eine Diskussion über Hochhuths ‚Stellvertreter'", in: *Münchener Kulturberichte* 16, 24.4.1963, HA-WDR, 02188.

geistigen Behinderungen eingestellt hatten? Und vor allem: Warum hatte Pius geschwiegen?[216]

Doch die neue öffentliche Atmosphäre war unberechenbar und die Foren waren eine merkwürdige Mischung aus Gerichtssaal, Beichtstuhl und Arena. Im April 1963 mussten in München hunderte von Interessierten von einer Veranstaltung der Katholischen Akademie nach Hause geschickt werden, weil der für 600 Personen ausgerichtete Zuschauerraum bereits voll war.[217] Erst wenige Wochen zuvor war es notwendig gewesen, dass Piscator und Grüber „fast gewaltsam zum Podium geschleust" wurden, da der lediglich über 600 Plätze verfügende Hörsaal an der Technischen Universität Berlin bereits mit über 1.000 Zuschauern überfüllt war.[218] Der berühmte Radiosender Sender Freies Berlin verglich die Atmosphäre mit der Bundestagsdebatte über die *Spiegel*-Affäre.[219] Nach den kurzen einleitenden Worten von Hochhuth und Grüber, die darauf bestanden, dass jeder, auch die Kirche, sich zu seinen Verfehlungen bekennen und ähnliche Tragödien in der Zukunft verhindern müsse, entwickelte sich die zweistündige Diskussion schnell in eine hochemotionale Debatte.[220] Sowohl die Teilnehmer auf dem Podium als auch Personen aus dem Publikum wurden immer wieder durch Beifall, Buhrufe und Pfiffe aus der aufgebrachten Menge unterbrochen. In einem Fall ging ein junger Germanist und Historiker aus dem Publikum, der sich selbst lediglich als „Michel" vorstellte, auf direkten Konfrontationskurs mit dem Bühnenautor, um mit Hochhuth die seiner Meinung nach einseitigen und „pseudo-historischen Streiflichter am Schluss" zu diskutieren. Obwohl Hochhuth ihm meisterhaft Kontra bot, wollte Michel nicht von seinem Standpunkt abrücken und anderen das Wort

---

216   Mehrere dieser Fragen bildeten die Grundlage für eine Diskussion in Köln. Vgl. „Rhythmisierte Dokumente': Podiumsdiskussion mit Rolf Hochhuth in Köln", in: *KNA*, 3.5.1963, KZG, NL Adolph, Wa 16D1.

217   Zeitungsausschnitt, Alfred Hoentzsch, „Der Stellvertreter: Bericht über ein Podiumsgespräch um das gleichnamige Schauspiel von Rolf Hochhuth in der Katholischen Akademie in München" (kein Name der Zeitung; undatiert, aber wahrscheinlich vom 24.4.1963), KAB, B 1/17.

218   SFB, Das Thema, 3.4.1963, DRA, Pressearchiv, Personalia, Hochhuth, St.R.K., Abteilung Information; „Stellvertreter' weiter im Mittelpunkt der Diskussionen: Lebhafte Aussprachen in Berlin – Antikatholische Ressentiments", 3.4.1963, KNA-Archiv, Akte: Rolf Hochhuth.

219   SFB, Das Thema, 3.4.1963, DRA, Pressearchiv, Personalia, Hochhuth, St.R.K., Abteilung Information.

220   Zeitungsausschnitt, „Es geht um Dich persönlich. Neue Diskussion um den ‚Stellvertreter'", in: *Berliner Stimme*, 30.3.1963, HAEK,Gen II 22.13, 34.

überlassen. Als das Publikum schließlich genug hatte, wurden seine weiteren Einwände von der aufgebrachten Menge übertönt.[221]

Frustriert von diesem Spektakel aus Gewissensprüfung und Schadenfreude lehnten Walter Adolph und seine Mitstreiter es ab, an den öffentlichen Diskussionen teilzunehmen, in der Hoffnung, die Debatte um Pius' Schweigen werde sich schließlich von alleine legen, ohne dass ein katholischer Gegenschlag sie wieder zum Leben erwecken würde. Am 18. März 1963 besuchte Adolph den Intendanten des Senders Freies Berlin und erklärte ihm, dass kein offizieller Vertreter der katholischen Kirche an einer von ihm geplanten Paneldiskussion mit Live-Übertragung teilnehmen werde.[222] Kardinal Frings, der sich bereits dreimal gegen Hochhuth ausgesprochen hatte, lehnte es ab, eine Stellungnahme für eine Dokumentation über den *Stellvertreter* im Hessischen Rundfunk abzugeben.[223] Wie der Limburger Weihbischof Walter Kampe dem Fernsehsender mitteilte, wäre „die Mitwirkung eines Kardinals weitere Propaganda für das umstrittene Schauspiel Hochhuths."[224] Die Kirchenvertreter standen vor einem Dilemma. Denn durch diese Haltung überließen sie ihren Gegnern das Feld, denen auf einmal alle Möglichkeiten offen standen, ihre Sicht auf die Ereignisse an die Öffentlichkeit zu bringen. Dies hatte wiederum zur Folge, dass die Radio- und Fernsehsender sich eher an die Kritiker der katholischen Kirche und ihrer Vergangenheit wendeten. So nahm Ernst-Wolfgang Böckenförde an einer Podiumsdiskussion teil. Der Publizist Carl Amery nutzte seinen Auftritt in einem Forum für seine Forderung nach theologischer Reform und nach einem Aufbrechen der Abgeschlossenheit des „katholischen Milieus."

Doch gleichzeitig vollzogen sich weitere grundlegende Veränderungen, die zu einer neuen kritischen Öffentlichkeit im Westen führten und die Strategie der Katholiken weniger brauchbar machten. Adolph und andere führende Katholiken zogen sich genau zu dem Zeitpunkt aus dieser öffentlichen Kontroverse zurück, als die Beteiligung an diesem „Theater in den modernen Gesellschaften" dramatisch anwuchs.[225] Scharen von Männern und Frauen aller Altersklassen und Konfessionen strömten aus aufrichtigem Interesse zu den Podiumsdiskussionen auf der Suche nach Antworten auf ihre miteinander

---

221 SFB, Das Thema, 3.4.1963, DRA, Pressearchiv, Personalia, Hochhuth, St.R.K., Abteilung Information.

222 Aktennotiz, Anlage 6, Ptokoll Diöz Ref. Tagung, 1963, 19.3.1963, NL Adolph, WA 25C3.

223 Hessischer Rundfunk an Joseph Frings, 7.3.1963; Schöller an den Hessischen Rundfunk, Abt. FS Zeitgeschehen, 10.5.1963, HAEK, Gen II 22.13, 32, Hanke und Seibt.

224 Walter Kampe an Herrn Intendant Werner Heß, Frankfurt/Main, Hessischer Rundfunk, 20.5.1963, DAL, D, Publizistik, II, Rundfunk, 1963–1964.

225 Fraser, „Rethinking", S. 56–80.

verwobenen theologischen, moralischen und historischen Fragen. Vierzehn
Monate nach der Premiere in Berlin kommentierte ein Journalist des Westdeutschen Rundfunks, dass seit Kriegsende keine andere Debatte eine solche
Resonanz erfahren und solch aufmerksame und kritische Beobachter gehabt
habe wie der Sturm, der über dem *Stellvertreter* ausgebrochen sei.[226]

Die Gründe für diesen steilen Anstieg des öffentlichen Interesses sind nicht
schwer zu erkennen, da so viele heikle Themen, die für internationale Schlagzeilen sorgten, in den Zeilen des *Stellvertreter* zusammenliefen. Das Interesse
der Medien an religiösen Angelegenheiten – etwa an Bibelkritik, Kirchenpolitik, Persönlichkeiten der Kirche, theologischer Reform – hatte bereits
seit über einem Jahrzehnt stetig zugenommen. Die Aufführung des Bühnen-
stücks in der ganzen Welt fiel zusammen mit Titelschlagzeilen über das Zweite
Vatikanische Konzil, den Tod des verehrten Papstes Johannes XXIII. und der
Wahl Papst Pauls VI. Hochhuths Stück war für all diese Ereignisse von Belang.
Angelo Roncalli hatte als Nuntius in Bulgarien Juden geholfen und gerettet,
Giovanni Montini war ein enger Mitarbeiter von Pius XII. gewesen und auf
dem Konzil wurde im Jahr 1965 mit Fragen des römisch-katholischen Anti-
semitismus gerungen und ein entscheidender Schritt zur Anerkennung des
Judentums und für den interreligiösen Dialog getan. Gleichzeitig rückten der
Eichmann-Prozess, die Verhaftung von KZ-Wachen in niederen Rängen und
die Wiederaufnahme der Kriegsverbrechertribunale erneut zentrale Fragen
ins öffentliche Rampenlicht, die auch im *Stellvertreter* aufgegriffen wurden.
Hochhuth war der erste Autor, der Auschwitz auf der Bühne inszeniert hatte.
In welchem anderen Werk gingen der berüchtigte Eichmann und der „Doktor",
dessen Charakter frei auf Josef Mengele basiert, gemeinsam Kegeln?

Obgleich die Entstehung dieser Foren, offenen Diskussionsrunden und
Formate zum medialen Meinungsaustausch auf aufrichtigem Interesse
beruhte, erfüllten sie im Laufe der Zeit auch noch eine andere, gleichermaßen
bedeutende Funktion. Sie stellten einen Versuchsballon dar, um die Grenzen
der neuen kritischen Öffentlichkeit auszutesten.[227] Wie sollten öffentliche
Diskussionen zu zentralen Streitpunkten ausgetragen werden? Viele Bericht-
erstatter und Kommentatoren sahen die durch Hochhuths Stück ausgelösten Debatten als eine Chance, die kritische Öffentlichkeit zu erweitern
und zu demokratisieren, zumal sich so viele an diesen deutschlandweiten

---

226   „Zur Diskussion steht Hochhuths ‚Stellvertreter' – Ein Bericht über Aufführungen,
        Kritiken und Kontroversen", 28.4.1964, WDR Archiv, 03293, 38/D51.
227   Dieses Thema war Gegenstand der richtungsweisenden Habilitationsschrift von Jürgen
        Habermas, vgl. Habermas, *Strukturwandel*.

Auseinandersetzungen beteiligten.[228] Daraus ergab sich ein Paradoxon: So wenig intuitiv es auch in Anbetracht der heftigen Proteste erscheinen mag, Papst Pius XII. war in vielerlei Hinsicht ein unverfängliches Diskussionsthema. Er hatte die Staatsbürgerschaft keines der Länder, in dem *Der Stellvertreter* legal aufgeführt worden war. Von seinen Zeitgenossen waren nur diejenigen, die innerhalb der evangelischen und katholischen Hierarchien sehr hohe Ämter bekleidet hatten und nun in einem bestimmten Alter waren, unmittelbar und persönlich von der Debatte betroffen – daher ihre oftmals heftigen und emotionalen Reaktionen. Doch für die überwältigende Mehrheit derer, die sich auf den Weg zu den Foren machten, bestand nur ein sehr geringes Risiko, dass die Diskussionen über die Unterlassungssünden eines Diplomaten und weltweit geistlichen Oberhaupts Aufmerksamkeit auf die Verfehlungen ihrer Väter, Brüder, Cousins, Freunde oder Nachbarn lenken würde. Pius stellte einen idealen Konvergenzpunkt für Moralpredigten vom grünen Tisch und einen sicheren Einstieg in die Herausforderungen, die sich aus der jüngsten deutschen Geschichte ergaben, dar.

Obgleich das Thema ein so sicheres war, war es letztendlich die zunehmende Wahrnehmung der kritischen Öffentlichkeit als ein Forum für offene Debatten, diskursiven Austausch und diskursive Überlegungen, die es für Männer wie Adolph schwieriger machten, mit ihren eigenen Richtigstellungen Fuß zu fassen. Das Schicksal zweier dünner Bücher über die *Stellvertreter*-Kontroverse – eines von Adolph, das andere von Raddatz – veranschaulichen bestens, warum Adolphs Sicht sich nicht durchsetzen konnte. Im September veröffentlichte Adolph unter dem Titel *Verfälschte Geschichte: Antwort an Rolf Hochhuth* eine 112-seitige Abhandlung.[229] Darin betet der Autor die Inhalte von Briefen, Verteidigungen, Arbeitspapieren und polemischen Schriften nach, darunter auch Montinis Verteidigung Pius' XII. und Auszüge aus Robert Leibers Artikel in *Stimmen der Zeit*. Daneben enthielt der Anhang weitere 40 Seiten an Dokumenten, hauptsächlich Ansprachen des Papstes und Hirtenbriefe der deutschen Bischöfe zwischen 1941 und 1943. Zahlreiche deutsche Tageszeitungen nahmen Adolphs Publikation zwar zur Kenntnis, doch mit seiner apologetischen Rechtfertigung trug er lediglich bereits Bekanntes

---

228 „Zur Diskussion steht Hochhuths ‚Stellvertreter' – Ein Bericht über Aufführungen, Kritiken und Kontroversen", 28.4.1964, WDR Archiv, 03293, 38/D51.

229 Adolph, *Verfälschte Geschichte*.

vor.[230] Auch nach mehreren Auflagen wurden weniger als 20.500 Exemplare verkauft.[231] Es wurden keine Übersetzungen in andere Sprachen angefertigt.

Im Vergleich dazu erzielte ein ähnliches Projekt des Rowohlt-Verlags erstaunlich großen Erfolg. Der Cheflektor des Rowohlt-Verlags Fritz Raddatz veröffentlichte eine Sammlung von Rezensionen, Diskussionen zwischen Hochhuth und Kritikern, den Text der Kleinen Anfrage im Bundestag sowie zahlreiche Briefe an den Herausgeber und an Hochhuth.[232] Innerhalb weniger Wochen wurden von der schmalen, 235 Seiten zählenden Taschenbuchausgabe *Summa iniuria oder Durfte der Papst schweigen?* mehrere hunderttausend Exemplare verkauft und das Buch schoss auf Platz 6 der *Spiegel*-Bestsellerliste. Es diente in den darauffolgenden zwei Jahren als Vorbild für drei weitere Sammelbände, von denen einer zeitgleich mit der Premiere in Basel veröffentlicht wurde und die anderen beiden, *The Storm over the Deputy* und *The Deputy Reader*, in New York erschienen.[233]

Warum konnte sich Raddatz' Band in diesem Wettstreit um verkaufte Exemplare und Einfluss durchsetzen? Er passte besser zum Geist der kritischen Öffentlichkeit. Adolphs Buch präsentierte einen Chor gleichgesinnter Stimmen, während Raddatz' Publikation für sich in Anspruch nahm, fair und ausgeglichen zu sein. Raddatz veröffentlichte beispielsweise Teile einer vernichtenden Rezension aus der Feder von Erich Klausener jun., die am 3. März im *Petrusblatt* erschienen war, weil in seinen Worten „dem Verlag gerade daran gelegen ist, auch Einwände gegen Hochhuths Stück wiederzugeben."[234] Diese Gegenüberstellung von Pro und Kontra kaschierte jedoch auch, dass Raddatz eine clevere Manipulationstaktik angewandt hatte: Die Anzahl der dem Bühnenautor wohlgesonnenen Kommentare, einschließlich solcher von Hochhuth selbst, war fast doppelt so hoch wie die Beiträge kritischer

---

230 KNA, „Verfälschte Geschichte als Grundlage der Verdammung", 10.7.1963; „Antwort an Rolf Hochhuth': Eine Schrift des Berliner Generalvikars Walter Adolph", in: *Deutsches Volksblatt*, Stuttgart, 11.7.1963; „Antwort an Rolf Hochhuth': Berliner Generalvikar Walter Adolph zu dem Stück ‚Der Stellvertreter'", in: *Aachener Volkszeitung*, 16.7.1963; „Antwort an Hochhuth", in: *Nürtinger Zeitung*, 19.7.1963; „Antwort an Hochhuth", in: *Hamburger Echo*, 19.7.1963; „Adolphs Kapitulation", in: *Kölner Stadtanzeiger*, 23.7.1963, KZG, NL Adolph, WA 16D2; „Hochhuth und kein Ende", in: *Der Kurier*, Berlin, 22.7.1963, HAEK, Gen II 22.13, 41.

231 DAB, IV/54–183, Bestände des Morus Verlags, Verfasser: Walter Adolph, Titel: Verfälschte Geschichte; Adolph, *Verfälschte Geschichte*.

232 Raddatz (Hg.), *Summa Iniuria*.

233 Günter, *Streit*; Bentley (Hg.), *Storm*; Barracano Schmidt/Schmidt (Hg.), *Deputy Reader*.

234 Raddatz, *Summa Iniuria*, S. 163.

Stimmen.[235] Raddatz manipulierte außerdem Klauseners kritische Rezension. Er hatte Klausener um Erlaubnis zur Verwendung des Textes gebeten, die ihm Klausener ausdrücklich verweigert hatte, „da der Rowohlt-Verlag bei der Herausgabe dieses Taschenbuches zur Hochhuth-Diskussion auch selbst allzu sehr engagiert ist."[236] Raddatz reagierte darauf nicht nur, indem er diese Aussage Klauseners Text voranstellte und bemerkte „es muß hier also [...] in kürzerer und auszugsweiser Form angedeutet werden, was dieser Aufsatz besagte." Er kürzte Klauseners Rezension außerdem nach seinem Gusto zusammen, ohne dabei den Großteil seiner Auslassungen zu markieren, was er ohne Zweifel tat, weil sich Klausener in den gekürzten Stellen abschätzig über Hochhuths Umgang mit dem Quellenmaterial geäußert hatte. Raddatz veröffentlichte diesen Verriss dann unter seinem eigenen Namen. Dieses Vorgehen scheint Teil einer größeren PR-Strategie gewesen zu sein. In zwei weiteren, davon unabhängigen Fällen beschwerten sich der ungarische Philosoph Lukács und der deutsche Jesuit Karl Breuning SJ darüber, dass ihre privaten Briefe an Hochhuth, in denen sie ihre Zustimmungen zu den Standpunkten des Bühnenautors zum Ausdruck gebracht hatten, ohne ihre Erlaubnis an die Presse weitergegeben worden waren.[237]

Doch solche missbräuchlichen Verfälschungen hatten keinen Einfluss auf die enttäuschenden Verkaufszahlen von Adolphs Veröffentlichung. Wie so viele andere Reaktionen der katholischen Kirche, sowohl vor als auch nach der Hochhuth-Kontroverse, beruhte Adolphs Verteidigung des Papstes auf der Annahme, dass die Veröffentlichung von Gegenbeweisen, für gewöhnlich in Form von Primärquellen, eine absolut sichere Methode sei, um den überzogenen Behauptungen der Kirchenkritiker etwas entgegenzusetzen. Adolphs Buch klang daher wie eine erzürnte Nachprüfung der Fakten. Denn *Der Stellvertreter* litt, was für nahezu jedes Werk mit einer provokanten revisionistischen Botschaft gilt, deutlich an methodischen Schwächen. Wie viele Kritiker, darunter sogar *Der Spiegel*, nach der Uraufführung und Veröffentlichung des Stücks bereits angemerkt hatten, hatte Hochhuth Gegenbeweise beiseitegeschoben und ausgeblendet. In einem Interview mit dem

---

235 Der Band enthält nach meiner Zählung 50 dem Bühnenautor äußerst wohlwollende Beiträge, 26 kritische bis verurteilende, fünf mit sowohl kritischen als auch positiven Anmerkungen und elf neutrale Beiträge, die lediglich über die vertretenen Standpunkte berichten.

236 Fritz. Raddatz an Erich Klausener Jr., 25.6.1963; Erich Klausener Jr. an Fritz Raddatz, 17.7.1963, DAB, NL Erich Klausener Jr., V/12 Korr. Klausener, 62–64; Erich Klausener Jr. an Walter Adolph, 18.7.1963, NL Adolph, WA 5l3.

237 Georg Lukacs an Rolf Hochhuth, 9.8.1963; Karl Breuning an Rolf Hochhuth, 13.5.1963, SLA, NL Hochhuth, #271.

Bühnenautor konfrontierte *Der Spiegel* ihn damit, dass er eine Stelle in seinem Stück „verfälscht" habe.[238] Hochhuth hatte seinem Stück auf den ersten Seiten der Taschenbuchausgabe ein Zitat des französischen Schriftstellers und Nobelpreisträgers François Mauriac vorangestellt, in dem dieser sich kritisch über das Verhalten des Papstes geäußert hatte. Hochhuth hatte allerdings Mauriacs Beobachtung unterschlagen, der Papst habe auch die „entsetzliche Pflicht, (durch Schweigen) schlimmeres Übel zu verhüten."[239] In dieser Manier zitiert Hochhuth ebenso in seinen *Historischen Streiflichtern* direkt aus einem Brief von Jan Ciechanowski, dem ehemaligen Botschafter der sich im Exil befindlichen polnischen Regierung in Washington. Ciechanowski bestätigt darin, dass er den amerikanischen Kongress, die Presse, das Weiße Haus, die Kardinäle und die Bischöfe von der Vernichtung der jüdischen Bevölkerung in Polen in Kenntnis gesetzt habe. Hochhuth ignorierte allerdings Ciechanowskis Einschätzung, dass eine öffentliche Protesterklärung des Papstes keinerlei Einfluss auf Hitler gehabt hätte.[240]

Für Adolph und hochrangige Vertreter des Vatikans war die Strategie einfach: Fehler berichtigen, Dokumente veröffentlichen und die Wahrheit ans Licht kommen lassen. Die ausführlichste dieser Dokumentensammlungen, die *Actes et documents du Saint-Siège relatifs à la Seconde Guerre mondiale (Akten und Dokumente des Heiligen Stuhls in Bezug auf den Zweiten Weltkrieg)*, füllte von 1967 an, als der erste Band mit den Briefen Pius' XII. an die deutschen Bischöfe erschien, ingesamt elf Bände mit Dokumenten in mehr als vier Sprachen. Doch selbst Adolph waren die Unzulänglichkeiten dieser Strategie bewusst. Er erkannte zu Recht, dass der Aspekt der Schuld und moralischen Verantwortung die Frage danach, ob Hochhuth das Verhalten des Papstes korrekt dargestellt hatte, verdrängt hatte.[241] Doch auch etwas allgemeiner betrachtet: Welcher Leser unter den Laien, geschweige denn Journalist, hatte die nötige Zeit, um sich durch tausende von Seiten – oder selbst die 40 Seiten in *Verfälschte Geschichte* – zu wälzen und in kurzen Artikeln und plakativen Überschriften zusammenzufassen? Das Pro-und-Kontra-Format, das einige Verfechter Hochhuths zum Einsatz brachten, eignete sich weitaus besser für eine kritische Öffentlichkeit mit einem Fokus auf Fragen der Moral als eine Zusammenstellung unzusammenhängender Beweisdokumente.

---

238 „Mein Pius ist keine Karikatur: SPIEGEL-Gespräch mit Dramatiker Rolf Hochhuth", in: *Der Spiegel*, Nr. 17, 24.4.1963, S. 90.
239 Ebd.
240 Jan Ciechanowski an Rolf Hochhuth, 18.12.1961, SLA, NL Rolf Hochhuth, #5.
241 Adolph, *Verfälschte Geschichte*, S. 8.

Obwohl sie in Anbetracht dieser Veränderungen der Medienlandschaft und Öffentlichkeit offensichtlich in einer unterlegenen Position waren, griffen die resolutesten Gegner Hochhuths zu den einzigen ihnen verbliebenen Waffen. Sie ergriffen schonungslose Maßnahmen, die an Zensur grenzten. Der Nuntius in Deutschland, Corrado Bafile, bat das Katholische Büro in Bonn darum, „alles zu tun, um eine Übertragung in Funk und Fernsehen von dem Stück ‚Der Stellvertreter' zu verhindern."[242] Ein Mitarbeiter merkte an: „Ich muss sagen, ich habe persönlich den Nuntius noch nie so engagiert gesehen wie in dieser Frage."[243] Sie versuchten zudem, ihre Sitze in den Rundfunk- und Fernsehräten der einzelnen Bundesländer zu nutzen.[244] Die Kirchenvertreter und wahrscheinlich sogar Kardinal Frings persönlich übten Druck auf die öffentlichen Rundfunk- und Fernsehsender der Länder aus, damit diese weder Hochhuth noch seinen Unterstützern oder der Kontroverse an sich Sendezeit widmeten. Der protestantische Intendant des Westdeutschen Rundfunks (WDR), Klaus von Bismarck, gab dem Druck nach und wies seinen Sender an, weder den Text noch die Aufführung des inkriminierten Hochhuth-Stücks zu thematisieren: „Meine persönlichen Erwägungen sind von der Erfahrung mitbestimmt, daß mir bereits mehrere katholische Christen begegnet sind, die in ihrer persönlichen Glaubenshaltung durch Text und Inhalt der ‚Stellvertreter'-Aufführung zutiefst erschüttert und in Zweifel gestoßen wurden."[245] Frings war anscheinend „sehr zufrieden" mit dieser Entscheidung.[246] Andere Intendanten in Berlin, Hessen und Bayern wollten sich dem Druck hingegen nicht beugen.[247] Der Berliner Sender Radio in the American Sector (RIAS) hatte zudem fast von Anfang an über die Kontroverse berichtet.[248] Als sie sich immer weiter auszubreiten begann, änderten auch Intendanten, die sich zunächst dem kirchlichen Druck gefügt hatten, ihre Meinung. Bismarcks WDR lud Hochhuth 1965 sogar für ein ausführliches Interview in sein Studio ein.[249]

---

242 Prälat (Name unbekannt) an Franz Hermann, 15.3.1963, HAEK, Katholisches Buro, ZUG 862 #126.

243 Ebd.

244 Glässgen, *Katholische Kirche und Rundfunk*; Hannig, „Religion gehört", S. 113–137.

245 Klaus von Bismarck an Herrn. Dr. Brühl, Dr. Lange, Dr. Zons, Dirks, Wiegenstein, Waltermann, Dr. Oxenius, 9.4.1963, HAWDR, #13006.

246 Aktennotiz zur Frage „Der Stellvertreter", gez. Walter Dirks, 11.4.1963, HAWDR, #02188.

247 Dr. Zons an Klaus von Bismarck, Betr: Hochhuth „Der Stellvertreter", 20.3.1963, HAWDR, #13006; Zur Diskussion um Rolf Hochhuths „Stellvertreter", Manuskript: Hans Kühner, 7.4.1963, RTVA, Hessischer Rundfunk, Frankfurt-Main; Der Stellvertreter, Vorspann zur Diskussion am 29.4.1963, RTVA, Bayerischer Rundfunk in München.

248 ADK, Theater der Freien Volksbühne, „Der Stellvertreter von Rolf Hochhuth", Band 15, RIAS, Berlin, Kulturelles Wort, Unkorrigierte Manuskript Kopie, 3.3.1963.

249 Kreuzfeuer mit Herrn Hochhuth am 15.6.65, HAWDR #05790.

Was die Angelegenheit für die Befürworter kompromissloser Methoden zusätzlich verschärfte, war der Umstand, dass ihre harten Maßnahmen zum Gegenstand der Berichterstattung wurden. Bereits im März 1963 zogen einige führende Katholiken in Berlin gerichtliche Schritte gegen Hochhuth, Piscator und Ledig-Rowohlt wegen Verunglimpfung des Andenkens des katholischen NS-Opfers Bernhard Lichtenberg in Betracht.[250] Zwar wurden diese Erwägungen letztendlich wieder verworfen. Jedoch flogen ähnliche Überlegungen des Katholischen Büros in Bonn den Beteiligten um die Ohren. Ende März beauftragte das Katholische Büro den renommierten Anwalt Karl Panzer, um zu prüfen, ob eine Klage der Schwester von Papst Pius XII. wegen Verunglimpfung „Aussicht auf Erfolg" habe.[251] Diese Bemühungen sollten streng geheim bleiben, doch Panzer prahlte geradezu mit seinem Auftrag vor einem Publikum junger katholischer Journalisten.[252] Einer der Journalisten verschrieb sich offenbar dem Geist des „Aggiornamento", der vom noch andauernden Zweiten Vatikanischen Konzil ausstrahlte, und ließ die Neuigkeiten sogleich an die säkulare Presse durchsickern. Obwohl Panzer eigentlich zu dem Schluss gekommen war, dass von gerichtlichen Maßnahmen besser abzusehen sei, löste allein die Tatsache, dass solche Schritte überhaupt in Betracht gezogen worden waren, einen weiteren Medienskandal aus, der über mehrere Tage hinweg für Schlagzeilen sorgte.[253]

Durch derartige Fehlgriffe wurde die Debatte über das Schweigen des Papstes in eine Diskussion über Toleranz, Meinungsfreiheit und die Grenzen der kritischen Öffentlichkeit verwandelt: Wo lagen die Grenzen der Meinungsfreiheit? Wer sollte zur Ausübung dieses Rechts befugt sein? In diesen Punkten lagen die Ansichten der päpstlichen Verteidiger und der päpstlichen Kritiker bemerkenswert weit auseinander. Nur wenige Tage nach der Uraufführung verkündete Konrad Kraemer, der Chefredakteur der KNA, „Freiheit ohne Wahrheit [ist] der Nährboden der Anarchie."[254] Ohne Wahrheit, so Kraemer, gebe

---

250 Vermerk: Möglichkeiten für ein gerichtliches Vorgehen gegen Hochhuth, Rowohlt-Verlag und das Theater am Kurfürstendamm wegen der Nennung des Namens von Dompropst Lichtenberg, Berlin, den 11.3.1963, DAB, V/1–3.

251 Dr. Jur. Karl Panzer an Wilhelm Wissing, Köln, 29.3.1963; Aktenvermerk, Betr: „Der Stellvertreter" von Hochhuth, 5.4.1963, HAEK, Katholisches Büro, ZUG 862, #126.

252 Aktenvermerk, Dr. Erning, Betr: Dr. Panzer, HAEK, Katholisches Büro, ZUG 862, #126.

253 Zeitungsausschnitt, „Gezielte Aktion gegen Hochhuth? Indiskretion nährt Gerüchte über geplanten Boykott des ‚Stellvertreters'", in: *Frankfurter Rundschau*, 9.5.1963, ACDP, NL Gerhard Schröder, I 483-287-2, Korr. Heinrich von Brentano.

254 Nr. 38, Montag, 25.2.1963, „Freiheit ohne Wahrheit ist Anarchie" (KNA – 63/II/319 – FS-Voraus); Dr. K. Kraemer, „Der Würde ins Gesicht geschlagen! Ohne Wahrheit keine Freiheit", 25.2.1963, KNA-Archiv, Akte: Rolf Hochhuth.

es keine Freiheit, denn „Deutschlands Katholiken werden es nicht hinnehmen, daß der Ruf Pius XII. mit verlogener Infamie und Agitation besudelt wird."[255]

Als sich der Konflikt zuspitzte, ließen führende Berliner Katholiken ein Argument wieder aufleben, das bereits in den 1950er Jahren im Kampf über die Konfessionsschulen eingebracht worden war: Sie forderten „Toleranz gegenüber christlichen Grundauffassungen."[256] In der Praxis bedeutete dies milde Formen der Zensur. Adolph protestierte etwa gegen die Entscheidung, an rund 3.000 Schüler im Alter von 17 bis 18 Jahren Eintrittskarten für das Stück zu verteilen.[257] Anfang April suchte Adolph sogar Adolf Arndt auf, der mittlerweile SPD-Senator für Wissenschaft und Kunst in Berlin war.[258] Da das Stück aus Adolphs Sicht sowohl tendenziös als auch verleumderisch war, teilte der Berliner Prälat dem Senator nach ihrem 90-minütigen Gespräch mit, dass eine Freigabe der Karten für Schülerinnen und Schüler nicht mit den Prinzipien der Toleranz vereinbar sei.[259] Er appellierte vergebens, da der Berliner Senat im Herbst 1963 entschied, 22.000 freie Eintrittskarten an Schüler zu verteilen, was zu weiteren Protesten führte.[260]

Die KNA und das *Petrusblatt* verurteilten zudem öffentlich die Verleihung des Berliner Preises der „Jungen Generation" an Hochhuth durch eine von der Akademie der Künste zusammengestellte Jury. Für die katholische Presse stellte der Preis „5000 Mark für Verleumdung" dar.[261] Als Senator für Kultur oblag Arndt die Organisation der Preisverleihung. Doch er hatte seine Bedenken und machte keinen Hehl aus dem Zwiespalt, in dem er sich aufgrund dieses Werks, „das Zündstoff ist", befand.[262] Er müsse auf der einen Seite um ein gutes Einvernehmen zwischen Kirche und Staat bemüht sein und auf der anderen Seite

---

255   Konrad Kraemer, „Der Würde ins Gesicht geschlagen! Ohne Wahrheit keine Wahrheit", 25.2.1963, KNA-Archiv, Akte: Rolf Hochhuth.

256   Katholiken-Ausschuss des Bistums Berlin an die Mitglieder des Senats von Berlin und des Abgeordnetenhauses von Berlin, 30.5.1961, LAB, B/002, Nr. 10583, Eduard Bernoth.

257   Zeitungsausschnitt, „Protest gegen Schüleraufführung", in: *Der Tagesspiegel Berlin*, 21.3.1963, KZG, NL Walter Adolph, WA 16D1.

258   Vermerk, 4.4.1963; DPA, „Vorstellung jeden Abend ausverkauft: 3000 Schüler wollen Hochhuth-Drama sehen – Bischöfliches Ordinariat protestiert", in: *Hanauer Anzeiger*, 23.3.1963, ASD, NLAdolf Arndt, Box 102, Mappe 343.

259   Walter Adolph an Adolf Arndt, 25.4.1963, ASD, NL Adolf Arndt, Box 102, Mappe 343.

260   Dienststelle des Auswärtigen Amtes an das Auswärtige Amt, Bonn, 16.10.1963, PAAA, B26, 186.

261   „Ins Gesicht geschlagen: Kritik an Preis für Hochhuth", in: *KNA*, 25.4.1963; Ernst-Alfred Jauch, „5000 Mark für die Verleumdung auf der Bühne", in: *KNA*, 26.4.1963, KZG, NL Adolph, WA 16D1.

262   Text von Arndts Ansprache, LAB, B Rep 014, Nr. 2247.

die Freiheit schützen.[263] Obgleich er dem Urteil der Jury nicht zustimme, sei er dennoch verpflichtet, ihre Freiheit zu achten.[264]

Abbildung 6.6
Rolf Hochhuth im April 1963 bei der Verleihung des Berliner Kunstpreises. Von links nach rechts Klaus Kammer, Fritz Kortner, Rolf Hochhuth. Mit freundlicher Genehmigung des Bundesarchivs. B 145 Bild-P084771.

Ins Wanken gerieten auch die Vorstellungen im tradierten Katholizismus, wonach es in Fragen der Glaubenswahrheit kein Recht auf Irrtum – mit anderen Worten Glaubens- und Gewissenfreiheit – geben durfte. Das *Petrusblatt* veröffentlichte 1959 mit dem Artikel „Wo die Toleranz endet" eine prägnante Zusammenfassung dieses traditionellen Verständnisses – im Fall von Lügen und Diffamierung müsse der kritischen Öffentlichkeit Einhalt geboten werden.[265] Doch es handelte sich hierbei um eine Art von Kampf, die Adolph und seine Unterstützer Mitte der 1960er Jahre nicht mehr gewinnen konnten, insbesondere nachdem die *Spiegel*-Affäre die Aufmerksamkeit der Öffentlichkeit auf Fragen der Grundfreiheiten gelenkt hatte. Verärgert über die katholische Position, die ihres Erachtens einer Zensur gleichkam, machten die Gegner der Kirche auf den Mangel an Offenheit und den autoritären Geist aufmerksam, der in ihren Augen dem gesamten katholischen Betrieb zugrundelag. Die aggressive Verteidigungshaltung der katholischen Kirche war somit zum Gegenstand der medialen Berichterstattung geworden – und sollte es während der in den darauffolgenden Jahren stattfindenden Proteste auf beiden Seiten des Atlantiks auch weiterhin bleiben.

---

263   KNA, Ernst-Alfred Jauch, „5000 Mark für die Verleumdung auf der Bühne", in: *KNA*, 26.4.1963, KZG, NL Adolph, WA 16D1.

264   Arndt an Joseph Zörlein, 22.7.1963, ASD, NL Adolf Arndt, Box 102, Mappe 343.

265   „Wo die Toleranz endet", in: *Petrusblatt*, 19.7.1959.

Die Auseinandersetzungen über den *Stellvertreter* bestimmten daher die Art und Weise, in der nachfolgende Kontroversen über die katholische Vergangenheit in der Öffentlichkeit geführt wurden. Nicht nur hatte zum wiederholten Male keiner der Beteiligten seine Meinung geändert, nachdem er mit gegenteiligen Beweisen konfrontiert – und dadurch verärgert – worden war. Die Verteidiger Pius' XII. standen zudem auch vor einem Dilemma, das aus der Sozialpsychologie und der PR sehr bekannt ist: Mit der richtigen medialen Wirkung gewinnen diejenigen, die Anschuldigungen öffentlich erheben, so gut wie immer die Oberhand. Wenn ihre Gegner Einwände erheben, lenken sie die öffentliche Aufmerksamkeit auf den ursprünglichen Vorwurf, wodurch dieser verfestigt wird. Doch wenn sie die Anschuldigungen nicht zurückweisen, hinterlässt es den Eindruck, dass diese begründet sind. Anderenfalls wäre es ja zum Protest gekommen.

Das Ergebnis der medialen Auseinandersetzungen zwischen denen, die symbolisch aufgeladene Bilder eines Papstes zeichneten, der sich während der Deportation der Juden die Hände reinwäscht, und denjenigen, die sich mit Richtigstellungen, Protest, Monografien und Dokumentensammlungen abmühten, hätten aufmerksame Beobachter von vornherein vorhersehen können. Die Verteidiger der Kirche und ihrer Vergangenheit hielten aber dennoch an ihrer Strategie, Verzerrungen und Lügen zu berichten, fest, obwohl die Enthüllung von Gegenbeweisen Rolf Hochhuths Abneigung gegen Papst Pius XII. nur noch verstärkt zu haben scheint: „Wenn ich gewußt hätte, wie sehr ich angegriffen werden würde, dann hätte ich manches noch schärfer geschrieben."[266] Mitte der 2000er Jahre verdrehte Hochhuth Pius' am 2. Juni 1945 vor dem Kardinalskollegium ausgesprochene Verurteilung des Nationalsozialismus als „satanisches Gespenst" in einen geringschätzigen Beinamen für den Papst selbst: Pius sei „ein satanischer Feigling" gewesen.[267]

Der Hochhuth-Skandal markiert einen Wendepunkt in den Kämpfen um die katholische Vergangenheit. Es war der letzte tiefe Atemzug des katholischen Milieus, die finale Mobilisierung von Einrichtungen, Politikern und Geistlichen. Doch dieses Mal war es dem katholischen Milieu nicht gelungen, den Bruch eines grundlegenden Tabus auch nur im Ansatz zu verhindern – seine Geschlossenheit wurde geradezu aufgebrochen. Ab diesem Zeitpunkt wurden Kritikpunkte in Bezug auf die katholische Vergangenheit, die bisher geschlummert hatten oder im Untergrund vergraben geblieben waren, in den

---

266 Zeitungsausschnitt, „Eva Stolze sprach mit Rolf Hochhuth – Der Autor des ‚Stellvertreter'", in: *B.Z.*, 14.10.1963, HAEK, Gen II, 22.13.43.

267 „Ein Satanischer Feigling': Dramatiker Rolf Hochhuth über die neuen Kontroversen zu seinem Papst-Stück ‚Der Stellvertreter' und Pius XII", in: *Der Spiegel*, 26.5.2007.

Blick der Öffentlichkeit gerückt und dort von den Mainstream-Medien mit offenen Armen aufgenommen. Kardinal Frings brachte seine Enttäuschung in typisch rheinischer Manier mit einem Witz zum Ausdruck: Mit dem Zweiten Vatikanischen Konzil, so Frings, sei das Latein als Liturgiesprache von der Volkssprache verdrängt worden. Er könne seine liturgische Kopfbedeckung nicht länger als „Mitra" bezeichnen, sondern müsse einen „Hochhut" aufsetzen.[268]

268   Abschrift von Colman Barrys Interview mit Josef Frings, 1965, CUA, NL Muench, Box 60, Folder 5.

KAPITEL 7

Guenter Lewy und der Kampf um die Quellen

Im Jahr 1964 lauerte den deutschen Katholiken, die das Verhalten ihrer Kirche im „Dritten Reich" verteidigten, ein weiterer Kritiker auf. Der vermeintliche Angreifer war Guenter Lewy, der 1923 in der niederschlesischen Provinzhaupt-stadt Breslau geborene deutsch-jüdische Emigrant und Politikwissenschaft-ler an der University of Massachusetts. Lewy hatte zwischen September 1961 und Januar 1962 wegweisende Recherche in katholischen Archiven in Deutschland betrieben. Innerhalb kurzer Zeit fasste er seine Erkenntnisse in einem Buch über die Geschichte der katholischen Unterstützung für den Nationalsozialismus zusammen: *The Catholic Church and Nazi Germany*.[1]

Jahrhunderte des christlichen Antijudaismus hatten laut Lewy ein Meinungs-klima „vorbereitet", in welchem der moderne auf „Rasse" basierte Antisemitis-mus gedeihen konnte.[2] Die Anzahl der Katholiken, die willens gewesen seien, gegen den Nationalsozialismus Widerstand zu leisten, sei minimal gewesen; sie hätten dem Regime darüber hinaus nur dann Widerstand geleistet, wenn ihre eigenen Interessen in Gefahr gewesen seien. Eingeschränkt durch die „Staats-raison", hätten sie stattdessen den Opfern dieser „Aufwallung ungeheuerlicher Barbarei" mehr Hilfe und Trost spenden sollen.[3] Während *Der Stellvertreter* in den Vereinigten Staaten weiterhin für Proteste sorgte, erkannte Lewys Verlag, MacGraw Hill, das Potenzial seiner Erkenntnisse, die öffentliche Aufmerksam-keit und Verkaufszahlen zu beherrschen. Der Verlag organisierte daher eine aufwendige Werbekampagne sowie eine deutsche Übersetzung. Als Letztere erst einmal Anfang 1965 erschienen war, entschloss sich *Der Spiegel* in einer bis dahin beispiellosen achtteiligen Serie unter der Überschrift „Mit festem Schritt ins neue Reich" Auszüge aus Lewys Werk zu drucken – den Auftakt machte die entsprechende Titelseite des Magazins am 17. Februar 1965.[4]

Die katholische Kirche und das Dritte Reich sorgte unter deutschen Katho-liken für einen Sturm der Entrüstung, der sich als ähnlich traumatisch wie Hochhuths Stück *Der Stellvertreter* herausstellen sollte. Der Grund hierfür

---

1 Lewy, *The Catholic Church and Nazi Germany*, New York: McGraw-Hill, 1964. Die deutsche Übersetzung erschien 1965: Lewy, *Die katholische Kirche und das Dritte Reich*.

2 Ebd., S. 269; deutsche Übersetzung, S. 295.

3 Ebd., S. 340 f.; deutsche Übersetzung, S. 370.

4 Lewy, *Die katholische Kirche und das Dritte Reich*; Guenter Lewy, „Mit festem Schritt ins neue Reich", in: *Der Spiegel*, 17.2.1965, Titelseite. Die Auszüge aus seinem Buch erschienen ferner in den Ausgaben vom 24.2., 3.3., 10.3., 17.3., 24.3., 31.3. und 7.4.1965.

© BRILL SCHÖNINGH, 2022 | DOI:10.30965/9783657701544_008

Abb. 7.1
Die Titelseite des *Spiegel* 19/1965 unter
der Schlagzeile „Mit festem Schritt ins
Neue Reich." Die Serie „Die Katholische
Kirche zwischen Kreuz und Hakenkreuz"
gab die wissenschatlichen Ergebnisse von
Guenter Lewy wieder. Mit freundlicher
Genehmigung von DER SPIEGEL.

lag nicht nur darin, dass Lewys klare und übersichtliche Darstellung zuerst in
den USA beim renommierten New Yorker MacGraw-Hill-Verlag erschienen
war und daher beste Aussichten auf eine große Anhängerschaft hatte.
Auch der Umstand, dass der Nachname des Autors auf seine Zugehörigkeit zu einer ethnisch-religiösen Minderheit hinwies, die von den Nationalsozialisten skrupellos verfolgt worden war, war nicht allein ausschlaggebend.
Der durch sein Werk ausgelöste Furor rührte auch daher, dass Lewy die erste
umfassende wissenschaftliche Darstellung eines vermeintlichen Versagens
der katholischen Kirche für den ganzen Zeitraum des NS-Regimes vorlegte.
Frühere Kritiker hatten vor allem chronologisch engere Zeiträume und
Episoden in ihren Betrachtungen des kirchlichen und päpstlichen Verhaltens
untersucht. Im Gegensatz dazu hatte Lewy eine 341-seitige Gesamtdarstellung
verfasst, in der er die gesamten zwölf Jahre der nationalsozialistischen Diktatur
rekonstruierte. Was aus dem Blickwinkel der belagerten Verteidiger der Kirche
noch schwerer ins Gewicht fiel, war der Umstand, dass Diözesanmitarbeiter
ihm im Unwissen über seine Absicht, eine kritische Geschichte der Rolle der
Kirche im „Dritten Reich" zu schreiben, in Deutschland Zugang zu Teilen ihrer
Sammlungen gewährt hatten.

Lewys Coup warf einen Schatten auf die Forschung, der sich für Jahrzehnte
halten sollte. Die Geistlichen verschrien Lewys – um es mit den Worten eines
Archivars zu sagen – „Missbrauch" der Kirchendokumente und begannen, den

Zugang zu ihren Akten auf diejenigen zu beschränken, die als ausreichend verlässlich erachtet wurden – zumindest bis ihre Sammlungen genau gesichtet, inventarisiert und vollständig katalogisiert waren. Da Lewy in den USA im Fach Politikwissenschaft mit den besten Qualifikationen promoviert worden war, legte sein Werk auch gleichzeitig die historisch-methodologischen Differenzen offen, die zwischen amerikanischen und deutschen Wissenschaftlern in Bezug auf die Herangehensweise an das sensible Thema der nationalsozialistischen Vergangenheit bestanden. Meinungsverschiedenheiten bezüglich der Methode sollten im Zentrum der folgenden Konflikte stehen, die sich ab diesem Zeitpunkt von den Straßen in die Seiten der *Frankfurter Allgemeinen Zeitung* (FAZ) und der eher abgeschiedenen Hefte der *Vierteljahrshefte für Zeitgeschichte* (VfZ) verlagern sollten.

Dieses Kapitel betrachtet zunächst Lewys ungewöhnliche Reise von Breslau ins geografische Zentrum Massachusetts, auf der er prägende Erfahrungen im britisch verwalteten Palästina, in Italien, in der britischen Besatzungszone in Deutschland und in New York City machte. Im Anschluss rücken seine Recherchestrategien in den Blick, die zum Gegenstand einer Kontroverse wurden. In einem dritten Schritt befasst sich dieses Kapitel ausführlich mit den Kämpfen, die direkt im Anschluss an die Veröffentlichung seines Buches ausbrachen. Schließlich wird der Einfluss seiner Forschung auf die kirchliche Zeitgeschichte in den darauffolgenden Jahren und Jahrzehnten betrachtet.

Guenter Lewys ungewöhnliche Reise, 1923–1961

Wie auch bei Rolf Hochhuths Fokussierung auf Papst Pius XII. rührte Guenter Lewys Interesse an der Unterstützung des Nationalsozialismus durch die katholische Kirche nicht von desillusionierenden Begegnungen in der Jugend mit Mitgliedern der Kirche her. Zum einen bildete die römisch-katholische Gemeinde im überwiegend protestantisch geprägten Niederschlesien eine Minderheit.[5] Zum anderen war Lewy nie Christ gewesen – und wurde es auch nie. Er war der Nachkomme einer relativ wohlsituierten jüdischen Familie in Breslau, die sich bis Anfang der 1930er Jahre ein Dienstmädchen leisten konnte.[6]

---

5 Vgl. Ascher, *Community under Siege*, hier S. 60–65; Rahden, *Juden und andere Breslauer*.
6 Guenter Lewy an den Verfasser, 8.6.2013.

Breslau war die Heimat einer lebhaften jüdischen Gemeinde, die mit mehr als 24.000 Mitgliedern im Jahr 1930 die größte in Deutschland war.[7] Die Stadt lag jedoch im Grenzgebiet, nahe jener im Gefolge des Versailler Vertrags umstrittenen oberschlesischen Gebiete, deren östliche Regionen 1922 nach einer Volksabstimmung und Aufständen an Polen abgetreten worden waren. Politisch driftete die Stadt in den 1920ern und Anfang der 1930er stark nach rechts ab.[8] Die Wahlberechtigten gaben der NSDAP in den Reichstagswahlen vom 31. Juli 1932 einen größeren Anteil ihrer Stimmen als ihre Landsleute in anderen deutschen Großstädten.[9] Der Breslauer Polizeipräsident und SA-Führer gelangte nach 1933 aufgrund seines berüchtigten Eifers bei der Verfolgung von Minderheiten und politischen Gegnern zu höchst zweifelhaftem Ruhm.

Stark mitgenommen von rassistischen Beleidigungen, fand Lewy Trost in jüdischen Vereinen. Im Alter von neun Jahren trat er 1932 der Breslauer Ortsgruppe des Vereins Die Greifen bei, einer im Geiste der bürgerlichen Jugendbewegung eng verbundenen Gruppe jüdischer Jungen. Jüdische Jugendliche wurden oft von den Hauptströmungen der Jugendbewegung ausgeschlossen, doch im kleinen Kreis der Greifen fand auch Lewy Anschluss und ein Gefühl der Gemeinschaft bei Wanderungen, Lagerfeuer und gemeinsamem Singen. Die Werte und Verpflichtungen der Greifen verstanden sich als lebenslange Verpflichtung und sollten Lewy tatsächlich zeitlebens prägen – über 60 Jahre später sollte er von dem maßgeblichen Einfluss sprechen, den diese Erfahrung auf seine Entscheidung zugunsten einer akademischen Karriere gehabt hatte.[10]

Der Hang der Greifen zum Zionismus bestärkte Lewy zudem in seinem Entschluss, nach Palästina auszuwandern.[11] Er arbeitete zunächst in einem kleinen landwirtschaftlichen Gewerbe in Bayern, um sich auf seine bevorstehenden Aufgaben in einem palästinensischen Kibbuz vorzubereiten, nachdem er bereits im Alter von 13/14 Jahren erkannt hatte, dass es im nationalsozialistischen Deutschland keinen Platz für Juden gab. Seine Befürchtungen wurden bestätigt, als er im Zuge der Gewaltakte der „Reichskristallnacht" von

---

7   Schätzungen der Größe der Gemeinde vor 1933 variieren zwischen 23.000 und 24.5000.
     Ascher, *Community under Siege*, S. 3; Conrads (Hg.), *No Justice*, S. xi; Meyer (Hg.): *German-Jewish History*, S. 236.
8   Ascher, *Community under Siege*, S. 50–61.
9   Ebd., S. 60.
10   Ebd., S. 54. Für eine Darstellung der jüdischen Jugendvereine in Breslau vgl. Laqueur, *Thursday's Child*, S. 77–86.
11   Ascher, *Community under Siege*, S. 190; Meyer (Hg.): *German-Jewish History*, S. 299–301, 315–316.

einem SA-Trupp schwer zusammengeschlagen wurde.[12] Sein Vater wurde in
Buchenwald inhaftiert und erst wieder freigelassen, als er einen konkreten Ort
für seine Emigration angeben konnte.[13] Lewys Eltern gaben ihr in die Krise
geratenes Einzelhandelsgewerbe zum Verkauf von Socken und Strümpfen
auf und wanderten nach Luxemburg aus. Nach dem Überfall der Deutschen
auf die Benelux-Staaten im Mai 1940 flohen sie über Frankreich, Spanien und
Portugal in die Vereinigten Staaten von Amerika. Andere Verwandte, darunter
Geschwister der Eltern, hatten kein Glück und teilten das Schicksal der über
5.000 übrig gebliebenen Juden in Breslau und wurden im Zuge des Holocaust
ermordet.[14]

Guenter Lewy verließ den Kibbuz und schloss sich 1942 dem Palästinensischen Regiment der Britischen Armee an, als die deutschen Panzer vor den
Toren von Alexandria standen.[15] Seine Einheit entwickelte sich zum Kern der
legendären Jüdischen Brigade, die an der Seite von Bernard Montgomerys
8. Armee kämpfte, als diese in den Jahren 1944/45 immer weiter entlang der
italienischen Halbinsel vorrückte.[16] Lewy erinnert sich bis heute daran, Teil
eines Stoßtrupps gewesen zu sein, der die ersten Deutschen gefangen nahm. Er
hatte das Vergnügen, den deutschen Wehrmachtsoldaten zuzurufen: „Ergebt
Euch, die Juden sind da!"[17] Seine Deutschkenntnisse erwiesen sich auch nach
Kriegsende als sehr nützlich, als er nach Deutschland zurückkehrte und in
Wuppertal für die Britische Armee als Dolmetscher tätig war.[18]

Nachdem er 1946 aus dem Militär entlassen worden war, schloss sich Lewy
seinen Eltern in den USA an. Ein wohlhabender Onkel, der es in Brasilien zu
Reichtum gebracht hatte, nachdem er den Klauen der NS-Polizei in Deutschland gerade noch entkommen war, half Lewy bei der Finanzierung seines
Studiums am City College in New York, einem Einreisehafen für die Bildung
ehrgeiziger jüdischer Immigranten und ihrer Kinder.[19] Er studierte Psychologie,
Soziologie und Staatswissenschaft, entwickelte allerdings auch ein Interesse
für die Politikwissenschaft. Als Gasthörer besuchte Lewy an der Columbia University Vorlesungen von Franz Neumann, dem deutsch-jüdischen Emigranten
mit Verbindungen zum Institut für Sozialforschung der Frankfurter Schule und

---

12   Guenter Lewy an den Verfasser, 8.6.2013.
13   Ebd.
14   Ebd.; vgl. ebenso Conrads (Hg.), *No Justice*.
15   Guenter Lewy an den Verfasser, 8.6.2013.
16   Beckman, *Jewish Brigade*; Blum, *Brigade*.
17   Guenter Lewy an den Verfasser, 8.6.2013.
18   Ebd.
19   Ebd.

einem ausgeprägten Interesse an der zugrunde liegenden politischen Theorie hinter Reformation und Gegenreformation.[20]

Lewy entschied sich für eine von Neumann betreute politikwissenschaftliche Promotion. Auf Anraten seines Doktorvaters untersuchte er Juan de Marianas Theorie des Tyrannenmords. Der spanische Jesuit Mariana war ein unkonventioneller Scholastiker und Staatstheoretiker des 16. und 17. Jahrhunderts, der die Ansicht vertreten hatte, der König sei nicht nur Gott verantwortlich, sondern auch seinem Volk und dem Landrecht. Ungerechte Könige verwirkten laut Mariana ihren Anspruch auf die Loyalität ihrer Untertanen.[21] Das entscheidende Merkmal eines Tyrannen sei dessen „Mangel an andächtiger Ehrfurcht gegenüber dem katholischen Glauben."[22] Mariana kritisierte die Enteignung kirchlichen Grundbesitzes und kirchlicher Wertgegenstände durch den Monarchen. Allerdings hielt er den Papst, im Gegensatz zu den meisten anderen Denkern seiner Zeit, nicht für den höchsten Richter über das Leben und den Tod eines legitimen Herrschers.[23] Er schenkte der mittelbaren und zeitlich begrenzten Macht des Papstes, also dem was allgemein unter der Bezeichnung *potestas indirecta* bekannt ist, wenig Beachtung. Wenn Mariana sich zur Legitimierung des Widerstands gegen die Krone auf eine Autorität berief, so waren dies die spanischen Cortes beziehungsweise Ständeversammlungen.

Marianas Theorie des Tyrannenmordes aus dem 16. beziehungsweise 17. Jahrhundert bildete im Folgenden den intellektuellen Rahmen, den Lewy für seine Überlegungen zum Verhalten der katholischen Hierarchie in der ersten Hälfte des 20. Jahrhunderts nutzte. Denn in Marianas Ausführungen zum Tyrannenmord sah Lewy eine ergiebige scholastische Tradition, die in den nachfolgenden Jahrhunderten weitgehend vernachlässigt worden war. Freilich sei die Lehre Marianas punktuell wiederbelebt worden, etwa als der spanische Episkopat General Francos Putsch gegen die Zweite Spanische Republik offen unterstützt hatte, wie Lewy in einem 1960 in der *Political Research Quarterly* veröffentlichten Beitrag konstatierte.[24] Doch im Falle des Nationalsozialismus in Deutschland schien das genaue Gegenteil eingetreten zu sein, wie Lewy aus Gordon Zahns Artikel „Würzburg 1957", der im März 1958 in *The Catholic Worker* erschienen und an jedem New Yorker Zeitungskiosk erhältlich war,

---

20   Zu Neumann siehe: Rückert, „Franz Leopold Neumann", S. 437–474; Scheuermann, *Between the Norm and the Exception*; Wiggershaus, *Frankfurt School*, S. 223–230, 470. Zu Lewys Studium und erstem Abschluss vgl. Guenter Lewy an den Verfasser, 8.6.2013.
21   Lewy, *Constitutionalism*, S. 65, 78.
22   Ebd., S. 79.
23   Ebd., S. 77.
24   Lewy, „Resistance to Tyranny", S. 581–596, hier 589.

las.[25] Lewy erfuhr darin von der fast restlosen Unterstützung des deutschen Episkopats für den wohl „ungerechtesten Krieg der Geschichte", der in die „Sackgasse des moralischen Bankrotts" geführt habe.[26] Im Gegensatz zu ihrer herkömmlichen Auffassung seien die deutschen Kirchen einer Sanktionierung des Widerstands mit Zurückhaltung begegnet.

Nachdem sein Interesse durch die Lektüre einmal geweckt war, bat Lewy Zahn im März 1960 schriftlich um ein Exemplar seiner noch unveröffentlichten Monografie *Die deutschen Katholiken und Hitlers Kriege*.[27] Nachdem er das unfertige Manuskript gelesen hatte, beschloss Lewy, sich der theoretischen Herausforderungen anzunehmen, die Zahn kurz in seinem Fazit angerissen hatte: Warum hatten so viele Katholiken den nationalsozialistischen Staat akzeptiert?[28] Unter Rückgriff auf Mariana drehte Lewy die Frage um: Warum hatten so viele Katholiken ihre eigene Tradition des potenziellen Widerstands gegen weltliche Herrscher und ihren Machtmissbrauch verworfen?[29]

Lewys Überlegungen führten zu einer anderen Grundhaltung als bei Zahn, die im Einklang mit Lewys eigener religiösen Einstellung und seinem bewaffneten Kampf gegen den Nationalsozialismus stand. Er bezeichnete sich selbst schon früh als Atheisten, später sollte er diese Selbstbeschreibung abschwächen und sich als „jüdischer Agnostiker" bezeichnen.[30] Doch er war kein militanter Ungläubiger mit einer reflexartigen Feindseligkeit gegenüber der Religion. Vielmehr schrieb er später das Buch *Why America Needs Religion*, in dem er die Ansicht vertritt, der Säkularismus habe zur Aushöhlung des moralischen Gefüges in der westlichen Welt beigetragen.[31] Die Kirche ist nach Lewys Auffassung mithin ein wesentlicher Stützpfeiler der gesellschaftlichen und moralischen Ordnung, woraus sich ihre Bedeutung für jede Analyse der durch das „Dritte Reich" angerichteten moralischen Katastrophe ergibt.

Lewys Verständnis von Widerstand unterschied sich auch grundlegend von Zahns Pazifismus und der daraus abgeleiteten Forderung nach christlichem Martyrium. Widerstand schloss für Lewy bewaffnete Maßnahmen keinesfalls aus. Wären genug Menschen standhaft im Hinblick auf ihre Verpflichtung zum Tyrannenmord geblieben, so Lewy, hätte der Nationalsozialismus möglicherweise einen tödlichen Schlag erhalten. Am Ende seines Kapitels über den Widerstand gegen Tyrannen sinniert Lewy über die „möglichen positiven

---

25   Guenter Lewy an den Verfasser, 8.6.2013.
26   Zahn, „Würzburg 1957", S. 3.
27   Guenter Lewy an Gordon Zahn, 10.3.1960, UNDA, Gordon Zahn Papers, CZHN 13172.
28   Guenter Lewy an Gordon Zahn, 30.4.1960, UNDA, Gordon Zahn Papers, CZHN 13177.
29   Ebd.
30   Guenter Lewy an den Verfasser, 8.6.2013.
31   Lewy, *Why America Needs Religion*.

Abb. 7.2
Der aus dem nationalsozialistischen
Deutschland geflohene Jude Guenter
Lewy legte auf der Grundlage von
Quellen aus kirchlichen Archiven in
Deutschland die erste umfassende und
kritische wissenschaftliche Darstellung
der katholischen Kirche in Deutschland
unter nationalsozialistischer Herrschaft
vor. Mit freundlicher Genehmigung von
Guenter Lewy.

Folgen", die ein erfolgreiches Attentat auf Stalin oder Hitler hätte haben
können.[32] Ein Artikel Lewys über den Widerstand gegen Tyrannei aus dem
Jahr 1960 endete mit einem Zitat des deutschen Jesuiten Max Pribilla SJ, nach
dem Umsicht und Entschlossenheit der beste Schutz gegen den Verlust der
Freiheit und gegen Diktaturen seien. Dieses Credo entsprach einem wesentlichen Grundsatz des *Vital-Center*-Liberalismus, der sich in den späten 1940er
und 1950er Jahren bei amerikanischen Liberalen etabliert hatte: Bewaffnete
Konflikte können moralisch gerechtfertigt werden und sind unter bestimmten
Voraussetzungen sogar notwendig. Getreu diesem Diktum kam Lewy zu dem
Schluss, dass der Vietnamkrieg ein moralisch gerechtfertigter Krieg gewesen
sei und kritisierte die Friedensaktivisten der damaligen Zeit heftig.[33]

---

32   Lewy, *Constitutionalism*, S. 81.
33   Lewy, *America in Vietnam*, S. vi. Es war wohl kein Zufall, dass Reinhold Niebuhr, der Politik-
      wissenschaftler und Theologe, der oft mit dem sogenannten *Vital-Center*-Liberalismus
      der späten 1940er und 1950er Jahre assoziiert wird, aufgefordert wurde, eine Würdigung
      für den Schutzumschlag zu schreiben.

Lewys Forschungsreise durch katholische Archive in Deutschland, 1961–1962

Bevor Lewy zu Beginn des akademischen Jahres 1961/62 nach Deutschland aufbrechen konnte, stand er zunächst vor einer akuten Herausforderung: Wie sollte ein nichtkatholischer, in Nordamerika tätiger Wissenschaftler mit einer kritischen Agenda Zugang zu den Archiven der Bistümer in Deutschland erhalten? Die Art und Weise, mit welcher der frisch gebackene Assistenzprofessor (*assistant professor*) für Staatswissenschaften am Smith College, einem kleinen College für Frauen in Northampton, diese Herausforderung überwand, sorgte mehr als zwei Jahre, bevor sein Buch überhaupt erschien, für Wirbel und Anschuldigungen.

Die wütende Reaktion auf Lewys Beutezug durch zehn deutsche Diözesanarchive lässt sich nicht ohne die chaotischen Zustände der Kirchenarchive, so sie denn überhaupt existierten, in den frühen 1960ern erklären.[34] Die meisten Manuskriptsammlungen waren noch nicht erschlossen worden. Unter den Mitarbeitern fehlte es an professionellen Archivaren. Diejenigen, die mit der Verwaltung der Sammlungen betraut waren, in den meisten Fällen Ordinariatsmitarbeiter, kannten oft den Umfang und die Inhalte ihres Aktenbesitzes nicht. Zugang wurde, wenn überhaupt, allenfalls auf mündliche Empfehlung hin oder aufgrund eines Empfehlungsschreibens erteilt. Offizielle Vorschriften gab es noch nicht.

Da Lewy die ihm als Neuling bevorstehenden Schwierigkeiten bewusst waren, wandte er sich an erfahrene Kollegen wie Zahn und bat um Rat.[35] Zahn empfahl ihm ausdrücklich eine Kontaktaufnahme mit Stasiewski und Neuhäusler.[36] Er betonte dabei, dass die „offiziellen Historiker" in vielen der Bistümer „Türen öffnen können, die anderenfalls verschlossen bleiben würden." Der Chicagoer Soziologe drängte seinen jüngeren Kollegen zwar dazu, seinen Namen nicht zu erwähnen, bat ihn aber um einen Bericht über die Reaktionen, die sein Vortrag am Mundelein College auf der anderen Seite des Atlantiks hervorgerufen hatte.[37] Lewy berichtete Zahn, wenn auch erst zwei Jahre später,

---

34 Vgl. Diederich, „Geschichte des Archivwesens", S. 17–34. In Westberlin und Ostberlin gab es bis 1970 beziehungsweise 1980 kein katholisches Archiv. Die Pläne für ein Bistumsarchiv in Westberlin entstanden erst 1966. Klein, „25 Jahre Diözesanarchiv Berlin", S. 157–175, 160.

35 Für Beispiele dieser Kontaktaufnahmen vgl. Guenter Lewy an Gordon Zahn, 30.4.1960, UNDA, Gordon Zahn Papers, 13177; Bundesarchiv an Bernhard Stasiewski, 5.7.1960, Az: 9712 b/Lewy, NL Bernhard Stasiewski, KFZG, unsortiertes Material, Dr. Müller.

36 Gordon Zahn an Guenter Lewy, 6.5.1960, UNDA, Gordon Zahn Papers, 13178.

37 Ebd.

dass der KNA-Leiter Konrad Kraemer irrtümlicherweise behauptete, Zahn sei ein „konvertierter Jude" – und dass dieser Umstand „alles" erkläre.[38]

Lewy nutzte diese Ratschläge und Warnungen und entwickelte eine Strategie, mit der er sich geschickt durch die Archive manövrierte. Gegenüber den Kirchen- und Staatsarchiven in Deutschland beschrieb er sein Forschungsprojekt auf eine Weise, die kaum Anlass zum Verdacht bot. Er beabsichtige, so schrieb er dem Generalvikar des Erzbistums Köln im Frühling 1960, „ein Buch über das Schicksal der Katholischen Kirche unter Hitler" zu schreiben. Er sei besonders interessiert „an der Reaktion der Kirche zu den Verfolgungen durch das 3. Reich und an der Art und Weise, wie die Kirche ihre seelsorgerische Tätigkeit unter diesen Bedingungen fortsetzte."[39] Er fügte seinem Schreiben einen kurzen Brief des Vorstands (*Board of Trustees*) des Smith College bei, aus dem hervorging, dass Lewy in der Tat ein Fakultätsmitglied sei.[40] Durch die Hilfe eines katholischen Freundes seiner Frau hatte er zudem ein Empfehlungsschreiben des kommissarischen Generalvikars des Bistums Springfield in Massachusetts beschaffen können.[41] Aus diesem ging hervor, dass Lewy das akademische Jahr 1961/62 in Deutschland verbringen würde, um für ein Buch über „die Verfolgung der katholischen Kirche durch das NS-Regime" zu recherchieren, und dass jede Hilfe „sehr willkommen" wäre.

Lewy trat seine Reise nach Deutschland, für die er Forschungsförderung durch den *Social Science Research Council* und einen weiteren Zuschuss des Smith College erhalten hatte, in der zweiten Hälfte des Jahres 1961 an. Kurz nach seiner Ankunft traf er Neuhäusler, der zu diesem Zeitpunkt das Amt des Generalvikars der Erzdiözese München und Freising bekleidete, für ein fast einstündiges Gespräch im erzbischöflichen Generalvikariat.[42] In diesem Fall

---

38   Guenter Lewy an Gordon Zahn, 29.3.1962, UNDA, Gordon Zahn Papers, 03265.

39   Guenter Lewy an die Erzdiözese Köln, 20.5.1960, HAEK, Gen II 22.13, 12.

40   Florence McDonald, Secretary of the Board of Trustees, Smith College, 6.6.1961, HAEK Gen II 23.13, 13.

41   Walter C. Connell, Acting Vicar General, Diocese of Springfield, To Whom it may Concern, 18.2.1961, HAEK, Gen II 23.13, 13. Lewy schickte Kopien dieses Schreibens an eine ganze Reihe von Diözesanarchiven. Johannes Neuhäusler fertigte eine Abschrift an und fügte diese einem Nachtrag an alle deutschen und österreichischen Ordinariate bei. Vgl. ebenso Guenter Lewy an den Verfasser, 8.6.2013.

42   Johannes Neuhäusler an Dr. Heinz Laufer im Institut für politische Wissenschaften, München, 10.11.1961, AEMF, NL Johannes Neuhäusler, VN N12. In einem Brief an den Verfasser vom 8. Juni 2013 bestreitet Lewy, Neuhäusler getroffen zu haben. Neuhäuslers Erinnerung an das Treffen (entweder im September oder Oktober 1961) war so ausführlich, dass fast alles für den Schluss spricht, dass ein Treffen tatsächlich stattgefunden hat; vgl. Johannes Neuhäusler an Ernst Deuerlein, 20.3.1964, AEMF, NL Johannes Neuhäusler, VN N12.

war es ausnahmsweise der sonst so clevere Veteran des katholischen Wider-
standskampfs, dem eine unangenehme Überraschung bevorstand. Er versorgte seinen Gast mit drei päpstlichen Weißbüchern und versprach zudem,
ihn zu einem späteren Zeitpunkt „[m]ein eigenes, unter ständiger Lebens-
gefahr gesammeltes Material" sichten zu lassen.[43] Neuhäusler berichtete, dass
Lewy anscheinend einen „guten Eindruck" hinterlassen habe.[44]

Diesen guten Eindruck erwähnte Neuhäusler auch in einem Memorandum
vom 9. November 1961 an alle erzbischöflichen und bischöflichen Ordinariate
in Bayern.[45] Auslöser für diese Mitteilung war eine Anfrage des Generalvikars
von Passau gewesen. Lewy hatte Neuhäusler als Referenz angegeben, als er in
Passau um Zugang zu den Dokumentensammlungen zum Thema „Kirche und
Nationalsozialismus" bat.[46] Da Neuhäusler offensichtlich der Annahme war,
dass sein amerikanischer Gast noch weitere Archive und Generalvikariate in
Bayern aufsuchen würde, schrieb er den Ordinariaten, sie mögen dennoch alle
Dokumente aus der NS-Zeit vor der Weitergabe an Lewy sichten, ungeachtet
seines guten Eindrucks. Einige Schriftwechsel könnten laut Neuhäusler für eine
Veröffentlichung ungeeignet sein. Es sei ferner Vorsicht geboten, da in den Ver-
einigten Staaten und Bayern eine Neigung bestehe, die Äußerungen deutscher
Bischöfe sehr kritisch zu beurteilen, wie es im Falle der Schriften von Zahn,
Böckenförde und Karl Wucher, einem Journalisten der *Süddeutschen Zeitung*,
geschehen sei.[47]

Nur einen Tag später änderte sich Neuhäuslers Meinung schlagartig. Kardinal
Döpfner teilte ihm mit, Lewy habe sich bei einem Kollegen am Institut für
politische Wissenschaften in München darüber beschwert, dass Neuhäusler
ihm die Einsichtnahme in das Archiv der Erzdiözese verweigert habe.[48]
Neuhäusler war äußerst verärgert und beschloss, dass nunmehr ausschließlich Döpfner die Einsichtnahme genehmigen konnte. Außerdem müssten
die Sammlungen ja noch erschlossen werden. Lewy habe sein Entgegen-
kommen bei der Bereitstellung seiner Privatsammlung verkannt, beklagte
sich der Münchener Weihbischof und Generalvikar. Neuhäusler war nun nicht
mehr bereit, noch weiterhin zu helfen, zumal ihn eine ganze Reihe weiterer

---

43 Johannes Neuhäusler an Dr. Heinz Laufer, 10.11.1961, AEMF, NL Johannes Neuhäusler,
    VN N12.
44 Johannes Neuhäusler an die Hochwürdigsten Erzbischöflichen und Bischöflichen
    Ordinariate von Bayern, 9.11.1961, AEMF, NL Johannes Neuhäusler, VN N12.
45 Ebd.
46 Ebd.
47 Ebd.
48 Johannes Neuhäusler an Heinz Laufer, 10.11.1961, AEMF, NL Johannes Neuhäusler,
    VN N 12.

Abb. 7.3
Weihbischof und Generalvikar Johannes
Neuhäusler traf Guenter Lewy im
Jahr 1961, der bei seinem Gastgeber
einen „guten Eindruck" hinterließ. Mit
freundlicher Genehmigung des Archivs
des Erzbistums München und Freising.

Anfragen von Studierenden, die über das gleiche Thema Promotionsarbeiten
anfertigten, erreichte.

Neuhäuslers Argwohn wurde noch größer, als Lewy sich bei seinen
Besuchen in den Diözesanarchiven auch weiterhin auf sein Gespräch mit
ihm berief. Etliche Ordinariate wandten sich bezüglich der durch ihren Gast
angefragten Dokumente an Neuhäusler. Dieser antwortete am 2. Februar 1961
mit einem Monitum, das er dieses Mal an sämtliche Ordinariate Deutschlands
und Österreichs sandte.[49] Lewy habe sein Forschungsvorhaben offenbar weit
über das ursprüngliche Arbeitsgebiet hinaus erweitert. Er wolle nicht nur den
Kampf des Nationalsozialismus gegen die katholische Kirche, sondern auch
die Haltung des Episkopats und der deutschen Katholiken zum Nationalsozialismus zur Zeit der „Machtergreifung" und zu Beginn des Zweiten Weltkriegs erforschen. Mit Blick auf die Schriftwechsel zwischen den Bischöfen
sei seitens der Diözesanmitarbeiter höchste Vorsicht geboten. Es könne nicht
garantiert werden, so Neuhäuslers Warnung, dass Lewy sich nicht demselben
Lager wie die „Professoren der Loyola-Universität" anschließen würde, welches

---

49   Ordinariat des Erzbistums München und Freising an die Hochwürdigsten Erzbischöf-
      lichen und Bischöflichen Ordinariate von Deutschland und Österreich, Betr: Dr. Guenter
      Lewy – Archivforschungen über das 3. Reich, 2.2.1962, HAEK, Gen II 22.13, 13.

das vorhandene Material „nicht immer in rein objektiver Weise auswertet" und „vielleicht zuletzt recht mißfällige Kritik am Verhalten der deutschen Bischöfe und Katholiken übt."[50]

Viele Ordinariate beherzigten offenbar Neuhäuslers Rat. Im Vorwort seines Buchs weist Lewy in einer gezielten Bemerkung darauf hin, dass die Bistümer Bamberg, Köln, Freiburg im Breisgau, Rottenburg und Speyer die Mitarbeit „aus Gründen, die sie selbst wohl am besten kennen", eine Akteneinsicht abgelehnt hätten.[51] Doch diese Art der Blockadepolitik brachte Lewys Projekt nicht zu Fall. In neun Diözesanarchiven hatte man ihm Zugang gewährt, darunter auch in Paderborn.[52] Lewy erhielt zudem unerwartete Hilfe. Seit der Veröffentlichung von Böckenfördes Artikel häuften sich in den Kirchenarchiven die Anfragen zur Einsichtnahme in die Dokumente aus der Zeit der Weimarer Republik und des Nationalsozialismus.[53] Dem Leiter des Katholischen Büros in Bonn, Wilhelm Wissing, war bewusst, dass die Anfragen die Kapazitäten der ohnehin überlasteten Ordinariate überstrapazierten.[54] Wissings Aufnahme in das Kuratorium der Kommission für Zeitgeschichte bei der Katholischen Akademie in Bayern stand zu diesem Zeitpunkt kurz bevor.[55] Deren Leiter war damals Karl Forster. Wissing informierte die Bischöfe seinerseits am 20. Februar 1962, dass Forster zudem die Geschäftsführung der sich im Aufbau befindlichen Kommission übernehmen werde. Er bat die Diözesanarchive dringend, ihre Türen für Nutzer nur auf Empfehlung der Kommission oder ihres Leiters, also Forster, zu öffnen.[56]

Nur neun Tage später kam Lewy überraschend in den Besitz eines Empfehlungsschreibens von Forster. Es ist zweifelhaft, dass Lewy Kenntnis von Wissings Rundschreiben hatte. Vielmehr behauptete er über 50 Jahre später, er habe Forster nie kennengelernt.[57] Aus Forsters Schreiben geht dennoch deutlich hervor, Lewy habe sich mit ihm „in Verbindung gesetzt, um eine Empfehlung zur Benützung kirchlicher Archive zu erreichen."[58] Lewy bereite

---

50   Ebd.

51   Lewy, *The Catholic Church and Nazi Germany*, S. xiv; deutsche Übersetzung, S. 12.

52   Ebd. Die besagten Archive waren die Bistumsarchive in Passau, Regensburg, Eichstätt, Hildesheim, Paderborn, Aachen, Trier, Mainz und Limburg.

53   Katholisches Büro Bonn an die Hochwürdigsten Herren Erzbischöfe und Bischöfe in der Bundesrepublik Deutschland, 2.2.1962, DAL, 551B, Wilhelm Wissing.

54   Ebd.

55   Diese Entscheidung war am 24. Januar 1962 getroffen worden, vgl. Morsey, „Gründung und Gründer der Kommission für Zeitgeschichte", S. 478.

56   Katholisches Büro Bonn an die Hochwürdigsten Herren Erzbischöfe und Bischöfe in der Bundesrepublik Deutschland, 2.2.1962, DAL, 551B, Wilhelm Wissing.

57   Guenter Lewy an den Verfasser, 8.6.2013.

58   Fotokopie, Empfehlung, Dr. Karl Forster, München, 1.3.1962, DAB, Lewy, I/4–20a.

„ein Werk über den kirchlichen Widerstand in der Zeit von 1933–1945 vor." Forster bat die Diözesanarchive, Lewy die Einsicht in das für sein Forschungsvorhaben relevante Archivmaterial zu ermöglichen.[59] Lewy sandte eine Kopie des Schreibens nach Berlin und bat zudem um ein Interview mit Generalvikar Walter Adolph.[60] Dieser lehnte unter Verweis auf seine alltägliche Arbeitsbelastung ab, die es ihm unmögliche mache, „zusätzliche Arbeit solch delikater Art zu übernehmen".[61]

Lewy verließ Deutschland Ende Juni 1962 und war bereit, mit seinem im Entstehen begriffenen Werk eine Kontroverse auszulösen.[62] Dank der Unterstützung hatte er genügend Material erhalten, um sicherzustellen, dass seine Quellenbasis ausreichend repräsentativ war. Doch er hatte bei Adolph und Neuhäusler ebenso für Bedenken gesorgt. Die jüngsten Ereignisse machten Neuhäusler derartig zu schaffen, dass er zwei Jahre später den Entschluss fasste, Sammlungen des erzbischöflichen Archivs in München ordentlich zu erschließen und eine Nutzungsordnung einzuführen.[63]

Lewy stellte seinerseits bemerkenswerte Sorgfalt unter Beweis, als er in die USA zurückgekehrt war. Er führte zusätzliche Recherchen in den National Archives in Washington, D.C. durch. Er arbeitete außerdem sowohl die Erkenntnisse als auch die Quellen aller bis dato veröffentlichten bedeutenden Werke zu seinem Forschungsthema ein. Er fand zudem noch Zeit, im Fernsehen die Hochhuth-Kontroverse in den USA zu kommentieren. Er kontaktierte den Bühnenautor und fragte ihn nach einer bestimmten Quelle, die der gebürtige Hesse verwendet hatte, und ermöglichte ihm im Zuge seiner Publicity-Tour sogar einen Vortrag an der Columbia University vor 1.700 Zuhörern.[64] Dank eines Stipendiums der Rockefeller-Stiftung, das ihn zeitweise von der Lehre befreite, verfasste Lewy sein Manuskript in weniger als 18 Monaten.[65] Er unterzeichnete einen Publikationsvertrag mit McGraw-Hill, einem der größten amerikanischen Publikumsverlage. *The Catholic Church and Nazi Germany* erschien weniger als zwei Jahre nach der Rückkehr aus seinem ehemaligen

---

59   Ebd.
60   Guenter Lewy an Walter Adolph, 19.6.1962, DAB, I/4–20a.
61   Walter Adolph an Guenter Lewy, 22.6.1962, DAB, I/4–20a.
62   Guenter Lewy an Walter Adolph, 19.6.1962, DAB, I/4–20a.
63   Johannes Neuhäusler an Ernst Deuerlein, 20.3.1964, AEMF, NL Johannes Neuhäusler, VN N 12.
64   Guenter Lewy an Rolf Hochhuth, 5.6.1963, SLA, NL Rolf Hochhuth, #271; Rolf Hochhuth an Walter Busse, 26.5.1964, SLA, NL Rolf Hochhuth, #352; Rolf Hochhuth an Fritz Raddatz, 15.3.1964, SLA, NL Rolf Hochhuth, #421.
65   Guenter Lewy, *The Catholic Church and Nazi Germany*, S. xv.

Heimatland. Dies war eine nach allen Maßstäben herausragende Leistung, die zu diesem Zeitpunkt auf der anderen Seite des Atlantiks ihresgleichen suchte.

Die Angriffe auf Lewys Forschung

Lewys Buch sorgte auf beiden Seiten des Atlantiks für Aufsehen. Der gefeierte Rundfunkmoderator und Historiker William Shirer und der renommierte evangelische Theologe am Union Theological Seminary Reinhold Niebuhr hatten für den Schutzumschlag lobende Worte der Anerkennung verfasst.[66] Die Veröffentlichung des Werks am 15. Juni 1964 wurde von umfassender und gut platzierter Werbung begleitet, so etwa in *The New York Times*.[67] Die *New York Times* selbst rezensierte das Werk darüber hinaus im Politikteil des Blatts neben den wichtigsten aktuellen Nachrichten und nicht auf den hinteren Seiten, die normalerweise für leichte Unterhaltung und das Feuilleton reserviert waren.[68] Die Verkaufszahlen enttäuschten nicht. Von der gebundenen Ausgabe des Werks wurden in der englischsprachigen Welt circa 8.000 Exemplare in zwei Auflagen verkauft, es sollten noch zehn Taschenbuchauflagen folgen.[69]

Der Verlag McGraw-Hill arrangierte mithilfe seiner finanziellen Ressourcen und eines im Vergleich zu Universitätsverlagen weit überlegenen internationalen Netzwerks wenig später eine deutsche Übersetzung.[70] Diese ermöglichte es dem *Spiegel*, das deutsche Manuskript über weite Strecken auszugsweise zu drucken. *Spiegel*-Herausgeber Rudolf Augstein fügte einen eigenen einseitigen Kommentar hinzu, in dem er Lewys wissenschaftliche Objektivität anpries, obwohl er gleichzeitig einräumte, dass der Autor in Bezug auf die Geschehnisse zwischen 1933 und 1945 kein unbeteiligter Beobachter sei.[71]

Als Lewys Buch ab dem 15. Juni 1964 in den amerikanischen Buchhandlungen zum Verkauf angeboten wurde, waren die Erinnerungen an die durch den *Stellvertreter* ausgelösten Aufmärsche und Demonstrationen auf

---

66   Guenter Lewy, *The Catholic Church and Nazi Germany*, Schutzumschlag.
67   Werbeanzeige 29, kein Titel, in: *The New York Times*, 16.6.1964, S. 34.
68   Foster Hailey, „Dispute over Pius Reopened by Book: New Study of Church and Nazis cites Pope's Role", in: *The New York Times*, 15.6.1964, S. 26.
69   Guenter Lewy an den Verfasser, 27.6.2013.
70   Interview mit Guenter Lewy; Lewy, *Die Katholische Kirche und das Dritte Reich*.
71   Augstein, „Lieber Spiegel-Leser", S. 41.

dem Broadway noch frisch.[72] Die Debatte über Lewys Forschung wurde somit zu einer Forsetzung der Hochhuth-Kontroverse.[73] Lewys Erkenntnisse wurden als „Schützenhilfe" für Hochhuth beschrieben.[74] Sein Schreibstil bestehe aus „Hochhuthprosa."[75] Lewy sei der „Rolf Hochhuth of the academic fraternity" („Der Hochhuth der akademischen Zunft"). Sein Buch sei „The Deputy of non-fiction" („Der Stellvertreter der Sachbuchliteratur").[76]

Das Buch brachte die Verteidiger der kirchlichen Vergangenheit, die etwas auf Lewys Kritik erwidern wollten, in eine schwierige Position. Angesichts des beim Stellvertreter erlittenen PR-Fiaskos war es alles andere als klar, wie sie nun auf Lewy reagieren sollten. Das Werk markiert insofern den Punkt, an dem der Protest nach den Auseinandersetzungen über Rolf Hochhuths Theaterstück die Straßen verließ und sich fast ausschließlich auf die Rezensionen und Kommentare in intellektuellen Zeitungen und wissenschaftlichen Fachzeitschriften zurückzog. Streikposten vor tausenden von Buchhandlungen im Vorfeld der Bucherscheinung oder Demonstrationen gegen die Veröffentlichung einer deutschen Übersetzung, deren Original bereits von deutschen Nachrichtenmedien rezensiert worden war, kamen nicht in Betracht.

Es blieben nur zwei Möglichkeiten: Die erste war, gerichtliche Schritte einzuleiten. Die potenziellen Kläger hatten zweifelsohne nicht vergessen, wie die Androhung eines gerichtlichen Vorgehens gegen Hochhuth ihrer Sache geschadet hatte, und achteten darauf, dass ihr Vorhaben nicht an die Öffentlichkeit gelangte. Die Anwälte von Lorenz Kardinal Jaeger, dem Erzbischof von Paderborn, drohten dem R. Piper Verlag, der Lewys Buch in Deutschland verlegte, mit einer Schadensersatzklage für den Fall, dass ein bestimmter Absatz in allen unverkauften Exemplaren und zukünftigen Auflagen nicht innerhalb von zwei Wochen berichtigt werde.[77] Die Anwälte machten geltend, Lewy hätte ein

72   Lewys Artikel in der Februarausgabe von Commentary im Jahr 1964 führte zu nicht weniger als neun gedruckten Leserbriefen in einer der nachfolgenden Ausgaben. Lewy, „Pius XII", S. 23–35; „Letters from Readers", in: Commentary 37 (6), (1964), S. 6–14.

73   Vgl. beispielsweise „Papstbild bewußt verzerrt? Prof. Lewy legt Ergebnisse seiner geschichtlichen Forschungsarbeit vor", (Autor unbekannt) in: Die Freiheit, Mainz, 18.12.1964, Rowohlt Theater Verlag, Archiv; Zeitungsausschnitt, „Die Katholiken im Hitler-Staat", in: Frankfurter Allgemeine Zeitung, 5.12.1964; Robert A. Graham, SJ, „A Return to Theocracy: The Latest Attack on the Vatican Reveals the Irony of Its Author's Demands", in: America, 18.7.1964, S. 70–72, HAEK, Gen II 22,13, 24.

74   Zeitungsausschnitt, Max Bogner, „Schützenhilfe für Hochhuth: Aufsehenerregende Studie über Kirche und Nazi-Deutschland,", in: Zeitung unbekannt, jedoch aus München, 6.6.1964, Rowohlt Theater Verlag, Archive.

75   Volk, „Zwischen Geschichtsschreibung und Hochhuthprosa", S. 29–41; Volk, „Ein unhistorischer Historiker".

76   Graham, „Return to Theocracy", S. 70.

77   Privatbesitz Guenter Lewy, Dr. Anton Roesen, Dr. Waldowski, Michael Rossen, Rechtsanwälte an den Verlag R. Piper & Co., 8.10.1965.

Zitat aus Jaegers Pfingsthirtenbrief von 1942 verfälscht und behauptet: „Erzbischof Jaeger bekundete sogar Sympathie für die Verleumdungskampagne der Nationalsozialisten gegen die slawischen ‚Untermenschen‘.“[78] Lewy habe außerdem geschrieben, dass Jaeger Russland als ein Land beschrieben habe, dessen Menschen „durch ihre Gottfeindlichkeit und durch ihren Christushaß fast zu Tieren entartet sind.“[79] Die sich anschließende Auseinandersetzung zwischen den Anwälten drehte sich um grammatikalische Fragen und darum, ob es nicht vielmehr die kommunistischen Oberherren anstelle der russischen Bevölkerung gewesen sei, die „fast zu Tieren entartet sind.“[80] Da er den bereits gedruckten Exemplaren Korrekturhinweise hinzufügte, die auch für zukünftige Auflagen galten, glaubte Lewys Verlag offenbar nicht, dass der Fall für ihn Aussicht auf Erfolg haben würde.

Die zweite Möglichkeit waren Beiträge in wissenschaftlichen Fachzeitschriften und der Presse.[81] So verfasste der Historiker Rudolf Morsey eine kritische Rezension für die *Frankfurter Allgemeine Zeitung*.[82] Erich Klausener jun., der Sohn des ermordeten Anführers der Katholischen Aktion, nutzte die Seiten der *Rheinischen Post*.[83]

---

78 Lewy, *Katholische Kirche und das Dritte Reich*, S. 255.

79 Ebd.

80 Das Originalzitat aus Jaegers Hirtenschreiben lautete: „Schaut hin auf Rußland! Ist jenes arme unglückliche Land nicht der Tummelplatz von Menschen, die durch ihre Gottfeindlichkeit und durch ihren Christushaß fast zu Tieren entartet sind?“ In der deutschen Übersetzung von Lewys Text hieß es: „Erzbischof Jaeger bekundete sogar seine Sympathie für die Verleumdungskampagne der Nationalsozialisten gegen die slawischen ‚Untermenschen‘ und bezeichnete Rußland als ein Land, dessen Menschen ‚durch ihre Gottfeindlichkeit und durch ihren Christushaß fast zu Tieren entartet sind‘.“ Vgl. Lewy, *Die Katholische Kirche und das Dritte Reich*, S. 255. Lewys englische Version lautete: „Archbishop Jäger even showed sympathy for the Nazis' campaign of vilification against the Slavic *Untermenschen* (subhumans) and characterized Russia as a country whose people ‚because of their hostility to God and their hatred of Christ, had almost degenerated into animals‘.“ Vgl. Lewy, *The Catholic Church and Nazi Germany*, S. 231. Für die anschließenden Auseinandersetzungen vgl. Privatbesitz Guenter Lewy, Dr. Anton Roesen, Dr. Waldowski, Michael Rossen, Rechtsanwälte an den Verlag R. Piper & Co., 8.10.1965. Für Beispiele der Diskussionen über grammatikalische Fragen siehe Privatbesitz Guenter Lewy, Rechtsanwälte Ferdinand Sieger, Guido Lehmbruck, Stuttgart an Rechtsanwälte Anton Koesen, Waldowski und Michael Rossen, Betr: S.E. Lorenz Kardinal Jaeger/Guenter Lewy „Die katholische Kirche und das Dritte Reich“ R. Piper & Co Verlag München, 7.12.1965; Anton Roesen, Waldowski, Michael Rossen an Ferdinand Sieger und Guido Lehmbruck, 10.12.1965.

81 Für ein Beispiel einer letztendlich wieder zurückgenommen Klage siehe Wilhelm Wissing an das Bischöfliche Ordinariat, z.Hd. Walter Adolph, 26.7.1965, DAB, I/4–20a.

82 Morsey, „Kirche im Dritten Reich“.

83 Klausener jun., „Angeklagter: Katholische Kirche“.

Doch Lewys Kritiker litten unter den gleichen strukturellen Nachteilen, die auch die Verteidiger Papst Pius' XII. heimgesucht hatten. Ihnen standen nicht alle säkularen Printmedien zur Verfügung. *Der Spiegel* etwa bot lediglich Lewy und seinen Unterstützern ein Forum, ebenso der *Stern*. Letztere Illustrierte bat den katholischen Schriftsteller und Aktivisten Carl Amery, für das Blatt einen Kommentar zu verfassen. Amery hatte in demselben Jahr ein bahnbrechendes Buch verfasst, in dem er das muffige und verschlossene „katholische Milieu" in Deutschland angeprangert hatte.[84] Er nutzte die Gunst der Stunde bereitwillig für eine Forderung nach Kirchenreform. Eine Kirche, die so eng mit Autoritarismus, Imperialismus und Nationalismus verbunden sei, so Amery, habe aus der Katastrophe von 1933 nichts gelernt.[85] Sie bekämpfe weiterhin die Errungenschaften der Französischen Revolution, der linken Kultur und den Geist der Freiheit.

Noch schlimmer war aus dem Blickwinkel der Kirchenverteidiger der Umstand, dass andere Nachrichtenmedien darauf bestanden, die Verfechter Lewys gleichberechtigt zu Wort kommen zu lassen. *Die Zeit* etwa bot in ihrer Ausgabe vom 4. Juni 1965 in einer Gegenüberstellung von Pro und Kontra unter der Überschrift „Die Katholische Kirche unter Hitler: Hochhuthprosa oder Historische Forschung?" beiden Seiten die Möglichkeit, ihre Standpunkte darzulegen. Die Pro-Lewy-Argumente verfasste Hans Müller, für die Kontra-Seite schrieb Ludwig Volk SJ, ein 39-jähriger deutscher Jesuit, der in der Arena noch ein Unbekannter war. Volks Erwiderung war die gekürzte Fassung einer 13-seitigen Gegenschrift, die er gerade erst für die Jesuitenzeitschrift *Stimmen der Zeit* verfasst hatte.[86] Volk war der Auffassung, die Leser seien von vornherein zu seinen Ungunsten beeinflusst worden, weil es in den einführenden Worten der Redaktion geheißen hatte: „Hans Müller ist seit Jahren als hevorragender Sachkenner bekannt. Pater Ludwig Volk sieht das Buch naturgemäß aus anderer Sicht als Müller."[87]

Die Alternative bestand darin, ausschließlich in verlässlichen katholischen Schauplätzen zu publizieren. Der amerikanische Jesuit Robert Graham SJ, der bereits mit Walter Adolph gemeinsame Sache gegen Gordon Zahn und Rolf Hochhuth gemacht hatte, veröffentlichte seine Kritik in der monatlich erscheinenden Jesuitenzeitschrift *America*.[88] Doch Publikationen in diesen

---

84   Carl Amery, Die Kapitulation oder Deutsche Katholizismus heute, Reinbek 1963.

85   Amery, „Hitler und der Klerus".

86   Müller, „Katholische Kirche unter Hitler"; Volk, „Ein unhistorischer Historiker"; Volk, „Zwischen Geschichtsschreibung und Hochhuthprosa", S. 29–41.

87   Ludwig Volk an Paul Sethe, 27.6.1965; Paul Sethe an Ludwig Volk, 14.7.1965, ADPJ, NL Ludwig Volk, 771–2/Ib.

88   Graham, „Return to Theocracy", S. 70–72. Für den Schriftwechsel zwischen Graham und Adolph betreffend Lewy siehe Walter Adolph an Robert Graham, 16.12.1964; Robert

Medien bedeuteten, dass anstelle der Unentschiedenen vor allem die Gleichgesinnten erreicht wurden. Schlimmer noch, erlagen einige Kritiker doch
dadurch der Versuchung, Lewy ähnlich wie Zahn und Hochhuth ungehindert
persönlich anzugreifen.

Denn Angriffe dieser Art konnten sich schnell als Eigentor erweisen. Lewys
Kritiker konnten ihm als Flüchtling des Nationalsozialismus kein mangelndes
Verständnis für das Leben in einer brutalen Diktatur vorhalten – ein Einwand,
der gegen Zahn erhoben worden war.[89] Sie konnten allenfalls andeuten, dass
seine eigene Vergangenheit im „Dritten Reich" ihm eine objektive Analyse
unmöglich machte. Einige beriefen sich ausdrücklich auf seine Vergangenheit
oder zumindest auf die bruchstückhaften Informationen, die sie dem Schutzumschlag seines Buchs entnehmen konnten. Eine Rezension begann mit einer
stakkatohaften Aufzählung seiner bisherigen biografischen Stationen: Breslau, Palästina, die Vereinigten Staaten.[90] Die Schlussfolgerung kommt unverblümt zum Ausdruck: Lewy agiere wie ein Kläger bei der Klageerhebung, er sei
befangen und seinen Erkenntnissen fehle jede historische Objektivität.

Abb. 7.4
Ludwig Volk SJ, 1962–1965
Gymnasiallehrer, veröffentlichte
seitdem Quellen und Darstellungen zur
Geschichte der katholischen Kirche
in Deutschland. Mit freundlicher
Genehmigung des Archivs der Deutschen
Provinz der Jesuiten, Abt. 800, Nr. 492.

Graham an Walter Adolph, 6.2.1965; Walter Adolph an Robert Graham, 17.2.1965; Walter
Adolph an Robert Graham, 26.2.1965, KZG, NL Walter Adolph, WA 5L2.

89 Volk, „Zwischen Geschichtsschreibung und Hochhuthprosa", S. 29.

90 Zeitungsausschnitt, Enno Wolters, „Angeklagter: Katholische Kirche. Kläger – Hart – aber
befangen", in: *Rheinische Post*, 22.5.1965, HAEK Gen II 23.13, 31.

Der Nachhall des Argwohns der unmittelbaren Nachkriegsjahre gegenüber den „Neunundreißigern", also den 1939 in die USA geflüchteten und später als Besatzungsmitarbeiter zurückgekehrten deutschen Juden, ist in diesen an die Gerichtssprache angelehnten Formulierungen kaum zu übersehen. Doch Lewys jüdischen Hintergrund zu thematisieren, sollte sich als waghalsig herausstellen, da sich das kulturelle Empfinden und Bewusstsein Mitte der 1960er Jahre als Reaktion auf das zunehmende Wissen der Öffentlichkeit über den Holocaust änderten. Ein Rezensent der *Kirchenzeitung für das Erzbistum Köln* äußerte sich etwa geschmacklos über Lewys, wie er vermutete, jüdischen Hintergrund und wurde in einer darauffolgenden Ausgabe des *Spiegel* bloßgestellt und angeprangert.[91]

Da Lewys Kritiker keine Kampagne mit persönlichen Angriffen führen konnten, die in den Auseinandersetzungen mit Gordon Zahn und Rolf Hochhuth fast zum Standardrepertoire geworden waren, blieb ihnen nur ein einziger Ausweg: der Vorwurf, Lewy beherrsche das Handwerkszeug des Historikers nicht ausreichend. In dem Umstand, dass viele, die zu solchen Anschuldigungen griffen, selbst Anfänger und relative Neulinge des zeithistorischen Handwerks waren, lag nicht gerade wenig Ironie. Der gebürtige Unterfranke Ludwig Volk SJ hatte zunächst, wie unter Jesuiten üblich, Theologie und Philosophie studiert und sollte nach dem Willen des Ordensoberen eine Laufbahn als Lehrer für Englisch und Geschichte einschlagen.[92] Mit der historischen Forschung kam er erst durch seine Dissertation über das Verhältnis von Kirche und Nationalsozialismus in Bayern zwischen 1930 und 1934 in Berührung, ein Thema, das ihm Ernst Deuerlein vorgeschlagen hatte.

Volk sollte immer wieder das Glück haben, als erster wichtige Bestände in Kirchenarchiven sichten zu können. Nicht zuletzt dank einer Empfehlung von Karl Forster erhielt Volk Zugang zu allen bayerischen Bistumsarchiven und den Akten Kardinal Faulhabers. Während er Sammlungen durchsah, die auch Guenter Lewy verwendet hatte, sandte ihm ein Jesuit aus New York ein Exemplar von Lewys gerade in den Vereinigten Staaten und Großbritannien erschienenem Buch.[93] Volk scheint das Buch als derartige Beleidigung empfunden zu haben, dass er sein Forschungsprojekt umänderte. Er änderte seinen Arbeitstitel von *Bayerns Episkopat und Klerus in der Auseinandersetzung mit dem NS, 1930–1934* in *Der bayerische Episkopat und der Nationalsozialismus,*

91   Vgl. Auszüge aus „Die Kirche steht im Feuer falscher Angriffe': Katholische Stimmen zur SPIEGEL-Serie, ‚Mit festem Schritt ins Neue Reich'", in: *Kirchenzeitung für das Erzbistum Köln*, zit. nach: *Der Spiegel*, 7.4.1965.

92   Kösters/von der Osten, „Ludwig Volk", S. 27–56.

93   Ludwig Volk an Hochw. Pater, lieber Mitbruder, München, 9.7.1964, ADPJ, NLVolk, 771–2/Ia.

1930–1934. Diese Änderung nahm er zum Teil auch vor, damit sein Werk als Reaktion auf Lewy wahrgenommen würde.[94] Er verglich Lewys Umgang mit den Primärquellen mit den Originalen, insbesondere diejenigen über „Nichtarier und die Judenfrage".[95]

Als Lewys Buch auf Deutsch erschienen war, fokussierte Volk die seiner Ansicht nach ungenaue oder holprige Übersetzung aus dem Englischen, was ihm als geschultem Anglist nicht schwer fiel.[96] Die Übersetzungsfehler, die er meinte, gefunden zu haben, waren minimal und kleinlich. Volk beschwerte sich pedantisch darüber, dass die Übersetzerin „ardent" lediglich als „eifrig" übertragen hatte. Er bestand jedoch darauf, dass diese Fehler repräsentativ für den Dilettantismus des Buchs seien und gab sie daher an Morsey weiter, der daraufhin viele der Beispiele in eine größtenteils negative Rezension für die *Frankfurter Allgemeine Zeitung* vom 4. November 1965 einarbeitete.[97]

Solcherart Kritik wirkte indes eher kleinkrämerisch. Lewys Kritiker erhoben einen viel grundlegenderen methodologischen Einwand: Seine Darstellung sei einseitig. Volk behauptete hartnäckig, dass Lewy bewusst fast alles außer Anpassung, Kollaboration und ideologischen Ähnlichkeiten ausgeblendet habe.[98] Erich Klausener jun. tadelte ebenfalls die Vernachlässigung gegenteiliger Belege.[99] Lewy erhebe in seinem Buch den Vorwurf, der Episkopat habe geschwiegen, und führe in diesem Zusammenhang ausgerechnet dessen halbherzige Reaktion auf den Massenmord und die kaltblütige Ermordung seines Vaters im Zuge des „Röhmputsches" am 30. Juni 1934 an.[100] Klausener jun. bezichtigte Lewy dementsprechend, potenziell entlastende Quellen vertuscht zu haben, darunter etwa ein geharnischter Satz aus einem Schreiben des Berliner Bischofs von Preysing an Hitler. Historiker, so behauptete Klausener

---

94   Ludwig Volk an Karl Bosl, München, 7.3.1965, ADPJ, NL Volk, 771–2/Ib; Kösters/von der Osten, „Ludwig Volk", S. 33.

95   Ludwig Volk an Hochw. Pater, lieber Mitbruder, München, July 9.7.1964; Ludwig Volk an Rudolf Morsey, 11.7.1964, ADPJ, NLVolk, 771–2/Ia; Bischöfliches Ordinariat, Limburg/ Lahm an Johannes Neuhäusler, 6.10.1964, AEMF, NL Johannes Neuhäusler, VN N12.

96   Ludwig Volk an Rudolf Morsey, 29.5.1965, ADPJ, NL Volk, 771–2/Ib.

97   Morsey, „Kirche im Dritten Reich". Morsey machte von mehreren Beispielen, die Volk ihm gegeben hatte, Gebrauch, einschließlich der Übertragung von „ardent" als „eifrig"; vgl. Rudolf Morsey an Ludwig Volk, Bonn, 1.6.1965, ADPJ, NL Volk, 771–2/Ib.

98   Volk, „Zwischen Geschichtsschreibung und Hochhuthprosa", S. 33.

99   Zeitungsausschnitt, Hans Asmussen, „Die Kirche und das Dritte Reich: Zu einer Artikelserie von Guenter Lewy im ‚Spiegel'", in: *Rheinischer Merkur*, undatiert; Erich Klausener jun., „Angeklagter: Katholische Kirche. Erich Klausener antwortet Lewy", in: *Rheinische Post*, 17.6.1965, HAEK, Gen II 22.13, 29.

100   Lewy, *The Catholic Church and Nazi Germany*, S. 169–171; deutsche Übersetzung, S. 189–191.

jun. mit Nachdruck, müssten alle Belege berücksichtigen und nicht bloß jene, die ihre schon bestehenden Ansichten und Deutungen bestätigten.

Lewys Kritiker hoben sich den Großteil ihres Beschusses allerdings für dessen moralische Verurteilung des kirchlichen Verhaltens im „Dritten Reich" auf. Die letzten Seiten seines Buchs strotzen in der Tat vor inbrünstigem moralischem Eifer. Die Kirche „versagte", so Lewys Schlussfolgerung, weil sie ihre moralische Substanz nicht unter Beweis gestellt habe. Es sei „falsch" gewesen, dass Kirchenführer sich von der Staatsräson hätten leiten lassen. Sie hätten das Böse beim Namen nennen und den Opfern „einer Aufwallung ungeheuerlicher Barbarei" größeren Beistand leisten sollen.[101] Die Notwendigkeit eigenen institutionellen Überlebens habe den moralischen Auftrag der Kirche, für die Verfolgten einzutreten, verdrängt. Würde die Menschheit jemals erneut vor einer moralischen Herausforderung in der Größenordnung von Hitlers Regime stehen, so brauche sie „bessere moralische Anleitung."

Lewys Kritiker pochten folglich darauf, dass in den Schriften der Geschichtswissenschaft kein Raum für Moralurteile sei. Volk schalt seinen Gegner einen „absoluten Moralisten", der in Hitlers Regime ausschließlich die Inkarnation des absoluten Bösen sehen könne. Doch die Kategorie des absolut Bösen, so sehr sie auch nach Maßstäben des gesunden Menschenverstands einleuchte, sei ahistorisch. Ihr gehe die Annahme einer moralischen Allwissenheit der historischen Akteure voraus, denen der Vorteil einer retrospektiven Betrachtung fehle.[102] Nach Volk habe sich der Abstieg in die nationalsozialistische Unmenschlichkeit nicht mit einem Male vollzogen, sondern vielmehr Schritt für Schritt. Nur wenige hätten vorhersehen können, dass der Weg in die entsetzlichen Untaten von Auschwitz münden würde. Unter den „ersten Äußerungen totalitären Machtgebrauchs" seien die Aufhebung der Meinungs- und Versammlungsfreiheit, Religionsfeindlichkeit und die Diskriminierung der Juden gewesen, doch Volk stellte mit Blick auf das Jahr 1933 die Frage: „Waren sie auch Grund genug, dem Regime die Loyalität aufzukündigen?"

Volk betonte, dass Kirchenführer wie auch andere bei Vorbehalten gegenüber dem Regime immer wieder hätten abwägen müssen, welches das geringere Übel war. War die Entscheidung, sich mit diplomatischem Widerspruch den staatlich auferlegten Restriktionen zu fügen, schlimmer als ein radikaler Bruch mit dem Regime?[103] Bei jeder Abwägung seien die deutschen Kirchenführer zugleich „wie die Deutschen in ihrer Gesamtheit nicht unempfänglich für Segnungen von Hitlers Politik, Arbeitsbeschaffung und

---

101   Ebd., S. 340 f.; deutsche Übersetzung, S. 370.
102   Volk, „Zwischen Geschichtsschreibung und Hochhuthprosa", S. 36.
103   Ebd., S. 39.

wirtschaftliche Erholung im Innern sowie eine offenbar geschickte und kraft-
volle Vertretung der nationalen Interessen nach außen" gewesen. Der Wunsch,
die territorialen Regelungen des Versailler Vertrags zu revidieren, sei von fast
allen Deutschen geteilt worden. Die deutsche Bevölkerung habe das legitime
Anliegen gehabt, die ihnen 1919 weggenommenen Gebiete zurückzuverlangen und die deutschen Minderheiten außerhalb der deutschen Grenzen
zu beschützen. Hätte die katholische Kirche in Deutschland, so fragte Volk,
all diesen Zielen durch einen radikalen Bruch mit dem Nationalsozialismus
abschwören sollen?

Für Volk bestand Lewys Vergehen in seiner mangelnden „Bereitschaft, [...]
sich einzufühlen." Er sei nicht bereit gewesen, sich in das Dilemma, vor dem
die katholischen Bischöfe aufgrund der nationalen Frage standen, hineinzu-
finden.[104] Volk stand in diesem Punkt nicht allein. Das der deutschen Nation
nach Ende des Ersten Weltkriegs zugefügte Unrecht blieb noch bis weit in die
1960er Jahre ein Leitmotiv des konservativ geprägten und nationalorientierten
Berufsstands der deutschen Historiker. Gegenansichten, wie etwa die 1964
von Fritz Fischer in seiner revisionistischen Darstellung der historischen Verantwortung Deutschlands für den Ersten Weltkrieg vorgebrachte These, lösten
einen Aufschrei der Empörung aus.[105] Für die Verteidiger der Kirche wie der
Nation brachte die Forderung nach größerer Empathie gleichermaßen Vorteile.
Historiker mit dieser einfühlenden Herangehensweise waren weniger geneigt,
mit Steinen zu werfen. Oder sie würden zumindest weniger schroffe Steine
wählen. Und die Forderung nach mehr nationaler Empathie war besonders
dann vorteilhaft, wenn diejenigen, denen sie vermeintlich fehlte, Kritiker von
der anderen Seite des Atlantiks waren.

Doch der Forderung nach Empathie und der gleichzeitigen Befürwortung
positivistischer Methoden durch Historiker wie Volk und Morsey lag offensichtlich auch eine innere Spannung zugrunde. Bestand nicht ein inhärenter
Widerspruch zwischen dem geforderten Einfühlungsvermögen und der
strikten inneren Distanz, die für eine präzise Rekonstruktion der Vergangenheit erforderlich war? Eine positivistische Herangehensweise setzte eine
Deutung voraus, die sich genau und nah an dem bereits in der Quelle Artikulier-
ten orientierte. Empathie erforderte demgegenüber Vorstellungskraft – um
Empfindungen nachzuvollziehen, die den Quellen nicht unbedingt direkt ent-
nommen werden konnten. Der Umstand, dass dieser Widerspruch unbemerkt

---

104 Ebd., S. 35.
105 Für eine bibliografische Übersicht der Reaktionen auf Fischer vgl. Böhme, „,Primat' und
     ‚Paradigmata'", S. 89–92, Fußnote 1; zur Forderung nach Empathie vgl. Stelzel, „Common
     Goal?", S. 639–671, hier 654.

blieb, spricht Bände hinsichtlich der Eindringlichkeit, mit der diese Kämpfe in den 1960er Jahren ausgetragen wurden.

Die gründliche Forschung der Kommission für Zeitgeschichte

Für die Wissenschaftler, die unter dem Dach der Kommission für Zeitgeschichte zusammenkamen, war Lewys Buch das jüngste Beispiel in einer Reihe methodisch unsauberer Forschungsarbeiten. Es bestärkte sie insofern in ihrer Überzeugung, dass das Handwerk der kirchlichen Zeitgeschichtsforschung der Qualitätskontrolle bedurfte. Als Reaktion auf die aus ihrer Sicht methodisch minderwertigen Arbeiten der Kirchenkritiker entwickelten sie bestimmte Qualitätsstandards. Ihr Ethos der disziplinären Exzellenz der historischen Wissenschaft war vergleichbar mit den Versuchen hochrangiger Geistlicher, Elemente der modernen Sozialwissenschaften in die Seelsorge zu übernehmen.[106] Doch es erinnerte noch stärker an eine alte Tradition. Die neue Kommission war dabei, eine Vereinigung zu schaffen, die nur nominell gesehen keine Gilde war. Sie war im Begriff, bestimmte Verfahren zu etablieren – gründliche Ausbildung, sachkundige Präzisionsarbeit, Betreuung der Lernenden und Kontrolle über die dokumentarischen Belege –, mit denen sie Historiker zur Einhaltung des Kodex und Kanons einer „objektiven" geschichtswissenschaftlichen Forschung anhalten wollten.

Diese hoch gesteckten Forschungsideale waren tief in der altehrwürdigen Görres-Gesellschaft verwurzelt, der als Vereinigung katholischer Wissenschaftler auch viele Kommissionsmitglieder angehörten.[107] Die geschichtlichen Ursprünge der Görres-Gesellschaft lagen in den konfessionellen Spaltungen des Kulturkampfs im 19. Jahrhundert. Die katholischen Wissenschaftler standen damals vor der Herausforderung, sich in einer von Protestanten dominierten Disziplin von der Mehrheit abzuheben. Ihre Lösung lag in der Aneignung des im liberalen Forschungs-Mainstream verankerten Positivismus, während sie gleichzeitig das Versäumnis liberaler evangelischer Wissenschaftler, deren eigenen Idealen der Objektivität, Unparteilichkeit und Genauigkeit gerecht zu werden, anprangerten.[108] Knapp ein Jahrhundert später reagierten die Historiker der Kommission auf ganz ähnliche Weise: Sie

---

106 Benjamin Ziemann nannte diesen Prozess „Verwissenschaftlichung", vgl. Ziemann, *Katholische Kirche und Sozialwissenschaften.*

107 Zur Görres-Gesellschaf vgl. Spael, *Görres-Gesellschaft.*

108 Ayako Bennette, *Fighting for the Soul of Germany*, S. 135–156; vgl. ebenso Dowe, *Bildungsbürger.*

schrieben ihre eigene Darstellung der Geschichte und hielten dabei an den strengen Wissenschaftsidealen des 19. Jahrhunderts auch dann fest, wenn die Historiker des Mainstreams sich zunehmend von positivistischen Ansätzen entfernten, so ihr Tenor. Etablierten Historikern gegenüber, die diesen Idealen nicht gerecht wurden, nahmen sie eine abweisende Haltung ein. Ihr Ziel war es, kurz gesagt, eine bessere Geschichte zu schreiben als ihre evangelischen Kontrahenten.

Das Mantra der wissenschaftlichen Exzellenz fand in der krönenden Leistung der Kommission ihren sichtbarsten Ausdruck: zweier bis heute bestehender wissenschaftlicher Publikationsreihen. Die „Reihe A: Quellen" erschließt Archivquellen und bereitet sie mit einer textkritischen Ausführlichkeit und Kommentierung auf, die üblicherweise eher mit Bibelkonkordanzen und philologischen Editionen assoziiert werden. Zwischen 1965 und 1980 gingen nicht weniger als 29 Quelleneditionen in den Druck, darunter auch sechs Bände zur Dokumentation der Geschichte der katholischen Kirche im „Dritten Reich".[109] In der „Reihe B: Forschungen" werden wissenschaftliche Monografien veröffentlicht, davon 30 allein zwischen 1965 und 1980.[110]

Die Arbeiten der beiden Reihen, die nach der Farbe ihres Einbands übergreifend auch „Blaue Reihe" genannt werden, griffen alle politikgeschichtlichen und diplomatiegeschichtlichen Fragestellungen auf. Sie rekonstruierten die Genese und schrieben die Geschichte der Entscheidungen, welche die geistliche, diplomatische und politische Kirchenelite traf, wenn es im Verhältnis von Kirche und Staat zu Krisenmomenten kam. In Bezug auf das „Dritte Reich" wurden in der Regel die Höhepunkte des NS-Kirchenkampfs als Forschungsthema gewählt – die Verhandlung des Reichkonkordats, die „Sittlichkeitsprozesse" gegen Priester in den Jahren 1936 und 1937, die staatliche Überwachung der Kirche, das katholisch-politische Exil und die Reaktion des Episkopats auf die Verfolgung durch das NS-Regime. Das methodische Vorgehen mit seinen Ursprüngen in der Görres-Gesellschaft zeigte eine deutliche Aversion gegen Theorien, gleich ob es sich um marxistische, sozialwissenschaftliche, ökonometrische oder gesellschaftsgeschichtliche Ansätze handelte. Für die Historiker der Kommission, und dies war der Erisapfel zwischen ihnen und den Kirchenkritikern, mussten die Fakten der Theorie vorausgehen. Ein umfassendes Gesamturteil war aus ihrer Sicht erst dann möglich, wenn alle Fakten ans Licht gebracht worden waren.

---

109   Drei trugen Stasiewskis Namen, obwohl ihre Fertigstellung der Mitarbeit Repgens, Volks und Morseys bedurft hatte. Volk übernahm die Federführung für die restlichen drei Bände und verstarb aufgrund eines Krebsleidens kurz nach der Fertigstellung des letzten Bands.
110   www.kfzg.de/Publikationen/publikationen.html (acc. 20.10.2020).

Dieter Albrecht, Gründungsmitglied der Kommission, fasste dieses Credo in einer schriftlichen Absage an einen 34-jährigen Amateurhistoriker mit guten Absichten zusammen: Das in Frage stehende Werk sei eine ehrgeizige, aber dilettantische und populärwissenschaftliche Darstellung des Kirchenkampfs sowie ein unsauberes „Mittelding" zwischen Quellenpublikation und historischer Darstellung.[111] Aus Albrechts Sicht handelte es sich um eine ungeschickte Kreuzung, die weder eindeutig Quellenedition noch wissenschaftliche Monografie war.[112] Als solche passte das Manuskript in keine der Reihen. Die Aufgabe der Kommission, so Albrecht, bestehe zunächst darin, die Forschung auf eine solide Quellengrundlage zu stellen. Erst dann könnte die Deutung der Quellen folgen und die pauschalen Verurteilungen, Halbwahrheiten und die für die damalige Zeit allzu typischen Hypothesen ohne entsprechende Quellennachweise „korrigiert" werden.[113]

Dieses Ethos bedeutete, dass die in der Kommission zusammengeschlossenen Historiker vor einer Herkulesaufgabe standen. Sie mussten die Bestände zahlreicher Kirchen- und Staatsarchive in Deutschland und im Ausland durchkämmen, darunter 21 Diözesanarchive in der Bundesrepublik; das Bistumsarchiv in Wrocław, wo die Akten von Kardinal Adolf Bertram lagerten; die Archive katholischer Verbände und Parteien; das Bundesarchiv in Koblenz; während des Kriegs erbeutete Akten der Nationalsozialisten im Ausland; einzelne in Privatbeständen sowie Stadt- und Landesarchiven verstreute Akten. Bevor die Suche überhaupt beginnen konnte, mussten die Ordinariate und Archivare ihre Sammlungen erst einmal erschließen.

In dem Bewusstsein, dass eine einbändige Gesamtdarstellung für die gesamte Dauer der NS-Diktatur unmöglich war, entschieden sich die Kommissions-Historiker für ein schrittweises Vorgehen, das bestimmte Stärken, aber auch Grenzen aufwies. Die wissenschaftlichen Studien und Quelleneditionen blieben mit Blick auf den katholischen Forschungsgegenstand oft zeitlich, räumlich und thematisch so eng beschränkt, dass sie detaillistisch erschienen. Doch sie erwiesen sich als durch und durch gründlich, was ihnen einen entscheidenden Vorsprung im Wettbewerb mit Wissenschaftlern außerhalb der Kommission verschaffte. Denn welcher Forscher aus dem Ausland oder auch deutsche Doktorand mit begrenzten finanziellen Mitteln konnte sich für mehrere Jahre auf die Jagd nach Quellen in dutzenden von Archiven begeben?

---

111   Klaus Szymichowski an das Katholische Büro z. Händen von Herrn Dr. Niemeyer, 15.5.1964, HAEK, Gen II 22.13, 24.
112   Kommission für Zeitgeschichte, Prof. Dr. D. Albrecht an Klaus Szymichowski, 25.4.1964, HAEK, Gen II 22.13, 24.
113   Ebd.

Dieses Ethos der Exzellenz spiegelte sich auch in der Beflissenheit, mit der das Lektorat gehandhabt und Diskussionen über Kommasetzung, die Verwendung von Kursivdruck und Zeilenabstände geführt wurden.[114] Was unter Umständen als Haarspalterei wahrgenommen werden könnte, entstammte ebenfalls der aufrichtigen Verpflichtung zur historischen Genauigkeit sowie der Notwendigkeit, Gegenspieler in der mehrheitlich evangelisch geprägten akademischen Landschaft der Geschichtswissenschaft zu übertreffen.

In einem zentralen Punkt änderte die Kommission dennoch ihren Kurs. Katholische Wissenschaftler hatten sich lange mit der Nationalgeschichtsschreibung zurückgehalten. Sie wurde meist als Domäne der evangelischen Historiker angesehen, deren Forschung den für die Zeit des Kulturkampfs typischen Nationalismus und Antiklerikalismus aufwies. Die Historiker in der jungen Kommission waren nun gewillt, Nationalgeschichte zu schreiben – und zwar die der Bundesrepublik. Bereits zwischen 1972 und 1974 erschienen unter Morseys und Repgens Herausgeberschaft drei Bände über Adenauer und dessen Politik.[115] Eine Arbeitsgruppe, der die beiden angehörten, veröffentlichte sechs schlanke Sammelbände über die Adenauer-Ära im Taschenbuchformat, von denen sich die meisten auf das Verhältnis zwischen Kirche und Staat konzentrierten. Laut der Arbeitsgruppe war die Bundesrepublik nicht zuletzt wegen der klugen Entscheidungen und des Weitblicks führender katholischer Politiker eine Erfolgsgeschichte.

Beschränkung des Zugangs zu Archiven

Doch der Arbeitseifer der Zunftmeister katholischer Zeitgeschichtsschreibung, alle von ihnen männliche Historiker in ihren Dreißigern und Vierzigern, hatte auch eine Schattenseite, die auf den erwähnten Kampf gegen Kirchenkritiker zurückging. Sie sahen sich zu einer Reaktion darauf gezwungen, dass Guenter Lewy Zugang zu den kirchlichen Archiven erhalten hatte und diesen Zugang – mit den Worten eines Diözesanarchivars aus Limburg gesprochen – missbraucht hätte.[116] In dem darauffolgenden Jahrzehnt bemühten sich einige Mitglieder der Kommission um eine Beschränkung der Nutzungsmöglichkeiten für wissenschaftliche Anfänger auf dem Gebiet, indem sie deren Zugang zu den Archiven kontrollierten und aushebelten. Dieses Vorgehen war auch

---

114   Für ein Beispiel siehe Konrad Repgen an Ludwig Volk, 7.6.1965, ADPJ,NL Volk, 771–2/Ib.

115   Repgen/Morsey (Hg.), *Adenauer Studien I, II und III*.

116   Generalvikar i.V. Lun, Bischöfliches Ordinariat, Limburg an Johannes Neuhäusler, 6.10.1964, AEMF, NL Johannes Neuhäusler. VN N12.

nicht gänzlich ungerechtfertigt. Kirchenarchive waren nichtstaatliche Archive und ihre Wächter waren nicht verpflichtet, jedem Anfragenden Zugang zu gewähren.

Unter den katholischen Historikern, die potenzielle Archivnutzer in Schach halten wollten, leistete Ludwig Volk bei den entsprechenden Vertretern der Kirche die größte Überzeugungsarbeit, um die Aktenbestände zu verbarrikadieren. Dass er selbst erst relativ spät zur historischen Forschung gelangt war, könnte dabei ein Aspekt seiner Motivation gewesen sein. Damals wie auch heute war es für Jesuiten üblich, an Sekundarschulen zu unterrichten, bevor oder während sie einen höheren akademischen Abschluss anstrebten. Über Jahre war Volk gezwungen, als Gymnasiallehrer Geschichte und Englisch zu unterrichten, und konnte sich somit seiner Forschung nur in Teilzeit widmen. Erst im Herbst 1968 wies ihn sein Provinzial der Kommission für Zeitgeschichte als Forscher und Bearbeiter von Quelleneditionen in Vollzeit zu.[117] Volk scheint angesichts der Verzögerungen in seiner Forschung in besonderem Maße unter der Demütigung gelitten zu haben, den ersten Platz im Rennen mit den Kirchenkritikern verpasst zu haben: „Wäre sie" – gemeint war seine Dissertation – früher erschienen, wären Angriffe wie die von Lewy nicht in dieser Weise möglich gewesen."[118]

Für Volk war es fast ebenso bitter, dass es Lewy allem Anschein nach leichter gefallen war, Zugang zu Kirchenarchiven zu erhalten. Der Jesuit hatte die kirchlichen Sammlungen nach Dokumenten des deutschen Episkopats und Kardinal Faulhabers zur gleichen Zeit durchkämmt, als Neuhäusler die Ordinariate vor Guenter Lewy warnte. Viele Diözesanarchivare und Ordinariatsmitarbeiter reagierten darauf mit einem eingeschränkten Zugang zu ihren Archiven, der ausgerechnet Volk traf. Der Hildesheimer Generalvikar setzte Volk darüber in Kenntnis, dass Empfehlungsschreiben nunmehr nicht nur die Unterschrift, sondern ebenfalls „das Siegel der betreffenden Stelle" enthalten müssen.[119] Lewys Empfehlungsschreiben vom Generalvikar in Springfield hatte ein solcher Stempel gefehlt. Im Juni 1965 wurde Volk zudem der Zugang zum Bistumsarchiv in Speyer verweigert, wo er im September 1963 bereits geforscht hatte. Er sah sich daher genötigt, sich an den Bischof zu wenden.[120]

---

117 Gestellungsvertrag zwischen der Kommission für Zeitgeschichte bei der katholischen Akademie in Bayern vertreten durch das geschäftsführende Mitglied des Kuratoriums Msgr. Dr. Karl Forster und dem Provinzialrat der Oberdeutschen Provinz der Gesellschaft Jesu, München, vertreten durch den HH Provinzial Pater Heinrich Krauss, 11.10.1968, ADPJ,NLVolk, 771–2/IIIb.

118 Volk an den Bischof von Speyer, 26.6.1965, ADPJ, NL Volk, 771–2/Ib.

119 Sendker, Generalvikar, Hildesheim, an Ludwig Volk, 5.3.1965, ADPJ, NL Volk, 771–2/Ib.

120 Volk an den Bischof von Speyer, 26.6.1965, ADPJ, NL Volk, 771–2/Ib.

Je mehr Volk über Lewys scheinbaren wissenschaftlichen Modus Operandi in Erfahrung brachte, desto wütender wurde er. Eine ehemalige Kollegin Lewys am Smith College und an der University of Massachusetts, Amherst, der Lewy in seinem Vorwort für ihre „detailed criticisms and suggestions" gedankt hatte, erzählte Volk von den Bedenken, die sie in Bezug auf Lewys Zitier- und Paraphrasierweise geäußert hatte.[121] Lewy habe jedoch trotz ihrer Einwände an seinem „Gesamtbild" festgehalten: „An der Grundtendenz, das wusste ich nach ein paar Kapiteln, [...] war nichts zu aendern." Volk schrieb in Reaktion darauf an einen amerikanischen Kollegen: „Wie das verzerrte Bild, das er dann vom Kirchenkampf entwarf, zeigte, waren alle, die gegenüber seinen Wünschen mißtrauisch blieben, leider allzusehr im Recht."[122]

Der Gedanke an Lewy scheint Volks Misstrauen gegenüber anderen, nicht der Kommission für Zeitgeschichte angehörenden Wissenschaftlern, über die bisher nicht viel bekannt war, gefestigt zu haben. In mindestens vier Fällen wurde Volk tätig, um die geplanten Archivbesuche von geschichtswissenschaftlichen Novizen zum Scheitern zu bringen oder auf bestimmte Sammlungen zu begrenzen. Im ersten dieser Fälle trug er dazu bei, Stewart Stehlins Einsichtnahme in Quellenmaterial in Rom und deutschen Bistumsarchiven zu verhindern. Stehlin war ein Assistenzprofessor (*assistant professor*) an der New York University und hatte seine Promotion 1965 an der Yale University unter dem deutschen Emigranten Hajo Holborn abgeschlossen.[123] Das akademische Jahr 1962/63 hatte er unter der Betreuung von Fritz Fischer in Hamburg verbracht. Der junge amerikanische Wissenschaftler hatte ein stark ausgeprägtes Interesse an der deutschen Außenpolitik zwischen 1914 und 1945 sowie an den Beziehungen zwischen Deutschland und dem Vatikan.[124] Während er an einem Buch über Bismarck und den „Welfenfonds" arbeitete, erhielt er für das akademische Jahr 1971/72 sowohl ein Guggenheim-Stipendium als auch ein *Fulbright Senior Research Fellowship* für Forschungsaufenthalte in Deutschland,

---

121   Beate Ruhm von Oppen an Ludwig Volk, 23.4.1969, ADPJ, NL Volk, 771–2/IIIc. Der Hinweis auf Ruhm von Oppen fehlt in der deutschen Übersetzung von 1965.

122   Volk an John Jay Hughes, 3.5.1975, ADPJ, Nl Volk, 47 771 2 V c.

123   Interview mit Stewart Stehlin, 19.8.2007; Curriculum Vitae, Stewart Stehlin, http://history.fas.nyu.edu/attach/13995 (acc. 21.6.2016).

124   Stewart Stehlin, „Bismarck and the New Province of Hanover", in: *Canadian Journal of History* 4, Nr. 2 (1969), S. 67–94; Stewart Stehlin, „Bismarck and the Secret Use of the Guelph Fund", in: *The Historian*, 33 (1970), S. 21–39; Stewart Stehlin, „The Publication of the ‚Akten zur deutschen auswärtigen Politik, 1918–1945'", in: *Central European History* I (1968), S. 193–199; Stewart Stehlin, „Documents on German Foreign Policy", in: *AHA Newsletter*, 6 (1967), S. 12–14.

Rom und Polen, um für eine wissenschaftliche Monografie über die deutsch-vatikanischen Beziehungen zu recherchieren.[125]

Da ihm die Herausforderungen in Bezug auf den Zugang zu kirchlichen Archiven bewusst waren, bat Stehlin, selbst ein frommer Katholik, den Kardinal von New York erfolgreich um ein Empfehlungsschreiben.[126] Dieses Schreiben verhalf ihm zweifellos zur Einsichtnahme in die Akten von Kardinal Adolf Bertram, dem Vorsitzenden der Fuldaer Bischofskonferenz während der Weimarer Republik und des „Dritten Reichs". Diese lagerten im erzbischöf-lichen Archiv in Wrocław und bis dato hatte kein deutscher Wissenschaftler sie nutzen können. Volk hatte zwar eine Mikrofilmkopie erhalten, konnte das Material dann allerdings nicht für seine Dissertation verwenden.[127] Damit noch nicht genug, hatte ein Kollege im Außenministerium Stehlin mit Ernst Deuerlein bekannt gemacht, der dem amerikanischen Wissenschaftler eine geheime Führung durch die erzbischöflichen Bestände in München gab.[128] Der Sekretär Kardinal Döpfners deutete zudem an, der junge Amerikaner könne möglicherweise die Akten von Kardinal Faulhaber durchsehen.[129] Zu Stehlins Unglück starb Deuerlein am 26. November 1971 unerwartet an den Folgen eines Schlaganfalls. Damit hatte Stehlin eine elementare Stütze für sein Vorhaben verloren. Nichts Böses ahnend traf er sich Anfang Dezember mit Volk, berichtete diesem von seiner erfolgreichen Recherche in Wrocław und fragte nach den Standorten bestimmter Quellen in den Münchner erz-bischöflichen Archiven.[130] Volk berichtete später: „Ich habe mir bei dem einen Gespräch, das ich mit ihm hatte, Zurückhaltung auferlegt."[131] Er antwortete Stehlin unaufrichtig, er wisse gar nicht, wo er suchen würde.[132] Als Stehlin ihm von der Archivtour und dem dort auf ihn wartenden Quellenmaterial erzählte, quollen Volk laut Stehlin fast die Augen aus dem Kopf.[133]

Ab diesem Zeitpunkt entwickelten sich die Dinge nicht mehr zu Stehlins Gunsten. Seine Beutezüge durch die Archive erinnerten offenbar zu stark an Lewy: Er war ein Gastwissenschaftler aus den USA, kam mit einem Empfehlungsschreiben eines hochrangingen amerikanischen Geistlichen

---

125   Stewart Stehlin, *Bismarck and the Guelph Problem, 1866–1890*, Den Haag: Martinus Nijhoff, 1973.
126   Ludwig Volk an P. Angelo Martini, 19.12.1971, ADPJ, NL Volk, 771–2/IVb.
127   Kösters/von der Osten, „Ludwig Volk", S. 41 f.
128   Ludwig Volk an P. Angelo Martini, 19.12.1971, ADPJ, NL Volk, 771–2/IVb; Interview mit Stewart Stehlin.
129   Ebd.
130   Interview mit Stewart Stehlin.
131   Ludwig Volk an P. Angelo Martini, 19.12.1971, ADPJ, NL Volk, 771–2/IVb.
132   Interview mit Stewart Stehlin.
133   Ebd.

und erhielt als erster Einsicht in bisher nicht verwendetes Quellenmaterial.
Volk gab zwar zu: „Negatives ist mir über den Mann an sich nichts bekannt".
Doch solange Stehlin ein „unbeschriebenes Blatt" sei, müsse ihm mit Zurückhaltung begegnet werden – gerade aufgrund der Erfahrungen im Fall Lewy.[134]
Stehlins Katholizismus sei „kein Schutz vor Überraschungen."[135] In den darauffolgenden Tagen und Wochen nahm Volk die Rolle eines Archivhüters ein. Er
verschickte hastig eine Flut von Briefen an Ordensbrüder, Kirchenvertreter
und die Kommission für Zeitgeschichte mit der unverkennbaren Absicht,
zu verhindern, dass die Dokumente jemals auf Stehlins Schreibtisch landen
würden.[136]

Einer der Empfänger dieses Schreibens war Angelo Martini SJ, einer von
vier handverlesenen Historikern aus dem Jesuitenorden, die von Papst Paul
VI. im Jahr 1964 beauftragt worden waren, die Geschichte der vatikanischen
Diplomatie im Zweiten Weltkrieg zu erforschen – was letztendlich zu einer elfbändigen Aktenedition führte.[137] Es sei nicht möglich, schrieb Volk an Martini,
Stehlin mit völlig leeren Händen aus den Archiven ziehen zu lassen, „doch
wird sein Einblick quantitativ und thematisch so begrenzt, daß jedenfalls kein
Schaden entstehen kann."[138] Martini tat ebenfalls alles ihm Mögliche, um sich
dem amerikanischen Wissenschaftler in den Weg zu stellen. Einen Monat
später teilte er Volk mit, Stehlin habe schriftlich eine ganze Reihe an Persönlichkeiten in Rom um ihre Hilfe gebeten. Es sei aber „gewiss, dass er aus diesen
Archiven nichts erhalten werde."[139] Nachdem Volk erfahren hatte, dass Stehlin
in Rom „einen Schwarm von Fürsprechern" mobilisiert hatte, schritt Martini
erneut ein.[140] Er stellte sicher, dass Stehlin im Archiv des Staatssekretariats
gar keine Einsicht und nur eine begrenzte in das Material im Archiv des
italienischen Außenministeriums erhielt.[141]

Um Stehlin den Weg in die deutschen Diözesanarchive zu versperren,
verfasste Volk einen Entwurf für ein Schreiben, das demjenigen an Martini

---

134 Volk an unbekannten Empfänger, 14.1.1972, ADPJ, NL Volk, 771–2/IVc.
135 Ludwig Volk an P. Angelo Martini, 19.12.1971, ADPJ, NL Volk, 771–2/IVb.
136 Volk setzte Morsey über die Situation in Kenntnis, doch Morsey, der Stehlin Jahre zuvor
     in Bonn kennengelernt hatte, machte deutlich, dass er den amerikanischen Historiker
     nicht als Wettbewerber sah. Vgl. Ludwig Volk an Rudolf Morsey, 19.12.1971; Rudolf Morsey
     an Ludwig Volk, 23.12.1971, ADPJ, NL Ludwig Volk, 771–2/IVb. Für die Flut an Briefen siehe
     Volk an unbekannten Empfänger, 14.1.1972, ADPJ, NL Volk, 771–2/IVc.
137 Ludwig Volk an P. Angelo Martini, 19.12.1971, ADPJ, NL Volk, 771–2/IVb.
138 Ebd.
139 Angelo Martini SJ, an Ludwig Volk, 25.1.1972, ADPJ, NL Volk, 771–2/IVc.
140 Ludwig Volk an Rudolf Morsey, 31.1.1972; Angelo Martini an Ludwig Volk, 25.2.1972, ADPJ,
     NL Volk, 771–2/IVc.
141 Angelo Martini SJ, an Ludwig Volk, 25.2.1972, ADPJ, NL Volk, 771–2/IVc.

ähnelte. Es war für mehrere Empfänger und vermutlich auch die deutschen Ordinariate bestimmt.[142] Darin gab er Einzelheiten aus Stehlins Forschung preis und drängte die Empfänger, den zuständigen Personen einen entsprechenden internen Hinweis zu geben, ohne dabei jedoch seinen Namen zu nennen, sowie sein Schreiben selbst geheim zu halten. Das Ergebnis stand auch hier nie zur Debatte: Stehlin erhielt wenig bedeutsames Material aus den deutschen Bistumsarchiven. Mit sichtlicher Genugtuung nahm Volk Stehlins Enttäuschung zur Kenntnis: „Ich habe mich bei ihm natürlich nicht beliebt gemacht, weil er glaubt, ich hätte ihm eine freiere Benützung verwehrt."[143] Dem misstrauischen Volk entzog sich stets die darin liegende Ironie. Stehlin war in Wirklichkeit genau der, für den er sich ausgab – ein frommer Katholik, ein Ehrenmann und ein vertrauenswürdiger Wissenschaftler. Stehlins zehn Jahre später veröffentlichtes Buch über die Weimarer Republik und den Vatikan erwies sich als Beispiel höchster wissenschaftlicher Redlichkeit und Integrität und wies keine erkennbare Feindseligkeit gegenüber der Kirche oder ihren Vertretern auf.[144]

In zwei anderen Fällen machte sich Volks unsichtbare Hand bemerkbar, als er es auf sich nahm, Entscheidungen von Archivaren, Ordinariatsmitarbeitern und sogar eines Kardinals in seinem Sinne zu verbessern oder sogar umzukehren. Im Januar 1972 schrieb ein Doktorand Karl Bosls, des Inhabers des Lehrstuhls für Bayerische Geschichte in München, dem Vorsitzenden der Kommission für Zeitgeschichte, Konrad Repgen. Der Nachwuchswissenschaftler arbeitete an einer Dissertation über Kardinal Faulhaber. Er habe bereits die ausdrückliche Genehmigung des erzbischöflichen Sekretariats erhalten. Kardinal Döpfner sei bereit, ihm Einblick in einen Teil von Faulhabers Akten zu gewähren, solange seine Forschung nicht im Widerspruch mit der Arbeit der Kommission stehe. Repgen leitete den Brief des Doktoranden an Volk weiter, woraufhin es zur Beratung am Telefon und per Brief kam, ob der Zugang gewährt werden solle. Volk lehnte eine von Morsey vorgeschlagene Kompromisslösung ab und bestand darauf, dass die Faulhaber-Akten für alle Doktoranden verschlossen bleiben sollten.[145] Er betonte, der Doktorand habe sich dieses Projekts auf eigene Gefahr angenommen – ohne Garantie, dass er Akten werde einsehen können. Eine pauschale Ablehnung aller Anfragenden

---

142 Volk an unbekannten Empfänger, 14.1.1972; Ludwig Volk an Schlund, Generalvikar von Freiburg, 13.3.1972, ADPJ, NL Volk, 771–2/IVc.

143 Ludwig Volk an Angelo Martini, 18.2.1972; Ludwig Volk an Angelo Martini, 13.3.1972, ADPJ, NL Volk, 771–2/IVc.

144 Stehlin, *Weimar and the Vatican*.

145 Ludwig Volk an Konrad Repgen, 28.1.1972; Ludwig Volk an Rudolf Morsey, 31.1.1972, ADPJ, NL Volk, 771–2/IVc.

als Grundsatz würde auch die Schaffung eines Präzedenzfalls verhindern: Wie könne die Ablehnung künftiger Anfragen gerechtfertigt werden, wenn einem Doktoranden zuvor der Zugang gewährt worden sei?[146] Der betroffene Nachwuchswissenschaftler wurde daher darüber in Kenntnis gesetzt, dass die Kommission in Anbetracht der zahlreichen Anfragen und des Zeitaufwands, der für die Aussonderung persönlicher, seelsorgerischer und Personalangelegenheiten aus den Akten erforderlich war, größte Zurückhaltung walten lassen müsse.[147] Seine Empfehlung könne nicht an Döpfner weitergeleitet werden.

In der Zwischenzeit hatte Volk damit begonnen, Richtlinien für die Benutzung der Faulhaber-Akten zu entwerfen.[148] Die Nutzungsbedingungen sollten umschrieben werden.[149] Zumindest bis Volk seine eigenen Editionen zu Faulhabers Akten fertiggestellt hatte, sollte ein allgemeiner Zugang nicht gestattet werden. Ausnahmen konnten jedoch durch den Erzbischof von München und Freising gewährt werden, allerdings erst, nachdem dieser ein vertrauliches Empfehlungsschreiben des Vorsitzenden der Kommission für Zeitgeschichte erhalten hatte.[150] Eine Anfrage, die abgelehnt wurde, hatte eine promovierte Nonne aus Oakland, Kalifornien, gestellt, die auf der Suche nach Quellen über die katholische Kirche und die „Judenfrage" in den 1930ern und 1940ern war.[151] Obgleich Volk zu diesem Zeitpunkt bereits den Großteil der einschlägigen Quellen editiert und veröffentlicht hatte, lehnte das Ordinariat ihr Gesuch ab. In dem Schriftwechsel zwischen Volk und Repgen über ihren Fall wurden ihre moralistische Kritik an der Vergangenheit der katholischen Kirche, ihre unzulänglichen Deutschkenntnisse und ihre Weigerung, einen Habit zu tragen, thematisiert.[152]

Volk wurde hingegen eine solche Ausnahme zur Einsichtnahme kirchlicher Akten sogar aus der Nachkriegszeit gewährt (vermutlich von Kardinal Döpfner), um auf einer Tagung katholischer Wissenschaftler über die Kirche

---

146 Ebd.; Die Editionen erschienen als Volk (Hg.): *Akten Kardinal Michael von Faulhabers 1917–1945, Bd. I: 1917–1934* und *Bd. II: 1935–1945*.

147 Zur Antwort an Herrn Sawatzki (undatiert); Ludwig Volk an Karl Forster, 3.2.1972, ADPJ, NL Volk, 771-2/IVc.

148 Vgl. Kösters/von der Osten, „Ludwig Volk", S. 43–45.

149 Ludwig Volk an Karl Forster, 3.2.1972, ADPJ, NL Volk, 771-2/IVc.

150 Ebd.; Ludwig Volk, Empfehlungen zur Benutzung des Faulhaber-Archivs, 26.6.1972.

151 Sister Ethel Mary Tinnemann, SNJM, an Ludwig Volk, 1.2.1979; Bruno Fink an Ludwig Volk, 2.7.1979; Sister Ethel Mary Tinnemann an Ludwig Volk, 3.9.1979, ADPJ, NL Ludwig Volk, 771-2/VIIIa. Zu Schwester Ethel Mary Tinnemann, vgl. www.snjmca.org/sister-ethelmary (acc. 21.6.2016).

152 Ludwig Volk an Konrad Repgen, 15.9.1979; Konrad Repgen an Sister Ethel Mary Tinnemann, 21.3.1979, ADPJ, NL Ludwig Volk, 771-2/VIIIa.

in der Nachkriegszeit einen Vortrag halten zu können. Diese Tagung war nach
der Veröffentlichung des leicht kritischen 416-seitigen Buchs *The Churches and
Politics in Germany* von Frederic Spotts, einem amerikanischen Journalisten,
organisiert worden.[153] Volks Recherchen entbehrten nicht einer gewissen
Ironie, hatte er sich doch gerade erst dafür eingesetzt, Teile der Nachkriegs-
überlieferungen gegen eine Einsichtnahme abzuschirmen. Im November 1972
waren die Catholic University Archives in Washington, D.C., in den Besitz der
Akten von Aloisius Muench gekommen, der im Jahr 1963 verstorben war.[154]
Obwohl die Akten erst 1976 vollständig erschlossen waren, gewährte das
Archivpersonal Spotts Einsicht. Dieser recherchierte zu diesem Zeitpunkt
für eine Untersuchung der religiösen Landschaft der Nachkriegszeit in der
Bundesrepublik.[155] Spotts war unter anderem wegen seiner Ansichten zur
katholischen Opposition gegen die Entnazifizierung und Kriegsverbrecherprozesse schnell vielen in der Kommission und insbesondere Volk ein Dorn
im Auge: „Der Autor ist Protestant, kirchenkritisch bis zur Voreingenommenheit, neigt zu pointierten Thesen und ist in seinen Konklusionen oftmals
spekulativ."[156]

Spotts Buch öffnete Volk dahingehend die Augen, dass Muenchs Akten
nunmehr Wissenschaftlern frei zur Verfügung standen.[157] Und so reiste der
deutsche Jesuit im November 1975 für 16 Tage unter der Ägide des Sekretariats
der Deutschen Bischofskonferenz nach Washington, D.C., um die Bestände zu
sichten.[158] Dort angekommen erlebte Volk das komplette Kontrastprogramm
zur inzwischen gängigen Praxis in den westdeutschen Kirchenarchiven. Eine
Ausnahme, so Volk, sei für Spotts „leider" im erzbischöflichen Archiv gemacht
worden. Die Muench-Akten in der Mullen Library der Catholic University, die
auch Dokumente prekären Inhalts über Ostdeutschland enthielten, waren
ohne weitere Bedingungen nutzbar. Solche Interna, kommentierte Volk

---

153   Ludwig Volk an Julius Döpfner, 21.6.1976, ADPJ, NL Volk, 771–2/VIb; Spotts, *Churches and
       Politics.*
154   http://archives.lib.cua.edu/findingaid/muench.cfm (acc. 21.6.2016).
155   Spotts, *Churches and Politics.*
156   Ludwig Volk, Bericht über den Archivbesuch in Washington zur Einsichtnahme in den
       Nachlaß Muench (5.–20.11.1975), München, 4.12.1975, ADPJ, NL Volk,771–2/VIa. Für eine
       vernichtende Kritik über Frederic Spotts Werk siehe Ludwig Volk, in: *Theologische Revue*
       73 (1977), S. 232–234. Für weitere Worte der Missbilligung, vgl. Schewick, *Katholische
       Kirche und Verfassungen.*
157   Ludwig Volk an die Catholic University of America Archives, 12.8.1975, CUA, Muench
       Accession File.
158   Ludwig Volk an Catholic University of America, Archives, 25.9.1975, CUA, Muench
       Accession File; Ludwig Volk, Bericht über den Archivbesuch in Washington, 4.12.1975,
       ADPJ, NL Volk, 771–2/Via.

gereizt, gehörten „nicht an die Öffentlichkeit".[159] An einem der letzten Tage
vor seiner Abreise drängte er den Leiter der Bibliothek, er möge die Interessen
derer schützen, die (weil sie unter kommunistischer Herrschaft lebten) durch
eine uneingeschränkte Nutzung der Muench-Akten gefährdet würden.[160]

Volk drängte in der Folge sowohl gegenüber dem Sekretär der Deutschen
Bischofskonferenz als auch deren Vorsitzendem, Kardinal Döpfner, das Sekretariat der Deutschen Bischofskonferenz möge sich der Sache annehmen.[161]
Dieses musste indessen gar nicht mehr einschreiten. Volks Gespräch mit
dem Bibliotheksleiter und ein Folgebrief von Anfang Dezember waren ausreichend gewesen, um die Mitarbeiter in Washington dazu zu bringen, die Einsichtnahme in die Akten mit Deutschland-Bezug einzuschränken, während
die Akten bezüglich Muenchs Wirkens in der Diözese von Fargo, North
Dakota, frei zugänglich blieben.[162] Die Hüter der katholischen Vergangenheit
und viele Diözesanmitarbeiter und -archivare hatten ihre Lektion gelernt:
Kirchenarchive mussten außerordentlich vorsichtig dabei sein, wem sie ihre
geschätzten Dokumente anvertrauten. Und: Die Mitglieder der Kommission
für Zeitgeschichte und ihr Mitarbeiter Ludwig Volk galten als vertrauenswürdig.

Schlussfolgerung

Guenter Lewys Buch *Die katholische Kirche und das Dritte Reich* war das letzte
bedeutende Werk über die Vergangenheit der katholischen Kirche, das in den
1960er und 1970er Jahren für derartig aufmerksamkeitserregende Schlagzeilen
in den säkularen Mainstream-Printmedien auf beiden Seiten des Atlantiks
sorgte.[163] Warum warf die große Leistung des Autors in der Folge einen so
enormen Schatten auf die Erforschung der katholischen Vergangenheit? Es
lag nicht an einem etwaigen Prominentenstatus des Autors. Er kam nur sehr
selten in den Genuss eines Promibonus in Form von Auftritten im Fernsehen
oder Radio zur Hauptsendezeit. Sein einziger Auftritt im Westdeutschen

---

159 Ludwig Volk, Bericht über den Archivbesuch in Washington, 4.12.1975, ADPJ, NL Volk,
     771–2/VIa.
160 Ludwig Volk an Lloyd Wagner, 8.12.1975, CUA, Muench Accession File; Ludwig Volk an
     Julius Döpfner, 30.11.1975, ADPJ, NL Volk, 771–2/VIa.
161 Ludwig Volk an Julius Döpfner, 30.11.1975; Ludwig Volk, Bericht über den Archivbesuch
     in Washington, 4.12.1975; Ludwig Volk an Josef Homeyer, 11.12.1975; Ludwig Volk an Josef
     Homeyer, 17.12.1975, ADPJ,NLVolk, 771–2 /VIa.
162 Ludwig Volk an Lloyd Wagner, 8.12.1975; Memorandum, Lloyd Wagner an George Hruneni
     Jr., 12.12.1975; George Hruneni Jr. an Ludwig Volk, 7.1.1976, CUA Muench Accession File.
163 Friedlaender, *Pius XII.*

Fernsehen – eine direkte Konfrontation mit Konrad Repgen – fand erst 1967 statt, als die öffentliche Kontroverse um sein Buch schon längst abgeebbt war.[164] Abgesehen von einigen wenigen Hinweisen auf dem Schutzumschlag seines Buchs, war zu wenig über Lewys Biografie bekannt, und die wenigen Hinweise hätten die allermeisten Wissenschaftler in Deutschland davon abgehalten, die Kritik an seinem Werk persönlich werden zu lassen. Nur Wenige, die nicht zum Kreis der Opfer des Nationalsozialismus gehörten, hätten es gerne mit einem redlichen jüdischen Opfer der nationalsozialistischen Gewaltherrschaft aufgenommen. Die Debatte über sein Buch konzentrierte sich daher auf seinen Umgang mit den Quellen, seine Umschreibungen und die Übersetzung seines Werks.

Doch in einigen Kreisen rührten die erzürnten Reaktionen nicht unbedingt von seinen wissenschaftlichen Unzulänglichkeiten her, sondern gerade von seinem wissenschaftlichen Verdienst. Lewy hatte sowohl einem englischsprachigen als auch deutschsprachigen Publikum eine äußerst lesenswerte Gesamtdarstellung der Geschichte der katholischen Kirche zwischen 1933 und 1945 geliefert, die sich auf zeitgenössische Archivquellen stützte. Er hatte damit etwas geleistet, was bis dato keinem deutschen katholischen Wissenschaftler gelungen war. Der Umstand, dass er die Archive unter einem scheinbar falschen Vorwand betreten hatte – mit der Andeutung, er schreibe eine Geschichte des katholischen Widerstands und nicht das genaue Gegenteil – verstärkte die Entrüstung nur noch mehr.

Die Reaktion auf Lewy war zu einem nicht unerheblichen Teil auch eine Geschichte von bitterer Enttäuschung, was im Wesentlichen eine zweigleisige Agenda prägte. Unter ausdrücklicher Bezugnahme auf den Schaden, den die Kirche durch Lewys Forschungsaufenthalt im akademischen Jahr 1961/62 ihrer Meinung nach davongetragen hatte, schränkten viele Ordinariate sowie einige der Historiker der Kommission für Zeitgeschichte die Möglichkeiten für Außenstehende, weitere Dokumente aus dem „Dritten Reich" in den kirchlichen Beständen einzusehen, erheblich ein.[165] Erst 1988 wurde eine umfassende Archivordnung über die Nutzung der Diözesanarchive erlassen, bis dahin wurde über eine Nutzungsgenehmigung zur Einsichtnahme in die Akten des Bistums einzeln und von Fall zu Fall entschieden.[166] Gleichzeitig

---

164 Guenter Lewy, Westdeutsches Fernsehen, Sonntag, 19.2.1967, 20:30 Horizonte: Vatikan und Nationalsozialismus. Gespräch zwischen Guenter Lewy und Konrad Repgen, KNA-Archiv.

165 Generalvikar i.V. Lun, Bischöfliches Ordinariat, Limburg an Johannes Neuhäusler, 6.10.1964, AEMF, NL Johannes Neuhäusler. VN N12.

166 Für den Text der Archivordnung vgl. www.archive-bw.de/sixcms/media.php/44/ katholische_kirche_rechtsgrundlagen.pdf (acc. 21.6.2016).

begann dieses Historikernetzwerk jedoch damit, unanfechtbare Quelleneditionen und wissenschaftliche Arbeiten höchster Qualität und Integrität zu liefern, womit sie ihren Kritikern eindeutig den Wind aus den Segeln nehmen wollten.

Beide Vorgehensweisen unterstrichen, dass die junge Kommission für Zeitgeschichte, oder zumindest einige ihrer Mitglieder, bald schon die Funktion einer Gilde einnahm. Ihre Mitglieder, hauptsächlich Professoren auf deutschen Geschichts- und Kirchengeschichtslehrstühlen, knüpften hinsichtlich historisch-handwerklicher Expertise und Professionalität an die lange Tradition der Görres-Gesellschaft an. Doch war der Kommission gleichermaßen daran gelegen, Kontrolle über das ebenso brisante wie umstrittene Quellenmaterial auszuüben und so die Ausbildung des wissenschaftlichen Nachwuchses zu beeinflussen. Dadurch lieferten die Kommissionsmitglieder eine Antwort auf eine Frage, die in früheren Debatten zentral gewesen war, in der Kontroverse um Lewys Werk dann jedoch umgangen wurde: Wer war zur Erforschung der katholischen Vergangenheit berechtigt – unbefangene Wissenschaftler, Zeitzeugen oder Opfer der Verfolgung durch die Nationalsozialisten? Zu Beginn der 1970er Jahre lagen Qualitätsstandards und Anforderungsprofil fest. Die Historiografen der kirchlichen Zeitgeschichte sollten Wissenschaftler sein, und zwar eines bestimmten Typs: mit einem Auge fürs Detail, in jeder Hinsicht präzise, unermüdlich bei der Suche nach Quellen, dem Ideal der wissenschaftlichen Objektivität verpflichtet und vor allem ausgestattet mit einem Einfühlungsvermögen hinsichtlich der Zwangslage, in der sich die Kirche in den 1930er und 1940er Jahren befunden hatte.

KAPITEL 8

Die Repgen-Scholder-Kontroverse

Am 27. September 1977 veröffentlichte der 47-jährige protestantische Kirchenhistoriker Klaus Scholder in der *Frankfurter Allgemeinen Zeitung* verheißungsvolle Auszüge aus dem ersten, kurz vor der Veröffentlichung stehenden Teilabschnitt dessen, was er als sein Opus magnum geplant hatte.[1] *Die Kirchen und das Dritte Reich* sollte eine umfassende, mehrbändige und vergleichend angelegte Studie der katholischen und evangelischen Kirchen im „Dritten Reich" werden. Der erste Band über das Jahr 1933 und dessen Vorgeschichte zählte allein über 900 Seiten.[2] Im Zentrum sowohl des Presseartikels als auch des Buchs stand eine Annahme, die viele als erledigt und der Vergangenheit angehörend glaubten. Gemeint ist die Junktim-These, wonach die Zentrumspartei im Gegenzug für das Reichskonkordat dem Ermächtigungsgesetz zugestimmt hatte. Die Zentrumspartei, so insistierte Scholder, sei der „Preis" gewesen, den ihr Vorsitzender Ludwig Kaas für sein letztendliches Ziel gezahlt hatte, durch das Reichskonkordat „Frieden mit einem autoritären Staat" zu schließen.[3]

Für den katholischen Historiker Konrad Repgen kam Scholders Behauptung einer zweiten Auflage von Karl Dietrich Brachers Gutachten für das Bundesverfassungsgericht von 1956 gleich. Ärger empfand er vor allem deshalb, weil sein in der Kommission für Zeitgeschichte zusammengeschlossenes Historikerteam in den 20 Jahren seit der Urteilsverkündung des Bundesverfassungsgerichts die Ursprünge des Staatskirchenvertrags mit großer Akribie erforscht hatte. Es war ihnen dabei nicht gelungen, einen eindeutigen Beleg – oder überhaupt irgendeinen schriftlichen oder mündlichen Beweis – für einen Zusammenhang zwischen der Kapitulation des Zentrums im März 1933 und dem Reichskonkordat aufzudecken. Vielmehr hatte der Historiker Rudolf Morsey nur wenige Monate zuvor eine Studie zum *Untergang des politischen Katholizismus* veröffentlicht, in der er genau diese Hypothese ausdrücklich zurückgewiesen hatte, nachdem diese Frage in seinen richtungsweisenden Publikationen Ende der 1950er und Anfang der 1960er wohlweislich offen geblieben war.[4]

---

1   Scholder, „Kapitulation des politischen Katholizismus", S. 9.
2   Scholder, *Die Kirchen und das Dritte Reich, I und II.*
3   Scholder, „Kapitulation des politischen Katholizismus", S. 9.
4   Morsey, *Untergang des politischen Katholizismus.*

© BRILL SCHÖNINGH, 2022 | DOI:10.30965/9783657701544_009

Repgen war daher nicht willens, die Behauptungen in Scholders Artikel „Die Kapitulation des politischen Katholizismus: Die Rolle des Zentrums-Vorsitzenden Kaas im Frühjahr 1933" widerspruchslos hinzunehmen. Innerhalb von nur vier Wochen reagierte er mit einer Erwiderung an selber Stelle, womit eine über die nächsten 18 Monate andauernde sechsteilige Auseinandersetzung eröffnet war.[5] Repgen und Scholder tauschten sich zunächst im Herbst 1977 in der *Frankfurter Allgemeinen Zeitung* aus, gefolgt von einer ausführlicheren Debatte in den *Vierteljahrsheften für Zeitgeschichte* des Münchner Instituts für Zeitgeschichte zwischen 1978 und Anfang 1979.[6] Das Publikum dieser Kontroverse setzte sich daher aus deutschen Historikern und gebildeten Lesern des Politikteils der FAZ aus ganz Deutschland zusammen. Der Streit drehte sich im Wesentlichen um methodische Fragen in der zeitgeschichtlichen Forschung. War die Schlussfolgerung der Existenz eines Tauschgeschäfts im März 1933 – das Reichskonkordat im Gegenzug für das Ermächtigungsgesetz und das Ende der Zentrumspartei – angesichts eines fehlenden eindeutigen Quellenbelegs zulässig?

Es standen jedoch weitaus brisantere, tiefer liegende Streitpunkte auf dem Spiel als die Frage, ob Historiker berechtigterweise Hypothesen, die lediglich „möglich" oder „plausibel" und nicht „tatsächlich" sind, aufstellen dürfen.[7] Dieses Kapitel beleuchtet die Faktoren, die das Reichskonkordat zur Krux einer weiteren bedeutenden historischen Kontroverse und zum letzten weltanschaulichen Kampf mit Wurzeln in der Adenauer-Ära werden ließen.[8] Zunächst wird dargelegt, warum Scholder sich entschloss, diesen schon lange schwelenden Konflikt über das Reichskonkordat erneut zu schüren. Im Anschluss wird erläutert, warum Konrad Repgen sein Hauptwidersacher wurde. Sodann wird ihre Debatte nachgezeichnet und abschließend die langfristige Bedeutung der Kontroverse bewertet.

---

5 Repgen, „Konkordat für Ermächtigungsgesetz?", 10 f.

6 Scholder, „Ein Paradigma von säkularer Bedeutung'", S. 11 f.; Repgen, „Repgen zu Scholders Antwort", S. 9; Repgen, „Entstehung der Reichskonkordats-Offerte", S. 499–534; Scholder, „Altes und Neues", S. 535–570; Repgen und Scholder, „Nachwort zu einer Kontroverse", S. 159–161.

7 Für Beispiele siehe Repgen, „Merkblatt für Seminararbeiten", S. 704–706, hier 705; Repgen, „Reichskonkordats-Kontroversen und historische Logik", S. 158–177.

8 Für eine umfassende Historisierung der Kontroverse siehe Wolf, „Historisierung", S. 169–200.

Klaus Scholders Reise: vom FDP-Funktionär zum Historiker

Konrad Repgen und Klaus Scholder waren perfekte Kontrastfiguren: der eine
ein konservativer Katholik, der andere ein liberaler Protestant. Repgen war
Inhaber eines Lehrstuhls für Geschichte an einem Fachbereich der Universität
Bonn, der für seinen ausgeprägten Konservatismus bekannt war. Scholder
lehrte am Tübinger Stift und übernahm dann den Lehrstuhl für Kirchenordnung und kirchliche Zeitgeschichte an der Universität Tübingen, einem der
bedeutendsten Standorte der evangelischen Theologie und Identität. Beide
Historiker beschäftigten sich nicht nur mit dem 20. Jahrhundert, sondern auch
mit der Frühen Neuzeit. Ihre politischen Bindungen waren unmissverständlich. Repgen war CDU-Mitglied und hatte den Vorsitz des Gremiums der in
der Kommission für Zeitgeschichte zusammengeschlossenen Wissenschaftler
und deren Netzwerk aus Unterstützern inne, unter denen mehrere CDU-
Politiker waren. Als Parteifunktionär der FDP war Scholder entschlossen, „die
CDU auf den ungepolsterten Sitzen der Opposition zu sehen."[9] Beide waren
intellektuelle Personen des öffentlichen Lebens, die die Konfrontation nicht
scheuten und im Laufe ihrer akademischen Karriere an mehreren heftigen
Auseinandersetzungen beteiligt waren.[10]

Diese ausgeprägten weltanschaulichen und politischen Gegensätze hatten
ihren Ursprung in nicht unerheblichem Ausmaß in der Erziehung der beiden
Kontrahenten. Der 1930 in Erlangen geborene Scholder war Sohn eines
Professors für Chemie. Doch seine Wurzeln und sein nicht zu überhörender
Dialekt waren schwäbisch. Seine liberale und protestantische Familie war der
Inbegriff des deutschen Bildungsbürgertums. Typische bildungsbürgerliche
Berufsfelder wie Recht, Bildung, Medizin, Journalismus und geistliche Ämter
sprachen den jungen Intellektuellen an, und er hatte sich bis weit in die 1950er
Jahre noch nicht entschieden, ob er eine Karriere in der Kirche, den Medien,
der Politik oder der Wissenschaft anstreben wollte. Selbst sein möglicher Weg
an die Universität stand noch nicht fest. Er promovierte in Germanistik mit
einer Studie über den in der Spätklassik und Frühromantik tätigen Schriftsteller Jean Paul.[11]

Scholder entschied sich letztendlich für eine Kombination aus allem und war
als Stiftsrepetent, Pfarrverweser, Kulturreferent der FDP und Kreisvorsitzender

---

9   Klaus Scholder an Hans Roos, 6.10.1969, BAK, NL Klaus Scholder.
10   Zu Repgens wissenschaftlichen Auseinandersetzungen siehe Tischner, „Konrad Repgen
      wird 90 Jahre".
11   Der Titel seiner Dissertation lautet „Die Verwirklichung des Imaginativen in den Romanen
      Jean Pauls".

der FDP Tübingen, Kirchenhistoriker, Universitätsprofessor und nicht zuletzt als Experte und TV-Sprecher für das Zweite Deutsche Fernsehen tätig. In all diese Berufungen brachte er Gefallen an der Provokation sowie seine Gabe der Kommunikation ein. Sein Talent für geistreiche Bemerkungen und perfekt formulierte Sätze springen dem Leser auf jeder Seite ins Auge.[12] Diese Begabung ermöglichte es ihm, vielschichtige und verworrene Abläufe wie diejenigen in der ersten Jahreshälfte 1933 mit einer Verve darzustellen, mit der sich nur wenige seiner Kontrahenten messen konnten. „Ich versuche," so Scholder, „wissenschaftliche Bücher zu schreiben, die lesbar sind, oder auch umgekehrt, lesbare Bücher, die wissenschaftlichen Ansprüchen genügen."[13]

In Anbetracht der prägenden Erfahrungen, die Scholder auf seinem Weg zu einer Karriere in der Politik und der evangelischen Kirche machte, erscheint es wenig überraschend, dass er die Verhandlungen über das Reichskonkordat zum Herzstück seines Wirkens und zu einem warnenden Beispiel machte. Scholder hatte lange damit gerungen, die nationale Katastrophe, die er als kleiner Junge und Jugendlicher miterlebt hatte, zu verstehen. Die Frage der Schuldzuweisung – und tatsächlich auch danach, ob diese Schuld jemals bewältigt werden könnte – standen bis zu seinem Tod im Jahr 1985 stets im Mittelpunkt seiner Forschung.[14] Wie andere in seiner Altersklasse – er selbst zählte sich zu der „45er-Generation" – fragte er danach, welche der alten Werte bewahrt werden sollten.[15] Welche Fehler der älteren Generation sollten als abschreckendes Beispiel dienen? Welche Politiker, Theologen und Kirchenmänner – der Kreis an Intellektuellen und Wissenschaftlern, auf den er sich bis zum Schluss konzentrierte – waren würdige Vorbilder und welche hatten versagt?

Bereits im Alter von 23 Jahren, als er in Tübingen Geschichte, Theologie und Germanistik studierte, hatte er in Karl Barth, dem für seine Lehre des transzendentalen und unergründlichen Gottes berühmten Schweizer Theologen, eine solche Heldenfigur gefunden.[16] Der Einfluss der von Barth begründeten Dialektischen Theologie auf den jungen Studenten war derartig

---

12   Für ein Beispiel seiner Freude an der Provokation siehe den folgenden Brief, in dem er mit offensichtlichem Genuss seine Teilnahme an einer öffentlichen Diskussion an der Thomas-Morus-Akademie in Bensberg beschreibt, „wo mich 80 kampfbereite Katholiken erwarteten nebst Herrn Morsey und Herrn Repgen", vgl. Klaus Scholder an Wolf Jobst Siedler, 30.1.1978, BAK, NL Klaus Scholder, #422.

13   Klaus Scholder an Wolfgang Richter, 7.1.1981, BAK, NL Klaus Scholder, #422.

14   Vgl. hierzu Moltmann, „Relevanz", S. 498–504, hier 502–504; Oberman, „Klaus Scholder", S. 295–300, hier 296.

15   Für ein Beispiel siehe Scholder, „Jugend", S. 3–5.

16   Ebd. Für eines der vielen Werke über Barth siehe Wehr, *Karl Barth*.

groß (auch wenn Scholder kein unkritischer Jünger war), dass einer seiner theologischen Zeitgenossen anmerkte, Scholders Interesse an der jüngsten deutschen Vergangenheit und auch an der Geschichte im weiteren Sinne rühre vor allem von seinen evangelisch-theologischen Überzeugungen.[17] Barths theologischer Ansatz habe sich, so Scholder später in *Die Kirchen und das Dritte Reich*, „gerade in der kritischen Situation des Jahres 1933 als einer der ganz großen theologischen Entwürfe der christlichen Theologie" erwiesen.[18] Scholder schrieb Barth die Stimme der Prophezeiung zu und war überzeugt, dass „diese eine Stimme" – eine Stimme des christlichen Glaubens, des christlichen Trostes und der christlichen Zuversicht – „mitten in dem ungeheuren Stimmengewirr des kirchenpolitischen Getümmels gehört" worden sei.[19]

Weniger als ein Jahr später fand er seinen politischen Mentor. Auf einer Tagung an der neu gegründeten Evangelischen Akademie Tutzing im Juli 1954 lernte er Karl Georg Pfleiderer kennen, der als FDP-Abgeordneter den baden-württembergischen Wahlkreis Waiblingen im Bundestag vertrat.[20] Zwischen 1926 und 1945 war Pfleiderer Attaché im Auswärtigen Amt und unter anderem in Peking, Moskau, Paris und Stockholm im Einsatz gewesen. Pfleiderer lud den jungen Studenten in der Folge nach Bonn ein, um ihm das Grundrüstzeug eines Politikers zu vermitteln – das Aufsetzen von Briefen, die Pflege von Kontakten und die Vorbereitung von Reden. So besprach er seine Reden mit seinem Protegé, was bisweilen sogar ein Abwägen seiner Argumente in Auseinandersetzungen mit Adenauer beinhaltete. Scholder schrieb später, Pfleiderer habe versucht, ihm die Mechanismen, Zwänge, aber auch Größe und Bedeutung der Politik zu erklären. Er habe ihm ein Verständnis für die Reichweite und zentrale Bedeutung der Diplomatie vermittelt.[21] Einblicke dieser Art sollten Scholders Forschung über die verwickelten Schritte, die Staatsmänner und Politiker 1933 in Berlin und dem Vatikan unternommen hatten, prägen.

Noch bedeutender war, dass Scholder sich mit Pfleiderers Hilfe schnell auf dem Weg zu einer steilen politischen Karriere in der FDP befand. Dieser Weg führte ihn in die Parteizentrale der FDP in der Bonner Südstadt, wo sich übrigens auch Böhlers Katholisches Büro befand. Ende 1956 wurde Scholder Kulturreferent der drittgrößten westdeutschen Partei. Er wurde durch eine der beiden FDP-Größen eingestellt und arbeitete zusammen mit der anderen – Thomas Dehler beziehungsweise Reinhold Maier. Letzterer war

---

17 Schulz, „Gedenken", S. 477–485, hier 478 f.; Oberman, „Klaus Scholder", S. 295–300.
18 Scholder, *Die Kirchen und das Dritte Reich, I*, S. 559.
19 Ebd.
20 Scholder, *Karl Georg Pfleiderer*, S. 5.
21 Ebd.

wie Scholder gebürtiger Württemberger.[22] Scholder trug Dokumente zusammen, analysierte öffentliche Erklärungen und bereitete Stellungnahmen zu
bildungspolitischen Themen und den Kirchen vor. Als das Bundesverfassungsgericht Ende März 1957 sein Urteil im Prozess über das Reichskonkordat verkündete, unterbrach Scholder sogar seinen Urlaub, um Kommentare in den
Medien und eine öffentliche Stellungnahme von Maier auszuwerten.[23] Der
intellektuell begabte und politisch ambitionierte junge Mann war im Alter
von 27 Jahren einer der drei Urheber des Berliner Programms von 1957, des
ersten umfassenden Grundsatzprogramms in der damals erst zehnjährigen
Geschichte der Partei. Das Programm war entwickelt worden, um unter den
unbändigen Parteiflügeln, denen sowohl Veteranen der liberalen Parteien aus
der Weimarer Zeit als auch neue Mitglieder auf der Suche nach einer Alternative
zu CDU und SPD angehörten, größere Geschlossenheit herbeizuführen.[24]

So pragmatisch sich Scholder auch zeigte, wenn es um die Lenkung der
politischen Richtung der Partei ging, seine Denkschriften zur politischen
Verantwortung, Kultur- und Bildungspolitik sowie dem besten Verhältnis
zwischen Christentum und Liberalismus zeugten von unbeugsamen Standpunkten, die im starken Kontrast zu denen der CDU standen.[25] Öffentliche
Schulen, so Scholder während der Kontroverse um die Konfessionsschulen,
sollten interkonfessionell sein. Wenn Kirchen eine parochiale Schulbildung
wünschten, so sollten sie nach Scholder private Schulen gründen.[26]

In seinem drei Jahre später in der FDP-Zeitschrift *Liberal* erschienenen
Artikel „Christentum und Liberalismus" legte er die Gründe für seine Ansichten
dar.[27] Es sei nicht das Vorrecht der Kirche gewesen, sich selbst als eine die Welt
bestimmende Autorität zu etablieren. Sie solle Teil der Welt sein – sie aber
nicht bevormunden. Es sei seit jeher das Vorrecht des Liberalismus gewesen,
gegen alle Mächte zu streiten, die die Welt moralisch, geistig oder politisch
als Hüter der Gesellschaft zu dominieren suchten. Nach Scholder beruhte
der Liberalismus auf drei Grundvoraussetzungen: dass der freie Mensch auch

---

22   Hamm-Brücher, „Erinnerungen", S. 97.

23   Unlesbarer Absender an Klaus Scholder, 27.3.1957, ADL, Bestand Kulturpolitischer
     Bundesausschuß, A7–13, Kulturpolitisches Referat, Freie Demokratische Partei, Werbung
     und Information.

24   Hamm-Brücher, „Erinnerungen", S. 97.

25   Scholder, *Kulturpolitik*; Scholder, *Problematik*; Scholder, „Christentum und Liberalismus",
     S. 12–18; Scholder, „Geist des Staates", S. 7–16; Scholder, „Zwanzig Jahre danach", S. 5–8.

26   Scholder, *Kulturpolitik*, S. 10.

27   Scholder, „Christentum und Liberalismus". Scholder expliziert nicht, ob er die katholische
     Kirche oder die evangelischen Kirchen meint. Doch seine Worte wären praktisch überall
     als ein Herausgreifen der katholischen Kirche aufgefasst worden.

zugleich der vollkommenste ist; dass die Welt nach den Grundsätzen der Vernunft geordnet werden kann und dass „die Menschen guten Willens seien, Freiheit und Vernunft walten zu lassen." Dies habe lange bedeutet, gegen die Kirche anzukämpfen. Doch es sei nun erforderlich, die ideologischen Kämpfe des vergangenen Jahrhunderts hinter sich zu lassen. Unter Verwendung derselben Schlagworte, die auch Böckenförde drei Jahre zuvor in seinem ersten *Hochland*-Artikel verwendet hatte, vertrat Scholder den Standpunkt, die politischen Parteien und die Kirche müssten im Verhältnis zueinander eine wechselseitige gesellschaftliche Kontrollfunktion einnehmen. Das „Wächteramt" der politischen Parteien gegenüber der Kirche solle sicherstellen, dass die Kirche „sich aller pseudopolitischen, aller bevormundenden Ansprüche" enthalte; die Kirche solle wiederum bewirken, dass die politischen Parteien „keine pseudoreligiösen Weltanschauungsideen zu verwirklichen suchen". Jeder gebildete Leser hätte in Letzterem sofort die Anspielung auf sowohl den Kommunismus als auch den Nationalsozialismus erkannt.

In keiner politischen Schrift Scholders lassen sich übermäßig antikatholische Formulierungen oder Passagen finden, zumindest, was die zeitgenössische Rolle der Kirche anbelangt. Tatsächlich sollte der ordinierte Kirchenmann, der seine Stelle bei der FDP in Bonn 1958 aufgab, um zunächst als Pfarrverweser in der schwäbischen Stadt Bad Überkingen und dann als Dozent am renommierten Tübinger Stift, seiner spirituellen Heimat, tätig zu werden, zwischen der modernen Welt und dem Christentum einen gemeinsamen Nenner finden. Er war davon überzeugt, dass die entflechtende Trennung von Kirche und Staat der beste Weg sei, um dieses Ziel zu erreichen und beide Institutionen zu stärken. So abwesend der antiklerikale Geist, der den protestantischen Liberalismus vergangener Jahrhunderte durchdrungen hatte, in seiner Untersuchung der religiösen Gegenwart Deutschlands auch war, floss er gleichwohl in seine Schriften über die weniger liberale Vergangenheit der katholischen Kirche ein. „[W]ir müßten töricht sein", ließ Scholder die liberale Voreingenommenheit des 19. Jahrhunderts nachhallen, „wenn wir nicht zugäben, daß dieses Mißtrauen [der Liberalen gegenüber der Kirche] lange Zeit überaus berechtigt war."

Dementsprechend war Scholder durchaus stolz auf die evangelischen Leistungen der vergangenen Jahrhunderte – oder zumindest auf diejenigen der progressiveren, nichtlutherischen Flügel. Dieser Stolz ist bereits in der Einleitung seiner Habilitationsschrift deutlich erkennbar. Dort schreibt er, dass die Entwicklung der historisch-kritischen Methode – die jeder theologiekundige Leser als ein weitgehend protestantisches Phänomen eingeordnet hätte – „zweifellos eines der wichtigsten Ereignisse der neueren Theologiegeschichte" sei.[28] Ursprünglich hätten alle drei großen Konfessionen – evangelisch-lutherisch, evangelisch-reformiert und katholisch – sich ab dem 17. Jahrhundert den Erkenntnissen und Thesen der kopernikanischen Wende, des Sozinianismus und Präadamismus, welche das allgemein akzeptierte Weltbild in Frage stellten, auf dem die Auslegung der Bibel beruhte, gleichermaßen entgegengestellt. Diese kritischen Strömungen hätten letztendlich tatsächlich das Vertrauen der Menschen in die Wahrheit und Wahrhaftigkeit der Bibel zerstört und das Ende der Herrschaft der Kirche des Mittelalters bedeutet. Es waren nach Scholder vornehmlich nichtlutherische evangelische Theologen gewesen, die ab dem 19. Jahrhundert die historisch-kritische Methode ungeachtet ihres Potenzials zur Untergrabung des Glaubens dennoch aufgegriffen hätten.[29] Es sei nun die Aufgabe der evangelischen Theologie, diese kritischen Instrumente der Moderne nicht nur als schmerzhaften Verlust, sondern auch als Quelle der Bereicherung zu begreifen, die in ihrem Gefolge zu „Freiheit" führen würde.[30]

Scholder veröffentlichte 1966 eine 172-seitige wissenschaftliche Studie über die Bibelkritik des 17. Jahrhunderts, doch erst 1968 wurde er auf einen Lehrstuhl nach seinen Vorstellungen berufen. Er lehnte ein Angebot der Universität Bonn ab (wo er vermutlich unmittelbar auf Konrad Repgen getroffen wäre) und folgte stattdessen dem Ruf seiner geliebten Universität Tübingen.[31] Er begann seine Tätigkeit dort als Professor für Kirchenordnung. Er nutzte diese Gelegenheit allerdings, um seinen Lehrstuhl, der in den meisten anderen Händen auf einen engen Forschungsbereich begrenzt geblieben wäre, um das Gebiet der Zeitgeschichte zu erweitern. Im Jahr 1971 gelang ihm sogar die Eingliederung seines Lehrstuhls in die historische Fakultät.[32]

Diese Manöver machen deutlich, dass Scholder ein monumentales Forschungsvorhaben im Blick hatte, das alle Vorteile – regelmäßiges Einkommen, Forschungsbudget und nicht zuletzt wissenschaftliche Mitarbeiter und Hilfskräfte – eines Lehrstuhls für Zeitgeschichte erforderte. Ursprünglich beabsichtigte Scholder, eine kritische Darstellung der evangelischen Kirchen im nationalsozialistischen Deutschland zu verfassen, in dem die Motive und

---

28   Scholder, *Bibelkritik*, S. 7.
29   Diesen Standpunkt vertrat Scholder nicht ausdrücklich, was für das Verständnis auch nicht notwendig war.
30   Scholder, *Bibelkritik*, S. 172.
31   Graf, „Klaus Scholder", S. 440 f. Damit er in Bonn ein Kollege Repgens hätte werden können, hätte er allerdings in den Fachbereich für Geschichte wechseln müssen, wie er es in Tübingen später tatsächlich tat. Zu den Gründen für seine Ablehnung dieser Position vgl. Klaus Scholder an Hans Roos, 6.10.1969, BAK, NL Klaus Scholder, #245.
32   Gerhard Besier an den Verfasser, 6.6.2014; Friedrich Wilhelm Graf, „Klaus Scholder", S. 440 f.

Episoden aus seinem Wirken als Kirchenhistoriker, Politiker und Kirchenmann zusammenfließen sollten. Bereits 1959, als er in seinen Zwanzigern gewesen war, hatte er am Mainzer Institut für Europäische Geschichte einen langen Vortrag über Fragen der moralischen und politischen Verantwortung gehalten.[33] Das Thema Christentum im „Dritten Reich" hatte er zuvor lediglich an der Oberfläche in einer Handvoll von Artikeln und politischer Denkschriften behandelt. Darin hatte er sich auf kurze Porträts bekannter Widerstandskämpfer wie die Geschwister Scholl oder Dietrich Bonhoeffer beschränken müssen. Doch im Laufe der 1960er Jahre konzentrierte er sich zunehmend auf die Kapitulation der evangelischen Kirche im Jahr 1933 und wählte damit chronologisch denselben Bezugspunkt wie die Geschichtsschreiber der katholischen Vergangenheit.[34] Verwoben mit seiner Betrachtung protestantischer Fehltritte war eine Analyse der Dialektischen Theologie Karl Barths und Friedrich Gogartens aus den 1920er Jahren, die er als geeignetes Gegenmittel gegen den Rassismus und Ultranationalismus der Deutschen Christen sah.

Scholders Ansatz bedeutete einen Frontalangriff auf den lange etablierten Konsens über den evangelischen Kirchenkampf in Deutschland nach 1933. Die diversen von der Kommission der Evangelischen Kirche in Deutschland für die Geschichte des Kirchenkampfes in der nationalsozialistischen Zeit produzierten Bücher stellten dieses Thema nach wie vor als manichäische Geschichte von Gut gegen Böse dar: Die heldenhaften Widerstandskämpfer der Bekennenden Kirche hatten, inspiriert durch die Lehren des Evangeliums, die Auseinandersetzung mit den satanischen Legionen des Nationalsozialismus aufgenommen.[35]

Scholder begann also bereits Anfang der 1960er Jahre, und damit schon lange vor seiner Berufung nach Tübingen, mit der mühsamen Vorarbeit für seine Erforschung der vielschichtigen und bewegten Geschichte der 28 evangelischen Landeskirchen.[36] Doch mit der Erschütterung orthodoxer Lesarten des evangelischen Kirchenkampfs noch nicht genug, setzte sich Scholder ein noch weitaus ambitionierteres Ziel: Er erweiterte seinen kritischen Blick auf die

---

33 Scholder, *Problematik.*

34 Scholder, „Die evangelische Kirche und das Jahr 1933", S. 700–714; Scholder, „Die evangelische Kirche in der Sicht der nationalsozialistischen Führung", S. 15–35; Scholder, „Kapitulation der evangelischen Kirche", S. 183–206.

35 Für eine vollständige bibliografische Auflistung siehe www.ekd.de/zeitgeschichte/ publikationen/kirchenkampf.html (acc. 20.6.2016).

36 Scholder, *Die Kirchen und das Dritte Reich, I*, S. vii. Scholder schrieb: „Die Vorarbeiten für dieses Buch reichen fast zehn Jahre zurück." Angenommen er verfasste das Vorwort Anfang bis Mitte 1977, begann er seine Recherche zwischen 1967 und 1968 und damit kurz vor Übernahme des Lehrstuhls in Tübingen.

Vergangenheit beider deutscher Kirchen. In seinem Vorwort erläutert er, die Notwendigkeit einer solchen Betrachtung sei ihm klar geworden, während er sich 1970 durch das Quellenmaterial für eine Regionalgeschichte des Kirchenkampfs in Baden hindurcharbeitete.[37] Die Geschichte der beiden großen Kirchen, bemerkt Scholder, gehöre sehr viel enger zusammen, „als wir bisher angenommen hatten."[38]

Doch Scholders interkonfessionelle Leistung war nicht so innovativ wie er es später darstellte.[39] Einen ähnlichen Ansatz hatte erst kurz zuvor der anglokanadische Historiker John Conway verfolgt, dessen bahnbrechendes 474-seitiges Werk *Die nationalsozialistische Kirchenpolitik 1933–1945: Ihre Ziele, Widersprüche und Fehlschläge* 1968 im Vereinigten Königreich und Nordamerika sowie ein Jahr später in deutscher Übersetzung in Deutschland erschienen war.[40] Als Conway sich während des akademischen Jahrs 1964/65 zu Recherchen in Deutschland aufgehalten hatte, hatten sich die beiden Historiker getroffen, um sich über ihre jeweiligen Forschungsvorhaben auszutauschen. „Ich will nicht sagen, dass wir uns darauf geeinigt haben, die Beute zu teilen", so Conway, „aber er hatte offensichtlich große Bedenken, dass ich ein ähnliches Projekt wie er verfolgen könnte."[41] Conway versicherte Scholder, dass er nicht zuvorderst über die Kirchen schrieb, sondern vor allem über die Kirchenpolitik des Staates. Scholders Befürchtungen scheinen aber nie vollkommen nachgelassen zu haben. Er besprach Conways Werk nicht, obwohl es in der angelsächsischen Geschichtswissenschaft ausgesprochen positiv aufgenommen worden war.[42] Scholder zitierte Conways Buch tatsächlich nur an zwei Stellen – einmal, um auf eine Quelle im Anhang der englischen Version des Buchs zu verweisen und ein weiteres Mal, um die These des

---

37   Ebd.

38   Klaus Scholder an Johann Baptist Metz, 22.10.1970, BAK, NL Klaus Scholder, #246.

39   Klaus Scholder, *Die Kirchen und das Dritte Reich*, 6. Punkte zum Inhalt, die möglicherweise besonderes Interesse beanspruchen werden, KZG, NL Ludwig Volk, #306. Der Klappentext lautete: „Dies ist nun die erste Gesamtdarstellung, in der beide Kirchen zusammen in ihrem Nebeneinander, Miteinander und Gegeneinander behandelt werden."

40   Conway, *Nazi Persecution*; Conway, *Kirchenpolitik*.

41   Interview mit John Conway, 24.6.2014.

42   Hunt, Review of *The Nazi Persecution of the Churches*, S. 195 f.; Schoenbaum, Review of *The Nazi Persecution of the Churches*, S. 485–461; Ruhm von Oppen, Review of *The Nazi Persecution of the Churches*, S. 631 f.; Waite, Review of *The Nazi Persecution of the Churches*, S. 152–154; Nichols, Review of *The Nazi Persecution of the Churches*, S. 130. Ludwig Volk sollte später jedoch eine vernichtende Kritik über Conways Buch verfassen, vgl. Volk, „Hitlers Kirchenminister", S. 348–353. Volks Aufsatz erschien ursprünglich in: *Stimmen der Zeit* 190 (1972), S. 277–281.

anglokanadischen Historikers zu zerreißen, Hitler habe zu keinem Zeitpunkt ein kohärentes kirchenpolitisches Konzept gehabt.[43]

Conway war bewusst, dass eine konfessionsübergreifende Darstellung dieser Zeit eine abschreckende und scheinbar nicht bewältigbare Aufgabe war. Auch für Scholder handelte es sich um *Terra incognita*, unbeschadet seiner als Kulturreferent der FDP erworbenen Kenntnis der genauen Einzelheiten der Reichskonkordatsverhandlungen. Wie Scholder in der Einleitung seines richtungsweisenden Buchs anmerkt, sei Deutschland damals wie heute ein konfessionell gespaltenes Land gewesen.[44] Allein dieser Umstand war im Selbstverständnis beider Kirchen tief verankert. Historiker bildeten hierbei keine Ausnahme und Scholder war vollkommen bewusst, dass katholische und evangelische Kirchenhistoriker insbesondere in der exklusiven Welt der Wissenschaft in Parallelwelten agierten. Fakultäten für evangelische Theologie waren zumeist getrennt von ihrem katholischen Gegenstück und die beiden fanden nur selten zueinander, vor allem nicht in den heiligen Hallen des Evangelischen Stifts in Tübingen – dem nach eigenem Selbstverständnis leuchtenden Vorbild der evangelischen Identität in Südwestdeutschland.[45] Conway kam mit dieser universitären deutschen Wirklichkeit während eines Gastvortrags über nationalsozialistische Kirchenpolitik, den er auf Einladung Scholders 1965 in Tübingen hielt, in Berührung. Er fragte seinen Gastgeber, ob auch katholische Theologen teilnehmen würden. „Es wurden keine eingeladen!", lautete die Antwort.[46]

Dieser konfessionellen Spaltung entsprechend stand Scholder während seiner Recherche nicht in regelmäßigem Kontakt mit den katholischen Wissenschaftlern in der Kommission für Zeitgeschichte.[47] Er verfügte auch nicht über die notwendigen Kontakte innerhalb der katholischen Kirche, um Zugang zu den sich mittlerweile unter Verschluss befindlichen Diözesanarchiven zu erhalten. Doch selbst wenn er solche Kontakte gehabt hätte, hätten nur äußerst wenige Diözesanmitarbeiter einem Forscher mit FDP-Parteiausweis und ordinierten Kirchenmann des Tübinger Stifts Einblicke in ihre Bestände

---

43 Scholder, *Die Kirchen und das Dritte Reich, I*, S. 207, 782, ff. 77, 804, ff. 73.

44 Ebd., S. vii.

45 Scholder war Stiftsrepetent. Für Überlegungen zum Tübinger Stift siehe Hahn/Mayer, *Das Evangelische Stift*.

46 Interview mit John Conway; John Conway an den Verfasser, 20.11.2014.

47 Er kontaktierte Ludwig Volk 1970 und Morsey 1976, vgl. Klaus Scholder an Ludwig Volk, 23.3.1970; Ludwig Volk an Klaus Scholder, 24.3.1970; Klaus Scholder an Ludwig Volk, 2.4.1970; Klaus Scholder an Ludwig Volk, 15.6.1970, BAK, NL Klaus Scholder, #245; Privatsammlung Rudolf Morsey, Rudolf Morsey an Klaus Scholder, 15.6.1976; Klaus Scholder an Rudolf Morsey, 6.7.1976; Rudolf Morsey an Klaus Scholder, 17.7.1976.

gewährt, zumal das Debakel um Guenter Lewy in ihren Köpfen noch sehr präsent war.

Damit blieben Scholder nur wenige Optionen für seine Recherche. Er konnte zunächst auf die zahlreichen Quelleneditionen der Kommission für Zeitgeschichte zurückgreifen. In seiner Beschreibung der annähernd 20 hochinformativen Bände, die bei Fertigstellung seines Manuskripts bereits veröffentlicht waren, geht er auch darauf ein, dass diese Publikationen „nach Umfang, Reichtum und editorischer Qualität kaum einen Vergleich in der Zeitgeschichte haben dürften."[48] Die zweite Möglichkeit bestand darin, die mühevolle Archivrecherche seiner Schüler zu nutzen. In der damaligen Zeit war es eine noch weitaus gängigere und akzeptierte Praxis unter deutschen Professoren, ihre talentierten Doktoranden nicht nur als Hilfskraft und Lektoren, sondern auch in der Recherche und sogar als Ghostwriter einzusetzen. Gemäß diesem Brauch nutzte Scholder die Mitarbeit zweier von ihm geschätzten Doktoranden, Gerhard Besier und Leonore Siegele-Wenschkewitz. Besier sollte später Scholders Lebenswerk nach dessen frühzeitigen Tod im Jahr 1985 weiterführen und eine erfolgreiche, wenn auch umstrittene, wissenschaftliche und politische Karriere einschlagen. Siegele-Wenschkewitz sollte nicht nur durch ihre Karriere als ordinierte Pfarrerin und Direktorin der Evangelischen Akademie Arnoldshain, sondern ebenso aufgrund ihrer Forschung zu Antisemitismus im Christentum und Feministischer Theologie von sich reden machen.

Scholder ließ ihren Beitrag zu seinem Buch bis auf zwei kurze Sätze, in denen er namentlich nicht weiter erwähnten Bibliothekaren, Archivaren, Mitarbeitern und Freunden sowie Kollegen und Studierenden dankt, unerwähnt.[49] Vermutlich war es Siegele-Wenschkewitz' Einfluss auf sein Projekt, der unter Scholders Kritikern für Stirnrunzeln sorgte und die Kontroverse zwischen Scholder und Repgen zusätzlich befeuerte.[50] Sie war 1972 mit einer Dissertation über die Religionspolitik von Partei und Staat im „Dritten Reich" bei Scholder promoviert worden. Und wie ihr Doktorvater hatte auch sie sich in ihrer Darstellung mit beiden Kirchen befasst. Als Scholders wissenschaftliche Mitarbeiterin hatte sie die Kopien ausgewertet, die dieser während einer durch die Deutsche Forschungsgemeinschaft geförderten Recherchephase zusammengetragen hatte. Sie waren von ihr zusammen mit weiteren Quellen aus anderen Archiven in ihre Dissertation eingearbeitet worden.

---

48 Scholder, *Die Kirchen und das Dritte Reich, I*, S. viii.
49 Ebd., S. ix.
50 Rudolf Morsey an Ludwig Volk, 12.12.1977, ADPJ, NL Ludwig Volk, 47, 771–2/VII a.

Scholder führte Siegele-Wenschkewitz' Forschung nicht einmal in seiner Bibliografie auf, obwohl die Dissertation bereits 1974 als Buch erschienen war und ein 33-seitiges Kapitel über das Reichskonkordat enthielt.[51] Darin verfocht sie die These, dass die Lateranverträge von 1929 zwischen dem Heiligen Stuhl und dem faschistischen Italien die Wahrscheinlichkeit eines Konkordats mit dem nationalsozialistischen Deutschland erhöht hätten. Kein geringerer als Hitler hätte bereits 1929 angemerkt, dass der Vatikan durchaus willens sei, Beziehungen zu autoritären Staaten zu unterhalten. Im direkten Vergleich mit renitenten liberalen oder feindlichen kommunistischen Staaten hätten diese das geringere Übel dargestellt.[52] Gestützt auf Äußerungen katholischer Führungspersönlichkeiten wie Ludwig Kaas, vertrat Siegele-Wenschkewitz zudem den Standpunkt, dass eine bestimmte ideologische Affinität zwischen der katholischen Kirche und dem Nationalsozialismus die Konkordatsverhandlungen beschleunigt hätten: Beide Seiten seien autoritär und hierarchisch organisiert gewesen.[53] Dies waren Gesichtspunkte, die Scholder in seinem monumental angelegten Werk sowie in seiner Kontroverse mit Repgen ebenfalls anführen sollte. Als sie die Parallelen zu Scholders Werk bemerkten, vermuteten Kritiker wie Ludwig Volk zu Recht, dass die Schülerin hier den Meister gelehrt hatte – oder dass zumindest eine gegenseitige Befruchtung in ihrer Forschung am Werk gewesen war.[54]

Gleich welchen Beitrag Scholders Schülerin geleistet haben mag, das Ergebnis bleibt dasselbe: eine brillant geschriebene 900-seitige, den Zeitraum von 1918 bis einschließlich 1933 behandelnde Monografie, die sich auf Quellen aus 14 staatlichen und säkularen Archiven sowie 14 evangelischen oder der evangelischen Kirche nahestehenden Archiven stützt – und auf keine katholischen Archivalien. In seiner Darstellung des Kirchenkampfs dominiert deshalb auch die protestantische Seite. 15 Kapitel werden ausschließlich den evangelischen Kirchen gewidmet, sechs der katholischen Kirche und vier haben beide Kirchen beziehungsweise beide Kirchen betreffende Veränderungen zum Inhalt. Dieses asymmetrische Verhältnis rühre nicht von seinem eigenen konfessionellen Zugehörigkeitsgefühl her, wie Scholder in seinem Vorwort betonte, sondern sei der Verwirrung und dem Chaos geschuldet, welches die evangelischen Kirchen 1933 auseinandergerissen habe.[55]

---

51   Siegele-Wenschkewitz, Leonore: *Nationalsozialismus und Kirchen*, S. 90–123.
52   Ebd., S. 91 f., 108.
53   Ebd., S. 104–108.
54   Rudolf Morsey an Ludwig Volk, 12.12.1977, ADPJ, NL Ludwig Volk, 47, 771–2/VII a.
55   Scholder, *Die Kirchen und das Dritte Reich, I*, S. viii.

Damit hatte Scholder nicht ganz Unrecht, obwohl er im Sommer 1976 während der Niederschrift Morsey gegenüber eingeräumt hatte, dass sein Hauptaugenmerk auf dem Protestantismus, „aber mit dem Versuch einer ständigen Mitführung des Katholizismus", liege.[56] Eine Veranschaulichung der hoch komplizierten administrativen Strukturen von 28 lutherischen, reformierten und unierten Landeskirchen – ganz zu schweigen von den damit einhergehenden Spannungen, Rivalitäten und Schismen – nahm gewiss einen größeren Raum ein als eine administrative Skizze der katholischen Kirche. Protestanten hatten zudem im Deutschen Reich die Mehrheit gebildet. Der proportionale Anteil der Seiten, die er dem Protestantismus widmete, entsprach etwa dem damaligen Größenverhältnis zwischen beiden Konfessionen – 64 Prozent zu 34 Prozent.

Dies ließ sich den werbenden Auszügen in der *Frankfurter Allgemeinen Zeitung* vom 27. September 1977 allerdings nicht entnehmen. Dieser Anreißer war Teil der PR-Kampagne des medienversierten Scholder, der zudem 179 Exemplare seines Buchs an die Redaktionen der großen Tages- und Wochenzeitungen, Magazine, Radio- und Fernsehsender geschickt hatte. Er schlug sogar vor, Karl Dietrich Bracher und Rolf Hochhuth sein Buch rezensieren zu lassen.[57] Sein Artikel „Die Kapitulation des politischen Katholizismus. Die Rolle des Zentrums-Vorsitzenden Kaas im Frühjahr 1933" traf bei intellektuellen Vollblut-Kritikern der katholischen Vergangenheit genau ins Schwarze. Der Artikel beschäftigte sich ausschließlich mit der schmählichen Rolle, die katholische Politiker und Kirchenführer in der Katastrophe von 1933 gespielt hatten. Die protestantische Vergangenheit im Jahr 1933 war weder in der Überschrift noch im Artikel selbst erwähnt.[58]

Noch schlimmer: Scholder erweckte die berüchtigte Junktim-These wieder zum Leben. Er informierte seine Leser fälschlicherweise, dass die These

---

56 Privatsammlung Rudolf Morsey, Klaus Scholder an Rudolf Morsey, 6.7.1976.

57 Frau Kiwit, Buchexpedition, Scholder, Die Kirchen und das 3. Reich (Westdeutschland & Ausland), 14.10.1977, BAK, NL Klaus Scholder, #422. Die Werbemaßnahmen waren sichtlich von Erfolg gekrönt, da Scholders Buch sowohl in der allgemeinen als auch in der Fachpresse breite Aufmerksamkeit erhielt. Vgl. beispielsweise „Gott oder Führer", in: *Der Spiegel*, 16.1.1978; Forster, „Die Kirchen und das Dritte Reich"; Beuys, „Grüß Gott: Heil Hitler"; Scheller, „Kirchen an der Schwelle zum Nazistaat".

58 Scholder erwähnte zwar, wie führende evangelische Persönlichkeiten auf die Verabschiedung des Ermächtigungsgesetzes reagierten, allerdings nur, um seine eigene These eines Quid pro quo zwischen Ermächtigungsgesetz und Reichskonkordat zu stützen. Er schlug außerdem vor, Auszüge aus den beiden Kapiteln „Judenfrage" beziehungsweise „Theologische Dialektik im Sommer 1933" zu drucken, die beide den Fokus mehr auf die Protestanten gerichtet hätten. Klaus Scholder an Wolf Jobst Siedler, 5.7.1977, BAK, NL Klaus Scholder, #422.

erstmals von Bracher in dessen Gutachten für das Bundesverfassungsgericht aufgestellt worden sei, und hauchte ihr neues Leben ein, indem er einen neuen „Kronzeugen" präsentierte.[59] Dieser war Heinrich Brüning, der in Ungnade gefallene Zentrumspolitiker und vormalige Reichskanzler von 1930 bis 1932, dessen Memoiren 1970 posthum veröffentlicht worden waren.[60] Darin hatte Brüning behauptet, dass der Hauptschuldige am unrühmlichen Ende der Zentrumspartei sein Rivale Ludwig Kaas gewesen sei, dessen „Widerstand" gegenüber dem Nationalsozialismus angeblich schwächer geworden sei, „als Hitler von einem Konkordat sprach und Papen versicherte, daß ein solches so gut wie garantiert sei." Doch selbst in diesem Zusammenhang musste Scholder seinen Standpunkt als Hypothese formulieren. Warum waren Brünings Erinnerungen aus Scholders Sicht 37 Jahre nach den Ereignissen glaubwürdig? Weil der ehemalige Zentrumsvorsitzende „zweifellos über hervorragende Informationsquellen verfügte".[61] „Hält man sich die ganze Situation vor Augen", schlussfolgerte Scholder in einer Aussage, die Repgen zornig werden ließ, „so spricht alles für die Glaubwürdigkeit dieser Darstellung, auch wenn sie im einzelnen nicht beweisbar ist."[62]

Dass Scholder hier eine „Hypothese" als „These" bezeichnete, empfanden seine Kritiker als eine unmittelbare Provokation.[63] Nur zwei Tage, nachdem Scholders Artikel erschienen war, bat der Bonner Historiker die *Frankfurter Allgemeine* in einem Brief um die Möglichkeit einer Erwiderung. Diese nahm die Gestalt eines Auszugs aus einem Kapitel des kurz vor der Veröffentlichung stehenden siebten Bandes des katholischen *Handbuchs der Kirchengeschichte* an.[64] Repgens Grundgedanke war einfach: Scholder brachte eine Deutung vor, die weder mit dem aktuellen Erkenntnisstand der Disziplin noch mit den Quellen selbst in Einklang zu bringen war. Der für politische Bücher zuständige Redakteur antwortete wohlwollend. Er legte Repgen allerdings nahe, dass er seine Erwiderung präziser auf Scholders Behauptungen zuschneiden solle, anstatt Auszüge aus einer bevorstehenden Publikation zu reproduzieren.[65] Repgen kam der Anregung nach. Seine Erwiderung, die gleichermaßen

59 Scholder, „Kapitulation des politischen Katholizismus", S. 9.

60 Brüning, *Memoiren*. Zur Authentizität der Brüning-Memoiren siehe Morsey, *Entstehung*.

61 Scholder, „Die Kapitulation des politischen Katholizismus", S. 9.

62 Ebd.

63 Repgen, „Konkordat für Ermächtigungsgesetz?", S. 10 f.

64 Konrad Repgen an Die Frankfurter Allgemeine Zeitung, 29.9.1977, Privatsammlung, Thomas Brechenmacher. Repgens Artikel „Reichskonkordat" erschien in Jedin/Repgen (Hg.): *Handbuch, VII*, S. 36–96.

65 Dr. Hermann Rudolph an Konrad Repgen, 5.10.1977; Alfred Rapp an Konrad Repgen, 13.10.1977, Privatsammlung Thomas Brechenmacher.

wissenschaftlich-gelehrt wie schulmeisterlich erschien, erstreckte sich über
zwei ganze Seiten der Zeitung.

Die Ursprünge von Konrad Repgens strenger Genauigkeit

Warum übernahm unter all denjenigen, die durch Scholders Wiederbelebung
der alten These, die Zentrumspartei sei der „Preis" für das Reichskonkordat
gewesen, verärgert waren, ausgerechnet Konrad Repgen die Aufgabe eines
öffentlichen Widerspruchs? Natürlich war die Anzahl derjenigen, die für eine
Erwiderung in Frage kamen und sich ausreichend mit den diplomatischen
Feinheiten der Konkordatsverhandlungen auskannten, verschwindend gering.
Selbst in der Kommission für Zeitgeschichte war nur ein kleiner Zirkel –
bestehend aus Ludwig Volk, Rudolf Morsey und Dieter Albrecht – der Herausforderung gewachsen.[66]

Fast alles an Repgen machte ihn zu einem naheliegenden Kandidaten,
um es mit Scholder aufzunehmen: sein kämpferisches Temperament, seine
kompromisslose politische und konfessionelle Zugehörigkeit, seine tiefgehende Vertrautheit mit den Quellen, seine mehr als nur flüchtige Bekanntschaft mit den Schlüsselfiguren des Jahres 1933 und, nicht zuletzt, seine fast
puristische methodische Genauigkeit. Er war in den Worten des Politikwissenschaftlers und Zeithistorikers Hans-Peter Schwarz ein „Fanatiker empirischer
Detailforschung".[67]

All diese Eigenschaften stehen im Einklang mit den Werten, die ihm bereits
während seiner Kindheit vermittelt wurden, worin ein weiterer Unterschied
zu Scholder liegt. In liberalen, protestantischen Familien wie derjenigen
Scholders entsprach eine Karriere in der Wissenschaft, der Kirche oder Schule
der Norm. Repgen war demgegenüber jemand, der nach sozialem Aufstieg im
Sinne eines Bildungsaufstiegs strebte. Dabei ging es ihm als Sohn einer weniger
privilegierten Familie vor allem darum, aus eigener Kraft das berüchtigte
„katholische Bildungsdefizit" gegenüber Protestanten durch harte Arbeit zu
beheben.

Der 1923 geborene Konrad Repgen eignete sich schon während seiner
Kindheit in Friedrich-Wilhelms-Hütte die dort tief verwurzelten Werte der

---

66 Scholder nannte diese drei Namen als potenzielle Rezensenten, die wenig Positives über
seine Arbeit zu sagen gehabt hätten, vgl. Klaus Scholder an Wolf Jobst Siedler, 6.9.1977,
BAK, NL Klaus Scholder.

67 Zit. nach „Konrad Repgen 80, Glückwunsch", in: *Die Welt*, 5.5.2003; www.welt.de/print-
welt/article692161/Konrad-Repgen-80.html (acc. 20.6.2016).

Sparsamkeit und Bildung an. Friedrich-Wilhelms-Hütte war eine hoch-industrialisierte, heute zu Troisdorf gehörende Ortschaft; einer 10 Kilometer östlich des Rheins und eine kurze Autofahrt von Bonn entfernt liegenden, katholisch geprägten Arbeiterstadt mittlerer Größe. Seine willensstarke und liebevolle Mutter war ein Bauernmädchen gewesen, sein Vater ein Volksschul-lehrer und ein Beispiel für Selbständigkeit.[68] Als Autodidakt, der sich seine literarische Belesenheit selbst erarbeitet und sich selbst das Klavierspielen beigebracht hatte, betonte das Familienoberhaupt der Repgens immer wieder, dass sozialer Aufstieg nur durch Bildung erzielt werden könne. Ohne Rücksicht auf die tägliche Pendelstrecke, schickte er seinen Sohn auf ein Gymnasium in Bonn, damit dieser Latein, Griechisch, Deutsch und Mathematik lernte – die Kennzeichen einer klassischen Bildung. Da er den Nationalsozialismus ent-schieden ablehnte, weigerte er sich, eine Erlaubnis zu unterzeichnen, mit der sein Sohn die Schule frühzeitig hätte abschließen können, um sich bei der Wehr-macht zu verpflichten.[69] Im Gegensatz zu seinen Klassenkameraden machte Repgen daher sein Abitur, bevor er 1941 zum Militär einberufen wurde. Als er vom Einsatz in eisiger Kälte im Winter und brennender Hitze im Sommer an der Ostfront nach vier Jahren zurückkehrte, war er kampferprobt und mental abgehärtet. „Wir waren doch in Russland", würde er später zu Kollegen in der Kommission für Zeitgeschichte sagen und damit jeglichen wissenschaftlichen Streit als Sturm im Wasserglas relativierend ins rechte Licht rücken.[70]

Das auffälligste Merkmal in Repgens Herangehensweise an die Geschichte wurde ihm ebenfalls in seiner Jugend anerzogen: das Streben, nicht nur sein Bestes zu geben, sondern es besser zu machen als die Übrigen. Auf seinem Weg zu den höchsten Rängen der Wissenschaft hatte Repgen stets mehr unter Beweis zu stellen als Historiker wie Scholder aus der gebildeten protestantischen oberen Mittelschicht. Die wenigen katholischen Historiker, die in den 1960ern auf eine Professur auf Lebenszeit berufen wurden, wie auch die Inhaber der für Katholiken rechtlich vorbehaltenen Lehrstühle mussten stets gegen die Wahrnehmung ankämpfen, zweitklassige Wissenschaftler zu sein. Das Mittel zur Überwindung dieses stereotypen Vorurteils war die Überkompensation. Repgens Lebenslauf zeugt nicht nur von einer überwältigenden Produktivität, die Scholders bei weitem überstieg – zwischen 1950 und 1987 veröffentlichte er mehr als 160 umfangreiche Bücher, Quelleneditionen und Artikel[71] –, er

---

68 Repgen, „Dank und Rückblick", S. 39.

69 Ebd.; Interview mit Rudolf Morsey, Neustadt an der Weinstrasse, 9.6.2016.

70 Ebd.

71 Thiesen, „Schriftenverzeichnis Konrad Repgen", S. 349–359. Scholders Schriftenverzeich-nis war ein Bruchteil dessen, was Repgen publiziert hatte, vgl. Schriftenverzeichnis von

Abb. 8.1
Der junge katholische Historiker Konrad
Repgen wurde der erste wissenschaftliche
Vorsitzende der Kommission für
Zeitgeschichte und Hauptkritiker von
Scholders Darstellung der katholischen
Kirche im Jahr 1933. Mit freundlicher
Genehmigung von Rudolf Morsey.

zeugt auch von einer seltenen Fachkenntnis in mehreren, chronologisch weit auseinanderliegenden Forschungsgebieten – der Frühen Neuzeit, dem 19. und dem 20. Jahrhundert.

Repgen schrieb seine Sorgfalt rückblickend einem Ethos katholischer Wissenschaftsgrundsätze zu.[72] Demnach benutze der katholische Historiker das gleiche methodische Instrumentarium wie der nichtkatholische, besitze allerdings eine zusätzliche Motivation.[73] Er habe eine religiöse Verpflichtung, seine irdischen Pflichten so gut wie möglich zu erfüllen und „stets das Best-möglichste aus sich herauszuholen". Es sei seine Pflicht, auf die „methodischen Dinge" noch genauer zu achten als andere, die „als Nicht-Christen" nicht über diese „religiöse Zusatz-Motivation" verfügten. Man kann nicht umhin, aus diesen Worten eine bissige Bemerkung gegenüber den Heilslehren, an denen der reformiert-evangelische Scholder festhielt, herauszulesen.

Klaus Scholder (undatiert, aber wahrscheinlich von 1968 oder 1969), BAK, NL Klaus Scholder, #330.

72   Er verwendete die Bezeichnung „christliche" Forschung, es ist jedoch offensichtlich, dass er „katholische" Forschung meinte. Repgen, „Christ und Geschichte", S. 18–34, Nachdruck in: Gotto/Hockerts (Hg.): *Reformation zur Gegenwart*, S. 319–334.

73   Ebd., S. 330 f.

Repgen dehnte dieses Credo auch auf die bundesdeutsche Politik aus, indem er hervorhob, deutsche Katholiken hätten sich durch ihre Vertreter in der CDU/CSU als weitaus fähiger erwiesen als ihre Vorgänger in der Zentrumspartei. Seit 1945 habe die katholische Minderheit die Nation von dem dunklen Kapitel der jüngsten Vergangenheit weggeführt. Dies habe sie nicht mithilfe von Romanen oder leidenschaftlichen Appellen in den Feuilletons bewältigt, sondern aufgrund ihrer Verpflichtung gegenüber dem demokratischen Verfassungsstaat – gegenüber den Werten, die sie half, im westdeutschen Grundgesetz zu verankern, gegenüber dem effizienten Praktizieren einer parlamentarischen Demokratie und gegenüber der Erfüllung der Sozialverpflichtungen des Staates.[74] „[D]as war und das ist", so Repgen, „die eigentliche und die beste Bewältigung der Vergangenheit durch die Deutschen."[75] Bonn sei nicht Weimar.

Obwohl er mindestens fünf Jahre älter war als die meisten Intellektuellen der sogenannten „45er-Generation", die wie etwa Scholder oder Böckenförde ein großes Interesse an der jüngsten deutschen Vergangenheit hatten, gehörte Repgen im Grunde dennoch dieser Generation an. Auch er hatte in der Nachkriegszeit prägende Erfahrungen im Zusammenhang mit seiner Ausbildung gemacht. Besonders förderlich für seine persönliche Entwicklung waren, ähnlich wie bei Böckenförde oder Morsey, katholische Studentenverbindungen und Studentenseelsorger. Repgen war nach eigener Aussage in gewisser Weise ein Idealist, der nach Kriegsende Antworten auf die grundlegenden Fragen suchte: Warum musste es zu einem derartig verheerenden Ende kommen? Welche Lehren können wir aus der Vergangenheit ziehen? Wie kann eine Wiederholung der Katastrophe vermieden werden?[76]

Die für ihn überzeugendste Antwort gab die Kirche: „Die eigentliche Ursache der deutschen Katastrophe liegt in der Abkehr der Deutschen vom Christentum. Also mußte die Antwort für Gegenwart und Zukunft lauten: Rückkehr zum Christlichen. Dies haben im politischen Raum programmatisch die 1945 entstandenen Unionsparteien gefordert."[77] Dieses Gegenmittel unterschied sich deutlich von Scholders Antwort, der eine Trennung von Kirche und Staat anstrebte. Auch Repgens politische Ansichten unterschieden sich deutlich von denen Scholders. Repgen, dessen Eltern überzeugte Wähler der Zentrumspartei gewesen waren bis zu deren Auflösung im Jahr 1933, trat 1958 der CDU

---

74   Repgen, „Dank und Rückblick", S. 42. Darin lag ein Hieb gegen Kritiker wie Heinrich Böll oder Carl Amery.

75   Ebd.

76   Ebd., S. 45.

77   Ebd., S. 45 f.

bei. Er pflegte aktive Beziehungen zur CDU und blieb ihr sowie vor allem der Konrad-Adenauer-Stiftung in Sankt Augustin, die nicht allzu weit entfernt vom Haus seiner Kindheit lag, stets eng verbunden. Gegenüber dem kirchenfeindlichen Programm anderer Parteien blieb er auf der Hut. Kurz nachdem er Scholders Darstellung über das Reichskonkordat in seiner Morgenzeitung gelesen hatte, schickte er dem Sekretär der Deutschen Bischofskonferenz, Josef Homeyer, die lapidare Bemerkung: „Scholder ist FDP-Mann."[78]

In seinen wissenschaftlichen Arbeiten blieb Repgen immer nah an Themen mit Bezug zu Revolution, Krieg und Frieden. Sein Schwerpunkt lag auf den staatsmännischen Fähigkeiten von Fürsten, Monarchen, Tyrannen, Parlamentariern, Diplomaten und Päpsten in Zeiten des Umbruchs und der Krise. Wie der Betreuer seiner Dissertation und Habilitation, der renommierte Bonner Historiker Max Braubach, hatte Repgen zeitlebens eine besondere Stärke als Politik- und Diplomatiehistoriker der alten Schule.[79] Nach seiner 1950 abgeschlossenen, über 500-seitigen und im Untertitel einschränkend als *Vorstudien zu einer Untersuchung über das rheinische Volk und die Paulskirche* bezeichneten Dissertation über die *Märzbewegung und Maiwahlen* sprang er zwei Jahrhunderte zurück und untersuchte die päpstliche Diplomatie gegen Ende des Dreißigjährigen Kriegs. Seine monumentale Analyse der Gründe für die Ablehnung des Westfälischen Friedens von 1648 durch den Papst wies einige Gemeinsamkeiten mit den später unter seiner Ägide in der Kommission entstandenen detaillierten Studien über das Reichskonkordat auf: Sie war ebenfalls eine Detektivarbeit höchster Qualität. Repgen wies in seiner Studie nach, dass päpstliche Archivare zu drei unterschiedlichen Zeitpunkten gezwungen waren, Berichte zu veröffentlichen, aus denen der päpstliche Protest gegen frühere Friedensabkommen hervorging. Um diesen Nachweis zu erbringen, musste er die Vorgeschichte dieser Abkommen bis in die 1520er Jahre zurückverfolgen. So wie die Erforschung der vatikanischen Diplomatie im Jahr 1933 wuchs auch Repgens Projekt immer weiter an und ging letztendlich weit über sein ursprüngliches Vorhaben hinaus. Anstatt der geplanten drei bis vier Jahre für Recherche und Niederschrift benötigte er neun. Davon verbrachte er drei in den vatikanischen Archiven, der Vatikanischen Bibliothek und dem Deutschen

---

78   Konrad Repgen an Josef Homeyer, 29.9.1977, Privatsammlung Thomas Brechenmacher.
79   Braubach sollte Repgen nachhaltig prägen, vgl. Repgen, „In Memoriam Max Braubach",
      S. 82–91; Repgen, „Max Braubach. Leben und Werk", S. 9–41; Repgen, „Max Braubach.
      Person und Werk", S. 104–117.

Historischen Institut in Rom.[80] Seine 934 Seiten an Erkenntnissen füllten zwei
Bände, die 1962 beziehungsweise 1965 veröffentlicht wurden.[81]

Die Gemeinsamkeiten zwischen seiner Forschung zur päpstlichen Diplo-
matie im Dreißigjährigen Krieg und zum Reichskonkordat gingen über das
Methodische hinaus. Zwei Jahre, bevor er 1953 nach Rom reiste, hatte Repgen
Gelegenheit, kirchliche Fragen mit Robert Leiber SJ zu besprechen, der die
Kriegsjahre in Rom verbracht hatte.[82] In Rom traf er Leiber erneut, was seinen
Eindruck von Leiber als einem an den geschichtlichen Fakten orientierten,
vertrauenswürdigen und vorbildlichen Ordensmann bestätigte. Wie bereits
erwähnt hatte Leiber in der Jesuitenzeitschrift *Stimmen der Zeit* Einwände gegen
Teile von Morseys Rekonstruktion der Ereignisse des Jahres 1933 vorgebracht.[83]
Einige der Gründungsmitglieder der Kommission für Zeitgeschichte hatten
daher, was wenig verwundert, eine skeptische Haltung gegenüber Leibers
Darstellung.[84] Andere hatten demgegenüber ihre zunehmende Enttäuschung
darüber geäußert, dass Leiber nicht alles mitgeteilt hatte, was er über das Jahr
1933 sowie Papst Pius XII. und dessen Handeln während des Kriegs wusste.

Repgen teilte diese Skepsis zunächst, änderte seine Meinung jedoch nach
1963. Die Kritik hatte seine Auffassung nicht ändern können, dass Leiber ein
ehrenwerter und aufrichtiger Mann war. Er vertiefte sich selbst in die Quellen
und stellte fest, dass jüngst freigegebene Dokumente aus den Vatikanischen
Archiven die Darstellung des hochrangigen Jesuiten untermauerten. Leiber
hatte sich nicht auf seine Erinnerungen gestützt, sondern auf die Quellen im
Vatikan – seine Darstellung war vollkommen glaubwürdig. Repgens Vertrauen
in Leiber sollte auch in der Kontroverse mit Scholder eine Rolle spielen, da
Scholder eine Anschuldigung erhob, die Repgen später bestätigen sollte: „Wie
Scholder richtig bemerkt hat, bin ich stets [...] hinsichtlich des Vatikans den
Grundlinien Leiberschen Informationen und Argumentationen gefolgt.“[85] Als
Lehrstuhlnachfolger Braubachs an der Universität Bonn von 1967 bis 1988 sowie
als Vorsitzender der Kommission für Zeitgeschichte sollte sich Repgen immer
wieder mit dem Reichskonkordat beschäftigen.[86] Er leitete vier Projekte zur

---

80   Repgen, „P. Robert Leiber SJ, Der Kronzeuge", S. 28, Fußnote 13; Repgen, *Papst, Kaiser und
      Reich, I*, S. xiii.
81   Repgen, *Papst, Kaiser und Reich, I*, S. xiii; Repgen, *Kurie und der westfälische Friede*.
82   Repgen, „P. Robert Leiber SJ, Der Kronzeuge", S. 28.
83   Leiber, „Reichskonkordat und Ende der Zentrumspartei", S. 213–223.
84   Repgen, „P. Robert Leiber SJ, Der Kronzeuge", S. 27 f. Für andere Darstellungen von Leiber
      siehe Robert Leiber, „Pius XII", S. 81–100; Leiber, „Vatikan", S. 293–298. Er hielt ebenso
      einen Vortrag auf einer Tagung in München am 18. September 1962.
85   Scholder, „Altes und Neues" S. 535; Repgen, „P. Robert Leiber SJ, Der Kronzeuge", S. 27.
86   Repgen, *Hitlers Machtergreifung*; Scholder, „Ein Paradigma von säkularer Bedeutung'",
      S. 11 f.

Herausgabe von Quelleneditionen, die sich unmittelbar mit der Entstehung und Gestaltung des Staatskirchenvertrags beschäftigten.[87] Er korrigierte Druckfahnen, markierte Rechtschreibfehler und unterzog die Dissertation von Ludwig Volk über das Reichskonkordat einer strengen Revision. Mit Repgens Status als anerkanntem Experte auf diesem Gebiet (mehr noch als Scholder) waren alle Voraussetzungen für eine direkte Konfrontation zweier Historiker der Politik- und Diplomatiegeschichte mit widerstreitenden politischen Ansichten geschaffen. Auf der einen Seite stand ein dezidiert katholischer Profanhistoriker, auf der anderen ein ordinierter evangelischer Kirchenhistoriker.

Und beide waren Vertreter früherer Glaubensmuster: Denn beide Konfessionen erfuhren in den späten 1960ern und in den 1970ern eine fundamentale Infragestellung rechtgläubiger Traditionen und die Entstehung neuer Formen der Religiosität.[88] In diesen Zeiten der Unruhe erlebten sowohl Repgen als auch Scholder, dass der sie jeweils prägende Glaube von einer immer geringer werdenden Zahl ihrer Glaubensgenossen noch geteilt wurde. Mit seinem starken persönlichen und beruflichen Engagement für den reformiert-evangelischen Glauben betrachtete Scholder die radikalen neuen Glaubensströmungen, die zu dieser Zeit an Profil gewannen, mit Missbilligung. Repgen seinerseits war ein konservativer Katholik, der eine kritische Haltung gegenüber den progressiven Bewegungen innerhalb der katholischen Gläubigen hatte.[89] Obwohl beide im Widerspruch zu der radikalen intellektuellen Wissenschaftskultur im Deutschland der 1970er Jahre standen, hatten diese im je eigenen Lager zunehmend als partikulär geltenden Sichtweisen einen Einfluss darauf, wie sich die beiden Männer gegenseitig wahrnahmen, und stellten Zündstoff für die bevorstehende Kontroverse dar.[90]

---

87   Stasiewski (Hg.): *Akten deutscher Bischöfe, I*; Albrecht, *Notenwechsel, I*; Kupper (Hg.): *Staatliche Akten*; Morsey (Hg.): *Protokolle*.

88   Die Literatur zu diesem Thema ist zu umfassend, als dass sie hier dargestellt werden könnte. Für ausgezeichnete Einführungen und Überblicksliteratur siehe Bruce, *Religion in the Modern World*; Hermle u. a. (Hg.), *Umbrüche*; Brown, *Death of Christian Britain*; Fitschen u. a. (Hg.), *Politisierung des Protestantismus*; Kunter/Schilling, *Globalisierung der Kirchen*; Voges, *Konzil, Demokratie und Dialog*.

89   Vgl. hierzu die folgende Denkschrift, in der sich Repgen kritisch zu progressiven Theologen, liturgischer Innovation und Bewegungen zur Demokratisierung der Kirche äußert: Konrad Repgen und Hubert Jedin an Julius Kardinal Döpfner, 16.9.1968, KZG, NL Walter Adolph, WA 35b. Für eine veröffentlichte Fassung ohne Repgens Namen siehe Repgen (Hg.), *Hubert Jedin*, S. 266–272.

90   Wehrs, *Protest der Professoren*.

Die Streitpunkte der Kontroverse

Die Ausführungen der beiden zu den umstrittenen Punkten ließen schnell erkennen, dass sich ihre Debatte ausschließlich um die katholische Mitschuld zwischen 1929 und 1933 drehen würde. Repgen griff nie zur Feder, um Scholders Untersuchung der protestantischen Verantwortung an den verheerenden Ereignissen des Jahres 1933 zur Diskussion zu stellen. Ihre Debatte verlief nach einem alten Muster. So kritisch sie dem Verhalten ihrer Glaubensgenossen im „Dritten Reich" auch gegenüberstanden, protestantische Kritiker wie Scholder sahen sich genötigt, das Verschulden der katholischen Kirche zu betonen. Tatsächlich gaben ihm seine Angriffe auf die Hagiografien seiner konfessionellen Zeitgenossen (insbesondere der lutherisch-evangelischen Autoren) die moralische Deckung, um mit Steinen nach dem Reichskonkordat zu werfen, also einem völkerrechtlichen Vertrag, von dem er überzeugt war, dass er auf ewig „moralisch [...] umstritten" bleiben werde.[91] Im Gegensatz dazu entschied sich Repgen wie viele andere bekannte katholische Intellektuelle, sich nicht öffentlich über die Sünden der protestantischen Vergangenheit zu äußern. Entweder sah er sich nicht in der Position dazu oder er hielt sich nicht für ausreichend fachkundig, um die Machenschaften und Schismen zu analysieren, die protestantische Theologen und Kirchenleute umtrieben.

Ein ähnliches Muster zeichnete sich in der Art und Weise ab, in der die Kontrahenten die Positionen des jeweils anderen formulierten. Repgen unterstellte nie, dass Scholders protestantisches Engagement seine Argumente geprägt habe. Noch erwähnte er Scholders protestantischen Hintergrund überhaupt. Aus Repgens Sicht stand und fiel eine These mit der Stärke und Belastbarkeit der Belege, die für sie ins Feld geführt werden konnten. Angriffe auf die Person des Gegenübers schränkten seiner Meinung nach die Ernsthaftigkeit der Geschichtswissenschaft ein. Für Scholder hingegen war das Persönliche mit dem Methodischen eins. Repgen war für ihn zuallererst ein katholischer Historiker und dessen Standpunkte waren repräsentativ für das, was Scholder als „katholische Forschung" bezeichnete.[92]

So persönlich einige der Behauptungen auch waren, in einer Hinsicht hatte Scholder Recht. In seiner Argumentation wusste Repgen gewandt das Instrumentarium der scholastischen Argumentationskunst zu nutzen. Wie Hubert Wolf herausarbeitet, verleitete dieser Argumentationsstil Scholder immer wieder dazu, Positionen anzunehmen, die weit über seinen ursprünglich formulierten Standpunkt hinausgingen. Diese Strategie hatte auch der

---

91   Scholder, *Die Kirchen und das Dritte Reich, I*, S. 523.
92   Scholder, „Altes und Neues", S. 531, 551.

Dominikaner Johannes Eck gekonnt in der Leipziger Disputation von 1519 gegen Martin Luther angewendet und seinen Gegner dadurch dazu verleitet, Positionen von Jan Hus, dem im Jahr 1415 als Ketzer verbrannten böhmischen Theologen, anzunehmen.[93]

Warum lief Scholder in diese Falle? Wahrscheinlich weil sein Standpunkt nur schwer zu verteidigen war. In Ermangelung eines eindeutigen schriftlichen Belegs für das vermeintliche Quid pro quo konnte Scholder nur argumentieren, ein solches Tauschgeschäft sei „möglich", „wahrscheinlich" oder „plausibel". In seiner Erwiderung vom 27. Oktober 1977 verriss Repgen seinen Gegner methodisch mit fünf Einwänden.[94] Wie bereits Volk und Morsey Jahre vor ihm zog Repgen in Zweifel, dass Brünings Memoiren und die Darstellung der Ereignisse von 1933 exakt der Wahrheit entsprachen. Er berief sich auf das Fehlen eines belastbaren Beweises für die angebliche Existenz eines Tauschgeschäfts. Es sei daher, so Repgens Schlussfolgerung, „nicht überzeugend, an einer so problematischen Hypothese festzuhalten."

Repgens Erwiderung ging Scholder sichtlich unter die Haut. Noch am Tag der Veröffentlichung brachte ein Mitarbeiter seines Verlags eine gekränkte Antwort zu Papier und schickte sie an Paul Mikat, der Mitglied der Kommission für Zeitgeschichte und gleichzeitig Präsident der Görres-Gesellschaft war.[95] Der Gegenstand des Vergehens: Herr Professor Repgen habe eine „polemisch zugespitzte Antwort" auf Scholders Artikel verfasst, ohne sein Buch in Gänze gelesen zu haben. Eine Gegenerwiderung werde bald folgen und tatsächlich erschien eine solche am 19. November 1977 in der *Frankfurter Allgemeinen Zeitung*.[96]

In seinen Einleitungssätzen kritisierte Scholder Repgens vermeintliches Fehlverhalten. Konrad Repgen habe lediglich noch einmal vorgetragen, was er bereits in seinen Artikeln von 1967 und 1970 geschrieben habe. Dass er „so überzeugt und unbefangen" wenig mehr vortragen konnte, sei dem Umstand geschuldet, dass er lediglich den Vorabdruck, „nicht aber mein Buch" gelesen habe, welches seit dem 21. Oktober in den Buchhandlungen erhältlich sei. „Wieder einmal stellt sich heraus", fügte Scholder sarkastisch hinzu, „wie sehr es die Widerlegung eines Buches erleichtert, wenn man es erst gar nicht liest, weil man schon vorher weiß, daß seine Thesen falsch sind."

Scholder betonte vielmehr, das Gegenteil sei der Fall: Er verfüge über neue Argumente. Anderenfalls wäre er ein „Narr". Die bisherige Forschung,

93   Wolf, „Historisierung", S. 187.
94   Repgen, „Konkordat für Ermächtigungsgesetz?", S. 10 f.
95   Wolf Jobst Siedler an Paul Mikat, 27.10.1977, Privatsammlung Thomas Brechenmacher.
96   Scholder, „Ein Paradigma von säkularer Bedeutung"', S. 11 f.

und darin liege ihre Schwäche, habe mit den unmittelbar vor Abschluss des Reichskonkordats geführten Verhandlungen einen zu engen Fokus gewählt. Die wahren Vorgänger des Reichskonkordats seien indes nicht die Verträge mit Bayern, Preußen und Baden, wie Volk behauptete, sondern die Lateranverträge von 1929. Was war neu an diesem Argument? Scholder hatte eine Rede Hitlers entdeckt – und schrieb erstmals einen Fund seiner wissenschaftlichen Mitarbeiterin Leonore Siegele-Wenschkewitz zu –, die gerade einmal elf Tage nach der Unterzeichnung der Lateranverträge veröffentlicht worden war.[97] Darin hatte Hitler erklärt, der beste Weg zur Lösung der „römischen Frage" sei ein Vertrag, der demjenigen zwischen dem Vatikan und Mussolini ähnele. Scholder behauptete außerdem, auf etwas gestoßen zu sein, was „in der gesamten katholischen Konkordatsliteratur nicht einmal zitiert, geschweige denn ausgewertet worden ist." Damit meinte er einen Artikel des Zentrumsvorsitzenden Ludwig Kaas, den dieser Mitte 1932 geschrieben und Anfang 1933 veröffentlicht hatte. Dieser Artikel „ließ keinen Zweifel daran", dass die Lateranverträge als Modelllösung gesehen worden waren.

Nach dieser Salve war klar, dass eine unterschwellige Wut in den Austausch der beiden einsickerte. Bei Scholder schlug sich dies in einem Affront und sarkastischen Bemerkungen nieder, bei Repgen in pointierter, scharfer und manchmal sogar verbissener Kritik. Scholder spitzte bewusst nach und nach seine erst zwei Monate zuvor wesentlich vorsichtiger formulierten Aussagen zu.[98] In seinem Artikel vom September hatte er bezüglich der Existenz eines Quid pro quo zusammenfassend von der „Glaubwürdigkeit dieser Darstellung" gesprochen beziehungsweise sie als „plausibel" bezeichnet; nun erklärte er sie „in meinen Augen, zur Gewißheit".[99] Im September hatte er eingeräumt: „Gewiß ist es richtig, daß sich bis heute weder in den staatlichen noch in den kirchlichen Akten ein unumstößlicher Beweis für Konkordatspläne im März 1933 gefunden hat." Nun schrieb er: „[S]o sind wir doch nicht ganz ohne Beweise, wie Repgen meint." Er verwies auf einen Brief vom 23. März 1933 an Paul von Hindenburg, den der Präsident des evangelischen Kirchenbundes verfasst hatte, in dem dieser von noch unbestätigten Gerüchten über mögliche Verhandlungen mit dem Vatikan gesprochen und den Reichspräsidenten erforderlichenfalls um sein Eingreifen zur Wahrung der evangelisch-kirchlichen Interessen gebeten hatte.

Am bezeichnendsten für Scholders wachsende Verärgerung war, dass er Repgens methodischen Grundsatz zurückwies, wonach der „positive, stringente

---

97   Ebd.
98   Scholder, „Altes und Neues", S. 541.
99   Scholder, „Ein Paradigma von säkularer Bedeutung"', S. 11 f.

Quellennachweis" erforderlich war. Mit seiner Antwort schlug Scholder unter die Gürtellinie: Sei dies nicht ein „Trumpf von der Art Irvings"? Lange bevor der britische Historiker zum vollständigen Holocaust-Leugner wurde, war sein Ruf bereits aufgrund seiner Behauptung, dass Hitler, dessen Unterschrift auf den Befehlen zum Genozid fehlte, keine Kenntnis von der „Endlösung" gehabt habe, in Unehre geraten.[100]

Darin lag ein Angriff auf Repgens berufliche Integrität, sodass ihm wenig anderes übrig blieb, als eine erneute Gegenerwiderung in der FAZ zu veröffentlichen, was er am 7. Dezember mit einem prägnanten, vier Absätze zählenden Leserbrief tat. Darin geht er auf „[d]rei (das wissenschaftliche Ethos berührende) Behauptungen Scholders" ein, die noch einer Entgegnung bedürften.[101] Er weist darauf hin, dass er natürlich nur auf die Argumente eingegangen sei, die den Auszügen in der FAZ zu entnehmen gewesen seien. Scholders Buch sei an dem Tag, an dem er seinen Artikel dem Schriftleiter übergeben habe, noch gar nicht auf dem Markt gewesen. Sowohl Morsey als auch Deuerlein hätten Kaas' Artikel aus dem Jahr 1933 bereits berücksichtigt, auch wenn Deuerlein demselben Deutungsfehler unterlegen sei wie Scholder.

Doch Repgen beließ es nicht dabei. Eine Tageszeitung, setzte er die Leser in Kenntnis, sei nicht das richtige Medium, um sich eingehend mit den Methoden und Regeln der geschichtswissenschaftlichen Disziplin zu befassen. Er werde die Diskussion später an einem geeigneteren Ort fortführen. Die Fortsetzung der Debatte ließ nicht lange auf sich warten. Bereits im Februar 1978 hatte das Wort von Scholders für den Herbst geplanten Folgeartikel die Runde gemacht.[102] Bereits im April 1978 hatten sich die beiden Kontrahenten auf die *Vierteljahrshefte für Zeitgeschichte* als Austragungsort ihrer nächsten Runde sowie auf bestimmte Regeln und Fristen verständigt.[103] Beide Artikel sollten gleichlang (maximal um die 35 Seiten lang) sein und gleichzeitig in der Oktoberausgabe 1978 erscheinen. Repgen war allerdings im Nachteil. Seine Frist zur Einreichung des Manuskripts endete etwa sechs Wochen früher, um Scholder das letzte Wort einzuräumen. Repgen akzeptierte diese Bedingungen

---

100   Ebd.
101   Repgen, „Repgen zu Scholders Antwort", S. 9.
102   Rudolf Morsey an Ludwig Volk, 9.2.1978, ADP, NL Ludwig Volk, 47, 771–2/VII b.
103   Die Vermittler waren der Herausgeber Karl Dietrich Bracher, Hans-Peter Schwarz und der geschäftsführende Redakteur Hermann Graml gewesen. Vgl. Hans-Peter Schwarz an Konrad Repgen, 28.2.1978; Hermann Graml an Konrad Repgen, 15.3.1978; Konrad Repgen an Hermann Graml, 10.4.1978, Privatsammlung Brechenmacher.

ohne Murren, vermutlich weil er seine Kritik für das folgende Jahr in einem eigenständigen Buch ausbauen wollte.[104]

Beide Seiten versuchten umgehend, neue Quellen zu erhaschen, um ihre jeweilige Ansicht zu stützen. Volk wandte sich an seinen Jesuitenkollegen in Rom, Angelo Martini SJ, und bat diesen um Hilfe. Als einer der vier Herausgeber der elf Bände mit Dokumenten des Heiligen Stuhls zum Zweiten Weltkrieg hatte Martini Zugang zu den Vatikanischen Archiven.[105] Um neue Quellen aus dem italienischen Außenministerium zu erschließen, nahm Scholder einen Assistenten am Deutschen Historischen Institut in Rom sowie einen linken italienischen Professor, Giampiero Carocci, in den Dienst.[106] Bezeichnenderweise war Scholder auf einen Übersetzer angewiesen, der Caroccis Dokumente ins Deutsche übertrug, was Repgen (nicht grundlos) zu der Annahme veranlasste, dass die Italienischkenntnisse seines Gegners nicht ganz auf der Höhe waren.[107]

Caroccis Dokumente waren nicht Scholders einzige neue Belege. Der katholische Journalist Dr. Antonius John rief Scholder nach der Lektüre seines Buchs an, um ihm von einer Aufzeichnung zu erzählen, die seit 1958 in seinem Besitz gewesen sei.[108] Dabei handelte es sich um ein Protokoll eines 1953 geführten Gesprächs mit dem ehemaligen Zentrumsabgeordneten August Christian Winkler.[109] Winkler hatte John von einem bemerkenswerten Treffen mit Kaas in dessen Berliner Wohnung kurz nach der Reichstagswahl vom 5. März 1933 berichtet. Auf einmal habe es an der Tür geklingelt und der Apostolische Nuntius Orsenigo habe im Auftrag von Kardinalstaatssekretär Pacelli den Raum betreten. Winkler habe den Raum verlassen, aber von Kaas erfahren, „daß etwas Wichtiges passiert sein mußte." Erste Kontakte zum Abschluss

---

104　Zu Repgens Plänen, auf Scholders Thesen in Form eines Buchs zu antworten, siehe Ludwig Volk an Konrad Repgen, 23.6.1978, ADPJ, NL Ludwig Volk, 47, 771–2/VII b.

105　Ludwig Volk an Angelo Martini, 30.4.1978; Angelo Martini an Ludwig Volk, 11.5.1978; Ludwig Volk an Angelo Martini, 14.5.1978; Ludwig Volk an Konrad Repgen, 23.6.1978, ADPJ, NL Ludwig Volk, 47, 771–2/VII b.

106　Ludwig Volk an Angelo Martini, 21.9.1978; Angelo Martini an Ludwig Volk, 21.10.1978, ADPJ, NL Ludwig Volk, 47, 771–2/VII b; Scholder, „Altes und Neues", S. 561, Fußnote 78. Die einschlägigen Dokumente stammten aus dem Archivio Storico Ministero Affari Esteri.

107　Scholder, „Altes und Neues", S. 561, Fußnote 78; Repgen, „P. Robert Leiber SJ, Der Kronzeuge", S. 26. Fremdsprachen waren, in den Worten Besiers, nicht Scholders Stärke, vgl. Gerhard Besier an den Verfasser, 6.6.2014.

108　Scholder, „Altes und Neues", S. 566, Fußnote 97; Ludwig Volk an Angelo Martini, 30.4.1978, ADPJ, NL Ludwig Volk, 47, 771–2/VII b.

109　Aufzeichnung, Antonius John vom 18.5.1958 (undatiertes Dokument), Privatsammlung Rudolf Morsey.

eines Konkordats seien bereits aufgenommen worden und der Heilige Stuhl werde der Zentrumspartei deshalb empfehlen, dem Ermächtigungsgesetz zuzustimmen. Orsenigo habe noch zum Ausdruck gebracht, dass die Kirche den Staatsformen und politischen Systemen indifferent gegenüberstehe, solange die „Freiheit der Kirche" garantiert sei.[110]

Als Scholder erst einmal in Besitz dieses anscheinend unumstößlichen Beweises gekommen war, merkte Ludwig Volk konsterniert an, „dass die Situation sich sehr ungünstig verändert hat."[111] Wie darauf am besten zu reagieren war, wurde auf einer Sitzung der Kommission für Zeitgeschichte zur Besprechung von Scholders Buch am 15. April 1978 thematisiert. Da Winkler im Jahr 1961 verstorben war, gebe es keine Möglichkeit, die Quelle durch Nachfragen zu überprüfen.[112] Repgen verkündete, er werde sich mit dieser „pseudohistorischen Aussage" in seinem Artikel für die *Vierteljahrshefte* auseinandersetzen. Bevor er in dieser Angelegenheit jedoch zur Tat schritt, sandte Repgen Scholder eine Kopie desselben Protokolls, die sich in seinem Besitz befand. Die darin enthaltene Darstellung sei „gänzlich unglaubwürdig".[113] Wenn Scholder gleicher Ansicht sei, so teilte ihm Repgen mit, würde er dies in seinem Aufsatz mit einer kurzen Anmerkung abhandeln. Anderenfalls würde er näher darauf eingehen und die mangelnde Glaubwürdigkeit dieses Dokuments als verlässliche Quelle erläutern.[114] Ungeachtet dessen entschied sich Scholder, das Dokument zu verwenden, da es seiner Überzeugung nach „im wesentlichen den Stempel der Wahrheit" trage. Doch bevor er das Dokument tatsächlich anführte, schickte er Morsey eine Kopie des Protokolls und bat diesen um seine Einschätzung.[115]

Morsey schickte ihm unverzüglich einen zweiseitigen Brief, in dem er seine Skepsis zum Ausdruck brachte.[116] Winklers Darstellung, so Morsey, sei an vielen Stellen nachweislich falsch. So habe Kaas beispielsweise im Berliner Hedwigskrankenhaus gewohnt, sodass es keine Klingel gegeben haben könne. Auch dass Kaas derartig bedeutende und heikle Informationen gegenüber einem „Hinterbänkler" wie Winkler preisgegeben haben soll, überdehne die Glaubwürdigkeit des Berichts. Johns schriftliche Darstellung, die unmittelbar auf den Kampf vor dem Bundesverfassungsgericht gefolgt sei, könne durchaus durch Brachers Darstellung der Ereignisse beeinflusst worden sein. Scholder

---

110 Ebd.
111 Ludwig Volk an Angelo Martini, 30.4.1978, ADJP, NL Ludwig Volk, 47, 771–2/VI b.
112 Repgen, „Entstehung der Reichskonkordats-Offerte", S. 525 f., Fußnote 98.
113 Konrad Repgen an Klaus Scholder, 8.6.1978, Privatsammlung Brechenmacher.
114 Ebd.
115 Klaus Scholder an Rudolf Morsey, 28.7.1978, Privatsammlung Rudolf Morsey.
116 Klaus Scholder an Rudolf Morsey, 7.8.1978, Privatsammlung Rudolf Morsey.

ließ sich jedoch nicht abbringen. Es sei gänzlich unwahrscheinlich, beharrte er, dass Winkler die Geschichte schlichtweg komplett erfunden habe.[117]

Diese Gegenüberstellung von Pro und Kontra fand ihren Weg auf die Seiten der *Vierteljahrshefte für Zeitgeschichte*, wo sie ein zentrales Kennzeichen dieses Austauschs unterstrich: Beide Historiker konnten sich dieselben Dokumente ansehen und zu zwei völlig entgegengesetzten Schlüssen hinsichtlich ihrer Bedeutung kommen. Für Repgen war Winklers Geschichte, die er einem leicht zu beeindruckenden jungen Mann 25 Jahre später beim Mittagessen erzählt hatte, eine absolut ungeeignete Quelle zur Rekonstruktion der Ereignisse von 1933.[118] Scholder räumte zwar ein, dass Winkler die Geschichte erfunden haben könnte, betonte aber gleichzeitig, dass sich etwas ganz Ähnliches hätte zutragen können. Laut Scholder sei letztere Variante „aus der Gesamtlage" heraus und unter Berücksichtigung des aktuellen Forschungsstands eine Schlussfolgerung, die er „für wahrscheinlicher" halte.[119]

Den Höhepunkt ihrer Debatte markierte der Streitpunkt, der sich aus ihrer widerstreitenden Interpretation einer zentralen Quelle ergab: Kaas' tagebuchartige Aufzeichnungen von 1935, die Morsey bereits im Jahr 1960 ans Licht gebracht hatte. Kaas berichtet darin ausführlich von seiner Reise nach Rom am 24. März 1933, nur einen Tag nach der Verabschiedung des Ermächtigungsgesetzes. Auf seiner Rückreise nach Berlin habe er am Morgen des 8. April 1933 in München in einen anderen Zug umsteigen müssen. Durch Zufall habe er Franz von Papen und dessen Frau im Speisewagen getroffen. Was Kaas als nächstes niedergeschrieben hatte, ließ Repgen und Scholder zwei sich diametral gegenüberstehende Schlussfolgerungen ziehen. In der umstrittenen Passage schreibt Kaas: „Im Laufe einer von ihm (Papen) angeregten Besprechung in seinem Abteil stellte ich fest, daß die mehrfach auch in der Öffentlichkeit erörterte Absicht eines etwaigen Konkordatsabschlusses Tatsache war."

Für Repgen verstand sich die Bedeutung dieser Passage von selbst: Kaas berichtete darüber, dass er bislang lediglich Gerüchte über ein beabsichtigtes Reichskonkordat gehört habe.[120] Im Laufe der Unterhaltung mit von Papen habe er erstmals erfahren, dass diese Absicht wirklich den Tatsachen entsprach. Für Scholder hingegen deutete das Dokument auf das genaue Gegenteil hin: Kaas habe von den Plänen schon lange vor dem 8. April 1933 gewusst. Bei genauem Lesen dieses Satzes, so Scholder, werde erkennbar, dass Kaas an keiner Stelle erwähnt, er habe über die Pläne des Regimes zum Abschluss

---

117 Klaus Scholder an Rudolf Morsey, 10.8.1978, Privatsammlung Rudolf Morsey.
118 Repgen, „Entstehung der Reichskonkordats-Offerte", S. 525.
119 Scholder, „Altes und Neues", S. 567.
120 Repgen, „Entstehung der Reichskonkordats-Offerte", S. 518.

eines möglichen Staatskirchenvertrags nichts gewusst. Vielmehr gestehe er seine Kenntnis ein, sonst ergebe die Formulierung „*auch* in der Öffentlichkeit erörtere Absicht" (Herv. d. Verf.) keinen Sinn. Mit anderen Worten: Die Pläne zum Abschluss eines Reichskonkordats waren laut Scholder bereits mit Kaas wie auch in der Öffentlichkeit diskutiert worden, bevor Kaas im Zugabteil erfuhr, dass von Papen mit ihrer Umsetzung betraut worden war.[121]

Wessen Deutung war nun korrekt? Da beide Kontrahenten sich einig waren, dass Kaas seine Worte stets abwog, konzentrierte sich ihr Disput auf die syntaktische Platzierung des Wortes „auch". Im weiteren Sinne ging es um die Erklärung einer Abfolge von Ereignissen, für die schriftliche Belege rar waren. Repgen machte geltend, dass der Vorrang dem empirisch Belastbaren gegenüber Alternativen zu geben sei, die „in den hypothetischen Bereich hinein verlagert" seien – alle Fälle von „es könnte" oder „es müsste".[122] Was Scholder ärgerte, war Repgens „apodiktische Endgültigkeit".[123] Repgen habe seine Erwiderung auf Scholder mit Wendungen wie „Anders läßt sein Brief sich nicht verstehen" oder „Der Schluß ist unabweisbar" übersät. Scholder schleuderte seinem Gegner den gewagten Vorwurf entgegen, ein Positivist zu sein, der glaube, ausschließlich empirisch nachprüfbare Belege führten zur historischen Wahrheit. „Dieser Akten-Positivismus", beharrte Scholder, müsse „fast notwendig in die Irre führen."[124] Repgen versuche mit den Quellen das Unbeweisbare zu beweisen – die These, dass es vor Anfang April 1933 keine konkreten Pläne für den Abschluss des Reichskonkordats gegeben habe. Der alleinige Umstand, dass bislang keine schriftlichen Aufzeichnungen hätten gefunden werden können, bedeute nicht, dass keine Verhandlungen stattgefunden hätten. Schließlich sei die erste Jahreshälfte 1933 eine Zeit der „Revolution" gewesen, die Staatsgewalt und politischen Parteien seien nicht mehr in herkömmlicher Weise vorgegangen. Sollte ein Szenario, in dem die führenden Akteure, entweder mit Absicht oder aus der Notwendigkeit heraus, keine schriftlichen Aufzeichnungen hinterließen, nicht zumindest berücksichtigt werden?

So bedeutend dieser Dissens über die richtige Methode auch gewesen war, markiert er dennoch nicht den Eckpfeiler der Kontroverse. Die beiden sich duellierenden Historiker hatten methodisch mehr gemeinsam, als ihre harschen Worte vermuten lassen. Beide waren Politik- und Diplomatiehistoriker der alten Schule, die sich auf die genauen Manöver von Kirchenmännern und

---

121 Scholder, „Altes und Neues", S. 555.
122 Repgen, „Entstehung der Reichskonkordats-Offerte", S. 500 f.
123 Scholder, „Altes und Neues", S. 537.
124 Ebd.

Politikern sowie die zugrundeliegenden theologischen Motive konzentrierten. Beide mieden zudem die in den 1970ern immer mehr in Mode kommende, strukturlastige Gesellschaftsgeschichte, Repgen sogar ausdrücklich.[125] Beide hatten schließlich Bekanntschaften zu Politikern, Diplomaten, Kirchen- männern und Journalisten, die, wie in Repgens Fall beispielsweise Leiber, eine wichtige Rolle in ihren Darstellungen einnahmen. Mit anderen Worten: Sie schrieben beide über eine Welt, die beide aus erster Hand sehr gut kannten.

Im Zentrum ihres Konflikts stand jedoch etwas anderes: ihre entgegen- gesetzten moralischen Urteile bezüglich der beteiligten Politiker und deren Entscheidungen. Einen regelrechten Wortschwall löste Scholders Behauptung aus, das Reichskonkordat stehe für den Triumph der politischen Zweck- mäßigkeit über die Moral.[126] Für eine Kirche, die entschlossen die Sicherheit aus einem solchen Vertrag zu erzielen suche, sei das Reichskonkordat laut Scholder unvermeidbar, aber moralisch problematisch.[127] Daran nahm Repgen Anstoß. Er kritisierte nicht nur, dass Scholder die katholische Reaktion auf die Herausforderung des Nationalsozialismus als „Kapitulation" bezeichnet habe, während er seine Kritik an der protestantischen Kapitulation durch die Über- schrift „Die Machtergreifung und der Protestantismus" neutralisiert habe.[128] Er bestand auch darauf, dass die Reaktion der Kirche moralisch gesehen die richtige Vorgehensweise gewesen sei. Der Papst habe nicht fahrlässig gehandelt. Dieser Staatskirchenvertrag sei die einzige Möglichkeit zur Verteidigung gegen die nationalsozialistische Gewaltherrschaft gewesen. In einem totalitären System seien die bloße Aufrechterhaltung der Unabhängigkeit der Kirche und die Spende der Sakramente eine Form des Widerstands.[129] Das Reichs- konkordat habe dem Episkopat, dem Pontifikat und der Kirche im Ausland ein Mittel zum Protest gegeben: Verstößen wurde mit Protest begegnet. Das Reichskonkordat, so Repgens Schlussfolgerung, sei daher das genaue Gegen- teil einer Kapitulation gewesen: Es sei eine legale Form der Nichtanpassung gewesen.

Scholder wich diesen Fragen des kirchlichen Widerstands in seiner Erwiderung aus. Sie seien, gab er vor, zu „vielschichtig", als dass im Rahmen dieser Diskussion eine zufriedenstellende Antwort auf sie gegeben werden könne.[130] Bezeichnenderweise bestritt keiner der beiden Geschichtswissen- schaftler, dass es für Historiker, die ansonsten zur Objektivität ausgebildet

---

125 Klaus Scholder an Konrad Raiser, 26.11.1970, BAK, NL Klaus Scholder, #246.
126 Scholder, *Die Kirchen und das Dritte Reich, I*, S. 523.
127 Repgen, „Entstehung der Reichskonkordats-Offerte", S. 529.
128 Ebd., S. 530 f.
129 Ebd., S. 532.
130 Scholder, „Altes und Neues", S. 567 f.

wurden, legitim sei, moralisch über die Subjekte ihrer Darstellungen zu urteilen. Scholder leitet sein Buch tatsächlich mit der Beteuerung ein, er habe „Blindheit und Lüge, Arroganz, Dummheit und Opportunismus beim Namen genannt, auch wenn sie in einem geistlichen Gewand steckten und die Sprache der Kirche sprachen."[131] Er sah es als moralische Pflicht an, die Frage der Schuld, sowohl die der Kirchen als auch der Nation, aufzuarbeiten.[132] Repgens Verteidigung der Kirche beruhte ebenfalls auf moralischen Überlegungen, die argumentativ allerdings sehr viel stärker die Folgen kirchlichen Handelns, mit anderen Worten dessen Zweckmäßigkeit, einbezogen, etwa im historischen Blick auf die zeitgenössische Seelsorge: Würden die Sakramente der Taufe, heiligen Kommunion und die Sterbesakramente nicht gespendet, stünden die Seelen der Gläubigen auf dem Spiel.

Für beide Wissenschaftler diente die Geschichte den moralischen und religiösen Erfordernissen der Gegenwart. Der christliche Wissenschaftler, schrieb Repgen mehrere Jahre später, habe die besondere Verpflichtung, die Bedeutung seiner Erkenntnisse für die Gläubigen einzuschätzen. Geschichte, so Repgen weiter, schaffe Identität: Sie sage ihm, „wer ich bin und was wir sind."[133] Als Hüter der kollektiven Identität trügen katholische Historiker eine gewaltige Verantwortung. Fehler bei der Darstellung der Fakten oder bei der Deutung von Quellen könnten „unheilvolle Folgen für die Existenz der Großgruppe als Großgruppe" haben, wie diese historische Kontroverse deutlich gemacht habe.[134] Die nicht ausgesprochene Schlussfolgerung: Unangebrachte und unredliche Kritik könne den Glauben erschüttern.

Da zwischen Repgen und Scholder anscheinend Einigkeit darüber bestand, dass Historiker zur Geltendmachung moralischer Forderungen berechtigt waren, waren beide darauf angewiesen, andere Wege zur Diskreditierung des moralischen Urteils des jeweils anderen zu finden. Sowohl Repgen als auch Scholder versuchten es mit der Behauptung, die konfessionelle und politische Voreingenommenheit des jeweils anderen habe es ihm unmöglich gemacht, als neutraler moralischer Schiedsrichter aufzutreten. Die Begründung fiel beiden nicht schwer. Repgen reihte seinen Gegner unter die altbekannten Konkordatskritiker ein, beginnend mit Georg August Zinn und Thomas Dehler. Dabei ging Repgen mit den Positionen seines Kontrahenten allzu frei um und formulierte sie oft extremer als Scholder es ursprünglich getan hatte.[135] So

---

131   Scholder, *Die Kirchen und das Dritte Reich, I*, S. ix.
132   Scholder, „Lässt sich Schuld bewältigen?", S. 115–120.
133   Repgen, „Christ und Geschichte", S. 30.
134   Ebd.
135   Wolf, „Historisierung", S. 187.

behauptete er etwa, Scholders „Hauptargument" (Scholder hatte eine solche Formulierung nie gewählt) ähnele dem Hauptargument aus Zinns Rede vom 20. Januar 1949 vor dem Parlamentarischen Rat. Laut Repgen zeigte dies auf, dass die historische Beurteilung des Konkordats mit der aktuellen Tagespolitik verwoben sei.[136]

Auch Scholder suchte nach Wegen, um Repgens moralisches Ansehen zu schmälern. Das Ziel von Repgens Argumentation sei es, „den Vatikan von jeder Mitverantwortung für die Vorgeschichte des Konkordats und damit zugleich von jeder Verstrickung in die Machtergreifung Hitlers zu entlasten".[137] Dass Scholder nun auf Intrigen des Vatikans anspielte – eventuell ein Nachhall liberalen Argwohns gegenüber dem Ultramontanismus des späten 19. und frühen 20. Jahrhunderts – verdeutlicht, wie weit die Rahmenbedingungen der Debatte sich verlagert hatten. Scholder richtete seine Kritik nicht mehr nur auf Kaas, wie er es noch in seinem Artikel für die *Frankfurter Allgemeine* getan hatte, sondern – wie Hochhuth – auf die Spitze der vatikanischen Hierarchie.

Über dieser Analyse – wie Scholders Wortwahl („entlasten") verdeutlicht – schwebte die Frage nach der Schuld der Kirche als solcher. Aus Scholders Sicht erfordere Schuld Reue, Bekenntnis und Sühne. Doch selbst in diesem Punkt waren seine Überlegungen von der konfessionellen Kluft der 1950er Jahre durchdrungen. Scholder hatte eine Erklärung dafür, warum der katholischen Kirche dringender der Spiegel vorgehalten werden müsse, und sie folgte einem Argumentationsmuster, dessen sich evangelische Kirchenführer bereits seit dem Kampf um das Reichskonkordat Mitte der 1950er Jahre bedient hatten.[138] Die evangelische Kirche habe bereits Reue gezeigt, während die katholische Kirche dies nicht getan habe.[139] In seinem letzten veröffentlichten Interview von 1985 führt er diese Behauptung näher aus. Protestantische Kirchenführer, so Scholder, hätten sich im Stuttgarter Schuldbekenntnis vom 19. Oktober 1945 zu ihrer Schuld bekannt.[140] Im Gegensatz dazu hätten diejenigen an der Spitze der katholischen Hierarchie, etwa Papst Pius XII., nichts dergleichen

---

136 Repgen, „Entstehung der Reichskonkordats-Offerte", S. 530.

137 Scholder, „Altes und Neues", S. 536.

138 Vgl. Heinrich Grübers Anmerkungen zu diesem Thema in: Wilhelm Unger, „Entscheidend ist, was ausgesprochen wird.' Propst Grüber stellt sich vor Rolf Hochhuth", in: *Kölner Stadt-Anzeiger*, 14.3.1963, Rowohlt Theater-Verlag, Archiv.

139 Das vermeintliche Fehlen eines katholischen Schuldbekenntnisses im Jahr 1945 wurde zu einem in der Geschichtswissenschaft kontrovers diskutierten Thema. Für unterschiedliche Ansichten, von denen sich einige auf die erste Erklärung der Fuldaer Bischofskonferenz im August 1945 konzentrieren, siehe: Hummel, „Gedeutete Fakten", S. 509–512; Hummel, „Umgang mit der Vergangenheit", S. 217–235. Für eine Gegenansicht siehe Leugers, „Forschen und Forschen Lassen", S. 89–109.

140 Scholder, „Lässt sich Schuld bewältigen?", S. 115–120.

unternommen. In seiner breit veröffentlichten Ansprache vor dem Kardinalskollegium am 2. Juni 1945 habe Papst Pius XII. sich geweigert, auch nur
einen Millimeter von seinem Standpunkt abzurücken und denen gegenüber
nachzugeben, die nach einer Anerkennung des Umstands suchten, dass die
Kirche selbst (und nicht nur ihre einzelnen Gläubigen) möglicherweise mehr
Widerstand hätte leisten können.[141] Seitdem, unterstellte Scholder, seien die
Kirchenführer von ihrer eigenen Rechtschaffenheit überzeugt und unfähig
gewesen, ihre eigenen Sünden einzugestehen.

Scholder gab ferner zu verstehen, dass die Kommission für Zeitgeschichte,
deren Vorsitzender Repgen war, einen Teil der Schuld für diesen Umgang mit der
katholischen Vergangenheit trage.[142] Die katholische Forschungseinrichtung,
so sein Vorwurf, erfreue sich eines „Forschungsmonopols". Ihre Position sei
der dominanten Stellung, welche die Veteranen der Bekennenden Kirche
in der Historiografie des protestantischen Kirchenkampfs gegenüber den
„Dahlemiten" innehätten, nicht unähnlich.[143] Obwohl die von der Kommission
herausgegebenen Quelleneditionen von höchster Qualität seien – und tatsächlich unübertroffen in der gesamten zeitgeschichtlichen Forschung – beharrte
Scholder dennoch, das Gruppendenken der Kommission müsse in Frage gestellt
werden. Eine Entflechtung des Monopols sei notwendig, nicht nur um Außenseitern konkurrierende Darstellungen zu ermöglichen, sondern auch um eine
moralische und religiöse Erneuerung herbeizuführen. Um eine Wiederholung
der vergangenen Fehler zu vermeiden, müssten die Kirchen offen Rechenschaft über ihr Versagen ablegen – eine Aufgabe, für die Insider mit Kontakten
zu hochrangigen Persönlichkeiten in der Kirche schlecht geeignet seien. Dies
war für Scholder das offensichtliche, jedoch unausgesprochene konfessionelle
Problem.

Der offizielle Austausch der beiden Historiker nahm Anfang 1979 ein Ende,
als Scholder es schlichtweg ablehnte, weiter auf die Vorwürfe seines Gegners
zu reagieren. Es scheint, als hätte Repgen seinen Kontrahenten mit seiner
unbedingten Quellenreferenz und detaillierten Ereignisrekonstruktion zum
Schweigen gebracht. In seinem in den *Vierteljahrsheften für Zeitgeschichte* veröffentlichten „Nachwort" nannte Repgen sage und schreibe 70 Punkte – „wenn
ich richtig zähle" –, in denen Scholders Erwiderung ihn nicht „überzeugt"
habe; der Bonner Historiker gab sich damit zufrieden, von diesen 70 Punkten

---

141   Ebd.
142   Scholder, „Altes und Neues", S. 535–540. Er erwähnt in diesem Zusammenhang ausdrück-
      lich Morsey und Volk.
143   Ebd., S. 540.

bloß zehn zu skizzieren.[144] Scholder begnügte sich damit, kurz und bündig mit einem Absatz zu antworten. Da er in Repgens zehn Punkten nichts Neues finden könne, habe er nichts Weiteres hinzuzufügen.[145]

Nachspiel

Die Kontroverse war damit noch nicht ganz abgeschlossen. Eine Art Epilog unterstrich, dass eine eigenartige Dynamik am Werk war. Die konfessionellen Spannungen hatten bis Ende der 1970er Jahre insgesamt erheblich nachgelassen – allerdings nicht in dem kleinen Kreis von Historikern, der sich mit den Kirchen im Nationalsozialismus beschäftigte. Sie gingen natürlich davon aus, dass Scholder weiterhin eine maßgebliche Persönlichkeit auf diesem Forschungsgebiet bleiben würde und für die Mitglieder der Kommission für Zeitgeschichte ein mächtiger Gegner. Er bereitete sich auf den zweiten Teil seiner mehrbändigen Geschichte der Kirchen im „Dritten Reich" vor. Im Herbst 1980 erschien ein Artikel über den deutschen Episkopat und den Vorsitzenden der Fuldaer Bischofskonferenz Adolf Bertram in der *Frankfurter Allgemeinen Zeitung*.[146] Zu diesem Zeitpunkt konnte niemand Scholders Kampf gegen seine Krebserkrankung, die 1985 sein Leben forderte, vorhersehen.

Vor diesem Hintergrund lassen sich die gekränkten Reaktionen vieler Mitglieder der Kommission für Zeitgeschichte auf einen am 4. November 1980 ausgestrahlten Dokumentarfilm im ZDF erklären. Diese Kontroverse hob die Vergeblichkeit der Verteidigungsstrategien hervor, die seit der Hochhuth-Affäre zum Einsatz gekommen waren. Das Drehbuch für den Film *Wie ein Schicksal ... wie ein Verhängnis ... Katholische Kirche im Dritten Reich* hatten zwei junge Intellektuelle geschrieben, deren Ziel es war, die jüngere Generation der Deutschen über die problematische Rolle der katholischen Kirche im „Dritten Reich" zu informieren.[147] Der bekanntere des Duos, Michael Albus, hatte in Katholischer Theologie promoviert, einen Hintergrund als Kirchenhistoriker und war Leiter des Pressereferats beim Zentralkomitee der deutschen Katholiken gewesen, bevor er beim ZDF die Leitung der Redaktion „Kirche und Leben" übernommen hatte. Klaus Scholder, der langjähriger Kommentator beim ZDF war, unterstützte die beiden Filmschaffenden als

---

144   Repgen und Scholder, „Nachwort zu einer Kontroverse", S. 159–161.
145   Ebd., S. 161.
146   Scholder, „Requiem für Hitler".
147   Dieter Stolte an Konrad Repgen, 11.12.1980, ZDFUA, Bestand, Programmdirektor, Allgemeine Korrespondenz, 1.9.80 bis 30.1.81, 5/0890.

Fachberater. Ihr 75-minütiger Dokumentarfilm stellte Interviews mit Zeitzeugen in den Vordergrund, die laut eines etwas irreführenden Pressetexts
über den Film „damals in wichtigen Stellen tätig" gewesen waren.[148] „Kann
man aus der Geschichte von damals heute etwas lernen?", fragten die jungen
Filmemacher am Ende des Films.[149]

Obwohl der Film nur einmal im Fernsehen ausgestrahlt wurde, bevor er
im Archiv landete, schrieben mehrere Historiker der Kommission für Zeitgeschichte, darunter Repgen, Albrecht und Volk, harsche Protestbriefe an das
ZDF. Sie beriefen sich darin auf das angebliche konzeptionelle Durcheinander
und den Mangel an Objektivität. Repgen zählte neun konkrete Einwände
auf.[150] Bezeichnenderweise gingen sie in ihrer Kritik nicht auf Scholders
Rolle als Fachberater ein. Dessen Mitwirken hätten sie auch nicht kritisieren
können, da die Einseitigkeit des Films zum Teil durch einen einseitigen Akt der
Entwaffnung herbeigeführt worden war. Zu Beginn der Planungsphase hatte
Albus Scholder und Volk, beide international anerkannte Experten, angeboten,
als Fachberater mitzuwirken. Von Anfang an hatte Volk seine Zusage davon
abhängig gemacht, dass die Kommission für Zeitgeschichte vorab eine
Zusammenfassung des Drehbuchs erhalten würde. Albus beschwerte sich
später, dies sei gleichbedeutend mit der Forderung nach einer Genehmigung
gewesen.[151] Kurz nach Beginn der Dreharbeiten stieg Volk aus dem Projekt aus.

Für Albus machte dieser Vorgang eine konfessionell begründete Klein-
kariertheit deutlich, die ihn bei einer Person mit Volks „geistige[r] Kapazi-
tät" überraschte.[152] Der Umstand, dass der kirchliche Beauftragte beim ZDF,
Pater Eberhard von Gemmingen SJ, den Film gesehen und anscheinend für
unbedenklich befunden hatte, machte die Protestbriefe der drei genannten
Kommissionsmitglieder für Albus noch schwerer nachvollziehbar. Ein Mitglied

---

148   Pressetext, „Wie ein Schicksal ... wie ein Verhängnis ... Katholische Kirche im Dritten
       Reich, Fragen von Michael Albus und Franz Stepan", Zweites Deutsches Fernsehen,
       Sendezeit: 04.11.1980, 21:25–22:40, ADPJ, NL Ludwig Volk, 47, 771–2/IX a.

149   „Wie ein Schicksal ... wie ein Verhängnis ... Katholische Kirche im Dritten Reich", ZDF
       Unternehmensarchiv. Die interviewten Zeitzeugen waren Oskar Neisinger, Erwin Keller,
       Marianne Pünder und Bernhard Welte.

150   Ludwig Volk an Michael Albus, 8.11.1980; Repgen an den Herrn Intendanten des Zweiten
       Deutschen Fernsehens, 11.11.1980; Dieter Albrecht an das Zweite Deutsche Fernsehen,
       13.11.1980, ADPJ, NL Ludwig Volk, 47, 771–2/IX a; Konrad Repgen an Dieter Stolte,
       11.11.1980; Konrad Repgen an Dieter Stolte, 19.12.1980; Konrad Repgen an Dieter Stolte,
       15.1.1981, ZDFUA, Bestand, Programmdirektor, Allgemeine Korrespondenz, 1.9.80–bis
       30.1.81, 5/0890.

151   Michael Albus an Ludwig Volk, 10.12.1980, ADPJ, NL Ludwig Volk, 47, 771–2/IX a.

152   Ebd.

der Deutschen Bischofskonferenz hatte den Filmschaffenden sogar Objektivität bescheinigt.[153]

Was Albus und Scholder hier miterlebten, wäre 1963 während der Hochhuth-Kontroverse undenkbar gewesen. Die hartnäckigsten und heftigsten Verurteilungen kamen nicht von den Bischöfen, sondern von katholischen Historikern, deren Institution sich seit über einem Jahrzehnt in der Forschung in besonderer Weise etabliert hatte. Die Bischöfe gaben entweder auch kritischeren Darstellungen ihr Einverständnis oder enthielten sich jeglichen Kommentars. Linkskatholiken der „45er-Generation" wie Karl Otmar von Aretin hatten offen Scholders Partei ergriffen. Diese Dissonanz wurde durch die Stimmen der jüngeren Katholiken ergänzt, die in der zweiten Hälfte der 1960er Jahre erwachsen geworden waren. Das, was vom einstigen katholischen Milieu – dem Netzwerk aus katholischen Verbänden und politischen Aktionsgruppen – übrig geblieben war, war ideologisch und politisch zersplittert. Viele bekannte katholische Laienverbände hatten in den späten 1960ern und frühen 1970ern einen Linksruck erfahren. Sie waren nicht mehr auf einer Linie mit den Bischöfen, denen der einst von der Aura des Bischofsamtes ausgehende politische und moralische Einfluss ihrer Vorgänger aus der unmittelbaren Nachkriegszeit fehlte. Tatsächlich sollte Repgen Anstoß an den auf dem Zweiten Vatikanischen Konzil beschlossenen Reformen nehmen und Volk entsprechend an dem Kurs, den sein Orden eingeschlagen hatte.[154]

Es war daher sehr unwahrscheinlich, dass jene, die die Vergangenheit der katholischen Kirche kritisierten, Einschränkungen der Forschungsmöglichkeiten seitens der Bischöfe beklagen würden. Wie Scholder zeigten sie stattdessen mit dem Finger auf die Kommission für Zeitgeschichte. Ihre vermeintliche wissenschaftliche Hegemonie diente als Ruf zu den Waffen. Auf der Suche nach einem alternativen Netzwerk für kirchenhistorische Zeitgeschichte gründeten diejenigen, die mit dem Zustand der Forschung unzufrieden waren, Ende der 1980er Jahre den Schwerter Arbeitskreis für Katholizismusforschung mit einer jährlichen Tagung in Schwerte im Ruhrgebiet.[155]

Doch die Kritiker der Kommission schrieben ihrem Popanz ein zu großes Verdienst zu. Das angebliche Forschungsmonopol der Kommission führte außerhalb der katholisch-intellektuellen Printmedien nie zu einem entscheidenden Vorteil. Während Historiker wie Repgen ihre Ansichten im Politikteil oder Feuilleton der *Frankfurter Allgemeinen Zeitung* veröffentlichen

---

153 Ebd.

154 Kösters/von der Osten, „Ludwig Volk", S. 27–56; Konrad Repgen und Hubert Jedin an Julius Kardinal Döpfner, 16.9.1968, KZG, NL Walter Adolph, WA 35b.

155 Blaschke, „Geschichtsdeutung und Vergangenheitspolitik", S. 517.

konnten, konnten sie keine Dokumentarfilme produzieren oder wie Scholder regelmäßig als Fernsehkommentator auftreten. Oder sie wollten es auch nicht.

Und so stand Volk letztendlich am Rande des Geschehens und grübelte über die konfessionellen Vorurteile, von denen die intellektuelle Landschaft der späten 1970er und 1980er Jahre durchsetzt war. Es sei seltsam, schrieb Volk, dass die öffentliche Aufmerksamkeit sich vor allem auf die Entstehung des Reichskonkordats konzentriere, „wo doch so allerlei aus dem evangelischen Lager viel aufregender sein müßte."[156] „Wenn ein katholischer Professor unfreundlich von dem großen Reformator M. Luther spricht", so Volks klagende Schlussfolgerung, „ist das ein Skandal". Wenn sich hingegen ein „evangelischer Professor Kardinal Bertram vornimmt, ist das ganz in Ordnung."[157] So überzogen diese polemische Aussage war, lässt sich an ihr die asymmetrische Wahrnehmung der Konfessionen ablesen, die aus der politischen und weltanschaulichen Landschaft der 1950er Jahre entstanden war und auch noch Jahrzehnte später fortbestand.

---

156   Ludwig Volk an Beate Ruhm von der Oppen, 15.5.1978, ADPJ, NL Ludwig Volk, 47-771-2 VII.
157   Ludwig Volk an P. Robert Graham SJ, 8.11.1980, ADPJ, NL Ludwig Volk, 47, 771–2/IX a.

KAPITEL 9

Bilanz

Warum machten die Reaktionen prominenter Kirchenpersönlichkeiten auf zwölf Jahre nationalsozialistische Diktatur, Krieg und Genozid nach 1945 ausgerechnet die katholische Kirche zu einem so offensichtlichen Ziel moralischer Zurechtweisung?

In der Zeit unmittelbar nach dem Zweiten Weltkrieg, zwischen 1945 und 1949, war das Wenige an öffentlicher Kritik, das sich an die deutschen Kirchen wegen ihrer vermeintlich begangenen Begehungs- und Unterlassungssünden während des Nationalsozialismus richtete, gleichmäßig auf die katholische Kirche und die evangelischen Kirchen verteilt. Die kommunistische Propaganda verdammte natürlich lautstark den „Klerikal-Faschismus" und nahm die katholische Kirche unverhältnismäßig stark ins Visier. Pazifisten und Kriegsdienstverweigerer wie Josef Fleischer beklagten öffentlich konkrete Missstände, die ihnen ein Dorn im Auge waren und zumeist im Zusammenhang mit katholischen Seelsorgern oder Bischöfen standen, von denen sie persönlich enttäuscht worden waren.

Doch selbst ihre moralische Abrechnung mit der katholischen Kirche in der Presse stellte in mehr als einem Punkt eine Abweichung von der Norm dar. Angesichts der erheblichen Papierknappheit und den von den Alliierten auferlegten Einschränkungen des Rundfunks und der Printmedien äußerten die meisten Personen ihre Bedenken gegenüber der Haltung der Kirchen im „Dritten Reich" (wenn überhaupt) privat. Aus dem Wunsch heraus, das Ansehen Deutschlands im Ausland nicht noch mehr zu schädigen, zumal in einer Zeit, in der weithin von Kollektivschuld, Kriegsverbrecherprozessen, Entnazifizierung und Reparationszahlungen die Rede war, vertraten Ende der 1940er Jahre die meisten die Ansicht, im nationalen Interesse besser zu schweigen. Dieser Umstand überhöhte allerdings das Bild der triumphierenden Kirche und ihrer klar denkenden Anführer, die tapfer Widerstand geleistet hatten und denen die Gläubigen unerschrocken gefolgt waren, zur gleichsam rechtgläubigen Sichtweise. Dies galt genauso für die evangelischen Geistlichen, die ihr eigenes mutiges Glaubenszeugnis hinter dem Kreuz der Bekennenden Kirche in einer Zeit der Idolatrie und Verfolgung priesen, während sie sich hinter den Führungspositionen der 1946 neu gegründeten Evangelischen Kirche in Deutschland versteckten.

Doch mit Beginn des Jahres 1949, während der Beratungen im Parlamentarischen Rat, wich diese Symmetrie und löste sich bis 1956, als die Frage der

© BRILL SCHÖNINGH, 2022 | DOI:10.30965/9783657701544_010

Fortgeltung des Reichskonkordats dem Bundesverfassungsgericht vorgelegt wurde, immer weiter auf. Das Pendel der Kritiker schlug heftig aus – und fast ausschließlich in Richtung der katholischen Kirche. Moralische Zweifel an der Eignung von katholischen Bischöfen, Kardinalstaatssekretären und Päpsten der NS-Zeit überschlugen sich vor den Augen der Öffentlichkeit. Als Gegenstand von Schlagzeilen, Titelseiten der einflussreichsten Tages- und Wochenzeitungen, Beiträgen in Illustrierten und Bestsellern in Deutschland und den Vereinigten Staaten waren sie nicht zu übersehen. Demonstrationen, Ausschreitungen und Boykotte zogen die Objektive und Aufnahmegeräte von Zeitungs-, Radio- und Fernsehredakteuren auf beiden Seiten des Atlantiks magnetisch an. Im Gegensatz dazu wurde ähnliche moralische Kritik an der Rechtschaffenheit protestantischer Führungspersönlichkeiten stumm geschaltet. Sie gehörte zumeist ohnehin in die Domäne spezialisierter Wissenschaftler und anders denkender Theologen, deren Kritik in all dem Getöse, das mit den kritischen Angriffen auf die katholischen Geistlichen und ihre Vergangenheit einherging, nur gelegentlich vernommen wurde.[1]

Warum erhielten die angeblichen Sünden der katholischen Kirche ein so viel stärkeres Echo als die ihrer evangelischen Glaubensbrüder? Diese leitende Forschungsfrage steht im Zentrum dieser Darstellung, zumal die Führung der deutschen evangelischen Kirche nach nahezu allen objektiven Maßstäben eine weitaus beunruhigendere Bilanz der Kollaboration aufzuweisen hat als ihr katholisches Gegenstück.[2] Zwischen 10 und 20 Prozent der evangelischen Geistlichen (in einigen Ländern sogar mehr als die Hälfte!) waren nicht nur Mitglieder der Deutschen Christen, sondern waren auch der NSDAP oder angeschlossenen Organisationen wie der SA beigetreten, und viele bemühten sich, ihre Verbundenheit mit nationalsozialistischen Werten zum Ausdruck zu bringen.[3] Selbst gefeierte Widerstandskämpfer der oppositionellen Bekennenden Kirche hatten, wie heute bekannt ist, an weite Teile der Ideologie und des Antisemitismus des NS-Regimes geglaubt. Demgegenüber gehörten weniger als ein Prozent der katholischen Kleriker der NSDAP an und die schlimmsten der „braunen Priester" wurden oft wegen ihres Übereifers zurechtgewiesen.[4]

---

1 Siehe Baumgärtel, *Wider die Kirchenkampflegenden*, in erster Auflage mit 42 Seiten sowie die erweiterte 91-seitige Auflage; Goldschmidt/Kraus (Hg.): *Der ungekündigte Bund*; Gerlach, *Zeugen*.

2 Für diese Ansicht siehe Gailus, „Keine gute Performance", S. 96–121.

3 Vollnhals, *Evangelische Kirche und Entnazifizierung*, S. 226. Nach den Entnazifizierungsmaßstäben der Amerikaner hatten sich 95 Prozent der Bremer Landeskirche belastet.

4 Spicer, *Brown Priests*, S. 233, 240. Spicers Liste der „braunen Priester" enthält 138 Einträge, einschließlich Mitglieder religiöser Orden. Demnach traten 53 der NSDAP bei. Es sollte

Es gibt eine einfache Antwort auf die Frage, warum die Mehrheit ihre Aufmerksamkeit auf die Vergangenheit von Deutschlands religiöser Minderheit legte, deren Sünden in starkem Kontrast zu denen der protestantischen Mehrheit zumeist als Verschulden durch Unterlassen denn durch aktives Begehen erachtet wurden: Es war (und ist) einfacher, sich einen Reim auf das scheinbare Versagen der katholischen Kirche zu machen. Jeder konnte sich als Experte geben. Sie war eine Universalkirche. Ihre Strukturen waren streng hierarchisch. Ihre Bischöfe, Kardinäle und Päpste waren jedem ein Begriff, sogar Berühmtheiten und Vorbilder katholischer Autorität. Im Vergleich dazu waren die evangelischen Kirchen Deutschlands ein Musterbeispiel der Unübersichtlichkeit. Selbst ordinierten Kirchenvertretern fiel es oft nicht leicht, ihren Neubekehrten die theologischen und historischen Unterschiede zwischen ihren reformierten, unierten und lutherischen Glaubensbrüdern, die wirren Strukturen der 28 evangelischen Landeskirchen und die internen Reibungen, die in den 1930ern Synoden, Notgremien und dissidente Kircheneinrichtungen auseinandergerissen hatten, zu erklären. Es gab keinen evangelischen Papst, der die Aufmerksamkeit hätte auf sich ziehen können. Wie hätten die Medien also die protestantische Haltung in Artikeln mit 2.000 Wörtern Umfang, geschweige denn in reißerischen Schlagzeilen, zusammenfassen können?

Doch es gab auch evangelische Kirchenmänner aus den Jahren der Verfolgung, die, wie etwa Martin Niemöller, Gläubigen auf der ganzen Welt aufgrund ihres Widerstands, aber auch unangebrachten Nationalismus bekannt waren. Warum löste ihr Verhalten im „Dritten Reich" zwischen den 1950ern und 1970ern keine größeren internationalen Skandale aus? Auch hierfür gibt es eine trügerisch einfache Erklärung, die ihre Wurzeln in einem Muster hat, das sich in weiten Strecken bis heute hält. Evangelische Politiker, Kirchenmänner, Journalisten, Bühnenautoren und Wissenschaftler beteiligten sich bereitwillig an öffentlichen Debatten über die katholische Kirche im „Dritten Reich" oder lösten sie selbst aus, während ihre römisch-katholischen Pendants in Presse, Kirche, gebildeten Kreisen und Wissenschaft, wenn überhaupt, dann nur selten öffentlich über die evangelische Vergangenheit der umstrittenen Jahre sprachen. Zwar sahen nicht alle Protestanten, die sich offiziell zur Bilanz der katholischen Kirche äußerten, diese auch kritisch – einige verteidigten sie sogar. Doch angesichts der schieren Masse an Äußerungen war es weitaus wahrscheinlicher, dass Zeitungsleser und Radiohörer etwas über die Geschichte der katholischen Kirchenmänner im „Dritten Reich" – sowohl der

---

beachtet werden, dass die meisten ihr Priesteramt behielten, obgleich sie Verwarnungen erhielten.

vorbildlichen als auch der verwerflichen – mitbekamen als über die Geschichte ihrer evangelischen Pendants.

Es gab jedoch neben der Anzahl der Stimmen auch noch einen weiteren Faktor, der zu diesem konfessionellen Ungleichgewicht beitrug: der Umstand, dass die evangelischen Kirchenmänner, Politiker und Intellektuellen in diesen Kontroversen einen Ton wählten, von dem sie wussten, dass er mit Anspielungen auf Sünde, Bekenntnis, Absolution und Vergebung nicht ohne Weiteres gegen ihre eigene Kirche gerichtet werden würde – oder könnte. Klaus Scholder war einer von vielen evangelischen Kirchenvertretern, die für mehr als drei Jahrzehnte darauf beharrten, dass das Stuttgarter Schuldbekenntnis vom 19. Oktober 1945 ein Beleg der Reue und Buße sei und dass die katholische Kirche in Ermangelung einer entsprechenden Erklärung weitaus stärker der Reue bedürfe.[5]

Hochangesehene evangelische Theologen verwiesen auch auf die unterschiedlichen Strukturen der Kirchen, um zu argumentieren, die katholische Kirche trage die größere Schuld. So behauptete der berühmte elsässische Missionsarzt und lutherisch-evangelische Theologe Albert Schweitzer in einem Brief, der nach seinem Bekanntwerden im September 1963 in ganz Deutschland für Schlagzeilen sorgte, die katholische Kirche habe die größere Schuld, weil sie „eine organisierte, internationale Größe war, die etwas unternehmen konnte" – und gewiss mehr als die „unorganisierte, machtlose, nationale" evangelische Kirche.[6] In diesem Stil argumentierte auch der Berliner Kirchenvertreter und ehemalige Angehörige der Bekennenden Kirche Heinrich Grüber in den Jahren 1963/64 und vertrat den Standpunkt, die zentralisierte hierarchische Struktur der katholischen Kirche befähige sie mehr zur Mobilisierung der Gläubigen: „Der Katholik im kleinsten Dorf dachte und tat das, was als Verlautbarung [vom Vatikan] zu ihm kam."[7] Kurz gesagt: Die katholische Kirche hatte nach dieser Lesart bessere Waffen als die Protestanten – Legionen an Priestern und Laien, ein Ethos des Gehorsams, eine eindeutige Weisungslinie und den Papst an der Spitze. Sie hätte mehr tun können – und müssen.

An dieser Stelle könnte man gemäß dem alten Bibelspruch zu der Feststellung verleitet werden, dass die Reihe der selbsternannten evangelischen Moralisten und Verbreiter der Wahrheit den Splitter im Auge ihrer Brüder

---

5   Scholder, „Lässt sich Schuld bewältigen?", S. 115–120.

6   Abschrift, Albert Schweitzer an den Rowohlt Verlag, 30.6.1963, SLA, NL Rolf Hochhuth, 269. Für die gedruckte Version siehe ag, „Schweitzer über Hochhuths Drama", in: *Frankfurter Allgemeine Zeitung*, 25.9.1963.

7   Zeitungsausschnitt, Wilhelm Unger, „Entscheidend ist, was ausgesprochen wird.' Propst Grüber stellt sich vor Rolf Hochhuth", in: *Kölner Stadt-Anzeiger*, 14.3.1963, HAEK, Gen II, 22.13, 35.

betonten, aber den Balken im eigenen Auge nicht wahrnahmen – und darin
läge sicherlich mehr als nur ein Körnchen Wahrheit. Doch kann ihnen dieses
Übersehen des Balkens vergeben werden? Wenn darauf hingewiesen wird,
dass die offene Kollaboration unter protestantischen Kirchenführern weiter
verbreitet war, so kann dieser Hinweis rückblickend und aus der Distanz
erfolgen – und speziell aufgrund der akribischen Erforschung des Versagens des deutschen Protestantismus, deren Ergebnisse ab Mitte der 1980er
Jahre in Form zahlreicher wissenschaftlicher Artikel und Monografien die
Regale der akademischen Bibliotheken füllten.[8] Diejenigen, die während der
Adenauer-Ära eine Abwägung der moralischen Verantwortung der Kirchen
vornahmen, hatten nur ein einseitiges Bild zur Hand. Im Regelfall hielten sie
die evangelischen Hagiografien – die selbstbewussten Bücher von den und
über die ehemaligen Anführer der Bekennenden Kirche – in der einen Hand.[9]
In der anderen hielten sie die zunehmend kritischen Aussagen, Bücher und
Artikel über die Verantwortlichkeit der katholischen Kirche für die „Machtergreifung" der Nationalsozialisten, die bis Mitte des Jahres 1956 bereits im
Druck erschienen und infolge der medienwirksamen Verhandlung über die
Fortgeltung des Reichskonkordats vor dem Bundesverfassungsgericht ein
breites Echo fanden.

War das Urteil vieler Protestanten, die katholische Kirche sei die kritik-
würdigere, also das Ergebnis schlichter Unwissenheit? Die Antwort hierauf
lautet: ja und nein. Die jüngeren Intellektuellen, die wie Rolf Hochhuth in
den späten 1920ern und frühen 1930ern geboren worden waren und der
„45er-Generation" zugeordnet wurden, hatten mit Sicherheit keine Kenntnis
von den Geschehnissen innerhalb der nicht für ihre Transparenz bekannten
evangelischen Synoden, Propsteien, Kirchenräte und Gremien; aber den Mitgliedern der engeren protestantischen Kreise aus den 1930ern und 1940ern
fehlte dieses Wissen nicht. Einige unter ihnen waren erpicht darauf, den

---

8   Für einen Überblick der evangelischen Historiografie siehe Thadden, „Kirchengeschichte",
    S. 598–614; Mehlhausen, „Methode", S. 508–521; Friedrich, „Erforschung", S. 9–35; Kaiser,
    „Tendenzen", S. 51–68; Fitschen, „Die Kirchen und das Dritte Reich", S. 113–123; Ludwig,
    „Deutung und Umdeutung", S. 39–81. Für Beispiele wegweisender revisionistischer Historio-
    grafie siehe Ericksen, *Theologians under Hitler*; Meyer-Zollitsch, *Nationalsozialismus*; Gerlach,
    Zeugen; Kaiser/Greschat (Hg.), *Holocaust und die Protestanten*; Vollnhals, *Evangelische Kirche
    und Entnazifizierung*; Barnett, *Soul of the People*; Bergen, *Twisted Cross*; Gailus, *Protestantis-
    mus und Nationalsozialismus*; Greschat, *Christenheit*; Hockenos, *Church Divided*; Heschel,
    Aryan Jesus.

9   Vgl. die ersten 30 Bände der Reihe „Arbeiten zur Geschichte des Kirchenkampfes" von
    1958 bis 1984 gemeinsam mit der Ergänzungsreihe, Bände 1 bis 15 von 1964 bis 1990: www.
    ekd.de/zeitgeschichte/publikationen/kirchenkampf.html sowie www.ekd.de/zeitgeschichte/
    publikationen/kirchenkampf_ergaenzungsreihe.html (acc. 20.6.2016).

Widerstandsmythos ihrer konfessionellen Kontrahenten zu widerlegen und, was nicht verwundert, zeigten sich weniger interessiert daran, die Hagiografien aufzuklären, an denen sie selbst oder ihre Glaubensbrüder in der Bekennenden Kirche mitgearbeitet hatten.[10]

Viele Katholiken, die sich nun einmal mehr in der Defensive wiederfanden, vermuteten daher (und zuweilen aus gutem Grund), dass in der öffentlichen Kritik, wie sie von Personen wie Grüber an der katholischen Haltung vorgebracht wurde, antikatholische Vorurteile einer von Protestanten dominierten kulturellen Elite und medialen Nachrichtenwelt erneut zum Vorschein kamen. Doch dieser Verdacht eines abermaligen Kulturkampfs, gleich wie plausibel er durch die konfessionellen Konflikte der 1950er und 1960er auch erscheinen mag, übersieht einen ausschlaggebenden Faktor: Fromme Katholiken, einschließlich der Konvertiten, Nonkonformisten und progressiven Strömungen, waren gleichermaßen daran beteiligt, diese Neubewertung der Vergangenheit ihrer Kirche auszuformulieren und zu verbreiten, wie ihre ehemals konfessionellen Gegner aus den protestantischen und atheistischen Lagern. Aus Sicht der kritischen oder nonkonformistischen Katholiken waren die Schismen, Fraktionen und Kapitulation der Protestanten schlichtweg nicht relevant für ihre eigene Geschichte. Ihre Überzeugung von der Notwendigkeit einer Kirchenreform war keinesfalls durch einen Vergleich mit dem evangelischen Kirchenkampf bedingt und wäre durch einen solchen möglicherweise sogar abgeschwächt worden. Ihr moralischer Aktivismus war zumindest bei denjenigen, die die schrecklichen Jahre der Diktatur und des Kriegs miterlebt hatten, auf ihre traumatischen persönlichen Erinnerungen daran zurückzuführen, was ihre Kirche ihnen angetan – oder nicht für sie getan – hatte. Ihre Gegner wurden durch ganz andersartige Erinnerungen angetrieben, nämlich daran, was der nationalsozialistische Staat ihrer Kirche angetan hatte und wie die Kirche denjenigen in Not Beistand geleistet hatte.

Doch der Verweis auf wieder wach werdende Erinnerungen an erlebtes Leid beantwortet die schwierige eingangs formulierte Frage nicht vollständig. Warum äußerten die Überlebenden, die vom Verhalten evangelischer Kirchenvertreter enttäuscht worden waren, ihre Kritik nicht ebenfalls öffentlich? Der Hauptgrund hierfür liegt in dem Umstand, dass die katholische Kirche für viele politische Aktivisten eine weitaus größere Quelle für tagespolitischen Verdruss

---

10 Vgl. beispielsweise die wütenden Reaktionen von Wilhelm Niemöller auf die Kritik von Friedrich Baumgärtel und John Conway. Vgl. Wilhelm Niemöller an Heinz Brunotte (Auszugsweise Abschrift), 17.7.1965, BAK, NL Klaus Scholder #330; Wilhelm Niemöller an John Conway, 10.11.1969, BAK, NL Klaus Scholder #73.

war als die evangelische Kirche.[11] In der Regel teilten die nonkonformistischen und kritischen Katholiken das Misstrauen der protestantischen Fachgelehrten gegenüber der angeblich herausragenden Rolle der katholischen Kirche in der Politik der Bundesrepublik. Derartige Bedenken fanden eher instinktiv Ausdruck in Tiraden gegen die „Klerikalisierung" der westdeutschen Politik, schlugen sich aber auch in den minutiösen Überlegungen zur Notwendigkeit einer Neufestlegung der Grenzen zwischen Kirche und Staat nieder. Diese Bedenken erklären den unverhältnismäßigen Fokus, der in den ersten Jahrzehnten der jungen Bundesrepublik auf die vermeintlichen Sünden der katholischen Kirche gerichtet wurde, besser als jeder andere Faktor.

Auslöser ihrer Verärgerung waren Streitpunkte, die der neuen Evangelischen Kirche in Deutschland anscheinend unmöglich vorgeworfen werden konnten: öffentliche Mahnungen an die Gläubigen, „christlich" zu wählen; der Versuch, den Bestand und die Neugründung von Konfessionsschulen durch ein Insistieren auf die Fortgeltung des Reichskonkordats von 1933 zu gewährleisten; Verlautbarungen durch Kleriker über Krieg und Frieden, die Adenauers Westbindung während des Kalten Kriegs eins zu eins wiederzugeben schienen. Wenn diese Grundsätze und Absichtserklärungen in Form von Hirtenbriefen von den Kanzeln verlesen wurden, nahmen sie die Gestalt religiöser Pflichten und moralischer Notwendigkeit an, gelegentlich sogar unter Hinweis darauf, dass das Schicksal der deutschen Christen auf dem Spiel stehe. Daraus ließ sich schnell ein einfacher Schluss ziehen: Die katholische Kirche hatte ihre Grenzen innerhalb der Politik und Gesellschaft überschritten.

Zwischen 1949 und 1962 erlebten diejenigen, die mit dem Kurs der CDU unter Adenauer unzufrieden waren, eine Niederlage nach der anderen. Die Bundestagswahlen von 1953 und 1957 hatten das Gefälle eindeutig zugunsten der Unionsparteien verschoben, die trotz leichter Wählerverluste bei den Bundestagswahlen zwischen 1961 und 1969 an der Macht blieben. Der scheinbar unaufhaltsame Vorsprung der CDU Ende der 1950er Jahre, die eine konfessionsübergreifende Partei war, aber im Vergleich zur Bevölkerung überproportional viele treue Katholiken als Unterstützer hatte, führte bei einzelnen Oppositionspolitikern, aber auch katholischen Nonkonformisten und jungen Intellektuellen zu Frustration. Diese Kreise waren dann zunehmend beunruhigt ob des kirchlichen Unwillens, abweichende Ansichten zu tolerieren. Als die gerichtlichen Verhandlungen über das Reichskonkordat und die Schuld von KZ-Wächtern und nationalsozialistischen Bürokraten den Blick wieder auf das „Dritte Reich" lenkten, begannen einige Kritiker, Kontinuitätslinien zwischen den Geisteshaltungen der Kirche in den 1920ern

---

11   Buchna, *Ein klerikales Jahrzehnt?*

und denen der 1960er zu erkennen. Waren die Positionen in Bezug auf Krieg und Frieden während des Kalten Kriegs nicht die gleichen wie während der Zeit des Nationalsozialismus? Hatte die katholische Kirche, die nach wie vor zögerte, sich ein modernes demokratisches Ethos anzueignen, nicht immer eine größere Affinität zu autoritären Regimen gehabt? Die mögliche Angriffsfläche wurde dadurch unweigerlich größer. Diese bestand nicht mehr nur aus der Rolle der Kirche in der aktuellen Tagespolitik. Mit der Zeit gehörten auch die Werte und Prioritäten der katholischen Kirche von Weimar bis Bonn sowie die moralische Behauptung der Christdemokratie, aus dem religiös motivierten Widerstand gegen den Nationalsozialismus entstanden zu sein, zu dieser Angriffsfläche. Die Widerlegung der Legenden über die Vergangenheit wurde somit zu einem Mittel, um die ungünstigen politischen Gezeiten in der Bundesrepublik umzukehren.

In den Bemühungen dieser katholischen und protestantischen Gesinnungsgenossen zur Schmälerung der moralischen Legitimität der katholischen Kirche und der Unionsparteien lag eine gewisse Ironie. Indem diese den Christianisierungseifer der führenden Persönlichkeiten in Kirche und Partei für bare Münze nahmen, waren die Verbindungen, die sie sich zwischen den beiden ausmalten, wesentlich größer als sie es in Wirklichkeit waren. Die CDU war nicht die Zentrumspartei aus der Weimarer Zeit, ungeachtet der überhitzten Aussagen von Hardlinern wie Bischof Michael Keller von Münster oder Beschwörungen des CDU-Politikers Adolf Süsterhenn. Ihr Parteivorsitzender Konrad Adenauer war, obgleich frommer Katholik, weder Kleriker – noch ein Instrument des Klerus. Er suchte die Abhängigkeit von Kirche und Klerus zu reduzieren, nicht das Gegenteil.

Kritiker dürften daher auch nicht gewusst haben, dass Adenauer die Entscheidung für gerichtliche Schritte gegen Niedersachsens Schulgesetz, das den Konfessionsschulen Grenzen setzte – für CDU-Gegner der ultimative Beweis für eine geheime Zusammenarbeit –, nur zögernd traf. Die seit den 1980ern von Kirchen- und Parteiarchiven freigegebenen Akten erzählen dementsprechend eine weniger parteiische als vielmehr nuancierte Geschichte. Doch aus Sicht derer, die sich an den Frontlinien der Politik befanden, hätten die Verlautbarungen geistlicher Hardliner und die scharfe Verurteilung seitens jener Kritiker, die eine strengere Trennung von Kirche und Staat anstrebten, eine solche Geschichte Lügen gestraft. Erst als die Konflikte über die Positionierung der katholischen Kirche in der Gesellschaft und Kultur der Bundesrepublik beigelegt und Teile des neoscholastischen Gefüges, in dem orthodoxe Moral- und Politikvorstellungen verankert waren, abgeschafft worden waren, konnte diese Realität plausibel gemacht werden. Die Kämpfe um die katholische Vergangenheit begannen oftmals als Stellvertreterkriege und waren zumindest teilweise auf falsche Einschätzungen der sich verändernden Grenzen zwischen Kirche und Staat zurückzuführen – und diese Grenzen verschoben sich ironischerweise oft genau in die von den Kritikern angestrebte Richtung.

Der Hinweis auf die gespaltene politische Landschaft der Adenauer-Ära hilft daher, zu erklären, warum sich der Frust der Kritiker über den langsamen Gang der Reform an der katholischen und nicht der evangelischen Kirche entlud. Doch mit den konkreten politischen Auseinandersetzungen der Adenauer-Ära wie dem Streit über die Fortgeltung des Reichskonkordats kann eine zweite Frage noch nicht beantwortet werden: Warum waren die daraus folgenden Kontroversen von solch bleibender Brisanz, die auch noch Jahre oder sogar Jahrzehnte, nachdem der ursprüngliche Sturm vorübergezogen war, andauerte?

Das Fortbestehen der politischen Gräben aus den ersten beiden Jahrzehnten der Bundesrepublik bis weit in die 1970er Jahre hinein liefert hier gewiss einen Teil der Antwort. Obwohl viele der konfessionellen Konflikte, die sich Mitte der 1950er Jahre zugetragen hatten, längst beigelegt worden waren, galt dies nicht für die politischen Bindungen, die sie geschürt hatten.[12] Die junge Kohorte aus Intellektuellen der „45er-Generation" war unweigerlich durch diese Auseinandersetzungen geschult worden und reagierte instinktiv sowohl auf die ideologischen, religiösen und politischen Strömungen in Adenauers Deutschland als auch auf die Resonanz – lobend und verurteilend –, die ihre Worte, Theaterstücke und Taten hervorriefen. Kontrahenten wie der protestantische Historiker Klaus Scholder und der katholische Historiker Konrad Repgen, beides junge Männer, die während der konfessionellen Konflikte der Adenauer-Ära in ihren Zwanzigern und Dreißigern waren, blieben Mitglieder der rivalisierenden FDP beziehungsweise CDU sowie leidenschaftliche Verfechter der Weltanschauung ihrer jeweiligen Partei. Es ist nicht überraschend, dass der Argwohn und die Voreingenommenheit, welche die Auseinandersetzungen der späten 1950er und 1960er über die Vergangenheit der katholischen Kirche im Nationalsozialismus hervorgebracht hatten, im erneuten Schlagabtausch Ende der 1970er wieder zum Vorschein kamen.

Als Professoren in den 1970ern bewegten sich sowohl Repgen als auch Scholder in einem intellektuellen und wissenschaftskulturellen Umfeld, das zunehmend polarisiert wurde durch den Aufstieg oftmals radikaler Ideologien, alter und neuer gleichermaßen. Was Studierende, Doktoranden und Professoren spaltete, war nicht mehr nur die Frage nach der Verantwortlichkeit für die Entstehung und die Verbrechen des Nationalsozialismus, sondern

---

12 Zur Abnahme der konfessionellen Konflikte siehe Buchna, *Ein klerikales Jahrzehnt?*, S. 516–522.

auch die Frage, in welchem Ausmaß diese Geisteshaltung in die politischen, kulturellen und religiösen Institutionen der Bundesrepublik eingedrungen war. Kritiker betonten insbesondere, dass zahlreiche Politiker, Staatsmänner und Beamte, die durch ihre Vergehen während des NS-Regimes belastet waren, in ihre Positionen im Machtzentrum zurückgekehrt waren – ein Sinnbild für die breit angelegte Wiederherstellung autoritärer Verhältnisse nach 1949. Alle deutschen Parteien hatten Politiker mit problematischer Vergangenheit rehabilitiert, doch als Deutschlands größte Partei und mit dem Selbstverständnis, aus dem Widerstand gegen Hitler hervorgegangen zu sein, stand vor allem Adenauers CDU auf dem Prüfstand. Solange das von der CDU angetretene politische und moralische Erbe also insofern belastet war, würde es auch die Vergangenheit der katholischen Kirche im „Dritten Reich" sein.

Die von den Konflikten über das Kirche-Staat-Verhältnis gezeichneten Kontroversen über die katholische Vergangenheit im Nationalsozialismus behielten somit unweigerlich ihren Zündstoff. Die Beteiligten hatten sich nicht nur die Dynamik und die Gemüter der politischen Lage zunutze gemacht. Einige nutzten auch die politische und kirchliche Infrastruktur, um wissenschaftliche Teams wie den Zusammenschluss katholischer Wissenschaftler in der Kommission für Zeitgeschichte, deren Vorsitz Repgen seit 1962 innehatte, zu finanzieren und auf den Weg zu bringen. Diejenigen mit starken politischen Überzeugungen fanden somit den Schulterschluss mit Gleichgesinnten und die Existenz von Netzwerken der scheinbar Geistesverwandten ließ die Kontroversen über die katholische Vergangenheit zwangsläufig bis zum Siedepunkt steigen. In nachfolgenden Kontroversen ging es nicht mehr nur um das, was zwischen 1933 und 1945 geschehen war. Es ging um die Netzwerke selbst und ihre politischen Ahnentafeln. Es ging vor allem um die Frage, ob die weltanschaulichen Gegner „der anderen Seite" den freien Meinungsaustausch unterdrückten und die Wahrheit verzerrten.

Was diese Rahmenbedingungen der Debatten plausibel macht, ist mehr als nur die Tatsache, dass Netzwerke hinter verschlossenen Türen für Außenseiter (und insbesondere für Gegner) so gut wie immer homogener und bösartiger aussehen, als sie es in Wirklichkeit sind. Es ist das Timing: Die Diskussionen über die katholische Vergangenheit folgten bundesweiten, immer wieder auch im Bundestag geführten Debatten über den Bedarf an mehr Toleranz in der Gesellschaft. Schulkinder in Konfessionsschulen, religiös Andersdenkende, politische Widerständler und investigative Journalisten waren unter den Personengruppen, die angeblich durch die Hand der Mächtigen und im weiteren Sinne durch die Tyrannei der Mehrheit gelitten hatten. Der Vorwurf, dass öffentliche Schulen und politische Parteien, die der katholischen Kirche nahe standen, Vertreter der Intoleranz seien, wurde mit den Debatten über die

NS-Vergangenheit verquickt, während der Journalismus gleichzeitig ein neues Selbstverständnis als Hüter abweichender Meinungen entwickelte und die Aufmerksamkeit auf Formen der Zensur lenkte. Die kompromisslose Reaktion apologetischer Katholiken wie Walter Adolph auf die Kritik von Gordon Zahn oder Rolf Hochhuth machten den Vorwurf der Intoleranz noch glaubwürdiger. So konzentrierte die Presse ihre Berichterstattung darauf, dass führende Katholiken in Berlin versuchten, die Ausgabe von Eintrittskarten für *Der Stellvertreter* an 16- und 17-jährige Schüler zu verhindern. Kritiker sahen in solchen Aktionen nichts anderes als grobe Zensur. Katholische Verteidiger waren dagegen überzeugt, dass ihre Glaubensfreiheit auf dem Spiel stand: Hatten sie nicht das Recht, ihren Glauben frei auszuüben und gegen diejenigen, die ihre Überzeugungen und Gewissensfreiheit beeinträchtigten, die Stimme zu erheben?

Dass Forscher wie Ludwig Volk SJ wissenschaftliche Außenseiter an der Einsicht der einschlägigen Dokumente über die Vergangenheit der Kirche hinderten, bedeutete, dass die Debatten über die katholische Kirche im „Dritten Reich" in Deutschland bis weit in die 1970er Jahre als Referendum über die katholische Intoleranz fungierten. Die Ironie dahinter entging protestantischen Kritikern wie Klaus Scholder gewiss, die die Kommission für Zeitgeschichte als Aushängeschild der „katholischen Forschung" sahen.

Was Außenseiter wie Scholder nicht sehen konnten, war etwas, was nicht unmittelbar offensichtlich war. Traditionalisten wie Volk, so einflussreich sie in den engen Kreisen der über die katholische Vergangenheit im Nationalsozialismus forschenden Historiker auch waren, gingen in Bezug auf den deutschen Katholizismus der 1970er und 1980er nicht mit dem sich verändernden Strom der Zeit. Einige in der Hierarchie waren bereit, kritische Darstellungen der Vergangenheit der Kirche in Erwägung zu ziehen und zu billigen. Ein bemerkenswertes Beispiel ist der Münsterander Fundamentaltheologe Johann Baptist Metz. Dieser verfasste den Beschluss „Unsere Hoffnung" für die Würzburger Synode, eine von der Deutschen Bischofkonferenz einberufene Versammlung zwischen 1972 und 1975 mit dem Ziel, die Beschlüsse des Zweiten Vatikanischen Konzils umzusetzen.[13] Metz' Synodendokument ging offen mit der Schuld der katholischen Kirche im „Dritten Reich" um. In einer Passage, in der die Kritik Guenter Lewys an der Haltung der Kirche nachhallt, schreibt Metz, dass die Kirche sich zu sehr auf das Überleben ihrer eigenen Institutionen fixiert und schweigend dabei zugesehen habe, als das Regime – und Christen – ein Verbrechen nach dem anderen an den Juden begingen.[14] Bemerkenswerterweise

13   Voges, *Konzil, Demokratie und Dialog.*
14   „Beschluss: Unsere Hoffnung", in: Bertsch u. a. (Hg.), *Synode*, S. 108 f.

wurde Metz' Textentwurf am Ende hitziger und kontroverser Debatten, gerade auch über das Geschichtsverständnis, mit einer Mehrheit von 225 zu 25 Stimmen und nur 15 Enthaltungen angenommen.[15]

Doch es gab noch einen Aspekt, der diese Debatten über die kirchliche Vergangenheit für Jahrzehnte an einem Punkt hielt, an dem sie jederzeit wieder hätten ausbrechen können: Die Konfrontation mit gegensätzlichen Thesen und gegenteiligen Belegen scheint nicht zu ausgewogenen Schlüssen, sondern nur dazu geführt zu haben, dass die Kontrahenten sich noch stärker hinter ihren ursprünglichen Ansichten verschanzten. Zwischen 1945 und 1980 erschienen zahllose Bücher, Artikel, Leitartikel, Radiosendungen und Fernsehdokumentationen über die katholische Kirche im „Dritten Reich". Doch anscheinend hat lediglich ein Beteiligter der Debatten aus dieser Zeit, Rudolf Morsey, seine Position in Bezug auf einen Punkt, der als grundlegend gesehen werden dürfte, geändert. Nachdem er in den 1950ern und 1960ern offen gelassen hatte, ob die Zentrumspartei dem Ermächtigungsgesetz möglicherweise im Gegenzug für das Reichskonkordat zugestimmt hatte, war er bis Ende der 1970er zu dem Schluss gekommen, dass die in den dazwischenliegenden Jahrzehnten aufgefundenen Quellen die These eines Kausalzusammenhangs zwischen den beiden Ereignissen nicht stützen. Für viele andere Beteiligte galt die Regel: Gegenthesen und/oder gegenteilige Belege erhitzten eher die Gemüter, als dass sie sie zügelten.

Das Spektrum an Strategien – von elegant bis grob –, mit dem die an den Kämpfen Beteiligten mit Thesen und Beweisen umgingen, die ihren eigenen Aussagen zuwiderliefen, wurde in dieser Untersuchung eingehend vorgestellt. In den meisten Fällen waren Gegenbeweise reichlich vorhanden – und wie hätte es auch anders sein können, selbst in einer Kirche, die vor allem als Bastion des Konservatismus und Antimodernismus bekannt ist? Im Jahr 1930 war die katholische Kirche allein in Deutschland die religiöse Heimat von knapp 21 Millionen Gläubigen in 24 Bistümern und von etwa 210 Millionen weiteren Gläubigen in ganz Europa.[16] Innerhalb einer so großen und vielfältigen Gruppe würden sich stets Widerstandskämpfer, Mehrdeutigkeit und Kollaborateure finden lassen, hinter deren Handeln alle möglichen Gründe standen, geistliche wie weltliche. Und den ersten Chronisten war dies bewusst. Johannes Neuhäusler und Walter Adolph waren Zeitzeugen der Schwankungen ihrer kirchlichen Oberen wie Kardinal Adolf Bertram und Kardinal Michael

---

15   Bertsch u. a. (Hg.), *Synode*, S. 74.

16   Amtliche Zentralstelle für kirchliche Statistik des katholischen Deutschlands (Hg.): *Handbuch*, S. 25–49; Große Brockhaus, *Handbuch des Wissens in 20 Bänden*, 15 völlig neubearb. Aufl., Bd. 5, Leipzig, 1930, S. 744.

Faulhaber. Letzterer verdammte wahlweise die rassistische Ketzerei des Nationalsozialismus, aber fand auch außergewöhnlich lobende Worte für Hitler. Auch diejenigen, die sich in den darauffolgenden Jahrzehnten erneut mit dem Thema beschäftigten, wussten um diese Graustufen. Wenn sie nicht ohnehin bei ihrer Recherche auf gegenteilige Quellen und Ansichten gestoßen waren, so wurden sie ihnen gewiss durch aufgebrachte Kritiker ins Bewusstsein gerufen.

Daraus ergibt sich ein Paradoxon: Fast alle Beteiligten aus beiden Lagern bestanden unter Aufwendung großer Mühe darauf, dass ihre Erkenntnisse auf unumstößlicher Objektivität beruhten. Sie gaben vor, Geschichte im Geiste Leopold Rankes so zu schreiben, „wie es eigentlich gewesen sei". Sie gaben Dokumentensammlungen und Quellenanhänge heraus – zumindest für diejenigen, die mit den Ereignissen nicht aus eigener Erfahrung vertraut waren, der Inbegriff der Objektivität. Doch parallel dazu griffen einige auf fragwürdige Strategien zurück, mit denen sie die Integrität ihrer Position erhalten wollten, die aber tatsächlich unvereinbar waren mit einem Bemühen, die Wahrheit ans Licht kommen zu lassen. Aufrufe zur Einsendung von zeitgenössischen Dokumenten wurden zwar veröffentlicht, aber in einer Weise, die dafür sorgte, dass nur die „richtige" Sorte an Schriftstücken und Akten ihren Weg auf die Schreibtische der Aufrufenden fanden. Problematische Sätze oder Absätze wurden aus den Dokumentensammlungen herausgekürzt. Die Belege der Gegner wurden als nicht repräsentativ, ungenau übersetzt oder aus dem Kontext gerissen abgetan. Und die Überbringer der schlechten Botschaften wurden bestraft. Ad-hominem-Angriffe wurden zur Norm. Eine von der Gegenwart geleitete Agenda, parteipolitische Bindungen und religiöse wie nationale Vorurteile – all diese Gründe wurden herangezogen, um die Geltung gegnerischer Darstellungen zu diskreditieren. Gerichtliche Schritte wurden in Betracht gezogen und gelegentlich sogar eingeleitet. Es wurden Versuche unternommen, die Widersacher um ihren Arbeitsplatz zu bringen.

Freilich ließ sich nicht jeder Beteiligte zu solchen Maßnahmen herab. Die meisten scheuten drastischere Schritte und gaben sich damit zufrieden, die Methode und Qualifikation ihrer Gegner anzugreifen. Dieses Auseinanderfallen von erklärtem wissenschaftlichem Ethos und tatsächlichem Verhalten bleibt eines der ungelösten Rätsel dieses Buchs. Warum führte die Konfrontation mit gegenteiligen Belegen und Auffassungen so oft dazu, dass sich die gegnerischen Reihen und Gedächtnisse verschlossen, anstatt das Gegenteil zu bewirken? Warum führte sie zumindest auf kurze Sicht zu Verbitterung und Hinauszögerungen anstatt zu Aufarbeitung und Weiterentwicklung? Für die Beobachter historischer Gezeitenströme verdeutlichten die Kämpfe über die katholische Vergangenheit gewiss, in welch dialektischen

Bahnen sich die Geschichtsschreibung vollziehen konnte. Übersteigerte Thesen erzeugten gleichermaßen überspitzte Antithesen. Zumindest während der 1980er konnte die Geschichtswissenschaft nicht zu einer Synthese gelangen, solange die ursprünglich an den Kontroversen Beteiligten sich wappneten, um ihre Auffassungen zu verteidigen. Jede neue Runde von Anschuldigungen löste daher nicht viel mehr als eine weitere Reihe von Gegenbeschuldigungen aus. Selbst Neuzugänge in der Wissenschaft änderten dieses Verhaltensmuster nicht grundlegend, da sogar einige von ihnen die polemische Rolle ihrer Vorgänger schlicht übernahmen.

Damit verselbstständigte sich diese Eigendynamik: Je radikaler und schonungsloser die Kritik, desto unwahrscheinlicher war es, dass die Beteiligten ihre Meinung ändern würden. Dies ist zum Teil auf die alliierte Politik nach der deutschen Niederlage im Zweiten Weltkrieg zurückzuführen. Die Neubetrachtung der Kirche und ihrer führenden Persönlichkeiten kam auf, als Kriegsverbrecherprozesse bis weit in die 1970er Schlagzeilen und Unmut erzeugten. Die Ausdrucksweise vor Gericht schlich sich in die schriftlichen Werke derjenigen ein, die ihre Sicht auf die Haltung der Kirche zwischen 1933 und 1945 in den Gerichtssaal der öffentlichen Meinung brachten. Historische Urteile wurden als Anklagen oder Plädoyers für einen Freispruch präsentiert, Schlussfolgerungen in den Kategorien von Schuld und Unschuld formuliert. In diesem Sinne nutzte Kardinal Faulhaber Beispiele des kirchlichen Widerstands, um die These der Kollektivschuld der Deutschen in seinem Vorwort zu Johannes Neuhäuslers *Kreuz und Hakenkreuz* zu entkräften, während Rolf Hochhuth seinen Hauptcharakter, Riccardo Fontana SJ, Papst Pius XII. als „Verbrecher" anklagen lässt. Und daher auch die Verschlossenheit gegenüber Gegenbeweisen: Welche Staatsanwälte und Strafverteidiger würden öffentlich ihre Meinung über die Schuld oder Unschuld der Person auf der Anklagebank ändern, selbst bei Vorliegen neuer Beweise?

Doch Beispiele von Personen, die trotz gegenteiliger Beweise an ihren Ansichten festhalten, lassen sich in allen Generationen, Ländern, Religionen und Epochen finden. Die Schuld daran trägt nach der umfassenden und wachsenden Literatur aus dem Bereich der kognitiven Neurowissenschaft ein universelles Phänomen: die kognitive Voreingenommenheit, die die menschliche Urteilsbildung und das menschliche Festhalten an ihr prägt. Eine solche Befangenheit ist laut der einschlägigen Literatur allgegenwärtig, da die kognitiven Fähigkeiten des Menschen nicht einem Modell vollkommener Rationalität folgen.[17] Nach dem Psychologen und Nobelpreisträger Daniel

---

17   Kahneman, *Thinking*. Für eine Gegenansicht siehe Gigerenzer, „Cognitive Illusions",
      S. 83–115.

Kahneman findet beim Denken hauptsächlich ein Rationalisierungsprozess statt, aller Vortäuschung von Rationalität und Objektivität zum Trotz. Die menschliche Urteilsbildung wird von Emotionen angetrieben und geformt, lange bevor die rationalen Fähigkeiten dies wahrnehmen. Die rationalen Fähigkeiten bewirken tatsächlich in der Regel wenig mehr, als nach Belegen für eine bereits aus dem Bauchgefühl getroffene Beurteilung zu suchen: Sie akzeptieren dadurch Argumente und Gedankengänge, die unter nüchternen Bedingungen als nicht haltbar abgelehnt würden. Je emotionsgeladener das Thema, desto größer die Wahrscheinlichkeit, dass Verzerrungen und Voreingenommenheit ihren Eingang in die Urteilsbildung finden.[18] Kommt der Mensch wegen seiner Überzeugungen unter Beschuss, führt dies meistens dazu, dass er sie umso hartnäckiger verteidigt. Gegenargumente führen im Zusammenhang mit emotionalen Themen dazu, dass der parteiische Mensch eine starke Abwehrhaltung einnimmt. Der Mensch wird vor allem von seinen größten Antipathien angespornt.[19]

Wenn diese kognitive Voreingenommenheit nicht ausreichend war, um die Beteiligten gegenteilige Erkenntnisse zurückweisen zu lassen, dann war es der soziale Druck allemal. Finden sich gleichgesinnte Personen zusammen, um in einer voreingenommenen Gruppe über ein Thema zu diskutieren, so ist dies durchaus geeignet, ihre Ansichten noch zu verschärfen.[20] Schließt die Gruppe ihre Reihen, stellt sich die entscheidende Frage, wer in die Gruppe aufgenommen oder von ihr ausgeschlossen wird: Wer ist Freund und wer ist Feind? Tritt eine Formalisierung der Gruppe ein – sollte sie zu einer Arbeitsgruppe, einem Netzwerk, einem Verband oder einem Think-Tank werden – bilden sich orthodoxe Sichtweisen heraus, von denen die einzelnen Mitglieder nur selten abweichen. Umgekehrt verstärkt die gemeinsame Erfahrung heftiger Auseinandersetzungen – das strategische Pläneschmieden, das Ankämpfen gegen Kritiker und das Einholen eines Triumphs – diese Überzeugungen und orthodoxen Sichtweisen. Ein Infragestellen des Gruppendenkens wird daher zu riskant, besonders dann, wenn Geld, Ansehen, Karriere, Sozialprestige, Kollegialität und Freundschaften auf dem Spiel stehen.

---

18   Zum enormen Einfluss negativer Emotionen auf die Urteilsbildung siehe Rozin/Royzman, „Negativity Bias", S. 296–320. Siehe ebenso Baumeister u. a., „Bad Is Stronger than Good", S. 323–370.

19   Die bahnbrechende Studie in diesem Zusammenhang wurde vorgelegt von: Lord u. a., „Biased Assimilation", S. 2098–2109. Ihre Erkenntnisse wurden in einer Reihe nachfolgender Studien aufgegriffen, darunter: Miller u. a., „Attitude Polarization", S. 561–574; McHoskey, „Case Closed?", S. 395–409; Munro/Ditto, „Biased Assimilation", S. 636–653; Munro u. a., „Rock", S. 431–444; Boysen/Vogel, „Biased Assimilation", S. 755–762.

20   Bordia/DiFonzo, „Psychological Motivations", S. 87–101; DiFonzo, *Watercooler Effect*.

Dieses Zusammenspiel aus kognitiver Voreingenommenheit und sozialem Druck ist das perfekte Rezept, um parteiische Menschen davon abzuhalten, nachzugeben. Damit lässt sich auch die konfliktgeladene gesellschaftliche Spaltung in den Vereinigten Staaten seit den 1990er Jahren erklären, für die sich die Pionierforschung über Gruppenpolarisierung und Assilimationseffekte (*biased assimilation*) interessierte. Es lässt sich aber ebenso auf die Personen anwenden, die die Geschichte der katholischen Kirche in der katastrophalen Zeit des „Dritten Reichs" und des Zweiten Weltkriegs rekonstruierten, da praktisch alle der oben genannten Faktoren vorhanden waren. Die politischen Kämpfe der Adenauer-Ära wurden enorm parteiisch geführt und die Diskussionen über das „Dritte Reich" waren äußerst persönlich und voller Emotionen. Die Personen, die sich auf dieses politische Terrain begaben, neigten daher eher zu vorschnellen Urteilen, als dass sie die verfügbaren Quellenbelege abwägten. Beim Durchblättern der Quellen hatten sie oftmals einen selektiven Blick, der nach Bestätigungen für ihre bereits gebildete Meinung suchte – und Hinweise auf anderslautende Schlüsse ausklammerte.

Eine Beteiligung an diesen Kämpfen setzte die Kontrahenten zwangsläufig dem Druck durch Mitglieder ihres eigenen Lagers aus. In Anbetracht der zahlreichen zu bewältigenden Aufgaben – der Suche nach qualifizierten Wissenschaftlern, der Erschließung einschlägiger Quellen, der Einsichtnahme von noch unter Verschluss gehaltenen Quellen, der Zusammenstellung von Quellensammlungen, der Veröffentlichung von Denkschriften und für die Medien bestimmten Meldungen, des Umwerbens von Journalisten, der Abhaltung von Pressekonferenzen, der Organisation von Auftritten in Rundfunk und Fernsehen, der Teilnahme an offiziellen Diskussionsrunden, des Verfassens vernichtender Rezensionen, der Außergefechtsetzung von Gegnern und, nicht zuletzt, der Finanzierung all dessen – war es nur eine Frage der Zeit, bis die informelle Zusammenarbeit sich zu Arbeitsgruppen und formellen Netzwerken auswachsen würde. Ab Mitte der 1950er Jahre taten sich folglich die Gleichgesinnten zusammen, um die Geschichte der katholischen Kirche im Nationalsozialismus zu erzählen und ihre Gegner auf „der anderen Seite" zu bekämpfen. Das Ergebnis waren Besetzungen, die ungeachtet interner Meinungsverschiedenheiten fast per definitionem parteiisch waren und ein großes Interesse daran hatten, nach außen hin ein Bild der Einstimmigkeit zu präsentieren. Wer offen von der Parteilinie oder Haltung der Gruppe abwich, riskierte den Zorn von Freunden und Mitkämpfern – ein Schritt, den niemand leichtfertig zu wagen bereit war, sei es aus persönlichen oder beruflichen Gründen. Für einige, und darin scheint regelmäßig ein Kennzeichen dieser Art von Auseinandersetzung zu liegen, war ihr eigenes Lager wichtiger als die

Wahrheit (im Sinne des englischen Sprichworts „tribe was more important than the truth").

Ein weiterer Umstand verleiht diesen aus der Sozialpsychologie und der kognitiven Neurowissenschaft herrührenden Erkenntnissen noch größere Plausibilität: Die Grenze zwischen historischer Analyse und moralischem Urteil war so fließend, dass die beiden bisweilen nicht voneinander zu trennen waren. Kennzeichnend hierfür waren eine unscharfe Abgrenzung von Quellenanalyse (dem auf empirischen „Beweisen" beruhenden „Wie es passiert ist"), der Formulierung kontrafaktischer Thesen (dem auf unsicheren Wahrscheinlichkeiten aufbauenden „Was auch hätte passieren können") und Moralurteilen (dem „Wie es hätte passieren können oder sollen"). Pius XII. „hätte" öffentlich protestieren sollen, da es die Leben so vieler Juden „hätte retten können". Daraus ergab sich die Zwickmühle, in der die an den Debatten beteiligten Historiker steckten: Keine noch so große Anzahl historischer Quellennachweise konnte tiefsitzende und aufrichtige moralische Überzeugungen erschüttern, da die zum Einsatz kommenden moralischen und geschichtswissenschaftlichen Kategorien nicht auf dasselbe Ziel gerichtet waren. Kognitionswissenschaftlich ist dieser Effekt durchaus zu erwarten: Die Psyche verarbeitet komplexe logische Probleme anders als emotionale Beurteilungen „aus dem Bauchgefühl heraus" – erstere erfordern Aufwand, letztere erfolgen automatisch.[21] Deshalb waren die Historiker, die Moralurteile mieden, im Nachteil: Sie konnten nicht ohne Weiteres mit dem Rüstzeug ihrer Disziplin reagieren. Jedes von ihnen eingebrachte kontrafaktische Argument konnte sich per definitionem lediglich auf Wahrscheinlichkeiten berufen, nicht auf Tatsächlichkeit. Selbst der unumstößlichste unter den unumstößlichen Beweisen konnte die Frage, ob Pius seine Stimme nachdrücklicher gegen den von den Nationalsozialisten verübten Genozid „hätte erheben sollen", nicht klären.

Die an den Debatten über die katholische Kirche im Nationalsozialismus beteiligten Historiker standen zudem vor einer weiteren, damit zusammenhängenden Herausforderung. Die wissenschaftlichen Regeln ihres Berufs waren scheinbar offensichtlich. Unter Berufung auf ein Credo historischer Objektivität waren die meisten der Überzeugung, die Quellen für sich selbst sprechen lassen zu müssen, so eigenartig oder naiv dies auf spätere, der postmodernen Hermeneutik verpflichtete Generationen gewirkt haben mag. Wenn die Quellen nur ordentlich zusammengestellt würden, würden sie die Geschichte der katholischen Kirche unter nationalsozialistischer Herrschaft

---

21 Kahneman, *Thinking*, S. 29. Siehe Evans/Frankish (Hg.): *In Two Minds*; Stanovich/West, „Differences", S. 645–665.

erzählen – und genau deswegen setzten die Historiker einen Akzent auf die Veröffentlichung von Dokumentensammlungen. Doch die Regeln für eine Prüfung moralischer Fragen waren weitaus weniger fest umrissen. Die Teilnehmer der Debatten griffen wahllos auf eine Masse ethischer Theorien und Grundsätze zurück, selbst wenn diese scheinbar nicht miteinander vereinbar waren oder sich sogar gegenseitig ausschlossen. Zur Stützung ihrer Thesen konnte es vorkommen, dass sie deontologische Ansprüche, etwa Kants Kategorischen Imperativ, utilitaristische Erwägungen und gleichzeitig Moralvorstellungen des Naturrechts heranzogen. War dem Allgemeinwohl dadurch gedient, dass die Kirche sich für ihr eigenes institutionelles Überleben einsetzte und sicherstellte, dass die Sakramente weiterhin gespendet und die Seelen der Gläubigen nicht in Gefahr gebracht wurden? Hätte ein öffentlicher Protest von Papst Pius XII. gegen den nationalsozialistischen Genozid mehr Leben gerettet und dem Allgemeinwohl am besten gedient, selbst wenn dieser Protest den Weiterbestand des Pontifikats gefährdet hätte? War es seine kategorische Pflicht, eine eindringlichere öffentliche Verurteilung des Nationalsozialismus ungeachtet der Konsequenzen zu äußern?

Was diese Fragen unausweichlich machte und deshalb umso stärker auflud, war der Umstand, dass aus dem Christentum hierauf traditionell unterschiedliche, oftmals widersprüchliche Antworten gegeben worden waren, die sich allesamt ohne Weiteres durch Geschichten, Parabeln und historische Belege aus den vergangenen Jahrhunderten und Jahrtausenden untermauern ließen. Diese Fragen hatten die Tradition selbst sogar belebt und aufrechterhalten – eben weil sie sich um den Kern dessen, was es bedeutet, Christ zu sein, drehten. Der Konflikt zwischen dem nicht-christlichen Staat und dem christlichen Glauben ist so alt wie das Christentum selbst. Die frühesten Christen waren gezwungen gewesen, sich mit der Frage des Martyriums zu befassen, einem Akt, der von zentraler Bedeutung für den neuen Glauben war.[22] Drei der Evangelien enthalten schließlich Aussagen von Jesus, nach denen er die Menge dazu aufgerufen hatte, sich selbst aufzugeben, das Kreuz auf sich zu nehmen und ihm zu folgen, wenn sie wirklich den Wunsch hegten, seine Jünger zu werden: „Denn wer sein Leben will behalten, der wird's verlieren; und wer sein Leben verliert um meinet- und des Evangeliums willen, der wird's behalten." Auch die Lebensgeschichten der Heiligen handelten von Leid und grausamem Tod, die dem Martyrium vorausgingen.

Es ist wenig verwunderlich, dass die Geschichten der Aufopferung nach dem „Dritten Reich" so viel Insichgehen und Gewissenserforschung hervorriefen.

---

22   Zur Vielfalt der christlichen Identität in der frühchristlichen Zeit siehe Boin, *Coming Out Christian*.

Die Überlegungen zum Preis der Jüngerschaft von Johannes Neuhäusler und
Walter Adolph auf der einen Seite und von Gordon Zahn und Rolf Hochhuth auf
der anderen sowie die gegensätzlichen Antworten, die beide Seiten lieferten,
waren ein Teil dieses weiter gefassten Konflikts innerhalb der Tradition selbst.
Die Feindseligkeit zwischen Kirche und modernen säkularen Nationalstaaten,
insbesondere nach 1789, hatte alte Wunden und Identitätskonflikte wieder
aufgerissen. Nicht alle Katholiken, gewiss auch nicht alle führenden Kirchenvertreter, standen während der zwölf Jahre nationalsozialistischer Herrschaft
vor der Entscheidung, ob sie ihr Kreuz auf sich nehmen sollten. Waren sie
gleichwohl verpflichtet, zu Heiligen und Märtyrern zu werden? Und dabei
forderte das NS-Regime eine ganz ähnliche Aufopferung im Dienst an seinen
Idealen wie es zuvor nicht nur andere säkulare Staaten, sondern auch das
heidnische Römische Reich getan hatten. War der Zweck der Kirche also ein
primär sakramentaler und ihre Aufgabe die Sicherstellung, dass die Gläubigen
in Zeiten des Drangsals weiterhin die sieben Sakramente empfangen konnten?
Wenn dies zutreffend wäre, dann würde an die katholische Kirche automatisch
ein anderer Maßstab angelegt als an die evangelischen Kirchen, die wenige bis
keine Sakramente spenden und entsprechend anderen kirchlichen Strukturen
folgen. Oder war es ihre Aufgabe, in Zeiten der Prüfung das Schicksal Jesu
Christi bis in den Tod auf sich zu nehmen und sich für die Menschheit zu
opfern?[23]

Moralische und theologische Fragen dieser Art wurden während und
im Gefolge des Zweiten Vatikanischen Konzils von Theologen aufgegriffen.
Theologen und Kirchenmänner von Hans Küng, Heinrich Grüber, Albert
Schweitzer, Johann Baptist Metz, Giovanni Montini (der spätere Papst
Paul VI.) bis zu Papst Johannes Paul II. nahmen alle auf ihre eigene Art und
Weise zu diesen Fragen Stellung. Und an dieser Stelle kann das bemerkens-
werteste Merkmal dieser Kontroversen über die Vergangenheit festgehalten werden, eines, das erst seit Kurzem von der Forschung aufgegriffen
wird:[24] Weder Theologen noch Historiker haben je einen moralischen
oder historischen Konsens hinsichtlich der katholischen Vergangenheitsbewältigung finden können. Stattdessen agierten sie in zwei Parallelwelten.
Sie verwendeten ein unterschiedliches Vokabular und, was wenig verwundert,
redeten immer wieder aneinander vorbei. Theologen wie Metz sprachen dabei
offen von Schuld und Verantwortung, während die Historiker der Kommission
für Zeitgeschichte derartige moralische Kategorien mieden. Aus der Sicht
Letzterer gab es für nicht studierte Theologen keinen besseren Weg, um einen

---

23   Vgl. hierzu Kornberg, *Pope's Dilemma*.
24   Damberg, „Schuld der Kirche", S. 148–171.

Nichthistoriker zum Schweigen zu bringen, als unumstößliches Quellenmaterial, welches das Gegenteil belegte, zu veröffentlichen und eine angeblich
überlegene geschichtswissenschaftliche Methode hervorzuheben.

Doch für Metz zählten solche Beweise letztendlich wenig. Welches
historische Urteil über die Vergangenheit der Kirche, fragte er rhetorisch am
21. November 1975, sei so endgültig und eindeutig, dass kein Gegenteilsbeweis
dagegen eingebracht werden könne?[25] Und dennoch verkündete Joseph
Höffner, Erzbischof von Köln und Vorsitzender der Deutschen Bischofskonferenz, nur acht Jahre später Ende Januar 1983 eine gegenteilige Botschaft.
Gleichzeitig mit der Veröffentlichung einer gemeinsamen Erklärung der
Bischöfe anlässlich des 50. Jahrestags seit der Ernennung Hitlers zum Reichskanzler veröffentlichte er einen ausführlichen Brief von Konrad Repgen, dem
Vorsitzenden der Kommission für Zeitgeschichte.[26] Die Kommission wurde
von der Deutschen Bischofskonferenz mitfinanziert und in seinem 12-seitigen
Brief zeichnete Repgen ein weitgehend schmeichelhaftes Bild der katholischen
Kirche zwischen 1933 und 1945 sowie der Bemühungen seiner Kommission,
diese Wahrheit ans Licht zu bringen. Nur die ganze Wahrheit, so Repgen,
könne befreiend wirken. Für Repgen und Höffner war die Geschichte immer
noch von Bedeutung.

Die Debatten über die katholische Vergangenheit wurden deshalb ab den
1980er Jahren, etwas überspitzt formuliert, dem Turmbau zu Babel immer
ähnlicher. Professionelle wie Amateurhistoriker sprachen gleichzeitig. Zu
Ersteren gehörten treue Katholiken in der Kommission für Zeitgeschichte,
kritische Katholiken in Deutschland, Protestanten, Juden und Historiker im
Ausland. Zu den Amateurhistorikern gehörten Publizisten, Filmschaffende,
Journalisten und nicht zuletzt Zeitzeugen, die zu diesem Zeitpunkt bereits
in ihren Fünzigern, Sechzigern und Siebzigern waren. Doch ebenso meldeten
sich Theologen, Bischöfe und Päpste mit verschiedenen Perspektiven zur
kirchlichen Bewältigung von Fragen der Schuld, die sich nach der Shoah
stellten, zu Wort. Metz, Höffner und Papst Johannes Paul II. brachten jeweils
ein unterschiedliches Verständnis der kirchlichen Vergangenheitsbewältigung
mit. Johannes Paul II. versuchte eine Unterscheidung zu beseitigen, die tief in
den Lehren der Kirche vor dem Zweiten Vatikanischen Konzil verwurzelt war
und zwischen der Kirche als Institution, die frei von Sünde war, und dem Verhalten des gläubigen Christen, der auf Irrwege geraten war, trennte.[27] Für die

---

25   Metz zit. nach Damberg, „Schuld der Kirche", S. 161 f.
26   Konrad Repgen an Joseph Kardinal Höffner, 11.1.1983; Sekretariat der Deutschen Bischofs-
      konferenz (Hg.): *Erinnerung und Verantwortung*, 24.1.1983.
27   Damberg, „Schuld der Kirche", S. 167.

katholische Kirche war es unmöglich geworden, geeint mit einer Stimme zu sprechen. Diese Meinungsvielfalt schmälerte allerdings nicht den moralischen und theologischen Stellenwert der Fragen: Sie machte die Fragen noch drängender. Allein dieser Umstand trägt erheblich zur Erklärung bei, warum es so vielen, die an einer umfassenden moralischen und theologischen Aufarbeitung der katholischen Vergangenheit im „Dritten Reich" beteiligt waren, widerstrebte, durch gegenteilige Belege den reinen Geltungsanspruch ihrer Standpunkte untergraben zu lassen.

Genau aus diesem Grund ist es notwendig, zu den Debatten Abstand zu gewinnen und nachzuvollziehen, wie sie entstanden sind. Dieses Buch hat die Option der Historisierung gewählt – das heißt, eines Aufzeigens dessen, wie die moralischen, theologischen und historischen Fragen nach der katholischen Vergangenheit durch persönliche Erfahrungen, religiöse Überzeugungen, politische Ziele, gesellschaftlichen Druck und lagergebundene Konflikte geprägt wurden. Die Formulierung der Fragen, das Vorbringen von Hypothesen und die Aufrufe zur Einsendung von Belegen beruhten auf den Entscheidungen einzelner Akteure, die die daraus zu ziehenden Schlüsse bereits während der Formulierung ihrer Fragestellungen voraussetzten. Diese ersten Forschungsansätze setzten ihrerseits die Rahmenbedingungen für Debatten, die bis heute andauern.

Aber erlaubt uns eine Beschäftigung mit der Entstehung und Begründung dieser historischen Deutungsmuster, die Breite und Uneinheitlichkeit der Reaktionen der katholischen Kirche in Europa auf rechtsextreme Diktaturen und Totalitarismus zu begreifen und zu rekonstruieren? Eine solche Historisierung könnte für unbefangene Historiker mit einer Neigung zu komplexen Themen von Interesse sein. Doch sie wird zweifellos keine Auswirkung auf die Notwendigkeit haben, die Erfahrungen der Kirchen unter der nationalsozialistischen Herrschaft als Morallehren zu verstehen – eine Art äsopischer Fabel des 21. Jahrhunderts.[28] Diese Geschichte bringt zu viele universale Themen auf, die fest mit der menschlichen Erfahrung verbunden sind. Sie enthält grundlegende Erzählungen und Handlungsstränge, die für Menschen auf der ganzen Welt und über die Jahrhunderte Wiedererkennungswert haben werden. Für die Verteidiger der Kirche waren die Konflikte manichäischer Art gewesen: ein Kampf zwischen christlicher Wahrheit und heidnischem Nationalsozialismus, zwischen Kreuz und Hakenkreuz sowie zwischen zwei konkurrierenden Welten – und die katholische Kirche

---

28 Um einen Eindruck davon zu erhalten, inwieweit Schwarz-Weiß-Malerei in der Forschung nach wie vor überrepräsentiert ist, siehe das folgende Werk und seine einhundertseitige Bibliografie: Bottum/Dalin, *Pius Wars*.

war mit einer Heerschar an Heiligen und Märtyrern, die den Kampf als Zeitzeugen miterlebt hatten, als Sieger hervorgegangen. Für Kritiker der Kirche war es eine Geschichte des Verrats – an ihren Mitmenschen und am Glauben selbst. Aus ihrer Sicht hatten die Kirchenvertreter das jahrhundertealte Verbot des ungerechten Kriegs außer Acht gelassen. Sie hatten die Lehren des barmherzigen Samariters ignoriert oder sogar verhöhnt, indem sie den Schwächsten ihrer Mitmenschen, den aufgrund ihrer „Rasse", ethnischen Zugehörigkeit oder politischen Ansichten verfolgten Opfern der Gewaltherrschaft der Nationalsozialisten ihre Hilfe vorenthalten hatten. Sie hatten es abgelehnt, ihr Kreuz auf sich zu nehmen und sich selbst oder ihre Institution zu opfern. Da sie stattdessen die Gunst des neuen Staates und sich selbst zu schützen suchten, hatten sie ihre eigenen Ideale verraten.

Diese Varianten der Geschichte verdeutlichen, dass viele einen tiefen Wunsch nach eindeutigen Kategorien von Helden und Verbrechern haben – und nach den entsprechenden historischen Belegen suchen, um sich dessen zu vergewissern. Viele sehnen sich nach der emotionalen Klarheit, die in Momenten der Zerrissenheit und Krise mit einer Sicht auf die Kirche und ihre führenden Persönlichkeiten, die entweder im Hinblick auf ihre Heldenhaftigkeit oder ihr Versagen unerschütterlich ist, einhergeht. Viele hatten daher ein verzweifeltes Bedürfnis nach einer anderen Geschichte – entweder einer Geschichte des vollkommenen Widerstands oder die einer Kirche, die „versagt hat". Erstere Variante spendet den Gläubigen natürlich Trost und hält für einige einen Glauben frei von Zweifeln aufrecht. Letztere Variante gibt denjenigen eine Rechtfertigung, die eine kirchliche Reform anstreben oder bestrebt sind, ihren Unglauben historisch zu legitimieren, was insbesondere für diejenigen gilt, die sich seit dem Jahrtausendwechsel zum 21. Jahrhundert dem sogenannten „Neuen Atheismus" anschließen.[29] Für diejenigen, die kein Verlangen nach moralischer Komplexität und einer potenziellen Infragestellung ihres Glaubens, auch des Unglaubens, haben, gibt es eine einfache Lösung: die unbequemen Tatsachen, die der eigenen Variante im Weg stehen, herauszustreichen.

Aus diesem Grund ist es unwahrscheinlich, dass die Konflikte über die Vergangenheit der katholischen Kirche in den zwölf Jahren der nationalsozialistischen Diktatur sich jemals vollständig beilegen lassen, selbst wenn alle historischen Fragen durch die im März 2020 von Papst Franziskus erfolgte Freigabe der Akten für das Pontifikat von Pius XII. beantwortet werden könnten. Solange das Christentum eine bedeutende Rolle im Leben von Milliarden von Menschen weltweit einnimmt und Christen ihren Blick

---

29   Vgl. Harris, *End of Faith*, S. 100–107.

nicht nur auf das Frühchristentum, sondern auch auf die Kirchenführer der Moderne richten, wenn sie nach Beistand und Inspiration suchen, werden diese Kämpfe immer wieder aufflammen. Katholiken, Protestanten, Juden und eine zunehmende Anzahl mit wenig oder gar keinem Glauben werden aus ihren ganz eigenen Gründen das Selbstverständnis und die Theologie der führenden Vertreter der katholischen Kirche aus der Zeit des Totalitarismus in Frage stellen. Sie werden hinterfragen, ob die Kirchenmänner den Idealen ihres Glaubens gerecht geworden sind.

Derartige Untersuchungen werden sich wahrscheinlich auch in Zukunft darum drehen, inwiefern die Kirche dem prägnanten Diktum von Jakobus gerecht geworden ist: „Was nützt es, meine Brüder, wenn jemand sagt, er habe Glauben, hat aber nicht Werke?" Ein Beharren darauf, der Glaube müsse ohne Unterlass gelebt und es müsse entsprechend nach ihm gehandelt werden, fasst das Wesen dieser Kämpfe über die katholische Vergangenheit zusammen, die wegen katholischer Lehren des gerechten Kriegs, der Trennung öffentlicher Schulen nach Konfessionen, Hirtenbriefen mit Aufforderung zur Stimmabgabe für christliche Kandidaten, eines umstrittenen Staatskirchenvertrags aus dem Sommer 1933 und der Reaktion eines Papstes auf den Holocaust ausgebrochen waren. In diesen Kontroversen ging es – und darum wird es voraussichtlich auch in Zukunft gehen – um den Platz der Kirche in der Welt.

Biogramme

Adolph, Walter (1902–1975): Priester und Journalist aus dem Arbeiterviertel Berlin-Kreuzberg; zwischen 1936 und 1939 Bischof von Preysings rechte Hand; Leiter des Morus-Verlags und der Kirchenzeitung *Petrusblatt*; Verfasser von Publikationen über katholische Märtyrer im „Dritten Reich" und von 1961 bis 1969 Generalvikar des Bistums Berlin.

Arndt, Adolf (1904–1974): In Königsberg in Ostpreußen geborener Kronjurist der SPD; Beitritt zur SPD im Jahr 1946; unterstützte die hessische Landesregierung im Rechtsstreit über die Fortgeltung des Reichskonkordats und in den Verhandlungen vor dem Bundesverfassungsgericht 1956; von März 1963 bis März 1964 Senator für Wissenschaft und Kunst in Berlin.

Bea, Augustin (1881–1968): 1881 in Riedböhring bei Donaueschingen geborener Jesuit und späterer Kardinal; von 1924 bis 1949 Rektor des Päpstlichen Bibelinstituts in Rom; von Dezember 1959 bis Juni 1960 Kardinaldiakon von San Saba; in den darauffolgenden Jahren Befürworter der Ökumene; auf dem Zweiten Vatikanischen Konzil Mitverfasser von *Nostra Aetate*, der Erklärung von 1965, mit der die katholische Kirche sich vom Antisemitismus distanzierte; in Rom gestorben.

Böckenförde, Ernst-Wolfgang (1930–2019): Renommierter katholischer Staatsrechtler und Historiker; von 1983 bis 1996 Richter des Bundesverfassungsgerichts; Autor von „Der deutsche Katholizismus im Jahr 1933".

Böhler, Wilhelm (1891–1958): Katholischer Prälat; agierte als Verbindungsmann zwischen den Bischöfen und der CDU; bis zu seinem Tod 1958 Leiter des Katholischen Büros in Bonn.

Bracher, Karl Dietrich (1922–2016): Politikwissenschaftler und Historiker, von 1959 bis 1987 an der Universität Bonn; Experte für den Zerfall der Weimarer Republik und die „Machtergreifung" der Nationalsozialisten 1933; Verfasser eines Gutachtens im Rechtsstreit über die Fortgeltung des Reichskonkordats 1956.

Corsten, Wilhelm (1890–1970): Katholischer Theologe und Autor der *Kölner Aktenstücke* (1949).

Dehler, Thomas (1897–1967): Liberaler Politiker, Kritiker des Reichskonkordats und von 1954 bis 1957 Bundesvorsitzender der FDP.

Deuerlein, Ernst (1918–1971): Historiker, Kriegsveteran aus der Schlacht von Stalingrad, Autor von *Das Reichskonkordat* (1956).

Döpfner, Julius (1923–1976): Von 1948 bis 1957 Bischof von Würzburg; von 1957 bis 1961 Bischof von Berlin; Ernennung zum Kardinal 1958; von 1961 bis 1976 Erzbischof von München und Freising; von 1965 bis zu seinem Tod 1976 Vorsitzender der Deutschen Bischofskonferenz.

Faulhaber, Michael von (1869–1952): Erzbischof von München und Freising von 1917 bis 1952; Erhebung zum Kardinal 1921.

Fittkau, Gerhard (1912–2004): Priester aus Ermland in Ostpreußen; Priesterweihe 1937; Sekretär des Bischofs von Ermland Maximilian Kaller; Pfarrer von Süßenberg in Ostpreußen; ab März 1945 Gefangener in einem sowjetischen Straflager in der Arktis; Rückkehr nach Deutschland im September 1945; von 1949 bis 1960 Direktor der *American St. Boniface Society* in New York.

Fleischer, Josef (1912–1998): Pazifist aus Berlin und einziger den Zweiten Weltkrieg überlebender katholischer Kriegsdienstverweigerer in Deutschland; lebte in Basel und Freiburg im Breisgau.

Forster, Karl (1928–1981): Theologe und erster Direktor der Katholischen Akademie in Bayern von 1957 bis 1967.

Frings, Josef (1887–1978): Von 1942 bis 1969 Erzbischof von Köln; Ernennung zum Kardinal 1946; von 1945 bis 1965 Vorsitzender der Fuldaer Bischofskonferenz.

Gerst, Wilhelm Karl (1887–1968): Kommunistischer Journalist, Katholik und Kritiker der Haltung der katholischen Kirche während des „Dritten Reichs".

Hochhuth, Rolf (1931-2020): Bühnenautor und Autor von *Der Stellvertreter* (1963).

Höpker-Aschoff, Hermann (1883–1954): Liberaler Politiker (FDP); von 1948 bis 1949 Mitglied des Parlamentarischen Rates und von 1951 bis zu seinem Tod 1954 erster Präsident des Bundesverfassungsgerichts.

Jordan, Max (1895–1977): Deutsch-amerikanischer Rundfunkpionier; änderte seinen Namen nach seiner Aufnahme in den Benediktinerorden 1954 in Placidus Jordan und veröffentlichte kritische Rezensionen über Gordon Zahns Arbeiten.

Kafka, Gustav (1907–1974): Deutsch-österreichischer Hochschullehrer und Jurist; konvertierte vom Judentum zum Katholizismus und war von 1940 bis 1945 wegen seines jüdischen Hintergrunds in Haft; von 1956 bis 1961 Experte für rechtliche und politische Angelegenheiten für das Zentralkomitee der deutschen Katholiken; Gegner Gordon Zahns.

Keller, Michael (1896–1961): Von 1947 bis 1961 Bischof von Münster.

Klausener, Erich (1885–1934): Leiter der Katholischen Aktion in Berlin, von den Nationalsozialisten am 30. Juni 1934 ermordet.

Klausener, Erich jun. (1917–1988): Katholischer Priester, Sohn Erich Klauseners und nach 1953 Schriftleiter der Kirchenzeitung *Petrusblatt*.

Krone, Heinrich (1895–1989): Zentrums- und CDU-Politiker sowie von 1956 bis 1961 Vorsitzender der CDU/CSU-Bundestagsfraktion.

Kühn, Heinz R. (1919–2006): Katholischer Journalist für den Morus-Verlag in Berlin; litt im „Dritten Reich" aufgrund seiner halbjüdischen Herkunft; emigrierte 1951 im Rahmen eines Kulturaustauschprogramms in die Vereinigten Staaten und war in Chicago in den Bereichen Public Relations, Kommunikation und Bildung tätig.

Kupper, Alfons (1917–1978): Katholischer Historiker und Assistent von Wilhem Böhler während der Verhandlungen in Karlsruhe 1956 über die Fortgeltung des Reichskonkordats; Autor von Publikationen zur Geschichte des Staatskirchenvertrags.

Leonhardt, Karl Ludwig (1922–2007): Verleger und Geschäftsführer des Rütten & Loening-Verlags; leitete das Manuskript von *Der Stellvertreter* an den Rowohlt-Verlag weiter.

Lewy, Guenter (geboren 1923): Deutsch-amerikanischer Politikwissenschaftler; Autor des Werks *Die katholische Kirche und das Dritte Reich* (1964).

Mohn, Reinhard (1921–2009): Unternehmer und von 1971 bis 1981 Leiter des Bertelsmann-Verlags.

Morsey, Rudolf (geboren 1927): Historiker; Forschungen zum politischen Katholizismus und der Zentrumspartei; Gründungsmitglied der Kommission für Zeitgeschichte.

Muench, Aloisius Joseph (1889–1962): Von 1935 bis 1959 deutsch-amerikanischer Bischof von Fargo, North Dakota; zwischen 1946 und 1949 Verbindungsmann zwischen dem *Office of Military Government for Germany (U.S.)* (OMGUS) und der katholischen Kirche; von 1951 bis 1959 Apostolischer Nuntius in Deutschland; Ernennung zum Kardinal 1959.

Müller, Hans (1928–2005): Historiker und 1963 Herausgeber einer Dokumentensammlung über die Geschichte der katholischen Kirche von 1930 bis 1935; von 1975 bis 1993 Geschichtsprofessor an der Universität Dortmund.

Müller, Josef (1898–1979): Bayerischer Jurist, Politiker, Mitglied des Widerstands, Verbindungsmann zu Eugenio Pacelli, KZ-Überlebender und Mitbegründer der CSU.

Neuhäusler, Johannes (1888–1973): Domkapitular und Weihbischof des Erzbistums München und Freising sowie Autor von Publikationen über die Verfolgung der katholischen Kirche im „Dritten Reich", darunter *Kreuz und Hakenkreuz* (1946) und *Amboß und Hammer* (1967).

Niemöller, Martin (1892–1984): Evangelischer Theologe, führender Vertreter der Bekennenden Kirche, KZ-Überlebender, Mitverfasser des Stuttgarter Schuldbekenntnisses und von 1947 bis 1965 Kirchenpräsident der Evangelischen Kirche in Hessen und Nassau.

Pacelli, Eugenio (1876–1958): Von 1920 bis 1929 Apostolischer Nuntius in Deutschland; von 1930 bis 1939 Kardinalstaatssekretär und von 1939 bis zu seinem Tod 1958 Papst Pius XII.

Papen, Franz von (1879–1969): Von 1921 bis 1932 Zentrumspolitiker; von Juni bis Dezember 1932 Reichskanzler; trug maßgeblich zur Ernennung Hitlers zum Reichskanzler am 30. Januar 1933 bei; von 1933 bis 1934 Vizekanzler.

Piscator, Erwin (1893–1966): Theaterregisseur, ehemaliger Kommunist sowie 1963 Regisseur der Berliner Uraufführung von *Der Stellvertreter*.

Poliakov, Léon (1910–1997): Französischer Historiker und Pionier der Holocaustforschung.

Raddatz, Fritz (1931–2015): Essayist, Biograf und von 1960 bis 1969 Cheflektor des Rowohlt-Verlags.

Repgen, Konrad (1923–2017): Historiker, Mitbegründer der Kommission für Zeitgeschichte und Kritiker Klaus Scholders.

Schauff, Johannes (1902–1990): Zentrumspolitiker am Ende der Weimarer Republik; Exilant in Rom und Brasilien; treibende Kraft zur Gründung der Kommission für Zeitgeschichte.

Schneider, Reinhold (1903–1958): Katholischer Schriftsteller und Kirchen- kritiker, der zwischen 1945 und 1948 für den Verlag Herder eine zehnbändige Reihe über die katholische Kirche im „Dritten Reich" zusammenstellte.

Scholder, Klaus (1930–1985): Evangelischer Geistlicher, Kirchenhistoriker, FDP- Politiker, Autor von *Die Kirchen und das Dritte Reich* (1977, 1985) und Kritiker Konrad Repgens.

Schreiber, Georg (1882–1963): Prälat, katholischer Kirchenhistoriker und ehe- maliger Zentrumspolitiker der Weimarer Republik; seit 1917 in Münster.

Sideri (geborene Heinemann), Marianne (geboren 1932): Erste Ehefrau Rolf Hochhuths, Autorin eines Buchs über deutsche Lyrik sowie Tochter von Rose Schlösinger, die am 5. August 1943 als Mitglied der Widerstandsgruppe Rote Kapelle hingerichtet wurde.

Spital, Hermann-Josef (1925–2007): Theologe und von 1981 bis 2001 Bischof von Trier.

Stasiewski, Bernhard (1905–1995): Priester, Kirchenhistoriker und Osteuropa- historiker an der Universität Bonn; erhielt 1953 den Auftrag, die Geschichte der katholischen Kirche im „Dritten Reich" zu verfassen.

Stehlin, Stewart (geboren 1936): Amerikanischer Historiker und Autor von *Weimar and the Vatican, 1918–1933* (1983).

Volk, Ludwig SJ (1926–1984): Jesuit und Historiker, der Publikationen zur Geschichte der katholischen Kirche im „Dritten Reich" verfasste und herausgab.

Werthmann, Georg August (1898–1980): Von 1936 bis 1945 Feldgeneralvikar der Wehrmacht und von 1956 bis 1962 Generalvikar der Bundeswehr.

Zahn, Gordon (1918–2007): Amerikanischer katholischer Pazifist und Soziologe aus Chicago; Autor der Bücher *Die deutschen Katholiken und Hitlers Kriege* (1962) und *Er folgte seinem Gewissen: Das einsame Zeugnis des Franz Jägerstätter* (1964).

Zinn, Georg-August (1901–1976): Jurist und SPD-Politiker sowie von 1950 bis 1969 Ministerpräsident des Landes Hessen.

Quellen- und Literaturverzeichnis

Quellen

Archdiocese of Chicago, Archives (ACA)
  Albert Meyer Papers
Archiv der Deutschen Provinz der Jesuiten, München (ADPJ)
  NL Ludwig Volk
Archiv der Dominikanerprovinz Teutonia, Köln (ADTK)
  NL Franziskus Stratmann
Archiv der Erzdiözese Salzburg (AES)
  NL Andreas Rohracher
Archiv des Erzbistums München und Freising (AEMF)
  Dokumentation Pressestelle
    499
    1506
    2080
    1957–1960, Der Stellvertreter
  Kardinal von Faulhaber Archiv
  NL Johannes Neuhäusler
  PA – P III 1454 Roth Leonhard
  Registratur des Generalvikars: Kirche und Drittes Reich
  Registratur des Generalvikars: Lager-Seelsorge
Archiv der Gedenkstätte, Dachau (AGD)
Archiv der Akademie der Künste, Berlin (ADK)
  Archiv des Theaters der Freien Volksbühne Berlin
    Band, 186–189
    FVB, I–VIII
    Schnellhefter, Der Stellvertreter, Vorkorrespondenz
    Schnellhefter, Der Stellvertreter, Berlin
    Erwin-Piscator-Center
    Piscator Sammlung
Archiv der sozialen Demokratie der Friedrich-Ebert-Stiftung, Bonn (AsD)
  Depositum, Christel Beilmann
  NL Adolf Arndt
  NL Willy Brandt
  NL Walter Dirks

NL Peter Nellen

NL Georg August Zinn

Sammlung, „Linkskatholizismus," Martin Stankowski

Archiv des Katholischen Militärbischofs, Berlin (AKMB)

    Sammlung Werthmann

        SW 998, 1010, 1028

    NL Werthmann

        Der „Fall Fleischer," I–III

Archiv des Liberalismus, Gummersbach (ADL)

    Biographische Sammlung Klaus Scholder

    Bestand Thomas Dehler, N1, 3086, 3088, 3089

    Bestand Erika Fischer, N14–29

    Bestand Clara von Simson, N88–117

    Bestand Wolfgang Mischnick, A38–127

    Bestand Reinhold Maier, A34–74, 75

    Bestand Kulturpolitischer Bundesausschuß, A10, 13, 37, 93, 94

    Bestand Bundeshauptausschuß, 1964, A12ß49

Archiv für Christlich-Soziale Poliitk, Munich (ACSP)

    NL Alois Hundhammer

    NL Richard Jaeger

    NL Josef Müller

Bayerisches Hauptstaatsarchiv, München (BHA)

    MKK 38233, MK 49229

    StK Bayer. Verdienstorden, 129

Bayerische Staatsbibliothek, München (BSB)

    NL Ernst Deuerlein

Bistumsarchiv Münster (BAM)

    A O, 2–6 Bischöfliches Sekretariat, Neues Archiv

    A O, 798, Generalvikariat, Wehrmachtseelsorge

    A101, 3–5 Materialsammlung, Drittes Reich

    A101, 48, Bischöfliches Generalvikariat, Neues Archiv, Presse/Zeitungen, April 1944–Okt. 1950

    A101, 325–327

Bistumsarchiv Osnabrück (BAO)

Bundesarchiv Koblenz (BAK)

    NL Ernst-Wolfgang Böckenförde

    NL Paul-Egon Hübinger

    NL Hans Peters

    NL Klaus Scholder

B122 Bundespräsidialamt, 2069, 2180–2182, 4924, 5156, 5609, 5556, 5557

B136 Bundeskanzleramt, 2032, 5843, 5844, 5854, 5857

B138 Bundesministerium des Innern, 5845–5848, 6880, 6941

B141 Bundeskanzleramt, 6447–6456

B144 1112

Catholic University Archives, Washington (CUA)

Alois Muench Accession Papers

Alois Muench Papers

Paul Furfey Papers

Deutscher Bundestag, Parlamentsarchiv Referat ID 2, (BT)

94 Sitzung des Verteidigungsausschusses vom 1. Juni 1956

Bundestagsdrucksachen IV/1216 und IV/1221

Kleine Anfrage der CDU-Abgeordneten Majonica und Lemmer

Deutsches Rundfunkarchiv, Babelsberg (DRA)

Inszenierung, Der Stellvertreter, 333

Pressearchiv, Personalia, Rolf Hochhuth

Pressearchiv, Personalia, Erwin Piscator

SFB, 375, Korrespondenz zum „Stellvertretrer"

Deutschlandradio Kultur, Abt. Dokumentation und Archive, Berlin

Audioaufnahme, „Die Zeit im Feuer"

Audioaufnahme, „Kalenderblatt vom 20.2.63"

Audioaufnahme, „Pressekonferenz, Rolf Hochhuth: Der Stellvertreter"

Diözesanarchiv Berlin (DAB)

I/1–58, Betreuungen Kl–Ku

I/4–20a, Nationalsozialismus

I/4–35, Wiedergutmachung (Entnazifierung)

I/4–39, Apostolischer Stuhl, Nuntiatur

I/4–72, Katholisches Büro, Bonn, 1963

I/4-413-1, 2, Maria Regina Martyrum

I/5–12, Kühn, Heinz

I/12, 19–20, Morus Verlag

III/6–14, 16, 17, Maria Regina Martyrum

IV/63–268, 269, Katholiken-Ausschuß des Bistums Berlin

IV/54–83, Kartei Morus Verlag

NL Walter Adolph

V/1–1 Schriftlicher Nachlass, Einzelvorgänge

V/1–3 Der Stellvertreter

V/1-5-2 Presse zu Hochhuth, Der Stellvertreter

V/1–7, 8 Korrespondenz

NL Alfred Bengsch

    V/5–6, 1–2 Nuntiatur

NL Julius Döpfner

    V/7-25-1 Bundesrepublik Deutschland und Berlin (West)

    V/7-25-2 Prof. Gordon Zahn

NL Erich Klausener Jr.

    V/12-4-7 Kirchliche Medienarbeit

    V/12-6-2-2 Hochhuth, Der Stellvertreter

    V/12–11 Korrespondenz

NL Wilhelm Weskamm

    V/24-4 Allgemeine Korrespondenz

    V/24-11 Priester

Diözesanarchiv Limburg (DAL)

    209 B

    551 B

    NL Walter Kampe,

        D Publizistik, II, Rundfunk, 1963–1964

Diözesanarchiv Rottenburg (DAR)

    G1.1, 16.1zb, Friedensbund Deutscher Katholiken, 1950–1958

    G1.1, 16.1zm, Friedensbund Deutscher Katholiken, 1950–1958

    G1.5.156, Erhebungen zur Frage der Kollektivverfolgung der Katholischen Kirche in
        der NS Zeit (1938–1944), 1952–1953

    G1.5.157, Negativ von Kopien wichtiger Dokumente, die sich Dr. Stasiewski aus
        dem Bestand „NS-Akten" des Diözesanarchives für sein Forschungsverhalten
        „Katholische Kirche und NS" zusammenstellte

Erzbischöfliches Archiv Freiburg (EAF)

    NL Conrad Gröber

Evangelisches Zentralarchiv, Berlin (EZA)

    2/1005, 2/1696, 2/1807, 2/1808, 2/1939–1942, 2/1958, 2/2264

    4/15

    7/4072, 7/5927

    87/265, 87/267

    631/29, 631/97, 631/98

    686/939, 686/940, 686/941, 686/942

    743/168

Geheimes Staatsarchiv Preußischer Kulturbesitz, Berlin (GStA)

    NL Heinrich Grüber

Hauptstaatsarchiv Nordrhein-Westfalen, Düsseldorf (HANR), inzwischen in Duisburg

    NL Christine Teusch

Herder Verlag, Freiburg, Archiv

Hessisches Hauptstaatsarchiv, Wiesbaden (HHSA)

    502 Ministerpräsident-Staatskanzlei, 6247–6288

    504 Hessisches Kultusministerium, 7558–7559

Historisches Archiv des Bayerischen Rundfunks, München (HABR)

Historisches Archiv des Erzbistums Köln (HAEK)

    CR II 1.9 Erzdiözese München und Freising

    CR II 1.17a, 4–5

    CR II 2.19, 2–4 Bischofskonferenzen

    CR II 2.3, 1–5, Hirtenworte der Bischöfe

    CR II 14.1.2–6, Verwaltung des Kirchenvermögens und Rechnungswesens

    CR II 16.10, 1–8 Deutsche Reichsverfassungen, Landesverfassungen

    CR II 25.18, 3–4 Militaria

    CR II 25.2, 4–8 Militärseelsorge

    CR II 27.30.1

    Gen II 22.13, 1–48, Auseinandersetzungen des Christentums mit jeweils neuen Weltanschaungen

    Gen II 23.23a, 4–62, Politische Akten

    Gen II 23.23e, 1–5, Entnazifizierung

    Gen II 22.59, 8–9, Friedensbund deutscher Katholiken

    Katholisches Büro, ZUG 862 #126,Der Stellvertreter, Korrespondenz

    Katholisches Büro Bonn I (Amtszeit Böhler), 81, 90, 91, 93, 94, 95, 105, 107, 108–111, 113, 117, 121, 125, 126, 131, 188, 254

    Dienstakten Wilhelm Böhler, 315–320

    WUV 9, 101, Widerstand und Verfolgung

Historisches Archiv der Stadt Köln (HASK)

    NL Christine Teusch

Historisches Archiv des Westdeutschen Rundfunks, Köln (HAWDR)

    02188, 03293, 04745, 05119, 05790, 07574, 11424, 12911, 12985, 13006

Institut für Zeitgeschichte, München (IFZ)

    ID 34/2, Hausarchiv, Alff, Wilhelm

    ID 34/23, Hausarchiv, Buchheim, Hans, Allgemein

    ID 102/12, Hausarchiv

    ID 103/6, Hausarchiv

    ID 103/21, Hausarchiv

    ID 103/30, Hausarchiv

    ID 105/2, Gutachten, Hans Buchheim

    ED 94/305 Staatssekr. Dr. W. Strauß

    ED 107/2, NL Olef

ED 120/175, Sammlung Wilhelm Hoegner

ED 346, NL Johannes Schauff

ED 369/320, NL Peter Christian Ludz

International Tracing Service, Bad Arolsen (ITS)

    Documents on Johannes Neuhäusler

Jugendhaus Hardehausen, Dokumentationsstelle (JHH)

    NL Christel Beilmann

    NL Gerd Hirschauer

Katholische Akademie in Bayern (KAB)

    A 1/1 Gründung

    A 16/1–5, Kommission für Zeitgeschichte

    BI Tagungen

    BI/9 Die deutschen Katholiken und das Schicksal der Weimarer Republik, Würzburg 1961

    BI/11 Bewältigung historischer und politischer Schuld, München 1961

    BI/15 Gibt es ein deutsches Geschichtsbild?, 1960 Würzburg

    BI/17 Podiumsgespräch, Der Stellvertreter, München 1963

    BI/18 Der katholischeWiderstand gegen den Nationalsozialismus, München 1963

Katholische Nachrichtenagentur, Berlin, Archiv (KNA), heute in der Kommission für Zeitgeschichte in Bonn

    Amery, Carl

    Böckenförde, Ernst-Wolfgang

    Hochhuth, Rolf

    Lewy, Günter

    Neuhäusler, Johannes

    Zahn, Gordon

Kommission für Zeitgeschichte, Bonn (KZG)

    NL Walter Adolph

    NL Ludwig Volk

Konrad-Adenauer-Stiftung, Sankt Augustin (KAS)

    NL Odilo Braun

    NL Heinrich Köppler

    NL Heinrich Krone

    NL Ernst Lemmer

    NL Ernst Majonica

    NL Gerhard Schröder

Landesarchiv Berlin (LAB)

    B Rep 002, Nr. 7349, #1, 2a

    B Rep 002, Nr. 10583

B Rep 014, Nr. 2247–8

C Rep 104, Nr. 607

Landeshauptarchiv Koblenz (LHAK)

NL Adolf Süsterhenn

Loyola University, Chicago, Archives (LUC)

James Maguire Papers

Ralph Gallagher Papers

Marquette University Archives (MUA)

Dorothy Day Papers

John Riedl Papers

Memorial de la Shoah, Centre de documentation juive contemporaine, Paris

CDLXVII-84a

DLVI (1)-64b

Monacensia, Literaturarchiv und Bibliothek München (MLB)

NL Carl Amery (Anton Mayer)

NL Friedrich Schnack

National Archives, College Park (NA)

RG 260, Religious Affairs Branch

RG 319, Records of the Office of the Assistant Chief of Staff, G-2 Intelligence, Records of the Investigative Records Repository, Personnel Name File, Rudolf Aschenver (sic)

RG 549, Records of U.S. Army Europe, Judge Advocate Division, War Crimes Branch, Records Relating to Post-Trial Activities, 1945–1957

Niedersächsisches Landesarchiv, Hannover (NSLA)

NDS, 50, ACC.2000/100, 315, 321

NDS, 52, 54/91, 100

NDS, 400, ACC. 165/94, 54–58/2, 73–79, 31/86, 473

VVP, 10, 125 I, 125 II, 126 I, 126 II, 128 I

Österreichisches Literaturarchiv der Österreichischen Nationalbibliothek, Wien (ÖLA)

NL Friedrich Heer

Pfarrarchiv, Donaueschingen (PAD)

Sammlung, Josef Fleischer

Politisches Archiv des Auswärtigen Amts, Berlin (PAAA)

B26, Band 50, 186

B80, Band 286, 288

B92, Band 104

B130, 3756A, 4700A, 5433A, 5445A, 5600A

Privatsammlung, Thomas Brechenmacher

Privatsammlung, Guenter Lewy

Privatsammlung, Rudolf Morsey
Privatsammlung, Rudolf Pawelka, Puchheim bei München
Privatsammlung, Germaine Poliakov-Rousso, Massy, France
Privatsammlung, Narzissa Stasiewski, Ittenbach bei Königswinter
    Kommission für Zeitgeschichte
    Schriftwechsel, Bernhard Stasiewski, 1945–1970
Regent College, Vancouver, Canada, Library
    John Conway Papers
Rheinische Friedrich-Wilhelms-Universität Bonn, Archiv
    NL Paul Egon Hübinger
Rowohlt Theater Verlag, Archiv, Reinbek bei Hamburg (RTVA)
Rowohlt Verlag, Pressearchiv, Reinbek bei Hamburg (RVPA)
St. John's University Archives, Collegeville, Minnesota (SJUA)
Schweizerisches Literaturarchiv, Bern (SLA)
    NL Rolf Hochhuth
Staatsarchiv München (SAM)
    Staatsanwaltschaften 34698, 34699, 34474/2
Stadtarchiv Freiburg im Breisgau (SAF)
    Einwohner Meldekartei
Stadtarchiv Eschwege (SAE)
    Einwohner Meldekartei
    Materialsammlung 73–2 Literatur, Rolf Hochhuth
Syracuse University Archives (SUA)
    Dorothy Thompson Papers
United States Army Heritage and Education Center, Carlisle, PA (USAHEC)
    Harold C. Deutsch Papers
United States Holocaust Memorial Museum, Archive (USHMM)
    NL Theophil Wurm
    RG76.001M, Selected Records from the Vatican Archives, 1865–1939
    United States Relations with the Vatican and the Holocaust, 1940–1950
Universitätsbibliothek, Eichstätt – Ingolstadt (UBEI)
    VA 1, Köselarchiv
        Autorenkorrespondenz Hans Buchheim
        Autorenkorrespondenz Ernst-Wolfgang Böckenförde
        VII 3.1, „Hochland"-Korrespondenz, Mappe 9
        VII 3.1, „Hochland"-Korrespondenz, Mappe 17
        VII 3.1, „Hochland"-Korrespondenz, Mappe 26
University of Notre Dame, Archives (UNDA)
    Gordon Zahn Papers

Unternehmensarchiv, Bertelsmann, Gütersloh (UAB)
  ZDF-Archiv, Mainz
Zentralarchiv der Evangelischen Kirche in Hessen und Nassau, Darmstadt (ZAEK)
  NL Martin Niemöller
Zentralarchiv zur Erforschung der Geschichte der Juden in Deutschland, Heidelberg
  (ZEGJD)
  NL Josef Wulf
Zentralkomitee der deutschen Katholiken, Bad Godesberg, Archiv (ZdK)
  1740
  1741
  1742
  2202/1a
  2202/1b
  2302/1a
  2306/2a
  3211
  4100
  4100 (Duplikate)
  4230 Referat für staatsbürgerliche Angelegenheiten
  4231 Reden und Aufsätze von Dr. Gustav Kafka
  4231/1 – VS-Unterlagen, Dr. Prauss
  4231/2 Privatdienstliches Schriftverkehr
  4231/7 Referat Gordon Zahn über die Rolle der Kirche im 3. Reich
  4930
  8058/8
  KT Berlin, 1, Arbeitstagung Saarbrücken
  KT Berlin, 5, Korrespondenz, Fürst zu Löwenshtein

Interviews

Ernst-Wolfgang Böckenförde, Freiburg
John Conway, Vancouver
Rolf Hochhuth, Berlin
Ludwig Hammermayer, Ingolstadt
Hans-Heinrich Koch, Eschwege
Marianne Hochhuth-Sideri (geborene Heinemann), Basel
Heinz Hürten, Eichstätt
Michael Hovey, Detroit

Angelika Kühn, Oak Park

Guenter Lewy, Washington

Rudolf Morsey, Speyer

Margaret Osthus, Gütersloh

Germaine Poliakov-Rousso, Massy

Narzissa Stasiewski, Ittenbach bei Königswinter

Stewart Stehlin, New York

Peter Steinfels, New York

Heinz-Dietrich Thiel, Berlin

Norbert Trippen, Köln

Literatur

Adolph, Walter: *Wilhelm Wagner: Domvikar bei St. Hedwig zu Berlin*, Berlin 1947.

Adolph, Walter: „Dolchstoss-Legende in neuer Form", in: *Petrusblatt*, 26.1.1947.

Adolph, Walter: *Im Schatten des Galgens. Zum Gedächtnis der Blutzeugen in der national-sozialistischen Kirchenverfolgung*, Berlin 1953.

Adolph, Walter: *Erich Klausener*, Berlin 1955.

Adolph, Walter *Verfälschte Geschichte: Antwort an Rolf Hochhuth*, Berlin 1963.

Adolph, Walter: *Kardinal Preysing und zwei Diktaturen: Sein Widerstand gegen die totalitäre Macht*, Berlin 1971.

Adolph, Walter: „Erinnerungen 1922–1933", in: *Wichmann Jahrbuch für Kirchengeschichte im Bistum Berlin, 1970–1975*, Berlin 1976.

Albrecht, Dieter: *Der Notenwechsel zwischen dem Heiligen Stuhl und der deutschen Reichsregierung, Bd. I: Von der Ratifizierung des Reichskonkordats bis zur Enzyklika „Mit brennender Sorge"*, Mainz 1965.

Altmeyer, Karl-Aloys: „Versagten die deutschen Katholiken im Dritten Reich? Versuch einer kurzen Antwort auf eine Verurteilung vom grünen Tisch aus", in: *Deutsches Volksblatt*, 15.9.1960 und 16.9.1960.

Altmeyer, Karl Aloys: „Versagten die deutschen Katholiken im Dritten Reich? Der Wahrheit einen Schritt näher – Offener Antwortbrief auf das gestern abgedruckte Schreiben Professor Zahns", in: *Badische Zeitung*, 4.11.1960.

Altmeyer, Karl Aloyius: *Katholische Presse unter NS-Diktatur: die katholischen Zeitungen und Zeitschriften Deutschlands in den Jahren 1933 bis 1945: Eine Dokumentation*, Berlin 1962.

Aly, Götz: „Theodor Schieder, Werner Conze oder die Vorstufen der physischen Vernichtung", in: Winfried Schulze/Otto Gerhard Oexle (Hg.): *Deutsche Historiker im Nationalsozialismus*, Frankfurt am Main 1999.

Amery, Carl: *Die Kapitulation oder Deutscher Katholizismus heute*, Reinbek 1963.

Amery, Carl: „Hitler und der Klerus", in: *Stern* 31, 11.10.1964.

Amtliche Zentralstelle für kirchliche Statistik des katholischen Deutschlands (Hg.): *Das Kirchliche Handbuch für das Katholische Deutschland, Band 18: 1933–1934*, Köln 1934.

Anderson, Margaret Lavinia: *Windthorst: A Political Biography*, Oxford 1981.

Arndt, Adolf: „Christentum und freiheitlicher Sozialismus", in: *Christlicher Glaube und politische Entscheidung. Eine Vortragsreihe der Arbeitsgemeinschaft sozialdemokratischer Akademiker München*, München 1957.

Ascher, Abraham: *A Community under Siege: The Jews of Breslau under Nazism*, Stanford 2007.

Assmann, Aleida/Frevert, Ute: *Geschichtsvergessenheit – Geschichtsversessenheit. Vom Umgang mit deutschen Vergangenheiten nach 1945*, Stuttgart 1999.

Assmann, Jan: *Das kulturelle Gedächtnis: Schrift, Erinnerung und politische Identität in frühen Hochkulturen*, München 1992.

Assmann, Jan/Holscher, Tonio: *Kultur und Gedächtnis*, Frankfurt 1988.

Augstein, Rudolf: „Lieber Spiegel-Leser", in: *Der Spiegel*, 17.2.1965.

Autor unbekannt, *Prediger des Atomtodes*, Berlin 1959.

Ayako Bennette, Rebecca: *Fighting for the Soul of Germany: The Catholic Struggle for Inclusion after Unification*, Cambridge (Massachusetts) 2012.

Baadte, Günter: „Grundfragen der politischen und gesellschaftlichen Neuordnung in den Hirtenbriefen der deutschen Bischöfe 1945–1949", in: *Jahrbuch für christliche Sozialwissenschaften* 27 (1986), S. 95–113.

Barnett, Victoria: *For the Soul of the People: Protestant Protest against Hitler*, New York 1992.

Barracano Schmidt, Dolores/Schmidt, Earl Robert (Hg.): *The Deputy Reader: Studies in Moral Responsibility*, Glenview 1965.

Barry, Colman J. OSB: *The Catholic Church and German-Americans*, Milwaukee 1953.

Bauer-Kirsch, Angela: *Herrenchiemsee. Der Verfassungskonvent von Herrenchiemsee – Wegbereiter des Parlamentarischen Rates*, Diss. Bonn, 2005.

Bauerkämper, Arnd: *Das umstrittene Gedächtnis: Die Erinnerung an Nationalsozialismus, Faschismus und Krieg in Europa seit 1945*, Paderborn 2012.

Baumeister, Roy F./Batslavski, Ellen/Dinkenauer, Catrin/Vohs, Kathleen D.: „Bad Is Stronger than Good", in: *Review of General Psychology* 5 (2001), S. 323–370.

Baumgart, Winfried: „Adolf Süsterhenn (1905–1974)", in: Jürgen Aretz/Rudolf Morsey/Anton Rauscher (Hg.): *Zeitgeschichte in Lebensbildern, Aus dem deutschen Katholizismus des 19. und 20. Jahrhunderts, Band 6*, Mainz 1984, S. 189–199.

Baumgärtel, Friedrich: *Wider die Kirchenkampflegenden*, Neuendettelsau 1958.

Baumgärtel, Friedrich: *Wider die Kirchenkampflegenden*, 2. (erw.) Aufl., Neuendettelsau 1959.

Beck, Gottfried: *Die Bistumspresse in Hessen und der Nationalsozialismus, 1930–1941*, Paderborn 1996.

Beckman, Morris: *The Jewish Brigade: An Army with Two Masters, 1944–45*, Rockville 1998.

Benedikt, Klaus-Ulrich: *Emil Dovifat: Ein katholischer Hochschullehrer und Publizist*, Mainz 1986.

Bentley, Eric (Hg.): *The Storm over the Deputy*, New York 1964.

Benz, Wolfgang: *Von der Besatzungsherrschaft zur Bundesrepublik: Stationen einer Staatsgründung, 1946–1949*, Frankfurt am Main 1985.

Berg, Nicolas: *Der Holocaust und die westdeutschen Historiker: Erforschung und Erinnerung*, Göttingen 2003.

Bergen, Doris: *Twisted Cross: The German Christian Movement in the Third Reich*, Chapel Hill 1996.

Bergmann, Bernhard/Steinberg, Josef (Hg.): *In Memoriam Wilhelm Böhler: Erinnerungen und Begegnungen*, Köln 1965.

Bernhard, Patrick: *Zivildienst zwischen Reform und Revolte: Eine bundesdeutsche Institution im gesellschaftlichen Wandel, 1961–1982*, München 2005.

Berry, Colman: *Worship and Work: Saint John's Abbey and University, 1856–1956*, Collegeville 1956.

Bertsch, L./Boonen, Ph./Hammerschmidt, R./Homeyer, J./Kronenberg, F./Lehmann, K. (Hg.): *Gemeinsame Synode der Bistümer in der Bundesrespublik Deutschland. Beschlüsse der Vollversammlung, Offizielle Gesamtausgabe I*, unter Mitarbeit von P. Imhof, Freiburg 1976.

Best, Sigismund Payne: *The Venlo Incident*, New York 1950.

Bethge, Eberhard: *Dietrich Bonhoeffer: A Biography*, Minneapolis 2000.

Beuys, Barbara: „Grüß Gott: Heil Hitler: Wie deutsche Kirchenführer sich mit den Nazis arrangiert haben, enthüllt ein Tübinger Wissenschaftler in einer neuen Untersuchung", in: *Stern*, 31.5.1978.

Bierbaum, Max: *Die letzte Romfahrt des Kardinals von Galen*, Münster 1946.

Bierbaum, Max: *Kardinal von Galen*, Münster 1947.

Bischöfliches Ordinariat Berlin (Hg.): *Dokumente aus dem Kampf der katholischen Kirche im Bistum Berlin gegen den Nationalsozialismus*, Berlin 1946.

Blaschke, Olaf: „Geschichtsdeutung und Vergangenheitspolitik. Die Kommission für Zeitgeschichte und das Netzwerk kirchenloyaler Katholizismusforscher 1945–2000", in: Thomas Pittrof/Walter Schmitz (Hg.): *Freie Anerkennung übergeschichtlicher Bindungen. Katholische Geschichtswahrnehmung im deutschsprachigen Raum des 20. Jahrhunderts*, Freiburg 2010, S. 479–521.

Blattmann, Ekkehard: „Über den ‚Fall Reinhold Schneider' im Lichte von Reinhold Schneiders Kollaboration mit den Kommunisten", in: Ekkehard Blattmann/Klaus Hönig (Hg.): *Über den „Fall Reinhold Schneider"*, München 1990, 88–94.

Blattmann, Ekkehard: *Reinhold Schneider im Roten Netz. Der „Fall Reinhold Schneider"* *im kryptokommunistischen Umfeld*, Frankfurt am Main 2001.

Blattmann, Ekkehard/Mönig, Klaus (Hg.): *Über den „Fall Reinhold Schneider"*, München 1990.

Bleistein, Roman: *Rupert Mayer: Der verstummte Prophet*, Frankfurt am Main 1993.

Bleistein, Roman: „Walter Mariaux und der Kirchenkampf des Dritten Reiches", in: *Stimmen der Zeit* 212 (1994).

Blum, Howard: *The Brigade: An Epic Story of Vengeance, Salvation, and WWII*, New York 2001.

Böckenförde, Ernst-Wolfgang: „Das Ethos der modernen Demokratie und die Kirche", in: *Hochland* 50 (1957/1958), S. 4–19.

Böckenförde, Ernst-Wolfgang/Spaemann, Robert: „Die Zerstörung der naturrechtlichen Kriegslehre: Erwiderung an Pater G. Gundlach SJ", in: Rudolf Fleischmann (Hg.): *Atomare Kampfmittel und christliche Ethik. Diskussionsbeiträge deutscher Katholiken*, München 1960.

Böckenförde, Ernst-Wolfgang: „Der deutsche Katholizismus im Jahre 1933. Eine kritische Betrachtung", in: *Hochland* 53 (1961), S. 215–239.

Böckenförde, Ernst-Wolfgang: „German Catholicism in 1933", aus dem Deutschen von Raymond Schmandt, in: *Cross Currents* (Sommer 1961), S. 283–304.

Böckenförde, Ernst-Wolfgang: „Der deutsche Katholizismus im Jahre 1933: Stellungnahme zu einer Diskussion", in: *Hochland* 54 (1962).

Böckenförde, Ernst-Wolfgang: „Politische Theorie und politische Theologie. Bemerkungen zu ihrem gegenseitigen Verhältnis", in: Jacob Taubes (Hg.): *Religionstheorie und politische Theologie. Bd. 1: Der Fürst dieser Welt. Carl Schmitt und die Folgen*, München 1983.

Böckenförde, Ernst-Wolfgang: *Der deutsche Katholizismus im Jahre 1933. Kirche und demokratisches Ethos. Mit einem historiographischen Rückblick v. Karl-Egon Lönne*, Freiburg 1988.

Böckenförde, Ernst-Wolfgang: „Der Begriff des Politischen als Schlüssel zum staatsrechtlichen Werk Carl Schmitts", in: Ernst-Wolfgang Böckenförde: *Recht, Staat, Freiheit. Studien zur Rechtsphilosophie, Staatstheorie und Verfassungsgeschichte*, Frankfurt a. M. 1991.

Böckenförde, Ernst-Wolfgang: „Begegnungen mit Adolf Arndt", in: Claus Arndt (Hg.): *Adolf Arndt zum 90. Geburtstag. Dokumentation der Festakademie in der Katholischen Akademie Hamburg*, Bonn 1995.

Böckenförde, Ernst-Wolfgang: *Kirche und christlicher Glaube in den Herausforderungen der Zeit: Beiträge zur politisch-theologischen Verfassungsgeschichte*, Münster 2004.

Böhme, Helmut: „‚Primat' und ‚Paradigmata'. Zur Entwicklung einer bundesdeutschen Zeitgeschichtsschreibung am Beispiel des Ersten Weltkrieges", in: Hartmut Lehmann (Hg.): *Historikerkontroversen*, Göttingen 2000.

Boin, Douglas: *Coming Out Christian in the Roman World: How the Followers of Jesus Made a Place in Caesar's Empire*, New York 2015.

Boll, Friedhelm: „Die ‚Werkhefte katholischer Laien‘ 1947–1963", in: Michel Grunewald (Hg.): *Das katholische Intellektuellenmilieu in Deutschland, seine Presse und seine Netzwerke (1871–1963)*, Bern 2006.

Böll, Heinrich: *Ansichten eines Clowns*, Berlin 1963.

Bonhoeffer, Dietrich: *Auf dem Wege zur Freiheit*, Genf 1946.

Bordia, Prashant/DiFonzo, Nicholas: „Psychological Motivations in Rumor Spread", in: Gary Alan Fine/Véronique Campion-Vincent/Chip Heath (Hg.): *Rumor Mills: The Social Impact of Rumor and Legend*, New York 2005, S. 87–101.

Bottum, Joseph/Dalin, David G. (Hg.): *The Pius Wars: Responses to the Critics of Pius XII*, Lanham (Maryland) 2010.

Bösch, Frank: *Die Adenauer-CDU: Gründung, Aufstieg und Krise einer Erfolgspartei, 1945–1969*, Stuttgart 2001.

Bösch, Frank: „Mediengeschichte im 20. Jahrhundert. Neue Forschungen und Perspektiven", in: *Neue Politische Literatur* 52 (2007), S. 409–429.

Boysen, Guy A./Vogel, David L.: „Biased Assimilation and Attitude Polarization in Response to Learning about Biological Explanations of Homosexuality", in: *Sex Roles* 57 (2007), S. 755–762.

Bracher, Karl Dietrich: *Die Auflösung der Weimarer Republik: Eine Studie zum Problem des Machtverfalls in der Demokratie*, Stuttgart 1955.

Bracher, Karl Dietrich/Sauer, Wolfgang/Schulz, Gerhard: *Die nationalsozialistische Machtergreifung: Studien zur Errichtung des totalitären Herrschaftssystems in Deutschland, 1933/34*, Köln 1960.

Brechenmacher, Thomas: „Hochhuths Quellen. War ‚Der Stellvertreter‘ vom KGB inspiriert?", in: *Frankfurter Allgemeine Zeitung*, 26.4.2007.

Brechenmacher, Thomas/Wolffsohn, Michael: *Geschichte als Falle. Deutschland und die jüdische Welt*, Neuried 2001.

Brennan, Sean: *The Politics of Religion in Soviet-Occupied Germany: The Case of Berlin-Brandenburg, 1945–1949*, New York 2011.

Brocker, Mark S. (Hg.): *Dietrich Bonhoeffer Works, Volume 16, Conspiracy and Imprisonment, 1940–1945, Translated from the German Edition*, Minneapolis 2012.

Bröckling, Ulrich: „Walter Dirks", in: Friedrich Georg Hohmann (Hg.), *Westfälische Lebensbilder*, Bd. 17, Münster 2005, S. 241–254.

Broesicke, Siegfried: „Stinkbomben gegen den ‚Stellvertreter‘: Pariser Hochhuth-Skandal ohne Ende", in: *Abendzeitung*, 16.12.1963.

Brown, Callum: *The Death of Christian Britain: Understanding Secularization, 1800–2000*, London 2009.

Brown-Fleming, Suzanne: *The Holocaust and Catholic Conscience: Cardinal Aloyisius Muench and the Guilt Question in Germany*, South Bend 2006.

Bruce, Steve: *Religion in the Modern World: From Cathedrals to Cults*, Oxford 1996.

Brüning, Heinrich: *Memoiren. 1918–1934*, Stuttgart 1970.

Buchhaas, Dorothee: *Gesetzgebung im Wiederaufbau. Schulgesetz in Nordrhein-Westfalen und Betriebsverfassungsgesetz. Eine vergleichende Untersuchung zum Einfluß von Parteien, Kirchen und Verbänden in Land und Bund, 1945–1952*, Düsseldorf 1985.

Buchheim, Hans: „Der deutsche Katholizismus im Jahr 1933. Eine Auseinandersetzung mit Ernst-Wolfgang Böckenförde", in: *Hochland* 54 (1960/1961), S. 497–515.

Buchheim, Hans: *Totalitäre Herrschaft. Wesen und Merkmale*, München 1962.

Buchheim, Hans: *Die SS. Das Herrschaftsinstrument Befehl und Gehorsam*, Olten 1965.

Buchholz, Frank: *Strategische und militärpolitische Diskussionen in der Gründungsphase der Bundeswehr, 1949–1960*, Frankfurt am Main 1991.

Buchna, Kristian: *Ein klerikales Jahrzehnt? Kirche, Konfession und Politik in der Bundesrepublik während der 1950er Jahre*, Baden-Baden 2014.

Büchner, Franz: *Der Eid des Hippokrates, Die Grundsätze der ärztlichen Ethik*, in: *Das christliche Deutschland 1933 bis 1945, Dokumente und Zeugnisse, Katholische Reihe: Heft 4*, Freiburg 1945.

Büchner, Franz: *Pläne und Fügungen: Lebenserinnerungen eines deutschen Hochschullehrers*, München 1965.

Bücker, Vera: *Die Schulddiskussion im deutschen Katholizismus nach 1945*, Bochum 1989.

Burke, Peter: „History as Social Memory", in: Thomas Butler (Hg.): *Memory: History, Culture and the Mind*, Oxford 1990, S. 97–113.

Buscher, Frank M.: *The U.S. War Crimes Trial Program in Germany, 1946–1955*, Westport 1989, S. 93–97.

Cary, Noel: *The Path to Christian Democracy*, Cambridge (Massachusetts) 1996.

Cesarini, David/Sundquist, Eric J.: *After the Holocaust: Challenging the Myth of Silence*, London 2011.

Chandler, Andrew: *Brethren In Adversity. Bishop George Bell, The Church of England and the Crisis of German Protestants, 1933–1939*, Suffolk 1997.

Confino, Alon: „Collective Memory and Cultural History: Problems of Method", in: *American Historical Review* 105 (1997), S. 1386–1403.

Confino, Alon: *Germany as a Culture of Remembrance: Promises and Limits of Writing History*, Chapel Hill 2006.

Conrads, Robert (Hg.): *No Justice in Germany: The Breslau Diaries, 1933–1941, Willy Cohn*, Stanford 2012.

Conway, John: *The Nazi Persecution of the Churches, 1933–1945*, London 1968.

Conway, John: *Die nationalsozialistische Kirchenpolitik 1933–1945: Ihre Ziele, Widersprüche und Fehlschläge*, deutsche Fassung von Carsten Nicolaisen, München 1969.

Conze, Vanessa (Hg.): *Das Europa der Deutschen. Ideen von Europa in Deutschland zwischen Reichstradition und Westorientierung (1920–1970)*, München 2005.

Corsten, Wilhelm (Hg.): *Kölner Aktenstücke*, Köln 1949.

Crosby, Donald F.: *God, Church and Flag: Senator Joseph McCarthy and the Catholic Church, 1950–1957*, Chapel Hill 1978.

Damberg, Wilhelm: *Der Kampf um die Schulen in Westfalen, 1933–1945*, Mainz 1986.

Damberg, Wilhelm: „Georg Schreiber und Joseph Lortz in Münster 1933–1950", in: Leonore Siegele-Wenschkewitz und Carsten Nicolaisen (Hg.): *Theologische Fakultäten im Nationalsozialismus*, Göttingen 1993.

Damberg, Wilhelm: „Die Säkularisierung des Schulwesens am Beispiel der Bekenntnisschule in Westfalen 1906–1968", in: Matthias Frese/Michael Prinz (Hg.), *Politische Zäsuren und gesellschaftlicher Wandel: Regionale und vergleichende Perspektiven*, Paderborn 1996, S. 631–647.

Damberg, Wilhelm: *Abschied vom Milieu? Katholizismus im Bistum Münster und in den Niederlanden 1945–1980*, Paderborn 1997.

Damberg, Wilhelm: „Die Schuld der Kirche in der Geschichte", in: Karl-Joseph Hummel/ Christoph Kösters (Hg.): *Kirche, Krieg und Katholiken: Geschichte und Gedächtnis im 20. Jahrhundert*, Freiburg 2014, S. 148–171.

Damberg, Wilhelm/Hummel, Karl-Joseph (Hg.): *Katholizismus in Deutschland. Zeitgeschichte und Gegenwart*, Paderborn 2015.

Dehler, Thomas: „Sie zuckten mit der Achsel", in: Fritz Raddatz (Hg.): *Summa Iniuria oder Durfte der Papst schweigen? Hochhuths „Stellvertreter" in der öffentlichen Kritik*, Reinbek 1963.

Delp, Alfred P. SJ: *Im Angesicht des Todes*, Frankfurt 1949.

Deschner, Karlheinz: *Abermals krähte der Hahn: Eine kritische Kirchengeschichte von den Anfängen bis zu Pius XII.*, Stuttgart 1962.

Deschner, Karlheinz: *Ein Jahrhundert Heilsgeschichte. Die Politik der Päpste im Zeitalter der Weltkriege*, 2 Bände, Köln 1982–1983.

Dessauer, Philipp: *Das Bionome Geschichtsbild. Hintergründe und Konsequenz einer Geschichtsideologie*, in: *Das christliche Deutschland 1933 bis 1945, Dokumente und Zeugnisse, Katholische Reihe: Heft 6*, Freiburg 1946.

Deuerlein, Ernst: *Das Reichskonkordat*, Düsseldorf 1956.

Deutsch, Harold C.: *The Conspiracy against Hitler in the Twilight War*, Minneapolis 1968.

Diederich, Toni: „Zur Geschichte des Archivwesens der katholischen Kirche in Deutschland nach dem Zweiten Weltkrieg", in: Bundeskonferenz der kirchlichen Archive in Deutschland (Hg.): *Führer durch die Bistumsarchive der katholischen Kirche in Deutschland*, Siegburg 1991, S. 17–34.

Diehl, James: *The Tanks of the Fatherland: German Veterans after the Second World War*, Chapel Hill 1993.

Dietrich, Donald J.: *Catholic Citizens in the Third Reich: Psycho-Social Principles and Moral Reasoning*, New Brunswick 1988.

DiFonzo, Nicholas: *The Watercooler Effect: The Indispensible Guide to Understanding and Harnessing the Power of Rumor*, New York 2009.

Dirsch, Felix: „Das ‚Hochland' – Eine katholisch-konservative Zeitschrift zwischen Literatur und Politik 1903–1941", in: Hans-Christof Kraus (Hg.): *Konservative Zeitschriften zwischen Kaiserreich und Diktatur. Fünf Fallstudien*, Berlin 2003.

Doering-Manteuffel, Anselm: *Katholizismus und Wiederbewaffnung: die Haltung der deutschen Katholiken gegenüber der Wehrfrage 1948–1955*, Mainz 1981.

Doering-Manteuffel, Anselm: „Die Kirchen und die EVG: Zu den Rückwirkungen der Wehrdebatte im westdeutschen Protestantismus und Katholizismus auf die politische Zusammenarbeit der Konfessionen", in: Hans-Erich Volkmann/Walter Schwengler (Hg.): *Die Europäische Verteidigungsgemeinschaft: Stand und Probleme der Forschung*, Boppard am Rhein 1985, S. 317–340.

Doerries, Reinhard: *Hitler's Last Chief of Foreign Intelligence: Allied Interrogations of Walter Schellenberg*, London 2003.

Doért, Friedel: *Carl Sonnenschein: Seelsorger, theologischer Publizist und sozialpolitischer Aktivist*, Münster 2012.

Dörger, Hans-Joachim: *Religion als Thema in Spiegel, Zeit und Stern*, Hamburg 1973.

Dorneich, Julius: „Die Sammlung ‚Das christliche Deutschland'", in: *Familien-Blätter DORNEICH*, Heft 11, Privatdruck, Freiburg 1974, 8–10.

Dowe, Christopher: *Auch Bildungsbürger: Katholische Studierende und Akademiker im Kaiserreich, Kritische Studien zur Geschichtswissenschaft*, Göttingen 2006.

Drüding, Markus: „Das Philosophische Seminar in Münster", in: Hans-Ulrich Thamer, Daniel Droste und Sabine Happ (Hg.): *Die Universität Münster im Nationalsozialismus*, Bd. 1, Münster 2012 S. 569–602.

Dunkhase, Jan Eike: *Werner Conze: ein deutscher Historiker im 20. Jahrhundert*, Göttingen 2010.

Eckert, Astrid: *Kampf um die Akten. Die Westalliierten und die Rückgabe von deutschem Archivgut nach dem Zweiten Weltkrieg*, Stuttgart 2004.

Eilers, Rolf: *Die nationalsozialistische Schulpolitik*, Köln 1963.

Ellwein, Thomas: *Klerikalismus in der deutschen Politik*, München 1955.

Erb, Alfons: *Bernhard Lichtenberg, Dompropst von St. Hedwig zu Berlin*, Berlin 1946.

Ericksen, Robert: *Theologians under Hitler: Gerhard Kittel/Paul Althaus/Emanuel Hirsch*, New Haven 1985.

Evans, Ellen Lovell: *The German Center Party, 1870–1933: A Study in Political Catholicism*, Carbondale 1981.

Evans, Jonathan St. B.T./Frankish, Keith (Hg.): *In Two Minds: Dual Process and Beyond*, New York 2009.

Faulkner, Lauren: *Wehrmacht Priests: Catholics Priests and the Nazi War of Annihilation*, Cambridge, Massachusetts 2015.

Fehrenbach, Heide: *Cinema in Democratizing Germany: Reconstructing National Identity after Hitler*, Chapel Hill 1995.

Feldkamp, Michael F.: *Der Parlamentarische Rat, 1948–1949: Die Entstehung des Grundgesetzes*, Göttingen 1998.

Feldkamp, Michael (Hg.): *Der Parlamentarischer Rat, 1948–1949: „Akten und Protokolle 14, Hauptausschuß:* München 2010.

Fenske, Götz: „Begegnungen mit Carl Amery und Herbert Gruhl", in: Herbert-Gruhl-Gesellschaft e.V. (Hg.): *Naturkonservativ. 2008/2009*, Bad Schüssenried 2009, S. 90–110.

Fischer, Torben/Lorenz, Matthias N. (Hg.): *Lexikon der „Vergangenheitsbewältigung" in Deutschland. Debatten- und Diskursgeschichte des Nationalsozialismus nach 1945*, Bielefeld 2007.

Fisher, James T.: *The Catholic Counterculture in America, 1933–1962*, Chapel Hill 1989.

Fittkau, Gerhard: *Mein dreiunddreissigstes Jahr*, München 1957.

Fittkau, Gerhard: *My Thirty-Third Year: A Priest's Experience in a Russian Work Camp*, New York 1958.

Fitschen, Klaus: „Die Kirchen und das Dritte Reich. Überlegungen zu Entwicklungen, Tendenzen und Desideraten der Forschung im Bereich des Protestantismus", in: *Mitteilungen zur Kirchlichen Zeitgeschichte* 6 (2012), S. 113–123.

Fitschen, Klaus/Hermle, Siegfried/Kunter, Katharina/Lepp, Claudia/Roggenkamp-Kaufmann, Antje (Hg.): *Die Politisierung des Protestantismus. Entwicklungen in der Bundesrepublik Deutschland während der 1960er und 70er Jahre*, Göttingen 2011.

Fitzgerald, Allan (Hg.): *Augustine through the Ages: An Encyclopedia*, Grand Rapids 1999.

Fleischer, Johannes: „Schuldbekenntnis der versäumten Pflichten. Die andere Konsequenz", in: *Der Tagesspiegel*, Berlin, 12.1.1947.

Foot, M.R.D.: „Britische Geheimdienste und deutscher Widerstand 1939–1945", in: Klaus-Jürgen Müller/David N. Dilks (Hg.): *Großbritannien und der deutsche Widerstand, 1933–1944*, Paderborn 1994.

Forster, Peter: „Die Kirchen und das Dritte Reich", in: *Neue Zürcher Zeitung*, 28.4.1978.

Fraser, Nancy: „Rethinking the Public Sphere: A Contribution to the Critique of Actually Existing Democracy", in: *Social Text* 26 (1990), S. 56–80.

Frei, Norbert: *Vergangenheitspolitik. Die Anfänge der Bundesrepublik und die NS-Vergangenheit*, München 1996.

Frei, Norbert: „Von deutscher Erfindungskraft", in: *Rechtshistorisches Journal* 16 (1997), S. 621–634.

Frei, Norbert: *1945 und wir: Das Dritte Reich im Bewusstsein der Deutschen*, München 2005.

Friedlaender, Saul: *Pius XII and the Third Reich: A Documentation*, New York 1966.

Friedrich, Jörg: *Die Kalte Amnestie: NS-Täter in der Bundesrepublik*, Berlin 2007.

Friedrich, Norbert: „Die Erforschung des Protestantismus nach 1945. Von der Bekenntnisliteratur zur kritischen Aufarbeitung", in: Norbert Friedrich/Traugott Jähnichen (Hg.): *Gesellschaftspolitische Neuorientierungen des Protestantismus in der Nachkriegzeit*, Münster 2002, S. 9–35.

Friesenhan, Ernst: „Zur völkerrechtlichen und innerstaatlichen Geltung des Reichskonkordats", in: Gerd Kleinheyer/Paul Mikat (Hg.): *Beiträge zur Rechtsgeschichte. Gedächtnisschrift für Hermann Conrad*, Paderborn 1979, S. 151–180.

Fröhlich, Claudia: *Wider die Tabuisierung des Ungehorsams: Fritz Bauers Widerstandbegriff und die Aufarbeitung von NS-Verbrechen*, Frankfurt am Main 2005.

Fröhlich, Jürgen (Hg.): Wolfgang Schollwer, *„Gesamtdeutschland ist uns Verpflichtung": Aufzeichnungen aus dem FDP-Ostbüro 1951–1957*, Bremen 2004.

Führer, Karl Christian/Hickethier, Knut/Schildt, Axel: „Öffentlichkeit – Medien – Geschichte. Konzepte der modernen Öffentlichkeit und Zugänge zu ihrer Erforschung", in: *Archiv für Sozialgeschichte*, 41 (2001).

Gailus, Manfred: *Protestantismus und Nationalsozialismus. Studien zur nationalsozialistischen Durchdringung des protestantischen Sozialmilieus in Berlin*, Köln 2001.

Gailus, Manfred: „Keine gute Performance. Die deutschen Protestanten im ‚Dritten Reich'", in: Manfred Gailus/Armin Nolzen (Hg.): *Zerstrittene „Volksgemeinschaft". Glaube, Konfession und Religion im Nationalsozialismus*, Göttingen 2011, S. 96–121.

Gauger, Jörg-Dieter/Küsters, Hanns Jürgen/Uertz, Rudolf (Hg.): *Das Christliche Menschenbild: zur Geschichte, Theorie und Programmatik der CDU*, Freiburg 2013.

Gelberg, Karl-Ulrich: „Josef Müller (1898–1979)", in: Jürgen Aretz/Rudolf Morsey/Anton Rauscher (Hg.): *Zeitgeschichte in Lebensbildern. Aus dem deutschen Katholizismus des 19. und 20. Jahrhunderts*, Band 8, Mainz 1997, S. 155–172.

Geiger, Willi (Hg.): *Abweichende Meinungen zu Entscheidungen des Bundesverfassungsgerichts*, Tübingen 1989.

Gerlach, Wolfgang: *Als die Zeugen schwiegen: Bekennende Kirche und die Juden*, Berlin 1987.

Gerst, Wilhelm Karl: „Um den ‚Ehrenplatz in der Geschichte der nationalen Revolution'", in: *Frankfurter Rundschau*, 20.8.1946, S. 5.

Gerst, Wilhelm Karl: „Die Predigt in Telgte", in: *Frankfurter Rundschau*, 26.10.1945.

Gerstein, Kurt: „Augenzeugenbericht über Massenvergasungen", in: Léon Poliakov/Josef Wulf: *Das Dritte Reich und die Juden*, Berlin 1955.

Gerster, Daniel: *Friedensdialoge im Kalten Krieg: eine Geschichte der Katholiken in der Bundesrepublik, 1957–1983*, Frankfurt 2012.

Giese, Friedrich/Frhr. von der Heydte, Friedrich August (Hg.): *Der Konkordatsprozess*, 4 Bde., München 1957–1959.

Gigerenzer, Gerd: „How to make Cognitive Illusions Disappear", in: *European Review of Social Psychology* 2 (1991), S. 83–115.

Glässgen, Heinz: *Katholische Kirche und Rundfunk in der Bundesrepublik Deutschland 1945–1962*, Berlin 1983.

Gleeson, William J.: „Support of Hitler by Catholic Bishops Is Labeled ‚Untrue'. Dr. Zahn's Findings Contested," in: *The New World*, 11.9.1959.

Glienke, Stephan Alexander/Paulmann, Volker/Perels, Joachim (Hg.): *Erfolgsgeschichte Bundesrepublik? Die Nachkriegsgesellschaft im langen Schatten des Nationalsozialismus*, Göttingen 2008.

Goerner, Martin Georg: *Die Kirche als Problem der SED: Strukturen kommunistischer Herrschaftsausübung gegenüber der evangelischen Kirche, 1945 bis 1958*, Berlin 1997.

Goldschmidt, Dietrich/Kraus, Hans-Joachim (Hg.): *Der ungekündigte Bund. Neue Begegnung von Juden und christlicher Gemeinde. Im Auftrag der deutschen Arbeitsgemeinschaft Juden und Christen beim deutschen evangelischen Kirchentag*, Stuttgart 1963.

Goschler, Constantin: *Schuld und Schulden: Die Politik der Wiedergutmachung für NS-Verfolgte seit 1945*, Göttingen 2005.

Gosewinkel, Dieter: *Adolf Arndt: Die Widerbegründung des Rechtstaats aus dem Geist der Sozialdemokratie (1945–1961)*, Bonn 1991.

Gosewinkel, Dieter: „‚Beim Staat geht es nicht allein um Macht, sondern um die staatliche Ordnung als Freiheitsordnung': Biographisches Interview mit Ernst-Wolfgang Böckenförde", in: Ernst-Wolfgang Böckenförde/Dieter Gosewinkel (Hg.): *Wissenschaft, Politik, Verfassungsgericht. Aufsätze von Ernst-Wolfgang Böckenförde*, Berlin 2011.

Göttler, Norbert: *Die Akte Pater Leonhard Roth: sein Leben und Sterben im Einsatz für Gerechtigkeit und historische Wahrheit*, Dachau 2004.

Gotto, Klaus: „Die katholische Kirche und die Entstehung des Grundgesetzes", in: Anton Rauscher (Hg.): *Kirche und Katholizismus, 1945–1949*, Paderborn 1977, S. 88–108.

Gotto, Klaus/Hockerts, Hans Günter (Hg.): *Von der Reformation zur Gegenwart: Beiträge zu Grundfragen der neuzeitlichen Geschichte*, Paderborn 1988.

Graf, Friedrich Wilhelm: „Klaus Scholder", in: *Neue Deutsche Biographie. Band 23*, Berlin 2007, S. 440–441.

Graham, Robert A.: „A Return to Theocracy: The latest attack on the Vatican reveals the irony of its Author's Demands", in: *America*, 18.7.1964.

Greschat, Martin: *Die evangelische Christenheit und die deutsche Geschichte nach 1945. Weichenstellungen in der Nachkriegszeit*, Stuttgart 2002.

Groothius, Rainer Maria: *Im Dienste einer überstaatlichen Macht: Die deutschen Dominikaner unter der NS-Diktatur*, Münster 2002.

Groppe, Herbert: *Das Reichskonkordat vom 20. Juli 1933: Eine Studie zur staats- und völkerrechtlichen Bedeutung dieses Vertrages für die Bundesrepublik Deutschland*, Köln 1956.

Groschopp, Horst (Hg.): „Los von der Kirche": Adolph Hoffmann und die Staat-Kirche-Trennung in Deutschland: Texte zu 90 Jahre Weimarer Reichsverfassung, Aschaffenburg 2009.

Große Kracht, Klaus: „Erich Klausener (1885–1934). Preußentum und Katholische Aktion zwischen Weimarer Republik und Drittem Reich", in: Richard Faber/Uwe Puschner (Hg.): Preußische Katholiken und katholische Preußen im 20. Jahrhundert, Würzburg 2011.

Große Kracht, Klaus: „Unterwegs zum Staat. Ernst-Wolfgang Böckenförde auf dem Weg durch die intellektuelle Topographie der frühen Bundesrepublik, 1949–1964", in: Hermann-Josef Große Kracht/Klaus Große Kracht (Hg.): Religion. Recht. Republik. Studien zu Ernst-Wolfgang Böckenförde, Paderborn 2014.

Große Kracht, Hermann-Josef/Große Kracht, Klaus (Hg.): Religion. Recht. Republik. Studien zu Ernst-Wolfgang Böckenförde, Paderborn 2014.

Guittat-Neudin, Muriel: „Les Silences de Pie XII': Entre Mémoire et Oubli, 1944–1958", in: Revue D'Historie Ecclésiastique 105, 2011, S. 215–239.

Günter, Joachim: Der Streit um Hochhuths „Stellvertreter", Basel 1963.

Güsgen, Johannes: Die katholische Militärseelsorge in Deutschland zwischen 1920 und 1945: Ihre Praxis und Entwicklung in der Reichswehr der Weimarer Republik und der Wehrmacht des nationalsozialistischen Deutschlands unter besonderer Berücksichtigung ihrer Rolle bei den Konkordatsverhandlungen, Köln 1989.

Güsgen, Johannes: „Die Bedeutung der Katholischen Militärseelsorge", in: Rolf-Dieter Müller/Hans-Erich Volkmann (Hg.): Die Wehrmacht: Mythos und Realität, München 1999.

Haar, Ingo: Historiker im Nationalsozialismus. Deutsche Geschichtswissenschaft und der „Volkstumskampf" im Osten, Göttingen 2000.

Haas, Reimund: „Zum Verhältnis von Katholischer Kirche und Nationalsozialismus im Erzbistum Köln. Stationen der Bewältigung und Erforschung in der Erzdiözese, 1945–1981", in: Schulinformationen 13/81, 5. Heft, 15. November 1981, S. 57–73.

Haas, Reimund/Samerski, Stefan (Hg.): Bernhard Stasiewski (1905–1995): Osteuropahistoriker und Wissenschaftsorganisator, Münster 2007.

Habermas, Jürgen: Strukturwandel der Öffentlichkeit. Untersuchungen zu einer Kategorie der bürgerlichen Gesellschaft, Neuwied 1962.

Hahn, Joachim/Mayer, Hans: Das Evangelische Stift in Tübingen. Geschichte und Gegenwart – zwischen Weltgeist und Frömmigkeit, Stuttgart 1985; Friedrich Hertel (Hg.): In Wahrheit und Freiheit. 450 Jahre Evangelisches Stift in Tübingen, Stuttgart 1986.

Halbwachs, Maurice: Les cadres sociaux de la mémoire, Paris 1925.

Hamm-Brücher, Hildegard: „Erinnerungen an einen christlichen, liberalen und süddeutschen Demokraten. Klaus Scholder zum Gedenken", in: Liberal, 29, 2 (1987), 97–103.

Hannig, Nicolai: „Religion gehört. Der Kirchenfunk des NWDR und WDR in den 1950er und 60er Jahren", in: *Geschichte im Westen* 22 (2007), S. 113–137.

Hannig, Nikolai: *Die Religion der Öffentlichkeit. Kirche, Religion und Medien in der Bundesrepublik, 1945–1980*, Göttingen 2010.

Harbou, Knud von: *Wege und Abwege. Franz-Josef Schöningh, Mitbegründer der Süddeutschen Zeitung. Eine Biographie*, München 2013.

Harris, Sam: *The End of Faith: Religion, Terror, and the Future of Reason*, New York 2005.

Hars, Rudolf: *Die Bildungsreformpolitik der Christlich-Demokratischen Union in den Jahren 1985 bis 1954: ein Beitrag zum Problem des Konservatismus in der deutschen Bildungspolitik*, Frankfurt am Main 1981.

Heer, Friedrich: „Der Linkskatholizismus", in: *Zeitschrift für Politik* 5 (1958).

Hehl, Christoph von: *Adolf Süsterhenn (1905–1974): Verfassungsvater, Weltanschauungspolitiker, Föderalist*, Düsseldorf 2012.

Hehl, Ulrich von (Hg.): *Walter Adolph: Geheime Aufzeichnungen aus dem nationalsozialistischen Kirchenkampf, 1935–1943*, Mainz 1979.

Hehl, Ulrich von: „Kirche und Nationalsozialismus: Ein Forschungsbericht", in: Geschichtsverein der Diözese Rottenburg-Stuttgart (Hg.): *Kirche im Nationalsozialismus*, Sigmaringen 1984.

Hehl, Ulrich von/Repgen, Konrad (Hg.): *Der deutsche Katholizismus in der zeitgeschichtlichen Forschung*, Mainz 1988.

Hehl, Ulrich von/Kösters, Christoph/Stenz-Maur, Petra: *Priester unter Hitlers Terror: Eine biographische und statistische Erhebung*, Paderborn 1998.

Heinzmann, Richard: „Michael Schmauss in Memorarium", in: *Münchener Theologische Zeitschrift* (1994).

Helbach, Ulrich: „Quellenanhang", in: Thomas Brechenmacher/Harry Oelke (Hg.): *Die Kirchen und die Verbrechen im nationalsozialistischen Staat*, Göttingen 2011, S. 256–259.

Helbach, Ulrich: „„Schuld' als Kategorie der Vergangenheitsbewältigung der katholischen Kirche nach 1945", in: Thomas Brechenmacher/Harry Oelke (Hg.): *Die Kirchen und die Verbrechen im nationalsozialistischen Staat*, Göttingen 2011, 245–255.

Helbach, Ulrich (Hg.): *Akten deutscher Bischöfe seit 1945, Westliche Besatzungszonen 1945–1947, Bd. I*, Paderborn 2012.

Helbach, Ulrich (Hg.): *Akten deutscher Bischöfe seit 1945, Westliche Besatzungszonen, 1945–1947, Bd. II*, Paderborn 2012.

Henke, Klaus-Dietmar/Natoli, Claudio: *Mit dem Pathos der Nüchternheit. Martin Broszat, das Institut für Zeitgeschichte und die Erforschung des Nationalsozialismus*, Frankfurt 1991.

Herf, Jeffrey: *Divided Memory: The Nazi Past in the Two Germanys*, Cambridge, (Massachusetts) 1997.

Hermle, Siegfried/Lepp, Claudia/Oelke, Harry (Hg.): *Umbrüche. Der deutsche Protestantismus und die sozialen Bewegungen in den 1960er und 70er Jahren*, Göttingen 2007.

Herzog, Dagmar: *Sex after Fascism: Memory and Morality in Twentieth-Century Germany*, Princeton 2005.

Heschel, Susannah: *The Aryan Jesus: Christian Theologians and the Bible in Nazi Germany*, Princeton 2008.

Hettler, Friedrich Hermann: *Josef Müller („Ochsensepp"): Mann des Widerstandes und erster CSU-Vorsitzender*, München 1991.

Hirt, Simon: *Mit brennender Sorge. Das päpstliche Rundschreiben gegen den Nationalsozialismus und seine Folgen*, in: *Das christliche Deutschland 1933 bis 1945, Dokumente und Zeugnisse, Katholische Reihe: Heft 1*, Freiburg 1946.

Hochhuth, Marianne: *Das Buch der Gedichte. Deutsche Lyrik von den Anfängen bis zur Gegenwart*, Gütersloh 1963.

Hochhuth, Rolf: *Der Stellvertreter, Mit einem Vorwort von Erwin Piscator und Essays von Karl Japsers, Walter Muschg und Golo Mann*, 35. Aufl., April 2002, Reinbek bei Hamburg: Rowohlt Verlag, 1963, 1998.

Hochhuth, Rolf: *Der Klassenkampf ist nicht zu Ende*, Reinbek 1965.

Hochhuth, Rolf: „L'Impromptu de Madame Tussaud", in: Siegfried Unseld (Hg.): *Heinrich Maria Ledig-Rowohlt zuliebe. Festschrift zu seinem 60. Geburtstag am 12. März 1968*, Reinbek 1968, S. 31–57.

Hochhuth, Rolf: *Die Berliner Antigone: Erzählung und Fernsehspiel*, Paderborn 1980.

Hochhuth, Rolf: „Der Mensch sollte so leben, als gäbe es Gott", in: Karl-Josef Kuschel: *‚Ich Glaube nicht, dass ich Atheist bin': Neue Gespräche über Religion und Literatur*, München 1992.

Hochhuth, Rolf: „Friedhöfe und Eiserner Vorhang: Notizen in meiner Vaterstadt Eschwege an der Werra", in: York-Egbert König und Karl Kollmann (Hg.): *Eschwege: Ein Lesebuch*, Husum 1996.

Hockenos, Matthew: *A Church Divided: German Protestants confront the Nazi Past*, Bloomington 2004.

Hockenos, Matthew: „Martin Niemöller in America, 1946–1947: A Hero with Limitations", online: http://contemporarychurchhistory.org/2012/06/conference-paper-martin-niemoeller-in-america/ (acc. 31.1.2013).

Hockenos, Matthew: *Then They Came For Me: Martin Niemöller, The Pastor Who Defies the Nazis*, New York 2018.

Hodenberg, Christina von: *Konsens und Krise. Eine Geschichte der westdeutschen Medienöffentlichkeit 1945–1973*, Göttingen 2006.

Hofmann, Konrad (Hg.): *Zeugnis und Kampf des deutschen Episkopats 1933 bis 1945: Gemeinsame Hirtenbriefe und Denkschriften*, in: *Das christliche Deutschland 1933 bis 1945, Dokumente und Zeugnisse, Katholische Reihe: Heft 2*, Freiburg 1946.

Hofmann, Konrad (Hg.): *Hirtenrufe des Erzbischofs Gröber in die Zeit*, in: *Das christliche Deutschland 1933 bis 1945, Dokumente und Zeugnisse, Katholische Reihe: Heft 7*, Freiburg 1947.

Hofmann, Konrad (Hg.): *Schlaglichter: Belege und Bilder aus dem Kampf gegen die Kirche, Das christliche Deutschland 1933 bis 1945, Dokumente und Zeugnisse, Katholische Reihe: Heft 8*, Freiburg 1947.

Hoffmann, Peter: „Peace through Coup d'etat: The Foreign Contacts of the German Resistance, 1933–1944", in: *Central European History* 19 (1986), S. 3–44.

Hollerbach, Alexander: „Zur Entstehungsgeschichte des staatskirchenrechtlichen Artikel des Grundgesetzes", in: Dieter Blumenwitz u. a. (Hg.): *Konrad Adenauer und seine Zeit: Politik und Persönlichkeit des ersten Bundeskanzlers*, Bd. 2, Stuttgart 1976, S. 367–382.

Höpker-Aschoff, Hermann: „Das Reichskonkordat", in: *Die Hilfe. Zeitschrift für Politik, Wirtschaft und geistige Bewegung* 39, Nr. 14 (1933), S. 396–400.

Horn, Gerd-Rainer/Gerard, Emmanuel: *Left-Catholicism, 1943–1955. Catholics and Society in Western Europe at the Point of Liberation*, Leuven 2001.

Horten, Gerd: *Radio Goes to War: The Cultural Politics of Propaganda during World War II*, Berkeley 2003.

Hummel, Karl-Josef: „Gedeutete Fakten: Geschichtsbilder im deutschen Katholizismus 1945–2000", in: Karl-Joseph Hummel/Christoph Kösters (Hg.): *Kirchen im Krieg: Europa 1939–1945*, Paderborn 2007, S. 507–567.

Hummel, Karl-Joseph: „Die Schuldfrage", in: Christoph Kösters/Mark Edward Ruff (Hg.): *Die katholische Kirche im Dritten Reich. Eine Einführung*, Freiburg 2011, S. 154–170.

Hummel, Karl-Joseph: „Umgang mit der Vergangenheit: Die Schulddiskussion", in: Karl-Joseph Hummel/Michael Kißener (Hg.): *Die Katholiken und das Dritte Reich: Kontroversen und Debatten*, Paderborn 2009, S. 217–235.

Hummel, Karl-Joseph/Kißener, Michael (Hg.): *Die Katholiken und das Dritte Reich: Kontroversen und Debatten*, 2. Aufl., Paderborn 2010.

Hunt, Richard: Review of *The Nazi Persecution of the Churches, 1933–1945*, in: *Annals of the American Academy of Political and Social Sciences* 385 (1969).

Hürten, Heinz: „Michael Keller (1896–1961)", in: Jürgen Aretz/Rudolf Morsey/Anton Rauscher (Hg.), *Zeitgeschichte in Lebensbildern. Aus dem deutschen Katholizismus des 19. und 20. Jahrhunderts, Band 4*, Mainz 1980, S. 208–224.

Hürten, Heinz (Hg.): *Akten deutscher Bischöfe seit 1945. Bundesrepublik Deutschland 1956–1960*, Paderborn 2012.

Hürten, Heinz: „50 Jahre Kommission für Zeitgeschichte. Überlegungen zu Problemen der Katholizismusforschung", in: Markus Raasch/Tobias Hirschmüller (Hg.): *Von Freiheit, Solidarität und Subsidiarität. Staat und Gesellschaft der Moderne in*

Theorie und Praxis. Festschrift für Karsten Ruppert zum 65. Geburtstag, Berlin 2013, S. 753–760.

Irwin-Zarecki, Iwona: *Frames of Remembrance: The Dynamics of Collective Memory*, New Brunswick 1994.

Jannasch, Wilhelm: *Deutsche Kirchendokumente*, Zollikon-Zürich 1946.

Jauch, Ernst-Alfred: „Theater-Angriff auf Papst Pius XII. Rolf Hochhuths Schauspiel, Der Stellvertreter. Piscator bereitet Uraufführung vor", in: *Mühlheimer Tageblatt*, 13.2.1963.

Jedin, Hubert/Repgen, Konrad (Hg.): *Handbuch der Kirchengeschichte, Bd. VII*, Freiburg 1979.

Jesse, Eckhard: „Karl Dietrich Bracher (geboren 1922)", in: Eckhard Jesse/Sebastian Liebold (Hg.): *Deutsche Politikwissenschaftler – Werk und Wirkung*, Baden-Baden 2014.

Jockusch, Laura: *Collect and Record! Jewish Holocaust Documentation in Early Postwar Europe*, New York 2012.

Jussen, Wilhelm SJ (Hg.): *Gerechtigkeit schafft Frieden, Reden und Enzykliken des Heiligen Vaters Pius XII.*, Hamburg 1946, S. 93–114.

Kahneman, Daniel: *Thinking, Fast and Slow*, New York 2011.

Kaim, Emil: *Der Bischof ist wieder da, Verbannung und Heimkehr des Bischofs von Rottenburg, Dr. Joannes Baptista Sproll*, Rottenburg 1945.

Kaiser, Jochen-Christoph: „Tendenzen und Probleme der kirchlichen Zeitgeschichte seit 1945", in: *Mitteilungen der Evangelischen Arbeitsgemeinschaft für Zeitgeschichte* 55 (2006), S. 51–68.

Kaiser, Jochen-Christoph/Greschat, Martin (Hg.): *Der Holocaust und die Protestanten: Analysen einer Verstrickung*, Frankfurt am Main 1988.

Kansteiner, Wulf: *In Pursuit of German Memory: History, Television, and Politics after Auschwitz*, Athens (Ohio) 2006.

Keller, Erwin: *Conrad Gröber 1987–1948. Erzbischof in schwerer Zeit*, Freiburg 1982.

Keller, Michael: „Neugestaltung der Arbeitswelt aus christlichem Geist. Ansprache auf der KAB-Tagung in Rheinhausen am 2. Juni 1957", in: Michael Keller: *Iter para tutum*, Münster 1961.

Kent, George O.: „The German Foreign Ministry's Archives in Whaddon Hall, 1948–1958", in: *The American Archivist*, 1961, 24 (1), S. 43–54.

Kersting, Franz-Werner/Reulecke, Jürgen/Thamer, Hans-Ulrich: „Aufbrüche und Umbrüche: Die zweite Gründung der Bundesrepublik 1955–1975. Eine Einführung", in: Franz-Werner Kersting/Jürgen Reulecke/Hans-Ulrich Thamer (Hg.): *Die zweite Gründung der Bundesrepublik. Generationswechsel und intellektuelle Wortergreifungen 1955–1975*, Stuttgart 2010, S. 7–18.

Kettenacker, Lothar: „Die britische Haltung zum deutschen Widerstand während des Zweiten Weltkriegs", in: Lothar Kettenacker (Hg.): *Das „Andere Deutschland" im Zweiten Weltkrieg. Emigration und Widerstand in internationaler Perspektive*, Stuttgart 1977.

Kettern, Walter: „Walter Dirks", in: Friedrich Wilhelm Bautz/Traugott Bautz (Hg.): *Biographisch-Bibliographisches Kirchenlexikon*, Bd. 18, Hamm 2001, S. 360–367.

Klausener, Erich jun.: „Auge auf Berlin: Papst bei Piscator", in: *Petrusblatt*, 3.2.1963.

Klausener, Erich jun.: „Angeklagter: Katholische Kirche. Erich Klausener antwortet Lewy", in: *Rheinische Post*, 17.6.1965.

Klausener, Erich jun.: „Erinnerung an Walter Adolph", in: *Wichmann Jahrbuch für Kirchengeschichte im Bistum Berlin, 1970–1975*, Berlin 1976.

Klee, Ernst: *Persilscheine und falsche Pässe: Wie die Kirchen den Nazis halfen*, Frankfurt am Main 1991.

Klein, Gotthard: „Bernhard Lichtenberg und die Berliner Blutzeugen, 1933–1945", in: *Wie im Himmel so auf Erden. 90. Katholikentag vom 3. bis 27. Mai 1990 in Berlin. Dokumentation, Teil II*, Paderborn 1991, S. 1691–1721.

Klein, Gotthard: „25 Jahre Diözesanarchiv Berlin. Eine Zwischenbilanz", in: *Wichmann-Jahrbuch* 32/33 (1993), S. 157–175.

Klein, Gotthard: *Seliger Bernhard Lichtenberg*, Regensburg 1997.

Kleinmann, Hans-Otto: *Geschichte der CDU: 1945–1982*, Stuttgart: 1993.

Klenke, Dietmar: *Schwarz, Münster, Paderborn: Ein antikatholisches Klischeebild*, Münster 2008.

Klingeman, David OSB: „The Military Chaplains of St. John's", in: *The Abbey Banner: Magazine of St. John's Abbey* 3:2 (2003).

Klingler, Fritz (Hg.): *Dokumente zum Abwehrkampf der deutschen evangelischen Pfarrerschaft gegen Verfolgung und Bedrückung 1933–1945*, Nürnberg 1946.

Knappen, Marshall: *And Call It Peace*, Chicago: University of Chicago Press, 1947.

Knauft, Wolfgang: *Konrad von Preysing. Anwalt des Rechtes. Der erste Berliner Kardinal und seine Zeit*, Berlin 1998.

Koch, Werner: *Bekennende Kirche Heute*, Stuttgart 1946.

Koepcke, Cordula: *Reinhold Schneider: Eine Biographie*, Würzburg 1993.

Köhler, Otto: *Unheimliche Publizisten: Die verdrängte Vergangenheit der Medienmacher*, München 1995.

Kornberg, Jacques: *The Pope's Dilemma: Pius XII Faces Atrocities and Genocide in the Second World War*, Toronto 2015.

Koshar, Rudy: *From Monuments to Traces: The Artifacts of German Memory, 1870–1990*, Berkeley 2000.

Kösters, Christoph/von der Osten, Petra: „Ludwig Volk (1926–1984) – ein katholischer Zeithistoriker", in: Ronald Lambrecht/Ulf Morgenstern (Hg.): *„Kräftig vorangetriebene Detailfoschungen": Aufsätze für Ulrich von Hehl zum 65. Geburtstag*, Leipzig/Berlin 2012, S. 27–56.

Kotschenreuther, Helmut: „NRZ-Gespräch mit Bühnen-Autor Rolf Hochhuth, ‚Ich hasse Papst Pius XII. nicht'", in: *Neue Rheinzeitung*, 9.3.1963.

Kraushaar, Wolfgang: *Die Protest-Chronik 1949–1959. Eine illustrierte Geschichte von Bewegung, Widerstand und Utopie*, Hamburg 1996.

Krebber, Werner (Hg.): *Den Menschen Recht verschaffen. Carl Sonnenschein – Person und Werk*, Würzburg 1996.

Kretschmann, Carsten: „Eine Partei für Pacelli? Die Scholder-Repgen-Debatte", in: Thomas Brechenmacher (Hg.): *Das Reichskonkordat 1933*, Paderborn 2007, S. 13–24.

Krieg, Robert: *Catholic Theologians in Nazi Germany*, New York 2004.

Kühn, Heinz: *Blutzeugen des Bistums Berlin*, Berlin 1950.

Kühn, Heinz: „Quo vadis, Reinhold Schneider?", in: *Blick in die Zeit. Beilage zum Petrusblatt*, 13.5.1951.

Kühn, Heinz R.: „We Will Bear True Faith", in: *America*, 14.9.1957.

Kühn, Heinz R.: *Mixed Blessings: An Almost Ordinary Life in Hitler's Germany*, Athens (Georgia) 1988.

Künneth, Walter: *Der grosse Abfall*, Hamburg 1947.

Kunter, Katharina/Schilling, Annegreth: *Globalisierung der Kirchen. Der Ökumenische Rat der Kirchen und die Entdeckung der Dritten Welt in den 1960er und 1970er Jahren*, Göttingen 2014.

Kupper, Alfons: „Um die Probleme des Reichskonkordates", in: Bernhard Bergmann/ Josef Steinberg (Hg.): *In Memoriam Wilhelm Böhler: Erinnerungen und Begegnungen*, Köln 1965, S. 86–98.

Kupper, Alfons: *Staatliche Akten über die Reichskonkordatsverhandlungen 1933*, Mainz 1969.

Kuschel, Karl-Josef: Macht und Gewissen: Kirchenkritik als Machtkritik bei Reinhold Schneider, Katholische Akademie Freiburg, 5.4.2008, in: www.theologie-und-literatur.de/fileadmin/user_upload/Theologie_und_Literatur/MachtundGewissen. pdf (acc. 13.6.2015).

Laak, Dirk van: *Gespräche in der Sicherheit des Schweigens. Carl Schmitt in der politischen Geistesgeschichte der frühen Bundesrepublik*, Oldenbourg 2002.

Lahann, Birgitt: *Hochhuth – Der Störenfried*, Bonn: Dietz Verlag, 2016.

Lamberti, Marjorie: „State, Church and the Politics of School Reform during the Kulturkampf", in: *Central European History* 19 (1986), S. 63–81.

Laqueur, Walter: *Thursday's Child has far to go: A Memoir of the Journeying Years*, New York 1992.

Large, David Clay: *Germans to the Front: West German Rearmament in the Adenauer Era*, Chapel Hill 1996.

Laros, Matthias (Hg.): *Dr. Max Josef Metzger (Bruder Paulus), Gefangenschafts-Briefe*, Augsburg 1947.

Leber, Annedore (Hg.), in Zusammenarbeit mit Willy Brandt und Karl Dietrich Bracher, *Das Gewissen steht auf. 64 Lebensbilder aus dem deutschen Widerstand 1933–1945*, Berlin: Hase & Koehler, 1954.

Lebow, Richard Ned/Kansteiner, Wulf/Fogo, Claudio: *The Politics of Memory in Postwar Europe*, Durham 2006.

Leiber, Robert: „Pius XII", in: *Stimmen der Zeit* 163 (1958), S. 81–100.

Leiber, Robert: „Reichskonkordat und Ende der Zentrumspartei", in: *Stimmen der Zeit* 167 (1960), S. 213–223.

Leiber, Robert: „Pius XII und die Juden in Rom, 1943–1944", in: *Stimmen der Zeit*, 167 (1960–1961), S. 428–436.

Leiber, Robert: „Der Vatikan und das Dritten Reich", in: *Politische Studien* 14 (1963), S. 293–298.

Leibusch, Wilhelm: *Einer aus der Lausitzer Strasse: Eine katholische Jugend in Berlin-Kreuzberg zu Anfang des Jahrhunderts*, Berlin 1968.

Leugers, Antonia: „Forschen und Forschen Lassen: Katholische Kontroversen und Debatten zum Verhältnis Kirche und Nationalsozialismus", in: *theologie.geschichte beiheft* 2/2010, Saarbrücken, S. 89–109.

Lewy, Guenter: *Constitutionalism and Statecraft during the Golden Age of Spain: A Study of the Political Philosophy of Juan de Mariana, SJ*, Geneva 1960.

Lewy, Guenter: „Resistance to Tyranny: Reasons, Right or Duty?", in: *The Western Political Quarterly* 13, Nr. 3, 1960.

Lewy, Guenter: *The Catholic Church and Nazi Germany*, New York 1964.

Lewy, Guenter: „Pius XII, the Jews, and the German Catholic Church", in: *Commentary* 37 (2), (1964), S. 23–35.

Lewy, Guenter: *Die katholische Kirche und das Dritte Reich*, aus dem Amerikanischen von Hildegard Schulz, München 1965.

Lewy, Guenter: *America in Vietnam*, New York 1978.

Lewy, Guenter: *Why America Needs Religion: Secular Modernity and Its Discontents*, Grand Rapids 1996.

Lilje, Hanns: *Im finsteren Tal*, Nürnberg 1947.

Lilje, Hanns (Hg.): *Begegnungen*, Nürnberg 1949.

Lord, C.G./Ross, L./Lepper, M.R.: „Biased Assimilation and Attitude Polarization: The Effect of Prior Theories on Subsequently Considered Evidence", in: *Journal of Personality and Social Psychology* 37 (1979), S. 2098–2109.

Ludlow, Peter W.: „Papst Pius XII., die britische Regierung und die deutsche Opposition im Winter 1939/40", in: *VfZ* 22 (1974), S. 299–341.

Ludwig, Hartmut: „Deutung und Umdeutung des Kirchenkampfes. Geschichtsinterpretation als Kampf um die Deutungshoheit", in: Reinhard Höppner/Joachim Pereles (Hg.): *Das verdrängte Erbe der Bekennenden Kirche*, Stuttgart 2012, S. 39–81.

Lundgreen, Peter: *Sozialgeschichte der deutschen Schule im Überblick: Teil II: 1918–1980*, Göttingen 1981.

Maier, Hans: *Böse Jahre, gute Jahre. Ein Leben 1931*, München 2011.

Maier, Reinhold: *Erinnerungen, 1948–1953*, Tübingen 1966.

Marcuse, Harold: *Legacies of Dachau: The Uses and Abuses of a Concentration Camp*, Cambridge 2011.

Margalit, Gilad: *Guilt, Suffering, and Memory: Germany Remembers Its Dead of World War II*, Bloomington 2010.

Mariaux, Walter: *The Persecution of the Catholic Church in the Third Reich. Facts and Documents translated from the German*, London 1940. Titel des deutschen Originals: *Todfeind des Christentums. Tatsachen und Dokumente aus dem Kampf des National-sozialismus gegen die katholische Kirche.*

Matthias, Erich: „Die Sitzung der Reichstagsfraktion des Zentrums am 23. März 1933“, in: *VfZ* 4 (1956), S. 304–307.

Matthias, Erich: „Der Untergang der Sozialdemokratie“, in: *VfZ* 4 (1956), S. 179–226, 250–286.

Matthias, Erich/Morsey, Rudolf (Hg.): *Das Ende der Parteien: 1933*, Düsseldorf 1960, S. 281–453.

Maulucci, Thomas W./Junker, Detlev (Hg.): *GIs in Germany: The Social, Economic, Cultural and Political History of the American Military Presence*, New York 2013.

Mautner, Josef P.: „Dekonstruktion des Christentums: Linkskatholizismus und Gegen-wart“, in: Richard Faber (Hg.): *Katholizismus in Geschichte und Gegenwart*, Würz-burg 2005, S. 227–256.

McHoskey, J.W.: „Case Closed? On the John F. Kennedy Assassination: Biased Assimilation of Evidence and Attitude Polarization“, in: *Basic and Applied Social Psychology* 17 (1995), S. 395–409.

Meconi, David SJ: *Spiritual Writings: Frank Sheed and Maisie Ward*, Maryknoll 2010.

Meehan, Patricia: *The Unnecessary War: Whitehall and the German Resistance to Hitler*, Oxford 1992.

Mehlhausen, Joachim: „Zur Methode kirchlicher Zeitgeschichtsforschung“, in: *Evan-gelische Theologie* 48 (1988), S. 508–521.

Meier-Dörnberg, Wilhelm: „Die Auseinandersetzung um die Einführung der Wehr-pflicht in der Bundesrepublik Deutschland“, in: Roland G. Foerster (Hg.): *Die Wehrpflicht: Entstehung, Erscheinungsformen und politisch-militärische Wirkung*, München 1994.

Mertens, Annette (Hg.): *Akten deutscher Bischöfe seit 1945. Westliche Besatzungszonen und Gründung der Bundesrepublik Deutschland 1948/1949*, Paderborn 2010.

Meyer, Kristina: *Die SPD und die NS-Vergangenheit*, Göttingen 2015.

Meyer, Michael A. (Hg.): *German-Jewish History in Modern Times, Volume 4, Renewal and Destruction, 1918–1945*, New York 1998.

Meyer, Winfried: *Emil Büge: 1470 KZ-Geheimnisse. Heimliche Aufzeichnungen aus der Politischen Abteilung des KZ Sachsenhausen, Dezember 1939 bis April 1943*, Berlin 2010.

Meyer-Zollitsch, Almuth: *Nationalsozialismus und evangelische Kirche in Bremen*, Bremen 1985.

Miller, A.G./McHoskey, J.W./Bane, C.M./Dowd, T.G.: „The Attitude Polarization Phenomenon: Role of Response Measure, Attitude Extremity, and Behavioral Consequences of Reported Attitude Changes", in: *Personality and Social Psychology Bulletin* 64 (1993), S. 561–574.

Misztal, Bronislaw/Villa, Francesco/Williams, Eric Sean: *Paul Hanly Furfey's Quest for a Good Society*, Washington 2005.

Mitchell, Maria: „Materialism and Secularism: CDU Politicians and National Socialism, 1945–1949", in: *The Journal of Modern History* 67:2 (1995), S. 278–308.

Mitchell, Maria: *The Origins of Christian Democracy: Politics and Confession in Modern Germany*, Ann Arbor 2012.

Moeller, Robert G.: *War Stories: The Search for a Usable Past in the Federal Republic of Germany*, Berkeley 2001.

Moeller, Robert G.: „Germans as Victims? Thoughts on a Post-Cold War History of World War II's Legacies", in: *History and Memory* 17 (2005), S. 1–35.

Möhle, Volker/Rabe, Christian: *Kriegsdienstverweigerer in der BRD: Eine empirisch-analytische Studie zur Motivation der Kriegsdienstverweigerer in den Jahren 1957–1971*, Opladen 1972.

Möller, Horst: „Die Weimarer Republik in der zeitgeschichtlichen Perspektive der Bundesrepublik Deutschland während der fünfziger und frühen sechziger Jahre: Demokratische Tradition und NS-Ursachenforschung", in: Ernst Schulin (Hg.): *Deutsche Geschichtswissenschaft nach dem Zweiten Weltkrieg (1945–1965)*, München 1989.

Moltmann, Jürgen: „Die politische Relevanz der Theologie: Fortsetzung eines theologisch-politischen Gesprächs mit Klaus Scholder und ein Versuch, ihn zu verstehen", in: *Evangelische Theologie* 47 (1987).

Morris, Loretta: „Celebration of a Life: Paul Hanly Furfy", in: *Sociology of Religion* 54 (1993).

Morsey, Rudolf: „Die Deutsche Zentrumspartei", in: Rudolf Morsey und Erich Matthias (Hg.): *Das Ende der Parteien: 1933*, Düsseldorf, 1960.

Morsey, Rudolf: „Tagebuch 7.–20. April 1933. Aus dem Nachlaß von Prälat Ludwig Kaas", in: *Stimmen der Zeit* 166 (1960), S. 424–430.

Morsey, Rudolf: „Kirche im Dritten Reich", in: *Frankfurter Allgemeine Zeitung*, 4.11.1965.

Morsey, Rudolf: *Die Protokolle der Reichstagsfraktion und des Fraktionsvorstandes der Deutschen Zentrumspartei, 1926–1933*, Mainz 1969.

Morsey, Rudolf: *Entstehung, Authentizität und Kritik von Brünings Memoiren 1918–1934*, Opladen 1975.

Morsey, Rudolf: *Der Untergang des politischen Katholizismzus. Die Zentrumspartei zwischen christlichem Selbstverständnis und „Nationaler Erhebung“: 1932/1933*, Stuttgart 1977.

Morsey, Rudolf: „Gründung und Gründer der Kommission für Zeitgeschichte, 1960–1962“, in: *Historisches Jahrbuch* 115 (1995), S. 286–314.

Morsey, Rudolf: „Georg Schreiber (1882–1963)“, in: Rudolf Morsey (Hg.): *Zeitgeschichte in Lebensbildern. Band 2* Mainz 1975, S. 177–185.

Morsey, Rudolf: *Görres-Gesellschaft und NS-Diktatur. Die Geschichte der Görres-Gesellschaft 1932/33 bis zum Verbot 1941*, Paderborn 2002.

Morsey, Rudolf: „Das Ende der Zentrumspartei 1933: Forschungsverlauf und persönliche Erinnerungen an die Zusammenarbeit mit Zeitzeugen“, in: Thomas Brechenmacher (Hg.): *Das Reichskonkordat, 1933*, Paderborn 2007, S. 37–53.

Morsey, Rudolf/Matthias, Erich: *Der Interfraktionelle Ausschuß 1917/18*, Düsseldorf 1959.

Morsey, Rudolf/Matthias, Erich: *Die Regierung des Prinzen Max von Baden*, Düsseldorf 1962.

Morsey, Rudolf/Repgen, Konrad (Hg.): *Adenauer Studien I*, Mainz 1971.

Morsey, Rudolf/Repgen, Konrad (Hg.): *Adenauer Studien II: Wolfgang Wagner: Die Bundespräsidentenwahl 1959*, Mainz 1972.

Morsey, Rudolf/Repgen, Konrad (Hg.): *Adenauer Studien III: Untersuchungen und Dokumente zur Ostpolitik und Biographie*, Mainz 1974.

Mörsdorf, Josef: *August Froehlich, Pfarrer von Rathenow*, Berlin 1947.

Moses, A. Dirk: „The Forty-Fivers: A Generation between Fascism and Democracy“, in: *German Politics and Society* 17 (1999), S. 105–127.

Moses, A. Dirk: *German Intellectuals and the Nazi Past*, New York 2007.

Muckermann, Friedrich: *Der Deutsche Weg*, Zürich 1946.

Müller, Hans: „Zur Behandlung des Kirchenkampfes in der Nachkriegsliteratur“, in: *Politische Studien* 12 (1961), S. 474–481.

Müller, Hans: „Zur Vorgeschichte der Kundgebung der Fuldaer Bischofskonferenz vom 28.3.1933“, in: *Werkhefte katholischer Laien* 15 (August 1961).

Müller, Hans: „Zur Interpretation der Kundgebung der Fuldaer Bischofskonferenz vom 28.3.1933“, in: *Werkhefte katholischer Laien* 16 (Mai 1962).

Müller, Hans: *Katholische Kirche und Nationalsozialismus*, München 1963.

Müller, Hans: „Die Katholische Kirche unter Hitler: Hochhuthprosa oder Historische Forschung?“, in: *Die Zeit*, Nr. 23, 4.6.1965.

Müller, Jan-Werner: „Introduction: The Power of Memory, the Memory of Power and the Power over Memory“, in: Jan-Werner Müller (Hg.): *Memory and Power in Postwar Europe: Studies in the Presence of the Past*, New York 2002, S. 1–35.

Müller, Jan-Werner: *A Dangerous Mind. Carl Schmitt in Postwar European Thought*, New Haven 2003.

Müller, Josef: *Bis zur letzten Konsequenz: Ein Leben für Frieden und Freiheit*, München 1975.

Müller, Klaus-Jürgen: *Der deutsche Widerstand und das Ausland*, Berlin 1986.

Müller, Klaus-Jürgen: *Generaloberst Ludwig Beck. Eine Biographie*, Paderborn 2008.

Müller, Max (Hg.): *Das christliche Menschenbild und die Weltanschauungen der Neuzeit*, in: *Das christliche Deutschland 1933 bis 1945, Dokumente und Zeugnisse, Katholische Reihe: Heft 5*, Freiburg 1945.

Münkel, Daniela: *Willy Brandt und die „Vierte Gewalt". Politik und Massenmedien in den 50er bis 70er Jahren*, Frankfurt 2005.

Munro, G.D./Ditto, P.H.: „Biased Assimilation, Attitude Polarization, and Affect in Reactions to Stereotype-Relevant Scientific Information", in: *Personality and Social Psychology Bulletin* 23 (1997), S. 636–653.

Munro, G.D./Leary, S.P./Lasane, T.P.: „Between a Rock and a Hard Place: Biased Assimilation of Scientific Information in the Face of Commitment", in: *North American Journal of Psychology* 6 (2004), S. 431–444.

Natterer, Alois: *Der bayerische Klerus in der Zeit dreier Revolutionen 1918-1933-1945*, München 1946.

Neuhäusler, Anton: *Telepathie, Hellsehen, Präkognition*, Bern 1957.

Neuhäusler, Anton: *Begriffe der philosophischen Sprache*, München 1963.

Neuhäusler, Johannes (Hg.): *Atlas der katholischen Weltmission, Zusammengestellt und mit erläuterndem Text versehen durch die internationale Fideskorrepondenz in Rom unter Verwertung kartographischen und statistischen Materials des Archivs der Hilfs-kongregation der Glaubensverbreitung, als Jahrbuchfolge 1932 des Priestermissions-bundes im deutschen Sprachgebiet*, München: Fischer, 1932.

Neuhäusler, Johannes: *Kreuz und Hakenkreuz, Zwei Teile*, München 1946.

Neuhäusler, Johannes: „Wie Pius XII. 1945 über Deutschland sprach", in: *Münchener Katholische Kirchenzeitung*, 4.3.1956.

Neuhäusler, Johannes: *Wie war das in Dachau: ein Versuch, der Wahrheit näherzu-kommen*, Dachau 1960.

Neuhäusler, Johannes: *Saat des Bösen, Kirchenkampf im Dritten Reich*, München 1964.

Neuhäusler, Johannes: *Amboß und Hammer: Erlebnisse im Kirchenkampf des Dritten Reiches*, München 1967.

Nichols, James Hastings: Review of *The Nazi Persecution of the Churches 1933–1945*, in: *Church History* 39 (1970), S. 130.

Niemöller, Martin: „Gedanken zu dem Thema: Evangelisch oder Katholisch (1939)", in: *Sinn und Form* 52 (2001), S. 449–459.

Niven, Bill (Hg.): *Germans as Victims: Remembering the Past in Contemporary Germany*, Houndmills 2006.

Niven, Bill/Paver, Chloe (Hg.): *Memorialization in Germany since 1945*, Basingstoke: Palgrave MacMillan, 2010.

Nora, Pierre: *Les lieux de mémoire*, 7 Bde., Paris 1984–1992.

O'Toole, James: *The Faithful: A History of Catholics in America*, Cambridge 2008.

Oberman, Heiko A.: „Klaus Scholder, 1930–1985", in: *Zeitschrift für Kirchengeschichte* 96 (1985), S. 295–300.

Olsen, Jon Berndt: *Tailoring Truth: Politicizing the Past and Negotiating Memory in East Germany, 1945–1990*, New York 2015.

Ott, Hugo: „Conrad Gröber (1872–1948)", in: Jürgen Aretz/Rudolf Morsey/Anton Rauscher (Hg.): *Zeitgeschichte in Lebensbildern. Aus dem deutschen Katholizismus des 19. und 20. Jahrhunderts. Band 6*, Mainz 1984, S. 64–75.

Pacepa, Ion: „Moscow's Assault of the Vatican", in: *National Review*, Januar 2007.

Patch, William: *Heinrich Brüning and the Dissolution of the Weimar Republic*, New York 2006.

Pendas, Devin: „Seeking Justice, Finding Law: Nazi Trials in Postwar Europe", in: *Journal of Modern History* 81 (2009).

Peters, Hans: „Die Scheinwahrheit des Jahres 1933. Die katholischen Bischöfe nach der Machtergreifung des Nationalsozialismus", in: *Kölnische Rundschau, Bonner Rundschau*, 26.3.1961.

Pfeifer, Franz (Hg.): *Gedenkkirche Maria Regina Martyrum Berlin. Zu Ehren der Märtyrer für Glaubens-und Gewissensfreiheit*, Lindenberg 2013.

Pfister, Peter (Hg.): *Zeuge der Wahrheit: Johannes Neuhäusler: Ein Leben im Zeichen des Kreuzes. Herausgegeben anlässlich der 100. Wiederkehr des Geburtstags von Weihbischof Johannes Neuhäusler*, Dachau 1988.

Phayer, Michael: *Pius XII, The Holocaust and the Cold War*, Bloomington 2007.

Piehl, Mel: *Breaking Bread: The Catholic Worker and the Origin of Catholic Radicalism in America*, Philadelphia 1982.

Pine, Lisa: *Education in Nazi Germany*, New York 2010.

Poliakov, Léon: „Le centre de Documentation Juivre, ses archives ses publications", in: *Cahiers D'histoire de la Guerre* 2, 1949.

Poliakov, Léon: *Bréviere de la Haine*, Paris 1951.

Poliakov, Léon: *Harvest of Hate: The Nazi Program for the Destruction of the Jews of Europe*, aus dem Französischen von Albert Joseph George, Westport 1954.

Poliakov, Léon: *Mémoires*, Paris 1999.

Poliakov, Léon/Wulf, Josef: *Das Dritte Reich und seine Diener: Dokumente*, Berlin 1956.

Portmann, Heinrich (Hg.): *Bischof von Galen spricht! Ein apostolischer Kampf und sein Widerhall. in: Das christliche Deutschland 1933 bis 1945, Dokumente und Zeugnisse, Katholische Reihe: Heft 3*, Freiburg 1946.

Preysing, Konrad Kardinal von: *Hirtenworte in ernster Zeit: Kundgebungen des Bischofs von Berlin, Konrad Kardinal von Preysing in den Jahren 1945–1947*, Berlin 1947.

Prinz von Bayern, Konstantin: *Der Papst: Ein Lebensbild*, Bad Wörishofen 1952.

Prubeta, Ursula: „Seliger Dompropst Bernhard Lichtenberg", in: Helmut Moll (Hg.): *Zeugen für Christus. Das deutsche Martyrologium des 20. Jahrhunderts*, Paderborn 1999.

Puknus, Heinz/Göttler, Norbert: *Rolf Hochhuth: Störer im Schweigen. Der Provokateur und seine Aktionsliteratur*, München 2011.

Pünder, Tilman: „Erich Klausener (1885–1934)", in: Jürgen Aretz/Rudolf Morsey/Anton Rauscher (Hg.), *Zeitgeschichte in Lebensbildern. Aus dem deutschen Katholizismus des 19. und 20. Jahrhunderts*, Bd. 10, Münster 2001, S. 43–59.

Quadbeck, Ulrike: *Karl Dietrich Bracher und die Anfänge der Bonner Politikwissenschaft*, Baden Baden 2008.

Raddatz, Fritz (Hg.): *Summa Iniuria oder Durfte der Papst schweigen? Hochhuths „Stellvertreter" in der öffentlichen Kritik*, Reinbek 1963.

Raddatz, Fritz J.: *Tagebücher, 1982–2001*, Reinbek 2010.

Raddatz, Fritz J.: *Jahre mit Ledig: Eine Erinnerung*, Reinbek 2015.

Rahden, Till van: *Juden und andere Breslauer: Die Beziehungen zwischen Juden, Protestanten und Katholiken in einer deutschen Großstadt von 1860 bis 1925*, Göttingen 2000.

Ratzinger, Joseph: „Das Gewissen in der Zeit", in: Peter Thiede (Hg.): *Über Reinhold Schneider*, Frankfurt am Main 1980, S. 99–113.

Reichel, Peter: *Vergangenheitsbewältigung in Deutschland: Die Auseinandersetzung mit der NS-Diktatur von 1945 bis heute*, München 2001.

Repgen, Konrad: *Papst, Kaiser und Reich, 1521–1644, I Teil, Darstellung*, Tübingen 1962.

Repgen, Konrad: *Die römische Kurie und der westfälische Friede. Idee und Wirklichkeit des Papsttums im 16. und 17. Jahrhundert. 2. Teil: Analekten und Register*, Tübingen 1965.

Repgen, Konrad: *Hitlers Machtergreifung und der deutsche Katholizismus. Versuch einer Bilanz. Festvortrag gehalten am 13. November 1963 anläßlich der feierlichen Eröffnung des Rektoratsjahres 1963/4, von Dr. phil. Konrad Repgen, ordentlicher Professor für Neuere und Neueste Geschichte an der Universität des Saarlandes*, Saarbrücken 1967.

Repgen, Konrad: „Konkordat für Ermächtigungsgesetz? Gegen die Hypothese von einem Tauschgeschäft zwischen Hitler und dem Vatikan", in: *Frankfurter Allgemeine Zeitung*, 24.10.1977.

Repgen, Konrad: „Repgen zu Scholders Antwort", in: *Frankfurter Allgemeine Zeitung*, 7.12.1977.

Repgen, Konrad: „In Memoriam Max Braubach", in: *Historische Zeitschrift* 224 (1977), S. 82–91.

Repgen, Konrad: „Über die Entstehung der Reichskonkordats-Offerte im Frühjahr 1933 und die Bedeutung des Reichskonkordats. Kritische Bemerkungen zu einem neuen Buch", in: *VfZ* 26 (1978), S. 499–534.

Repgen, Konrad: „Reichskonkordat", in: Hubert Jedin/Konrad Repgen (Hg.): *Handbuch der Kirchengeschichte, Bd. VII*, Freiburg 1979, S. 36–96.

Repgen, Konrad: „Ein Merkblatt für Seminararbeiten", in: *Geschichte in Wissenschaft und Unterricht* 33 (1982), S. 704–706.

Repgen, Konrad: „Christ und Geschichte", in: *Jahres- und Tagungsbericht der Görres-Gesellschaft 1981*, Köln 1982, S. 18–34.

Repgen, Konrad (Hg.): *Hubert Jedin, Lebensbericht. Mit einem Dokumentenanhang*, Mainz 1984.

Repgen, Konrad: „Reichskonkordats-Kontroversen und historische Logik", in: Manfred Funke/Hans-Adolf Jacobsen/Hans-Helmuth Knütter/Hans-Peter Schwarz (Hg.): *Demokratie und Diktatur: Geist und Gestalt politischer Herschaft in Deutschland und Europa. Festschrift für Karl Dietrich Bracher*, Düsseldorf 1987, S. 158–177.

Repgen, Konrad: „Die Erfahrung des Dritten Reiches und das Selbstverständnis der deutschen Katholiken", in: Victor Conzemius/Martin Greschat/Hermann Kocher (Hg.): *Die Zeit nach 1945 als Thema kirchlicher Zeitgeschichte*, Göttingen 1988, S. 127–179.

Repgen, Konrad: „Der Konkordatsstreit der fünfziger Jahre. Von Bonn nach Karlsruhe (1949–1955/57)", in: *Kirchliche Zeitgeschichte* 3 (1990), S. 201–245.

Repgen, Konrad: „Bundesverfassungsgerichts-Prozesse als Problem der Zeitgeschichtsforschung", in: Karl Dietrich Bracher/Paul Mikat/Konrad Repgen/Martin Schumacher/Hans-Peter Schwarz (Hg.): *Staat und Parteien: Festschrift für Rudolf Morsey zum 65. Geburtstag*, Berlin 1992, S. 863–881.

Repgen, Konrad: „Max Braubach. Leben und Werk", in: *Annalen des Historischen Vereins für den Niederrhein, insbesondere das alte Erzbistum Köln* 202 (1999), S. 9–41.

Repgen, Konrad: „Dank und Rückblick", in: Joachim Scholtyseck/Klaus Borchard/Georg Rudinger/Maximilian Lanzinner/Hans Günter Hockerts/Jürgen Aretz/Konrad Repgen (Hg.): *Fünf Jahrzehnte Geschichtswissenschaft in Bonn. Konrad Repgen zum 80. Geburtstag*, Bonner Akademische Reden 87, Bonn 2003, S. 39–53.

Repgen, Konrad: „P. Robert Leiber SJ, der Kronzeuge für die vatikanische Politik beim Reichskonkordat 1933. Anmerkungen zu meiner Kontroverse mit Klaus Scholder, 1977–1979", in: Thomas Brechenmacher (Hg.): *Das Reichskonkordat 1933: Forschungsstand, Kontroversen, Dokumente*, Paderborn 2007, S. 13–37.

Repgen, Konrad: „Max Braubach. Person und Werk", in: Ulrich Pfeil (Hg.): *Das Deutsche Historische Institut Paris und seine Gründungsväter*, München 2007, S. 104–117.

Repgen, Konrad und Scholder, Klaus: „Nachwort zu einer Kontroverse", in: *VfZ* 27 (1979), S. 159–161.

Répin, J.: *Freiheit und Arbeit: Ein Dichterbuch*, Zürich 1910.

Richardi, Hans-Günter: *Lebensläufe: Schicksale von Menschen, die im KZ Dachau waren, Dachauer Dokumente, Band 2*, Dachau 2001.

Richardi, Hans-Günther: *SS-Geiseln in der Alpenfestung. Die Verschleppung prominenter KZ-Häftlinge aus Deutschland nach Südtirol*, Bozen 2006.

Riebling, Mark: *Church of Spies: The Pope's Secret War against Hitler*, New York 2015.

Ritzer, Nadine: *Alles nur Theater? Zur Rezeption von Rolf Hochhuths „Der Stellvertreter"* *in der Schweiz, 1963/1964*, Fribourg 2006.

Rowohlt Theater Verlag, „Hochhuth ... Unverzeihliches über Gott", in: *Littera* 1/IV, 4. Jg., 1964.

Robertson, Edwin: *Unshakeable Friend. George Bell and the German churches*, London 1995.

Rosenfeld, Gavriel: „The Reception of William L. Shirer's The Rise and Fall of the Third Reich in the United States and Germany, 1960–1962", in: *Journal of Contemporary History* 29 (1994).

Rosenfeld, Gavriel: *Munich and Memory: Architecture, Monuments and the Legacy of the Third Reich*, Berkeley 2000.

Rosenfeld, Gavriel: *The World Hitler Never Made: Alternate History and the Memory of Nazism*, Cambridge 2005.

Rosenfeld, Gavriel: „A Looming Crash or a Soft Landing? Forecasting the Future of the Memory ‚Industry'", in: *Journal of Modern History* 81 (2009), S. 122–158.

Rosenfeld, Gavriel: *Building after Auschwitz: Jewish Architecture and the Memory of the Holocaust*, New Haven 2011.

Rosenfeld, Gavriel/Jaskot, Paul B. (Hg.): *Beyond Berlin: Twelve German Cities Confront the Nazi Past*, Ann Arbor 2008.

Rosenthal, Gabriele: *Die Hitler-Jugend Generation: Biographische Thematisierung als Vergangenheitsbewältigung*, Essen 1986.

Roth, Heinrich: *Katholische Jugend in der NS-Zeit unter besonderer Berücksichtigung des Katholischen Jungmännerverbandes. Daten und Dokumente*, Düsseldorf 1959.

Rozin, Paul/Royzman, Edward B.: „Negativity Bias, Negativity Dominance and Contagion", in: *Personality and Social Psychology Review* 5 (2001), S. 296–320.

Rückert, Joachim: „Franz Leopold Neumann (1900–1954) – ein Jurist mit Prinzipien", in: Marcus Lutter/Ernst C. Stiefel/Michael H. Hoeflich (Hg.): *Der Einfluß deutscher Emigranten auf die Rechtsentwicklung in den USA und in Deutschland*, Tübingen 1993.

Ruff, Mark Edward: „Integrating Religion into the Historical Mainstream: Recent Literature on Religion in the Federal Republic of Germany", in: *Central European History* 42 (2009), S. 307–337.

Ruff, Mark Edward: „Ernst-Wolfgang Böckenförde und seine kirchenpolitischen Schriften", in: Hans-Rüdiger Schwab (Hg.): *Eigensinn und Bindung: Katholische deutsche Intellektuelle im 20. Jahrhundert: 39 Porträts*, 2009.

Ruff, Mark Edward: „Rolf Hochhuth and the KGB: Debunking Claims of a Conspiracy" (im Druck).

Ruhm von Oppen, Beate: Review of *The Nazi Persecution of the Churches, 1933–1945*, in: *The Catholic Historical Review* 55 (1970).

Sacher, Hermann (Hg.): *Staatslexikon: Vierter Band: Papiergeld bis Staatsschulden*, Freiburg 1931.

Salzmann, Rainer (Hg.): *Die CDU/CSU im Parlamentarischen Rat. Sitzungsprotokolle der Unionsfraktion*, Stuttgart 1981.

Sandbrook, Dominic: *Eugene McCarthy: The Rise and Fall of Postwar American Liberalism*, New York 2004.

Schaefer, Bernd: *The East German State and the Catholic Church, 1945–1989*, New York 2010.

Scheller, Wolf: „Kirchen an der Schwelle zum Nazistaat: Klaus Scholders Werk über den Sündenfall der Amtskirchen/Prolingheuer über ‚Fall Barth‘“, in: *Frankfurter Rundschau*, 12.12.1978.

Scheuermann, William E.: *Between the Norm and the Exception: The Frankfurt School and the Rule of Law*, Cambridge (Massachussetts) 1994.

Schewick, Burkhard van: *Die Katholische Kirche und die Entstehung der Verfassungen in Westdeutschland, 1945–1950*, Mainz 1980.

Schewick, Burkhard van: „Wilhelm Böhler (1891–1958)“, in: Jürgen Aretz/Rudolf Morsey/Anton Rauscher (Hg.): *Zeitgeschichte in Lebensbildern. Aus dem deutschen Katholizismus des 19. und 20. Jahrhunderts, Band 4*, Mainz 1980, S. 197–207.

Schlink, Edmund: *Der Ertrag des Kirchenkampfes*, Gütersloh 1948.

Schlott, René: *Papsttod und Weltöffentlichkeit seit 1878: Die Medialisierung eines Rituals*, Paderborn 2013.

Schmider, Christoph: „Erzbischof Conrad Gröber (1872–1948)“, in: Christoph Schmider, *Die Freiburger Bischöfe: 175 Jahre Erzbistum Freiburg. Eine Geschichte in Lebensbildern*, Freiburg 2002, S. 148.

Schmidt, Jürgen: *Martin Niemöller im Kirchenkampf*, Hamburg 1971.

Schmidt, Rüdiger: „Sieger der Geschichte? Antifaschismus im ‚anderen Deutschland‘“, in: Thomas Großbölting (Hg.): *Friedensstaat, Leseland, Sportnation? DDR-Legenden auf dem Prüfstand*, Berlin 2009, S. 208–229.

Schmidtmann, Christian: „‚Fragestellungen der Gegenwart mit Vorgängen der Vergangenheit beantworten‘: Deutungen der Rolle der Kirche und Katholiken in Nationalsozialismus und Krieg vom Kriegsende bis in die 1960er Jahre“, in: Andreas Holzem/Christoph Holzapfel (Hg.): *Zwischen Kriegs- und Diktaturerfahrung. Katholizismus und Protestantismus in der Nachkriegszeit*, Stuttgart 2005, S. 167–201.

Schmidtmann, Christian: *Katholische Studierende: Ein Beitrag zur Kultur- und Sozialgeschichte der Bundesrepublik Deutschland*, Paderborn 2005.

Schmitz, Helmut/Seidel-Arpacı, Annette: *Narratives of Trauma: Discourses of German Wartime Suffering in National and International Perspective*, Amsterdam 2011.

Schmidt, Uwe: *Hamburger Schulen im „Dritten Reich"*, Hamburg 2010.

Schmitz, Walter: „Reinhold Schneider: Ein katholischer Intellektueller im Zeitalter der Weltkriege", in: Hans-Rüdiger Schwab (Hg.): *Eigensinn und Bindung. Katholische deutsche Intellektuelle im 20. Jahrhundert. 39 Porträts*, Kevelaer 2009, S. 341–359.

Schmitz, Walter: „Reinhold Schneider (1903–1958): Geschichtspoetik und Reichsidee", in: Thomas Pittrof/Walter Schmitz (Hg.), *Freie Anerkennung übergeschichtlicher Bindungen. Katholische Geschichtswahrnehmung im deutschsprachigen Raum des 20. Jahrhunderts. Beiträge des Dresdener Kolloquiums vom 10. bis 13. Mai 2007*, Freiburg i. Br. u. a. 2010, S. 273–298.

Schneider, Dieter Marc: *Johannes Schauff (1902–1990): Migration und „Stabilitas" im Zeitalter der Totalitarismen*, München 2001.

Schneider, Ekkehard: *Militarisierung oder Passion. Ein Beitrag zum „Fall Reinhold Schneider"*, Frankfurt am Main 1992.

Schneider, Reinhold: *Geleitwort für die Sammlung „Das christliche Deutschland 1933–1945*, Freiburg 1946.

Schneider, Reinhold: *Las Casas vor Karl V.: Szenen aus der Konquistadorenzeit*, Wiesbaden 1946.

Schneider, Reinhold: *Die Sonette von Leben und Zeit, dem Glauben und der Geschichte*, Köln 1954.

Schoenberner, Gerhard: *Der gelbe Stern. Die Judenverfolgung in Europa 1933 bis 1945*, Hamburg 1960.

Scholder, Klaus: „Die Jugend und das Vaterland", in: *Deutsche Universitätszeitung 8*, Nr. 23, 7.12.1953.

Scholder, Klaus: *Kulturpolitik – Warum und Wie? Schriftenreihe der Freien Demokratischen Partei*, Detmold 1957.

Scholder, Klaus: *Die Problematik der politischen Verantwortung in unserer jüngsten Geschichte*, Wiesbaden 1959.

Scholder, Klaus: „Christentum und Liberalismus", in: *Liberal* (1960), S. 12–18.

Scholder, Klaus: „Der Geist des Staates als Aufgabe der Kulturpolitik", in: *Liberal* (1961), S. 7–16.

Scholder, Klaus: „Zwanzig Jahre danach", in: *Liberal* (1963), S. 5–8.

Scholder, Klaus: „Die evangelische Kirche und das Jahr 1933", in: *Geschichte in Wissenschaft und Unterricht* (1965), S. 700–714.

Scholder, Klaus: *Ursprünge und Probleme der Bibelkritik im 17. Jahrhundert. Ein Beitrag zur Entstehung der historisch-kritischen Theologie*, München 1966.

Scholder, Klaus: „Die evangelische Kirche in der Sicht der nationalsozialistischen Führung bis zum Kriegsausbruch", in: *VfZ* 16 (1968), S. 15–35.

Scholder, Klaus: „Die Kapitulation der evangelischen Kirche vor dem nationalsozialistischen Staat", in: *Zeitschrift für Kirchengeschichte* 81 (1970), S. 183–206.

Scholder, Klaus: „Die Kapitulation des politischen Katholizismus. Die Rolle des Zentrums-Vorsitzenden Kaas im Frühjahr 1933", in: *Frankfurter Allgemeine Zeitung*, 27.9.1977.

Scholder, Klaus: „Ein Paradigma von säkularer Bedeutung':Hitler, Kaas und das Ende des politischen Katholizismus in Deutschland. Eine Antwort auf Konrad Repgen", in: *Frankfurter Allgemeine Zeitung*, 19.11.1977.

Scholder, Klaus: *Die Kirchen und das Dritten Reich, Bd I, Vorgeschichte und Zeit der Illusionen 1918–1934*, Frankfurt am Main 1977.

Scholder, Klaus: „Altes und Neues zur Vorgeschichte des Reichskonkordats. Erwiderung auf Konrad Repgen", in: *VfZ* 26 (1978), S. 535–570.

Scholder, Klaus: *Karl Georg Pfleiderer: Der liberale Landrat, Politiker und Diplomat, Heft 6, Schriftenreihe der Reinhold-Maier-Stiftung zur Geschichte*, Stuttgart 1979.

Scholder, Klaus: „Ein Requiem für Hitler. Kardinal Bertram und der deutsche Episkopat im Dritten Reich", in: *Frankfurter Allgemeine Zeitung*, 25.10.1980.

Scholder, Klaus: *Die Kirchen und das Dritten Reich, Bd. II: Das Jahr der Ernüchterung 1934. Barmen und Rom*, Berlin 1985.

Scholder, Klaus: „Lässt sich Schuld bewältigen? Ein Gespräch mit Klaus Scholder über den 8. Mai", in: *Herder Korrepondenz* 3 Heft (1985), S. 115–120.

Söllner, Alfons: „Kurt Sontheimer (1928–2005)", in: Eckard Jesse/Sebastian Liebold (Hg.): *Deutsche Politikwissenschaftler – Werk und Wirkung. Von Abendroth bis Zellentin*, Baden-Baden 2014.

Schoenbaum, David: Review of *The Nazi Persecution of the Churches, 1933–1945*, in: *The Journal of Modern History* 42 (1970), S. 485–461.

Schollwer, Wolfgang: „*Gesamtdeutschland ist uns Verpflichtung": Aufzeichnungen aus dem FDP-Ostbüro 1951–1957*, herausgegeben von Jürgen Fröhlich, Bremen 2004.

Schöningh, Franz-Josef: „Zum 50. Jahrgang: Ein Wort des Herausgebers", in: *Hochland* 50 (1957/1958).

Schreiber, Georg: *Zwischen Demokratie und Diktatur: Persönliche Erinnerungen an die Politik und Kultur des Reiches von 1919 bis 1944*, Münster 1949.

Schroeder, Steven M.: *To Forget it all and Begin Anew: Reconciliation in Occupied Germany, 1944–1954*, Toronto 2013.

Schröter, Klaus (Hg.): *Heinrich Böll*, Reinbek 1987.

Schubert, Jochen: *Heinrich Böll*, Paderborn 2011.

Schulz, Gerhard: „Im Gedenken an Klaus Scholder", in: *Evangelische Theologie* 47 (1987), S. 477–485.

Schumacher, Martin: „Gründung und Gründer der Kommission für Geschichte des Parlamentarismus und der politischen Parteien", in: Karl Dietrich Bracher/Paul Mikat, Konrad Repgen/Martin Schumacher/Hans-Peter Schwarz (Hg.): *Staat und Parteien: Festschrift für Rudolf Morsey zum 65. Geburtstag*, Berlin 1992, S. 1029–1054.

Schumacher, Martin (Hg.): *Annotierte Bibliographie 2002. Die Veröffentlichungen der Kommission für Geschichte des Parlamentarismus und der politischen Parteien seit 1952*, Düsseldorf 2004.

Schütz, Oliver: *Begegnung von Kirche und Welt. Die Gründung Katholischer Akademien in der Bundesrepublik Deutschland 1945–1975*, Paderborn 2004.

Schwalbach, Bruno: *Erzbischof Conrad Gröber und die deutsche Katastrophe. Sein Ringen um eine menschliche Neuordnung*, Karlsruhe 1994.

Sekretariat der Deutschen Bischofskonferenz (Hg.): *Erinnerung und Verantwortung. 30. Januar 1933–30. Januar 1983. Fragen, Texte, Materialien*, 24.1.1983.

Semmelroth, Otto SJ: „Kritik an der Kirche?" in: *Stimmen der Zeit* 173 (1964), S. 241–254.

Siegele-Wenschkewitz, Leonore: *Nationalsozialismus und Kirchen. Religionspolitik von Partei und Staat bis 1935*, Düsseldorf 1974.

Smid, Marikje: *Hans von Dohnanyi, Christine Bonhoeffer: Eine Ehe im Widerstand gegen Hitler*, Gütersloh 2002.

Sösemann, Bernd: „Auf dem Grat zwischen Entschiedenheit und Kompromiß", in: Bernd Sösemann (Hg.): *Emil Dovifat. Studien und Dokumente zu Leben und Werk*, Berlin 1998, S. 103–159.

Spael, Wilhelm: *Görres-Gesellschaft, 1876–1941*, Paderborn 1957.

Spicer, Kevin: „The Propst from St. Hedwig: Bernhard Lichtenberg as a Paradigm for Resistance", in: Sharon Leder/Milton Teichman (Hg.): *The Burdens of History: Post Holocaust Generations in Dialogue*, Merion Station (PA) 2000, S. 25–40.

Spicer, Kevin: C.S.C., „Totalitarianism: Last Years of a Resister in the Diocese of Berlin. Bernhard Lichtenberg's Conflict with Karl Adam and his Fateful Imprisonment", in: *Church History* 70 (2001), S. 248–270.

Spicer, Kevin: *Resisting the Reich: The Catholic Clergy in Hitler's Berlin*, Dekalb 2004.

Spicer, Kevin: *Brown Priests: Catholic Clergy and National Socialism*, Dekalb 2008.

Spital, Hermann-Josef: „Noch einmal: Das Ethos der modernen Demokratie und die Kirche", in: *Hochland* 50 (1957/1958).

Spotts, Frederic: *The Churches and Politics in Germany*, Middletown 1973.

Stanovich, Keith/West, Richard: „Individual Differences in Reasoning: Implications for the Rationality Debate", in: *Behavioral and Brain Sciences* 23 (2000), S. 645–665.

Stankowski, Martin: *Linkskatholizismus nach 1945*, Köln 1974.

Stasiewski, Bernhard (Hg.): *Akten deutscher Bischöfe über die Lager der Kirche 1933–1945, Bd. I, 1933–1934*, Mainz 1968.

Stasiewski, Bernhard (Hg.): *Akten deutscher Bischöfe über die Lager der Kirche 1933–1945, Bd. II, 1934–1935*, Mainz 1976.

Statistisches Bundesamt (Hg.): *Bevölkerung und Wirtschaft 1872–1972*, Stuttgart 1972.

Stehlin, Stewart: *Weimar and the Vatican, 1919–1933: German-Vatican Diplomatic Relations in the Interwar Years*, Princeton 1983.

Steinacher, Gerald: *Nazis auf der Flucht: wie Kriegsverbrecher über Italien nach Übersee entkamen*, Innsbruck 2008.

Steiner, Johannes: *Propheten wider das Dritte Reich. Aus den Schriften des Dr. Fritz Gerlich und des Paters Ingbert Naab, O.F.M. Cap.*, München 1946.

Stelzel, Phillip: „Working toward a Common Goal? American Views on German Historiography and German-American Scholarly Relations during the 1960s", in: *Central European History* 41 (2008), S. 639–671.

Steward, John S.: *Sieg des Glaubens*, Zürich 1946.

Stratmann, P. Franziskus Maria O.P.: *In der Verbannung: Tagebuchblätter 1940 bis 1947*, Frankfurt am Main 1962.

Strecker, Reinhard-Maria (Hg.): *Dr. Hans Globke. Aktenauszüge, Dokumente*, Hamburg 1961.

Strobel, Ferdinand: *Christliche Bewährung, 1933–1945*, Olten 1946.

Sullins, Paul: „Paul Hanly Furfey and the Catholic Intellectual Tradition", in: Bronislaw Misztal/Francesco Villa/Eric Sean Williams (Hg.): *Paul Hanly Furfey's Quest for a Good Society*, Washington 2005, S. 125–147.

Tent, James F.: *Mission on the Rhine: Reeducation and Denazification in American-Occupied Germany*, Chicago 1982.

Thadden, Rudolf von: „Kirchengeschichte als Gesellschaftsgeschichte", in: *Geschichte und Gesellschaft* 9 (1983), S. 598–614.

Thiesen, Helene: „Schriftenverzeichnis Konrad Repgen. Zusammengestellt von Helene Thiesen", in: Klaus Gotto/Hans Günter Hockerts (Hg.): *Von der Reformation zur Gegenwart: Beiträge zu Grundfragen der neuzeitlichen Geschichte*, Paderborn 1988, S. 349–359.

Tischner, Wolfgang: *Katholische Kirche in der SBZ/DDR 1945–1951*, Paderborn 2001.

Tischner, Wolfgang: „Konrad Repgen wird 90 Jahre", 5.5.2013, in: www.kas.de/wf/de/33.34255/ (acc. 20.062016).

Tittmann III, Harold H. (Hg.): *Inside the Vatican of Pius XII· The Memoir of an American Diplomat during World War II, Harold H. Tittmann Jr.*, New York 2004.

Tobin, Patrick: „No Time for ‚Old Fighters': Postwar West Germany and the Origins of the 1958 Ulm Einsatzgruppen Trial", in: *Central European History* 4 (2011).

Trippen, Norbert: „Interkonfessionelle Irritationen in den ersten Jahren der Bundesrepublik Deutschland", in: Karl Dietrich Bracher/Paul Mikat/Konrad Repgen/Martin Schumacher/Hans-Peter Schwarz (Hg.): *Staat und Parteien: Festschrift für Rudolf Morsey zum 65. Geburtstag*, Berlin 1992, S. 345–377.

Trippen, Norbert: *Josef Kardinal Frings (1887–1978), Bd. I: Sein Wirken für das Erzbistum Köln und für die Kirche in Deutschland*, Paderborn 2003.

Tritz, Peter SJ: *Die Katholische Kirche in Deutschland, 1933–1945*, Frankfurt 1946.

Uertz, Rudolf: „Annäherungen: Christliche Sozialethik und SPD", in: *Historisch-Politische Mitteilungen* 13 (2006), S. 93–120.

Van Dam, Hendrik George/Giordano, Ralph (Hg.): *KZ-Verbrecher vor deutschen Gerichten. Dokumente aus den Prozessen*, 2 Bände, Frankfurt 1962, 1966.

Ventresca, Robert: *Soldier of Christ: The Life of Pope Pius XII*, Cambridge (Massachusetts) 2013.

Voges, Stefan: *Konzil, Demokratie und Dialog. Der lange Weg zur Würzburger Synode (1965–1971)*, Paderborn 2015.

Volk, Ludwig: *Der bayerische Episkopat und der Nationalsozialismus*, Mainz 1965.

Volk, Ludwig: „Zwischen Geschichtsschreibung und Hochhuthprosa: Kritisches und Grundsätzliches zu einer Neuerscheinung über Kirche und Nationalsozialismus", in: *Stimmen der Zeit* 176 (1965), S. 29–41.

Volk, Ludwig: „Ein unhistorischer Historiker", in: *Die Zeit*, 4.6.1965.

Volk, Ludwig: *Kirchliche Akten über die Reichskonkordatsverhandlungen 1933*, Mainz 1969.

Volk, Ludwig: *Der bayerische Episkopat und der Nationalsozialismus, 1930–1934*, Mainz 1974.

Volk, Ludwig: „Der Heilige Stuhl und Deutschland, 1945–1949", in: *Stimmen der Zeit* 194 (1976), S. 795–823.

Volk, Ludwig: „Der Heilige Stuhl und Deutschland, 1945–1949", in: Anton Rauscher (Hg.), *Kirche und Katholizismus, 1945–1949*, Paderborn 1977, S. 53–87.

Volk, Ludwig (Hg.): *Akten Kardinal Michael von Faulhabers 1917–1945, Bd. I: 1917–1934*, Mainz 1975.

Volk, Ludwig (Hg.): *Akten Kardinal Michael von Faulhabers, Bd. II, 1935–1945*, Paderborn 1978.

Volk, Ludwig (Hg.): *Akten deutscher Bischöfe über die Lage der Kirche 1933–1945, Bd. VI, 1943–1945*, Mainz 1985.

Volk, Ludwig: „Hitlers Kirchenminister: Zum Versuch einer Gesamtdarstellung des Kirchenkampfes im NS-Staat", in: Dieter Albrecht (Hg.): *Katholische Kirche und Nationalsozialismus: Ausgewählte Aufsätze von Ludwig Volk*, Mainz 1987, S. 348–353.

Vollnhalls, Clemens: „Das Reichskonkordat von 1933 als Konfliktfall im Alliierten Kontrollrat", in *VfZ* (1987), S. 677–706.

Vollnhals, Clemens (Hg.): *Die evangelische Kirche nach dem Zusammenbruch: Berichte ausländischer Beobachter aus dem Jahre 1945*, Göttingen 1988, S. 35–40.

Vollnhals, Clemens: *Evangelische Kirche und Entnazifizierung: Die Last der national-sozialistischen Vergangenheit, 1945–1949*, München 1989.

Waite, R.G.L.: Review of *The Nazi Persecution of the Churches, 1933–1945*, in: *The American Historical Review* 75 (1969), S. 152–154.

Weber, Wolfgang: *Biographisches Lexikon zur Geschichtswissenschaft in Deutschland, Österreich und der Schweiz. Die Lehrstuhlinhaber für Geschichte von den Anfängen des Faches bis 1970*, Frankfurt am Main 1984.

Weber, Wolfgang: *Priester der Klio. Historisch-sozialwissenschaftliche Studien zur Herkunft und Karriere deutscher Historiker und zur Geschichte der Geschichtswissenschaft, 1800–1970*, Frankfurt am Main 1984.

Wehr, Gerhard: *Karl Barth. Theologe und Gottes fröhlicher Partisan*, Gütersloh 1985.

Wehrs, Nikolai: *Protest der Professoren: Der „Bund der Freiheit der Wissenschaft" in den 70er Jahren*, Göttingen 2014.

Weinberger, Paul: „Der ungelöste Pakt: Kirche und Drittes Reich – im Jahre 1958", in: *Werkhefte katholischer Laien* (1958).

Weinberger, Paul: „Kirche und Drittes Reich im Jahre 1933", in: *Werkhefte katholischer Laien* (1958), S. 91–100.

Weingartner, James J.: *Crossroads of Death: the Story of the Malmedy Massacre and Trial*, Berkeley 1979.

Weingartner, James J.: *A Peculiar Crusade: Willis M. Everett and the Malmedy Massacre*, New York 2000.

Weisz, Christoph (Hg.): *OMGUS-Handbuch. Die amerikanische Militärregierung in Deutschland, 1945–1949*, München 1994.

Wengst, Udo: *Thomas Dehler (1897–1967): Eine politische Biographie*, München 1997.

Wiesen, S. Jonathan: *West German Industry and the Challenge of the Nazi Past*, Chapel Hill 2001.

Wiggershaus, Rolf: *The Frankfurt School: Its History, Theories and Political Significance*, aus dem Deutschen von Michael Robertson, Cambridge (Massachusetts) 1995.

Winter, Jay: *Remembering War: The Great War between Memory and History in the Twentieth Century*, New Haven 2006.

Winter, Jay/Sivan, Emmanuel (Hg.), *War and Remembrance in the Twentieth Century*, Cambridge 1999.

Wolf, Erik (Hg.): *Zeugnisse der Bekennenden Kirche, Das Christliche Deutschland 1933–1945*, Freiburg 1947.

Wolf, Hubert: „Reichskonkordat für Ermächtigungsgesetz? Zur Historisierung der Scholder-Repgen-Kontroverse über das Verhältnis des Vatikans zum Nationalsozialismus", in: *VfZ* 60 (2012), S. 169–200.

Wolfgram, Mark: *„Getting History Right": East and West German Collective Memories of the Holocaust and War*, Lanham 2011.

Zahn, Gordon: „Germany through American Eyes", in: *The Record: Official Newspaper of St. John's University and Organ of the Alumni*, 16.1.1947.

Zahn, Gordon: *Readings in Sociology: Selected with Introduction and Commentary, The College Readings Series, No. 3*, Westminster, Maryland 1958.

Zahn, Gordon: „Würzburg 1957", in: *The Catholic Worker*, März 1958.

Zahn, Gordon: „Social Science and the Theology of War", in: William J. Nagle (Hg.): *Morality and Modern Warfare: The State of the Question*, Baltimore 1960.

Zahn, Gordon: „The German Catholic Press and Hitler's Wars", in: *Cross Currents*, Herbst 1960.

Zahn, Gordon: „Versagten die deutschen Katholiken im Dritten Reich? Professor Gordon C. Zahn antwortet auf die Erwiderungen von Karl Aloys Altmeyer", in: *Badische Volkszeitung*, 3.11.1960.

Zahn, Gordon: *German Catholics and Hitler's Wars: A Study in Social Control*, New York 1962.

Zahn, Gordon: *In Solitary Witness: the Life and Death of Franz Jägerstätter*, New York 1964.

Zahn, Gordon: *What Is Society? Volume 147 of the Twentieth century Encyclopedia of Catholicism*, New York 1964.

Zahn, Gordon: *Die deutschen Katholiken und Hitlers Kriege*, aus dem Amerikanischen von Elisabeth Schmitz, Graz u. a. 1965.

Zahn, Gordon: *Er folgte seinem Gewissen: Das einsame Zeugnis des Franz Jägerstätter*, aus dem Amerikanischen von Grete Steinböck, Graz u. a. 1967.

Zahn, Gordon: *War, Conscience and Dissent*, New York 1967.

Zahn, Gordon: *Chaplains in the RAF: A Study in Role Tension*, Manchester 1969.

Zahn, Gordon: „Memories of Camp Warner", in: *The Catholic Worker*, Okt.–Nov. 1977.

Zahn, Gordon: *Another Part of the War: The Camp Simon Story*, Amherst 1979.

Zahn, Gordon: *Vocation of Peace*, Eugene 1992.

Zahn, Gordon: „The Vicar': A Controversy and a Lesson", in: *The Critic*, S. 42–47 (undatiert).

Zentralkomitee der Deutschen Katholiken: *Arbeitstagung Saarbrücken, 16.–19. April 1958*, Paderborn 1958.

Ziebertz, Günter J.: *Berthold Altaner (1885–1964): Leben und Werk eines schlesischen Kirchenhistorikers*, Köln 1997.

Ziegler, Matthäus: „Gültigkeit und Zweckmäßigkeit des Reichskonkordates", in: *Stimme der Gemeinde zum kirchlichen Leben, zur Politik, Wirtschaft und Kultur, Sonderheft*, März 1956.

Ziemann, Benjamin: *Katholische Kirche und Sozialwissenschaften, 1945–1975*, Göttingen 2007.

Zimmer, Anna Maria: „Zur Geschichte der jüdischen Gemeinden in Eschwege", in: Karl Kollmann (Hg.): *Geschichte der Stadt Eschwege*, Eschwege 1993.

Zwick, Mark/Zwick, Louise: *The Catholic Worker Movement: Intellectual and Spiritual Origins*, Mahwah, New Jersey 2005.

Abbildungsverzeichnis

Abb. 2.1:   Das Gebäude des Generalvikariats des Erzbistums Köln wurde während
             eines alliierten Bombenangriffs vollständig zerstört. Die Folge war ein
             Verlust von Quellenmaterial für die Geschichte der katholischen Kirche
             unter nationalsozialistischer Herrschaft. Mit freundlicher Genehmigung
             von Karl Hugo Schmölz, © Archiv Wim Cox [MR1].

Abb. 2.2:   Johannes Neuhäusler im Jahr 1927. AEM NL Neuhäusler Nr. 421.

Abb. 2.3:   Johannes Neuhäusler wurde von Michael Kardinal von Faulhaber mit der
             Koordinierung katholischer Bemühungen im Kampf gegen die Verfolgung
             der Kirche durch die Nationalsozialisten beauftragt. AEM NL Neuhäusler
             Nr. 430.

Abb. 2.4:   Undatiertes Bild des Berliner Generalvikars und Journalisten Walter
             Adolph. Mit freundlicher Genehmigung des Diözesanarchivs Berlin,
             BN 46,07 und 46,08.

Abb. 2.5:   Der Berliner Priester Bernhard Stasiewski wurde, während er sich in
             seinem Haus in West-Berlin aufhielt, von russischen Geheimagenten
             entführt. Er erhielt zwischen 1954 und 1958 Forschungsförderung aus
             Bundesmitteln, um eine Darstellung der Geschichte der katholischen
             Kirche unter nationalsozialistischer Herrschaft zu verfassen. Stasiewskis
             erst in den Jahren 1968, 1976 und 1979 veröffentlichte Quellenbände
             brachten das Vorhaben jedoch nicht zum Abschluss. Mit freundlicher
             Genehmigung von Raimund Haas.

Abb. 3.1:   Unterzeichnung des Reichskonkordats am 20. Juli 1933 in Rom. Das
             Foto zeigt von links: Prälat Kaas, Vizekanzler von Papen, Msgr. Pizzardo,
             Kardinalstaatssekretär Eugenio Pacelli, ab 1939 Papst Pius XII.,
             Ministerialdirektor Buttmann vom Reichsministeriums des Innern,
             dessen Unterlagen eine bedeutende Rolle in der Debatte über die Ent-
             stehung des Reichskonkordats spielen sollten, Msgr. Ottaviani, Msgr.
             Montini und Botschaftsrat Klee. Mit freundlicher Genehmigung des
             Bundesarchives, Bild 183-R24391

Abb. 3.2:   Erste Aufnahme von Papst Pius XII. im Jahr 1939. Das Reichskonkordat
             war ein Hauptbestandteil seines Lebenswerks. Mit freundlicher
             Genehmigung des Bundesarchivs. Bild 183-S49656.

Abb. 3.3:   Ein späterer Gegner des Reichskonkordats bei einer Sitzung des Haupt-
             ausschusses des parlamentarischen Rates im November 1948. 2. v. l.:
             Der SPD-Abgeordnete und spätere Ministerpräsident von Hessen,
             Georg August Zinn. Mit freundlicher Genehmigung des Bundesarchivs,
             Bild 116-488-09.

Abb. 3.4:   FDP-Politiker und Reichskonkordatsgegner Thomas Dehler, der für seine
             leidenschaftliche Rhetorik bekannt war. Mit freundlicher Genehmigung
             des Bundesarchivs, B 145 Bild-P002193.

Abb. 3.5:   Prälat Wilhelm Böhler stand an der Spitze des kirchlichen Einsatzes für
             die Fortgeltung des Reichskonkordats. Mit freundlicher Genehmigung
             des Historischen Archivs des Erzbistums Köln.

Abb. 4.1:   Der junge Historiker Rudolf Morsey in den 1950er Jahren zu Beginn seiner
             Forschungen über den Niedergang der Zentrumspartei. Mit freundlicher
             Genehmigung von Rudolf Morsey.

Abb. 4.2:   Bischof Michael Keller von Münster spricht in den 1950ern mit dem
             jungen Historiker Rudolf Morsey und Georg Schreiber. Von links nach
             rechts: Rudolf Morsey, Bischof Keller, Georg Schreiber. Mit freundlicher
             Genehmigung von Rudolf Morsey.

Abb. 4.3:   Ein Artikel des späteren Bundesverfassungsrichters Ernst-Wolfgang
             Böckenförde löste 1961 einen Sturm der Entrüstung aus. Mit freundlicher
             Genehmigung von Iris Fleßenkämper.

Abb. 5.1 und Abb. 5.2: Die Aufnahmen von Gordon Zahn entstanden während seines
             Aufenthalts in Deutschland zwischen 1956 und 1957 und fangen seine
             sanftmütige und ernsthafte Art ein. Mit freundlicher Genehmigung von
             University of Notre Dame Archives, CZHN-04463-01 beziehungsweise
             Michael Hovey.

Abb. 5.3:   Heinz und Regina Kühn wandern 1951 mit ihren beiden kleinen Töchtern
             nach Chicago aus. Als ehemaliger Journalist für das *Petrusblatt* nahm
             Kühn Anstoß an Gordon Zahns Darstellung der katholischen Presse im
             Zweiten Weltkrieg. Mit freundlicher Genehmigung von Angelika Kühn.

Abb. 6.1:   Rolf Hochhuths Stück *Der Stellvertreter* erreicht seinen Höhepunkt, als
             Papst Pius XII. und Graf Fontana entsetzt mit ansehen, wie Riccardo
             Fontana SJ sich den gelben Judenstern an die Brust heftet und den Raum
             verlässt, um sich den bald nach Auschwitz deportierten Juden anzu-
             schließen. Mit freundlicher Genehmigung des Archivs der Akademie der
             Künste, Berlin. Rechteinhaber: Deutsches Theatermuseum München,
             Archiv Heinz Köster.

Abb. 6.2:   Rolf Hochhuth und Erwin Piscator, der 30 Jahre ältere Veteran der
             Theaterregie, besprechen ihr in Kürze uraufgeführtes Stück *Der Stellver-*
             treter. Der erfahrene Bühnenautor und Regisseur musste das anderen-
             falls sieben Stunden dauernde Stück erheblich kürzen. Mit freundlicher
             Genehmigung des Archivs der Akademie der Künste, Berlin. Rechte-
             inhaber: Deutsches Theatermuseum München, Archiv Ilse Buhs.

Abb. 6.3: Die Polizei muss bei der Premiere von Rolf Hochhuths Stück *Der Stellver-treter* am 24. September 1963 in Basel einschreiten. Dies war nur einer von mehreren Protesten in Europa und Nordamerika zwischen 1963 und 1965. Keystone AG, 37503145 (RM).

Abb. 6.4: Menschenmengen versammeln sich am 24. September 1963 in Basel im Vorfeld der Premiere von Rolf Hochhuths Stück *Der Stellvertreter*. Die Banner tragen die Aufschriften: „Intoleranz = Katholizismus" und das Wortspiel „Geht euch wegen Hochhuth der Hut hoch?". Keystone AG, 37503125 (RM).

Abb. 6.5: Bühnenautor Rolf Hochhuth ziert die Titelseite des *Spiegel* 17/1963 unter der Schlagzeile „Ein Kampf mit Rom". Mit freundlicher Genehmigung von DER SPIEGEL.

Abb. 6.6: Rolf Hochhuth im April 1963 bei der Verleihung des Berliner Kunst-preises. Von links nach rechts Klaus Kammer, Fritz Kortner, Rolf Hochhuth. Mit freundlicher Genehmigung des Bundesarchivs. B 145 Bild-P084771.

Abb. 7.1: Die Titelseite des *Spiegel* 19/1965 unter der Schlagzeile „Mit festem Schritt ins Neue Reich." Die Serie „Die Katholische Kirche zwischen Kreuz und Hakenkreuz" gab die wissenschatlichen Ergebnisse von Guenter Lewy wieder. Mit freundlicher Genehmigung von DER SPIEGEL.

Abb. 7.2: Der aus dem nationalsozialistischen Deutschland geflohene Jude Guenter Lewy legte auf der Grundlage von Quellen aus kirchlichen Archiven in Deutschland die erste umfassende und kritische wissen-schaftliche Darstellung der katholischen Kirche in Deutschland unter nationalsozialistischer Herrschaft vor. Mit freundlicher Genehmigung von Guenter Lewy.

Abb. 7.3: Weihbischof und Generalvikar Johannes Neuhäusler traf Guenter Lewy im Jahr 1961, der bei seinem Gastgeber einen „guten Eindruck" hinterließ. Mit freundlicher Genehmigung des Archivs des Erzbistums München und Freising.

Abb. 7.4: Ludwig Volk SJ, 1962–1965 Gymnasiallehrer, veröffentlichte seitdem Quellen und Darstellungen zur Geschichte der katholischen Kirche in Deutschland. Mit freundlicher Genehmigung des Archivs der Deutschen Provinz der Jesuiten, Abt. 800, Nr. 492.

Abb. 8.1: Der junge katholische Historiker Konrad Repgen wurde der erste wissen-schaftliche Vorsitzende der Kommission für Zeitgeschichte und Haupt-kritiker von Scholders Darstellung der katholischen Kirche im Jahr 1933. Mit freundlicher Genehmigung von Rudolf Morsey.

Register

Actes et documents du Saint-Siège relatifs à la période de la Seconde Guerre Mondiale 292

Adenauer, Konrad 7, 56, 69, 71, 72, 94–95, 98, 117, 199, 131–132, 158, 169–170, 196, 243–244, 325, 341, 381–382, 385, 386
  zu den Fragen der Bekenntnisschulen und des Reichskonkordats 71–72
  Skepsis gegenüber dem Naturrecht 94

Adolph, Walter 11–12, 13, 14, 19–20, 54–65, 68, 93–94, 106, 146, 181, 185, 205–230, 235, 265, 270–271, 287, 289–292, 295, 312, 316
  Gedenken der katholischen Märtyrer Kampagne gegen Josef und Johannes Fleischer 56–59
  Kampagne gegen Gordon Zahn 13, 65, 185, 207–225, 229–230
  Kampagne gegen Reinhold Schneider 69
  Kampagne gegen Rolf Hochhuth 14, 65, 235, 265–267
  Memoiren 54
  Unterstützung Karl Aloys Altmeyers 230–231
  Verfälschte Geschichte: Antwort an Rolf Hochhuth 289–292

Agayants, Iwan 280
Albrecht, Dieter 324, 352, 372
Albrecht, Johannes 3, 7
Albus, Michael 371–373
Alff, Wilhelm 283
Altmeyer, Karl Aloys 230–231
America, die Jesuitenzeitschrift 186, 222, 228, 316
American Catholic Sociological Association 183–185
American Catholic Sociological Review 222–223
Amery, Carl 10–11, 150, 234, 280, 287, 316
Archive, katholische Kirche 9, 14, 24, 141–142, 300, 301, 307, 324–326, 328–329, 334, 347–348
  Zustand in den 1960ern 141–142, 301, 307, 324–326

Aretin, Karl Otmar von 144, 373
Arndt, Adolf 91, 108–109, 116–117, 121–122, 152–153, 172, 295–296
Augstein, Rudolf 243–244, 278, 313
Auswärtiges Amt 13, 110–111, 115, 135, 142, 218, 225, 251
  einbezogen in die Kampagne gegen Gordon Zahn 13, 218, 225
  einbezogen in die Massenverhaftung der römischen Juden 251
  einbezogen in den Reichskonkordatsprozess 115, 135, 142

Baden-Württemberg, Kampf um das öffentliche Schulsystem 99–100, 114
Badische Zeitung 231
Bafile, Corrado 276, 296
Bares, Nikolaus 58–59
Barth, Karl 44, 108, 340–341, 345
Bayerische Volkspartei 4, 172
BDKJ (*Bund der deutschen katholischen Jugend*) 158
Bea, Augustin Kardinal 174, 221–223
Bechert, Karl 101
Bekennende Kirche 26, 27, 41, 284, 345, 370, 379
Bekenntnisschulen 32, 71–88, 99–105, 127, 134, 382, 384
Bell, George 21
Berger, Hans 176
Berning, Wilhelm 83
Bertelsmann 241, 245, 252, 255
  Lesering 257–258
Bertram, Adolf Kardinal 60, 324, 328, 374, 386
  Akten von 324
Besier, Gerhard 348
Bild 279
Bismarck, Klaus von 293
Bismarck, Otto von 244
Böckenförde, Ernst-Wolfgang 12–13, 79, 131–133, 149–170, 173, 176, 180, 233–234, 239–240, 287, 309, 311, 343
  Das Ethos der modernen Demokratie und die Kirche 153–158, 343

Der deutsche Katholizismus im Jahre 1933
     131–133, 158–170, 176, 311
   Der Stellvertreter 287
   Jugend in Westfalen 149–152
   Mitgliedschaft in der SPD 150, 180
   Unterstützung Gordon Zahns 180, 233
Böhler, Wilhelm 76, 85, 90, 93, 95–97,
     106–108, 113–117, 121–123, 125, 133–135,
     137, 140, 142, 169, 176, 341
Bojunga, Helmut 80, 104
Böll, Heinrich 10–11, 147, 234
   Clown (Ansichten eines Clowns) 147
Bonhoeffer, Dietrich 38, 109, 345
Bonifatiusverein 212
Borsche, Dieter 264–265, 268, 280–281
Bosl, Karl 330
Bracher, Karl Dietrich 109–110, 112–113, 122,
     134–135, 172, 337, 350–351
Braubach, Max 356–357
Bremen 72–73
   Beitritt zum Reichtsstreit über
     das Reichskonkordat vor dem
     Bundesverfassungsgericht 72–73
Brentano, Heinrich von 111
Breslau 299, 301–333, 324, 328
Breuning, Karl SJ 291
Brockmann, Johannes 93
Broszat, Martin 144
Brown versus Board of Education 101
Brüning, Heinrich 110, 136, 145, 175, 351, 360
   Memoiren 136, 351, 360
Buchenwald 246, 303
Buchheim, Hans 144, 162–163, 174, 176
Büchner, Franz 26–27
Bundesarchiv, Koblenz 111, 324
Bundespresseamt 226
Bundesverfassungsgericht 7, 12, 71–76,
     85, 86, 105, 107, 111, 121–126, 129, 132,
     134–135, 166, 197–198, 351, 379
   Erster Senat 107
   Urteil im Reichskonkordatsprozess 76,
     125–126, 337
   Urteil zur Wehrdienstverweigerung
     197–198
   Zweiter Senat 107, 123–124
Busch, Wilhelm 252
Buttmann, Rudolf 78, 114

Camp Warner, New Hampshire 190–191
Canaris, Wilhelm 38
Carocci, Giampiero 363
Casaroli, Agostino 280
Catholic University, DC 193, 213, 332–333
Catholic University Archives 323–333
Catholic Worker Movement 190, 228
CDU 5–6, 12, 85, 86–89, 106–107, 116–119,
     123, 131–132, 139, 146–147, 152, 156–157,
     166, 168–171, 174–177, 180, 196, 198, 244,
     272, 276, 339, 342, 355–356, 381–384
   Bundestagswahl 1961 168
   Gründung 166
   Protest gegen *Der Stellvertreter* 276
   Unterstützung der Wiederbewaffnung
     Westdeutschlands 198
   Wahlsieg 1957 156–157, 381
   zu den Fragen der Bekenntnisschulen und
     des Reichskonkordats 72, 97, 106–107
Ciano, Gian Galeazzo 251
Ciechanowski, Jan 292
Cillien, Adolf 118
Chicago Daily News 185
Chicago Daily Tribune 185
Chicago Sun Times 185
Christlich-Demokratische Union, *siehe* CDU
Christlich-Soziale Union, *siehe* CSU
Collegio Teutonico di Santa Maria dell'Anima
     252
Columbia University 303–304, 312
Commonweal 209
Conway, John 346–347
   *Die nationalsozialistische Kirchenpolitik
     1933–1945* 346–347
Conze, Werner 142
Corsten, Wilhelm 65–66
Cross Currents 162
Chruschtschow, Nikita 280
CSU 6, 12, 53, 114, 134, 176, 278

Dachau 22, 34, 41, 43–44, 49, 68
Day, Dorothy 190, 211, 214, 217, 228
DDR 105, 213–214, 243, 333
   Propagandaoffensive gegen die
     katholische Kirche 214
Dehler, Thomas 97–98, 111, 118–121, 155, 240,
     270, 341–342, 368

Infragestellung des Widerstands der
katholischen Kirche   97–98
Der Spiegel   14, 120–121, 132, 144–145, 162, 174,
181, 226–227, 239, 263, 279, 290–292,
299–300, 313–314, 316
Spiegel-Affäre   278, 286
Der Stellvertreter   1, 14, 228, 237–298
Anhang, Historische Streiflichter   254,
256, 280–281
Entstehung   242–262
Konflikte über   1, 114, 241, 262–298
Proteste in Brüssel   268, 274
Proteste in Frankreich   273–274
Proteste in Italien   1, 273–274
Proteste in New York   1, 268, 273–274,
284, 299, 313–314
Proteste in der Schweiz   1, 268, 273–275,
277
Proteste in Wien   273–274
Public-Relations-Kämpfe   262–298
Uraufführung   1, 267–268, 270
Veröffentlichung durch den
Rowohlt-Verlag   257–262
Deschner, Karlheinz   10–11
Deuerlein, Ernst   114–115, 117, 122–123, 135,
139, 141–142, 172, 176, 318, 328, 362
Deutsche Bischöfe und die
NS-Vergangenheit   22–23, 394
Bemühungen zur Erstellung einer
Dokumentensammlung Hirtenbrief
vom August 1945   20–25
Deutsche Bischofskonferenz   275–276,
372–373, 394, *siehe ebenso*
Fuldaer Bischofskonferenz
Deutsche Christen   376
Deutsche Tagespost   165, 226
Dibelius, Otto   283
Die Sünderin   272
Dietze, Constantin von   27
Die Zeit   98, 316
Dirks, Walter   10–11, 146–147, 196
Dohnanyi, Hans von   38
Dokumentensammlungen zur
Vergangenheit der katholischen
Kirche unter nationalsozialistischer
Herrschaft   20–25
*Actes et documents du Saint-Siège relatifs
à la période de la Seconde Guerre*

*Mondiale (Akten und Dokumente
des Heiligen Stuhls zum Zweiten
Weltkrieg)*   292
von Hans Müller   148
von Reinhold Schneider   26–32
von Wilhelm Corsten   65–67
Döpfner, Julius Kardinal   102, 150, 161, 168,
218, 220, 222, 235, 328, 330–331
DPA (Deutsche Presse-Agentur)   265–267
Dreißigjähriger Krieg   102, 175, 356–357

Echo der Zeit   157, 162
Eck, Johannes   360
Eichmann, Adolf   253, 288
Ellwein, Thomas   155
Elternrecht   83, 85–89, 106, 151
Entnazifizierung   19–20, 47–48, 53, 98
Opposition gegen die   19–20, 47–48, 98,
395
Erb, Alfons   196
Erinnerungsgeschichte   10
Ermächtigungsgesetz   4–5, 73–74, 109–125,
135, 337–338
Ermland   211
Eschwege   242–248
Ettal   37
Evangelische Kirchen in Deutschland   19,
344–347, 368–370, 375, 376–383
Verhalten während des „Dritten Reichs"
und Historiografie   2, 344–350
Beziehungen zur katholischen
Kirche   72, 101–105
Evangelischer Kirchenbund   361

Faulhaber, Michael Kardinal von   35, 36,
47–48, 318, 328, 330, 331, 386, 388
persönliche Akten   318, 326, 328, 331
FDP   6, 12, 84, 91, 96–97, 103, 111, 114, 117–119,
146, 168, 339, 341–343, 347, 356
Infragestellung desWiderstands der
katholischen Kirche   96–97
Opposition gegen Bekenntnisschulen und
Reichskonkordat   84, 103
Federer, Julius   126
Feltin, Maurice   274
Fischer, Fritz   321, 327
Fittkau, Gerhard   210–214, 216–217, 219–221,
225

Flake, Otto　245, 249

Fleischer, Johannes　63–65, 199–205, 375

Fleischer, Josef Franz Maria　63–65,
　　199–205, 375

Fleischer, Paul　200, 204

Forschbach, Edmund　169

Forster, Karl　171, 173, 311–312, 318

Frank, Anne　145
　　Tagebücher　145

Frankfurter Allgemeine Zeitung　267, 301,
　　315, 337–338, 351–352, 360–362, 371,
　　373–374

Freie Demokratische Partei, *siehe* FDP

Freie Volksbühne, Westberlin　1, 237

Freisler, Roland　196

Frick, Wilhelm　166

Friedensbund deutscher Katholiken (FDK)
　　195–196

Friesenhahn, Ernst　126

Frings, Joseph Kardinal　23–24, 83, 85,
　　94–95, 113, 120, 178, 206–207, 275, 287,
　　298

Fuldaer Bischofskonferenz　17, 22–23, 148,
　　218, 221, 226, 328
　　Treffen im August 1945　17, 22–23
　　Treffen im August 1959　218, 221, 226
　　Treffen im August 1963　150
　　45er-Generation　150, 157, 166, 242, 271,
　　　340, 355, 373

Furfey, Rev. Paul Hanley　193–194

Galen, Clemens August Kardinal von
　　29–30, 93

Gallagher, Ralph SJ　222–223

Geiger, Willi　124–126

Gemeinschaftsschulen, *siehe*
　　Simultanschulen

Gemmingen, Eberhard von SJ　372

Gerhart-Hauptmann-Preis　262

Gerst, Wilhelm Karl　31, 93

Gerstein, Kurt　237, 250
　　wie in *Der Stellvertreter* dargestellt　237,
　　　250, 267

Geschichtswissenschaft in Deutschland
　　320–322
　　Konzept des Einfühlens　321

Giovanetti, Alberto　283

Globke, Hans　256

Goebbels, Joseph　251

Goerdeler, Carl　27

Gogarten, Friedrich　345

Görres-Gesellschaft　139, 166–167, 176, 252,
　　322–323, 335, 360

Graham, Robert SJ　228–229, 25, 316

Greve, Wilhelm　124

Greifen, die　302

Gröber, Conrad　26–27, 30–32

Groppe, Herbert　113

Grüber, Heinrich　284–286, 378, 393

Grundgesetz　90–97
　　Artikel 123　95, 113
　　Bildung　125–126
　　zur Bremer Klausel　113
　　Entstehung　90–97
　　Parlamentarischer Rat　90–97
　　Verfassungskonvent auf
　　　Herrenchiemsee　84
　　Wehrdienstverweigerung　197

Gundlach, Gustav　283

Hack, Bernhard　124, 126

Hammermayer, Ludwig　252

Hanssler, Bernhard　176

Hartl, Albert　31

Heer, Friedrich　165–166, 234, 240

Herder Verlag　27

Heinemann, Gustav　243

Heinemann, Marianne　247

Helicon Press　227–228

Hennecka, Anton August　123

Herwegen, Ildefons, OSB　91, 99

Hessen　72–73, 92, 108, 115, 242–244
　　Beitritt zum Rechtsstreit über
　　　das Reichskonkordat vor dem
　　　Bundesverfassungsgericht　72–73,
　　　108
　　Gutachten für den
　　　Reichskonkordatsprozess　112–113
　　Opposition gegen das Reichskonkordat
　　　und die Bekenntnisschulen　108

Heuss, Theodor　87

Heydrich, Reinhard　166

Heydte, Friedrich August von der　134, 148

Himmler, Heinrich　30

Hindenburg, Paul von　122, 136, 361

Hirschmann, Johannes SJ　197J

Hitler, Adolf 4, 21, 26, 33, 35, 36, 38, 64, 83,
    90, 109, 121, 134, 143, 144, 160, 251, 264,
    292, 320, 361–362, 369
Hlond, August Kardinal 212
Hochhuth, Rolf 1, 14, 53, 65, 67, 94, 181,
    235, 239–268, 272–282, 296–298, 314,
    316–317, 350, 385, 388
  Aufenthalt in Rom im Herbst 1959
    252–255
  Berliner Antigone 247
  Bewunderung für Bismarck 244
  Der Stellvertreter, siehe Der Stellvertreter
  prägende Erfahrungen in
    Eschwege 242–244
  Hass auf Adenauer 243
  potenzielle rechtliche Schritte
    gegen 294
  Victoriastrasse 4 248
  Wut auf Papst Pius XII. 243, 246, 249,
    297
  Zeitzeuge der nationalsozialistischen
    Judenverfolgung
Hochland 13, 131–132, 151, 153–163, 166, 167,
    180, 229, 343
Höck, Michael 41
Höffner, Joseph Kardinal 394
Hoffmann, Adolph 77
Hofmann, Konrad 31–32
Hofmeister, Corbinian 37
Holborn, Hajo 327
Holocaust 238, 249–252, 288, 303, 362
  geschichtswissenschaftliche Forschung
    über den 249–242
  öffentliches Bewusstsein für 249–250,
    288–289
Homeyer, Josef 356
Hommes, Jakob 169
Höpker-Aschoff, Hermann 89–90, 119
Hudal, Alois 253–255
Hus, Jan 360

Innitzer, Theodor Kardinal 36, 91
Institut für Zeitgeschichte 135, 138, 178, 179,
    283
Irving, David 362

Jaeger, Lorenz 83, 178, 217–218, 314–315
Jägerstätter, Franz 204–205, 232–233
  Seligsprechung 205, 233

Jauch, Ernst-Alfred 265
Johannes Paul II., Papst 393, 394
Johannes XXIII., Papst 34–35, 137, 221, 288
  siehe ebenso Roncalli, Angelo
John, Antonius 363–364
Jordan, Placidus (Max) OSB 213, 219, 224
Jüdische Brigade 303
Jugendbewegung, Deutsche 302
Juncker, Klaus 260
Jungblut, Paul 92–93
Junktim-These, siehe Reichskonkordat,
    Junktim-These
Just, Leo 139

Kaas, Ludwig 37, 45, 78, 136, 141, 144, 145,
    164–165, 175, 337–338, 349–351, 361–369
Kafka, Franz 209
Kafka, Gustav 94, 156, 207–208, 212,
    216–218, 225–227, 229–231
Kahneman, Daniel 388–389
Kaiser, Jakob 44
Kaller, Maximilian 212
Kampe, Walter 113, 116, 266, 287
Kapsner, Oliver 192
Kästner, Erich 245
Katholiken-Ausschuss des Erzbistums
    München-Freising 268–269
Katholiken-Ausschuss des Bistums Berlin
    265
Katholische Akademie in Bayern 138, 171,
    178, 285–286
Katholisches Büro 106, 142, 175, 293, 311, 341
Katholische Lehren
  Theorie des gerechten Kriegs 189–190,
    197
  Position der SPD 198
Katholisches Milieu 106, 116, 272–273, 280,
    287, 297, 316
Keller, Michael 85, 88–89, 97, 102, 104,
    151–153, 161, 163–164, 168, 382
  Hirtenbriefe 151–152
Kelly, John M. 218–219
Kempner, Robert 283
Kennedy, John F. 213
Kessel, Albrecht von 251, 283
KGB 280
Kierkegaard, Søren 266
Kirchenarchive, siehe Archive, katholische
    Kirche

Klausener, Erich jun.   56, 265, 290–291, 315,
    319–320
Klausener, Erich sen.   55–57, 58, 265
Klerikalismus, Vorwurf des   6, 88, 155
Kloeters, Gerd   252–253
KNA (Katholische Nachrichtenagentur)   49,
    106, 117, 119–120, 265–267, 281–282,
    294–295
Knappen, Marshall   43
Knauft, Wolfgang   282
Knef, Hildegard   272
Kölner Aktenstücke   65–67
Kommission für die Geschichte
    des Kirchenkampfes in der
    nationalsozialistischen Zeit   345, 370
Kommission für Geschichte des
    Parlamentarismus und der politischen
    Parteien   142–143
Kommission für Zeitgeschichte   13, 25,
    131–142, 171–181, 322–325, 327, 331,
    333–335, 339, 348, 352, 353, 357–358,
    370, 384–385, 393–394
    Blaue Reihe   323, 348
    Geschichtswissenschaftliche
        Methode   321–325, 334–335
    Ursprünge und Gründung   13, 137–142
    wissenschaftlicher Fokus auf das
        Reichskonkordat   177, 323
Kommunistische Partei Deutschlands, *siehe*
    KPD
Konfessionelle Spannungen zwischen
    Katholiken und Protestanten in
    Deutschland   100–105, 369
Konkordate, *siehe* Länderkonkordate
Konrad Adenauer-Stiftung   356
Konstantin, Prinz von Bayern   238
Kopf, Hinrich Wilhelm   104
Köppler, Heinrich   207
Kösel Verlag   229
KPD   7, 62, 84, 98, 112
Krämer, Konrad   294–295, 308
Kreutzberg, Heinrich   204
Kreuz und Hakenkreuz   11, 18, 19, 33–54, 148,
    165, 225, 388
Kriegsdienstverweigerung   149, 197–199
    siehe ebenso
    Wehrdienstverweigerung
Krone, Heinrich   56, 93–94, 170–172, 174–175

Kühn, Heinz   208–210, 212–216, 218–219
Kühn, Regina   208–210, 216
Kulturkampf   3, 6, 76, 109, 138, 157, 159–160,
    277, 380
Küng, Hans   393
Kupper, Alfons   139, 141–142, 171, 173, 177–179
Kutscher, Hans   124

Länderkonkordate   3–4, 77, 361
    Badisches Konkordat   4, 77, 361
    Bayerisches Konkordat   4, 77, 361
    Preußenkonkordat   4, 77, 361
Lateranverträge   349, 361
Ledig-Rowohlt, Heinrich Maria   260–261,
    263, 294
Linkskatholiken   28, 146–149, 165–166,
    196–199, 373
Leiber, Robert SJ   37, 38, 45, 145–146,
    281–282, 289, 357
Leibholz, Gerhard   108
Leipziger Disputation   360
Leo XIII., Papst   160
Leonard, Dick   185, 191–193
Leonhardt, Karl Ludwig   258–259
Leverenz, Bernhard   169
Lewy, Guenter   14, 67, 94, 180–181, 234,
    299–322, 326–329, 334, 348
    Bildung in den Vereinigten Staaten
        303–306
    *Die katholische Kirche und das Dritte
        Reich*   14, 299–301
    Forschungsaufenthalt in Deutschland
        307–313
    gerichtliche Schritte gegen   314–315
    Jugend im nationalsozialistischen
        Deutschland   301–303
    Treffen mit Johannes Neuhäusler
        308–311
Lichtenberg, Bernard   56, 62, 254, 264–265
Life   278
Lilje, Hanns   103
Lortz, Joseph   150, 159
L'Osservatore Romano   237, 251
Löwenstein, Karl Fürst von   218
Loyola University, Chicago   183, 185, 195,
    218–223, 310
Ludwigs-Missionsverein   34
Lukács, Georg   291

Lüninck, Ferdinand Freiherr von   91, 99
Luther, Martin   360, 374

Maier, Reinhold   114, 341
Maguire, James   185, 219–222
Manhattan, Avro   172
Mann, Thomas   245
Maria Laach   91
Maria Regina Martyrum   57
Mariana, Juan de   304
    Theorie des Tyrannenmords   304
Martini, Angelo SJ   329–330, 363
Martyrium, Debatte über das   215–216,
    392–393
Matthias, Erich   135, 142–143
Mauriac, François   292
Mayer, Rupert SJ   37
McCarthy, Eugene   193
McCarthy, Joseph   194
McGraw-Hill   299, 312–313
McManus, David   272–273
Medien, siehe ebenso Presse   9–10
Meerfeld, Johannes   93
Mengele, Josef   288
Metz, Johann Baptist   385–386, 393–394
    „Unsere Hoffnung,"   385–386
Metzger, Max Josef   196
Meyer, Albert   218–219
Meyer, Alfred   29
Mikat, Paul   360
Mohn, Reinhard   256–259
Montini, Giovanni Battista   276, 393
    siehe ebenso Papst Paul VI.
Moro, Aldo   274
Morsey, Rudolf   140–146, 159, 161, 164–165,
    168–179, 315, 319, 321, 323, 325, 330,
    337, 350, 352, 354, 355, 357, 360, 362,
    364–365, 386
    Unterstützung für Ernst-Wolfgang
        Böckendörde   161
    Rezension von Guenter Lewys Buch   315,
        319
    Der Untergang des politischen
        Katholizismus   337
    Das Ende der Parteien 1933   143
Morus Verlag   56
Muench, Aloisius   86, 88, 106, 332–333
    Kardinal persönliche Akten   332–333

Müller, Hans   51–52, 147–148, 150, 173, 316
Müller, Josef   36–39, 42–43, 45–46, 53–54,
    64, 81
    Entnazifizierungsverfahren   52–53
    Teilnahme an der Pressekonferenz am
        5. Juni 1945 in Neapel   42–43
Mundelein College, Chicago   183–185, 205,
    227, 307
Mundy, Paul   219
Mussolini, Benito   97, 361

National Catholic Welfare Conference   212
Naturrecht   86, 151, 155, 160, 208
Neudeutschland   209
Neuhäusler, Johannes   11–12, 14, 17–18,
    33–54, 58, 67, 93, 142, 146, 148, 165, 181,
    205, 207, 218, 225, 269, 283, 307–312,
    386, 388
    Autor von Amboß und Hammer   52, 67
    Autor von Kreuz und Hakenkreuz   11–12,
        34
    Autor von Saat des Bösen   67, 269
    Einsatz für NS-Kriegsverbrecher   47–49
    Inhaftierung in Dachau   41
    Kampagne gegen Gordon Zahn   218, 225
    Kampagne gegen Rolf Hochhuth   269
    Konflikt mit Leonhard Roth über die
        Errichtung einer Gedenkstätte in
        Dachau   68
    Opposition gegen die Entnazifizierung
        47–48
    Opposition gegen
        Kriegsverbrecherprozesse   47–49
    Präsident des Ludwig-Missionsvereins
        34
    persönliche Akten und
        Dokumentensammlungen   308–309
    Quelle für The Persecution of the Catholic
        Church in the Third Reich   40
    Reaktion auf Georg August Zinn   93
    Reaktion auf Guenter Lewy   14
    Teilnahme an der Pressekonferenz am 5.
        Juni 1945 in Neapel   42–43, 46–47, 50
    Treffen mit Guenter Lewy   307–312
    Verfälschung historischer Belege   51–53,
        54
    Verhaftung durch die Gestapo 1933   40
    Verhaftung durch die Gestapo 1941   40

Verhör durch das amerikanische Militär
auf Capri 42
Verschwörung mit dem Ziel, dem
Vatikan Dokumente zukommen zu
lassen 35–40
Warnung vor Guenter Lewy 309–311,
326
Neumann, Franz 303–304
Neuer Atheismus 396
Niebuhr, Reinhold 313
Niedersachsen 71–74, 80, 103–104, 108, 118,
122, 126, 134, 382
Konkordat mit dem Heiligen Stuhl von
1965 126
Opposition gegen das Reichskonkordat
und die Bekenntnisschulen 71–75,
108, 122
Schulgesetz von 1954 103–104, 282
Niederschlesien 301–302
Niemöller, Martin 41–44, 64, 69, 72, 105
Inhaftierung in Dachau 41
gegen Bekenntnisschulen 72, 105
Teilnahme an der Pressekonferenz am 5.
Juni 1945 in Neapel 42–43
Nonkonformismus, Katholizismus 380
Nostra Aetate 221
NSDAP 4, 30, 47, 48, 110, 112, 140, 148, 302,
360
NS-Vergangenheit, Debatten über

Ochsenfurter Zwischenfall 102
Orsenigo, Cesare 237, 250, 254, 363–364
wie in Der Stellvertreter dargestellt 237,
254, 267
Ostdeutschland, siehe DDR
Oster, Hans 38

Pacelli, Eugenio 33, 35–37, 77–78, 80, 145,
238, 363
Kardinalstaatssekretär 4, 363
Papst Pius XII., siehe Pius XII., Papst
Verhandlungen über das Reichskonkordat
77–78, 145, 363–365
Pacepa, Ion 280
Panzer, Karl 294
Papen, Franz von 4, 78, 136–137, 144, 251,
351, 363, 365

Parlamentarischer Rat 75, 84–97, 107, 108,
128, 177, 375–376
Paul, Jean 339
Paul VI., Papst 9, 253, 274, 277, 288, 329, 393
Paulus, Josef 166
Peters, Hans 86, 93, 106, 139, 162–163,
166–167, 176, 177
Petrusblatt, Berliner Bistumsblatt 56–58,
60–61, 63, 69, 209, 265–266, 295–296
Artikel gegen Johannes und Josef
Fleischer 63–65
Artikel gegen Reinhold Schneider wegen
kommunistischer Kontakte 69
Pfeiffer, Pankratius 38
Pfleider, Karl Georg 341
Piscator, Erwin 234, 260–263, 268, 286
Pius XI., Papst 36, 81, 85
Enzyklika Divini Illius Magistri 85
Enzyklika Mit brennender Sorge 81, 96,
237
Pius XII., Papst 1, 4, 21–23, 33, 45–46, 53–54,
81–83, 96, 119–120, 137, 198, 237–243,
246, 250–254, 264, 276–277, 281, 283,
289, 295, 369
Ansprache vor dem Kardinalskolleg am
2. Juni 1945 22–23, 46, 53, 81, 256,
297, 370
Darstellung in Rolf Hochhuths Stück Der
Stellvertreter 1, 237–239, 388
einbezogen in die Pläne zur Ausführung
eines Attentats auf Hitler 21, 33,
38–39
Kontroverse über 15, 53–54, 262–298
Opposition gegen
Kriegsdienstverweigerer 198
öffentliche Haltung zum Genozid durch
die Nationalsozialisten 53–54
„Pius-Kriege" der 1990er und 2000er 15
Tod 249
Ursprünge von Rolf Hochhuths
Kritik 246
Verteidigung des Reichskonkordats
82–83, 96
Verteidigung von und Unterstützung
für 262–298
Weihnachtsansprache 1956 198
Poliakov, Léon 240, 250–251, 255–256

Presse, *siehe ebenso* (internationale)
Medien 98–99, 145, 240–241, 270–272,
268–298, 316–317
Katholische Presse in der Nachkriegszeit
106, 116, 271, 316
Struktureller Wandel in der
Nachkriegszeit 98–99, 145, 240–241,
270–272, 278–298
Preysing, Konrad Kardinal von 57, 60, 213,
319
Pribilla, Max SJ 306

Raddatz, Fritz 258, 260, 289–292
*Summa Iniuria oder Durfte der Papst
Schweigen?* 289–292
Ranke, Leopold von 387
Rarkowski, Franz Justus 201–205, 213–214
Rauhut, Franz 199, 202
Reichsbanner 90
Reichskonkordat 4–5, 32, 49, 72–129, 139,
142, 159–160, 264, 323, 337–338, 342,
349, 357–358, 369, 379, 386
Artikel 11 124
Artikel 23 72–74, 87, 95, 126
Bestätigung seiner Fortgeltung durch das
Bundesverfassungericht 125–126
Begeisterung im Anschluss an seine
Ratifizierung 79, 159, 166
Debatte über seine Fortgeltung post
1945 8, 73–76, 86–98, 108, 115–129,
159, 172, 375–376
Geheimanhang 111–112
Junktim-These 5, 74, 112–113, 118, 128, 134,
142–144, 337–338, 350–352, 363–366,
386
Unterzeichnung am 20. Juli 1933 78–79,
113
Verhandlung über seinen Abschluss
73–75, 110, 337–338, 360–369
Verhandlung über seine Fortgeltung
vor dem Bundesverfassungericht
1956 7, 12, 121–123, 264, 375–376, 379
Verstöße der Nationalsozialisten
gegen 75, 80–81
„Reichskristallnacht," 302
Reif, Hans 118

Repgen, Konrad 15, 137, 174–177, 325, 330,
323, 325, 330–331, 334, 337–339, 344,
351–374, 383–384, 394
Beschwerde an das ZDF wegen des
Dokumentarfilms von Michael
Albus 372
CDU-Mitgliedschaft 355–356
Habilitation über den Dreißigjährigen
Krieg 174–175, 356–357
Kontroverse mit Klaus Scholder 15,
337–338, 351–374
prägende Jahre 352–356
Opposition gegen die Reformen des
Zweiten Vatikanischen Konzils 358,
373
Verständnis christlicher
Wissenschaft 354–355
Verteidigung des Reichskonkordats 367
Rheinischer Merkur 151, 162, 207
Rheinische Post 315
RIAS (Radio im amerikanischen Sektor)
293
Roegele, Otto B. 207
Rohracher, Andreas 37, 152
Roncalli, Angelo 34–35, 288
siehe ebenso Johannes XXIII., Papst
Rote Kapelle 247
Roth, Leonhard 67–68
Rowohlt-Verlag 228, 257–264, 269, 281–282,
290–292
Ro-ro-ro Taschenbuchreihe 259
Theaterverlag 259
Ruhm von Oppen, Beate 327
Rütten und Loening 256–259, 261, 264, 281
Sachsenhausen 40, 49

St. Boniface Society 212
St. John's University, Minnesota 191–193
St. Thomas College, Minnesota 193
Schauff, Johannes 143–144, 171–174, 176
Scheuner, Ulrich 103
Schlösinger, Rose 247
Schmandt, Raymond 234
Schmaus, Michael 159, 169
Schmid, Carlo 87
Schmitt, Carl 156, 160

Schnabel, Franz   152

Schneider, Reinhold   26–29, 69, 240

Schneidhuber, Thea Graziella   37

Scholder, Klaus   15, 128, 337–352, 356–374,
      383, 385, 391
      „Christentum und Liberalismus,"
          342–343
      Die Kirchen und das Dritte Reich   128, 337
      Fachberater für das ZDF   340, 371–373
      Jugend in Schwaben   339
      Kontroverse mit Konrad Repgen   15,
          337–338, 351–374
      Mitgliedschaft in der FDP   339–343
      Protestantische Identität   339, 343–344

Scholl, Geschwister   345

Schöningh, Franz-Josef   151, 154–161, 163

Schulen   12, 71–72, 75–89, 99–105
      Debatte über konfessionell getrennte
          Schulen   71–78, 75–78, 89, 99–105

Schreiber, Georg   140, 143

Schubert, Wilhelm   49

Schulte, Karl Joseph Kardinal   66

Schwarz, Hans-Peter   352

Schweitzer, Albert   284, 378, 393

Schwerter Arbeitskreis für
      Katholizismusforschung   373

SED, Sozialistische Einheitspartei
      Deutschland   60

Sender Freies Berlin   286–287

Sheed and Ward   228

Sheed, Frank   228

Shirer, William   145, 313

Sideri, Marianne, siehe Heinemann,
      Marianne

Siegele-Wenschkewitz, Leonore   348–349,
      361

Siemer, Laurentius OP   37

Simultanschulen   71–73, 99–105

Smith College   307–308, 327

Sonnenschein, Carl   55

Sontheimer, Kurt   144

Sozialdemokratische Partei Deutschlands,
      siehe SPD

Spaemann, Robert   150

SPD   6, 12, 71–73, 77, 84, 87, 90–97, 103–104,
      117, 135, 142–143, 146–147, 150, 152–153,
      158, 168, 180, 198, 203, 208, 342

Bemühungen zur Herausstellung
      ihres Widerstands gegen den
      Nationalsozialismus   94
Godesberger Programm   152
Opposition gegen das Reichskonkordat
      und Bekenntnisschulen   71, 77, 84,
      87–95, 97–99, 103–104, 108–118
Opposition gegen die Wiederbewaffnung
      Westdeutschlands   198
Vorwärts   196

Spiegel-Affäre   278, 286

Spital, Hermann Josef   156–158

Spotts, Frederic   126, 332
      The Churches and Politics in Germany
          332

Stangl, Franz   253

Stasiewski, Bernhard   25, 61–62, 94, 139,
      141–142, 171, 176, 179, 205–206, 229, 307,
      323

Stehlin, Stewart   327–330

Steinfels, Peter   234

Steinmann, Paul   58

Stern   316

Stimmen der Zeit   143–145, 289

Stratmann, Franziskus OP   196, 229

Stohr, Albert   28, 101

Strauß, Franz-Josef   115, 117, 278

Stuttgarter Schuldbekenntnis   369–370, 378

Süddeutsche Zeitung   93, 151, 162, 309

Summa Iniuria oder Durfte der Papst
      schweigen?   290–291

Süsterhenn, Adolf   95–96, 107–108, 134, 382

Tenhumberg, Heinrichm 156

Teusch, Christine   169, 172–174

Thälmann, Ernst   62

The Catholic Church and Nazi Germany, siehe
      Guenter Lewy, The Catholic Church and
      Nazi Germany

The Catholic Worker   186, 190, 207, 234, 304

The Herald Tribune   264

The New World   208, 209–210, 219–219, 224

The New York Times   43, 264, 313

The Sunday Times   264

The Tablet   276

Theisen, Sylvester   192

Theorie des gerechten Kriegs   189

Thompson, Dorothy   36
Tinnemann, Ethel Mary   331
Tittmann, Harold   53–54
Tübingen, Evangelischer Stift in   339, 344,
    345, 347–348
Tutzing, Evangelische Akademie in   341

Ude, Johannes   196
Ulbricht, Walter   243
Ulmer Prozesse   164
USPD   77

Vatikanisches Konzil, Zweites, *siehe* Zweites
    Vatikanisches Konzil
Vergangenheitsbewältigung   7–9, 144–145,
    164–165, 289
Versailler Vertrag   19, 224, 321
Vierteljahrshefte für Zeitgeschichte   338,
    362–367, 370–371
Volk, Ludwig SJ   14, 25, 316–322, 326–333,
    349, 352, 360–361, 363–364, 372–372,
    385
    Bemühungen zur Nutzungsbeschränkung
        in kirchlichen Archiven   326–333
    *Der bayerische Episkopat und der
        Nationalsozialismus 1930–1934*
        318–319
    Kritik an Guenter Lewys
        Ansicht   316–322
    Opposition gegen Veränderungen
        innerhalb des Jesuitenordens im
        Gefolge des Zweiten Vatikanischen
        Konzils   373
Vorwärts, siehe SPD, *Vorwärts*

WDR, Westdeutscher Rundfunk   293
Weber, Helene   85, 168
Wehner, Herbert   169
Wehrdienstverweigerung   149, 197–199
    Debatte in Westdeutschland über   149,
        197–199
    siehe ebenso Kriegsdienstverweigerung
Weinberger, Paul   149–150, 159, 160, 164
Weizsäcker, Ernst von   238, 250–251, 283
Wendel, Joseph Kardinal   178, 218
Werkhefte katholischer Laien   148–149, 159,
    180, 229
Werthmann, Georg August   201–205

Wiederbewaffnung, Debatte in
    Westdeutschland über   146–147,
    196–198
    Debatte in Westdeutschland über die
        Ausstattung der Bundeswehr mit
        Atomwaffen   198
Winkler, August Christian   363–365
Wissing, Wihelm   176, 311
Wrocław   324, 328
Wucher, Karl   309
Wulf, Josef   250–251
Würzburger Synode   385
Wüstenberg, Bruno   253–254

Zahn, Gordon   13, 14, 65, 150, 172, 180–181,
    183–199, 204–235, 240, 270, 304–305,
    307–309, 216–317, 385
    Anmerkungen zu *Der Stellvertreter*   270
    *Die deutschen Katholiken und Hitlers
        Kriege (German Catholics and Hitler's
        Wars)*   205, 223, 231–232
    Einfluss auf Guenter Lewy   234, 304–305
    Er folgte seinem Gewissen   234, 304–305
    Fulbright-Jahr in Deutschland   194–207
    Kampagne gegen Konferenzvortrag „Die
        katholische Presse und die nationale
        Frage im nationalsozialistischen
        Deutschland,"   13, 65, 207–232
    Opposition gegen den Eintritt der
        Vereinigten Staaten in den Zweiten
        Weltkrieg   189–191
    Pazifismus   187–194
    Treffen mit Walter Adolph   205–206
    Treffen mit Johannes
        Neuhäusler   205–206
    Treffen mit Bernhard
        Stasiewski   205–206
    Treffen mit Johannes, Josef und Paul
        Fleischer   204–205
    Treffen mit Georg August
        Werthmann   204–205
ZDF   340, 371–373
    *Wie ein Schicksal … wie ein Verhängnis …
        Katholische Kirche im Dritten
        Reich*   371–373
Zeiger, Ivo SJ   82–83
Zentralkomitee der deutschen Katholiken
    197, 391

Zentrumspartei   34, 55, 74, 85, 110, 135–136,
     140–141, 165–166, 170–172, 200, 337–338,
     350–352, 363–367
Zerfall 1933   140–141, 143, 170, 350–352
   Zustimmung zum Ermächtigungsgesetz
   74

Zinn, Georg August   76, 87, 90–93, 97–99,
     108, 110–113, 116, 118, 119, 243–244,
     337–338, 368–369
Zweites Vatikanisches Konzil   132, 221, 233,
     288, 298, 393